安溪年鉴

（2018）

安溪县地方志编纂委员会　编

厦门大学出版社　国家一级出版社
XIAMEN UNIVERSITY PRESS　全国百佳图书出版单位

图书在版编目(CIP)数据

安溪年鉴.2018/安溪县地方志编纂委员会编.—厦门:厦门大学出版社,2018.12
ISBN 978-7-5615-7261-0

Ⅰ.①安… Ⅱ.①安… Ⅲ.①安溪县—2018—年鉴 Ⅳ.①Z525.74

中国版本图书馆 CIP 数据核字(2018)第 286211 号

出 版 人 郑文礼
责任编辑 薛鹏志
装帧设计 陈艺明
技术编辑 朱 楷

出版发行 厦门大学出版社
社 址 厦门市软件园二期望海路 39 号
邮政编码 361008
总 编 办 0592-2182177 0592-2181406(传真)
营销中心 0592-2184458 0592-2181365
网 址 http://www.xmupress.com
邮 箱 xmup@xmupress.com
印 刷 福州力人彩印有限公司

开本 889 mm×1 194 mm 1/16
印张 22.75
插页 1
字数 705 千字
印数 1~1 000 册
版次 2018 年 12 月第 1 版
印次 2018 年 12 月第 1 次印刷
定价 300.00 元

厦门大学出版社
微信二维码

厦门大学出版社
微博二维码

《安溪年鉴（2018）》撰稿、审稿人名单

中共安溪县委员会

撰稿人：何锦灿　谢玮龙　王锡桐　温海滨　吴剑宝
　　　　易少强　吴熙志　章丽琼　廖丽凤　陈萍婷
　　　　李慧莹　林境炎　吴远景

审稿人：林勇平　章添才　谢祥明　陈友智　谢文哲
　　　　林鹏武　叶敬国　何超良　黄艳琳　陈全守
　　　　林清贵　林爱华

安溪县人民代表大会及其常务委员会

撰稿人：沈秋菊　黄佳明
审稿人：王地养

安溪县人民政府

撰稿人：李江诚　黄晓东　黄书园　沈页真
审稿人：许充分　王安东　林志平　蔡财强

政协安溪委员会

撰稿人：潘江明
审稿人：刘顺和

法　治

撰稿人：肖程炜　张　芸　罗　曦　朱均柔　徐志林
　　　　陈小玲
审稿人：陈桂良　郑艺斌　庄跃章　胡激洋　许良才
　　　　林柏辉

军　事

撰稿人：唐比儿　黄黎金
审稿人：赵超群　谢秦楚

群众团体

撰稿人：肖明山　黄汉忠　陈双清　陈黄琪　肖福祥

李银萍　林炳根　叶春玲　林艺志　王庆端
黄月红　苏靖华

审稿人：王汉辉　蔡雅娟　刘锦斌　易进法　李宏鸣
林小玲　孙黎昕　谢志攀　陈建强　王金章
苏宇霖　薛世浩　苏靖华

外事·侨务·港澳台事务

撰稿人：林有德
审稿人：杨振阳

城乡建设与环境保护

撰稿人：苏小红　许金城　陈双扬等　吴高炎
审稿人：谢秦楚　刘艺锋　许章色

经济管理

撰稿人：王清沂　许琪峰　何培楸　廖智超　蔡再胜
杨文剑　白超宇　林永胜　何永德　陈凯锋
何江明　卓开荣　詹冰粲

审稿人：廖炳辉　李世荣　叶连芳　张　华　李木成
白文扁　马向阳　李森有

财政税收

撰稿人：谢萍娟　汪华山　黄诗彬　黄文华
审稿人：陈思臻　黄炳昌　林海明

农　业

撰稿人：李捷熹　邹丽娜　余长生　王文艺　王秋燕
陈　伟　谢静思
审稿人：谢景欣　余木水　蔡敬荣　林雨霖　施悦忠
吴顺情

茶　业

撰稿人：黄佳雄　李捷熹　吴小猛　林艺志
审稿人：苏少民　谢景欣　陈加勇　谢志攀

工　业

撰稿人：苏基鹏　王冰兵　陈丽娇
审稿人：谢文春　张杰民　陈仰里

工贸园区

撰稿人：吴美珠　吴木容　林文欣　吴桦霖

审稿人：余君伟　周毅林　叶政贤

交　通

撰稿人：王宗远　林爱萍

审稿人：黄建锋　吴志火

邮政·电信

撰稿人：李文海　李园园　朱雅阳　钟雪美

审稿人：沈文良　李海龙　黄江华　连志祥　高天佑

旅游业

撰稿人：白巧彬

审稿人：吴志生

商　业

撰稿人：龚志毅　黄中群　阮学敏　蔡丹凤　陈远玲
　　　　陈友志　黄　倩　林来火　陈志明

审稿人：陈建明　陈志安　谢树彬　黄　龙

金　融

撰稿人：陈明珠　林爱国　陈友涵　林欣裕　廖剑文
　　　　林甲乙　李清萍　林艺环　林子玲　汤泊槐
　　　　黄婉婷

审稿人：沈清法　庄国华　潘良平　周丽明　陈炳良
　　　　温立泰　谢金山　林艺环　陈丽玲　李启儒

教育科技

撰稿人：李艺章　许婷婷　苏杷木　汪小安　赖加团
　　　　倪盛强

审稿人：高志强　高罔过

文　化

撰稿人：胡明霞　杨新建　李妙玲　许杭棋　林坤源
　　　　李金法

审稿人：章宝芳　李革秋　郭月欣　吴艺彤　郑植阳
　　　　李志民

卫生·计生·体育

撰稿人： 吴雪云　胡明霞

审稿人： 魏中南　章宝芳

社会民生

撰稿人： 李江诚　林华强　高世伟　林莉莉　杨火算
　　　　白丽虹　李秀丽　叶秋红　谢晓荣　林添水
　　　　傅庆元　王　捷

审稿人： 许充分　黄秀宗　陈永春　林艺娟　洪爱读
　　　　陈全守　郑梦集　林建设　林木生　田功平
　　　　陈钦强

乡　镇

撰稿人： 林夏滨　陈文峰　黄丹婷　刘启元　陈宝治
　　　　陈东曲　王敏燕　刘剑川　张淑环　陈南镇
　　　　黄紫峰　章财根　谢艺登　张瑞芳　陈瑞棋
　　　　郭燕鹏　黄荣杰　危聪仁　杨节敬　王艺宝
　　　　康婷婷　傅佳泽　赖松青　陈丽珠　柯礼祥
　　　　林吉坪　陈钦达　梁晓阳　颜翔龙　吴　尚
　　　　张新泉　徐文彬

审稿人： 刘华东　陈生来　黄文楷　周少辉　上官庚良
　　　　李文师　李瑞谦　谢昆明　陈振仕　谢伟良
　　　　龚福安　张菊芳　杨进宝　陈伟尧　龚全裕
　　　　谢志锋　蒋金促　陈永忠　杨龙文　王焘宗
　　　　李艺芳　李小强　苏纪云　林玉婷　李琼月
　　　　章兴南

人　物

撰稿人： 刘尾萍　黄书园

审稿人： 苏少民　林志平

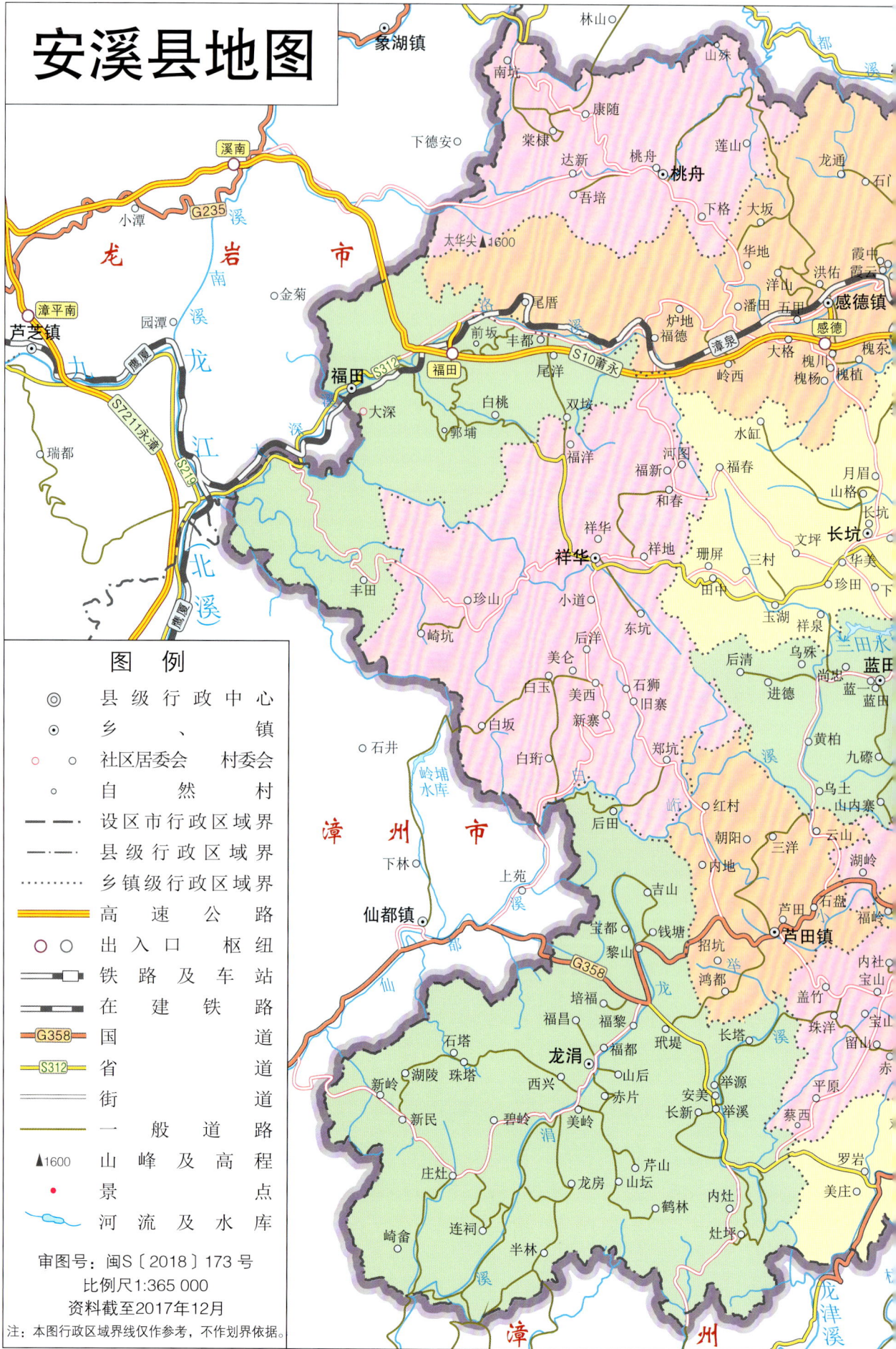

安溪县地图

图例

符号	说明
◎	县级行政中心
⊙	乡、镇
○ ○	社区居委会　村委会
○	自然村
— ·· —	设区市行政区域界
— · —	县级行政区域界
······	乡镇级行政区域界
	高速公路
○ ○	出入口枢纽
▆	铁路及车站
▆	在建铁路
G358	国道
S312	省道
	街道
	一般道路
▲1600	山峰及高程
●	景点
〰	河流及水库

审图号：闽S〔2018〕173号

比例尺1:365 000

资料截至2017年12月

注：本图行政区域界线仅作参考，不作划界依据。

龙 岩 市

漳 州 市

漳 州

象湖镇　林山　山殊
下德安　南坑　康随　棠棣　桃舟　桃舟镇　莲山　龙通　石门
溪南　达新　吾培　下格　大坂　华地　龙兴　霞中　霞云
小潭　G235　太华尖▲1600　华地　洪佑　洋山　潘田　五田　感德镇
漳平南　金菊　尾厝　前坂　丰都　福德　炉地　感德　槐东
芦芝镇　园潭　福田　S312　福田　尾洋　S10莆永　漳泉　大格　槐川　槐杨　槐植
瑞都　大深　白桃　双垵　水缸　月眉　山格
郭埔　福洋　河图　福春　长坑
福新　和春　珊屏　三坪　华美　珍田
祥华　祥地　玉湖　祥泉
祥华　三村　田中　三田水　蓝田
丰田　珍山　小道　东坑　后清　鸟殊　蓝田
崎坑　后洋　进德　尚忠　蓝田　黄柏
美仑　石狮　九磜
白玉　美西　旧寨　乌土　山内寨
石井　白坂　新寨　郑坑　红村　云山
岭埔水库　白珩　后田　朝阳　三洋　湖岭
下林　内地　吉山　芦田　石盘
仙都镇　上苑　宝都　钱塘　招坑　福德　芦田镇
黎山　鸿都　举口　内社　宝山
培福　G358　龙　长塔　盖竹　宝山
石塔　福昌　福黎　玳堤　珠洋　留山
湖陵　珠塔　福都　举源　平原　赤
新岭　西兴　山后　举溪　蔡西
新民　碧岭　赤片　安美　长新　罗岩
美岭　芦山　美庄
庄灶　龙房　山坛　内灶
崎畲　连祠　鹤林　灶坪
半林

龙津溪

德化县
坑仔口镇
玉斗镇
永 红山
御屏
潮碧
云溪 联星
荣
后井
举口
剑斗
剑斗镇 东阳
双洋
前炉
福斗
月星
雪山
南洋
衡阳
小西
一二
青苑
青洋
黄岭
银坑
科名
灶坑
灶美
翰苑 尚卿
徐州
翰卿
益溪
新楼
尤俊
福林
阳星
龙地
柏叶
福井
文美
少卿
西坪镇 新春
尧阳
松岩 虎邱镇
南岩
上尧
踏石
石山
高村
林东
双格
福美
萍州
大坪

长基
下镇
上格
寨坂
沙堤
黄武
格头
长林
半岭
大埔
湖西
湖新
后溪
白濑
飞亚
竹山
美城
京城
溪美
湖
福寿
高山
埔美
山都
洋内
元门
元口
新林
新美
中兴
后福
中山
寮海
新坂
温泉
上东
上西
上智
龙溪
植洋
鹤亭
吾邦
内村
福山
龙坪
石岩
仙泉
金榜
赤岭
湖西
湖东
新厅
益林
后坂
大生
榜头
白芸
仙凤
仙东
洋坑
溪坂
溪瑶
溪内
炙坑
龙门
龙门镇

玉斗镇
汤城 G2517沙厦
蓬壶镇
蓬壶 S215
吾峰镇
五一水库
石鼓镇
大卿
上沙
五里街镇
桃城镇
永春县
东平镇
岩峰 G356
达埔镇
磻溪
S10莆永
永春东
岵山镇
县
仙夹镇
永春
店上
文溪水库
G72泉南
码头

洋中 深洋
东洋
美洋
溪榜
东溪
半山
下坑
新溪
河山
山岭
河美
景坑
芸美
蓬华镇
联山
诗山镇
高山

田头
尚芸
华芸
金山
金谷镇
金东
汤内
丽山
清水岩
美滨
凤山
钟山
饶仔格
镇西
贡洋
镇东
镇中
南
金淘镇
S312
淘溪

联盟
岭北
岭南
岭美
蓬莱镇
奇观
鹤前
魁斗
尾溪
溪东
安溪清水岩
魁斗镇
鲁藤
中芳
蓬庭
大岭
美塘
参山
美内
参内
眉山
金淘
G15W3宁东
坑头
南湖

鸿福
蓬星
竹林
霞宝
中标
团结
码头
仙苑
大晋
仙都
雅兴
凤城
碧二
安溪县
安溪站
田底
岩前
安溪东
仑苍
市
安
登山

官桥
吾宗
官郁
草坂
莲蛇美
善益
莲美
光孝
山美
榜寨
美顶
山头
美卿
翔云镇
城厢镇
凤城镇
上楼
南坪
勤内
安溪
古山
路英
石古
经岭
玉田
墩坂
仑苍镇
镇山
西峰
英都镇
龙江
西源
西坪

仙风
金狮
龙狮
龙山
湖山
观山
龙美
村内
村内水库
桂瑶
桂林
汪前
坂头水库
沙溪
宣化
东田镇
后桥水库

厦 门 市
G2517沙厦

美丽安溪

安溪县城

安溪城区夜景

（2017年10月，陈达水摄）

（2017年10月，陈达水摄）

安溪生态茶园风光 （2017 年 3 月摄，安溪报社供图）

湖头镇东浦村 （2017 年 11 月摄，李雨衫供图）

华祥苑茶庄园 （2017 年 8 月摄，县农茶局供图）

举源茶庄园（2017 年 8 月摄，县农茶局供图）

添寿福地茶庄园 （2017 年 9 月摄，县农茶局供图）

安溪蓬莱清水岩清水祖殿 （2017年7月摄，李雨杉供图）

安溪千年文庙 （2017年4月摄，安溪报社供图）

西坪镇月寨

（2017年5月，林水源摄）

国家3A级景区洪恩岩一隅
（2017年6月18日摄，虎邱镇供图）

虎邱镇长潭公园

（2017年6月摄，许启胜供图）

湖头李光地文化园 （2017年2月27日摄，安溪报社供图）

城厢镇团结村百年私塾 （2017年3月26日摄，安溪报社供图）

芦田镇紫云山天池（2017年10月30日摄，芦田镇供图）

西坪镇青洋风电场（2017年7月12日摄，西坪镇供图）

白濑乡白濑村百香果园

（2017年11月17日摄，安溪报社供图）

安溪县参内乡洋乌内村兴泉铁路站址 （2017 年 3 月 27 日航拍，安溪报社供图）

安溪茶博汇的日与夜 （2017 年 8 月摄，县茶管委办供图）

茶韵安溪

2017 年 5 月 4 日，首届安溪铁观音大师赛复赛制茶现场 （陈庚嘉摄）

2017 年 5 月 9 日，首届安溪铁观音大师赛决赛选手们采摘茶叶 （陈庚嘉摄）

2017 年 5 月 31 日，首届铁观音大师赛讲茶比赛在安溪茶学院举行 （陈庚嘉摄）

2017 年 5 月 5 日，安溪铁观音大师赛复赛审评现场 （安溪报社供图）

2017 年 7 月 14 日，安溪县人民政府奖励安溪铁观音
大师工作研究经费各 100 万元人民币

(安溪报社供图)

2017 年 7 月 14 日，首届安溪铁观音大师赛颁奖仪式

(安溪报社供图)

2017 年 9 月 21 日，安溪县举办第七届全国茶产业经济研讨会暨安溪铁观音发展高峰论坛（安溪报社供图）

2017 年 9 月 21 日，安溪县政府与中国农业科学院茶叶研究所签订战略合作协议（安溪报社供图）

2017 年 9 月 29 日，各茶叶生产经营主体在不生产不收购不销售压制茶承诺墙上签字（县茶管委办供图）

2017年4月，三和茶业的车间工人在流水线上拣别茶叶 （县茶管委办供图）

2017年7月22日，龙涓乡举办"好茶龙涓"春茶品评和讲茶论茶比赛 （龙涓乡供图）

2017年10月25日，安溪县尚卿乡国心绿谷生态茶庄园进行秋茶初制——晾茶青 （安溪报社供图）

2017年12月26日，普宁·安溪"海丝茶缘 品香寻韵"第二届铁观音茶文化节活动在广东普宁举行 （祥华乡供图）

文化安溪

2017年1月22日，安溪县举办少儿春晚　　　　　　　（安溪报社供图）

2017年12月19日，安溪县举办首届中小学师生合唱大赛　　　　　（李振辉摄）

2017 年 6 月 16 日，安溪县"颗颗
童心朝向党、传承家风迎七一"文艺汇
演在安溪县妇女儿童活动中心举行
（陈双清摄）

2017 年 6 月 26 日，安溪县在凤城镇东北社区举办庆祝建党 96 周年暨喜迎十九大
红歌颂党恩公益文艺晚会
（安溪报社供图）

2017 年 9 月 26 日，安溪县"传家训、立家规、扬家风"主题活动暨"家风家训传
承"示范基地授牌仪式在湖头镇阆湖博物馆举行
（陈双清摄）

2017 年 11 月，安溪县方志办联合有关部门筹办的安溪家风家训展厅正式对外开放　　（李振辉摄）

2017 年 4 月 9 日，好茶龙涓两岸乡创主题线路旅游带启动仪式在龙涓乡内灶村举行　（龙涓乡供图）

2017 年 6 月 19 日，安溪县举办李光地文化节暨海峡两岸大学生文创峰会　（安溪报社供图）

2017 年 4 月 21 日，法籍国际知名策展人、原法国吉美博物馆馆长戴浩石（左五）一行为举办第二届中法文化论坛茶叶文化展到安溪考察 （林钦固摄）

2017 年 9 月 27 日，法国摄影家阎雷（右三）举办大型画册《安溪人》首发仪式 （安溪报社供图）

2017 年 10 月 11 日，安溪新华书店在第十六小学举办"茶韵书香 悦读安溪"优秀图书展销活动 （李姜蒲摄）

2017年5月20日，安溪县举办中央人民广播电台第五届"夏青杯"朗诵大赛暨福建首届诗词大会安溪赛区复赛 （安溪报社供图）

2017年6月30日，"童心向党、梦想启航"幸福家庭音乐会在安溪县妇女儿童活动中心举行 （陈双清摄）

2017年6月30日，安溪县老年大学举办"喜迎十九大 欢歌颂党恩"庆祝建党96周年文艺演出 （陈全守摄）

2017 年 7 月 10 日，安溪电视台少儿才艺大赛暨首届"金话筒"小主持人大赛颁奖仪式在安溪县妇女儿童活动中心举行 （陈双清摄）

2017 年 12 月 3 日，环泉州湾国际公路自行车赛安溪赛段赛况 （安溪报社供图）

2017年5月20日，安溪县铁人三项赛环城跑比赛现场 （安溪报社供图）

2017年8月13日，全国游泳锻炼业余等级达标赛在安溪县龙湾会举行 （安溪报社供图）

2017年12月16日，中国排球超级联赛中，福建安溪铁观音女子排球队与四川女子排球队在安溪县梧桐体育馆进行对决 （县文体新局供图）

建设安溪

2017 年 3 月 23 日，兴泉铁路安溪段工程建设项目正式开工　　　　　　（安溪报社供图）

2017 年 11 月 19 日，厦沙高速安溪段正式通车　　　　　　（陈家耀摄）

2017 年 10 月，安溪县城区主干道三安大桥建成通车　　　　　　　　　　（安溪报社供图）

2017 年 11 月 27 日，安溪新影剧院正式启用　　　　　　　　　　（安溪报社供图）

2017年1月，祥华乡祥珍公路建成通车 （祥华乡供图）

2017年5月4日，清水岩风景旅游区公路全线竣工通车 （张晓斌摄）

2017年12月22日，安溪县魁斗镇举行农村
饮水安全巩固提升项目开工仪式 （陈东曲摄）

和 谐 安 溪

2017年1月17日，安溪县多部门联合在县人民广场举办义写春联活动　　　　（安溪报社供图）

2017年4月29日，西坪镇举行"西坪—铁观音发源地"十里茶山徒步穿越之旅暨英林—西坪共建帮扶系列活动　　　　（西坪镇供图）

2017 年 5 月 19 日，安溪县举办"推进残疾预防，健康成就小康"助残日公益晚会 （安溪报社供图）

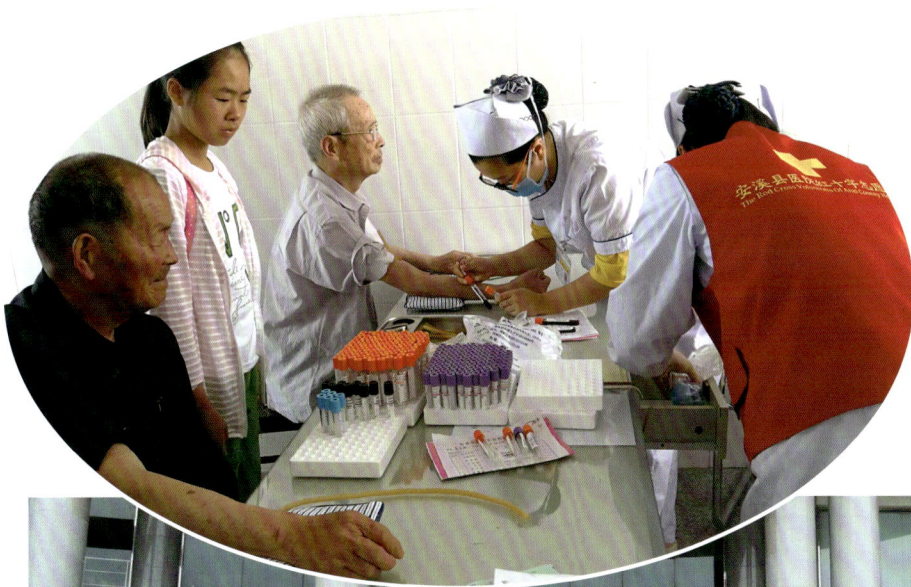

2017 年 5 月 23 日，安溪县组织老干部到县医院体检 （陈全守摄）

2017 年 6 月 19 日，安溪县法院开展毒品案件集中宣判暨"法院开放日"活动 （县法院供图）

2017年7月12日，安溪县举办纪念中国人民解放军建军90周年暨"双拥花映中国茶都"文艺晚会
（安溪报社供图）

2017年8月28日，安溪县启动乡镇扶贫开发协会及专业合作社结对帮扶建档立卡贫困村贫困户项目
（安溪报社供图）

2017年10月28日，安溪县举行"保护母亲河"全面推行河长制公益骑行活动 （连鹏莲摄）

2017年11月7日，安溪县食品药品安全宣传进社区 （白振福摄）

2017年12月6日，第十届世界安溪乡亲联谊大会在安溪召开

2017年12月6日，中国侨联第四届主席庄炎林在第十届世界安溪乡亲联谊大会上即兴赋诗《贺安溪》

2017年12月6日，安溪县委书记高向荣在第十届世界安溪乡亲联谊大会上发表讲话

2017年12月5日，安溪县人民政府县长刘林霜在第十届世界安溪乡亲联谊大会晚宴上致辞

2017年12月5日，第十届世界安溪乡亲联谊大会晚宴歌舞表演

2017年12月6日，第十届世界安溪乡亲联谊大会参会嘉宾到安溪县文庙参观图片展

2017年12月6日，安溪县委书记高向荣把会旗交给台北市安溪同乡会理事长周庆松

2017年12月6日，台北市安溪同乡会理事长周庆松接过会旗，第十一届世界安溪乡亲联谊大会将于2020年在台北举行

2017年12月6日，在第十届世界安溪乡亲联谊大会上举行的捐赠公益事业贡献奖颁奖仪式 （本版图片由安溪报社提供）

产 业 升 级

2017年1月16日，安溪县政府与北部湾旅游股份有限公司签订战略合作框架协议　（洪金示摄）

2017年2月23日，三安中科生物植物工厂技术员培植蔬菜　（安溪报社供图）

2017 年 3 月 1 日，安溪县举行 2025 产业园企业集体签约入驻仪式　　　　（安溪报社供图）

2017 年 3 月 3 日，安溪县举行南方水产城集体签约仪式并颁发营业执照　　　　（安溪报社供图）

2017 年 4 月 24 日，湖头光电产业园焊线车间

（安溪报社供图）

2017 年 4 月 28 日，安溪卫浴新城奠基仪式　（吴木容摄）

2017 年 5 月 14 日，位于龙门 EC 产业园的中国非遗大数据中心揭牌　（安溪报社供图）

2017 年 5 月 19 日，安溪县家居工艺商会电商分会成立
（林清锻摄）

2017 年 6 月 29 日，全国双安双创成果展安溪展区
（林清锻摄）

2017 年 7 月 10 日，海峡两岸青年人才文创设计邀请赛
（黄东华摄）

2017 年 7 月 26 日，安溪县公共资源交易中心揭牌

（洪金示摄）

2017 年 9 月 26 日，弘桥智谷赴京挂牌新三板

（安溪报社供图）

2017 年 10 月 26 日，大成海尔科技工人业务操作　（安溪报社供图）

龙门镇湖里园　　　　　　　　　（2017 年 10 月 26 日摄，安溪报社供图）

2017 年 12 月 22 日，泉州市特铝五金工业有限公司开工仪式　（参内乡供图）

2017 年 12 月 12 日，第二届家居工艺文化博览会开幕

外国参展商

劳模创新基地展馆

竹藤编技艺现场表演

淘宝村的年轻人

（安溪报社供图）

第二届"匠心杯"中国（安溪）藤铁工艺现场创作大赛特等奖黄连贵作品《茶几——千丝》
（县工业联社供图）

第二届"匠心杯"中国（安溪）藤铁工艺现场创作大赛金奖张锦鸿作品《荷·意》
（县工业联社供图）

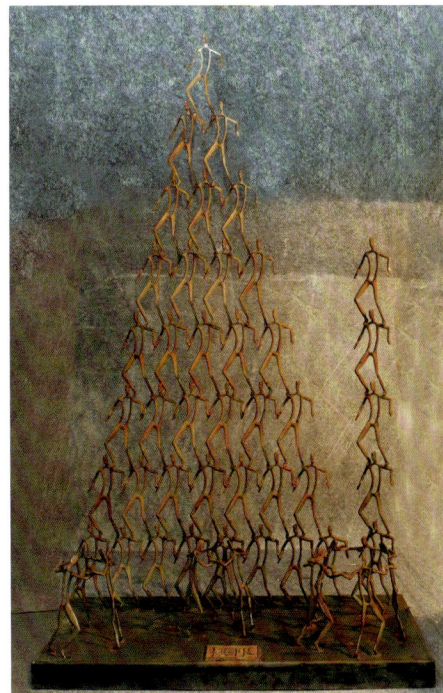

第二届"匠心杯"中国（安溪）藤铁工艺现场创作大赛金奖林德时作品《极限》
（县工业联社供图）

2017年12月12日，第二届家居工艺文化博览会匠心杯藤铁工艺现场创作大赛颁奖仪式 （安溪报社供图）

编辑说明

一、《安溪年鉴（2018）》是由中共安溪县委领导、安溪县人民政府主持，安溪县地方志编纂委员会办公室组织编纂的安溪县第十三部地方综合年鉴。

二、本年鉴以马克思列宁主义、毛泽东思想、邓小平理论、"三个代表"重要思想，科学发展观，党的十九大会议精神以及习近平总书记新时代中国特色社会主义思想为指导。坚持实事求是，客观、全面、系统地记载安溪县改革开放、经济发展、社会进步等方面的基本情况和最新成就，展示建设实力安溪、大美安溪、活力安溪、小康安溪的崭新风貌。记述时限为2017年1月1日至2017年12月31日，个别重要资料时限有所上溯或下延。

三、本年鉴主要采取栏目—分目—条目三级框架结构。全书设33个栏目，155个分目，896个条目，40多万字。内容分三大版块：卷首特载、专记、县情概貌、大事记；主体部分按照《地方志工作条例》的精神，党政、法治、军事、群团组织、外事侨务和港澳台事务、城乡建设与环境保护、经济管理、财政税收、农业、茶业、工业、工贸园区、交通、邮政通信、旅游业、商业、金融、教育科技、文化、卫生计生体育、社会民生等，卷末为各乡镇概览、人物、荣誉榜、附录等。

四、采用规范的现代汉语记述。文字、标点符号、计量单位（除统计资料部分照录外）均以国家现行规范为准。人称除引文外，一律用第三人称书写，机构、团体的名称广为流传的（如中共安溪县委、县政府）直接用简称，必要时，安溪县简称"县"。

五、本年鉴记述范围覆盖全县，内容涉及各行各业，有些全局性的工作各单位在记述时难免出现互相交叉的现象。对此，在编纂过程中分别采取详略不同、角度各异、互相参见等办法进行处理，尽量做到既不遗漏各单位的主要工作，又不至于出现过多的重复。

六、本年鉴采编的资料均由各承编单位撰稿并经单位领导审核后提供。采用的统计数据由于各单位的统计口径不同等原因，个别数据在不同条目中不尽一致，在引用时应以安溪县统计局公布的数据为准。

目　录

特　载

坚定绿色发展　做好生态答卷
　　——中共安溪县委书记　高向荣 …………001

在2017年全县三级干部会议上的讲话
　　——安溪县人民政府县长　刘林霜 ………002

专　记

厦门金砖峰会中的安溪元素 …………005
福建安溪三项机制推动稳定脱贫 …………006
安溪文化产业新名片
　　——记第二届中国（安溪）家居工艺文化博览会
…………008

县情概貌

·自然地理·

地理位置 …………009
地形地貌 …………009
水系 …………009
气候 …………009
2017年安溪县各季气温、雨量、日照及评价情况表
…………010
2017年安溪县各月、年气温、雨量、日照及评价情况表 …………010

生态环境 …………010
矿藏 …………010

·人文地理·

政区沿革 …………010
政区划分 …………011
人口 …………011
经济发展 …………011
人文荟萃 …………011
红色苏区 …………012
著名"三乡" …………012
产业优势 …………012

大事记

·2017年·

1月 …………013
2月 …………013
3月 …………014
4月 …………015
5月 …………016
6月 …………017
7月 …………018
8月 …………019
9月 …………020
10月 …………021
11月 …………021
12月 …………022

中共安溪县委员会

·综述·

概况 …………………………………… 023

县委中心组理论学习 ………………… 023

党的建设 ……………………………… 023

巡察工作 ……………………………… 024

·重要会议·

县委工作会议 ………………………… 024

李光地文化节暨两岸文创高峰会 …… 024

县委第十三届第四次全体（扩大）会议 ……… 025

第七届全国茶叶经济研讨会暨安溪铁观音

　　高峰论坛 ………………………… 025

县委第十三届第五次全体（扩大）会议 ……… 026

第十届世界安溪乡亲联谊大会 ……… 026

·县委重要决策·

科学谋划思路 ………………………… 026

深化精准扶贫 ………………………… 026

项目建设持续发力 …………………… 026

推动茶业二次腾飞 …………………… 027

加快产业转型 ………………………… 027

建设宜居城乡 ………………………… 027

优化生态环境 ………………………… 027

推进全面深化改革 …………………… 027

社会和谐发展 ………………………… 027

加强管党治党 ………………………… 028

·纪检监察·

概况 …………………………………… 028

县纪委十三届二次全会 ……………… 028

廉政建设 ……………………………… 028

违纪查处 ……………………………… 029

监督执纪 ……………………………… 029

纪律监察体制改革 …………………… 029

·组织工作·

概况 …………………………………… 030

领导班子和干部队伍建设 …………… 030

干部人事制度改革 …………………… 031

人才队伍建设 ………………………… 032

基层党组织建设 ……………………… 033

非公有制经济党建 …………………… 036

·宣传工作·

概况 …………………………………… 036

文化发展活力 ………………………… 036

理论学习 ……………………………… 037

新闻宣传 ……………………………… 038

茶业宣传 ……………………………… 038

"四个安溪"建设宣传 ……………… 039

·统一战线·

概况 …………………………………… 039

引导"回归创业" …………………… 039

党外人士工作 ………………………… 039

非公经济人士捐赠公益事业 ………… 039

台港澳及海外统战 …………………… 039

·编制工作·

概况 …………………………………… 039

行政审批制度改革 …………………… 039

事业单位改革与登记管理 …………… 040

·县直机关党建·

概况 …………………………………… 040

思想建设 ……………………………… 040

党建项目化管理 ……………………… 041

党的组织建设 ………………………… 041

作风建设 ……………………………… 042

·信访·

概况 …………………………………… 042

信访排查与督查 ……………………… 042

领导下访 ……………………………… 043

专线电话 ……………………………… 043

·老干部工作·

概况 …………………………………… 043

老干部政治待遇 ……………………… 043

老干部生活待遇 ……………………… 044

老干部服务管理 ……………………… 044

活动阵地建设 ………………………… 044

发挥老干部作用 ……………………… 044

老干部信息宣传工作 ………………… 045

·党校（行政学校）·

概况 ················· 045
干部培训 ············· 045
理论宣传 ············· 045
构建和谐平安校园 ······· 045

·精神文明建设·

概况 ················· 045
培育和践行社会主义核心价值观 ··· 045
未成年人思想道德建设 ······· 047
树立文明新风 ··········· 047
群众性精神文明创建活动 ····· 048
第五届泉州市道德模范 ······· 048

安溪县人民代表大会及其常务委员会

·主要会议·

概况 ················· 049
县第十七届人民代表大会第二次会议 ····· 049
县人大常务委员会会议 ········· 049
2017 年安溪县人大常务委员会会议情况表 ······ 050

·主要工作·

概况 ················· 051
重大事项决定 ··········· 051
监督工作 ············· 051
人事任免 ············· 052
代表工作 ············· 052
联系指导乡镇人大 ········· 052

安溪县人民政府

·综述·

项目建设 ············· 053
产业发展 ············· 053
亲商惠企 ············· 054
茶业转型 ············· 054
城乡建设 ············· 054
社会民生 ············· 054
政府建设 ············· 055
2017 年县长重点办公会 ······· 055

·行政执法·

概况 ················· 057
市容管理 ············· 057
水流域巡查监管 ··········· 057
城乡环境综合治理 ········· 057
案件处理 ············· 058

·人力资源管理·

概况 ················· 058
劳动合同管理 ··········· 058
就业和再就业 ··········· 058
职工管理 ············· 058
职工保险 ············· 058
人才管理 ············· 058
工资待遇管理 ··········· 059
人才市场 ············· 059

·行政服务中心·

概况 ················· 059
规范管理 ············· 060
便民服务 ············· 060

政协安溪县委员会

·重要会议·

概况 ················· 061
政协第十二届安溪县委员会第二次会议 ········ 061
县政协常务委员会会议 ········· 061
2017 年安溪县政协常务委员会会议情况表 ······ 062

·主要工作·

概况 ················· 062
政协提案 ············· 062
2017 年安溪县政协表彰优秀提案名表 ··········· 063
调研考察 ············· 063
民主监督 ············· 064
文史工作 ············· 064

法治

·法治政府建设·

概况 ················· 065

维护社会稳定 ························ 065
"平安安溪"建设 ··················· 065

·公安·

概况 ···································· 066
强化打击整治 ······················ 066
社会治安防控 ······················ 067
户政管理 ···························· 068
出入境管理 ························· 068
监所管理 ···························· 068
道路交通安全管理 ················ 068
加强信息公开宣传 ················ 069
消防 ·································· 069

·检察·

概况 ···································· 069
刑事检察 ···························· 069
查办和预防职务犯罪 ············· 070
民事行政检察 ······················ 070
控告申诉检察 ······················ 070
生态资源检察 ······················ 070
未成年人刑事检察 ················ 070
执法规范化建设 ··················· 070

·法院·

概况 ···································· 071
审判 ·································· 071
立案信访 ···························· 072
基层党建提升工程 ················ 072

·司法行政·

概况 ···································· 072
普法教育 ···························· 072
人民调解 ···························· 073
法律服务 ···························· 073
社区矫正 ···························· 074
安置帮教 ···························· 074

军事

·人民武装·

概况 ···································· 075
思想政治建设 ······················ 075

规范化建设 ························· 075
拥军优属 ···························· 075

·人民防空·

概况 ···································· 076
人防宣传教育 ······················ 076
人防工程建设 ······················ 076
人防指挥通信建设 ················ 076
人防队伍建设 ······················ 076

群团组织

·安溪县总工会·

概况 ···································· 077
职工"建功活动" ·················· 077
职工素质教育工程 ················ 077
企事业民主管理 ··················· 078
劳动保护 ···························· 078
职工帮扶工程 ······················ 078
工会组织建设 ······················ 079
劳动模范管理 ······················ 079
县政府与县总工会第十五次联席会议 ········· 080

·共青团安溪县委·

概况 ···································· 080
团县委第十五届五次全体（扩大）会议 ········ 080
青少年教育 ························· 080
青年文明号创建 ··················· 081
青年交流活动 ······················ 081
团建工作 ···························· 081

·安溪县妇女联合会·

概况 ···································· 083
十三届五次执委（扩大）会议 ··· 083
基层妇联改革 ······················ 083
最美家庭创建活动 ················ 083
巾帼脱贫行动 ······················ 084
节日系列活动 ······················ 084

·安溪县工商业联合会（总商会）·

概况 ···································· 085
重要会议 ···························· 085
推进非公有制经济发展 ··········· 085

服务经济发展大局 …………………… 085

异地商会 ……………………………… 086

获评全国"五好"县级工商联 ……… 086

·安溪县归国华侨联合会·

概况 …………………………………… 086

第九次归侨侨眷代表大会 …………… 086

联络联谊 ……………………………… 086

为侨服务 ……………………………… 086

参政议政 ……………………………… 087

重要活动 ……………………………… 088

·安溪县文学艺术界联合会·

概况 …………………………………… 088

文艺采风 ……………………………… 088

座谈会 ………………………………… 089

文艺赛事 ……………………………… 089

文艺活动 ……………………………… 089

文艺培训 ……………………………… 090

文艺精品扶持及惠民工程 …………… 090

换届工作 ……………………………… 090

县文艺家协会工作亮点 ……………… 090

·安溪县科学技术协会·

概况 …………………………………… 092

科普宣传 ……………………………… 092

青少年科技活动 ……………………… 093

科技馆 ………………………………… 093

基层科协（学、研究）会 …………… 093

全民科学素质 ………………………… 093

院士专家工作站 ……………………… 093

基层科普行动计划 …………………… 094

技术培训及农函大 …………………… 094

·安溪县茶叶协会·

概况 …………………………………… 094

第二届理事会第三次会议 …………… 094

成立山东烟威分会 …………………… 094

调研安溪铁观音市场 ………………… 095

赴台参加交流活动 …………………… 095

·安溪县计划生育协会·

概况 …………………………………… 095

基层协会"四联创"活动 …………… 095

生育关怀行动 ………………………… 095

·安溪县关心下一代工作委员会·

概况 …………………………………… 096

重要会议 ……………………………… 096

创"五好"工作 ……………………… 096

青少年思想道德教育 ………………… 096

捐资助学工程 ………………………… 097

关爱帮扶活动 ………………………… 097

·残疾人工作·

概况 …………………………………… 097

省市县为民办实事项目 ……………… 098

康复工作 ……………………………… 098

劳动就业工作 ………………………… 098

残疾人扶贫与助学 …………………… 098

残疾人文体活动 ……………………… 099

推动出台残疾人事业发展"十三五"规划纲要 … 099

安溪县爱慧自闭症康复中心运营管理工作 …… 099

安溪县爱慧日间照料托养中心管理工作 ……… 099

联办精神类残疾人托养中心 ………… 099

推进政府购买残疾人服务 …………… 099

·红十字会·

概况 …………………………………… 099

应急救护培训 ………………………… 099

外事·侨务·港澳台事务

·外事·

概况 …………………………………… 100

对外文化交流 ………………………… 100

2017年安溪县主要组团或参与组团出国访问情况表

………………………………………… 100

·侨务·

概况 …………………………………… 100

联络联谊 ……………………………… 100

2017年安溪县接待重点团组情况表 … 101

经贸合作 ……………………………… 102

2017年安溪县新落地侨资企业情况表 …… 102

为侨服务 ……………………………… 103

丰富侨情资料 ………………………… 103

·港澳事务·

概况 …………………………………… 103

交流活动 ……………………………… 103

赴港活动 ……………………………… 103

安港大学生茶文化交流 ……………… 103

·涉台事务·

赴台交流 ……………………………… 103

2017 年安溪县接待重点台胞情况表 ……… 104

对台经贸 ……………………………… 104

关心台胞、台属 ……………………… 104

城乡建设与环境保护

·城乡规划·

概况 …………………………………… 105

城区规划 ……………………………… 105

石结构房屋改造 ……………………… 105

·城乡建设·

概况 …………………………………… 105

美丽乡村现场会 ……………………… 105

市政道路建设 ………………………… 105

市政道路管理 ………………………… 106

城市景观 ……………………………… 107

水务 …………………………………… 107

环卫事务 ……………………………… 107

城区污水处理 ………………………… 108

·房地产业·

房地产开发 …………………………… 108

产权产籍档案管理 …………………… 108

物业管理 ……………………………… 108

保障性安居工程 ……………………… 108

·建筑业·

概况 …………………………………… 108

招投标管理 …………………………… 108

工程质量安全监督管理 ……………… 108

·环境保护·

概况 …………………………………… 109

环境保护督察 ………………………… 109

生态文明建设 ………………………… 109

污染物减排 …………………………… 109

环评审批 ……………………………… 110

环境宣传教育 ………………………… 110

环境执法 ……………………………… 110

农村生活污水处理"安溪模式" ……… 110

经济管理

·发展和改革·

概况 …………………………………… 111

项目建设 ……………………………… 111

行政审批制度改革 …………………… 111

县级重点项目建设情况 ……………… 111

公共资源交易中心 …………………… 111

·物价管理·

概况 …………………………………… 112

价格管理 ……………………………… 112

收费管理 ……………………………… 112

平价商店建设 ………………………… 112

·市场监督管理·

概况 …………………………………… 113

市场主体管理 ………………………… 113

服务企业发展 ………………………… 113

市场经营管理 ………………………… 114

商标管理 ……………………………… 114

地理标志管理 ………………………… 114

质量监督 ……………………………… 115

食品药品安全监督 …………………… 116

食品安全监督抽检 …………………… 116

信用体系建设 ………………………… 117

完善消费维权机制 …………………… 117

·检验检疫·

概况 …………………………………… 117

简化通关模式 ………………………… 118

出口质量安全示范区建设 …………… 118

打造出口示范企业 …………………… 118

国家茶叶检测重点实验室（福建） …… 119

·安全生产监督管理·

概况 …………………………………… 119

安全生产宣传教育培训 ……………… 119

安全生产大整治 …………………………… 119
隐患排查治理体系建设 …………………… 119

·国土资源管理·

概况 ………………………………………… 119
耕地保护 …………………………………… 119
国土资源执法监察 ………………………… 119
国有建设用地使用权出让 ………………… 120
2017 年安溪县国有建设用地有偿出让情况表 … 120
行政审批服务 ……………………………… 122
库区移民后期扶持 ………………………… 122
地质灾害防治 ……………………………… 122
不动产统一确权登记 ……………………… 122
矿业管理 …………………………………… 122

·统计·

概况 ………………………………………… 123
第三次全国农业普查 ……………………… 123
入选百强县 ………………………………… 123

·审计·

概况 ………………………………………… 124
预算执行审计 ……………………………… 124
经济责任审计 ……………………………… 124
政府投资审计 ……………………………… 124
专项资金审计 ……………………………… 124
企事业单位审计 …………………………… 124
内部审计工作指导 ………………………… 124

财政税收

·财政·

概况 ………………………………………… 125
财政收入 …………………………………… 125
财政支出 …………………………………… 125
财政改革 …………………………………… 126
会计集中核算监督 ………………………… 126
监控管理 …………………………………… 126
小城镇建设投资 …………………………… 126

·国家税务·

概况 ………………………………………… 126
依法治税 …………………………………… 126

纳税服务 …………………………………… 126
税收征管改革 ……………………………… 127
2017 年安溪县国税纳税超百万企业名表 …… 127

·地方税务·

概况 ………………………………………… 129
征管改革 …………………………………… 129
健全纳税服务体系 ………………………… 129
2017 年安溪县地税纳税超百万企业情况表 …… 130

农　业

·综述·

概况 ………………………………………… 133
农业执法 …………………………………… 133

·种植业·

概况 ………………………………………… 133
粮食作物 …………………………………… 133
2017 年安溪县非粮食作物面积产量情况表 …… 134
果业 ………………………………………… 134
植物保护 …………………………………… 134

·畜牧业·

概况 ………………………………………… 135
科学技术培训 ……………………………… 135
畜禽疫病防治 ……………………………… 135
动物卫生监督执法 ………………………… 135

·渔业·

概况 ………………………………………… 136
水产养殖 …………………………………… 136
渔政管理 …………………………………… 136
溪河放流增殖 ……………………………… 136

·农村能源与生态农业·

概况 ………………………………………… 137
农村沼气安全生产管理 …………………… 137
"三品一标"认证 ………………………… 137

·林业·

概况 ………………………………………… 137
植树造林 …………………………………… 137
2017 年安溪县各乡镇植树造林森林抚育面积情况表
………………………………………………… 138

森林防火 ……………………………… 138

森林资源管理 …………………………… 139

林业审核审批 …………………………… 139

森林公园建设 …………………………… 139

2017 年安溪县森林公园情况表 ………… 139

野生动植物资源保护 …………………… 140

森林病虫害防治 ………………………… 140

集体林权制度改革 ……………………… 140

维护林区和谐稳定 ……………………… 140

国有林场 ………………………………… 140

林业案件查处 …………………………… 141

·水利·

概况 ……………………………………… 141

水利项目建设 …………………………… 141

水资源管理制度 ………………………… 141

全面推行河长制 ………………………… 141

防汛抗旱 ………………………………… 141

·农业机械管理·

概况 ……………………………………… 142

农机作业 ………………………………… 142

农机安全监理 …………………………… 142

农机技术培训 …………………………… 142

农机推广引进 …………………………… 142

落实农机购置补贴 ……………………… 142

·水土保持·

概况 ……………………………………… 142

水土保持监管 …………………………… 142

水土保持宣传 …………………………… 142

上级领导检查安溪水土流失治理工作 … 143

·农业区划与休闲农业·

概况 ……………………………………… 143

全球重要农业文化遗产 ………………… 143

休闲农业发展 …………………………… 143

休闲农业示范点 ………………………… 143

压茶机专项整治 ………………………… 144

安溪铁观音地理标志证明商标使用管理 …… 144

2017 年安溪铁观音地理标志证明商标（第五批）准
用企业名单 …………………………… 144

·茶叶生产·

概况 ……………………………………… 144

推进涉茶项目实施 ……………………… 144

安溪铁观音打假维权行动 ……………… 145

·茶叶科研·

概况 ……………………………………… 145

现代茶业生产发展建设项目 …………… 145

茶树优异种质资源保护与利用 ………… 145

茶园土壤改良 …………………………… 145

·茶叶市场·

概况 ……………………………………… 145

茶都茶叶市场 …………………………… 145

茶都茶多网 ……………………………… 146

·茶事活动·

概况 ……………………………………… 146

"闽茶海丝行（西欧站）"活动 ………… 146

最美家庭品茗活动 ……………………… 146

马来西亚国际茶与咖啡博览会 ………… 146

首届安溪铁观音大师赛 ………………… 146

首届安溪铁观音大师赛获奖名单 ……… 146

首届中国国际茶叶博览会 ……………… 146

参加全国"双安双创"成果展 ………… 146

香港国际茶展 …………………………… 147

中国国际茶产业投资展览会 …………… 147

安溪铁观音大师工作室揭牌 …………… 147

第二届中法文化论坛 …………………… 147

安溪铁观音传统茶产销对接大会 ……… 147

签订海峡两岸乌龙茶传统制作交流合作协议 … 147

秋季安溪铁观音茶王赛 ………………… 147

李金登大师杯斗茶赛 …………………… 147

第七期安溪铁观音大师沙龙 …………… 148

县茶业信息发布中心揭牌 ……………… 148

茶叶分会举办安溪铁观音茶事活动 …… 148

安溪铁观音女子排球队品茗联谊活动
（郑州、成都、沈阳站）………………… 149

茶 业

·茶业管理·

概况 ……………………………………… 144

茶业万人培训 …………………………… 144

工　业

·工业经济·

概况 ································· 150

规模以上工业 ··············· 150

企业创新转型 ··············· 150

培育龙头企业 ··············· 150

技术改造 ····················· 151

2017 年安溪县规模以上工业产值主要分类
　　情况表 ····················· 151

2017 年安溪县规模以上工业主要行业产值
　　情况表 ····················· 151

·城镇集体工业联合社·

概况 ··························· 151

租赁承包经营企业 ·········· 151

企业参展 ····················· 152

工艺美术大师队伍 ·········· 152

·供电公司·

概况 ··························· 152

电力经营管理 ··············· 152

2017 年安溪电网用电结构情况表 ········· 152

2017 年国网安溪县供电有限公司经营情况表 ··· 152

电网投资和改造 ············· 152

工贸园区

·中国国际信息技术（福建）产业园·

概况 ··························· 153

基础设施建设 ··············· 153

园区建设 ····················· 154

入园企业 ····················· 154

2017 年入驻中国国际信息技术（福建）产业园
　　大数据企业情况表 ·········· 155

2017 年中国国际信息技术（福建）产业园落地
　　项目情况表 ················ 155

·城区工业园·

概况 ··························· 156

规划布局 ····················· 156

园区建设 ····················· 156

2017 年城区工业园引进项目情况表 ········· 157

基础设施建设 ··············· 157

·湖头光电产业园·

概况 ··························· 158

基础设施建设 ··············· 158

入驻项目 ····················· 158

人才队伍 ····················· 158

交　通

·交通运输·

概况 ··························· 159

客货运输 ····················· 159

运输管理 ····················· 159

交通安全综合整治 ·········· 159

恒兴新车站正式启用 ········ 160

·公路桥梁建设·

概况 ··························· 160

高速公路 ····················· 160

普通公路 ····················· 161

农村公路 ····················· 161

桥梁建设 ····················· 161

·公路管理·

概况 ··························· 162

公路养护 ····················· 162

工程建设 ····················· 162

路政管理 ····················· 162

邮政·通信

·中国邮政集团公司福建省安溪县分公司·

概况 ··························· 163

包裹快递业务 ··············· 163

信函广告、报刊业务 ········ 163

集邮与增值业务 ············· 163

·中国电信集团公司安溪分公司·

概况 ··························· 163

通信建设 ····················· 163

服务网络 ……………………………… 163
智慧安溪系列工程 ……………………… 164
·中国移动通信集团福建有限公司安溪分公司·
概况 …………………………………… 164
信息化建设 …………………………… 164
通信建设 ……………………………… 164
智慧家庭 ……………………………… 165
·中国联合网络通信有限公司·
概况 …………………………………… 165
网络建设 ……………………………… 165

旅游业

·旅游业建设·
概况 …………………………………… 166
旅游项目建设 ………………………… 166
旅游资源整合 ………………………… 166
旅游公共服务配套 …………………… 166
旅游品牌推广 ………………………… 166
旅游服务环境提升 …………………… 166
·旅游业活动·
安溪县与北部湾旅游股份有限公司签订战略
　合作框架协议 ……………………… 167
2017 年旅游行业安全生产管理员培训班 …… 167
安溪县旅游事业局开展旅游安全主题入企宣讲
　暨工作交流会 ……………………… 167
"安溪县清水岩旅游纠纷人民调解委员会"
　揭牌成立 …………………………… 167
茶庄园文旅活动 ……………………… 167
安溪智慧旅游公共服务平台合作项目成功签约… 167

商　业

·商贸流通·
概况 …………………………………… 168
国有商业 ……………………………… 168
医药经营与管理 ……………………… 168
县农产品批发市场经营 ……………… 168

"菜篮子"基地建设 …………………… 168
获评"泉州老字号"企业 ……………… 168
电子商务发展 ………………………… 168
弘桥智谷（泉州）电商产业基地 ……… 169
·粮油经营·
概况 …………………………………… 169
储备粮采购与轮换 …………………… 169
粮食保管与检验 ……………………… 169
经营机制与管理 ……………………… 170
·供销经营·
概况 …………………………………… 170
综合改革 ……………………………… 170
服务三农 ……………………………… 170
经营服务网点建设 …………………… 170
项目建设 ……………………………… 171
发展电子商务 ………………………… 171
·物资流通·
概况 …………………………………… 171
物资经营管理 ………………………… 171
2017 年县物资流通部门各项主要经济指标 …… 171
·烟草专卖·
概况 …………………………………… 171
专卖内部监管 ………………………… 171
卷烟营销 ……………………………… 172
·对外经贸·
概况 …………………………………… 172
利用外资 ……………………………… 173
招商引资 ……………………………… 173
外贸出口 ……………………………… 173
2017 年安溪县对外经济指标完成情况表 …… 173
2017 年外商投资企业备案（新设）情况表 …… 174
2017 年全县外贸进出口海关数 ……… 175
2017 年外资企业海关数（出口） …… 175
2017 年内资企业海关数（出口） …… 176

金　融

·金融监管与服务·
概况 …………………………………… 178

货币政策 …………………………… 178
创新金融服务实体经济发展模式 ………… 178
普惠金融服务 ……………………… 178
金融稳定 …………………………… 178
金融服务 …………………………… 178
行政执法 …………………………… 179
征信管理 …………………………… 179
反洗钱工作 ………………………… 179
人民币管理 ………………………… 179
外汇管理 …………………………… 179

·中国工商银行股份有限公司安溪支行·
概况 ………………………………… 180
信贷投放 …………………………… 180
风险防控 …………………………… 180

·中国农业银行安溪县支行·
概况 ………………………………… 180
支持经济社会发展 ………………… 180
服务三农 …………………………… 181
客户基础量质提升 ………………… 181
不良资产处置 ……………………… 181

·中国农业发展银行安溪县支行·
概况 ………………………………… 181
粮食安全保障 ……………………… 181
支持农村基础建设 ………………… 181
客户营销 …………………………… 182

·中国银行股份有限公司安溪支行·
概况 ………………………………… 182
内部管理 …………………………… 182
创新业务增长点 …………………… 182
制定中小企业服务新模式 ………… 182

·中国建设银行股份有限公司安溪支行·
概况 ………………………………… 183
创新发展 …………………………… 183
渠道建设 …………………………… 183
提升资金实力 ……………………… 183
加大信贷资源投入 ………………… 183
支持小微企业发展 ………………… 183
信贷资产管理 ……………………… 183
住房公积金贷款 …………………… 184

·中国邮政储蓄银行安溪县支行·
概况 ………………………………… 184
存款业务 …………………………… 184
信贷业务 …………………………… 184
信用卡 ……………………………… 184
中小企业服务 ……………………… 184
服务三农 …………………………… 184
风险管理 …………………………… 184
渠道建设 …………………………… 184

·安溪县农村信用合作联社·
概况 ………………………………… 184
支持经济发展 ……………………… 184
业务创新 …………………………… 184
农民专业合作社贷款管理 ………… 185

·中国人民财产保险股份有限公司安溪支公司·
概况 ………………………………… 185
理赔服务 …………………………… 185
保险工作 …………………………… 185

·中国人寿保险股份有限公司安溪县支公司·
概况 ………………………………… 185
基础及附加值服务 ………………… 185
服务民生 …………………………… 185

教育·科技

·教育·
概况 ………………………………… 186
学前与初等教育 …………………… 186
2017 年安溪县小学基本情况 ……… 186
中等教育 …………………………… 186
2017 年安溪县普通中学基本情况（一） ……… 186
2017 年安溪县普通中学基本情况（二） ……… 187
高等教育 …………………………… 187
实行"阳光招生" …………………… 187
教育管理标准建设 ………………… 187
教育质量监管测 …………………… 187
教育科研 …………………………… 188
职业教育 …………………………… 188
民办教育 …………………………… 188

"全面改薄"建设项目 ……………………… 188

教育重点项目建设 ………………………… 188

创建文明学校 ……………………………… 188

学校德育 …………………………………… 188

安溪县久久爱公益促进会 ………………… 188

入选电商专业百强 ………………………… 188

全国中小学校责任督学挂牌督导创新县 …… 188

首届"浓韵汇"杯大学生茶叶拼配与烘焙

　技艺比赛 ……………………………… 189

·科技·

概况 ………………………………………… 189

企业创新主体地位提升 …………………… 189

服务传统产业转型升级 …………………… 189

服务新兴产业发展 ………………………… 189

服务科技成果转化 ………………………… 189

知识产权 …………………………………… 189

科技成果奖励 ……………………………… 189

2017 年安溪县科技成果获泉州市科技进步奖

　情况表 ………………………………… 189

2015-2016 年度安溪县科学技术奖获奖

　单位、项目 …………………………… 190

2015—2016 年度安溪县科学技术专利奖获奖单位、

　项目 …………………………………… 191

鼓岭科学会议在安溪县召开 ……………… 191

拓展图书馆功能 …………………………… 194

2017 年安溪县沼涛图书馆基本情况表 ……… 194

茶文化艺术 ………………………………… 194

安溪茶艺亮相"澳门福建文化节" ………… 194

·档案·

概况 ………………………………………… 194

档案监督指导 ……………………………… 195

档案管理利用 ……………………………… 195

综合档案馆建设 …………………………… 195

·地方志·

概况 ………………………………………… 195

年鉴编纂 …………………………………… 195

部门（专业）志编修 ……………………… 195

地情平台建设 ……………………………… 195

安溪家风家训展厅 ………………………… 195

·党史·

概况 ………………………………………… 196

宣传教育 …………………………………… 196

资料征集 …………………………………… 196

·广播电视·

概况 ………………………………………… 196

广播电台栏目拓展 ………………………… 196

2017 年安溪县广播电台直播节目情况表 …… 196

2017 年安溪县电视栏目制作与播放情况表 …… 197

向上级台供稿 ……………………………… 197

节目获奖情况 ……………………………… 197

社会宣传 …………………………………… 197

·电影·

概况 ………………………………………… 197

文　化

·文化艺术·

概况 ………………………………………… 192

"5551"项目建设 ………………………… 192

2017 年安溪县"5551"项目建设情况表 …… 192

文艺创作 …………………………………… 193

作品及获奖情况 …………………………… 193

文化交流 …………………………………… 193

文化市场整治 ……………………………… 193

文博工作 …………………………………… 193

"非遗"保护 ……………………………… 193

高甲戏剧团 ………………………………… 194

安溪艺术学校 ……………………………… 194

社会服务 …………………………………… 198

服务农村 …………………………………… 198

县新影剧院建成启用 ……………………… 198

卫生·计生·体育

·卫生·

概况 ………………………………………… 199

医疗卫生体制改革 ………………………… 199

卫生项目建设 ……………………………… 199

医政管理 …………………………………… 199
中医药工作 ………………………………… 200
基本公共卫生服务 ………………………… 200
农村医疗 …………………………………… 200
卫生监督执法 ……………………………… 201
疾病预防与控制 …………………………… 201
妇幼保健 …………………………………… 202
安溪县医院 ………………………………… 202
县中医院 …………………………………… 202
县妇幼保健院 ……………………………… 203
安溪卫校 …………………………………… 203
民办医院 …………………………………… 203
安全生产 …………………………………… 203
首次公开竞聘乡镇卫生院院长 …………… 203
学术研究 …………………………………… 203
明仁医院结缘中日友好医院 ……………… 203

·计生·
概况 ………………………………………… 203
计生常规工作 ……………………………… 203
计生流动人口管理 ………………………… 204
计生扶助 …………………………………… 204
人才队伍建设 ……………………………… 204
宣传教育 …………………………………… 204

·体育·
全县中小学生田径运动会 ………………… 204
县少年业余体育学校 ……………………… 205
2017环泉州湾国际公路自行车赛安溪赛段 …… 205
全国青少年举重锦标赛 …………………… 205

社会民生

·为民办实事·
概况 ………………………………………… 206
项目实施情况 ……………………………… 206

·民政·
拥军优抚安置 ……………………………… 208
登记管理 …………………………………… 208
殡葬工作 …………………………………… 208
革命老根据地建设 ………………………… 208

·城乡居民生活·
概况 ………………………………………… 208
基层政权和社区建设 ……………………… 209

·扶贫开发·
概况 ………………………………………… 209
省级扶贫开发重点村 ……………………… 209
市级扶贫开发重点村 ……………………… 209
县级扶贫开发重点村 ……………………… 209
造福工程易地扶贫搬迁 …………………… 209
扶贫小额信贷 ……………………………… 209
帮扶到户 …………………………………… 209
启动企村帮扶 ……………………………… 210
精准帮扶模式成为全国典型 ……………… 210

·老龄工作·
概况 ………………………………………… 210
完善养老服务体系建设 …………………… 210
抓实为民办实事项目 ……………………… 212
惠老工作 …………………………………… 210
营造爱老助老社会氛围 …………………… 210
基层老龄工作 ……………………………… 210
2017年安溪县百岁寿星名录 ……………… 211
老年教育 …………………………………… 212
老年大学 …………………………………… 212
老年人活动 ………………………………… 212

·慈善事业·
概况 ………………………………………… 212
安溪县慈善总会理事会、监事会全体会议召开 … 212
募集善款 …………………………………… 213
2017年安溪县慈善总会募集善款定向捐赠
　情况表 …………………………………… 213
慈善项目 …………………………………… 213
慈善资金管理 ……………………………… 214
慈善公益活动 ……………………………… 214

·防震减灾·
概况 ………………………………………… 214
震灾预防 …………………………………… 214
应急避难场所建设 ………………………… 214
应急救援体系 ……………………………… 215
抗震救灾 …………………………………… 215

·民族与宗教事务·

概况 …………………………… 216

少数民族地区经济文化社会发展 ………… 216

泉州市第十个民族团结进步宣传月进学校活动 … 216

维护宗教领域和谐稳定 …………… 216

县道教协会举办公益活动 …………… 216

安溪城隍清溪显佑伯主赴新加坡韭菜芭 ……… 216

乡镇概览

·凤城镇·

概况 …………………………… 217

项目建设 ……………………… 217

社会事业 ……………………… 217

·城厢镇·

概况 …………………………… 218

项目建设 ……………………… 218

特色产业 ……………………… 219

社会事业 ……………………… 219

基层组织建设 ………………… 219

入选淘宝镇 …………………… 219

·参内乡·

概况 …………………………… 220

项目建设 ……………………… 220

社会事业 ……………………… 220

·魁斗镇·

概况 …………………………… 221

项目建设 ……………………… 221

特色产业 ……………………… 221

社会事业 ……………………… 221

·蓬莱镇·

概况 …………………………… 222

项目建设 ……………………… 222

特色产业 ……………………… 223

社会事业 ……………………… 223

·金谷镇·

概况 …………………………… 223

项目建设 ……………………… 223

特色产业 …………………………… 224

社会事业 …………………………… 224

·湖头镇·

概况 …………………………… 225

项目建设 ……………………… 225

历史文化名镇建设 …………… 225

社会事业 ……………………… 226

·官桥镇·

概况 …………………………… 226

项目建设 ……………………… 227

社会事业 ……………………… 227

厦门安溪商会成立善坛畲族分会 ……… 227

·龙门镇·

概况 …………………………… 227

项目建设 ……………………… 228

特色小镇建设 ………………… 228

特色产业 ……………………… 228

社会事业 ……………………… 228

·虎邱镇·

概况 …………………………… 229

项目建设 ……………………… 229

特色产业 ……………………… 229

社会事业 ……………………… 230

·西坪镇·

概况 …………………………… 230

项目建设 ……………………… 230

铁观音特色小镇建设 ………… 231

社会事业 ……………………… 231

基层组织建设 ………………… 231

信息 …………………………… 232

·芦田镇·

概况 …………………………… 232

项目建设 ……………………… 232

特色产业 ……………………… 232

社会事业 ……………………… 233

国有安溪芦田茶场 …………… 234

·龙涓乡·

概况 …………………………… 234

项目建设 ……………………… 234

特色产业 ……………………… 234

社会事业 ……………………… 235

两岸乡村农创节 ……………… 235

　・尚卿乡・

概况 …………………………… 235

项目建设 ……………………… 236

特色产业 ……………………… 236

社会事业 ……………………… 237

信息 …………………………… 237

　・大坪乡・

概况 …………………………… 237

项目建设 ……………………… 237

特色产业 ……………………… 238

社会事业 ……………………… 238

　・白濑乡・

概况 …………………………… 239

项目建设 ……………………… 239

特色产业 ……………………… 239

社会事业 ……………………… 239

　・湖上乡・

概况 …………………………… 240

项目建设 ……………………… 240

特色产业 ……………………… 240

社会事业 ……………………… 240

"茂发杯"茶王赛 …………… 241

　・剑斗镇・

概况 …………………………… 241

项目建设 ……………………… 241

特色产业 ……………………… 241

社会事业 ……………………… 242

　・感德镇・

概况 …………………………… 242

项目建设 ……………………… 242

茶业 …………………………… 243

社会事业 ……………………… 243

　・长坑乡・

概况 …………………………… 244

项目建设 ……………………… 244

特色产业 ……………………… 244

社会事业 ……………………… 244

党建创新 ……………………… 245

信息 …………………………… 245

　・祥华乡・

概况 …………………………… 245

项目建设 ……………………… 245

特色产业 ……………………… 245

社会事业 ……………………… 246

　・蓝田乡・

概况 …………………………… 246

项目建设 ……………………… 246

社会事业 ……………………… 246

特色产业 ……………………… 247

县人大代表蓝田联络站揭牌 ………… 248

　・桃舟乡・

概况 …………………………… 248

项目建设 ……………………… 248

特色产业 ……………………… 248

社会事业 ……………………… 248

晋江源生态保护 ……………… 249

泉州市市长康涛到桃舟乡调研 ………… 249

佛罗花（福建）综合农业科技有限公司茶叶

　深加工投资意向签约 ………… 249

　・福田乡・

概况 …………………………… 249

项目建设 ……………………… 249

特色产业 ……………………… 250

社会事业 ……………………… 250

人　物

　・安溪铁观音大师简介・

李金登 ………………………… 251

王清海 ………………………… 251

　・安溪县领导人名录・

2017 年安溪县处级领导干部名录 ………… 251

2017 年安溪县县直机关正科级领导名录 ········ 252
2017 年安溪县乡镇领导班子名录 ················ 256
·安溪县获专业技术职称名录·
主任医师 ··································· 258
副主任医师 ······························· 258
中医副主任医师 ··························· 258
副主任护师 ······························· 258
副主任技师 ······························· 258
基层副主任医师 ··························· 258
基层中医副主任医师 ······················· 258
基层中药副主任药师 ······················· 258
基层副主任技师 ··························· 258
基层副主任护师 ··························· 258
高级工程师 ······························· 258
高级农艺师 ······························· 258
高级畜牧师 ······························· 258
档案专业副研究馆员 ······················· 258
高级讲师 ··································· 258
高级教师 ··································· 258
档案专业馆员 ····························· 258
一级教师 ··································· 259
工程师 ····································· 259
图书资料馆员 ····························· 259
群众文化馆员 ····························· 259
讲师 ······································· 259
农艺师 ····································· 259
非公有制建筑工程师 ······················· 259
非公有制藤艺工艺美术师 ··················· 259

荣誉榜

2017 年安溪县获省、部级及以上表彰的
　先进单位名表 ··························· 260
2017 年安溪县获省、部级表彰的先进个人名表 ···263
2017 年安溪县获省、部级及以上表彰的
　先进单位名表 ··························· 266
2017 年安溪县获市、厅级表彰的先进
　个人名表 ······························· 268
2017 年安溪县参加省级及以上竞赛获奖
　个人名表 ······························· 274

附　录

中共安溪县委　关于加快社会事业发展
补齐民生短板确保如期全面建成小康社会的决定 ···275
2017 年安溪县国民经济和社会发展主要指标表 ···281
2017 年中共安溪县委部分文件（通知）目录 ···284
2017 年安溪县人民政府部分文件（通知）目录 ···285
2017 年中共安溪县委办公室部分文件（通知）
　目录 ··································· 286
2017 年安溪县人民政府办公室部分文件（通知）
　目录 ··································· 289

索引

································· 293

坚定绿色发展　做好生态答卷

中共安溪县委书记　高向荣

良好的生态环境本身就是生产力，也是一个地区的核心竞争力。习近平总书记指出，绿水青山就是金山银山。对福建而言，森林覆盖率65.95%，连续多年居全国首位，"绿水青山"就是我们最具竞争力的优势，也是建设国家生态文明试验区的最大支撑。在环境保护与发展中，要把保护环境放在优先位置，将发展建立在资源高效利用、生态环境有效保护的基础上，切实守护好绿水青山，以良好生态环境集聚人气、汇聚商机，推动形成新的经济增长点，将生态优势转变为经济优势，把生态资本转变为发展资本，以绿色产业发展引领经济转型升级，实现经济效益、社会效益、生态效益相统一，打造全国生态文明建设排头兵、"美丽中国"行动先行者。

保护生态就是改善民生，是顺应人民过上美好生活的新期待。"良好的生态环境是最公平的公共产品，是最普惠的民生福祉。"习近平总书记的这一重要论述，深刻揭示了保护生态环境的民生本质。随着经济社会不断进步，人民群众从吃饱穿暖到渴求青山绿水碧海蓝天，不仅要"小康"更要"健康"。可见生态问题就是民生问题，改善生态就是改善民生，人民群众对良好水质、清新空气、安全食品、美好环境等生态产品的需求，就是党委、政府的努力方向和奋斗目标。我们要坚持良好生态就是最大民生，加大对大气、水、土壤等污染治理力度，着力解决群众反映强烈的突出环境问题，尽快弥补生态历史欠账，保护好生态环境、发展绿色产业，提升生态产品供给能力和水平，让群众在享受发展红利的同时，更充分地享受绿色福利，以生态文明建设成果更好地造福于民、惠及后代。

创造良好生态环境、让人民过上好日子才是最大政绩。各级干部要自觉做到为官一任，富一方百姓，护一方山水，保一片蓝天。我们必须保持清醒认识，树立正确生态政绩观，将经济建设与生态文明建设有机融合起来，加快调整产业结构，转变资源利用方式，走"内生式"绿色发展之路，绝不能再走"先污染后治理"的老路。当前，各级党委、政府均已建立以生态文明建设为主导的科学考核评价体系，把资源消耗、环境损害、生态效益纳入经济评价范畴，用"绿色系数"衡量发展成绩。

把生态建设作为最大的基础建设，坚决守住生态底线。习近平总书记强调："要像保护眼睛一样保护生态环境，像对待生命一样对待生态环境，把不损害生态环境作为发展的底线。"我们要健全生态文明制度体系，运用法治方式推进生态文明建设，突出"源头严防、过程严管、后果严惩"，多方面齐抓共管，多领域协同并治，严守生态红线，严格准入门槛，防止"带病"项目上马，实行资源有偿使用，健全责任追究制度，落实显性责任即时惩戒、隐性责任终身追究，严厉打击破坏生态环境违法行为，增强全民环保意识、生态意识，切实把能源资源保障好，把环境污染治理好，把生态环境建设好，为群众创造良好生产生活环境。

安溪地处晋江上游，山清水秀，环境优美，加强生态保护责任重大。党的十八大以来，安溪县认真贯彻习近平总书记重要指示精神，把生态文明建设作为一项重要政治任务，实施"生态立县""环境优先"战略，积极探索，大胆实践，补齐生态短板，全县生态环境得到显著提升，荣获国家生态县、全国十佳生态文明城市、中国最美丽县以及福建十大醉美县城等称号。主要做到"三加三减"——"三加"即："加高新产业"，按照"一步到位、抢占高端"，打造中国国际信息技术福建产业园、湖头光电产业园等园区，培育壮大光电、光生物、信息技术等高新产业，成为安溪经济发展的新增长极；"加崩岗治理"，探索创新把崩岗侵蚀区打造成工业开发区、生态旅游区、水保生态区和经济作物区等四种治理模式，成为全国典型；"加河长山长"，全面推行河长制，县、乡、村三级河长一步到位，综合治理河道长度47.7千米；开展山长制试点，明确管护责任到人，做到山有人管、林有人护，完成造林绿化35.5万亩。"三减"即"减石材行业"，以壮士断腕决心在全省率先实现石材全行业

退出，淘汰黏土砖、水泥、造纸等落后产能，为发展腾出更多环境容量和空间；"减茶园面积"，对高陡边坡、低海拔、生态脆弱区茶园实施退茶还林、还果、还蔬，有效减少茶园水土流失，累计退茶2.8万亩；"减污染排放"，否决高耗能、高污染建设项目12个，在全省率先推行农村生活污水处理第三方运营模式，城镇污水集中处理率达90%以上，实现垃圾中转站乡镇全覆盖，城乡生活垃圾无害化处理率达100%。随着国家生态文明战略的深入实施和国家生态文明试验区建设的深入推进，我们将珍惜机遇，保持定力，健全生态文明建设体制机制，推动经济发展与生态保护互动共赢，让群众共享更多绿色发展成果。

（2017年9月11日刊载于《福建日报》）

在 2017 年全县三级干部会议上的讲话

安溪县人民政府县长 刘林霜

同志们：

最是一年春好处，闻鸡起舞谱华章。首先，在这里向大家拜个晚年，祝大家新春愉快、工作顺利、阖家安康！等一下，高书记还将作重要讲话，请大家认真贯彻好。这里，我主要围绕全年经济目标任务的实现，先谈六点意见：

一、抬高标杆，铆足干劲向前冲。这些年，安溪上下同心同德，斗志昂扬，砥砺前行，奋力发展，取得了令人瞩目的骄人业绩，积蓄了强大的发展动能。今日之安溪，发展机遇远大于挑战，我们正挺进在更加积极向上的发展通道中。市委、市政府也对我们寄予厚望，市委郑书记元旦后首站就到安溪调研，期待安溪保持良好的发展势头，相信安溪将很快成为"全市重要的新增长极"。机遇千载难逢、稍纵即逝。我们不但要不折不扣完成人大会通过的 GDP 增长 8.5%、财政总收入增长 7%等一揽子法定目标，还要自加压力，跳起来摘桃子，按照力争 GDP 增长 9%、工业增加值增长 9.5%、三产增加值增长 9.5%、财政总收入增长 8%、固定资产投资增长

18% 这样积极有为的目标来进行冲刺。各级领导干部务必增强紧迫感、责任感、使命感，咬定青山不放松，铆足干劲向前冲，将压力化为动力，将优势转为胜势，将好牌打成好局。

二、盯紧项目，全场紧逼撬大盘。市里把 2017 年确定为"项目攻坚年"，并在春节假期后第一天就召开动员大会，第一时间部署第一要事，其重要性和紧迫性不言而喻。对于我县来说，2017 年度 303 个重点项目、250亿元投资任务，就是全年经济工作的主战场、主阵地。大家务必提振精气神，一开局就全场紧逼，全面打响项目突围攻坚战。一要全速推进度。要坚持项目集中开竣工的好做法，每季度排出集中开竣工的项目表，倒逼项目马不停蹄向前赶、向前推。在建项目要把握汛期（春雨）的特点，科学安排，交叉作业，见缝插针，抢时机、抢进度。尤其是白濑水利枢纽工程，要围绕上半年开工的目标，全程盯紧跟进，尽快把可研拿下；同时，安置区、剑斗新镇区等项目建设前期工作也要同步启动。这里特别声明一点，最近几天微信上有"泉州白濑水利枢纽工

程停摆"的传言,这是个别人在背后蛊惑人心,这个重大项目是我们今年的重头戏,也是省市的重点,市县两级都在积极推进,现在项目环评也拿下来了,可以说是到了"最后一公里",县委、县政府将按照既定的目标任务全力盯紧跟进,希望大家也全力配合。二要加密抓调度。要建立以项目为核心、强有力的重大项目指挥部机制,实行"指挥长负责制",树立项目调度权威。县重点办要牵头建立问题提醒单制度,上报分管领导协调。这里明确一下,我召开的重大项目协调调度会加密到每月一次,每个月都把问题清掉一批、销号一批。三要强力促落实。效能、督查部门要精准督查,逐月督促要账,对滞后事项要及时亮灯提醒,决不能等年底木已成舟才算总账。今年第一季度就要通报一批、表扬一批、晾晒一批。四要全员"赛招商"。市里已下达给我县工作任务,要求策划生成重大项目32个、招商重大项目12个。县委、县政府出台了"大招商招大商"的激励政策和任务分解,乡镇、部门、园区"一把手"要主动担当、主动出击,做足以链招商、以情招商、以商引商的文章,确保高质量完成市里下达的任务,为发展接续后劲。

三、壮大实体,转型升级强动力。实体是支撑,转型是出路。要把壮大实体经济牢抓在手,推进转型升级,加快打造产业升级版,增强发展内生动力。一要做强园区经济。光电产业园:要推进晶安滤波器项目建设,力促晶安三期达产和天电光电、信达二期投产。要推动中科生物产业化基地达产,加快推进特种药物原材料生产基地建设。信息技术产业园:要加快推进新华社数据公司等系列项目入驻、云谷众创基地建设,数据中心可投入使用机柜要达到6000个以上。湖里园、思明园:要力促鑫绿胜环保、鹭燕药业、璐华家具、翔业厨卫等在谈项目尽快入驻投产。2025产业园:这是我县近期正在规划建设的高端装备制造产业园。要抓紧出台园区招商优惠方案,争取今年有10家以上企业入驻,形成高端装备智能制造新方阵。南方水产城:要开足马力、马不停蹄,确保3月份前有2~3家企业实质性入驻、年底前有8家以上企业入驻。二要提升传统产业。要紧锣密鼓推进企业技改工作,让"老树"开出"新花"。特别要强调,市里下达给我县的技改投资任务68亿元,我们目前策划的只有38个项目、40亿元投资,经信部门要深入梳理,抓紧再生成一批。要加快规划建设家居工艺文化产业园,引导家居工艺企业创新创造,在文化创意和传统工艺结合上多下功夫,推动家居工艺业提质增效。要推进味博生物科技产业园、茂雄生物农业科技产业园、元化生物科技等项目建设,并抓紧洽谈健行天下医药项目,加快

形成生物科技新版块。三要大力培育三产。省市高度重视第三产业发展,我们要顺势而为,围绕"互联网+、文旅+、健康+"等新兴领域,重点培育发展旅游、电子商务、商贸物流、金融服务、健康服务、文化创意等现代服务业,打造经济发展新引擎和产业升级新支撑。当前,尤其要深化与北部湾旅游上市公司的合作,全速推进"海丝茶源·中国茶都"旅游项目,形成龙头带动效应;落实"茶乡人家·特色小镇"行动方案,打造南北两条特色乡村旅游线路,发展全域特色旅游,打响"山水福地·茶韵安溪"品牌。

四、抓牢茶业,打开通道促腾飞。茶是安溪的重大民生,茶兴则安溪兴!这几年,我们茶产业面临诸多困难,茶之艰难,一直是我们的心头之痛。为此,要以市场诉求为导向,以农业供给侧改革为动力,加快实现"四化",致力打通"七大通道",加快转型突围,实现茶业"二次腾飞"。一要打通新茶向老茶转化的通道。一方面,要弘扬匠心,大力倡导传统工艺,精耕细作,加快"去冰箱化"步伐,让茶叶更好保存;另一方面,要撬动"老铁"市场,让铁观音可收藏、能升值。以此来重塑我们的价值链,增强安溪铁观音产品的生命力和核心竞争力。这边再作强调,县委、县政府决心取缔压茶机,镇村务必要和县委、县政府同声同气、步调一致。二要打通消费者购买正宗安溪铁观音的通道。要加大"地标"的宣传推广,用铺天盖地的宣传,引导认标消费和认牌购茶。要加紧推出安溪铁观音官方APP,构建网购安溪铁观音的便捷通道。要加快探索"协会标"管理模式,作为政府管理地理标志的重要补充。三要打通金融资本进入茶山茶园的通道。要加快推进茶园的评估和流通体系建设,探索实施安溪铁观音农业综合开发贷款项目,引导金融机构创新产品,投向茶山茶园及茶产业链。四要打通游客到安溪体验消费的通道。要依托茶叶庄园、"茶乡人家"等载体,讲好"安溪茶故事",形成"茶庄园+"旅游新模式,对接"清新福建""海丝泉州",把游客请进来。五要打通安溪铁观音推介通道。六要打通安溪铁观音"一带一路"新通道。要密切对接"中法市长论坛",策划"安溪铁观音重走海上丝绸之路"活动,积极组织参加各地"丝路"主题展会,支持龙头茶企加快欧美市场布局。七要打通品牌精准传播的通道。安溪茶业宣传发布中心要尽快组建到位,常态化研究宣传方向,主动发力宣传,掌控行业话语权。要创新宣传方式,借助知名新媒体平台,做好植入宣传、精准宣传,最大限度放大安溪铁观音的品牌效应。各地的茶叶协会、茶商也要积极参与,共同做好茶业的宣传营销。

五、补齐短板，惠民利民增福祉。民心是最大的政治。我们要顺应人民群众对美好生活的向往，下更大决心，聚更多财力，补齐民生短板，让发展更有温度、幸福更有质感。一要打赢脱贫攻坚战。现在距离我县承诺的2017年上半年全县脱贫的期限仅有四个多月时间，脱贫攻坚已经到了决战决胜的关键期。脱贫攻坚越到最后阶段越容易碰到难啃的"骨头"。要进一步落实"五个一批"要求，强化扶贫挂钩帮扶机制，深入推进"百企联百村帮千户"活动，实行"两线合一"，既要让有劳动能力的贫困人口增强造血功能，也要让无劳动能力的贫困人口实现"两不愁、三保障"。尤其要抓好稳定脱贫、动态管理和内业完善等工作，确保顺利通过第三方考核验收和省市各级的专项考核。二要发好交通福利"红包"。高铁方面：兴泉铁路泉州段预计3月份正式开工建设，要密切对接上级工作安排，做好各项开工准备工作。高速方面：厦沙高速要确保5月份如期建成通车；三明梅列至官桥高速（途经桃舟、感德、长坑、尚卿、虎邱、官桥）已启动前期工作，要全力配合做好；要积极争取官桥至龙岩联络线列入省高速路网规划，解决好安溪西北和西南50万人口的高速"福利"问题。国省干线方面：要重点推进联四线雅兴至东坑、纵四线南翼新城过境段建设；抓紧组织论证尚卿至官桥高速公路连接线（312线）项目，积极向上申报，争取列入全省路网规划。农村公路方面：今年计划新开工200千米农村公路改造提升工程。特别强调，农村公路改造提升，是县委、县政府解决山区群众"出行难"问题的政策"红包"，镇村要切实把握，主动对接，深入发动，把好事办好、实事办实。市政道路方面：三安大桥要确保10月份前竣工通车，参洋片区东西大道10月份要开工建设。要加快推进城区公共自行车系统建设，提升覆盖面，方便市民出行。三要办好人民满意的教育医疗。教育方面：要更加重视教育质量的提升，通过建立激励机制、交流机制，强化师德师风建设，培育名师、名校、名校长，提升教育质量，积极回应人民群众"上好学"的新期待，切实解决"优秀教师留不住""优质生源留不住"等社会反映强烈的问题。医疗方面：要稳妥推进县级公立医院改革，探索建立现代医院管理制度。落实"一归口、三下放"管理制度，推进5所基层卫生院综合改革试点工作，以点带面，全面铺开，激发基层卫生队伍活力，提升基层医疗卫生服务整体水平，加快实现"小病不出镇、大病不出县"的目标。四要完成农村土地确权颁证和农业普查工作。农村土地确权登记颁证是维护农民土地合法权益的重大措施，也是当前一项重要的工作任务。我县总体进度偏慢。农茶部门要加强业务指导，

各乡镇要层层传导压力，村一级要积极配合，确保在年底基本完成土地确权工作。第三次全国农业普查时间紧、任务重，镇村要抓紧进村入户，做好登记，确保在3月5日前完成普查工作。

六、精心运作，破解瓶颈激活力。要实现经济基本面由"稳中向好"向"积极向上"转变，破解瓶颈、激发活力至关重要。一是资金运作要"巧"。今年全县财政收支将面临巨大压力，要狠抓财政运行调度，做好"开源"和"节流"两篇文章。要抓好招商引税工作，进一步吸引总部税收。要综合用好政策、银行、财团和乡贤四种力量，来化解项目建设资金问题，争取上级专项资金、银行放贷额度要高于2016年度。此项工作，我将专门听取各部门、各银行的专项汇报。此外，要继续用好综合治理和依法征收等手段，切实组织做好社会抚养费的征收工作。二是用地保障要"快"。项目等地一直都是我们的"心病"。乡镇要做好"以安促迁""惠民征迁""和谐征迁"文章，全力攻克安征迁难关；国土、林业等部门要主动靠前，全速做好手续报批，为项目建设赢得时间、赢得主动。国土部门要加强土地供应的节奏把握，有计划地推出一批地块，以保持房地产业的稳健发展态势。镇村要用好用活土地增减挂钩、耕地开发、旧村复垦等政策，盘活资源，增加收入。三是扶企惠企要"实"。当前企业生产经营依然困难，要抓紧出台我县扶持措施，重点解决企业生产经营中遇到的用工紧张、流动性困难及土地、厂房办证等生产要素问题，帮助企业降成本、增效益，让企业能够甩开膀子奋力一搏、轻装上阵大干一场。要强化政银企合作，推动辖区内银企精准对接，引导金融机构增信增贷。要督促金融机构严格落实省政府"五不准"及市金融服务实体经济八条措施，切实做好金融风险的防范和化解。要继续用好政府应急周转资金，帮助企业"过桥"，解决流动资金困难问题。四是机制体制要"活"。今年，省政府将开展机制创新竞赛，鼓励敢闯敢试，支持先行先试。我们要解开思想的扣子、迈开改革的步伐，大力推广代建制、项目建设问题"提醒单"、微信平台实时沟通等新模式、新做法，探索推行审批官制度、项目审批"号脉会诊""中介超市"等，切实做到硬件不足软件补、政策不足服务补、优惠不足感情补，矢志不渝打造一流营商环境，让创业要素在茶乡大地尽情涌流。

总之，我们相信，新的一年里，在县委的正确领导下，大家团结一心、奋力拼搏，各项目标任务一定能够顺利实现，安溪的明天一定会更加美好！

厦门金砖峰会中的安溪元素

会晤中的安溪茶与茶文化

2017年9月3—5日，金砖国家领导人第九次会晤在厦门举行，安溪的铁观音茶和茶文化、安溪籍艺术家创作的艺术作品、安溪三安植物工厂的绿色蔬菜在会上闪亮登场。

安溪县茶企华祥苑茶业、八马茶业等生产的安溪铁观音茶入选2017年厦门金砖峰会官方用茶，其中华祥苑茶业出产的顶级庄园茶作为国宾礼赠予各国元首和夫人。"华祥苑国宾茶"外观为金色与深蓝组合的礼盒，大气庄重，内部为两个深蓝色瓷罐，瓷罐外观上，绘有卷起的金色浪花，体现厦门的"海洋特色"与"海丝文化"。

金砖会晤期间，身为非物质文化遗产传承人的华祥苑茶业董事长肖文华在华祥苑儒士馆为各国元首夫人演示乌龙茶（铁观音）传统制作技艺，这项技艺的形成是安溪茶农长期制茶实践的智慧结晶，历经数百年传承，2008年被列为国家级非物质文化遗产。表演过后，华祥苑茶艺师为各国元首夫人奉上安溪铁观音，并展示闽南十八道功夫茶艺，将泡茶技艺中蕴含的茶文化体现得淋漓尽致。品尝过后，诸位夫人皆深深沉醉于正韵醇厚的茶香，并盛赞"Delicious!"（很香！很好喝！）"Wonderful!"（极好的！完美！）品鉴完茶汤后，茶艺师邀请夫人们轻闻杯底凝聚的茶香，她们惊奇于"为什么喝完茶后杯底还会有香气"，对这"神秘的香气"充满叹服与赞美。

甚至有墨西哥贵宾当场邀请肖文华将庄园茶店铺开往墨西哥。9月3日，在筼筜书院的中俄双边会晤中，肖文华向俄罗斯外交部长拉夫罗夫推介具有国际标准的庄园茶，讲述历史上中国茶如何进入俄国的"万里茶道"，获其肯定并留下赠言："非常感谢盛情款待！美妙浓郁的茶香正如中俄之间的友谊"。9月3—4日举行的金砖国家工商论坛上，八马茶业服务团队为超过1200名贵宾提供安溪铁观音茶饮，俄罗斯乌里扬诺夫斯克州州长和汉特－曼西自治区州长在品饮后竖起大拇指不住赞叹。

金砖会晤配套活动之一——央视新闻频道"相约金砖之厦"48小时大直播走进山国饮茶文化馆，现场拍摄取景。山国饮艺茶文化馆将茶与文化、茶与生活、茶与商务相关的各个方面积极融合，是茶与城市公共空间的一次创造性开拓，是"基于茶而不限于茶"之经营理念的全面实践。拍摄现场，央视记者用自己独特的视角镜头记录山国饮艺茶文化馆的精彩瞬间；茶艺表演、茶具展示、旗袍秀、茶餐、茶艺、茶道文化等成为拍摄的焦点，每一个镜头都生动讲述了这片神秘树叶的传奇和蕴含的文化。

会晤中的艺术展品

作为国际盛会，金砖主会场设计备受瞩目。金砖主会场的艺术陈设在艺术家选择上，以国际性眼光，站在国家高度，依据知名度、修养等因素，在世界范围内邀请各艺术门类、各年龄段、各风格、各流派的华人艺术家参与会议空间艺术品创作，以多维立体表现出华人艺术家的最高创作水平。主会场布置了近百件艺术作品，其中，包括安溪籍著名艺术家陈文令的3件作品——《中国风景》《妙谛因心》《共同体》。陈文令1969年出生于安溪县金谷镇，先后毕业于厦门工艺美院、中央美术学院（获艺术硕士学位），10多年来在海内外举办过多场独具创造力的个人展览，其充满艺术想象力和视觉张力的作品，深受国内外专家学者好评。

会晤中的"安心蔬菜"

金砖会晤是国际大型活动，对会议期间使用的米、面、油、菜等食品安全有着非常严格的标准。经过众多供应企业报名、初选、确认等环节，安溪中科三安植物工厂凭借10万级洁净厂房种植出来的无农药、无重金属污染、高品质安全蔬菜，成为厦门金砖会晤国家领导人指定的蔬菜供应单位，为四海宾客献上美味食材。三安植物工厂由中国科学院植物研究所和三安集团共同发起成立。

2016年6月，植物工厂正式投产，在10万级无尘无菌净化车间内，科学家利用LED光谱技术及自动化设备，通过计算机对温度、湿度、光照、二氧化碳浓度及营养液等因素进行智能控制，克服作物对生产季节、气候等自然条件的依赖。为完成金砖会议蔬菜供应任务，植物工厂在生产、质检、物流等方面严密部署，科学操作，认真细致完成每一个环节。生产过程中，从发芽到长大到包装，全程无尘低菌；在质量检测上，对每个批次的产品进行抽查检测，全面保障食品安全；在物流上，实行全程冷链，根据产品设定最佳冷藏温度，保证产品最佳的新鲜度和口感。一系列举措只为能让金砖宾客吃上最安全、最新鲜、最丰富的蔬菜产品。国外随团食品安全检测人员在检测各种食材后发现，全部食材100%符合安全标准，且品质优良，不俗的品质和服务赢得了参会国家的高度评价。

（县方志办根据《安溪报》2017年9月2日和10月20日刊载的《华祥苑：铁观音香飘四海》《八马：工夫茶名扬五洲》《央视聚焦山国饮艺茶文化馆》《"安溪元素"闪耀金砖峰会》整理）

福建安溪三项机制推动稳定脱贫

安溪县是福建省东南沿海的山区县，开展脱贫攻坚战以来，安溪县坚持精准扶贫和稳定脱贫并举，探索解决相对贫困的机制与路径，取得明显成效。2016年全县贫困村由上年的71个减少至23个，建档立卡贫困人口由1.8万人减少至4339人。

一、探索产业扶贫"三个一"，增强贫困群众内生动力和"造血"能力

坚持"一个原则"，即因地制宜分类推进。农业扶贫主要面向拥有土地资源和种养经验的贫困群众，每户补贴5000元，积极支持产地乡镇的贫困群众发展"一叶四金四银"等9种特色农产品（"一叶"指铁观音，"四金"指官桥豆干、茶油、柿饼、金线莲；"四银"指长坑淮山、湖头米粉、茭白、麻笋），形成"一村一品""一乡一品"。就业扶贫主要面向有青壮年劳动力的贫困家庭，2016年通过雨露计划培训2100人，惠及全县23个乡镇352个村的贫困劳动力。县乡两级政府与企业对接用工需求，为贫困群众开启"绿色通道"，帮助贫困家庭青壮年劳动力实现就业。金融扶贫主要解决有能力、有项目、无资金的贫困群众的实际难题，筹措扶贫小额信贷风险担保金1200万元，杠杆放贷规模6000万元，2016年实际投放扶贫小额信贷4160万元，为贫困农户发展生产提供有力资金保障。此外，针对老弱残贫困人群，力推"建场所＋提供种苗＋技术指导＋防疫＋销售"的禽畜产销

一体化帮扶模式，让丧失劳动力、无一技之长的贫困户也有一份收入。

发展"一种新业态"，即推动"互联网＋扶贫开发"的跨界融合。为鼓励建档立卡贫困户涉足电商，县、乡两级政府给予 2000 元~3000 元/人的资金扶持，开展精准扶贫电商培训，推动成立茶多网电子商务创业孵化基地、弘桥智谷电商产业园等平台载体，以点带面发展电子商务，迅速崛起 2 个中国淘宝镇、11 个中国淘宝村。特别是曾被定为"扶贫村"的尚卿乡灶美村，原来 1/10 的人是贫困人口，发展成为安溪首个淘宝村后，年人均收入超过 2 万元，村中无一贫困人口。

建立"一种利益联结"，即鼓励"合作社＋能人＋贫困户"的脱贫模式。合作社提供技术支撑、保价收购，能人引领示范，贫困户参与结对，共享劳动力、资金、技术、市场等资源优势，实现合作共赢。比如，龙涓乡举源村通过国家级示范合作社举源茶叶专业合作社的有序运行，使"印象举源"茗茶成为福建省名牌农产品、福建省著名商标。同时，贫困群众以茶园入股获得分红，并在合作社上班，领取工资。截至目前，安溪在茶业、果蔬、养殖、花卉、林业等众多涉农领域，已成立 1300 多家农民合作社。

二、推动稳定脱贫和县域发展联动，探索相对贫困解决机制

村级探索"五种模式"，解决"空壳村"的问题。出台发展壮大薄弱村集体经济实施意见，从财政资金、土地使用、产业帮扶、银行贷款、税收优惠等方面加大政策扶持力度。同时，通过因地制宜，因村施策，探索出村企联姻，帮扶共建；点土成金，资源开发；龙头带动，专业合作；借光生财，光伏发电；网上淘金，电商进村等"五种模式"，增加村集体经济收入。

县级转型挺进"全国五十强"，让"一方水土养好一方人"。通过项目带动、创新转型，安溪的产业由曾经的铁观音、藤铁、钢铁"三铁"，绽放新枝，形成信息技术、智能制造、光伏光电、文化创意、休闲旅游、现代物流等新兴业态满园齐春的格局。2016 年跻身全国百强县第 67 位、最具投资潜力中小城市百强县第 29 位、创新创业百强县第 82 位。

探索解决相对贫困的长效机制。兜底保障上，将丧失劳动能力、无法通过产业扶持和就业帮助脱贫的 1.28 万名贫困人口，全部纳入低保给予兜底保障，做到应保尽保，实现扶贫与低保"两线合一"，上述贫困人口每年享受 5040 元的保障标准。在教育上，贫困家庭学生义务教育阶段全面推行"两免一补"；高中阶段给予免除学杂费；当年贫困本科上线生给予财政专款资助。在医疗上，投入保费 107.19 万元，对全县建档立卡贫困人口实施大病补充医疗保险，保期 2 年，避免出现"一人得病全家致贫"现象。在住房上，大力推进造福工程扶贫搬迁，将各级优惠政策和补贴支持用到极致。已全面完成国定省定易地扶贫搬迁任务，彻底解决建档立卡贫困户的住房保障问题。在专项救助机制上，对遭受重大疾病、灾害、子女就学等贫困户给予 2000~5000 元不等的一次性补助。从 2016 年起，每年增加投入 1000 万元，用于整村推进扶贫开发。

三、完善社会力量参与扶贫机制，构筑脱贫攻坚大格局

开展"一项行动"。在福建省率先开展"百企联百村帮千户"精准扶贫行动。截至目前共发动 136 家企业、商会、海外会馆结对帮扶 101 个村，1152 户 3820 人获取帮扶资金 1600 多万元。通过发挥智力、资金、技术、人才、管理、市场等综合优势，已帮助 921 户 3055 人通过发展种养业、推销农产品、多方就业等实现脱贫。

成立"一个协会"。成立安溪县扶贫开发协会，协会成立当天就吸引机构和企业乐捐 1800 万元，以可观的首募规模创下开门红。

开展"一项捐赠"。县政府与泉州大开元寺扶贫救灾公益协会签订助学捐赠协议，以公益力量帮助贫困户子女解决上学问题。同时，各乡镇各施所长、各尽所能，清水岩所在地蓬莱镇牵手一百个慈善爱心人士联系帮扶贫困户，争取市、县两级相关部门和干部挂钩帮扶 48 户贫困户，并成功发动泉州有关企业结对帮扶 42 户贫困户。全镇还推行"村村有慈善会"工程，成立村级慈善会 28 个，筹集善款近亿元。

（2017 年 4 月 28 日刊登于国务院扶贫办综合司《扶贫信息》第 59 期，总第 378 期）

安溪文化产业新名片

——记第二届中国（安溪）家居工艺文化博览会

2017年12月12—15日，第二届中国（安溪）家居工艺文化博览会（以下简称艺博会）在安溪家居工艺城举办。本届艺博会作为第三届海上丝绸之路国际艺术节（以下简称海艺节）的核心节目，与海艺节同时举办，文化部、省政府为指导单位，同时新增中国工艺美术协会、省文化厅、市政府3家单位参与主办，中国礼仪休闲用品工业协会、清华大学深圳研究生院、中国轻工工艺品进出口商会等6家单位协办，并获山西省工艺美术协会、中国软装定制联盟、福建省进出口商会等18家单位支持，由县政府承办、荟源国际展览具体执行。泉州市副市长周真平、中国工艺美术协会会长周郑生、中国礼仪休闲用品工业协会理事长曾会师等领导和全国各地工美商（协）会代表先后莅馆或参加开幕式等活动，据不完全统计，出席开幕式的领导、嘉宾、媒体记者980多人。

本届艺博会从展馆面积、展位数量、作品数量、工艺品种上看，可以说是一届规模更大、精品荟萃的工艺品专业展会。展位设置上，以工艺城1号楼为主体、延伸周围店面，主展馆共3层、面积超2万平方米，设标准展位974个，其中，安溪企业展位419个、县外展位463个、国际展商92个。展品品类较首届更加丰富，涵盖金属工艺、藤铁工艺、工艺家具、木雕、根雕、陶瓷、紫砂等主要种类，并进行专业性分区：第一层以"花园生活节"为主题，设有"工业风·民宿情"、安溪家居工艺、家居饰品等展区，涵盖园林家具、户外家居、花园摆件、工业风家具、户外雕刻艺术等展品；第二层以"家·艺术生活"为主题，设有安溪家居工艺、陶瓷艺术、非物质文化遗产和技艺表演、电商、竹文化、大师作品精品长廊等展区，涵盖家居软装饰品、现代家居、陶瓷艺术品、禅茶艺术品、竹文化用品等展品；第三层以"海丝国际·文创设计"为主题，设有国际家居、工艺文化、第二届艺博会优秀作品评选、台湾家具、清华大学深圳研究生院等展区，涵盖旅游文化纪念品、高校及创客设计师设计作品、陶瓷艺术品、茶文化艺术品等展品。展馆布置彰显"安溪元素"，"工业风·民宿情"展区，通过打造咖啡、酒吧、

民宿及户外花园场景，精选安溪家居工艺精品集中展示，完美呈现产业发展趋势、产品时尚潮流、市场应用需求，充分体现安溪县作为"中国藤铁工艺之都"的特色；"非物质文化遗产技艺表演区""大师作品精品长廊"等，集中展示安溪工艺美术大师近年来参赛获奖作品，充分体现"名企""名师""名品"特色。在展馆第一、二层设置若干个茶企品茗区，华祥苑茶业、誉丰国心茶业、大自然茶业参展。

本届艺博会主题为"艺术家居·品质生活"。这一主题，突出呼应国家"一带一路"倡议，突出融入省、市"海丝"核心区、先行区建设，突出家居工艺文化产业新一轮市场布局，契合海艺节"展示、交流、合作、提升"宗旨和"海丝建设"主题，更接地气、更显质量。设置的4大主题板块、13个子项目，均围绕这个主题推开，务求完整展示安溪传统"竹藤编"技艺，彰显家居工艺独特魅力，传递产业时尚潮流元素，促进与国内外工美行业互联互通、融合发展，打造安溪家居工艺文化板块。

本届艺博会尤其注重经贸元素，按照"永久展"标准，着眼专业化、差异化、市场化、国际化，力邀"一带一路"沿线国家和地区的企业参展，举办"20+"场次系列商贸对接会，与安溪本地工艺企业互动共进、互利共赢。展会共有国内外参展企业289家，其中，境外展商50家，分别来自韩国、土耳其、加纳等17个国家；短短4天，客流量屡创新高，国内外工艺行业参展商、采购商、设计大咖、客商及观众近5.56万人次前来参观采购，并促成更多成交与订货，现场成交额逾7950万元，意向成交额达7.2亿元。

安溪县委书记高向荣表示，艺博会借助海艺节平台，向世界更加完整展示中国国家级"非遗"项目——安溪竹藤编技艺和由竹藤编技艺衍生的安溪家居工艺文化产业整体形象，推动家居工艺产品结构调整，丰富、完善产业链条，助推产业创新裂变、跨越发展，锻造安溪文化产业新名片。

（县方志办 整理）

自然地理

【地理位置】

安溪县地处福建省东南部，地跨北纬24°50′~25°26′、东经117°36′~118°17′之间。东西长74千米，南北宽63千米，面积3057.28平方千米。位于晋江西溪上游，闽南"金三角"（泉州、厦门、漳州）中间接合部，东接南安市，西连华安县，南毗厦门市同安区，北邻永春县，西南与长泰县接壤，西北与漳平市交界。居山而近海，县境呈圆形，俗称"一块碟"，是泉州市幅员最辽阔的县份。漳泉肖铁路贯穿全境，省道、县道、乡道纵横交错，覆盖全县各乡村。4条高速公路从境内穿过，通车里程131.56千米，10个互通口，通山达海，交通方便。全面融入泉州、厦门"半小时经济圈"之内。

【地形地貌】

安溪县域属戴云山脉西南端的主体部分，北部地势较高，海拔500~1600米；南部地势相对平缓，海拔32~579米。自湖头镇与湖上乡的交界线开始，经五阆山（海拔1256.7米），过尚卿乡的科洋，转南经虎邱镇的福井，至龙门镇洋坑的跌死虎（海拔1044.4米）西缘，为天然分界线。线以东称外安溪，线以西称内安溪。

外安溪 地势较为平缓，平均海拔300~400米，以低山、丘陵、串珠状河谷盆地为主。面积978.33平方千米，占全县总面积32%。人口居住较为密集，约占全县人口54%。

内安溪 地势较为高峻，平均海拔600~700米，以山地为主，山峦陡峭，河谷狭窄，山脉走向各异。面积2078.95平方千米，占全县总面积68%。人口分布较稀，约占全县人口46%。

【水系】

安溪主要为晋江水系和九龙江水系。东部属晋江水系，境内河流段流程320千米。在桃舟乡达新村云中山梯仔岭东南坡谷海拔893米处，为福建省第三大河晋江水系之正源。自源头至泉州入海口全长182千米。西部属九龙江水系，境内河流段流程160千米。

【气候】

概况 2017年，安溪县气候总体平稳，气象灾害偏轻。主要灾害性天气有台风、暴雨、强对流、干旱、高温、强冷空气、低温寒害、大风，其中以台风、暴雨和强对流造成的气象灾情为重，有3个台风影响安溪县，分别为"苗柏""纳沙""海棠"。

气温 2017年，安溪年平均气温21.9℃，较历年平均值21.2℃偏高0.7℃。高温次数多、范围广、极值高。冬季气温异常偏高，出现有气象记录以来最强"暖冬"，1月平均气温15.1℃，为历史同期第一高；9月平均气温28.7℃，并列历史同期第二；9月27日，出现安溪站年极端最高气温39.3℃，为9月历史同期最高。2月12日，出现年极端最低气温4.9℃；安溪站全年≥35℃高温共65天，为历史同期第二（2014年69天）。

降水 2017年，安溪年降水量1229.7毫米，较历年平均值1723毫米偏少29%，为2010年以来年降水最少值。全年大雨日数17天，全年暴雨日数4天，最多日降水量为4月19日81.7毫米。汛期4月21日、10月8日。雨季历时长，总强度正常。前汛期从4月21日开始，较常年（4月29日）偏早8天，7月2日结束（偏早5天），历时长达73天；降水相对集中时段为4月19—22日和25—27日、6月2—5日和13—21日。后汛期（7月2日至10月8日）气温高、降水少、台风影响小。2月底至3月，雨日多，遭遇 2 场低温阴雨，对春播造成不利影响。2 月 24—27 日，出现日平均气温连续 4 天 ≤ 12℃不利春播天气。9 月 5—21 日、9 月 29 日至 11 月 12 日，安溪分别出现连续 16 天、45 天无效降水日，县域气象小旱。

日照 2017 年，安溪县年日照时数 2014.5 小时，比常年偏多 20%，属异常偏多。日照年百分率 46%。全年出现霾 4 天，雾 45 天，大风 4 天。

2017年安溪县各季气温、雨量、日照及评价情况表

项目 季节	气温（℃）	评价	雨量（毫米）	评价	日照（小时）	评价
冬季	14.4	正常	143.2	正常	432.6	正常
春季	20.4	正常	472.2	正常	410.4	异常偏多
夏季	28.3	正常	566.3	正常	672.4	显著偏多
秋季	24.4	显著偏高	92.7	显著偏少	510.2	正常

2017年安溪县各月、年气温、雨量、日照及评价情况表

项目 月份	气温（℃）	评价	雨量（毫米）	评价	日照（小时）	评价
1月	15.1	异常偏高	30.5	偏少	115.2	正常
2月	13.9	正常	67	偏少	149.0	显著偏多
3月	15.7	正常	141.2	正常	95.7	正常
4月	21	正常	190.6	正常	149.9	异常偏多
5月	24.4	正常	140.4	偏少	164.8	偏多
6月	26.5	正常	308.3	正常	143.8	正常
7月	29.1	正常	146.6	偏少	262.3	偏多
8月	29.4	显著偏高	111.4	显著偏少	266.3	显著偏多
9月	28.7	异常偏高	48.9	显著偏少	228.3	显著偏多
10月	24.6	偏高	3.4	异常偏少	182.3	正常
11月	19.9	正常	40.4	正常	99.6	偏少
12月	14.9	正常	0.9	异常偏少	157.3	正常
全年	21.9	偏高	1229.7	显著偏少	2014.5	异常偏多

【生态环境】

2017 年，安溪县林地面积 329.45 万亩，其中生态公益森林面积 130.74 万亩，商品林面积 198.71 万亩，森林覆盖率 65.77%。省级自然保护区 1 个，面积 6.25 万亩；自然保护小区 23 个，面积 6.31 万亩，省级森林公园 7 个，县级森林公园 5 个，全县森林公园 14 个。新增休闲广场 2.2 万平方米、公园绿地 13.5 万平方米，绿化率 39.99%，绿化覆盖率 43.69%，人均公园绿地 14.30 平方米。获国家生态县、国家园林县城、全国十佳生态文明城市、中国最美县、中国十大最美茶乡、美丽中国十佳典范城市等称号。

【矿藏】

安溪县矿产资源丰富，分布点多面广，已发现或探明的金属矿和非金属矿有 28 种。主要有铁矿、含钛磁铁矿、锰矿、无烟煤矿、石灰石矿、高岭土矿、花岗岩、含石

英角闪辉长岩、温泉等。2017 年，全县开发利用的矿有铁矿、水泥用石灰石（大理岩）、高岭土、地热、石墨、黄石、硅灰石、矿泉水、建筑用石料（花岗岩、凝灰岩）、辉绿岩、建筑用砂等 12 种，采矿业产值 9.24 亿元，比 2016 年下降 3.1%。同时，县政府还采取各种措施，加强对矿产资源的保护管理，使矿产资源开发利用健康发展。

人文地理

【政区沿革】

五代后周显德二年——南唐保大十三年（955 年），以小溪场和增割南安属地正式置县。并取境内"溪水清澈"之意，命名清溪县。

宋宣和三年（1121 年），农民起义军于睦州青溪（今浙江淳安，方腊起义地）起义，当时统治者视起义军为

贼寇，为避清溪县与青溪洞同音，故另取"溪水安流"之意，改称安溪县，沿用至今。属泉州。

元至元十五年（1278年），泉州升格为泉州路总管府。大德元年（1297年），置福建平海行中书省，泉州为治所。大德二年（1298年），改泉州路为泉宁府，后又复改泉州路。至正十八年（1358年），设立泉州分省，后复为路，安溪隶属随之更改。

明洪武二年（1369年），泉州路改为福建行省泉州府。洪武九年（1376年），福建行省改为福建布政使司，安溪属福建布政使司泉州府。

清初，福建布政使司改为福建省，安溪仍属福建省泉州府。

民国元年（1912年）废府、州、厅，实行省、道、县三级建制。民国三年（1914年），设立闽海、厦门、汀漳、建安四道，安溪先后属南路道、厦门道。民国十六年（1927年），废道，实行省、县二级地方建制，安溪直属福建省。民国二十二年（1933年）11月20日，福建划分为四省和两个特别市，安溪隶属兴泉省。民国二十三年（1934年）1月，四省取消，安溪仍属福建省，是年7月，福建省划分为10个行政督察区，安溪属第五行政督察区。民国二十四年（1935年）10月，安溪属第四行政督察区。

1949年8月31日，安溪县城解放，9月正式成立人民政府，是月，安溪县隶属第五行政督察专员公署，此后行署名称略有更改，安溪先后隶属泉州行署，晋江区专员公署，晋江公署，晋江工区行政公署。

1986年1月6日，晋江地区行政公署改为泉州市（地级市），安溪县隶属泉州市，至2017年未变。

【政区划分】

安溪置县之初，析为4乡，统16里，18都。五代至清900多年间，基本上为里、乡制。宋代全县有4乡16里18都。明万历十一年（1583年）有18里424乡。清仍之。民国初沿用清制，之后改为区、乡（镇）、保、甲制，民国三十四年（1945年），全县有19个乡（镇）155保2297个甲。

新中国成立后，初为区、乡制，1952年7月，全县有14个区4个镇、156个乡。1958年11月，改为社、队制，全县有9个人民公社231个大队。1984年7月，实行政社分开后，原公社改建乡人民政府，生产大队改为村委会，并析城厢公社辖的罗内等10个大队建立参内乡。

1991年9月，全县设24个乡（镇），即凤城镇、蓬莱镇、湖头镇、剑斗镇、官桥镇5个镇，城厢乡、参内乡、魁斗乡、金谷乡、龙门乡、虎邱乡、西坪乡、芦田乡、龙涓乡、尚卿乡、大坪乡、湖上乡、白濑乡、感德乡、长坑乡、祥华乡、蓝田乡、桃舟乡、丰田乡19个乡。10月，经省民政厅批准，城厢乡、金谷乡、感德乡、龙门乡、虎邱乡、芦田乡撤乡建镇，全县设11个镇、13个乡。

1992年8月，经省民政厅批准，魁斗乡、西坪乡撤乡建镇，全县设13个镇、11个乡。

1996年10月，经省民政厅批准，丰田乡更名为福田乡，福前农场隶属于福田乡，实行一乡带两场（丰田林场、福前农场），驻地从庵兜迁至场前。至此，全县设13个镇、11个乡。

2017年底，全县设13个镇、11个乡，438个村民委员会、34个社区居委会。

【人口】

2017年，安溪县总人口1274036人；初婚7863对，初婚率6.17‰，比2016年下降0.93个千分点；出生2.1万人，出生率16.48‰，比2016年上升1.2个千分点；出生总性别比114.79，比2016年下降0.15；二孩及多孩出生性别比119.77，比2016年下降3.16；政策内出生19242人，政策符合率91.63%，比2016年上升0.67个百分点。

【经济发展】

2017年，安溪县完成地区生产总值515.33亿元，增长8.9%；一般公共预算总收入40.49亿元，增长8.8%；一般公共预算收入26.57亿元，增长9.3%；固定资产投资362.76亿元，增长11.1%；其中，一般公共预算收入、工业用电量、居民人均可支配收入等七项指标增幅全市第一。县域综合实力提升至全国百强县第65位（比上年上升2位）、投资潜力百强县第25位（比上年上升4位）、创新创业百强县市第81位（比上年上升1位），获得全国电子商务进农村综合示范县、全国电商百佳县、福建省双拥模范县"三连冠"等荣誉称号。

【人文荟萃】

安溪是千年古县，人文大县，自古山水秀丽，素有"龙凤名区"之称，人杰地灵，名流俊彦继往开来。唐银青光禄大夫廖俨、开先县令詹敦仁先后入场垦殖，唐末诗人周朴、北宋理学大师朱熹到此云游挥毫，南宋抗金名将刘錡择宝地而安忠灵。名儒高士在安溪布施教化，惠政于民，儒家精神和中原文化在自古山多林密、相对封闭的安溪落地生根、熏陶浸染、衍化形成具有安溪特质的茶乡文化，孕育安溪人豪爽、豁达、大气、包容的民风，濡养安溪人质朴、敦厚、谦恭、刚毅的性格，锤炼安溪人逢山开路、遇水架桥、敢为人先、百折不挠的意志，培育自强不息、开拓奋进的安溪人精神。自宋至清，安溪人才辈出，代有才俊，先后有武状元1人，榜眼1人，武进士4人，文进士93人，武举人76人，文举人308人。宋有理学家张读入朝编修《国朝会典》；明有刑部侍郎詹仰庇刚正不阿；清有名相李光地官至文渊阁大学士兼吏部尚书，贤吏林嗣环挥就《口技》名篇脍炙人口，大数学家陈万策功在当代、泽被后世。现代有全国政协原副主席庄希泉、罗豪才，全国侨联原主席庄炎林、林军等都是安溪人的杰出代表。

【红色苏区】

安溪是泉州地区——安南永德苏维埃政府的诞生地。土地革命战争时期，中共安溪中心县委领导安南永德四县的游击战争，掀起轰轰烈烈的打土豪、分田地的土地革命。民国二十一年（1932年）4月，创建了中国工农红军闽南游击队第二支队，形成一个范围近7000平方千米的红色区域。在土地革命战争中，郭节、李实、陈凤伍等数百位革命烈士和人民群众的鲜血染红了安溪土地。在中国共产党的领导下，安溪人民不屈不挠，前仆后继，坚持斗争，为推翻"三座大山"，建立新中国做出了巨大牺牲和贡献。经过近年广泛深入挖掘，从保存的大量文献资料和史实表明，安溪苏区是在闽西苏区的中共福建省委和福建省苏维埃政府领导下创建的，隶属于中央苏区。

【著名"三乡"】

一是名茶之乡。安溪县是中国乌龙茶（名茶）之乡，世界名茶铁观音的发源地，全县茶园面积60万亩，茶叶年产量6.8万吨，涉茶总产值160亿元，连续9年位列全国重点产茶县首位。安溪铁观音连续三年位列中国区域品牌价值茶叶类第一位，入选"中国十大茶叶区域公用品牌"。二是藤铁工艺之乡。安溪县滕铁工艺行业从业人数12万人，年产值130亿元，工艺品畅销世界50多个国家和地区，占全国同类产品交易额的40%，获评中国藤铁工艺之都、中国家居工艺产业基地。三是著名侨乡。安溪县旅外侨胞、台港澳同胞400多万人，其中台湾安溪籍乡亲278万人，占台湾地区总人口的11.8%。

【产业优势】

湖头光电产业园、中国国际信息技术福建产业园、厦门泉州经济合作区湖里园、思明园、弘桥智谷电商园、安溪2025产业园等现代专业园区风生水起；光电、光生物、信息技术等新兴产业异军突起；高端装备制造、水产物流商贸、机电阀门卫浴等"安溪新板块"不断壮大，产业转型升级走在省市前列。树立"你发财、我发展"招商理念，对重大招商项目实行"一企一策""一事一议"，尽量给予优惠政策，并建立"保姆式""月嫂式"项目服务机制，致力打造更加开放开明的投资环境。

（县方志办 整理）

2017年11月22日，安溪县城全景

（安溪报供图）

大事记

2017 年

1 月

4 日　安溪县召开县医管委全体成员会议，部署医改工作。

4 日　安溪县召开城市工作暨推进国家生态文明试验区建设会。

5 日　安溪在湖头三安钢铁厂废钢车间举行压茶机和压制茶集中销毁活动。

5 日　市委书记郑新聪带队，到安溪县开展脱贫攻坚、灾后恢复重建和项目建设等工作调研。

6 日　安溪举行恒兴新车站启用、县第十五幼儿园奠基、蓬溪村综合服务中心揭牌等 3 个重点项目活动。

10 日　由县委宣传部牵头主办的文化、科技、卫生"三下乡"集中服务活动启动仪式暨春节慰问演出在尚卿乡举行。

10 日　商务部国际贸易经济合作研究院研修班一行，到安溪县实地考察县域电子商务发展及茶产业龙头企业等情况。

10 日　市建设"美丽乡村"领导小组办公室公示第五批"泉州美丽乡村"和"泉州美丽乡村入围村"候选名单，安溪县尚卿乡黄岭村入选"泉州美丽乡村"候选村名单，

魁斗镇钟山村入选"泉州美丽乡村入围村"候选村名单。

10 日　由福建省收藏家协会乌龙茶收藏品鉴中心、县农民讲师团、安溪乌龙茶研究会、茶乡公益协会、祥华乡茶叶协会联合主办的"我爱老铁"安溪民间斗茶赛"金、银、铜"品鉴会在县文庙举行。

11 日　泉州市委文明办公布"第五届泉州市道德模范"名单，兰田水库三兴养殖场总经理吴益生获评"诚实守信模范"，安溪县人民法院蓬莱人民法庭原庭长 林剑东 获评"敬业奉献模范"。

12 日　由省委宣传部主办的全省茶文化艺术创作调演活动在福州举办，安溪《妙哉铁观音》《飘香》《海丝缘真茶韵》等 3 节目获奖，县委宣传部获"组织奖"。

13 日　"'晋江经验'的实践与发展"课题调研经济组一行到安溪县调研考察。

13 日　台湾澎湖县议会原副议长颜重庆率澎湖县民间基层参访团到安溪参观访问。

16 日　安溪县与新奥集团旗下北部湾旅游股份有限公司签署战略合作框架协议，双方将合作推动以安溪全域旅游为核心的全县旅游产

业发展。

17 日　省旅游局发布 2016 年旅游品牌"红黑榜"，安溪志闽生态旅游区被评为福建省 3A 级景区；年年香茶业特色观光工厂被评为福建省观光工厂；虎邱镇被评为福建省乡村旅游休闲集镇；湖头镇山都村、官桥镇善坛畲族村被评为福建省乡村旅游特色村；高仁生态休闲农场被评为三星级乡村旅游经营单位。

22 日　省审计厅副厅长王成章一行，到安溪县开展省厅驻点村工作调研。

23 日　县委书记高向荣主持召开十三届县委常委会第 16 次会议，研究讨论《安溪县关于开展 2017 年"大招商招大商"活动方案》等相关事宜。

2 月

4 日　昆明市福建安溪商会党支部和安溪一中党总支举行结对共建签约仪式。

7 日　安溪县召开全县三级干部会暨"项目攻坚年"动员会，回顾总结 2016 年工作，谋划和部署 2017 年的工作。县委书记高向荣、县长刘林霜在会上作主题报告，动员全

县上下团结一心，开展项目攻坚战，以优异成绩向党的十九大献礼。

7日 省人大常委会副主任、省总工会主席张广敏，省总工会党组书记、副主席丁文清一行到安溪慰问调研。市委常委、组织部部长、市总工会主席孔繁军一同参加活动。

8日 市委常委、市纪委书记温惠榕带队到安溪，开展2016年度落实党风廉政建设责任制情况集体约谈。

9日 被艺术界誉为"中国当代雕塑四大天王"之一的安溪籍著名艺术家陈文令，回到家乡金谷镇金谷村，为涵陈陈宗祠捐赠新作《关圣大帝》雕塑。

17日 团省委书记宿利南一行到安溪走访调研共青团工作。

18日 华芯投资管理有限责任公司总裁路军一行到安溪考察，并商洽项目合作有关事宜。

18日 市政府市长康涛带队，到安溪县调研美丽乡村建设和茶文化旅游工作。

22—23日 省农业厅副厅长王智桢一行到安溪县调研金融支农和农业项目资金使用管理情况。

23日 市政府副市长吕刚到安溪实地走访调研，了解兴泉铁路及部分重点项目建设开工情况。

23日 中国邮政集团公司福建省安溪县分公司与弘桥智谷信息科技股份有限公司签订战略合作协议。

27日 县委巡察工作领导小组办公室举行揭牌仪式。

28日 由县委宣传部、《中国书法名城》杂志、县文联、县文体新局、团县委联合主办的"名城名家 百企百茶"中国书法名城名家作品邀请展（安溪巡回展）暨安溪铁观音品鉴活动在县青少年宫举行。

3月

1日 泉州市残疾人康复中心与县残联、解放军第一八〇医院、泉州一院等10余名康复医疗工作者组成资源服务团队，到参内乡祜水村、城厢镇砖文村开展义诊，并进行"全国爱耳日"宣传活动，为广大群众免费送医送药。

2—3日 国家中医药管理局政策法规与监督司司长李昱带领调研组到安溪，专题调研中医医术确有专长人员医师资格考核注册管理办法。

4日 2016年度福建省践行社会主义核心价值观基层"最美人物"发布会在省广播影视集团举行，全省共有10人获2016年基层"最美人物"称号，安溪茶农陈两固获"最美农民"称号，也是全市唯一一位。

6日 阿里研究院发布"2016年中国大众电商创业排行榜"，连续四年对全国城市、县域电商创业进行对比研究。安溪位列"2016年中国大众电商创业最活跃的50个县"排行榜第22位，较2015年排名上升3位。

7日 安溪国宇医院与台湾医策会举行签署《医院评鉴暨辅导计划》合作仪式，这是大陆首家综合性医院与台湾权威医院评鉴机构合作。

8日 省委统战部副部长、省工商联党组书记李家荣率队，到安溪县调研"百企帮百村"精准扶贫行动落实情况。

8日 省侨办副主任林泽春率调研组，到安溪县湖头镇调研侨务工作助力"一带一路"和"请进来、走出去"，搭建侨务资源合作平台等事宜。

9日 太王陵威镇庙广泽尊王巡香团应邀参加马来西亚"2017沙巴州第十六届广泽尊王千秋圣诞暨福德正神联合巡游盛会庆典"，并到沙巴州广泽尊王庙宇总会所属10多个庙宇巡香。

9—10日 农发行福建省分行副行长黄本文、江西省南丰县委书记吴自胜带领考察团，到安溪县考察脱贫攻坚工作并洽谈友好合作相关事宜。

10日 安溪县委出台《安溪县不胜任现职科级干部召回管理办法（试行）》，在全省率先推行不胜任现职科级干部"召回"管理机制。

10日 福建珍山伯特利教育促进会启动仪式在祥华乡珍山小学举行。仪式现场，来自北京、厦门等地的爱心企业家们，共筹集2.5万元启动资金及上百件书包等学习用品。

11日 福建大成智能科技等首批7家高新企业集体签约入驻安溪2025产业园。

11日 县公安局剑斗派出所成功侦破1起非法持有枪支案，抓获犯罪嫌疑人2名，收缴火药枪1支、空气动力枪1支，以及数量不等的钢珠、弓箭和火药。

13日 副省长李德金带领省直有关部门到安溪县虎邱、龙门、西坪等乡镇，开展脱贫攻坚"春季攻势"行动调研检查。

13—22日 县长刘林霜率团前往新加坡、印尼、马来西亚等安溪籍华侨华人主要聚居地，走亲、访友、叙乡情、洽谈经贸合作。

14日 福建农林大学国家新农村发展研究院副院长朱朝枝带队到安溪考察农村特色产业发展情况。

15日 致公党中央社会服务部周强一行，到安溪调研罗豪才传记材料收集整理工作。

16日 国家级非物质文化遗产乌龙茶铁观音制作技艺传承人魏月

德大师作品品尝会在西坪镇茶禅寺举行，全国各地爱茶人士汇聚一堂，品茗论道，探讨传统制茶技艺。

16日 学科竞赛网联合自主招生信息平台共同发布《中国学科竞赛500强中学排行榜》。排行榜共有800余所中学入榜，其中，福建省有47所学校上榜，安溪一中全国排名167位，居省内第11位。

18日 由共青团安溪县委、县教育局、东南早报社联合主办的"书香安溪·名家讲堂"学习记者公益讲座在县青少年宫开讲，讲座邀请福建师范大学文学院教授、博士生导师袁勇麟和中国作家协会会员、市作家协会副主席蔡芳本作主题讲座，500多名学生记者、文学爱好者到场听取讲座。

21日 由国家茶叶产业技术体系泉州综合试验站、福建茶叶产业技术体系安溪综合试验推广站、省茶产业重大农技推广体系、八马茶业联合主办的"2017年茶叶质量及安全科技培训大会"在安溪举行。

22日 "组团扶贫 抱团发展"暨县农民讲师团、铁观音制茶工艺大师团、民间斗茶交流协会组团帮扶祥华乡贫困村启动仪式在祥华乡东坑村举行。

22日 省政协副主席陈荣凯带领省政协调研组，到安溪县开展"加快我省特色小镇建设"课题调研。

23日 2017年市外资专场招商推介会在深圳举行。市委书记郑新聪、市长康涛、县长刘林霜、副县长吴志朴参加对接活动。安溪现场对接3个项目，其中现场签约项目1个，投资总额1.88亿美元，比市下达任务1亿美元超8800万美元，完成任务的188%。

29—30日 省政协副主席陈义兴率队到安溪县调研水土流失治理工作。

3月31日—4月1日 市委书记、市人大常委会主任郑新聪到安溪县调研农业农村、脱贫攻坚、防台备汛、基层党建等工作，并召开座谈会，协调解决具体问题。

4月

1日 Wind资讯最新统计"中国上市企业市值500强"榜单显示，2017年第一季度，安溪三安光电排名上升23名，以652亿元市值成为市值第一的泉籍企业。

11日 2017中国国际电子商务博览会在义乌国际博览中心举办，展览会吸引国内外众多展商和媒体的关注。安溪八马茶业、中闽弘泰等17家茶企、家居工艺企业组团参展。

13—14日 县委书记高向荣到北京出席由国务院扶贫办组织召开的中国农业发展银行助推定点县脱贫攻坚对接推进会。会上，安溪县与江西南丰县签订友好合作帮扶框架协议。

14日 全省劳模工作室现场推进会在安溪召开，各设区市总工会、省级各产业（系统）工会及省总工会直属企业工会工委负责人近百人参加。省总工会党组书记、副主席丁文清等出席会议。

14日 中国国家卫生和计划生育委员会在其官方网站发布《食品安全国家标准 食品中真菌毒素限量》（GB 2761-2017）及《食品安全国家标准 食品中污染物限量》（GB 2762-2017）解读，规定不再为包含茶叶在内的植物性食品设置稀土限量标准。

17日 印尼泗水安溪侨亲施柏松一行回乡参观考察，畅叙乡情乡谊同时寻找商机。

18日 "第三届海上丝绸之路国际艺术节"系列活动之第三届中国（泉州）海上丝绸之路国际品牌博览会在石狮开幕。安溪组织三和茶业等茶企，恒发、集发、富华、聚丰等家居工艺文化企业参展，展示海丝安溪茶叶及藤铁工艺文化元素。

18日 国宇医院携手厦门大学附属第一医院肿瘤医院，举办"服务百姓健康行·义诊活动暖人心"大型义诊活动，免费为500多名茶乡群众诊疗。

18日 市青年联合会、市青年书法家协会、团县委、感德镇及县三馆联合举办"墨韵茶香"书法采风活动，来自全市各地的青年书法家们走进感德，领略当地独具魅力的茶园风光和人文风采，并在茶王公祠泼墨丹青创作交流。

20日 苏宁易购原产地地理标识包园直采计划——安溪铁观音定制茶园在三和芹草洋茶庄园正式揭牌，苏宁易购厦门大区农村电商、县电商协会、三和茶业等单位负责人参加揭牌仪式，共同种下一棵铁观音茶树，开启安溪铁观音线上线下组合营销、原产地直采合作模式。

21—25日 感德石门玉湖殿应邀参加"2017金门平安祈福季——保生大帝绕境活动"。此次盛会，包括海峡两岸36家保生大帝宫庙以及来自泉州各县（市、区）宫庙270多位人员到金门绕境祈福。

22日 "聚焦4·20全民饮茶日 品味千亿安溪铁观音"——安溪"老铁王"厦门同安品鉴会暨陈香型铁观音国家标准发布周年庆祝活动在同安乐海城市广场举行。

22日 首届安溪铁观音发源地十佳制茶能手暨首届安溪铁观音大

师赛西坪镇选拔赛举行，来自西坪各村33名茶农选手参加"讲茶评茶"活动。

22—23日 马来西亚德信集团董事长拿督林孝仁和普路倍施董事长萧清顺夫妇一行到安溪县考察茶产业发展情况。

23日 安溪铁观音"无我茶会"专场活动在安溪茶学院举行。

25日 卫浴新城首批入驻企业集体签约仪式在安溪举行。

26日 安溪召开兴泉高速铁路安溪段项目安征迁工作动员会，部署相关工作，并对沿线乡镇、村及设计、施工单位进行安征迁工作业务培训。

26日 由县委宣传部、县农民讲师团主办的老铁王全国品鉴会暨陈香型铁观音国家标准发布周年庆典活动在中国茶都举办。

27日 国务院扶贫办规划财务司副司长任铁民率督导组一行到安溪县开展扶贫资金专项督导检查。

5月

1日 安溪全面开展贯穿年度的"食品快检进市场"活动。新设立的16个基层市场监管所全部配置食品安全快速检测仪，配备2名兼职食品安全快速检测员。

3日 安溪举办首届名班主任演讲评议活动，部分县人大代表、政协委员以及家长代表，共150多人应邀到县第十小学（小学组）和第六中学（中学组）参加评议。

4日 省人大常委会党组书记、副主任徐谦带队到安溪县调研农村饮用水安全工程实施情况。

5日 第二届中国农产品电子商务峰会在云南省举行。阿里研究院联合发布《从"客厅革命"到"厨房革命"——阿里农产品电子商务白皮书（2016）》，并首次发布"2016年农产品电商50强县"，安溪位居全国第二，特色产品为茶叶。

6日 由中央人民广播电台、福建省播音主持协会、县委宣传部、文明办、团县委等共同主办的中央人民广播电台第五届"夏青杯"朗诵大赛（安溪赛区），在县青少年宫开赛。大赛分小学甲组、小学乙组、中学（中职）组、成人（教师）组等4个组别，全县500多名选手参加比赛。

7日 农业部工程服务中心副主任张小川一行，到安溪县实地核查国家现代茶业产业园创建工作。

8日 在安溪人民广场举行"践'八不'行为·树文明新风·迎金砖宾客"志愿服务主题活动。

10日 省政府发展研究中心主任李强带队到安溪县调研产业转型升级项目。

11—13日 2017台湾媒体"清新福建行"采访团走进安溪，开展以茶文化为主题的采访活动。市委常委、宣传部部长陈铁晗参加活动。

12日 由省作家协会、县委宣传部、团县委等主办的"文学走进生活"名家公益讲堂在青少年宫举行。中国青年出版总社副总编辑，《青年文学》社长、总编辑李师东为茶乡500多名师生开展"文学的读与写"专题讲座。

14日 在中国国际信息技术（福建）产业园"非遗"大数据中心的展厅，前来参加揭牌仪式的各级领导嘉宾参观、体验全国各地"非遗"传承人带来的"非遗"手工艺品。

15日 "富华杯"安溪工匠（藤铁工艺类）刷漆篇技艺挑战赛举行，共有39名家居工艺企业选手参赛。

15日 "海丝扬帆·生态安溪"系列美术活动在县青少年宫开幕。

17日 县公安局联合县电力、电信等部门，在龙津公园开展"打击盗窃破坏电力电信广播电视设施违法犯罪行为"宣传活动，提高群众防盗窃防诈骗能力。

18—21日 由国家农业部与浙江省政府联合举办的首届中国国际茶叶博览会在杭州国际博览中心举行。福建展示区用于集中展示安溪铁观音、武夷岩茶、福鼎白茶等3个区域公用品牌。

19日 安溪举行中国南方水产城系列项目开工奠基活动。市委常委、市纪委书记温惠榕，中华全国工商联水产业商会会长田全海等参加开工奠基仪式。

19日 县家居工艺商会电子商务分会成立。

19日 华侨国际酒店及海丝传媒揭牌暨"海丝茶源·清新茶旅"启动仪式在华侨酒店举行。

19日 由安溪县残工委、县残联共同主办的"推进残疾预防健康成就小康"2017年安溪县助残日公益晚会在县人民广场拉开帷幕。

20日 首届中国国际茶叶博览会揭晓"中国十大茶叶区域公用品牌"评选结果，安溪铁观音等10个品牌成功入选。

21日 "夏青杯"朗诵大赛安溪赛区颁奖典礼暨"墨韵茶香"泉州市青年书法家茶文化书法邀请展开幕式在青少年宫举行。

21日 全县首家畲族文化馆——湖上乡盛富村畲族文化馆经过3个多月改建正式开馆。

22日 全国供销总社党组成员、监事会主任宋璨涛一行在福建省供销社党组书记、主任林少雄等陪同下，到安溪县调研茶产业情况。

23日　安溪县社会科学界联合会成立暨第一次代表大会隆重举行。省社科联党组成员、秘书长游炎灿，市社科联主席李培德到会祝贺。

23—24日　农业部计划司副司长陈章全一行在福建省农业厅副厅长王智桢陪同下，到安溪县开展特色农产品优势区创建调研。

24日　国家林业局宣传办主任程红一行到安溪县开展市创建国家森林城市考察指导工作。

25日　"文明之行　德耀安溪"2017年安溪县道德模范、身边好人巡讲活动，在国家电网安溪县供电公司拉开帷幕。

25日　人民日报社人民论坛杂志社副总编辑陶建群一行，到安溪开展"福建精准扶贫"专题调研。

25—31日　首届铁观音大师赛决出十强。陈素全、李金登、王清海、刘文品、王逢春、高童谦、陈朝金、刘金龙、詹玉炎、杨木山夺得十强席位。

26—27日　省禁毒办专职副主任林群带领省禁毒检查组到安溪县检查验收禁毒重点整治工作。

29日　2017年安溪在外茶业人才交流大会暨春季安溪铁观音清香型民间斗茶赛在中国茶都举行，500多名爱茶人士齐聚一堂，同品茶王赛金银铜茶品，共话安溪铁观音"二次腾飞"梦。

31日　县委书记高向荣、县长刘林霜会见印尼侨亲施金城及其家人。

31日　"书香福建"捐赠助读公益活动走进官桥镇第二中心小学和善益小学。活动捐赠图书5000多册、书包215个，福州航模队开展科普游园活动。

6月

5日　第46个世界环境日，县环保局、县法院等单位联合在龙津公园开展环保成果展示、环保法律法规宣传、环保投诉处理等活动；县城市污水处理厂、垃圾焚烧厂、闽华电源等企业开展"企业开放日"活动。

6日　中国科学院重庆绿色智能技术研究院专家到安溪双福缘新能源环保科技有限公司，考察"垃圾塑料无害化能源再生项目"，并达成合作意向，将资源互补、全国推广。

6—8日　县长刘林霜带领招商考察团赴上海、杭州考察项目。

7日　安溪县召开第九届海峡论坛·首届李光地文化节暨海峡两岸青年文创峰会动员大会。

8日　省人大常委会副主任彭锦清一行，到安溪县开展省十二届人大五次会议第1357号代表建议《加强食用农产品监管　从源头保障食品安全》督办工作调研。

9日　县金融办联合县公安局、银监办、银行业协会、各银行业金融机构等部门，在龙津公园开展"防范和打击非法集资"宣传月集中宣传活动，提高群众风险防范能力。

9—16日　县委书记高向荣率队赴俄罗斯和越南开展经贸洽谈。

10日　安溪名安农业科技有限公司与福建农林大学食品科学学院，正式签署产学研合作协议，以科技创新助力产业转型升级。

10日　安溪电视台少儿才艺大赛暨首届"金话筒"小主持人大赛正式启动。

10日　为纪念第十二个中国文化遗产日，县博物馆在龙津公园举办"文化传承历史，遗产延续未来"主题灯猜活动。

10—14日　"篮球客杯"泉州市第六届篮球等级联赛在县篮球活动中心举行。

13—15日　由团中央维护青少年权益部和中央综治办一室主办的第四届"为了明天——关爱青少年彩虹行动"微电影大赛成果展示会在贵州黔南州三都水族自治县举行。县检察院预防青少年犯罪微电影《门》从全国167部入围作品中脱颖而出，获全国二等奖、网络人气奖。

14日　市委书记、市人大常委会主任郑新聪到安溪县检查指导防御强降雨工作情况。

14—15日　省人社厅召开"福建省专家服务基层工作座谈会"，并为获评第二批"福建省级专家服务基地"的13家企业授牌。八马茶业是获此荣誉的2家泉州籍企业之一，会议推选八马等2家企业申报"国家级专家服务基地"。

15日　市政协主席陈灿辉组织部分港澳委员、特邀嘉宾，到安溪县开展"引进和扶持龙头企业发展"视察活动。

18日　安溪县召开李光地文化和文学创作座谈会。会上，参加"名相故里海丝风"采风活动的全国著名作家、编辑和文学评论家们畅谈采风所见所闻所感。

18—21日　第十五届中国·海峡两岸项目成果交易会在福州举办，本届展会上，安溪县成功对接项目77个，总投资约60亿元。

19日　第九届海峡论坛·李光地文化节暨海峡两岸大学生文创峰会在安溪开幕。市委常委、市纪委书记温惠榕，省人大常委会原副主任庄先，国家发改委综合研究所副所长吴文化，国开行行务委员、局长郭濂，原市长李建国，泉州泉台民间交流协会会长傅圆圆，泉州孔子协会会长洪辉煌等出席开幕式。

19 日 由县政府、泉州经贸学院、泉州市社科联和泉州市孔子学会联合主办的"李光地与儒学思想"学术研讨会在安溪召开，两岸专家学者齐聚茶乡，共同研讨"李光地与儒学思想"学术研究成果。

20 日 "英发杯"安溪工匠（藤铁工艺类）"焊接篇"技艺挑战赛在英发家具装饰有限公司举行，全县 41 名从事家居工艺行业焊接能工巧匠齐聚一堂，比拼技艺。

21 日 马来西亚投资方代表林跃芳与安溪县晋江源茶叶科技达成项目合资协议，拟共同投资创办"佛罗花（福建）综合农业科技有限公司"，引入马来西亚德信控股有限公司先进的生物技术，共同研发保健品、生活用品和美容护肤品等，提高安溪铁观音原材料的综合利用率。

21 日 新加坡圣公文化传承委员会携新加坡安溪会馆、新加坡南安会馆、裕廊凤山寺、水廊头凤山寺等侨亲一行，到安溪县金谷镇威镇庙，开展光泽尊王文化交流活动。

21 日 泉州公积金管理中心发布 2017 年住房公积金缴存上下限标准的通知，2017 年 7 月 1 日至 2018 年 6 月 30 日，泉州市职工住房公积金月缴存上限标准为 3428 元，中央驻闽单位职工住房公积金月缴存上限标准为 5714 元；安溪县职工住房公积金月缴存下限标准为 138 元，比去年下限标准 124 元略有上升。

22—27 日 应台湾台南市文化协会邀请，县高甲戏剧团与厦门市思明区文化馆组团赴台南参加"2017 海峡两岸郑成功文化节"，向台湾观众展现安溪高甲戏的艺术魅力，以及闽南丰厚的民俗文化底蕴。

28 日 省水利厅总工程师林捷一行，到安溪县专项检查部分在建生产建设项目水土保持工作。

28 日 省教育厅公示省"十三五"第一批中小学学科带头人和名校长后备培养培训拟入选人员名单，安溪县教师和中小学校长 10 人入选。

29 日 "2017 年中国职业院校物流＆电商专业竞争力排行榜"发布会在成都举行，安溪县陈利职业中专学校入选中职学校电子商务专业竞争力 100 强，位列全国第 65 名。

6 月 29 日—7 月 3 日 由国务院食安办、农业部、食药总局 3 部门联办的全国"双安双创"（全国食品安全示范城市创建和农产品质量安全县创建）成果展在北京中国国际展览中心举办。福建馆由福州、厦门、莆田和安溪联合组展，安溪是福建馆唯一的县级参展单位。

30 日 全省首个乡镇扶贫开发协会——福田乡扶贫开发协会成立。市委常委、市纪委书记温惠榕，泉州开发区党工委书记梁炳辉等出席成立大会。

7月

1 日 安溪县城乡居民基本医疗保险、大病保险、医疗救助、精准扶贫叠加保险等实现"一站式"结算。

2 日 由县农茶局、科技局、尚卿乡人民政府等主办，安溪县国公山种植有限公司承办的 2017 年尚卿藤云小镇国公山农产品展示品鉴活动暨葡萄开摘节开幕。近 1000 名旅游爱好者前来体验茶乡文化，感受农家风情。

6 日 县食品安全宣传周启动仪式暨"尚德守法 共治共享食品安全"主题宣传咨询活动在龙津公园举行，现场展示近年食品安全工作成效，宣传食品安全法律法规知识及消费

常识，接受群众咨询。

6 日 国家统计局福建调查总队党组书记、总队长程良世带队到安溪县调研考察。

6 日 省旅游发展委员会公示首批"福建智慧旅游示范基地"，位于安溪南翼新城的中国国际信息技术（福建）产业园名列榜首。

7 日 泉州经贸学院与湖头光电产业园举行"二元制"校企联合办学签约仪式。

9 日 第二届中国茶都·安溪茶叶包装新品发布会在中国茶博汇 1 号馆举行。

10 日 第二届中国（安溪）家居工艺文化博览会子活动——2017 年海峡两岸青年人才文创设计邀请赛启动仪式，在尚卿乡誉丰国心茶庄园举办。团省委副书记杨溢、团市委书记杨凤翔出席。

10 日 县第三医院正式开通公益心理咨询热线 0595-68791120、13959733120，接听时间为 8:00—22:00，为处于心理危机状态的人群提供心理支持，宣传抑郁、焦虑等相关心理疾病防治、健康知识。

11 日 省人大常委会副主任叶双瑜率检查组，到安溪县开展农产品质量安全执法检查。

12 日 安溪县举办纪念中国人民解放军建军 90 周年暨"双拥花映中国茶都"文艺晚会。

13 日 安溪县 121 人入选市高层次人才，入选人数居全市第三位。其中，第二层次人才 2 人，第三层次人才 22 人，第四层次人才 38 人，第五层次人才 59 人。

14 日 安溪召开全县茶业工作会，分析当前茶产业发展面临的形势，安排部署今后一段时间的茶业

工作，动员全县上下进一步统一思想，坚定信心，转型突围，推动安溪茶产业"二次腾飞"。

14日　首届安溪铁观音大师赛颁奖仪式在永隆国际酒店举行，大赛评选出"安溪铁观音大师"2位和"安溪铁观音名匠"8位，奖金总额240万元。

14日　全市"农民讲师团"现场学习会暨理论工作推进会在安溪县召开。

17日　全县首个茶庄园党支部——中共西坪镇德峰茶庄园党支部揭牌成立。

17—19日　新华社、新华网、中央人民广播电台、光明日报、经济日报、福建日报、福建电视台等20多家中央、省、市媒体到安溪各个乡镇开展"砥砺奋进的五年、中华文化'走出去'"主题采访采风活动。

18—19日　市政协主席陈灿辉带队到安溪开展"泉州市实施低保兜底脱贫情况"专题民主监督工作。

19日　由台湾大学、嘉义大学、中兴大学等6所台湾高校16名师生和福建农林大学植保学院10名学生共同组成的海峡两岸学子暑期实践研习营到安溪开展"五缘牵两岸·七校访三农"主题活动。

19—20日　全省特色现代农业建设现场推进会在宁德福安市召开，安溪县县长刘林霜参加现场推进会，并作题为《凝心聚力　创建国家现代茶业产业园》的典型发言。

24日　2017年台湾青少年"寻根之旅"夏令营福建安溪营在安溪茶校举行开营仪式。

25日　国家基本公共卫生服务项目宣传月活动暨安溪县人口健康讲师团授旗仪式在县人民广场举行。

26日　县公共资源交易中心正式揭牌成立。

27日　住房和城乡建设部官网公示2017年各省（区、市）改善农村人居环境示范村名单，安溪县尚卿乡黄岭村入选魅力乡村示范村。

27日　福建检验检疫局副局长詹开瑞率调研组一行，到安溪县调研茶叶品牌推进建设情况。

28日　夏季大型人才招聘会暨大中专毕业生供需见面会上，安溪首批14家高校毕业生就业见习基地授牌，为高校毕业生提供更多就业岗位和见习机会。

8月

1日　是日起，中国茶都毛茶交易大厅禁止"压制茶"入市交易。

1日　受科技部农村科技司委托，省科技厅农业处组织3名专家组成现场考察专家组，对安溪县的福建泉州国家农业科技园区（茶叶园）开展验收现场考察。

4日　首张标准地址二维码门牌在城区小东社区鸿业街上墙，标志着安溪"二维码"门牌安装及标注工作正式全面启动。

8日　由人民日报社、新华社、光明日报社、央视等12家中央、省、市媒体组成采风团到安溪进行研讨会预热采访活动。

8日　中国气象局副局长于新文率队到安溪县调研指导汛期气象工作。

8—10日　2017年福建全民健身安溪县"水木资本杯"企业职工运动会在梧桐体育馆开幕。全县共22家企业330人参加比赛。

9日　国土资源部党组书记、副部长孙绍骋率调研组到安溪县调研

废弃矿山地质环境综合治理项目实施情况。

15日　安溪与印度尼西亚PPI公司举行外贸项目合作签约仪式。

16日　泉州市医疗保障基金管理中心安溪管理部成立大会在县金融行政服务中心举行。

16日　阿里研究院发布2016年"电商百佳县"排行榜，安溪以电商发展指数16.003再次跻身百佳县，排名56位。

16日　全县村干部农村电商专题培训班在尚卿乡灶美村举行开班仪式，来自全县24个乡镇的52名村干部参加培训。

17—19日　2017香港美食博览会暨第9届香港国际茶展举行，安溪县凤岩保健茶有限公司开发的"凤岩鸿金观音"获乌龙茶组第三名。

18—19日　市政府市长康涛带队到安溪县围绕晋江源头保护、水利设施和美丽乡村建设、精准扶贫等开展调研。

21日　安溪与香港国泰达鸣集团有限公司签订项目投资协议。

21日　商务部公布2017年国家电子商务进农村综合示范县名单，安溪榜上有名。

26日　泉州市智能共享汽车品牌"大圣出行"进驻安溪，第一批20辆新能源共享汽车正式上线。

28日　湖头光电产业园管委会联合相关单位，举办园区首届海峡两岸青年职工联谊活动。

29日　由安溪人研发、全省首家无人超市落户城区宝龙城市广场。

31日　官桥镇善坛畲族村、桃舟乡吾培村、西坪镇上尧村等3个村落被列入第二批省级传统村落名录。

9月

3—5日 金砖国家领导人第九次会晤在厦门举行，安溪铁观音成为金砖会晤国礼茶。

4日 中国气象局副局长矫梅燕带队到安溪县调研。

5日 国家农业部公布第二批国家现代农业产业园创建名单，安溪榜上有名。

7日 省委文明办公布第五届全国文明村镇、文明单位，安溪县湖上乡盛富村入选第五届全国文明村镇候选名单，安溪国家税务局、中国农业银行股份有限公司安溪支行2单位入选第五届全国文明单位候选名单，城厢镇经岭村继续保留全国文明村镇荣誉称号。

9日 几内亚海关总署高级专员MOHAMED DEEN CAMARA等一行到龙门镇，参观信息产业园的"数字媒体馆"、中国非遗大数据中心、对外经贸大学教学基地等地。

9日 国务院军转办副主任陆振兴、综合培训处调研员袁宝泉一行到安溪县调研军转安置工作总体情况。

11日 上海虹桥国际会展中心举办"中国藤铁工艺之都——安溪'超百亿'藤铁工艺文化产业"品鉴会，吸引全国各地23家行业商协会、63家知名媒体及28家企业家代表参加。

11—12日 国务院发展研究中心中国农村劳动力资源开发研究会秘书长苏宏文带队到安溪县调研茶产业发展情况。

13日 马来西亚安溪会馆联合会总会长丹斯里林福山率团回乡考察旅游产业。

13日 农业部耕地质量中心副主任谢建华带领督导组到安溪县开展果菜茶有机肥替代化肥行动督导检查。

14日 以丝路为题材，以观音铁韵、华侨心和闽商精神等为主线的电影《天涯芬芳》在福州开机。

14日 省连锁经营协会、省企业经济评价协会、省东南商务管理研究院等联合发布2016年福建省连锁业50强名单，新华都、中闽百汇、厦门金牌橱柜及八马等4家安溪籍企业上榜。

15日 全国首个以"藤铁工艺"为主题的第二届"匠心杯"中国（安溪）藤铁工艺现场创作大赛，在安溪家居工艺城拉开帷幕。

16日 八闽易源文化经济促进会暨福建易氏宗亲联谊会成立仪式在安溪举行。

18日 2017厦门国际投资贸易洽谈会在厦门国际会展中心开幕，安溪印尼PPI国际贸易项目在当天上午举行的泉州市外资招商推介会上完成签约，项目投资总额约1.5亿美元。

18日 清铧茶业股份有限公司正式在新三板挂牌，股票代码872127，成为唯一一家以消费品行业挂牌的茶行业企业。

18日 国家质检总局发布公告，安溪经年审合格，继续保留国家级出口食品农产品质量安全示范区称号。

21日 由中国农业科学院茶叶研究所、国家茶叶产业技术体系、国家茶产业技术创新战略联盟主办，县人民政府、国家茶叶产业技术体系产业经济研究室承办的第七届全国茶产业经济研讨会暨安溪铁观音发展高峰论坛在安溪开幕。

23日 为有效解决群众"上班时间没空办事、休息时间没处办事"的困扰，入驻安溪县行政服务中心办事大厅的公安出入境窗口、医保中心（原新农合业务）窗口、婚姻登记窗口推行周末轮班办事制度（法定节假日除外）。

25日 中国语言资源保护工程福建汉语方言调查安溪发音人荣誉证书颁发仪式在县教育局举行，标志着安溪9名方言发音人的语音和形象被国家予以永久保存。

25—26日 省政协副主席陈义兴带队到安溪县开展水土保持工作情况调研。

25—30日 民政部、全国老龄办组织中央媒体和老年媒体，到安溪开展养老院服务质量万里行采访报道活动。

26日 第二届中法文化论坛在法国里昂市政厅开幕。泉州作为中国城市代表之一参会交流，并带去安溪铁观音、德化"中国白"陶瓷等，讲述文化新丝路下的泉州好故事。

26日 位于安溪县官桥镇的福建省弘桥智谷信息科技股份有限公司，在北京金融大街全国中小企业股份转让系统举行挂牌敲钟仪式，正式登陆新三板。

27日 泉州市专利奖评审委员会办公室对获得2017年度泉州市专利奖的专业评审结果进行公示。安溪3项专利上榜。

27日 由法国著名纪实摄影师阎雷（Yann Layma）拍摄，县委宣传部副部长、安溪报社社长谢文哲策划出版的大型画册《安溪人》，在法国里昂商学院举行法文版首发式。

29日 福建文艺献礼党的十九大暨福建省第八届百花文艺奖、第十四届全国"五个一工程"奖福建省获奖作品表彰活动在省广电中心举办，由安溪县广播电视台创作的广播剧《回家》和安溪县高甲戏剧团创作的高甲戏《憨生别传》均获第八届百花文艺奖三等奖。

10月

1日 县委书记高向荣带领安溪党政工商界考察团赴新疆昌吉市考察援疆工作。

7日 《泉州市培育发展特色村镇试点工作方案》印发，安溪县湖头镇（国家级）、尚卿乡（省级）、虎邱镇、龙门镇、西坪镇、蓝田乡6个乡镇，以及感德镇福德村、湖上乡盛富村、尚卿乡黄岭村与灶美村4村入选泉州特色村镇预备考察名单。

9日 《2017中国中小城市发展报告·绿皮书》发布第十三届中国中小城市科学发展指数研究成果暨"2017全国综合实力百强县市""2017全国综合实力百强区"等榜单，安溪上榜中国中小城市综合实力百强县（全国科学发展百强县市）第65位、中国最具投资潜力中小城市百强县市第25位、全国创新创业（双创）百强县市第81位。

12日 "福建省高校重点实验室华侨大学大数据应用研究所"揭牌仪式在安溪举行。

16日 省人大常委会党组副书记、副主任苏增添带队，到安溪县调研防范和打击电信网络新型违法犯罪工作情况。

17日 市侨界青年联合会到国心绿谷，举行侨青联专属茶园签约和侨界青年创新创业基地授牌仪式。市侨联主席陈晓玉参加活动。

19日 省政协副主席陈义兴一行，到安溪县调研水土保持工作情况。

19日 最高人民法院审判委员会专职委员杜万华一行，在省高级人民法院副院长欧岩峰、市中级人民法院院长陈明等陪同下，到安溪县调研供给侧结构改革案例。

20日 国家农业部发布《2017年度全国农业农村信息化示范基地公示公告》安溪县农业与茶果局入选2017年度全国农业农村信息化示范基地整体推进型公示名单。

20—23日 第十八届中国工艺美术大师作品暨手工艺术精品博览会在杭州举行，安溪作为"中国藤铁工艺之都"特色区域，首次应邀参会。

23日 中央电视台财经频道《第一时间》推出3条关于安溪铁观音的专题新闻，全长6分25秒，播放安溪铁观音秋茶行情、铁观音制作工序、茶庄园旅游等安溪茶业最新动向。

23—27日 第122届广交会二期在广州琶洲展馆举行，安溪78家家居工艺企业组团参展。

23日 福田乡发现3亿年前植物"活化石"松叶蕨。

24日 省林业厅副厅长严金静一行到安溪县调研。

26日 中国茶叶流通协会公布2017年度全国重点产茶县调查结果，安溪再次获"全国重点产茶县"荣誉称号并位列首位。至此，安溪已连续9年被评为全国重点产茶县首位。

26日 中国茶叶流通协会公布"中国制茶大师"候选人（第一批）

名单，安溪县魏月德、王艺生、刘远明、林阳顺4位制茶大师入围。

27日 马来西亚海鸥集团董事长、中马友好协会秘书长陈凯希一行回乡，捐资兴建金谷东溪中学郁亭图书馆。

28日 安溪举行"保护母亲河"全面推行河长制公益骑行活动，共有300多人参加活动。

28日 福建女排冠名"安溪铁观音"首次出征，在2017—2018中国女子排球超级联赛首轮第四场比赛迎战广东恒大女排。

30日 湖头镇入选首批特色文化文物示范村镇。

31日 城区三安大桥正式通车。三安大桥工程东起老城区的大同路，向西跨越西溪延伸至二环路，主桥长度约557米，全长约1920米，宽度为33米~44米。

11月

2日 省交通运输厅厅长、省高速公路总指挥部总指挥黄祥谈一行，到安溪县检查厦沙高速公路安溪段项目建设情况。

2日 省住建厅副厅长王胜熙带队，到安溪县调研改善农村人居环境工作。

2—3日 省民政厅副厅长陈丽华一行到安溪县调研民政工作。

3日 第十届海峡两岸（厦门）文化产业博览交易会在厦门会展中心开幕，安溪组织竹藤编技艺传习所、素全茶叶研究所、绿色黄金茶业等参展。

3—4日 农业部党组成员宋建朝一行到安溪县，围绕党的十九大对"三农"工作部署要求，开展专题调研。

4 日 福建省李光地研究院在泉州师院揭牌，李光地研究座谈会同时举行。

4 日 市政府市长康涛带队到安溪县福田、长坑、祥华、蓝田等乡调研农业农村、脱贫攻坚等工作。

5 日 安溪县获国家旅游局红色旅游办、国务院扶贫办全国旅游扶贫联盟、中国老区建设促进会等联合评定的 2017 中国候鸟旅居小城。

8 日 中国国民党中常委、郁展文教基金会董事长吴陈琼秋一行到安溪参访。

9 日 市政协主席陈灿辉带领部分市政协委员，到安溪县开展"全面二孩政策实施情况"重点课题视察活动。

14—15 日 国务院发展研究中心中国农村劳动力资源开发研究会秘书长苏宏文带队到安溪县，调研茶产业发展情况。

16 日 厦沙高速公路安溪段在清水岩收费站广场举行通车仪式。

16 日 2017 福布斯中国 400 位富豪榜揭晓，安溪籍林秀成、陈发树、柯希平 3 位富豪榜上有名。

17 日 国家发改委副秘书长、价格司司长施子海一行，到安溪县调研 EC 产业园电价事宜。

20 日 福建安溪铁观音集团股份有限公司暨福建省安溪茶厂有限公司财产与营业事务交接仪式举行。

17 日 湖上乡盛富村获"全国文明村镇"称号。

19 日 农业部发展计划司副司长赵哲一行到安溪县，调研创建国家现代茶业产业园情况。

20 日 省旅游发展委员会发布2017 年福建省旅游示范基地公示名单，安溪志闽生态旅游区入选省级露营公园，国心绿谷茶庄园入选省级养生休闲基地。

22 日 农业部优质农产品开发服务中心公告《2017 年度全国名特优新农产品目录》，安溪山格淮山专业合作社生产的安溪淮山，八马、华祥苑、中闽魏氏等茶企生产的安溪铁观音入选。

24 日 由安溪县集美校友会主办，集美学校委员会、集美校友总会和县委宣传部、统战部共同协办的集美学校内迁安溪 80 周年纪念大会在安溪举行。中国侨联原主席林军，全国政协委员、中国侨联副主席王亚君，集美大学原党委书记张向中，中国商业对外贸易总公司原党委书记陈联真，集美大学党委副书记叶美萍等出席纪念大会。

27 日 县新影剧院全面建成并投入使用。

29 日 省卫计委党组成员、驻委纪检组长陈兆文带领督导调研组，到安溪县督查健康扶贫、卫生规划重点工作。

12月

3 日 2017 环泉州湾国际公路自行车赛第二赛段的比赛在安溪举行。

5—6 日 第十届世界安溪乡亲联谊大会在安溪召开。来自世界各地 500 多名安溪县籍乡亲代表共聚安溪，叙"根脉相连，共融发展"。

12 日 第二届中国（安溪）家居工艺文化博览会，在中国（安溪）家居工艺城开幕。副市长周真平，中国工艺美术协会会长周郑生，中国礼仪休闲用品工业协会理事长曾会师等出席开幕式。

12 日 农业部经管司农民负担督查处处长刘强率调研组一行，到安溪县专题调研村民一事一议规范化建设情况。

23—24 日 2017 年福建省"清水岩杯"首届气排球乙级联赛在安溪举行，来自全省 62 支球队 600 多名气排球爱好者同场竞技。

28 日 县茶业信息发布中心举行揭牌仪式。

（2017 年大事记资料由县党史办提供，县方志办整理）

中共安溪县委员会

·综述·

【概况】

2017年，安溪县认真贯彻落实党的十八届六中全会和党的十九大精神，坚持以习近平新时代中国特色社会主义思想为指引，主动融入"新福建"和"五个泉州"建设大局，围绕"打造泉州新的重要增长极""争当全省山区第一县、挺进全国五十强"奋斗目标，提出推动实体经济、乡村振兴、民生共享、生态文明、营商环境等"五个走前列"，加快建设实力、大美、小康、活力"四个安溪"，推动全县经济社会持续快速发展，彰显"大县大气派、大县大变化"态势。

【县委中心组理论学习】

2017年，安溪县坚持每月安排1次集中学习，先后邀请全国人大代表、华侨大学法学院副院长戴仲川作《学习贯彻全国两会精神》；福建省委党校省行政学院教授林建华作《学习习近平同志7·26重要讲话》；国家卫计委计划生育指导司考核指导处处长柳清海作《在全面两孩政策背景下，如何开展好当前的计划生育工作》；泉州市委宣讲团团长朱林果作《学习贯彻党的十九大精神》等专题讲座，全年共计学习12次。同时，定期向县委中心组成员分发《月读》《学习活页》等多种理论学习材料。

【党的建设】

2017年，安溪县落实全面从严治党主体责任，以党的政治建设为统领，深入学习贯彻党的十八届六中全会、十九大精神，县四套班子领导带头参加讨论、带头开展宣讲，示范带动全县广大党员干部树牢"四个意识"，坚定"四个自信"，坚决维护以习近平总书记为核心的党中央权威和集中统一领导，推动中央和省、市委各项决策部署在安溪落地生根。持续举行乡镇党委书记抓发展、抓党建"PPT述职路演"和民主评议，并作为干部提拔任用的重要依据，推动党建任务落实，全面提升党建科学化水平。严格落实意识形态工作责任制，加强各类阵地管控，意识形态工作被省委宣传部评定为"A级"。探索形成离退休干部党建"三级联动"网络、"红色淘宝"等品牌，深化抓党建促脱贫攻坚，湖头山都村、湖上盛富村成为中组部抓党建促脱贫现场教学点。从2017年起，县乡财政投入1875万元，计划用三年时间解决75个村址"改善型需求"问题。在全省率先实行科级干部召回管理办法，开展换届后专项考评，24名干部因不敢为、不善为、不作为被召回调整，21名干部因考评排名靠后被"回炉锻造"，推动领导干部能上能下。落实省"海纳百川"高端人才聚集计划和市人

2017年3月30日，中共安溪县委组织开展中心组理论学习活动　（安溪报社供图）

才"港湾计划"，完善人才政策体系，人才工作经费提高至 1000 万元，与中国海峡人才市场合作共建安溪分部，成立高层次人才发展服务中心，引进 25 名省级高层次人才和 11 名台湾高层次人才。落实"五抓五看""五抓五重"，着力加强党风廉政建设和反腐败工作，成立县委巡察工作领导小组及工作机构，开展三轮对 10 个单位的巡察工作，发现各类问题 258 个，立案 20 件，给予党纪处分 16 人。12 月底，县监察委员会依法组建并挂牌成立，实现对所有行使公权力的公职人员监督全覆盖。坚持挺纪在前，突出抓早抓小，零容忍惩治腐败，全年查处违反中央八项规定精神问题 5 起、党纪处分 5 人；运用监督执纪"四种形态"，处理 581 人，前两种形态占比 83%；立案审查违纪案件 101 件，给予党纪政务处分 101 人，其中，科级干部 15 人，移送司法机关处理 6 人。

（何锦灿 撰　林勇平 审）

【巡察工作】

2017 年 1 月 6 日，安溪县成立县委巡察工作领导小组，林文超任组长，史思泉任副组长，谢祥明、郑紫文、章添才等为成员。2 月，组建县委巡察办，作为县委巡察工作领导小组的日常办事机构，为县委工作部门，同时承担县委巡视工作联络组办公室职责。5 月，制定《中共安溪县委巡察工作实施办法（暂行）》，编制《中共安溪县委 2017—2021 年巡察工作规划》。全年开展 3 轮 4 批巡察，巡察党组织 10 个（金谷、大坪、龙涓、感德、祥华、芦田、西坪 7 个乡镇和县民政局、县水利局、县文体新局 3 个县直扶贫职能部门），是年已经县委"五人小组"会议研究的 3 轮 3 批巡察报告中，共发现问题 277 个，向县纪委，县委组织部和有关部门移送问题线索 70 条，其中科级干部问题线索共 19 条，立案审查 25 人，结案处理 12 人，给予党政纪处分 16 人（其中科级干部 10 人），挽回经济损失 656 万多元。推动被巡察党组织落实整改责任，有关单位先后建立健全各项制度 92 项。配合市委扶贫领域交叉专项巡察组对安溪县进行扶贫领域专项巡察。

（谢玮龙 撰　章添才 审）

·主要会议·

【县委工作会议】

2017 年 3 月 28 日，安溪县召开县委工作会议，总结部署全县组织、宣传思想文化、统战等工作。县四套班子领导，县法院院长、县检察院检察长、县公安局局长、各乡镇党委书记、分管组织、宣传、统战工作的副书记、组织委员、宣传委员、统战委员、分管民宗工作的副乡镇长，县直各单位负责人、县直各系统党委书记、专职副书记、县直党工委宣传委员等参加会议。县委副书记、县长刘林霜主持会议，会上，县委常委、统战部部长林荣超总结部署全县统战工作；县委常委、组织部部长史思泉总结部署全县组织工作；县委常委、宣传部部长陈剑宾总结部署全县宣传思想文化工作；县委书记高向荣讲话。

【李光地文化节暨两岸文创高峰会】

2017 年 6 月 18—20 日，安溪县以"光地故里共叙缘·两岸文创同发展"为主题召开第九届海峡论坛·李光地文化节暨海峡两岸大学生文创峰会（以下简称"文化节"），海峡两岸政商人士、李光地文化研究专家学者、李氏宗亲代表、青年代表、台湾教育文化经贸促进会代表等共 200 多人齐聚安溪，深入探索李光地文化、追求李光地思想、传承和弘扬李光地精神。6 月 19 日，举行开幕式，市委常委、市纪委书记温惠榕，省人大常委会原副主任庄先，国家发改委综合研究所副所长吴文化，国家开发银行行务委员、局长郭濂，原市长李建国，泉州泉台民间交流协会会长傅圆圆，泉州孔子协会会长洪辉煌，县领导高向荣、刘林霜、廖皆明、梁金良等出席开幕式。

市委常委、市纪委书记温惠榕在开幕式致辞中提到安溪是台胞重要祖籍地，与台湾有着根、祖、脉的联系，在历史上涌现出了许多杰出人物，清康熙年间著名政治家和思想家李光地是其中的杰出代表。刘林霜在致辞中表示，举办李光地

2017 年 6 月 19 日，第九届海峡论坛—李光地文化节暨文创峰会开幕式　（安溪报社供图）

文化节,旨在深入揭示李光地文化的思想精髓,进一步传承弘扬中华优秀传统文化;旨在打造并形成富有特色又形式多样的文化精品,使经济建设与文化发展相得益彰。通过文创峰会,期待海峡两岸大学生青年能够汲取先贤思想精华,融合现代技术新潮,推动海峡两岸文化交流向深度迈进。金门地区两岸文化交流协会荣誉理事长、原金门县县长李炷烽在开幕式上表示,李光地文化节的举办对于增进海峡两岸的情感和文化认同将发挥重要的作用,海峡两岸本是一家亲,海峡两岸本是一家情,金门是闽南不可分割的一部分,也是大陆整体的一部分,希望借着"一带一路"的东风,打造金门、同安、安溪等闽南旅游带,加强金门与闽南地区的交流和联系,促进两地共同发展。开幕仪式上,还举行光电产业园区项目、历史文化名镇项目集体签约仪式。

文化节期间,还举办"李光地与儒学思想"研讨会、两岸大学生"李光地文化"生活创意设计研讨会、海峡两岸盆栽花艺技能竞赛、海峡两岸美食文化交流、中国著名作家走进茶乡采风考察等活动。

【县委第十三届第四次全体(扩大)会议】

2017年8月29日,安溪县召开中共安溪县第十三届委员会第四次全体(扩大)会议。十三届县委委员、候补委员;县四套班子党员领导、县法院院长、县检察院检察长、县公安局局长;县纪委常委;原担任副处级以上领导职务的老同志;各乡镇党委书记、党员乡镇长;县直各单位主要领导或主持工作的副职领导出席会议。县人大、县政府、县政协非中共党员领导干部列席会议。县委书记高向荣主持会议。会议学习贯彻党的十八大、十八届三

中、四中、五中、六中全会精神,落实省委十届三次全会、市委十二届四次全会部署,研究部署加快补齐安溪教育、卫生与健康、养老、城乡民生基础设施等社会事业短板,审议通过《中共安溪县委关于加快社会事业发展补齐民生短板确保如期全面建成小康社会的决定》《中共安溪县委十三届四次全体会议决议》。

【第七届全国茶叶经济研讨会暨安溪铁观音高峰论坛】

2017年9月20—23日,第七届全国茶产业经济研讨会暨安溪铁观音发展高峰论坛在中国茶都安溪举办,来自全国茶叶界知名专家,国家茶叶产业技术体系成员,国家茶产业技术创新战略联盟理事,全国茶叶科研院所专家,全国各地龙头茶企董事长、总经理,全国各主要产茶区相关人员等近500人,汇聚一堂,深入研讨,分享经验,共同探讨中国茶产业发展之路。9月21日举行开幕式,中国工程院院士陈学庚,县领导刘林霜、廖皆明、梁金良、史思泉、陈剑宾、肖印章、洪龙等领导嘉宾出席开幕式。

县长刘林霜在开幕式致辞中提到,安溪是铁观音的故乡,中国乌

龙茶名茶之乡,茶业发展历经千年,源远流长。2016年安溪涉茶总产值148亿元,连续8年位居全国重点产茶县首位,并以1424.38亿元的品牌价值蝉联中国区域品牌价值茶叶类首位,"安溪铁观音,好喝一身轻"的品牌口号响彻大江南北。当前,正值中国茶产业转型提升、跨越发展的关键时期,素有"茶业界达沃斯"之称的全国茶产业经济研讨会暨安溪铁观音高峰论坛在安溪盛大举办,全国茶界的名家泰斗、专家学者汇聚一堂,共商转型提升之机,共谋创新发展之路,本次研讨会必将是一场充满激情与智慧的思想盛宴,必将成为中国现代茶业建设的全新起点,必将有力推动中国茶产业转型提升、跨越发展。开幕式上,陈学庚、刘林霜等领导嘉宾共同为福建佳友茶叶机械智能科技有限公司院士专家工作站揭牌;安溪县政府与中国农业科学院茶叶研究所签订战略合作协议。

第七届全国茶产业经济研讨会暨安溪铁观音发展高峰论坛期间,还举办了安溪铁观音大师李金登工作室揭牌仪式、安溪铁观音大师王清海工作室揭牌仪式、国心茶庄园开园仪式,以及安溪铁观音有机茶

2017年9月21日,县长刘林霜在第七届全国茶产业经济研讨会暨安溪铁观音发展高峰论坛上致辞
(安溪报社供图)

深加工研究技术中心签约仪式暨茶叶深加工与多元化利用创新团队博士工作服务点揭牌仪式等活动。

【县委第十三届第五次全体（扩大）会议】

2017年11月21日，安溪县召开中共安溪县第十三届委员会第二次全体（扩大）会议。十三届县委委员、候补委员；县四套班子党员领导，县法院院长、县检察院检察长、县公安局局长；县纪委委员；原担任副处级以上领导职务的老同志；各乡镇党委书记、乡镇长；县直各单位主要负责人或主持工作的副职领导出席会议。县人大、县政府、县政协非中共党员领导干部及非中共党员乡镇长列席会议。县委书记高向荣主持会议。会议学习贯彻党的十九大、省委十届四次全会、市委十二届五次全会精神，动员全县上下，坚持以习近平新时代中国特色社会主义思想为指导，决胜全面建成小康社会，主动融入新福建建设大局，推动党的十九大精神在安溪落地生根、开花结果，奋力开创现代化安溪建设新局面，审议通过《中共安溪县委十三届五次全体会议决议》。

【第十届世界安溪乡亲联谊大会】

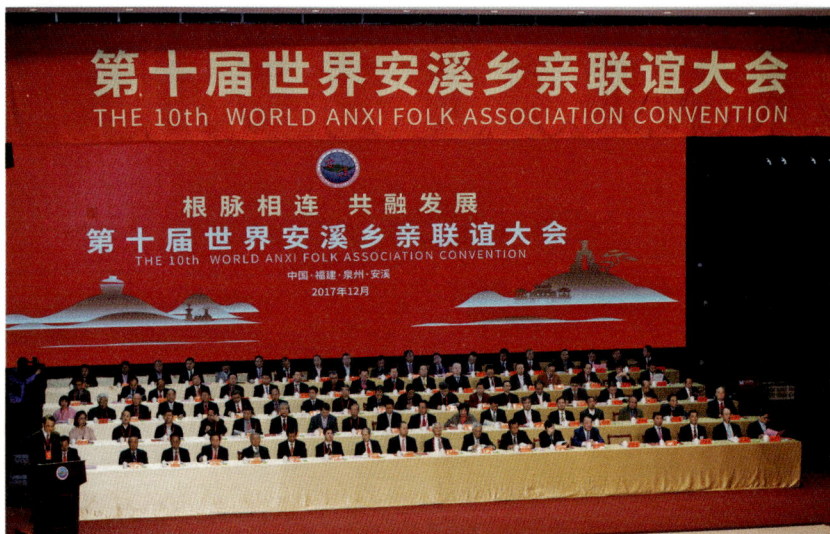

2017年12月6日，第十届世界安溪乡亲联谊大会在安溪新影剧院召开 （安溪报社供图）

2017年12月5－6日，安溪县举办第十届世界安溪乡亲联谊大会，来自世界各地的500多名安溪籍乡亲代表共聚安溪。12月5日举行开幕式，市委书记、市人大常委会主任郑新聪，市人大常委会副主任吴友才，市政协副主席林志建，市政府领导陈荣洲，县委书记高向荣等县四套班子领导出席开幕式，县长刘林霜主持开幕式。

本届大会以"根脉相连 共融发展"为主题。开幕式上，安溪县委、县政府集中表彰一批长期热心家乡公益事业的单位和个人，签约9个处于行业高端、产业前沿的项目，预计总投资86亿元，开幕式还举行项目集中开竣工仪式，20个项目预计总投资208亿元，将有力地推动安溪经济社会发展。

开幕式上发布《第十届世界安溪乡亲联谊大会宣言》，并现场举行世界安溪乡亲联谊会会旗交接仪式，中共安溪县委书记高向荣与台北市安溪同乡会理事长周庆松交接会旗。

大会期间，还召开安溪县归国华侨联合会第九次代表大会、海内外安溪社团秘书长联席会、世安联谊大厦发展有限公司董事会，并举办"腾飞的中国茶都"图片展、开展投资环境考察活动等。

（何锦灿撰　林勇平审）

·重要决策·

【科学谋划思路】

2017年，安溪县坚持以习近平新时代中国特色社会主义思想为指导，把贯彻党的十九大精神与落实省、市、县党代会部署结合起来，主动融入"再上新台阶、建设新福建"和"五个泉州"建设大局，紧盯"争当全省山区第一县、挺进全国五十强"目标，适应发展新常态，坚持稳中求进总基调，扎实推进供给侧结构性改革，全面做好稳增长、促改革、调结构、惠民生、防风险各项工作，突出项目为大、园区为要、茶业为本、扶贫为重、和谐为基，推动实体经济走前列、乡村振兴走前列、民生共享走前列、生态文明走前列、营商环境走前列，把新时代"四个安溪"建设不断推向前进。

【深化精准扶贫】

2017年，安溪县把脱贫攻坚作为最大民生工程，精准帮扶、铁心攻坚，落实产业、就业、基础、搬迁、金融、兜底等措施，用"绣花"功夫推进脱贫攻坚，深化"百企联百村帮千户"行动，持续实施扶贫小额信贷及大病补充医疗保险，完成国定省定造福工程易地搬迁工程，大力实施"村集体经济破零工程""农村公路改造提升工程"，镇级扶贫开发协会全覆盖开创全国先河。

【项目建设持续发力】

2017年，安溪县扎实推进"项目攻坚年"活动，分"三大战区"开展招商竞赛。推行行政审批"三个一律"原则，健全完善项目并联审批、全程代办、绿色通道等机制，为项目全程提供优质服务。

【推动茶业二次腾飞】

2017年，安溪县倡导"不忘初心、坚定信心、秉承匠心、上下同心"，大力推广庄园化、去冰箱化、地标化、标准化，举办首届安溪铁观音大师赛，百万重金奖励制茶大师，弘扬"工匠"精神，倡导传统技艺，全面取缔压茶机、禁用除草剂，实现茶叶质量、价格双提升。获准创建国家现代农业产业园、农产品质量安全示范县等5个国家级项目，第七届全国茶产业经济研讨会暨安溪铁观音高峰论坛成功举办。安溪铁观音成为厦门金砖会晤国礼茶，作为国礼赠送各国元首及夫人，并成为习主席和夫人彭丽媛会见英国首相特雷莎·梅夫妇茶叙用茶。"安溪铁观音"冠名福建女子排球队，亮相中国女排超级联赛。参加全国"双安双创"成果展、"中法文化论坛""闽茶海丝行"等宣传推广活动，到欧美、东南亚等地区参展11场次，支持安溪铁观音集团股份有限公司完成重整，推动品牌茶企转型升级。

【加快产业转型】

2017年，安溪县实施创新驱动、推进供给侧改革，重塑产业链、供应链、价值链，加快现代专业园区开发建设，培育壮大光电、信息技术、生物科技、高端装备制造等新兴产业。在全市率先成立2025产业发展基金，募集30亿元银团基金，大力扶持高新技术产业和高端制造业发展；制定减轻企业负担促进工业经济增长"十条措施"，帮助33家（次）企业解决过桥资金3.6亿元，组织38个重点技改项目，完成投资68亿元。

【建设宜居城乡】

2017年，安溪县坚持统筹推进，优化环境，城乡建设展现新面貌。中心城区加快"东拓、西进、南扩、北提"，持续扩容提质，新增休闲广场2.2万平方米、公园绿地13.5万平方米。建设"智慧城管"平台，积极创建省级文明县城。两大新城加快崛起，湖头镇、龙门镇入围"全国重点镇"，湖头镇获评首批中国特色小镇，加快推进中国历史文化名镇建设，建成全省首个镇级博物馆——阆湖博物馆，启动李光地故里建筑群保护开发、站前路片区改造等项目，龙门镇入选全国首批运动休闲特色小镇，南翼新城莲苑大道、G355国道等项目加快推进，开通县城至南翼新城公交线路。各乡镇因地制宜推进魅力村镇、美丽乡村建设。

【优化生态环境】

2017年，安溪县坚持"生态立县"理念，积极对接国家生态文明试验区建设，打好"水、大气、土壤"三大污染防治攻坚战，落实生态保护管控措施，推进生态文明建设。加快推进"农村生活污水垃圾整治三年行动"，在全省率先实施农村生活污水处理第三方运营管理。在全省率先全面推行山长制，全面落实河长制，完成造林绿化2.97万亩，治理水土流失9.5万亩。

【推进全面深化改革】

2017年，安溪县围绕中央和省、市委关于全面深化改革的部署要求，紧盯任务，积极探索，大胆实践，为全县经济社会发展积聚新动力。深化"放管服"改革，完成新一轮"两张清单"动态调整，创新行政审批服务"五个一"工作机制，制定《安溪县"项目攻坚年"优化审批服务实施方案》，88.34%的审批和服务事项实现"最多跑一趟"和"一趟不用跑"。深化综合医改，推进医联体建设，与福建中医药大学附属人民医院签约合作共建安溪县中医院，完成县医院、中医院和12家乡镇卫生院院长公选。实现县级纪委派驻监督全覆盖，成立县委巡察工作领导小组及工作机构，国家监察体制改革试点推开工作有序推进，县监察委员会依法组建并挂牌成立，新增3个纪检监察室，实现对所有行使公权力的公职人员监督全覆盖。深化龙门、湖头小城镇综合改革试点，突出扩权强镇、以产兴镇、多元建镇、品位立镇。在全省率先实现乡镇级扶贫协会全覆盖，筹集社会资金超1.25亿元，打造"永不走"的扶贫队伍，构建扶贫开发、稳定脱贫长效机制。在全省率先出台《安溪县不胜任现职科级干部召回管理办法（试行）》。

【社会和谐发展】

2017年，安溪县贯彻以人民为中心的发展思想，将新增财力的80%用于改善和保障民生，全面落实24件为民办实事项目。实施"教育惠民、健康利民、养老暖民、宜居便民"四大行动和安溪"XIN"行动。启动"领航人才"培育工程三年行动。启动县医院门诊医技大楼、妇幼保健院迁建等13个卫生项目建设，全面落实"一归口、三下放"管理制度，设立省人民医院安溪分院，全面推进全民参保和扩面工作。建成低保户安居工程90户，建设保障性安居工程690套，新建农村幸福院7所、居家养老服务中心18所、社区老年人日间照料中心5所，2400名老年人享受政府购买居家养老服务。新增镇村文化广场、健身工程86个。举办第十届世界安溪乡亲联谊会、第二届中国（安溪）家居工艺文化博览会、环泉州湾国际公路（安溪段）自行车赛、李光地文化节暨海峡两岸大学生文创峰会、第二届清水祖师文化节。深化平安安溪创建，实施"七五"普法，加强信访维稳工作，圆满完成厦门金砖会晤、党的十九大等大事要事安保维稳任务，落实安全生产责任制，深化电信网络诈骗治理和禁毒整治，创建省级食品安全社会共治示范县。

【加强管党治党】

2017年，安溪县落实全面从严治党主体责任，坚持思想建党和制度治党紧密结合，把严的要求落实到党的建设全过程，推动全面从严治党向纵深发展。结合推进"两学一做"学习教育常态化制度化，深入学习贯彻党的十八届六中全会和十九大精神。持续举行乡镇党委书记抓发展、抓党建"PPT述职路演"和民主评议，推动党建任务落实。严格落实意识形态工作责任制，加强各类阵地管控。开展乡镇换届后专项考评。对接落实省"海纳百川"高端人才聚集计划和市人才"港湾计划"，健全"1+N"人才政策体系，创新"五子登科"聚才模式。落实"五抓五看""五抓五重"，开展三轮四批次对10个单位的巡察，设置17个派驻纪检组，实现派驻监督全覆盖，坚持挺纪在前，突出抓早抓小，零容忍惩治腐败。

（何锦灿撰　林勇平审）

2017年元旦，阆湖博物馆正式对外开放　　　　　（安溪报社供图）

·纪检监察·

【概况】

2017年，安溪县纪律监察工作进一步落实中央八项规定精神，结合实际修订完善60多项制度措施，用制度管人管事，纠正"四风"问题的制度越扎越紧；进一步压紧压实全面从严治党"两个责任"，保持惩治腐败高压态势；扎实推进纪律检查体制改革，强化内部管理，推动全面从严治党向纵深发展，为"四个安溪"建设提供坚强保证。

【县纪委十三届二次全会】

2017年1月23日，中共安溪县纪委召开十三届二次全会。县纪委委员19人参加会议。县委、县人大、县政府、县政协领导，县法院、县检察院、县公安局主要领导出席会议。各乡镇党委书记、乡镇长、纪委书记，县直各单位主要领导或主持工作的副职领导，县监察局副局长，县直纪工委书记、县纪委派驻纪检组组长、县公安局纪委书记，县聘党风政风监督员以及县纪委机关副科级以上干部、各室（部）主任等列席会议。会议传达十八届中央纪委七次全会、福建省纪委十届二次全会、市纪委十二届二次全会精神，审议通过林文超代表县纪委常委会所作的题为《推动全面从严治党向纵深发展为"四个安溪"建设提供坚强保证》的工作报告。县委书记高向荣在会上作重要讲话。

【廉政建设】

廉政宣传教育　2017年，安溪县组织广大党员干部特别是领导干部，学习习总书记系列重要讲话精神和党规党纪。在县委党校开设新提任领导干部、班子成员廉洁从政专题教育班，全年开班12班次，受训1005人次。依托预防职务犯罪警示教育馆、农村基层干部警示教育馆、国税局廉政文化展示馆，组织党员干部3400多人次接受警示教育，其中安溪县预防职务犯罪警示教育馆成为市委党校干部培训的现场教学基地。坚持典型引路、示范带动，会同县委文明办等部门确定5个移风易俗示范点，开展移风易俗活动，全县100多个村（社区）修订村规民约，红白喜事简办或不办成为一种新风尚。挖掘安溪传统优秀历史文化，建成阆湖博物馆，累计参观人数突破30万人次；布置家风家训主题展厅，组织全县科级干部及其家属共2000多人开展集中教育活动；李光地家规家训入选《中国家规》一书。开展"送家规春联·过廉洁新年""品梅占茶·传好家风"最美家庭品茗等主题活动。紧扣全县党风廉政建设和反腐败工作大局，发挥新闻舆论的作用，组织采写新闻稿件和动态信息，营造良好氛围，全年在中央和省级主要媒体刊稿42篇，位居全市首位。

落实中央八项规定精神　2017年，安溪县贯彻落实省纪委《关于进一步推动"1+X"专项督查工作的通知》精神，把"1+X"专项督查工作纳入党委主体责任清单，建立定期会商研究、强化联动督查、规范线索移送、强化问责追究等配套制度，推动"1+X"专项督查常态化、制度化。全年组织明察暗访活动40场次，发现疑似问题线索115条，查处违反中央八项规定精神问题5起，给予党纪处分5人，并通过文件、网站、报纸、电视等途径指名道姓公开曝光。注重案后整改，督促全县有关单位修订完善《公务出差市内交通费补贴办法》《行政事业单位财政管理补充规定》《关于安溪县乡镇机关混岗的事业单位工作人员发放通讯和加班补贴有关问题的通知》《关于进一步加强学校（食堂）财务管理的补充通知》等共60多项制度措施，用制度管人管事，纠正"四风"问题的制度笼子越扎越紧。

【违纪查处】

落实全面从严治党"两个责任" 2017年，安溪县制定《2017年落实党风廉政建设责任制分解方案》，修订《安溪县委、县纪委落实党风廉政建设"两个责任"清单》。健全完善党风廉政建设"双报告"、谈话提醒、诫勉谈话、组织函询、检查考核等制度，开展述责述廉活动。坚持立说立行，完成省委、市委全面从严治党主体责任检查及"回头看"反馈的"问题清单"的整改工作。持续倒逼责任落实，对全县24个乡镇党委、9个县直单位党委（党组）2016年度落实党风廉政建设责任制开展专项检查，逐个开具问题清单，限期责令整改。贯彻落实《问责条例》，制定出台《安溪县脱贫攻坚工作问责办法（试行）》，对县公安局2016年多名干警违纪问题、蓬莱镇4个村9名村干部违纪问题、县农茶局2名领导干部严重违纪问题进行倒查，严肃问责。全年共追究有关责任人员11人，其中，追究主体责任8人、监督责任3人，给予党纪处分6人，诫勉谈话2人，批评教育3人。

惩治腐败 2017年，安溪县坚决减少腐败存量、重点遏制腐败增量，把"三种人"（十八大以后仍不收手、继续贪污腐败的人，群众反映非常强烈的人，重要岗位上将要提拔的干部）、损害群众利益的不正之风和腐败问题作为执纪审查的重中之重，严肃查处国家审计署移交的骗取关闭小企业财政补助资金、县水利局违规使行使职权为干部职工谋福利等涉及多人的严重违纪问题。全年受理检控类初信件141件，立案审查违纪案件101件，给予党纪政纪处分99人，其中科级干部15人，涉嫌犯罪被移送司法机关处理6人。突出执纪审查的政治性，对不老实、搞对抗的行为重惩重处，严肃处理2名对抗组织审查的党员干部，并予以公开通报。

【监督执纪】

扶贫领域监督执纪问责 2017年，安溪县制定《2017年安溪县纪检监察机关精准监督助推精准扶贫实施方案》《关于推行扶贫领域监督执纪问责清单化管理的意见》《安溪县纪检监察机关关于开展扶贫领域腐败和作风问题专项整治的方案》，建立"1+X"专项督查机制，在全县开展扶贫领域监督执纪"村村到、户户访"活动，对2016年以来建档立卡贫困户100%入户访查，以精准有力的监督执纪，为全县脱贫攻坚提供坚强纪律保障。全年，查处扶贫领域问题线索7起12人，给予党政纪处分11人，诫勉谈话1人。

监督执纪"四种形态" 2017年，安溪县坚持把纪律和规矩挺在前、严在前，正确把握"树木"与"森林"的关系，把"惩治极少数"向"管住大多数"拓展，综合运用批评教育、诫勉谈话、组织调整、党纪处分等各种手段，发现苗头及时提醒、及时教育，触犯纪律严肃处理，真正体现党"惩前毖后、治病救人"的一贯方针。全年运用"四种形态"处理603人，其中，第一种形态431人，占比72%；第二种形态71人，占比12%；第三种形态19人，占比3%；第四种形态82人，占比13%。

【纪律监察体制改革】

2017年，安溪县深化国家监察体制改革试点工作，组建安溪县监察委员会。11月14日，县委成立以县委书记高向荣组长的深化国家监察体制改革工作小组，正式启动安溪县国家监察体制改革试点工作。12月29日，在安溪县十七届人民代表大会第二次全体会议上，依法产生安溪县监察委员会，县委常委、县纪委书记林文超当选为安溪县监察委员会主任，并在全体代表的监督下举行宪法宣誓活动；同日，县十七届人大常委会第九次会议表决通过县监察副主任、监委委员的任命并举行宪法宣誓。12月31日，安溪县监察委员会正式挂牌成立。撤销县监察局和县检察院反贪、反渎和预防3个部门，县检察院划拨给县监察委员会行政编制28名，16名从事反贪、反渎和预防的干部转隶到县监察委员会。县监察委员会与县纪委合署办公，新增纪检监察室3个，16名转隶干部按照"混编混岗、全面融合、监督为主"的原则，全部充实到相应的内设机构中。

完成派驻监督改革 2017年，安溪县贯彻落实省、市纪委关于派驻监督全覆盖改革的工作部署，与县委组织部、县委编办等职能部门沟通，按照综合派驻不低于70%、每个纪检组人数不少于3人的要求，8月，制定出台《安溪县派驻监督全覆盖改革工作方案》《安溪县派驻机构建设工作意见》，明确派驻监督全覆盖改革的领导体制、职能调整、机构设置、人员编制、领导职数、工作职责等。9月初，完成派驻监督改革工作，全县共设置17个派驻纪检组，比改革前减少12个，其中，综合派驻14个，单派驻3个；核定编制57名，连同工资关系等由县纪委统一管理；监督单位从原来的29个增加到94个县级党政群机关和企业事业单位，实现县级纪委派驻监督全覆盖。

深化内部体制改革 2017年，安溪县规范执纪监督、执纪审查、案件审理三个关键环节，绘制线索处置、谈话函询、初步核实、立案调查、案件审理5张流程图，明确请示报告、线索处置、审查审理、涉案款物管理的工作流程，以严格规范的流程管理防控风险点，流程化规范执纪行为。1月，制定出台《安溪县纪委监察局机关重要问题线索管理暂行办法》，对群众信访举报、监督检查发现、巡视巡察发现、有关部门移送、上级机关交办、执纪审查中发现、媒体舆情披露等各个渠道收集到的问题线索，全部归口接收、登记，及时按照"四类方式"分流处置；实行执纪审查常委会集体会商机制，最大限度地防止人情案、关系案、金钱案；完善审查过程全程录音录像、打听案情和说情干预登记备案、涉案款物管理等制度，实现执纪审查"工作过程化、过程痕迹化、痕迹审批化"。

完善反腐败协调机制 2017年1月，安溪制定《安溪县反腐败协调小组及办公室工作规则》，明确联席会议由反腐败工作协调小组组长召集并主持，原则上每半年召开一次；完善协作办案制度，对需要多个单位共同查办的重要、复杂案件，

提请反腐败工作协调小组研究，确定牵头单位和协查单位，及时通报重要案件线索，移送案件资料，反馈执纪执法情况，实行资源共享、优势互补。强化信息反馈制度，各成员单位设联络员1名，负责信息的收集、整理、分析、报送和反馈等工作；各成员单位特别是检察、公安、审计部门要定期向县反腐败工作协调小组办公室报告本系统管辖的重点案件线索排查工作。

强化乡镇纪委建设 2017年5月，安溪制定出台《关于进一步加强乡镇纪委建设的工作意见》，经县委编办核准，24个乡镇纪委核定75名行政编制；深化"三转"，24个乡镇纪委配备54名专职纪检干部；注重业务培训，组织开展培训活动3场次，培训人数150人次；注重能力建设，在综合运用跟班锻炼、实地督导、参与专项督查、抽调办案等方式的同时，6月，制定出台《关于建立乡镇纪委片区联动协作机制的通知》，将24个乡镇划分为3个片区联合工作组，确定委局3名班子成员作为联片主管领导、3个纪检室作为对口联系科室，建立工作例会、交叉检查、联合执纪审查、信息反馈等工作制度，着力解决乡镇纪委监督力量薄弱、执纪能力不足等问题。是年，乡镇纪委抽调参与办案92人次、参与专项督查36人次、参与县委巡察45人次，选调跟班学习5人；强化执纪保障，全县24个乡镇均配备独立的办公室，均在一楼安全位置设置标准化的廉政谈话室，均实行纪检工作经费单独预算并列支，并配备电话、电脑、打印机、碎纸机、摄像机或照相机、录音笔、保密柜、文件柜、专用举报箱、办公桌椅等办公装备。

【概况】

2017年，安溪县组织工作坚持党要管党、全面从严治党；坚持围绕中心、服务大局，聚焦主业、奋发有为。组织工作业绩进位全市第一方阵，创新创造不少"安溪典型"，组织工作质量和水平稳中向上向好。

【领导班子和干部队伍建设】

干部教育培训 2017年，安溪县制定实施2017年全县干部教育培训工作方案，组织全县党员干部认真学习贯彻习近平新时代中国特色社会主义思想和党的十九大精神，先后举办4期科级干部"学习贯彻党的十九大精神"专题研讨班、新提拔科级干部廉洁从政专题教育培训班和第19、20、21期科级干部进修班等，全年培训科级干部和选调生、大学生村官2600多人次。实施基层党员干部教育培训"12345"工程（改造提升县委党校建设1个培训主阵地、整合红色教育、警示教育等2个基地、加强专职教师、兼职教师、农民讲师团3支队伍建设，打造安溪茶学院、EC产业园、弘桥智谷电商园、湖头光电产业园等4个产业软训基地，培育茶文化、红色文化、民俗文化、美丽乡村、新兴产业5条主题实践考察路线），相关做法得到上级认可，省市媒体到官桥镇调研采访干部培训工作助推乡镇产业转型升级的亮点做法，并在省、市电视台播出。建立"领导干部上讲堂"制度，面向全县征集领导干部授课题目，共征集77个课题，先后邀请科级及以上领导干部上讲堂授课36人次。强化理想信念教育，区分主体、分类施教，运用县内的安南永德苏维埃政府旧址、廉政教育警示馆和周边的古田会议旧址等红色资源，组织各级党组织和各单位通过开展异

地培训、主题党日等多种形式，加强党性党风党纪教育。

干部培养　2017年，安溪县完善年轻干部发现储备、培养锻炼、选拔使用和管理监督的全链条机制。在各行业、各领域、各层级发现储备一批优秀年轻干部，保证使用上有梯队、选择上有空间。建立后备干部动态管理机制，严格把握后备干部建议人选条件和结构，组织各单位自行推荐考察县管副科级后备干部建议人选并报县委组织部，并由县委组织部完成全县260名县管副科级后备干部建议人选查档审定工作。继续实施"四个一"（下派一批干部到贫困村驻村蹲点、抽调一批干部参与重点项目建设、安排一批干部到信访部门实践锻炼、选派一批干部参加异地挂职锻炼）优秀年轻干部成长计划，下派54名干部到重点扶贫村驻村蹲点、抽调90名干部参与重点项目建设、选拔7名干部到上级部门跟班学习、选派4名干部到外地挂职锻炼，通过多样化的实践锻炼途径，不断提高干部干事创业能力。做好干部挂职工作，注重加强对外来挂职干部和外出挂职干部的跟踪管理和服务保障工作，接收安置2名省外到安溪县挂职干部，选派1名科级干部援疆挂职，选派1名科级干部到省直机关挂职，选派12名省市下派干部挂职任乡镇党委副书记。持续做好选调生及大学生村官的教育培训、服务管理等工作，接收4名选调生和13名大学生村官，坚持实行新上岗大学生村官"七带一"（每名新上岗的大学生村官由1名县处级干部、1名组织部部务会成员、1名省市下派驻村任职干部、1名乡镇领导班子成员、1名往届选调生或大学生村官、1名农村致富能人和1名村主干共同帮带）导师制，选派选调生、大学生村官参加初任培训、创业培训和全县驻

村帮扶工作座谈会等重要培训及会议。

干部宏观管理　2017年，安溪县晋升正处职级1人，副处职级10人，正科职级19人，副科职级6人。按规定做好军转干部接收安置、长期服务工作，做好军转干部进高校专项教育培训工作。做好科级干部退休工作，全年办理33名到龄科级干部的退休手续。执行干部请销假制度，规范干部借调工作程序，及时更新完善干部信息管理系统、个人档案及各类名册，规范干部的动态管理，做好人事信息系统和全国公务员管理信息系统2500多名在职工作人员的信息维护，按时完成2017年度公务员统计工作并通过上级审核。做好干部人事档案专项审核工作，逐步按新标准、新要求整理档案，控制和进一步规范领导干部兼任社团职。

干部监督　2017年，安溪县组织县处级干部开展个人有关事项报告，对18名党政领导干部进行离任经济责任审计。拓宽、畅通"12380"举报通道，启用网络举报系统，全年受理信访举报26件，做到件件有落实、事事有回音。组织35名处级干部填报个人有关事项，防止"带病提名""带病提拔"。从严把关领导干部因公、因私出国（境）审批手续，严格执行学历、学位更改制度，办理申报在职教育学习11人，更改学历（学位）19人。落实党员干部和公职人员举办婚礼报告备案制度，办理21名党政领导举办婚礼报备手续。继续推进"7+3"（清理规范干部选拔任用有关文件问题；整治超职数、超规格、超范围配备领导干部和乱设领导职务、乱立机构名目问题；规范机构设置和报告审批程序问题；规范和调整干部切线改非和办理提前离岗、提前退休问题；规范干部任期调整和履行相

关程序问题；整治"裸官"问题；整治领导干部违规兼职问题；整治违反干部任用标准、程序问题；整治跑官要官和说情打招呼问题；整治干部档案造假问题）专项整治任务落实，全面完成超职数配备科级领导干部整改消化工作。

【干部人事制度改革】

干部选拔任用　2017年，安溪县委常委会专题学习并严格执行新修订的《党委（党组）讨论决定干部任免事项守则》，7月，出台《中国共产党安溪县委员会工作规则》，规范决策程序。在调配过程中，严格落实"动议—民主推荐—考察—讨论决定—任职"程序，并编发县委常委会决定干部任免事项会议纪要和干部选拔任用记实表，确保选任全程可"追溯"，全年调配任免县管科级干部311人次。坚持集体决策，县委常委会对人事议题进行充分讨论，按照规定逐一进行表决，不取得基本一致的意见不做出决定。突出政治标准，实行县委书记、纪委书记在人选廉洁自律结论性意见上"双签字"以及任前谈话等制度，把好政治关、品行关、廉洁关。认真执行《党的地方委员会对下一级正职人选表决办法》，通过全委会票决和征求全委会成员意见任用3名县管正职干部。落实县委主体责任，扎实推进纪检监察体制改革，对照"施工图纸"，完成县监察委员会领导班子组建和派驻监督全覆盖工作。落实请示报批制度，对需报送市委组织部审批的干部任免事项，按规定报批16人次，均获通过；对双重管理的干部，按规定行文对干部任免事项进行征求意见，待接到函复同意后办理任免手续，共征求意见52人次，均获同意。

干部考评机制　2017年，安溪县探索建立党政领导班子定期分析

研判制度，定期举办乡镇党政正职"PPT述职路演"专题汇报会，对乡镇实绩进行测评、点评。组织开展全县各乡镇领导班子和科级干部专项考评工作，全面实施"3+1"（最能体现自己能力的三项工作以及所取得的主要实绩，最不满意的一项工作及主观原因的剖析）实绩公示法和量化考评办法，不断提高民主测评精准度和考核评价立体度。改进考核情况汇报方式，以更加直观、量化的方式强化对干部队伍的综合分析研判。

干部"召回"　2017年，安溪县在全省率先推行不胜任现职科级干部"召回"管理机制，对领导干部苗头性、倾向性问题早发现、早处理，推动干部能"下"，相关做法在《福建组工信息（领导参阅）》《泉州调研》等刊物刊发，并得到市委主要领导批示。建立教育培训制度，对21名乡镇换届后专项考评排名靠后的科级干部进行为期3天的"回炉"培训。建立被召回干部挂钩帮带制度，定期进行谈话、回访，帮助"后进"干部转化提升。建立重新启用制度，对召回期间德才表现优秀、工作实绩突出的，给予"重上"的希望和途径。突出重要节点和重要

对象，持续做好干部日常谈心谈话、廉政谈话工作，对25名科级干部进行提醒谈话。

干部激励　2017年，安溪县宣传市委组织部激励干部提升干事创业精气神的"八条措施"，深化县领导挂钩乡镇制度，建立干部健康体检制度和健康档案，以实际行动关爱干部。探索制定《关于强化一线立体考察干部进一步提升干部干事创业精气神的意见》，发挥干部考察工作"指挥棒"作用，相关做法在《八闽快讯》刊发。坚持"长流水不断线"的理念，按照《干部任用条例》规定的程序、标准，分批对县乡科级干部队伍进行调整。树立领导干部选拔任用"重一线、重实绩"的鲜明导向，畅通干部从一线"上"的渠道，注重从基层一线推荐选拔优秀干部，新提名推荐的7名副处级后备干部建议人选中有5人来自项目建设和乡镇工作一线。打破"乡镇干部成长提拔在乡镇"的思维定式，在干部微调中，提拔2名偏远乡镇的"85后"（1985年1月1日以后出生的年轻干部）后备干部到重点乡镇和县直单位担任副科级领导干部。在部署县管副科级后备干部建议人选推荐工作时，适

当缩减县直单位人选名额，增加重点项目建设和基层一线名额，并对抽调到重点项目工作组的干部实行单列考核，提振一线干部干事创业精气神。

【人才队伍建设】

健全人才政策体系　2017年8月，安溪县出台实施《安溪县落实泉州市人才"港湾计划"的若干意见（试行）》《安溪县高层次人才认定暂行规定（试行）》等配套政策；细分领域出台《安溪2025产业园优惠奖励暂行规定》《中国国际信息技术（福建）产业园优惠奖励暂行规定》《安溪铁观音大师、安溪铁观音制茶工艺大师、安溪铁观音名匠服务管理暂行规定》等政策，形成了"1+N"（"1"即《安溪县落实泉州市人才"港湾计划"的若干意见（试行）》，"N"即《安溪县推进重点园区、企业"党建+人才"工作一体化实施方案》《安溪县高层次人才认定暂行规定（试行）》《安溪县高层次人才"一站式"服务暂行规定（试行）》《安溪县人才资金管理暂行规定（试行）》《安溪县高层次人才享受医疗保健待遇实施方案（试行）》《安溪县人才住房服务保障暂行办法（试行）》等配套政策）人才政策体系。提格升级县委人才工作领导小组，县委主要领导担任组长，同时调整充实成员单位，制定责任清单，确权明责。推行"一站式"服务，成立高层次人才发展服务中心，隶属县委组织部事业单位，核定事业编制5名，与县委人才办合署办公，打造集高层次人才认定、创新创业项目申请、优惠政策落实等为一体的"服务矩阵"。建设中国海峡人才市场安溪分部，与安溪县人力资源市场合署办公，为用人单位和各类求职人员提供稳定、实效的供需服务平台。县级人才工作专项经费从365万元

2017年9月27日，中国海峡人才市场安溪分部揭牌开业　　　　（张华元 摄）

提高至 1000 万元，高层次人才的固定津贴从每人每月 500 元，转变为按人才层次进行分类补助，最高每人每月 1 万元。1 对 1 指导人才申报上级各类高层次人才认定。指导 1 人申报国家"千人计划"，1 人申报国家"万人计划"教学名师并通过国家公示，4 人入围首批中国制茶大师，2 个团队和 1 人入围省第六批引才"百人计划"答辩环节，24 人通过省引进高层次人才（ABC 类）认定，12 人通过省引进台湾高层次人才认定，13 人通过省工艺美术大师（名人）认定，1 人通过工科类青年专业人才认定，171 人通过泉州市高层次人才认定，数量位居全市第 5 位。

人才集智平台 2017 年，安溪县推动光电产业园和 EC 产业园列入市人才工作直接联系点。创建中科生物、佳友茶叶机械 2 家省级院士专家工作站，指导八马茶业、晶安光电、中科生物 3 家企业申报创建博士后科研工作站，引导 7 家企业争创省级高新技术企业。支持安溪铁观音集团筹建国家茶叶质量工程技术研究中心、八马茶业创建国家级专家服务基地、安溪茶学院建设茶树营养与茶园生态研究中心。推动中科院和三安集团在光电产业园创建中科生物，设立植物工厂研究院，超前搭建跨越国界用才的"空中研究院"；味博食品在华南理工大学设立"味博实验室"，承接转化华南理工大学的研发成果。分别在北京和上海安溪商会设立 2 个人才工作联络站，为招商引资和招才引智牵线搭桥。与清华大学深圳研究生院合作共建教学实验基地等。推动光电产业园与泉州经贸学院进行"二元制"（2016 年 2 月，省有关部门下发《关于实施"二元制"技术技能人才培养模式改革试点的通知》，提出要逐步构建以行业（企业）与学校二元主体、学徒与学生二元身份、师傅与教师二元教学、企业与学校二元管理、企业与学校二元评价、毕业证与职业资格证二元证书、全日制与非全日制二元学制为主要特征，以全面提升劳动者技术技能水平和职业素养为主要目标的现代职业教育人才培养新模式）人才培养合作，通过工学交替、岗位成长的培养模式，实现人才培养和岗位需求零距离对接；与茶学院、陈利职校、安溪茶校等当地大中专院校，通过"订单式"培养、举办"光电班"，为园区企业输送各类技术员工，创造人才培养"光电速度"。推动藤云驿站创客空间、蒲公英众创空间、妙思星创天地等入选国家第二批"星创天地"。

人才激励机制 2017 年，安溪县创新开展"百万重奖"安溪铁观音大师赛，评选 2 位安溪铁观音大师和 8 位安溪铁观音名匠，创建 5 个大师工作室，开展第六、第七期安溪铁观音大师活动。开展安溪工匠（藤铁工艺类）选拔暨技艺挑战赛，评出 6 名工匠和 37 名技术能手。推行"园区＋龙头企业＋产业链＋人才"的模式，带动人才、项目、资金等捆绑入园，突出以业引才、以才引才、以情引才，光电产业园集聚高层次人才 72 人、创新团队 6 个。推动光电产业园列入泉州市人才市场化评价试点，建立园区人才市场化评价职称评审专业委员会及评价机制，开展光电行业职称评审试点工作，畅通光电、光生物等特色人才职称评聘绿色通道。举办四川大学企业总裁班、清华大学深圳研究生院家居工艺人才素质提升班等培训活动，着力培养领跑实体产业转型升级、改革突围的高层次经营管理人才。评选首批技能大师 13 名、第二批优秀农村实用人才 12 名、第二届青年拔尖人才 10 名、第二届中小学名师 8 名、首届"名班主任"26 名、首届优秀健康卫士 10 名。

人才发展环境 2017 年 8 月，安溪县制定《安溪县贯彻落实泉州市人才港湾宣传工作方案》，在泉州市率先完成"县委书记人才工作专访"拍摄活动，举办落实泉州市人才"港湾计划"——人才工作新闻摄影比赛活动，在安溪电视台、《安溪报》、安溪新闻网、《安溪组工通讯》《安溪人才》等新闻媒体开辟"人才政策""茶人匠心""安溪工匠"等宣传专栏，拍摄省引才"百人计划"专题宣传片，5 月 27 日，召开县委中心组理论学习会专题学习市委人才"港湾计划"政策，邀请泉州市委组织部部务会议成员、市委人才办主任洪亚清作相关政策解读。在全省高校开展校地企人才合作活动，宣讲人才"港湾计划"政策。在全省率先推行重点园区、企业"党建＋人才"工作一体化，建立县委常委和县委人才工作领导小组成员单位双重联系重点园区、企业和高层次人才制度，帮助协调解决困难和问题。成立人才工作服务专员（51 人）、人才工作特派员（12 人）和联络员（22 人）三支人才工作者队伍，明确每人联系服务的园区、企业和人才，搭建服务桥梁。编印人才政策选编和宣传折页，让人才工作者带政策进企业、访人才。在新兴产业园区建设人才公寓、经济适用房、限价房、公租房，对人才进行无偿赠予、配售、配租。

【基层党组织建设】

思想建设 2017 年，安溪县突出领导机关、党员领导干部率先垂范，县处级领导干部带头到挂钩乡镇、村（社区）、园区，各党委（党组）、各乡镇领导分赴所挂钩党支部进行宣传宣讲，实现把党的十九大精神传达到全县党员。利用"安溪发布""安溪组工""安溪电视

2017 年 11 月 29 日，安溪农民讲师团在虎邱镇石山村开展十九大精神宣讲——让"茶山"变"金山"　　　　　　　　　　　　　（林少斌摄）

台"等一批有影响力的微信公众号、电台和党员微信群推送党的十九大学习资料；依托"安溪县农民讲师团""清溪杏坛讲师团""人口健康讲师团"3 支队伍，用农民听得懂的"土话"引导广大群众把党的十九大报告的思想精髓学深学透。突出党员干部培训全覆盖，分 4 期举办全县科级干部"学习贯彻党的十九大精神"专题研讨班，对全县 1075 名科级干部进行培训；征订下发《党的十九大党章修正案学习问答》《习近平谈治国理政》（第二卷），邀请泉州市委党校党史党建教研室副教授作《中国共产党章程》学习辅导讲座 2 场。

党建促脱贫攻坚　2017 年，安溪县实行"不脱贫、不脱钩"挂钩帮扶机制，县处级干部每人带头挂钩帮扶 1 个贫困村和 2 户贫困户，科级干部每人至少挂钩帮扶 1 户贫困户，县直单位分别与 71 个贫困村结成帮扶"对子"。以茶叶加工、家居工艺等富民产业为依托，把支部建在合作社、生产基地、行业协会等产业链点上，发挥支部引领和党员帮带主体作用，促进"党建强、百姓富"。实施村主干差异化精准化培训项目，分主题开设全面从严治党、农村电商、美丽乡村等班次，承接和选派 92 名省、市、县干部驻村任职、蹲点，常态化开展"一月一主题""一季一座谈"活动，落实帮扶项目 630 多个、帮扶资金 8400 多万元。在全市率先启动"百企联百村帮千户"精准扶贫行动。发动 136 家企业、商会、海外会馆结对帮扶 101 个村、1152 户贫困户，落实资金 1600 多万元，帮助 921 户 3055 人实现脱贫。推动 24 个乡镇全部成立扶贫开发协会，筹集社会资金超过 1.25 亿元。推行盘活资产、开发资源、村企共建、专业合作、抱团发展五种创收模式。建立联系帮扶、人才支撑、资金扶持、基础保障、考评激励五项保障机制，48 个村实现村财"破零"，村均增收 10 万元以上。

"两学一做"学习教育　2017 年，安溪县制定"1+6"学习教育方案（"1"即全县学习教育实施方案，"6"即机关、教育、农村、社区、国有企业、非公企业 6 个子方案）和推进学习教育常态化制度化实施意见，及时调整领导协调机构。持续深化"三会一课＋主题党日""承诺践诺＋主题实践""巡回宣讲＋一线示范"等"3 个＋"的形式，编写《严格规范党内政治生活制度指导手册》，制作基层党内组织生活系列动漫短片，促进党内组织生活经常化、鲜活化。持续深入开展党员"承诺、践诺、评诺"，全县共有 3 万多名党员承诺践诺事项 8 万多件次。在县直机关窗口服务单位和直接面向群众的服务岗位中开展党员"亮身份、戴党徽"活动，组织开展全县"向廖俊波同志学习——榜样的力量"主题征文和演讲比赛、"安溪人、好故事"征集活动，营造比学赶超良好氛围。

2017 年 7 月 4 日，安溪县举办"向廖俊波同志学习——榜样的力量"主题征文和演讲比赛　　　　　　　　　　（县委组织部 供图）

组建"农民讲师团" 2017年，安溪县出台《农民讲师团管理制度》，建立农民讲师"二带一导师制"，选派1名县委党校教师和1名优秀专业技术人才，分别担任农民讲师的"政策导师"和"技术导师"，开展常态化帮带活动，为民说时事、谈经验、讲故事、办实事。开展"组团扶贫 抱团发展"活动，农民讲师与贫困茶农签订《结对帮扶协议》，发挥农民讲师能人带动效应，推动"村扶村、社拉社"互帮互助发展。

"淘宝村"党建 2017年，安溪县成立尚卿乡家居工艺电子商务协会党委，配套建设电商协会团总支、电商行业工会、电商人民调解委员会等群团组织，建立覆盖"农村＋企业""设计＋加工""仓储＋物流"全行业全领域的组织体系。打造"党建＋电商＋扶贫"模式，尚卿乡党委与电商协会党委签订精准扶贫结对帮扶协议，实施电商带头人培训计划、开展"党员业主亮身份、党员网店亮标识""党员诚信网店"评选等活动，初步形成"以实体党支部为依托，电商网络为平台，线上线下有机结合"的"互联网＋党建"工作模式。

多样化城市基层党建模式 2017年，安溪县在中国茶都片区，探索龙头引领、多元一体的"一核多元"的安溪中国茶都"大党委"制，通过跨行业、跨所有制，对辖区单位党组织负责人实行委员兼职制，将隶属于不同党委、类型各异的12个党组织统一划归管理。实行管理定点划片、活动定时分批、任务定人包责的"三定"管理办法，依托国有企业和部分非公企业建设党群服务中心，实现流动党员网格化教育管理。在城厢镇茗城社区，由县委组织部、县直机关党工委牵头，把辖区内的15个机关、企事业党组织纳入茗城社区党组织的总体

框架内，明确"月月文化进社区"、免费网络全覆盖等22个具体项目，由辖区内的党支部、党员通过单独认领或共同认领的方式，提升城市管理服务水平。在凤城镇凤山社区，试点打造"党员嘀嘀服务平台"，按需设岗定责，设置多种服务项目，通过"社区居民下单寻求服务，辖区党员接单上门服务"的方式，100多名在职党员参与进社区为民服务，实现党员服务项目"订单式"管理。

基层党建责任 2017年，安溪县创新基层党建述职考评办法，通过年初部署、每月通报、季度小结、半年检查、年终总评和举办乡镇委书记、县直系统党委书记"抓党建、促发展"PPT述职路演、乡镇组织委员"晒党建""组织工作重点项目PPT路演"等形式，传导党建责任压力。组织全县村干部参加城镇企业职工基本养老保险，在解决全县村级组织"无址办公"这一"刚性需求"的基础上，县乡财政拿出1875万元，安排三年时间解决"改善型需求"问题，推动全县村级组织活动场所整体面貌有较大改观和提升。依托"一校两中心三基地"，常态开展党员教育培训工作。《福建安溪李光地》《非公党建"安溪模式"》等2部电教片获第十四届全省党员教育电视片观摩交流活动"文艺纪录片"二等奖、"党建工作纪实片"获得三等奖，《爱心书记：段军东》《情定农耕园》等一批优秀专题片在省、市电视台展播。探索"互联网＋党建"，建好用好"安溪组工"微信公众号等网络平台，利用"党员e家"抓好党员在线教育管理。建立53支茶乡党员志愿者服务队，吸纳3800多名党员志愿者，为困难党员和群众提供多样化服务。推行"党支部＋慈善会"党员关爱模式，筹建党员互助基金，定期慰问生活困难党员。开展党员组织关系集中

排查活动，摸清全县党员基本信息，认定失联党员57名。开展党费收缴工作专项检查，督促各基层党组织补交党费1399.15多万元。非公企业和社会组织党建方面，以园区为重点、以行业为牵引，组建光电产业园、茶叶协会和社会组织综合党委，持续扩大非公党建"两个覆盖"。建设非公企业和社会组织党建数据库，规范完善党建工作台账。扎实推动党建工作要求写入章程，全县有24家非公企业和社会组织完成章程修改，联系指导12个试点单位配套完善参与决策、党群共建等党建制度。开展非公党建"安溪故事"展评、非公企业和社会组织党建领军人才评选活动，挖掘和宣传各类非公党建主体、企业人才发挥作用的先进典型。落实非公党建经费保障《实施细则》，对新建的社会组织党组织每家给予不低于3000元的补助，对活动经常性开展、党建工作抓得好的社会组织党组织，采取以奖代补形式每家给予5000～10000元奖励。抓好茶都园区、湖头光电产业园和弘桥智谷电商园党群服务活动中心建设，抓好茶都集团党委、八马茶业公司党委等2个全市非公党建培训实践基地教学点、实践点建设。社区党建方面，加强社区干部队伍建设，选派5名新任社区党组织书记参加全省社区党组织书记培训示范班，选聘一批优秀大学毕业生担任社区党务工作者，实现"有人管事"。强化社区阵地建设，新建1个社区组织活动场所、50个农村社区服务站。整合社区党建资源，扎实开展机关事业单位在职党员到社区为群众服务工作，推进机关联系基层、干部联系群众"双联系"。机关党建方面，推行机关党建项目化管理，举办机关党组织书记讲党课比赛，开展"机关党旗红，'四个安溪'我先行"等特色党建项目

竞赛活动。构建县乡村三级离退休干部党建网络，个性化服务老党员，该做法在中组部《组工信息》《八闽快讯》《福建老干部工作》刊发。中组部老干部局副局长杨保平带队到安溪调研离退休干部党建工作，对安溪老干部党建工作表示充分肯定。

【非公有制经济党建】

2017年，安溪县非公企业工委更名成立县委非公企业和社会组织工委，调整充实工委委员单位，梳理明确各委员单位工作职责，建立健全"县委统一领导、组织部门主导、非公企业和社会组织工委主抓、各方齐抓共管"的党建工作新格局。全年组织召开6次现场会、座谈会和重点任务推进会，统筹抓好非公党建任务落实和问题解决。

2017年8月，开展"集中组建月"活动，建立季报季督制度，开发运用非公企业和社会组织党建数据分析系统，通过数据摸排、收集、比对、校检，健全完善台账。重点以园区、行业组织为牵引，组建光电产业园、茶叶协会、社会组织3个党委，把党建触角延伸至园区各非公企业和县内外各茶叶协会分会。是年，全县非公企业和社会组织党的组织覆盖率为89.6%、80.4%，党的工作覆盖率实现100%。

在全市率先推行"党建+人才"工作一体化，整合党建指导员和人才工作特派员两支队伍，将人才工作作为党组织建设的重要内容，增强党建工作力量，提升党建工作实效，有关做法被《八闽快讯》《泉州组工通讯》刊文推广。在全市率先开展非公企业和社会组织"红领"人才评选，共评出首批"红领"人才7名，有关做法被《八闽快讯》《福建组工信息》《泉州组工通讯》刊文推广。抓好茶都党委和八马茶业党委2个

市级非公党建教学点、实践点建设，顺利通过市委组织部督查考评。按照"一企业一品牌、一支部一特色"创建要求，先后选派11名驻企蹲点干部、60名党建指导员和20名人才工作特派员，2017年5月15日，开展首届非公党建"安溪故事"展评活动，加强非公企业和社会组织党建典型培育，弘桥智谷电商园、祺彤香茶业、鑫兴亿鞋业等3个党支部入选市级非公党建联系点，凯鹰电源电器有限公司董事长洪炳文成为全市唯一获得全省"党建之友好典型"表彰的企业业主。

"一企（社）一案"指导推动非公企业和社会组织将党建工作要求写入章程，明确党组织的地位作用、职能权责等，并配套建立参与决策、管理、监督等制度。已有25家非公企业和社会组织完成党建章程修改，有关做法被《中组组工信息》《侨区快讯》刊文推广，得到市委领导批示肯定。开展"双争双助"主题实践活动（争当优秀党员、争创坚强堡垒，助推企业发展、助力"四个安溪"）和"喜迎十九大 茶都党旗红"主题系列活动，引导非公企业和社会组织深化党员"三诺"，创设党员先锋岗、党员责任区、党员诚信店等平台载体，参与"百企联百村帮千户""村企共建"等精准扶贫、助学赈灾活动，促进党组织和党员发挥实质作用、服务促进发展。

落实非公企业和社会组织党建工作经费保障《实施细则》，对新组建的非公企业和社会组织党组织，每家补助3000元，对开展党建工作有成效、有亮点、有影响的党组织，每家给予5000～10000元的党建经费奖励。举办2期非公企业和社会组织党务干部培训班，通过理论学习、实务培训和现场教学，提升党务干部抓党建促发展能力。开展非

公企业和社会组织党建异地学习考察活动，组织2批次50多人次到厦门、晋江等地学习先进经验。把园区党群活动服务中心建设纳入村级组织活动场所建设补助范畴，实施中国茶都党群活动服务中心提级改造工程，补助支持八马、感德铁观音技术研究会等20多家非公企业和社会组织组织建设标准化活动场所。

·宣传工作·

【概况】

2017年，安溪县宣传思想文化战线紧扣迎接和宣传贯彻党的十九大这一主线，各项工作取得新进展、新成效。全年在中央、省市主流媒体刊发重要新闻837条，数量创历史新高。

【文化发展活力】

现代公共文化服务体系 2017年，安溪县扶持建设4个乡镇级文化广场，建成19个村级文体广场，67个农民体育健身工程，实现全县471个村（居）宣传文化活动室、村级宣传栏、文化信息资源共享、农家书屋均实现全覆盖。实施"一村一月一电影"公益放映工程，开展进乡镇、进企业、进社区、进校园公益性文化惠民演出近百场，丰富基层群众文化需求。2017年1月10日，到尚卿乡开展2017年安溪县文化、科技、卫生"三下乡"集中服务活动，筹集资金近百万元，用于支持尚卿乡公共文化设施建设。县高甲戏剧团获第七届全国服务农民、服务基层文化建设先进集体称号。

优秀传统文化保护、传承与发展 2017年，安溪县实施优秀传统文化传承发展工程，推进"优秀传统戏曲进校园""经典诗文·茶乡诵读"全民诵读系列活动、"飘香安溪·周周有戏"公益性惠民演出活动。传

承保护李光地文化，配合泉州师范学院筹备成立福建省李光地研究院。编制国家级历史文化名镇湖头镇保护规划、李光地宅和祠保护规划，与央视7套、湖南卫视合作拍摄《小城外传》《小城故事多》专题节目。完成全国重点文物保护单位——安溪文庙的修缮工作。进一步健全文化遗产保护名录体系，新增国家级非遗传承人2人、省级非遗传承人2人、市级非遗传承人7人。

文化产业建设　2017年，安溪县引导乡镇立足自身特色文化，策划生成湖头镇李光地文旅综合项目、蓬莱侨乡博物馆、尚卿972源工坊、尚卿藤铁文创园、飘香虎邱文旅提升项目等一批文化产业项目。推动文化与旅游进一步融合，策划打造海丝茶源茶文化旅游品牌，启动铁观音茶文化展示中心、大龙湖水上旅游项目、茶庄园旅游等一系列项目建设。一批企业获得省、市资金支持，英发工艺品有限公司获评"省文化出口重点企业"。全县新增文化企业524家，新增重点文化产业项目6个。

家居工艺文化产业　2017年，安溪县编制《安溪县家居工艺文化产业中长期发展规划（2017—2030年）》及2017—2020年行动计划，5月19日，成立家居工艺商会电子商务分会，6月11—17日，组织企业管理能力提升研修班。12月12日，举办第二届中国（安溪）家居工艺文化博览会。

对外文化交流合作　2017年6月19—20日，安溪县举办第九届海峡论坛·李光地文化节暨海峡两岸大学生文创峰会。9月26日，组织参加第二届"中法文化论坛"，论坛期间举行大型人文画册《安溪人》法文版首发式。引导文化企业"走出去"，先后组织企业参加厦门文博会、山西文博会、海丝国际品牌

2017年1月16日，修缮中的安溪文庙　　　　　（安溪报社　供图）

博览会等文化展会，展示海丝安溪茶文化和藤铁工艺文化。支持茶企开展茶文化国际推广活动，三和茶业成立"中欧茶学社·安溪茶文化交流中心"，八马茶业在泰国、香港设点推广茶文化。县高甲戏剧团、县茶艺团先后赴中国台湾地区和韩国、南非等国家开展文化交流。

文艺精品创作生产、人才队伍建设　实施铁观音文丛个人文艺专著出版推介工程，推出美术类5部个人美术作品集。举办安溪县首期作家研修班、安溪县书法骨干研修班、安溪县美术家高级研修班。县文化馆开办"音乐扫盲班""形体舞蹈班""声乐训练班""陶笛培训班""少儿非洲鼓班""闽南童谣班"等系列公益培训，激发文艺爱好者的创作活力。县广电局创作的广播剧《回家》、县高甲戏剧团创作的《憨生别传》获得省第八届百花文艺奖三等奖。

【理论学习】

学习宣传贯彻党的十九大精神　2017年11月，安溪县下发《安溪县学习宣传贯彻党的十九大精神宣讲活动方案》，从县直各系统党委抽调9人，组建学习贯彻党的十九大

2017年5月19日，安溪县家居工艺商会电商分会成立　　　（安溪报社　供图）

2017年5月23日，安溪县社会科学联合会成立 　　（安溪报社 供图）

精神县委宣讲团，同时，组建7个宣讲小分队，分别是乡镇宣讲小分队、县直机关宣讲小分队、学校宣讲小分队、农民宣讲小分队、卫生宣讲小分队、企业宣讲小分队和茶文化宣讲小分队，在全县开展宣讲，推动党的十九大精神学习教育宣传全覆盖，累计宣讲近400场次，受众人数约3万人。

成立县社科联　2017年5月23日，安溪县举行社会科学界联合会成立仪式暨第一次代表大会。省社科联党组成员、秘书长游炎灿，市社科联主席李培德到会祝贺。县领导高向荣、陈剑宾出席活动。来自安溪县社会科学各个领域、各个学科的58名代表参加成立大会。会议审议并通过安溪社科联章程等，选举产生县社科联第一届委员会委员、常务委员及主席、副主席、秘书长。吴清远当选为主席，刘志峰、苏杷木、陈星、章宝芳当选为副主席，陈星当选为秘书长。安溪县社会科学界联合会是县委领导下从事社科研究和社科普及的人民团体，由县委宣传部归口管理，是安溪县社会科学界的联合组织，是促进社会科学事业繁荣发展的重要力量。

理论进基层　2017年4月，安溪制定下发《关于2017年全县理论学习安排的意见》，要求各级各部门要把加强学习型党组织建设摆在突出位置，加强组织领导，落实学习任务。9月，开展形式多样的"第十三届学习节"活动，在全社会营造"爱茶乡、爱学习、促发展"的浓厚学习氛围。11月，开展以"学习宣传贯彻党的十九大精神·加快构建中国特色哲学社会科学"为主题的社会科学普及宣传周活动，不断推进理论进基层。

【新闻宣传】

2017年，安溪县新闻宣传工作围绕学习宣传贯彻党的十九大这条主线，立足安溪特点，突出产业发展、项目建设、脱贫攻坚、城镇建设等主题，开展集中式主题宣传战役，为"四个安溪"建设营造良好氛围。在中央和省市主流媒体刊发安溪重要新闻837条。其中，《人民日报》5条，《福建日报》143条，新华社42条，中央电视台18条，中新社46条，《光明日报》8条，《经济日报》11条，福建电视台184条，数量创历史新高。《人民日报》头版头条《稳中求进爱拼会赢》《福建社会投资爱上民生项目》，《福建日报》头版头条《这个山区县，成了项目新洼地》《安溪

之变》《电商扶贫点"铁"成金》《攥指成拳，激发社会扶贫潜力》等重头报道。县新闻报道中心被福建日报社、泉州晚报社授予"优秀报道组"称号。

紧跟互联网发展步伐，发挥新媒体传播速度快、覆盖面广、受众多的优势，不断开辟新媒体宣传阵地。人民网、新华网、澎湃、搜狐、新浪、网易、凤凰等新媒体刊发安溪的新闻2508条。

【茶业宣传】

2017年，安溪围绕"四心"（即：不忘初心、坚定信心、秉承匠心、上下同心）"四化"（即：地标化、标准化、去冰箱化、庄园化）和"七大通道"（新茶向老茶转化通道，消费者购买正宗安溪铁观音通道，品牌精准营销通道，游客体验消费通道，资本进入茶山茶园通道，一带一路茶香通道，品牌精准传播通道），策划组织"匠造·出海"茶业宣传系列活动。精心编撰大型人文画册《安溪人》，在第二届中法文化论坛上首发；组织"名城名家百企百茶"书法展览暨名茶品鉴会、"4·20老铁王"全国品鉴会，精心对接电影《天涯芬芳》、大型人文纪录片《茶界中国》的摄制，推动安溪茶文化在全国各地深入传播；邀请各级主流媒体，宣传"首届安溪铁观音大师赛"、安溪铁观音（陈香型）民间斗茶赛、福建女排冠名安溪铁观音出征赛、全国"双安双创"成果展等重大茶事活动，组织开展多批次、影响大、声势足的全媒体集中宣传，为茶业"二次腾飞"营造浓厚氛围。

首届安溪铁观音大师赛　2017年3月，安溪启动首届安溪铁观音大师赛，前后历时3个多月。期间，与福建电视台《说茶》开展战略合作，通过其与全国各地的电视、电台、平面媒体、网站、微信公众号、微博、视频网站、海报等建立的全

媒体资源，全程参与赛事活动。百度首页有关赛事相关新闻 5.79 万条，有的单体阅读量就突破 150 万人次，"说茶"/新浪大 V（网络直播）观看 147.5 万人次。

【"四个安溪"建设宣传】

2017 年，安溪各乡镇党委、政府，县直党政机关、人民团体、学校、企事业单位、村居（社区）立足各自实际，调动社会资源，利用各种载体，采取多种形式，广泛开展"四个安溪"建设社会宣传。在党的十九大召开前、后，县三级干部会议、县"政协""人大"会议期间，第十届世界安溪乡亲联谊大会、第二届中国(安溪)家居工艺文化博览会等重大重要时间节点，在行政、事业单位集中办事服务大厅、对外办事窗口等办公场所，医疗卫生机构、宾馆酒店、商场、银行等人流密集的场所，运用 LED 显示屏、宣传栏、条幅等方式，发布"四个安溪"建设内容的宣传标语、公益广告；在公交、出租车顶电子屏幕、车载移动电视滚动播放"四个安溪"建设宣传标语；在主要道路及出入路口、过街天桥、公园、广场、车站、影剧院、文化体育场馆等公共场所设立户外大型广告、电子广告屏、广告看板、横幅标语等，全方位开展"四个安溪"建设社会宣传。

·统一战线·

【概况】

2017 年，安溪县统一战线工作以"迎接党的十九大、学习贯彻党的十九大精神"为主线，深入学习贯彻习近平新时代中国特色社会主义思想，特别是统一战线重要思想。成功举办第十届世界安溪乡亲联谊大会、第九届海峡论坛、首届李光地文化节暨海峡两岸文创峰会，推

动各领域统一战线工作创新发展、全面提升。

【引导"回归创业"】

2017 年，安溪县组织引导广大非公有制企业主返乡投资，注重发挥异地商会招商引资作用，参与、协助引进项目 40 个投资额 41.75 亿元。安溪县实施"回归工程"做法及成效受到各级领导的高度肯定，成为全市统战系统先进典型。

【党外人士工作】

2017 年，安溪县初步建立安溪县党外知识分子和新的社会阶层人士基础数据库，依托网上课堂、微信等渠道，开展教育培训，新社会群体创业创造创新活力不断得到激发和释放。组织引导广大统一战线成员紧扣县委中心工作、服务全县发展大局，通过"两会"发言、调研报送、聚会等多种形式建言献策，全年，共提交各类提案、意见建议 145 篇，信息调研 126 篇，其中，获市县领导的批示 8 件，在省市刊物上发表和获得表彰 5 篇，许多意见建议得到各级党委政府的采纳，转化为实际成果。

【非公经济人士捐赠公益事业】

2017 年，安溪县开展"海西春雨行动""光彩事业""宗教慈善周""百企联百村帮千户""侨务扶贫""商会党建 +"等活动，建立异地安溪商会捐赠慈善事业机制，引导统一战线成员参与扶贫、助学、助医等公益慈善活动。是年，三安集团捐赠 1 亿元，设立三安教育慈善基金会，助力安溪县补齐教育事业短板。全年统一战线成员捐赠县乡扶贫开发协会资金累计 10407 万元，为慈善事业捐赠累计 12214.5 万元，精准扶贫工作成为全市统战系统先进标杆。

【台港澳及海外统战】

2017 年，安溪县成功举办第十

届世界安溪乡亲联谊大会、第九届海峡论坛·首届李光地文化节暨海峡两岸文创峰会、海外精英故乡行、海外青少年寻根夏（冬）令营等活动；完成县侨联换届工作；开展试点乡镇侨情普查，推进南洋华裔族群寻根谒祖综合服务平台侨情数据库建设；发挥信俗文化"祖庭"优势，在中国台湾举办第二届清水祖师文化节；扎实开展对外交流交往系列活动，引导港澳台及海外青年一代关心家乡建设，融入家乡发展。

·编制工作·

【概况】

2017 年，安溪县推进"放管服"改革，深化重点领域行政体制改革，优化机构编制资源配置，机构编制不突破 2012 年底总量，通过优化配置，将机构编制调整到新设立的产业单位，加强机构编制部门自身建设，为加快建设"实力安溪、大美安溪、小康安溪、活力安溪"提供强有力的体制机制保障。

【行政审批制度改革】

2017 年，安溪县创新市场监管方式，敦促县直 37 个部门及时出台"双随机一公开"监管方案，10 月，制定出台县级联合抽查工作实施方案，推行联合抽查模式，进一步提高监管效能。清理行政审批事项，减权放权后，保留县直 37 个部门权责事项 5301 项；全面完成"两单融合"（权力清单和责任清单相融合），11 月，制定出台权责清单管理规定；全面取消不符合规定的前置审批和中介服务事项；编制规范 24 个乡镇政府权责清单，县直各单位和各乡镇政府权责清单中的行政审批和公共服务事项全部入驻省网上办事大厅。经过 5 批次梳理，共 1940 个行政审批和公共服务事项实现"最多

跑一趟”和“一趟不用跑”，占全县行政审批和服务事项的88.34%，比省、市要求要的80%高8.34个百分点。推行“网上预审”，入驻省网上办事大厅的90%事项均达到三星级服务。成建制"一条龙"提供服务的12个单位207个事项全部入驻"中心"对外办公。推行周末轮班制度，解决群众上班时间没空办事、休息时间没处办事的困扰。

设立县委巡察工作办公室，全面完成县监察委员会机构编制事项。核定县纪委17个派驻纪检组共57名编制，其中，政法专项编制18名，行政编制24名，事业编制15名。8月，制定出台《安溪县关于深入推进城市执法体制改革改进城市管理工作的实施方案》，提早部署综合行政执法体制改革工作。优化群团机关内部设置，完成团县委、县妇联、县科协的机构改革方案。及时调整相关机构编制，医保经办体制"三保合一"（城镇职工基本医疗保险、城镇居民医疗保险、新型农村合作医疗实现统一）改革平稳过渡。保持"严控"态势，机构编制不突破2012年底总量。通过优化配置，将机构编制调整到经济社会发展最急需、最重要公共服务、民生保障等重点领域。新设立事业单位6个，分别为：县高层次人才发展服务中心、金融服务中心，编制各5名；县综治信息中心、民族宗教管理服务中心、县科技馆、县残疾人托养中心，编制各3名。调整设立县机关事业单位社会保险信息与稽核中心、农产品检验检测中心、卫生计生信息服务中心、学生资助管理中心。收回县社会福利中心、茶文化艺术团、村内水库管理处、良种繁殖场、县建筑设计院等单位9名编制；撤销县建筑设计院。同意使用编制300名用于招录新教师，审核同意向社会招聘300名编外教师，补充教师缺口较大的小学、幼儿园教师。通过"借用"乡镇卫生院95名编制，解决4家县级公立医院招录急需卫技人员的用编需求。推进机构编制管理网络信息化，做好"机构编制云平台"建设，至11月30日，应导入55个单位的前期基础数据全部完成上传。联合县委组织部、县人社局、财政局对全县机关事业单位防治"吃空饷"进行专项督查。

【事业单位改革与登记管理】

2017年，安溪县事业单位法人公示制度开始实施新办法，公示材料采用网上提交预审，通过后再报送纸质材料。全县事业单位登记数为684个，接收2016年度事业单位年度报告684份，公示684份，年度报告公示率100%。6月、12月，分别对4个乡镇政府和2个县直部门所属事业单位共24家进行实地核查，对主要办公场所没有挂牌等问题当场提出了整改意见。全县党政群机关和事业单位中文域名应注册单位770个，已注册单位766个，注册覆盖率99%，对符合要求的加挂网站标识276个。全县机关和事业单位域名费用实现县财政统一支付。为兴泉铁路建设指挥部办公室、湖头站前片区改造领导小组、脱贫办等3个非常设机构发放类别为机关（临时）的统一社会信用代码证。做好事业单位分类改革各项工作，稳妥推进县中旅社转企改制和机构整合撤并准备工作。梳理暂缓分类的事业单位的职责任务，规范职责配置和其他各项机构编制事项，做好相关机构类别确定工作。

·县直机关党建·

【概况】

2017年，安溪县直机关以开展"机关党旗红，'五个泉州'在行动，'四个安溪'我先行"主题实践活动为总抓手，着力推进"两学一做"学习教育常态化制度化，落实全面从严治党要求，不断推进机关党的政治、思想、组织、作风、纪律和制度建设。全年，预审发展党员对象68人。

【思想建设】

理想信念教育 2017年，安溪县加强对县直各党委的学习跟踪督导，按季度定期编制《安溪县机关政治理论学习安排表》，按月编制《安溪县机关党员教育学习材料》，把习近平总书记新时代中国特色社会主义思想、新修改的《党章》，以及党内重要法规应知应会知识等作为学习重点，及时通过县电子公文传输系统、微信公众号、公共邮箱等方式推送到党员手上，增强学习教育的针对性和时效性。组织机关党员观看《福建安溪李光地》《安溪党建非公模式》《廖俊波：扑下身子苦干实干》等电教片，注重用先进典型事迹教育人、引导人、带动人，激发全体党员学习榜样、干事创业的热情。组织学习宣传贯彻党的十九大精神，把学习十九大精神作为首要政治任务，纳入"两学一做"学习教育、"三会一课"、主题党日学习任务，通过集中学习、专题讨论、县领导及宣讲团深入一线宣讲、微信推送、电视广播导读等方式精读细读，真学深学，入脑入心，准确把握会议精神，增强党员干部理想信念。

推进"两学一做"学习教育常态化制度化 2017年，安溪县直机关党工委以"迎接十九大、做合格党员"为抓手，落实县委《关于推进"两学一做"学习教育常态化制度化的实施方案》，联合县委组织部下发《关于推进县直机关"两学一做"学习教育常态化制度化的指导意见》，进一步提出明确要求，确定三个主题开展学习讨论。组织开展向廖俊波学习主题实践活动，把廖俊波先进事迹作为推进"两学一做"学习教育常态化制度化的鲜活教材。县委组织部、县直党工委、县委党校联合开展"向廖俊波同志学习"主题征文和演讲比赛。领导干部发挥表率作用，书记带头讲党课，班子成员带头参加集中学习，带头撰写心得体会，以普通党员身份参加党支部活动，全体党员依托"党员e家"参加全省"两学一做"学习教育知识竞赛。

党建系列活动 2017年5月27日，与县文明办联合到大坪中心小学开展"牵手行动·与爱同行"关爱未成年人（留守儿童）成长公益主题活动，赠送书包、学习用品等礼物，走访慰问贫困留守儿童家庭，折合人民币4950元，与该校315名学生共享温暖人心的活动。6月8日，安溪县组织县直各党委专职副书记、党委办公室主任到金谷安南永德苏维埃政府旧址，湖头李光地故居、光电产业园、中科生物、三安公司党员先锋岗等开展"忆往昔、看今朝、谋发展"主题党日活动，回顾党的奋斗历程，感受党领导人民建设社会主义的新成果，坚定沿着中国特色社会主义道路奋勇前进的信心。6月24日，在县乒乓球协会举办机关党员干部职工乒乓球赛，来自县直14个党委91名选手分别参加男女单打比赛。6月27日，来自17个党委党务干部参加在县少体校举行的"党建杯"趣味运动会，项目设有信任挑战的仙人指路、协调与速度挑战的摸石过河、平衡与速度挑战的托球绕杆跑、技巧挑战的精准足球等4个集体与个人项目。6月29日，联合凤城镇党委、教育系统党委等部门在县实验小学举行"茶乡喜迎十九大 不忘初心跟党走"庆"七一"

2017年11月17日，安溪县举办县直机关和国有企业特色党建项目比赛　　（潘友生 摄）

文艺晚会，晚会在新老党员面对鲜红党旗的庄严宣誓中拉开序幕。元旦、春节、"七一"和"八一"期间，拨出专项资金11.27万元，组织县直各党委上门走访慰问老党员、困难党员和复退军人及军属。6月，开展"机关党旗红，'五个泉州'在行动"主题实践活动手机摄影比赛，作品从不同行业、不同岗位、不同角度记录党组织和党员开展主题实践活动的缩影，共收到作品65幅，选送47幅作品参加泉州市委市直机关工委和市文学艺术界联合会举办的比赛，其中4幅作品入展优秀作品，安溪县直党工委获优秀组织奖。

【党建项目化管理】

2017年，安溪县直党工委以抓"项目化"管理为抓手，各党委、支部结合各部门实际，主动融入、聚焦主题，策划生成一批有特色的党建项目。11月17日，在县供电公司三楼会议室，县委组织部、县直党工委联合举办2017年度县直机关和国有企业特色党建竞赛活动，入选决赛的22个项目分成2组进行比赛，评选出一等奖2个、二等奖4个、三等奖6个。培育县老干局党支部《党旗辉映晚霞红》、公路分局党支部《党旗飘扬 公路顺畅》、广电局党

支部《茶乡荧屏党旗红》3个项目参加泉州市委市直机关工委举行的"机关党旗红，'五个泉州'在行动——2017年度泉州市机关特色党建项目竞赛"，均获二等奖，县直党工委获特别成就奖。《引领党员走前头、作表率——让党旗在茶山上飘扬》的特色做法，在《泉州晚报》"机关党旗红，'五个泉州'在行动"专栏刊登。

【党的组织建设】

县直党委书记抓党建工作述职 2017年4月12日，安溪县召开县直党委书记抓党建工作述职会议，会议听取县直各党委书记2016年度落实抓机关党建工作履职情况汇报。县委常委、组织部部长、县直机关党工委书记史思泉对县直各党委书记抓党建工作情况逐一做点评，肯定成绩，指出不足和下一步努力方向，并就如何做好全县机关党建工作要求做到"四带头、四表率"。

党员教育管理 2017年，安溪县直党工委制定和落实发展党员年度计划，严格发展党员"五项制度"（测评制、公示制、预审制、票决制和责任追究制），不断提高发展党员工作质量，全年共预审发展党员对象68人。认真执行党费收缴标

准，党工委全体党员共补缴（2008年4月至2016年底）党费12937元。严格落实《关于认真开好2016年度党和国家机关党员领导干部民主生活会的通知》，党工委领导班子带头开展批评与自我批评。县直党工委与县农业系统党委联合组织开展"红色文化进边远山区党支部""追寻先锋足迹，争做优秀党员"和"志愿情·茶乡美"义务植树等主题实践活动。3月17日，组织到国有半林林场党支部赠送红色书籍，走访慰问老党员及困难党员，参加活动的党员同时义务植树200多株。十三届县委常委会第21次会议研究通过，县直党委（除5个企业党委外）14个党委每年党建活动经费70万元，列入县财政预算。

党组织书记讲党课比赛 2017年，安溪县落实全面从严治党责任，推动党组织书记履行主体责任，开展党支部书记讲党课活动，党工委从报送的党课课件中，择优选取20个课件，8月2日在县供电公司三楼会议室举行比赛。共评出一等奖1名，二等奖2名，三等奖4名。

党员"承诺、践诺、评诺"制度 2017年，安溪县以服务中心工作、突出党员作用发挥为目标，组织党员开展"承诺、践诺、评诺"，做好各自承诺工作，及时向党支部报告践行承诺的进展和成效，召开党支部大会交流践诺情况，帮助解决践诺过程中遇到的困难，做到完成一项销号一项。

党务知识培训班 2017年9月15日，在县委老干部局多功能会议室举办县直机关党务干部及入党积极分子培训班，县直机关各党委专职副书记、党委办公室主任、党务干部、各党支部（党总支）书记，入党积极分子430多人参加培训。培训班邀请市直机关党工委委员、组织部部长就《落实〈关于新形势

下党内政治生活的若干准则〉要求规范基层党的组织生活》《做好新时期的发展党员工作》等进行详细解读和业务指导，进一步提高党务干部的政治理论素养及业务水平。

机关党建重点课题调研 2017年，安溪县直机关各级党组织结合本单位中心工作，组织人员深入调研，党工委认真做好党建重点课题调研指导及成果的收集汇总，共收到课题调研文章18篇，评选出一等奖1篇、二等奖2篇、三等奖3篇给予通报表彰。筛选6篇参加福建机关党的建设研究会泉州市分会的评比，县直党群系统党委《全面从严治党背景下党内监督实施问题研究》和统战系统党委《新形势下机关党建"灯下黑"难题研究》获优秀奖。

【作风建设】

机关正风提效 2017年，安溪县直党工委牵头负责党群系列绩效评估工作，成立考评小组，采取查阅资料、现场核验、定档打分、综合分析等方式，对党群系列各参评单位年度绩效目标完成情况进行考核评价。

廉政文化建设 2017年，安溪县强化日常监督，利用例会、党员大会加强学习，在国庆、中秋等重要节假日之前发短信提醒，打好预防针，结合民主评议、民主生活会开展自我剖析、自查自纠，班子成员相互谈话提醒，加强教育管理。组织机关全体党员参加"党章党规伴我行"知识测试，进一步提高廉政意识。11月，组织党工委科级领导干部及其配偶到安溪县家风家训主题展厅开展"新时代·新风尚"家风家训主题教育活动，教育引导领导干部廉洁修身、廉洁齐家。12月，组织县直各党委纪委书记、委员，党工委全体干部共60人参加党风廉政教育专题讲座，就《当前反腐败

的形与势》《党风政风监督业务知识》《执纪审查有关信访件办理、谈话函询等知识》等专门讲解辅导，教育引导党员干部知敬畏、存戒惧、守底线，进一步增强县直各党委纪检干部业务水平和拒腐防变能力。

强化监督执纪问责 2017年，安溪县加大执纪审查力度，加强问题线索分析排查，努力提高信访、审查和审理工作水平。对县纪委党风室移交的"1+X"专项督查发现问题线索开展调查核实，共对10个单位或个人存在的问题线索进行核实处理，并责令改正，强化责任落实。

·信访·

【概况】

2017年，安溪县认真贯彻落实《信访条例》和贯彻实施依法处理信访事项"路线图"，健全信访工作"五抓"长效机制，加强源头预防，畅通信访渠道，开展领导干部接访和矛盾纠纷排查化解活动，推动信访事项及时就地解决，全县信访态势总体平稳，社会安定稳定。全年群众向各级各部门来信（含网上信访）1177件，与上年相比下降36.4%。群众到县上访248批395人次，同比，批数下降18.15%、人数下降36.08%，其中集体访6批78人次，与上年相比，批数下降70.08%、人数下降52.73%；到市上访28批47人次，同比，批数下降31.71%、人数下降38.96%；到省上访8批12人次，同比，批数下降27.27%、人数下降33.33%；进京上访4批5人次，同比，批数下降66.67%、人数下降58.33%。

【信访排查与督查】

2017年，安溪县坚持经常排查和集中排查相结合，注重重点排查和事前排查，对矛盾纠纷做到底数清、情况明；对排查出来的矛盾纠

纷逐件落实责任单位、责任人员、化解措施，把矛盾纠纷化解在基层，做到"小事不出村、大事不出镇、矛盾不上交"。全年全县排查矛盾纠纷2251起，成功化解2153起，化解率达95.65%。是年，省、市信访局交办信访积案5件，协助市信访联席办完成专案评审3件。

【领导下访】

2017年，安溪县进一步完善和落实领导干部接待群众来访制度，县委书记、县长分别于单月15日和双月15日到县信访局接访群众；每周一安排1名县委常委或副县长在县信访局定点接访群众。全年县委书记、县长开展接访12场次，接访群众64批125人次，受理信访事项64件；县人大、县政府办领导参与接访50场次，接待来访群众24批37人次，受理信访事项24件。

【专线电话】

2017年，安溪县处级领导到专线办轮值接听专线电话50人次，接听受理群众有关咨询投诉、批评建议来电84个，批示交办事项84件。全年，全县群众拨打专线电话1180个，专线办当场解释答复350个，受理转交有关单位办理事项830件，其中，参阅件1件，交办件745件，领导批示件84件，按时办结率100%。

·老干部工作·

【概况】

2017年，安溪县离退休干部92人（其中离休干部48人，"5·12"干部9人，副处级以上的退休干部35人）。

【老干部政治待遇】

定期政治学习制度 2017年，安溪县每月15日、30日定为离退休干部学习活动日，定期举办学习班、培训班，通过专题辅导报告、座谈

交流、送学上门等方式，重点学习党的十九大精神和习近平新时代中国特色社会主义思想，使老干部的思想观念紧跟形势发展。利用县、乡（镇）、村（社区）三级老年学校、老年远程教育平台和党建教育网，为广大离退休干部学习创造条件。同时，继续为全县离退休干部订《泉州晚报》《福建老年报》等报纸刊物，及时为老干部增添精神食粮。

向老干部通报工作制度 2017年3月30日，安溪县组织部分离休干部（含"5·12"）和原担任副处级以上退休干部到湖头光电产业园、尚卿誉丰国心茶业参观考察。7月19日，组织老干部到长坑乡山格淮山产业园、高仁休闲农场等农业生产项目参观考察。11月，组织50余名离退休干部到金谷镇安南永德苏维埃政府旧址、莫耶故居接受革命传统教育。是年，县直有关部门、乡镇向老干部通报小城镇建设、新农村建设等方面情况13次，参会老干部253人次。县委、县政府召开2次通报会，向离退休干部通报全县上半年和全年经济社会发展情况。

组织老干部参加重要会议 2017年，安溪县委、县政府和各乡镇召开县党代会、人代会、政协代表

会议、干部会议等重要会议和大型活动，都邀请离退休干部代表列席，让离退休干部及时了解党的路线、方针、政策，了解县委、县政府的决策部署。2017年4月，邀请部分离退休干部参加乡镇"新班子·新作为"专题汇报会并现场测评和评议。

离退休干部党建 2017年，安溪在县一级，成立离退休干部党工委，作为县委派出机构，挂靠县委老干部局，负责宏观指导全县离退休干部党建工作，并将机关事业单位退休干部服务管理职能移交县委老干部局，负责行政机关、事业单位退休人员的宏观管理和服务管理工作；在乡镇、县直各系统党委一级，成立离退休干部党支部；在各党委下属单位成立离退休干部党员服务站，负责离退休干部党员的日常教育管理。县、乡镇、村居"三级联动"的党建网络，实现归口管理、有形全面覆盖，形成党建合力。相关经验做法在《中央组织部组工信息》《八闽快讯》等刊物上刊登，并得到省委常委、组织部部长胡昌升批示肯定。特色党建项目《党旗辉映晚霞红》获得全市机关特色党建项目比赛二等奖、县直机关特色党建项目比赛

2017年9月30日，安溪县首个县直系统党委离退休干部党支部揭牌成立 （李慧莹 摄）

特等奖，中组部老干部局副局长杨保平专门带队到安溪县调研离退休干部党建工作，对老干部党建工作充分肯定。

【老干部生活待遇】

走访慰问老干部制度 2017年，安溪每名县领导分别挂钩联系若干名离退休干部，老干部有病住院或家里有事时必去看望慰问；在春节、七一、重阳节3个节日，县领导带队走访慰问离休干部、新中国成立前入党的离休干部，为70岁、80岁、90岁的老干部祝寿，在"三八"国际劳动妇女节慰问离休女干部。当年起，处级离退休干部的春节慰问金从原来1500元提高至2000元。全年，共走访慰问老干部及遗属533人次。

落实有关政策 2017年，安溪按时发放老干部公务费、水电费、有线电视收视费，及时办理高龄护理费、遗属补助、抚恤金。5月22—26日，县委老干部局组织对全县96名离休干部、"5·12"退休干部、原任四套班子处级退休干部进行健康体检。

困难老干部帮扶 2017年，安溪县针对老干部存在"医药费支出较高，因病致困""护理照料难度大，因弱致困""家庭负担责任重，因养致困""精神慰藉需求强，因孤致困"等困难原因，给予26名困难老干部一定的资金补助，根据老干部的实际情况，因人制宜开展帮扶，确保帮扶工作取得实效。

易地安置管理服务 2017年，安溪县与安置在外地的6名老干部保持联系，及时汇给公务费、特需费。组成慰问小组，慰问安置在浙江的离休干部。对外来安置的2名离休干部，纳入本县老干部管理范畴，同等对待。

【老干部服务管理】

社区"四就近"活动 2017年，安溪各社区为离退休干部就近参加学习提供方便、就近活动创造条件、就近得到关心照顾拓宽渠道、就近发挥作用搭建平台。强化城东社区服务老干部省级示范点建设，11月14日，省委老干部局评审组到凤城镇东北社区检查社区服务老干部省级示范点创建工作，通过省级验收，被评为"社区服务老干部省级示范点"。

提高精准服务水平 2017年，安溪县建立和完善特殊困难离退休干部帮扶机制和困难补助机制，根据特殊困难离退休干部的不同情况，采取不同类别的方法实施帮扶。通过在县域医院开辟医疗绿色通道、设立老干部导诊台、发放就诊卡等途径帮助解决离休干部医疗、护理等方面的实际困难。在全省首创，采取政府购买服务的方式，建立医生挂钩联系服务离休干部制度，依托县域内公立医疗机构，对离休干部（含"5·12"退休干部）提供医疗保健服务和实施健康服务管理，并建立老干部健康档案。

2017年12月21日，下发《关于做好2018年元旦春节期间机关事业单位离退休人员和困难干部职工慰问工作的通知》，要求各单位慰问历年离退休人员和2017年去世的科级退休干部遗属；机关事业单位中，家庭人口月人均收入低于当地居民最低生活保障线（安溪县居民最低生活保障线为420元）的在职人员；长期患病或重病住院以及重灾户在职干部职工；当年度牺牲、病故的在职人员遗属。

来信来访 2017年，安溪县成立县老干部来信来访接待小组，设立老干部接待室，安排专人值班，方便老干部来访。处理好老干部的每一封来信、接待好老干部的每一次来访，对老干部的合理诉求，按照政策给予解决；对一些特殊的困难和问题，本着"特事特办"的原则，力所能及地给予解决；对不符合政策规定的，耐心细致地做好思想工作。全年，收到老干部来信来访3件（次），做到件件有回音，事事有落实。

【活动阵地建设】

2017年，安溪县巩固"省级示范性老干部活动中心"创建成果，活动中心具有教学、活动、会议、健身、娱乐、办公等多种功能，着力从硬件改善、软件提升和内涵拓展三个方面推进离退休干部活动中心的提级建设。

依托县离退休干部活动中心，开展丰富多彩的文体活动，丰富老干部的精神生活。是年，举办开学典礼、专题报告、大型节庆展出、学员文艺汇演、体育赛事200余场，参加人数1万多人次。在东岳社区、旧城隍庙活动点举行文艺演出。5月26日，联合有关单位开展"我们的节日·端午"主题活动，在县政府人民广场举办"喜迎十九大，五月情意浓"包粽子比赛；6月30日，举行"书法传家风，墨宝话家训，传递正能量"书画现场笔会；9月27日，举办"《黄帝内经》的养生理论与方法"养生讲座；10月25日，在旧城隍庙举办"不忘初心·永跟党走——庆祝党的十九大胜利召开南音大会唱"；10月26日，举办"喜庆十九大 共筑中国梦——庆祝全国'敬老月'文艺演出"。

【发挥老干部作用】

为老干部发挥余热搭平台 2017年，安溪县离退休干部党工委根据老干部们的兴趣、爱好、特长，有针对性地发挥他们的威望优势、时空优势、经验优势、政治优势、亲情优势，引导全县离退休干部思想常新，觉悟常新，境界常新，作为常新。老干部党员胡云豹，20多年来牵线筹资1600多万元，资助近5000名贫困生，2017年入选福建"好人榜"，并获得"中国教育事业发展无私贡献人物"称号。

【老干部信息宣传工作】

2017年，安溪县围绕展示安溪老干部活动风采和工作成效，撰写、上报老干部工作信息和调研报告近百篇，其中30余篇新闻稿件在中组部《组工信息》《八闽快讯》《中国老年报》《福建日报》《福建老年报》《福建老干部工作》和省、市老干部局网站上刊发，连续11年获评"全省老干部信息工作和宣传工作突出单位"。编发《党旗辉映晚霞红》宣传册。完善提升"中共安溪县委老干部局"微信公众号，及时发布老干部工作方针政策、工作动态和先进事迹，提升宣传能力，扩大社会影响。

·党校（行政学校）·

【概况】

2017年，安溪县委党校坚持党校姓党根本原则，围绕县委中心工作、服务改革发展大局，以加强党的长期执政能力建设、先进性和纯洁性建设为主线，以锻造"四铁干部"为目标，突出主业主课，深化教学改革，不断提升党校工作科学化水平。

【干部培训】

2017年，安溪县委党校按照干部教育培训计划要求，加强党的理论教育和党性教育，科学设置教学内容，进一步提高党校培训的针对性和实效性。全年举办各级各类班次14期次，培训轮训干部2548人次。其中举办全县科级干部学习贯彻党的十八届六中全会精神专题研讨班4期，全县科级干部学习贯彻党的十九大精神专题研讨班4期，科级干部进修班2期，新提拔政法系统科级干部廉洁从政专题教育培训班1期，安溪县农民讲师团培训班1期，

2017年4月18日，安溪县委党校举行安溪县农民讲师团培训开班仪式　　（县委党校　供图）

2016年秋季新录用事业干部任职培训班1期，全县优秀村级党组织书记1对1培训班1期。

培训异地干部　2017年，安溪县坚持开放办学和"大党校"理念，整合全县现场教学点，培育主题实践考察路线，拓展党校干部培训的范围和内容。全年承接省委组织部、省委党校（行政学院）、市委党校（行政学院）的培训班以及外省自行联系的异地培训班15期758人次。

【理论宣传】

开展党的十九大精神宣讲活动　2017年党的十九大召开后，安溪县委党校与县委宣传部联合成立"安溪县学习贯彻党的十九大精神宣讲团"，11月20日起分赴全县24个乡镇及县直各系统党委进行集中宣讲。

组织农民讲师团常态化宣讲　2017年，安溪县结合"两学一做"学习教育，开展党的十八届六中全会精神和党的十九大精神宣讲，全年组织农民讲师团赴乡镇、村居、合作社宣讲150多场次，受众3万余人。

【构建和谐平安校园】

教师队伍建设　2017年，安溪县不断完善骨干教师到上级党校或高校等进修培训、到后进村挂职锻

炼、参与重要课题调研等成功做法。全年选送教师外出培训25人次。

教研科研　2017年，安溪县坚持以"强科研、重咨政、创新招、求突破"为目标，以"3个1"（讲好1堂课、写好1篇调研文章、写出1份咨政报告）量化考评制度为导向，组织教师参与上级党校教学教研工作。3个课题获得泉州市委党校校级课题立项，2个课题入选安溪调研专刊，公开发表论文8篇。

·精神文明建设·

【概况】

2017年，安溪县精神文明创建工作以培育和践行社会主义核心价值观为主线，扎实推进未成年人思想道德建设工作，广泛组织学雷锋志愿服务活动，开展群众性精神文明创建活动，选树道德建设先进典型，公民道德素质和社会文明程度进一步提升。

【培育和践行社会主义核心价值观】

核心价值观教育　2017年，安溪县组织举办2017年安溪县道德模范、身边好人先进事迹基层巡讲活动暨"百名先进进校园"图片展，巡讲活动先后走进县市场监督管理局、安

2017年10月，"我们的节日 大美安溪"摄影比赛十佳作品之一——虎邱镇中秋桂花飘香
（陈达水 摄）

溪供电公司、建行安溪支行、县实验小学、虎邱镇和凤城镇凤山社区等单位，讲演和先进事迹图片展览17场次，受教育人数1万多人次。

建成家风家训展示厅 2017年7月，县纪委、宣传部、文明办、县方志办、妇联联合筹办，选址妇幼活动中心的安溪家风家训展厅，经组织项目招投标、甄选设计方案，由县方志办组织征集和整理家风家训资料，于9月全面建成，正式向社会开放。

公民道德宣传日活动 2017年9月20日，县委宣传部、县委文明办联合举办"践行核心价值观 建设安溪文明城"公民道德宣传日主题活动。县委宣传部、文明办、综治办和县公安局、司法局、教育局、旅游局、市场监管局、卫计局等各级文明单位志愿者积极参与。活动以派发宣传品及展板宣传的形式向市民宣传社会主义核心价值观、公民道德规范、市民公约、科普宣传、文明旅游、文明交通、诚信建设、最美基层人物事迹等内容。活动现场还举行以精神文明、道德法制、科技常识和本地人文景观等为主要内容的灯谜竞猜。

"讲文明树新风"公益广告 2017年，安溪县协调电视台、《安溪报》和各部门、单位，运用多种形式广泛刊播社会主义核心价值观、"中国梦""八不"行为规范和"讲文明树新风"公益广告，把公益宣传有机融入各类生活场景之中。

"我们的节日"主题活动 2017年，安溪县组织开展"我们的节日"系列主题活动，弘扬传统文化。春节前夕，县委宣传部、文明办、老干部局联合主办"我们的节日·春节"春联书赠活动，为道德模范、身边好人、美德少年家庭和部分城乡群众书赠春联5000多幅。同时组织20多个文明单位的志愿者参与"三下乡"活动，到尚卿乡现场为群众提供义诊，教育、农业、法律等咨询，赠送图书、义写春联等服务。清明节，协调组织举行"红色基因，我们传承"清明节祭扫革命烈士纪念碑活动，来自县直各文明单位和文明学校的干部职工、师生代表、各界青年代表近800人参加祭扫活动。端午节，组织文明单位、文明学校志愿者与明德特殊教育学校举行"粽叶飘香，共度端午"主题活动，共同体验中华传统节日韵味和民俗文化。9月

30日，县委宣传部、政法委、文明办、县人大机关、文体新局、教育局、凤城镇党委联合主办2017年"我们的节日·中秋"——喜庆团圆·中秋赏艺活动。组织评选"我们的节日·大美安溪"摄影作品，评出专业组（相机）"十佳"作品10件、优秀作品27件，手机组"十佳"作品10件、优秀作品25件。

道德建设先进典型 组织评选第四届"感动安溪"道德模范，表彰助人为乐、见义勇为、诚实守信、敬业奉献、孝老爱亲等5类24名道德模范。8月11日，由市委文明办、市文联、县文明委联合举办的"道德模范故事汇"基层巡演活动暨第四届"感动安溪"道德模范表彰大会在长坑乡长卿文化广场举行。组织评选首届安溪县文明家庭，活动以"注重家庭、注重家教、注重家风"为着力点，以开展"传家训、立家规、扬家风""家+文化"建设和"身边故事、共同铭记"等活动为抓手，以"家风正、家教好、家庭美"为目标。参评家庭为县五好文明家庭和最美家庭，以及受到县级及以上党群机关、行政机关表彰的个人和优秀家庭。经组织评选推荐，县委、县政府表彰凤城镇陈秀珠等30户家庭为首届安溪县文明家庭。扎实开展"身边故事，共同铭记"活动，创建龙门镇施金城、尚卿乡李石岩等10个典型的树碑立传工作。

志愿服务活动 2017年，安溪县继续推动各部门志愿者在"志愿云"信息平台注册，落实志愿服务信息系统基本规范的推广应用。至年底，全县志愿云注册总人数55099人，总时长333134小时，发布2199个项目，团体总数384个。

培训志愿服务骨干 2017年，安溪县组织承办全省志愿服务工作业务骨干培训班（第一期），省志愿者协会、市委文明办、县委文明办有关

领导及全省各地的优秀志愿服务组织负责人100多人参加培训。协调指导各省、市级文明单位加强志愿服务队伍建设，全县各级志愿服务队伍400多支，民间志愿者、注册志愿者近万名。扶持、指导民间志愿服务组织"安溪县爱无界公益协会""安溪公益网""安溪义工协会""茶乡公益协会""唯尚心青年志愿者协会"等，成为安溪县重要志愿服务力量。指导城区汽车站等公共场所创建18个志愿服务驿站。

"志愿情 泉州红"学雷锋主题系列活动 2017年3月，安溪各乡镇、县直各单位、各学校以传承和弘扬雷锋精神为主题，组织开展形式多样的学雷锋志愿服务活动。机关单位、乡镇组织志愿者深入社区、乡村、敬老院及空巢老人、留守少年儿童家庭，广泛开展扶贫济困、敬老助老等服务活动，为困难群众提供医疗保健、法律援助、信息咨询等方面的志愿服务；在景区、交通站点等公共场所开展文明旅游、秩序维护、应急救援等志愿服务；投身"家园清洁行动"，开展卫生大扫除清理卫生死角活动等。各中小学开展"向雷锋同志学习"主题班会、学唱雷锋歌曲、学习雷锋事迹，开展"小小志愿者"活动，推动志愿服务活动常态化、制度化。

【未成年人思想道德建设】

创建城市学校少年宫和社区未成年人文化活动室 创建城市学校少年宫和社区未成年人文化活动室是2017年安溪县委、县政府为民办实事项目之一。2017年，经组织调研确定安溪县实验小学、安溪县第九小学和凤城镇湖滨社区、登科社区、东北社区分别为建设城市学校少年宫、创建社区未成年人文化活动室项目承办单位。经组织验收，项目全部按时完成投入使用。县财政专项资金给予每所城市学校少年宫补助10万元，每个社区未成年人文化活动室补助5万元。

"做一个有道德的人"主题活动 2017年清明、"6·1""7·1""10·1"期间，安溪分别组织开展"清明祭英烈""学习美德少年""童心向党""向国旗敬礼"等教育实践活动。4月7日，举办"我们的节日·清明"全县中小学经典诵读比赛，文明学校、乡村学校少年宫师生近1500人参加比赛，分别评出中、小学组一、二、三等奖。5月，举办全县中小学生"图说我们的价值观"绘画比赛，收到学生作品400多件，组织评选一等奖20名、二等奖32名、三等奖48名。6月21日，县委宣传部、县委文明办、县教育局联合举办安溪县中小学生"童心向党"歌咏活动，经初选推荐10所中小学校近600名学生参加演出，并刻录光盘参加全市"童心向党"歌咏活动展演，获优秀组织奖。9月，县委宣传部、县委文明办、县教育局、团县委、县妇联、县文联联合举办优秀童谣征集推广活动，组织评出优秀童谣成人组一等奖2篇、二等奖3篇、三等奖5篇，未成年人组一等奖1篇、二等奖2篇、三等奖3篇。参加全市"优秀童谣征集推广"活动，获优秀组织奖。

关爱未成年人健康成长 2017年，安溪分别于1月、5月、6月、10月，协调组织部分文明单位、公益组织志愿者到虎邱少卿小学、白濑中心小学、大坪中心小学、福田白桃小学开展"牵手行动，与爱同行"系列关爱活动，为山区学校学生赠送书包、文具、图书等爱心礼物，并为学生健康体检、免费理发，同时走访慰问部分困难学生家庭。举办学校少年宫展演。12月22日，县委宣传部、县委文明办、县教育局联合在县第十三小学举办第三届安溪县乡村（城市）学校少年宫优秀项目展演，27所乡村（城市）学校少年宫组织各具特色的优秀项目参加展演，活动组织评出一等奖3名，二等奖5名，三等奖19名。

【树立文明新风】

"遵守'八不'行为规范，做文明公民"宣传活动 2017年，安溪县委文明办协调安溪电视台、《安溪报》、安溪新闻网、安溪文明网、"文明安溪"微信公众号等主流媒体，各单位利用梯视、大屏幕、LED屏、宣传栏、建筑工地围挡等媒介，全方位、多渠道常态化刊播"遵守'八

2017年5月8日，安溪县文明委在人民广场举办"践'八不'行为·树文明新风·迎金砖宾客"志愿服务主题活动启动仪式
（县委文明办供图）

不'行为规范，做文明公民"公益广告，达到"抬头可见，驻足可观"的宣传效果，倡导形成讲文明树新风社会风尚，促进提升公民文明素质和社会文明程度。

9月3—5日，金砖国家领导人会晤在厦门市举行。5月8日，县文明委在人民广场举办"践'八不'行为·树文明新风·迎金砖宾客"志愿服务主题活动启动仪式，17个文明单位和6个志愿服务组织100多名志愿者参加仪式。志愿者向市民分发宣传资料，广泛宣传"八不"行为规范，引导市民遵德守礼、崇德向善，努力使"八不"行为规范成为市民生活的一种自觉，共同促进提升全社会的文明程度。活动现场，县志愿者协会向新成立的安溪县唯尚心青年志愿者协会、安溪县爱无界公益协会、安溪义工协会等志愿服务组织授旗，志愿者代表宣读倡议书，倡议各志愿服务组织要主动作为，勇于担当，规范服务，做优做实志愿服务，向金砖宾客全面展示安溪茶乡志愿红的风采。

培育网络文明新风 2017年，安溪县落实意识形态责任制，健全完善工作机制，做好"安溪文明网""文明安溪"微信公众号运行管护，确保信息发布规范、网络运行安全。发动各级文明单位报送精神文明创建工作信息，宣传报道安溪县各行各业精神文明创建工作动态、经验和成效。全年被中国文明网选登工作信息11篇，《福建文明风》选登89篇，泉州文明网和"文明泉州"等新媒体选登210篇，省市文明办工作内刊、简报选登24篇。第二、第三季度安溪县信息报道工作得到省委文明办通报表扬。县委文明办

被省委文明办表彰2017年度精神文明创建信息工作先进集体。

推进移风易俗活动 2017年9月，安溪县文明委印发《关于构建安溪县移风易俗工作格局的实施方案》（安文明委〔2017〕16号），进一步部署推进移风易俗。组织开展以"核心价值观融入行动、党风政风引领行动、婚丧礼俗整治行动、文化诚信教化行动、文明村镇创建行动"为主要任务的移风易俗活动。全县党员、公职人员率先垂范，广大群众参与，初步推动形成崇尚文明、勤俭节约的良好社会风气。全县60%以上的村（社区）已将移风易俗工作纳入村规民约（居民公约），建立健全村民议事会、道德评议会、禁毒禁赌会、红白理事会等"四会"，在遏制婚丧嫁娶大操大办、奢侈浪费、失信失德、黄赌毒等陈规陋习方面发挥积极作用，移风易俗取得阶段性成效。7月17日，县委文明办、县市场监督管理局、县教育局、县旅游局联合主办安溪县2017年"节俭养德 全民节约"主题活动启动仪式，县直相关负责人以及部分酒店、餐馆业、旅行社、景区、中小学校、志愿者协会负责人等100多人参加启动仪式。会上，安溪县名厨协会代表酒店餐饮业作表态发言，县市场监督管理局作加强市场监督的讲话，县教育局向全县师生发出节俭养德、全民节约的倡议。

【**群众性精神文明创建活动**】

省级文明县城创建 2017年，是2015—2017年度省级文明县城的总评年，主要工作任务是迎接省文明委的实地测评、暗访考察、材料审核（电子申报）。6月22日，安溪县文明委组织召开创建省级文明

县城工作协调会，协调创城工作中需要解决的难点与问题。6月23日，县委文明办组织召开创建省级文明县城总评迎检网上材料申报工作培训会。历时6个月，完成汇总、上传工作。10月30日，县委、县政府组织召开创建省级文明县城总评迎检动员大会，部署实地测评迎检工作。县文明委分别于6月、11月，集中组织各级文明单位和社会志愿服务组织志愿者开展文明劝导志愿服务。以城带乡，城乡共建全面推进，24个乡镇及乡镇政府所在村投身创建，全民参与、共建共享机制不断健全完善。县人大、政协分别组织开展专项督查、视察活动，县文明委组成督查组开展三轮模拟督查，督促提升创建水平。12月11—13日，省文明委测评组到安溪开展实地测评。

文明单位创建 2017年，安溪县国税局、农业银行安溪支行首次获全国文明单位，湖上乡盛富村首次获全国文明村，城厢镇经岭村继续保留全国文明村。推荐8个村镇、20个单位、7所学校、1户家庭分别参评省级2015—2017年度文明村镇、文明单位、文明校园、文明家庭。县委县政府表彰2016—2017年度文明村136个、文明乡镇11个、文明单位53个、文明校园48所、文明社区14个和首届安溪县文明家庭30户。

【**第五届泉州市道德模范**】

2017年1月，包括安溪县人民法院林剑东（2016年2月因公殉职）、兰田水库吴益生等26人获评"第五届泉州市道德模范"，林剑东获敬业奉献模范，吴益生获诚实守信模范。

安溪县人民代表大会及其常务委员会

· 主要会议 ·

【概况】

2017年，安溪县召开县人民代表大会1次，常务委员会会议9次，主任会议13次；听取审议专项工作报告13项，作出决议、决定7项，发出审议意见14份。

【县第十七届人民代表大会第二次会议】

2017年12月26—29日，安溪县第十七届人民代表大会第二次会议在安溪县影剧院召开。大会听取和审议县政府县长刘林霜所作的《安溪县人民政府工作报告》；书面审查和批准《关于安溪县2017年国民经济和社会发展计划执行情况及2018年国民经济和社会发展计划草案的报告》《关于安溪县2017年预算执行情况及2018年预算草案的报告》；听取和审议县人大常务委员会主任廖皆明所作的《安溪县人大常委会工作报告》；听取和审议县人民法院院长许良才所作的《安溪县人民法院工作报告》、县人民检察院检察长胡激洋所作的《安溪县人民检察院工作报告》。12月29日，依法选出安溪县监察委员会主任林文超。

【县人大常务委员会会议】

2017年，安溪县召开县第十七届人大常务委员会会议9次。

2017年12月26—29日，安溪县召开第十七届人民代表大会第二次会议　　　　　　　　　　　　（安溪报社供图）

2017年安溪县人大常务委员会会议情况表

时间	会议名称	会议内容
2月16日	第1次会议	会议审议、表决通过主任会议关于提请审议安溪县第十七届人大常务委员会代表资格审查委员会组成人员名单（草案）的议案。会议决定：任命白世杰为县政府办公室主任、廖炳辉为县发展和改革局局长、谢文春为县经济和信息化局局长，陈建明为县商务局局长，王佳敏为县教育局局长，高岗过为县科技和知识产权局局长，杜双路为县公安局局长，陈钦强为县民族与宗教事务局局长，叶财生为县监察局局长，黄秀宗为县民政局局长，林伯辉为县司法局局长，李金树为县财政局局长，林志平为县人力资源和社会保障局局长，白文扁为县国土资源局局长，谢秦楚为县住房和城乡规划建设局局长，黄建锋为县交通运输局局长，陈志明为县农业与茶果局局长，余木水为县林业局局长，蔡敬荣为县水利局局长，傅伟明为县文化体育新闻出版局局长，魏中南为县卫生和计划生育局局长，李森有为县审计局局长，马向阳为县统计局局长，刘升鹏为县环境保护局局长，李木成为县安全生产监督管理局局长，叶连芳为县市场监督管理局局长。任命陈志裕为安溪县人民检察院检察员；免去李志中安溪县人民检察院检察员职务。
4月10日	第2次会议	会议听取和审议县人大常委会执法检查组《关于我县贯彻实施＜中华人民共和国治安管理处罚法＞情况的执法检查报告》，听取代表资格审查委员会关于代表资格的有关报告。 会议决定：免去陈泽龙、柯梅英安溪县人民法院副院长职务，任命陈炳泉、白崇斌为县人民法院副院长，任命郑淑珍、黄永福为安溪县人民法院审判委员会委员，免去柯明波县人民检察院副检察长职务，任命谢明智为县人民检察院副检察长，任命钟向荣、吴聚宾、黄志波、林琳为县人民检察院检察委员会委员。 依照《选举法》第五十四条规定，接受郑五义、白培成辞去县第十七届人大代表职务的请求。
5月12日	第3次会议	会议决定：任命洪龙为县人民政府副县长；任命谢章明为县人大常委会人事代表工作委员会副主任；杨美婷为县人大常委会农村经济工作委员会副主任。免去谢章明安溪县人大常委会农村经济工作委员会副主任职务。
6月26日	第4次会议	会议听取县政府《关于提请审议2017年新增地方政府债务安排情况并相应调整县本级预算方案（草案）的议案》和县财政局《关于2017年新增地方政府债务安排情况并相应调整县本级预算方案（草案）的报告》，表决通过《安溪县人大常委会关于同意＜安溪县人民政府关于提请审议2017年新增地方政府债务安排情况并相应调整县本级预算方案（草案）的议案＞的决定》。会议听取和审议县政府《关于城市管理行政执法专项工作报告》《关于公共文化体育设施建设情况专项工作报告》。 会议决定：任命周水金为县人民法院审判委员会委员、刑事审判第一庭庭长，蔡锦锋为安溪县人民法院刑事审判第二庭庭长，廖碧财为县人民法院民事审判第一庭庭长，谢奕清为县人民法院立案庭庭长，梁文农为县人民法院执行庭庭长；廖良清为县人民法院西坪人民法庭庭长，刘雅芬为县人民法院城关人民法庭庭长，苏荣杰为县人民法院湖头人民法庭庭长，王丁仕为县人民法院感德人民法庭庭长，钟辉煌为县人民法院官桥人民法庭庭长，黄田中为县人民法院蓬莱人民法庭庭长，王铁军为县人民法院刑事审判第二庭副庭长，林建军为县人民法院民事审判第一庭副庭长，刘建安为县人民法院民事审判第二庭副庭长，高清良为县人民法院行政审判庭副庭长，易文键为县人民法院执行庭副庭长，李培忠为县人民法院官桥人民法庭副庭长，张晓娟为县人民法院湖头人民法庭副庭长，施纯兴为县人民法院感德人民法庭副庭长，陈进水为县人民法院西坪人民法庭副庭长；免去周水金县人民法院刑事审判第二庭庭长职务，蔡锦锋县人民法院民事审判第一庭庭长职务，廖碧财县人民法院城关人民法庭庭长职务，谢奕清县人民法院官桥人民法庭庭长职务，廖良清县人民法院感德人民法庭庭长职务，刘雅芬县人民法院民事审判第二庭副庭长职务，苏荣杰县人民法院城关人民法庭副庭长职务，王丁仕县人民法院刑事审判第二庭副庭长职务，钟辉煌县人民法院民事审判第一庭副庭长职务，黄田中县人民法院感德人民法庭副庭长职务，王铁军县人民法院行政审判庭副庭长职务，林建军县人民法院蓬莱人民法庭副庭长职务，刘建安县人民法院湖头人民法庭副庭长职务，易文键安溪县人民法院官桥人民法庭副庭长职务，李培忠县人民法院西坪人民法庭副庭长职务，柯梅英县人民法院审判委员会委员、审判员职务，白崇斌溪县人民法院执行庭庭长职务，郑淑珍县人民法院立案庭庭长职务，黄永福县人民法院湖头人民法庭庭长职务，许文红县人民法院西坪人民法庭庭长职务，李婉红县人民法院民事审判第二庭副庭长职务。
8月3日	第5次会议	会议听取和审议县政府关于2016年安溪县财政收支决算草案的报告、关于2016年预算执行情况及决算草案的审计工作报告，表决通过《安溪县人大常委会关于批准2016年安溪县财政收支决算的决议》。听取和审议县政府2017年上半年工作报告和县发改局、财政局关于安溪县2017年上半年国民经济和社会发展计划及预算执行情况的报告，县法院、县检察院2017年上半年工作报告。 会议决定：任命高志强为县教育局局长；免去王佳敏安溪县教育局局长职务，叶财生安溪县监察局局长职务。
10月31日	第6次会议	会议听取和审议县政府《关于扶贫开发专项工作报告》《关于打击电信诈骗犯罪专项工作报告》《关于重点项目建设专项工作报告》。 会议决定：任命叶松景为安溪县人民政府副县长，任命苏良田、陈柳树、吴锋雄、杨福飞、林金木、林建业、林爱娥、林淑珠、易金龙、黄建川、谢志忠11位为安溪县人民法院人民陪审员。
11月23日	第7次会议	会议听取和审议县人大常委会执法检查组《关于我县贯彻实施＜中华人民共和国农业法＞发展农业职业教育情况的执法检查报告》、县政府《关于2017年我县环境状况和环境保护目标完成情况的专项工作报告》和《关于县十七届人大一次会议以来代表建议办理情况专项工作报告》。经审议，表决通过《关于县十七届人大一次会议以来代表变动及代表资格情况的审查报告》和《安溪县人大常委会关于召开安溪县第十七届人民代表大会第二次会议的决定》。 会议决定：任命谢祥明为安溪县监察局局长，接受谢祥明辞去安溪县第十七届人大常委会委员职务的请求。

时间	会议名称	会议内容
12月20日	第8次会议	会议听取和审议县政府《关于医疗卫生服务情况专项工作报告》。讨论县人民政府工作报告（征求意见稿）、县2017年国民经济和社会发展计划执行情况与2018年计划草案的报告（征求意见稿）、安溪县2017年预算执行情况及2018年预算草案报告（征求意见稿）、县人民法院工作报告（征求意见稿）、县人民检察院工作报告（征求意见稿）。讨论县人大常委会工作报告（讨论稿），表决原则通过《安溪县人大常委会工作报告》。审议、表决通过《关于安溪县十七届人大一次会议以来代表议案建议办理情况报告（草案）》。审议、决定县十七届人大二次会议有关事项。 会议决定：依照《地方组织法》第二十七条规定，接受傅天宝辞去安溪县人民政府副县长职务的请求，报十七届人大二次会议备案；任命刘继伟、陈定阳为安溪县人民检察院检察员；免去刘颜坤安溪县人民检察院检察员职务。
2月29日	第9次会议	会议决定：免去谢祥明县监察局局长职务，任命谢祥明、刘金顺为安溪县监察委员会副主任，任命李承军、邱世平、陈菁菁为安溪县监察委员会委员。

·主要工作·

【概况】

2017年，安溪县人大常委会组织开展视察7次、执法检查2次、调研和跟踪检查13次，配合省、市人大开展调研、视察和执法检查19次；任免国家机关工作人员99人次，组织宪法宣誓12批64人次。

【重大事项决定】

2017年，安溪县人大常委会进一步健全重大事项决策机制，提请县委将《关于健全人大讨论决定重大事项制度、县政府重大决策出台前向本级人大报告的实施意见》纳入党内规范性文件制定计划。改进完善常委会讨论决定重大事项的方式方法，坚持集体行使职权的工作原则，重视调动班子成员和常委会其他成员的积极性，邀请乡镇人大主席、部分县人大代表列席常委会会议，参与讨论，增强决策的民主性、科学性。根据安溪县经济运行的实际需要，认真审议，及时通过县政府关于2017年新增地方政府债务安排情况并相应调整县本级预算方案，推动安溪县财政收支总体平稳运行。

【监督工作】

贯彻县委决策部署 2017年，安溪县人大常委会组织对安溪县中西部交通瓶颈问题，中央环保督察反馈意见整改落实情况，创建第五届省级文明县城迎检工作和全面取缔压茶机、禁用除草剂专项整治工作等开展专题调研，理清存在的问题和症结，提出合理意见建议，为县委、县政府决策提供参考。

助推重点工作开展 2017年3月，安溪县人大常委会组织对医疗卫生服务工作情况开展调研；7—8月，组织3个调研小组，对华东、华南、华北、西北等地区茶叶市场综合考察调研。同时，到安溪县茶叶主产区了解产供销情况，组织多场调研座谈会。加强对医疗卫生服务工作的监督。9月，组织深入龙涓、蓝田、祥华等乡镇，对安溪县扶贫开发工作情况开展专项视察，督促加大内生动力培育、提升扶贫精准度、健全扶贫长效机制。11月，对安溪县医疗卫生服务工作情况开展视察，督促进一步做好卫生人才队伍建设、盘活现有人才资源、完善基础设施建设、促进民营医院发展等工作。加强对扶贫开发工作的监督。

推动经济健康运行 2017年，安溪县人大常委会围绕全县经济健康运行，加强对计划、预算编制和执行情况的监督。召开财政经济审查委员会会议，讨论部门预算安排方案。5月，组织对安溪县2016年度审计发现问题及其整改落实情况开展调研。6月，审议通过县政府关于2017年新增地方政府债务安排情况并相应调整县本级预算方案。8月，县十七届人大常委会第5次会议听取和审议县2016年财政决算（草案）报告和县2016年审计工作报告，审查批准2016年县级财政决算。听取和审议县政府关于2017年上半年国民经济和社会发展计划执行情况的报告、关于2017年上半年预算执行情况的报告。强化审计跟踪监督，将审计工作报告发现的问题的整改落实作为加强财政监督的重要内容，督促有关部门抓好整改工作，促进预算执行规范化，提高财政资金使用效益。助力改革发展，9月，组织到湖头、龙门等乡镇，对安溪县重点项目进展情况开展视察，督促县政府进一步做好项目前期论证、拓宽融资渠道、抓好统筹服务、加强项目储备。组织对科技"双创"工作开展调研。

回应民生关切 2017年4月，安溪县人大常委会组织对压茶机整治专项工作开展调研。5月，组织到福田、蓬莱等乡镇，对安溪县公共文化体育设施建设情况开展专项视察活动，督促完善规划、加大投入、多元发展，提高文体设施的利用率。到城厢建安大道、后垵街、龙门执法分局、寮山农贸市场等地，对城市管理行政执法情况开展视察，督促县政府理顺城管执法体制、完善城市建设管理、改善综合执法保障。

听取审议县政府环境状况和环境保护目标完成情况年度报告，敦促抓好防治重点、强化监管能力建设，促进城乡环境更加宜居。7月，组织对小流域治理情况开展调研。9月，组织对新区市政设施配套建设情况开展调研。到尚卿、凤城等乡镇，对打击电信诈骗工作开展专项视察。督促健全协作机制、突出严打精打，树立安溪正面形象。

法治安溪建设 2017年3月，安溪县人大常委会组织到城厢、感德等乡镇，对安溪县贯彻实施《中华人民共和国治安管理处罚法》的情况开展执法检查。组织对县人大常委会关于《〈建筑法〉执法检查报告》的审议意见落实情况开展跟踪检查。6月，组织对"七五"普法工作开展调研。10月，组织深入虎邱等乡镇对《中华人民共和国农业法》中发展农业职业教育实施情况进行检查。

【人事任免】

2017年，安溪县人大常委会坚持党管干部与人大依法任免相统一，认真贯彻组织意图，客观翔实介绍拟任职人员德才表现，规范任前了解、任前供职表态发言、接受询问等程序，确保县委人事意图通过法定程序实现。落实宪法宣誓制度，组织新任命人员向宪法宣誓，激励和教育国家机关工作人员树立宪法意识、恪守宪法原则、履行宪法使命。任免国家机关工作人员99人次，组织宪法宣誓12批64人次。

【代表工作】

搭建平台畅通渠道 2017年，安溪县人大常委会试点抓好城厢、龙涓、感德、西坪4个乡镇代表活动室建设，总结经验，全面推广，在24个乡镇全部成立"人大代表联系群众活动室（人大代表联络站）"。结合安溪县实际，制订"33667"（指

"3项工作职责"：受理范围、履职要求和履职规范。"3项工作机制"：转办、督办和呈办机制。"6项工作规则"：党委统一领导、依法依规、上级人大指导、集体行使职权、服务服从大局、不直接处理问题等原则。"6项工作制度"：代表轮值、定期接待、信息登记、处理反馈、学习交流、总结报告等制度。"7项工作程序"：信息登记、汇总分类、调查研究、移交办理、监督落实、反馈答复、总结归档等工作流程）工作规则，指导和规范乡镇代表活动室建设和运行。各乡镇代表活动室建立后，主动联系群众、开展活动。据不完全统计，乡镇代表活动室接待群众917人次，收集问题45个，督促解决41个。启动"福建省三级人大代表履职服务平台"，导入代表信息，要求代表安装手机客户端，为代表信息公开、议案建议办理、反映社情民意和学习培训等提供服务。

完善机制加强管理 2017年，安溪县人大常委会在做好代表履职服务的同时，注重对代表履职的管理监督，督促代表依法履职尽责。换届后约谈2名行为与代表身份不符的县人大代表；依托乡镇代表活动室，建立代表履职档案，实行代表履职登记；健全代表履职请假制度，县人代会、常委会会议、调研视察、学习培训均采取书面请假报批制度；实行代表列席常委会会议制度，每次常委会会议均邀请24个乡镇人大主席、部分县人大代表列席，保证基层代表知政参政。首次开展积极履职好代表、好议案好建议和议案建议办理好单位评比活动，激励提高议案建议质量和办理成效。换届后，组织2期县级人大代表培训，提升代表履职意识和履职能力。完

善代表"双联"制度，37名县人大常委会组成人员联系125名县人大代表，每名县人大代表在原选区中选择5—8名选民作为固定联系对象，让代表更加"接地气"。

突出重点抓好督办 2017年，安溪县十七届人大一次会议期间，代表共提出建议意见140件，闭会期间收到建议3件。常委会及时交办，并确定10件事关人民群众切身利益、社会普遍关注的建议为重点督办件。督办过程中，县人大常委会领导挂钩负责、各工作委联系督办，并将代表建议办理成效纳入县绩效考评，增强办理实效。关于加快晋江源保护和开发工作等一批影响深远、惠民利民的建议件，县政府主要领导多次带队实地调研，研究方案，精心组织，切实解决好一批事关民生福祉的实事。关于在参洋片区重要交通路口安装灯控及电子监控设备的建议，部门与乡镇及时办理，并向代表反馈，获得代表及群众的好评。11月，组织部分人大代表和人事代表委人员，对县十七届人大一次会议代表建议、批评和意见办理工作情况开展视察。2017年，代表对建议办理结果的满意率93.01%、基本满意率6.99%，满意率创近几年新高。

【联系指导乡镇人大】

2017年，安溪县人大常委会组织机关委办人员定期、不定期到联系乡镇，指导乡镇人大主席团健全完善工作制度、开展代表活动。组织机关委办人员到联系乡镇，指导县人大代表小组围绕本乡镇重点工作开展调研活动。召开乡镇人大主席座谈会，交流各乡镇人大工作和乡镇代表活动室建设经验，形成上下互动、协调一致的良好氛围。

·综 述·

【项目建设】

2017年，安溪县扎实推进"项目攻坚年"活动，303个县级重点项目完成投资250亿元。举行7轮项目集中开竣工活动，"五个一批"晒开工项目数进入全省前十名，新开工项目数、新增产业项目开工数、新增产业项目签约数均进入全市前三名。白濑水利枢纽工程项目上报审批提速，兴泉铁路安溪段等重大项目顺利开工。厦沙高速公路安溪段、三安大桥建成通车。三净环保科技等一批产业项目竣工投产。在全市率先出台招商选资正向激励机制，划分"三大战区"开展招商竞赛，全年新引进法国玛尚新材料、印尼PPI国际贸易、香港国泰达鸣等170个产业项目，总投资220亿元，其中重大招商项目57个，招商数量、体量、质量创历史新高，招商经验成为全省典型，省效能办专门发文在全省推广。

【产业发展】

2017年，安溪县以现代专业产业园区为载体，新兴产业发展迅猛，产业转型走在全市乃至全省前列。中科生物名贵中药材标准化生产项目投产，特种药物项目开工建设。味博生物科技建成投产，茂雄生物科

技实质性开工，元化生物科技前期工作全面推进。湖头光电产业园列入省级半导体高新技术产业园区布局。晶安光电钽酸锂项目、信达光电路灯生产线及RGB（显示屏）封装生产线投产，天电光电产能释放。新引进东海蓝玉等14家光电企业。EC产业园数据中心投入使用标准机柜4600个，中企通宝等项目投入运营，新华社大数据加工中心、北京新华多媒体、百度创新中心、中国非遗OID注册中心等20多家单位入驻，上海石油天然气交易中心等央企项目意向入驻。2025产业园已有国泰达鸣等11家企业入驻，尚洪新材料、弘启实业等6个项目开工建设，

正丰数控、大成（海尔）智能科技竣工投产，尚品千艺、久一科技试投产南方水产城已有6家企业入驻，渔百惠、万寿谷等2个项目开工建设。卫浴新城首批18家企业入驻开工。联手新奥北部湾旅游上市公司打造海丝茶源（安溪）文化旅游项目，总投资30亿元，铁观音文化小镇、大龙湖水上旅游、铁观音展示中心、海峡两岸文创美食园等首期项目加快推进。此外，湖里园、思明园已建成标准厂房21万平方米，佳福隆环保餐具、智途户外用品等19家企业入驻，其中欣省控实业、翔业厨卫等项目正式开工，吉福厨具建成投产。

2017年6月27日，安溪县举行大龙湖水上旅游项目开工仪式　　　（安溪报社供图）

【亲商惠企】

2017 年，安溪县组织实施凯鹰电源等 38 个重点技改项目，完成投资 68 亿元。弘桥智谷在新三板挂牌上市，入驻企业 420 家；闽华电源、味博生物科技等 5 家企业列入省级重点上市后备企业。在全市率先成立2025 产业发展基金，募集 30 亿元银团基金，扶持高新技术产业和高端装备制造业发展。制定减轻企业负担促进工业经济增长"十条措施"（从降低企业用地成本、减轻企业税负、减轻出口企业的资金压力、减轻企业规费负担、加大企业用电扶持、降低企业用电成本、鼓励企业开拓市场、加大企业信贷支持、鼓励企业加大技术研发、加强企业用工服务等十个方面给予企业有效支持），出台壮大龙头企业、支持企业全方位创新等政策，争取各类奖补资金3300 多万元，帮助 33 家（次）企业解决过桥资金 3.6 亿元。成立中小企业政策咨询服务中心，为企业提供报批等第三方服务。强化政银企对接，新增贷款 60 亿元。有效防范金融风险，贷款不良率控制在 1% 左右，保持全市第三低。实施人才"港湾计划"，出台"1+N"人才政策，与中国海峡人才市场合作共建安溪分部，成立高层次人才发展服务中心，引进 25 名省级高层次人才和 11 名台湾高层次人才。新增高新技术企业 4 家、国家级星创天地 3 家、省级科技小巨人领军企业 4 家、省级科技型企业 5 家，中科生物、佳友茶机械获批设立省级院士专家工作站。第二届中国（安溪）家居工艺文化博览会作为第三届海上丝绸之路国际艺术节核心项目成功举办；家居工艺行业总产值达 130 亿元。淘宝镇增至 3 个、淘宝村增至 17 个，电商年交易额超 60 亿元。

【茶业转型】

2017 年，安溪县获准创建国家现代农业产业园、农产品质量安全示范县、有机肥替代化肥示范县等 5 个国家级项目。改良茶园土壤3.58 万亩，保护安溪铁观音种质资源 2000 亩，建成高标准生态茶园 1.6万亩，建成有机食品、绿色食品茶叶生产基地和出口备案基地 3.7 万亩，实施茶山生态修复 1 万亩，退茶 3600 亩，流转茶园 11.92 万亩，合作社增至 1540 家，家庭农场增至493 个。举办首届安溪铁观音大师赛，弘扬"工匠"精神，倡导传统技艺。全面取缔压茶机、禁用除草剂，强化茶叶质量安全管控，茶叶质价齐升。作为福建省唯一县级参展单位，参加全国"双安双创"成果展。成功举办第七届全国茶产业经济研讨会暨安溪铁观音高峰论坛。安溪铁观音成为厦门金砖会晤国礼茶。"安溪铁观音"冠名福建女子排球队，亮相中国女排超级联赛。组织参加"中法文化论坛""闽茶海丝行"等活动，到欧美、东南亚等地区参展 11 场次。茶庄园规模、质量、内涵进一步提升，"茶庄园＋"业态效应凸显，茶产业链条不断延伸。全县涉茶总产值增至 160 亿元，入选"中国十大茶叶区域公用品牌"，连续 9年位居全国重点产茶县首位。

【城乡建设】

2017 年，安溪县新影剧院建成投入使用，完成凤山书院、绿道北线慢行系统规划设计。加快安溪一中南校门、沼涛实小、三安大桥东侧等片区改造，启动解放路西侧、三安大桥西侧、祥云路等片区改造。石狮岩隧道左洞、东西大道、自来水供水设施三期改扩建等工程有序推进。实施城区重要节点绿化亮化提升工程。新增休闲广场 2.2 万平方米、公园绿地 13.5 万平方米。建设"智慧城管"平台。积极创建省级文明县城。湖头镇、龙门镇入围"全国重点镇"。湖头镇加快推进中国历史文化名镇、中国特色小镇建设，建成全省首个镇级博物馆——阆湖博物馆；启动李光地故里建筑群保护开发、站前路片区改造等项目。龙门镇入选全国首批运动休闲特色小镇，南翼新城莲苑大道、G355 国道等项目加快推进。开通县城至南翼新城公交线路。尚卿藤云小镇建设初具规模，黄岭村获评"国家级美丽乡村示范村"。完成清溪桥头至金谷大演省道路灯工程。建成清水岩景观大道。农村公路改造提升工程开工 505 公里、建成 200 公里。抓好中央环保督察反馈问题的整改落实。推行河长制。推动小水电站关闭退出或改造提升。推进"农村生活污水垃圾整治三年行动"，获评全国农村生活污水全面治理示范县。完成造林绿化 2.97 万亩，治理水土流失 9.5 万亩。国土部高度赞扬安溪县官桥—龙门矿山地质环境治理模式及成效。

【社会民生】

2017 年，安溪县实施"教育惠民、健康利民、养老暖民、宜居便民"四大行动及"XIN"行动计划，群众获得感、幸福感、安全感、自豪感明显增强。年度财政民生支出 53.2亿元，增长 16.2%；24 件为民办实事项目完成投资 8.9 亿元。在全省率先实现镇级扶贫开发协会全覆盖，筹集社会资金超 1.25 亿元；完成 5475人造福工程易地扶贫搬迁任务，落实低保标准与扶贫标准"两线合一"，23 个建档立卡贫困村、4339 名贫困人口实现脱贫，打造小康路上的"安溪样板"，脱贫经验获国务院扶贫办发文推广。加强师德师风建设，教育教学风气持续向好。启动"领航人才"培育工程三年行动。全年累计投入教育建设资金4.98亿元，推进41所农村薄弱学校改造，新改扩建8所城区学校，新增学位5000个。启动县医院门诊医技大楼、妇幼保健院迁建等13个卫生项目建设；全面落实"一归口、三下放"管理制度（将全县公立医疗机构的人事、业务、经费等事项统一由县医管委归口管理，将内部人事管理权、经营权、分配权下放给公立医疗机构，由公立医疗机构自主管理，实行院长（主任）负责制，完成县医院、中医院和12家乡镇卫生院院长公选。推进医联体建设，设立省人民医院安溪分院。改革完善计划生育服务管理机制，落实"全面两孩"政策。全面推进全民参保和扩面工作。建成低保户安居工程90户，建设保障性安居工程690套；新建农村幸福院7所、居家养老服务中心18所、社区老年人日间照料中心5所，2400名老年人享受政府购买居家养老服务。获评"中国民间艺术文化之乡"。成功举办环泉州湾国际公路（安溪段）自行车赛、李光地文化节暨海峡两岸大学生文创峰会、第二届清水祖师文化节、央视农民春晚东部专场。国家攀岩集训中心落户安溪。新增镇村文化广场、健身工程86个。成功举办第十届世界安溪乡亲联谊大会。实施"七五"普法。持续推进电信网络诈骗治理和禁毒整治。加强信访维稳工作，圆满完成厦门金砖会晤、党的十九大等大事要事安保维稳任务。深入推进食品放心工程，创建省级食品安全社会共治示范县。强化重点领域安全生产专项整治，安全生产事故"四项指数"全面下降。完善突发公共事件应急处置机制，建设突发事件预警信息

2017年12月3日，安溪举办环泉州湾国际公路（安溪段）自行车赛　　　（安溪报社供图）

发布中心。获福建省双拥模范县"三连冠"。

【政府建设】

2017年，安溪县办理人大代表建议意见143件、政协委员提案123件，满意率进一步提高。创新行政审批服务"五个一"工作机制，推行"双随机一公开"监管机制，持续推进申报材料"瘦身"，累计取消申报材料289项，精简各类行政审批事项557项，梳理和公布"一趟不用跑""最多跑一趟"事项1945个。深化府院良性互动，健全政府法律顾问制度，大力推进法治政府建设。

（县政府办撰　许充分审）

【2017年县长重点办公会】

1月3日，研究讨论《安溪县政府法律顾问工作规定》及《县政府法律顾问团建议名单》、解除玉田墩坂片区C-4地块出让合同、玉田墩坂片区C-4地块（工业）公开出让等事宜。

1月16日，研究讨论《关于开展2017年"大招商招大商"活动方案》《安溪县与北部湾旅游股份有限公司战略合作框架协议》等事宜。

1月22日，听取2016年全县安全生产工作情况汇报，研究部署2017年全县安全生产工作、听取2016年全县禁毒重点整治工作情况汇报，研究讨论《2017年安溪县禁毒重点整治工作方案》、安溪县影剧院、沼涛实小建设项目地块公开出让、南翼新城塘垅片区A-05地块（工业）公开出让、2017年全县三级干部会议通报表扬项目方案、推荐申报省级文物保护单位等事宜。

2月21日，听取社会抚养费征收工作、全县2016年度土地卫片执法监督检查工作情况汇报、研究讨论《安溪县人民政府关于减轻企业负担促进工业经济增长十条措施》《安溪2025产业园优惠奖励暂行规定》、南翼新城碧一片区U-1地块公开出让、安溪县350524-04-B-08地块公开出让、安溪县350524-04-A-21地块（工业）挂牌出让等事宜。

3月10日，研究讨论成立安溪白濑水利枢纽工程移民开发建设公司、设立安溪县兴泉铁路开发有限公司、《中国国际信息技术（福建）产业园优惠奖励暂行规定》、南翼新城莲兜美片区D-25地块（工业）挂牌出让、安溪县参洋片区D-10-1

地块公开出让、闽商投资区 B-2 地块（工业）挂牌出让、安溪县安德物流有限公司用地收储等事宜。

3 月 27 日，研究讨论第二届中国（安溪）家居工艺文化博览会、安溪茶学院 A10 至 A14 学生宿舍楼后侧高边坡挡土墙设计变更、路英片区 C-5-1 地块用地红线调整、《福建省鸿腾建筑材料有限公司、泉州市鸿利建材生产有限公司入驻金融行政服务中心优惠方案》《中国南方水产城企业项目投资合同书》等事宜。

4 月 7 日，研究讨论《安溪县全民科学素质行动计划纲要实施方案（2016-2020 年）》《安溪县"十三五"防震减灾规划》《安溪县兴泉铁路工程建设项目用地及房屋征收安置补偿工作实施方案》、相关部门移交国有资产处置、安溪县青少年宫、科技馆、妇女儿童活动中心项目资产销售方案等事宜。

4 月 17 日，研究讨论《2017 年金砖会晤安溪县环境质量保障总体方案》《安溪 2025 产业园企业项目投资协议书范本》及尚洪新材料、振丰新材料、久一科技等公司入驻、安溪县中国南方水产城 A-1-03、A-1-04 地块（工业）挂牌出让、第十届世界安溪乡亲联谊大会、福建三安钢铁有限公司安全防护距离（站前路居民搬迁）等事宜。

4 月 28 日，研究讨论农村生活污水生活垃圾治理、进一步完善房地产市场监督管理工作、《海西天然气管网德化支线安溪段项目用地及房屋征收安置补偿工作实施方案》、财政部清洁发展委托贷款项目弘桥智谷电商产业基地仓储物流建设项目等事宜。

5 月 8 日，研究讨论《关于补办工业企业、私人自建房屋不动产权

证的工作方案》、官桥镇中山路片区危房改造、给予县公安局陈荣杰的三位同志个人记三等功奖励、与中国海峡人才市场开展人才合作等事宜。

5 月 27 日，研究讨论《2017 年安溪县深化行政审批制度改革工作要点》、确认剑斗镇剑斗村、仙荣村等 9 个村为"无地"可确村、第九届海峡论坛·首届李光地文化节暨海峡两岸青年文创峰会、成立南方水产城（安溪）开发建设有限公司、中国南方水产城 A-1-04 地块（工业）挂牌出让、中国国际信息技术（福建）产业园 B、C 地块公开出让、安溪县南翼新城寮山片区 Z-1 地块（工业）挂牌出让、安溪县南翼新城上苑片区 SY-1 地块公开出让、安溪县参洋片区 A-07 地块公开出让等事宜。

6 月 20 日，听取安溪防御"苗柏"台风及持续强降雨工作情况并研究讨论有关事项，研究讨论做好省级食品安全社会共治示范县考评验收工作、创建国家农产品质量安全县、百度创新中心落户中国国际信息技术（福建）产业园、安溪县南翼新城莲峰片区 HL-12 地块（工业）挂牌出让、安溪县员宅片区 YJG-20-2-1 地块公开出让、安溪县参洋片区 C-05-02A 地块公开出让、安溪县原福建省安溪制药有限公司旧厂区地块公开出让、安溪县 2017 年政府债务限额及新增债券资金安排情况等事宜。

6 月 26 日，听取各类地质灾害隐患分析情况汇报并部署防范措施，研究讨论《关于加快发展现代职业教育的实施意见》、南方水产城 A-2-02 地块（工业）挂牌出让、安溪铁观音大师（名匠）服务管理暂行规定、安溪县垃圾焚烧发电厂技改扩容三期工程等事宜。

7 月 11 日，研究讨论《安溪县

科学技术奖励规定》、安溪县弃土场建设及实施弃土综合利用项目工作方案、福建省泉州市味博食品有限公司用地收储、《安溪县中心城区集贸市场常态化管理暂行规定》等事宜。

7 月 24 日，听取上半年经济运行情况汇报，研究讨论安溪县落实泉州市人才"港湾计划"的若干意见及相关配套政策、安溪县小水电转型升级试点实施方案、南翼新城莲峰片区 HL-8、11、13 地块（工业）挂牌出让、特别重大企业入驻金融行政服务中心优惠方案等事宜。

8 月 7 日，传达《国务院办公厅关于督查问责典型案例的通报》精神，研究讨论《安溪县中尼贸易有限公司项目框架协议》、安溪县 2025 产业园 A-04、A-20 地块（工业）挂牌出让、安溪县南翼新城 XXY 地块（工业）挂牌出让、安溪县魁斗镇工业走廊 D1 地块（工业）挂牌出让、安溪县古山片区 C-4 地块公开出让、安溪县安商茂雄农产品物流投资项目合同书等事宜。

8 月 22 日，研究讨论《关于加快教育事业发展的实施意见》《关于加快医疗卫生事业发展的实施意见》《关于加快养老事业发展的实施意见》《关于加快城乡民生基础设施建设的实施意见》《深入推进城市执法体制改革改进城市管理工作的实施方案》、安溪县"数字城管"指挥中心建设、《安溪县"XIN"行动实施方案》、玉湖学校初中部撤并、重新制定《鼓励各类企业总部入驻金融行政服务中心优惠方案》等事宜。

9 月 6 日，研究讨论安溪县第二届中小学名师人选、湖头镇 S26 地块公开出让、湖头镇 A-7-1 地块（工业）挂牌出让、《北部湾旅股份公

司与安溪县文旅公司合作协议》、解除玉田墩坂片区 D-1 地块出让合同等事宜。

9 月 14 日，研究讨论《2017 年度安溪县乡镇绩效评估工作方案》《安溪县全面提升行政服务效能不断增强群众获得感实施方案》、凤山书院项目建设工程设计合同、安溪县 2025 产业园 A-10、A-57 地块（工业）挂牌出让、安溪县玉田墩坂片区 D-1 地块（工业）挂牌出让等事宜。

9 月 22 日，部署迎接市安委会安全生产巡查准备工作和第四季度安全生产工作，研究讨论《福建"七层共挤高阻隔薄膜"生产项目投资协议书》《福果农业综合开发有限公司项目合同书》、安溪县城市污水处理厂提标改造、安溪县建安格口片区 20-4 地块公开出让、安溪县 350524-02-A-04 地块公开出让、安溪县罗内片区 B-2-1 地块（工业）公开出让、安溪县蓬莱镇彭格村下寨山 A1-1 地块公开出让等事宜。

10 月 13 日，研究讨论江西东海蓝玉光科技有限公司投资蓝宝石晶体材料精加工生产项目投资协议书、安溪县南翼新城莲峰片区 HL-14 地块（工业）挂牌出让、全县建筑用石料矿山规划布局、省女子排球队冠名为"安溪铁观音"女子排球队协议书等事宜。

10 月 20 日，听取第三季度经济运行情况汇报，研究讨论《凤山书院建设项目房屋征收补偿安置方案》、德苑片区 A-9 地块置换用地选址等事宜。

11 月 8 日，研究讨论《安溪县政府购买普惠性民办幼儿园教育服务实施方案》、解除八马庄园投资项目协议、《安溪县基层医疗卫生机构工资总量核定办法和绩效分配指导意见（试行）》及《关于改革

公立医疗卫生机构财务监督管理工作的通知》、第二届中国（安溪）家居工艺文化博览会筹备工作、凤山学府工程周边环境影响施工进度及延长工期等事宜。

11 月 22 日，研究讨论《安溪县综治（平安建设）考评及奖惩办法》、安溪县 2017 年度基准地价修编成果、安溪县四、五级河道采砂规划及 2017 年度河道采砂实施方案、县供销社部分资产盘活整合方案等事宜。

12 月 14 日，研究讨论《政府工作报告》《安溪县 2017 年国民经济和社会发展计划执行情况和 2018 年计划草案报告》《安溪县 2017 年预算执行情况及 2018 年预算草案报告》《安溪县 2018 年重点建设项目安排表》、第八批县级文物保护单位、授予 2015-2016 年度安溪县科学技术奖、南翼新城官桥片区 C-7 地块公开出让、罗内片区 C-13、C-29 地块（工业）挂牌出让、参洋片区 D-02-07 地块公开出让、佛罗花综合农业科技生产项目投资、参洋片区楼盘（小区）业主子女就读学校调配等事宜。

12 月 21 日，研究讨论 2018 年为民办实事项目、《安溪茶产业二次腾飞工作意见》《安溪县全面推行山长制实施方案》《全县剩余安置房管理处置方案》《解放路西片区改造项目房屋征收补偿安置方案》《安溪县参内乡罗内片区项目房屋征收补偿安置实施方案》、八马庄园前期投入清算、《绿道北线景观绿化工程 PPP 项目实施方案》《碧湖佳苑商品房销售方案》等事宜。

·行政执法·

【概况】

2017 年，安溪县以"文明执法，推动发展"为载体，以规范化、制

度化建设为依托，健全完善行政执法运行机制，以制止查处规划控制区"两违"和大力度城市环境整治为重点，参与重大联合执法活动，扎实推进行政执法各项工作。

【市容管理】

2017 年，安溪县通过开展占道经营、大户外广告、流动摊点油烟、学校周边环境和渣土车"滴洒漏"等各类专项整治，市容管理规范有序。在县政府广场、后楼市场、南门桥下设立"城市管理服务驿站"，为群众提供饮用水、工具箱、雨伞等服务，并且不定期开展志愿者活动。取缔百汇美食街、宝龙路口流动摊点 108 家；拆（清）除违规户外广告、招牌 2498 块，拆除违规广告横幅、标语 1677 条。查处"滴洒漏"168 宗，罚款 61.60 万元；乱倾倒乱排放 54 宗，罚款 19.49 万元。

【水流域巡查监管】

2017 年，安溪县采取全覆盖、南北线交叉巡查方式对全县流域巡查，及时将巡查发现问题反馈给所在乡镇，落实周巡查报告制度，共移交查处、反馈、查处案件 141 宗，其中行政处罚 16 宗，罚款 14.54 万元。

【城乡环境综合治理】

2017 年，安溪县行政执法局围绕县委县政府组织开展的重点项目建设推进、全省拉练工作检查迎检、省级文明县城迎检等重大执法活动工作。出动 50 人用 2 个月时间配合湖头镇打通北环路；配合龙门镇查处非法屠宰点 19 处拆除面积 8000 多平方米；配合凤城镇、城厢镇、参内乡、湖头镇等重点项目安征迁以及各乡镇取缔压茶机专项整治活动，出动执法人员 2000 多人次，有效推进党政中心工作顺利开展。

2017 年，安溪县坚持"露头就打、

出土就拆"原则，由安溪县行政执法局牵头协调组织乡镇开展新一轮"两违"综合治理，拆除"两违"554宗，面积35.78万平方米，完成全年工作目标111.83%。按照"勤巡快拆"要求，采取车巡、步巡等方式，狠抓规划管控和"两违"综合治理工作，拆除违法建设78宗，面积9493平方米；违章搭盖60宗，面积4535平方米。全年，审批临时搭盖545宗（城区110宗、湖头71宗、龙桥208宗、蓬莱156宗）。

【案件处理】

2017年，安溪县行政执法局办结行政处罚案件259宗，没有出现行政复议、行政诉讼现象。受理群众投诉举报491起，书记县长专线电话交办件57宗，12345投诉平台70起，中央环保督查信访件4宗，人大提案建议1件，政协提案建议3件，信访局、效能办等部门转办、交办件27宗，已全部按规定期限办结，没有发生退办现象，办结率100%。

· 人力资源管理 ·

【概况】

2017年底，安溪县各类人才总量为108378人。其中，党政机关管理人才2555人，专业技术人才43569人，企业经营管理人才31500人，其他各类专业技术人才30754人。全县各类人才中大专以上学历人员56619人。专业技术人才中，高级职称2584人，占专业技术人才总量的5.9%；中级职称13382人，占专业技术人才总量的30.7%；初级职称27603人，占专业技术人才总量的63.4%。全年完成军转干部安置2人；考录公务员、参公人员55人；招聘事业单位人员191人；办理公务员

培训与专业技术人员继续教育验证12958本。

【劳动合同管理】

工伤认定 2017年，安溪县接受工伤认定申请158件，完成工伤认定152件，不予认定2件，不符合工伤认定条件不予受理2件，驳回2件，结案率100%。

劳动争议仲裁 2017年，安溪县受理劳动争议49件，仲裁调解8件，立案裁决38件，撤诉3件，中止0件，涉案资金326.63万元。

劳动监察执法 2017年，安溪县举办现场咨询活动1场；开展执法检查172次，监察用人单位205户，涉及职工数14345人，下达劳动保障监察限期整改指令书15份，责令用人单位补签劳动合同696份。参与"110"社会联动工作，化解劳资纠纷，维护社会的安定。全年立案处理各类举报、投诉案件151件，办结151件，为632名劳动者追回工资1141.88多万元，参与处置因劳动争议纠纷引发的突发群体性事件17起，追回劳动报酬1001.36万元。

【就业和再就业】

2017年，安溪县城镇登记失业率1.13%，城镇新增就业人数8622人，下岗失业人员实现再就业263人。2017年，求职登记3350人次，用工登记4375人次。继续开展"再就业援助月"活动，宣传政府的再就业扶持政策，介绍企业用工需求，并向企业推荐，帮助有就业意愿和有就业能力的下岗失业人员实现再就业。全年，发放就业困难人员社会保险补贴1676人，金额568.9万元；成功转移就业8581人。累计派遣劳务人员49人。

【职工管理】

国家职业技能鉴定 2017年，全

县参加职业技能鉴定并取得职业资格证书的2236人次，获得高级工以上的689人，其中，技师102人，高级技师48人。组织机关事业单位工勤人员参加技术等级岗位升级考核和2017年岗位继续教育报名工作：全县40人报名参加14个工种的等级考核，其中，初级工3人、中级工6人、高级工9人、技师22人。

企业职工退休审批 2017年，安溪县严格按照企业职工退休审批制度，进一步加强对审批工作的规范管理。全年办理职工退休428人。

【职工保险】

失业保险 2017年，安溪县失业保险参保人员31236人，征收失业保险费804万元，支付失业保险金414.75万元；失业保险支持企业稳定岗位补贴单位20家，涉及职工4470人，补贴金额111.93万元。

工伤保险 2017年，安溪县参加工伤保险单位2590家，参保人员55520人，征收工伤保险基金1936万元，支付206名职工工伤保险待遇1074万元。

企业职工养老保险 2017年，安溪县参加企业基本养老保险单位4269家，参保人员57850人，征收保险费23714万元，发放7031名企业离退休人员养老金19810万元。

机关事业单位社会保险 2017年，安溪县机关事业单位社会保险参保单位485家，参保人数16585人，支付离退休人员5529人。

城乡居民社会养老保险 2017年，安溪县参加城乡居民社会养老保险60.69万人，参保缴费率94.53%，为13.72万名符合条件的60周岁以上老人发放养老金16117.58万元。丧葬补助金标准为20个月我县当年城乡居民基础养老金，支付丧葬补助金（标准为20个月当年城乡居民基

础养老金）3816 人，金额 702.99 万元。

被征地农民养老保险 2017 年，安溪县为 12 个乡镇 87 个村 19016 名被征地农民发放养老金 2876.82 万元。

【人才管理】

干部管理 2017 年，安溪县政府系列年度考核总人数 15642 人，其中，优秀 2699 人，称职 1411 人，合格 10807 人，不定等次 635 人，基本称职 1 人，不称职 2 人，不合格 2 人，不属于考核对象 85 人；审核推荐参评省、市先进单位 5 个，推荐参评省、市先进个人 25 人；对违纪人员进行处理，开除公职 4 人；审核任命股级干部 24 人；政府系统科级以下公务员（含参公）职务职级晋升 30 人；政府系统科级以下记三等功奖励 28 人。

专业技术职务评聘 2017 年，安溪县批准确认全日制大中专毕业生试用期满专业技术助理级职务 445 人，经相关评审机构评审通过初级专业技术职务 26 人。推荐申报评审专业技术职务任职资格 359 人（其中高级 99 人、中级 223 人、助理级 37 人）。经相关评审机构评审通过正高级专业技术职务 2 人、副高级专业技术职务 51 人、中级专业技术职务 98 人，非公有制企业中级专业技术职务 25 人。

【工资待遇管理】

2017 年，安溪县核定工作人员年终一次性奖金 2772 人，发放 8156858 元，人均 2942 元；未休年休假报酬 2776 人，发放 16407368 元，人均 5910 元；事业单位绩效工资增量 13788 人，发放 81817500 元，人均 5933 元；发放离退休人员过节费 4973 人，9806500 元，人均 1972 元；核定机关事业单位工作人员考核晋升薪级工资 12602 人；核准工作人员职务（职级、岗位、等级）变动 2690 人；军转安置 3 人；核定见习

期人员 287 人；农林一线科技人员浮动转固定 4 人；转正定级 262 人；调整津补贴 2422 人；学历变更 71 人；工作调动 1368 人次；批准机关事业单位从非公有制单位和临时工中招收录聘用的工作人员工龄计算 71 人；完成县法院、检察院工资套改工作，法院人均月增资 933.76 元、检察院人均月增资 920.44 元；退休 334 人；辞职（解聘）96 人；处分停发或降低工资 5 人；执行生活费待遇 11 人；开除 2 人；死亡 161 人。

完成 2016 年度公务员工资试调查和机关事业单位工资统计工作：机关 2333 人、参公单位 414 人、事业单位 13640 人（全额单位 11683 人、差额单位 1885 人、自收自支单位 72 人）。年人均收入 99530 元：机关 127939 元、参公单位 111155 元、事业 94310 元。有离休人员 34 人，年人均收入 105412 元。全县年支出 16.31 亿元。注：统计项目包括：应发工资、住房公积金（单位缴交部分）、公务交通补贴、未休年休假报酬、通讯补贴、加班误餐补贴、食堂补助、文明单位奖励、文明县城奖励、绩效管理奖等；退休人员 5301 人（计发放 2.8 亿元，人均年收入 52794 元）不列入统计范围。

批准公务员辞职 5 人，具体是：县公安局张永山，县市场监督管理局黄振宗、陈延波、白辉灿，县地方志编纂委员会办公室郭丽金。

审批办理机关事业单位工作人员退休手续 333 人。审批办理机关事业单位工作人员和退休人员亡故抚恤 74 人，发放抚恤金 7559780 元；核定遗属补助 45 人，月增生活补助费 28086 元。

【人才市场】

2017 年，安溪县通过人才网站等媒体进行广泛宣传就业政策、就

业信息，共发布各类信息约 24000 多条。在用工高峰前深入企业，征集岗位需求信息，了解企业在引才、育才、用才方面的困难和诉求，并与企业签订人才信息合作协议，更新人才储备信息。加强农村实用人才队伍建设，依托茶业合作社平台，通过信息填报的方式收集各类茶业人才信息，并以乡镇农业服务中心干部为荐才联络人及时将优秀的茶业人才推荐录入人才信息库。同时，开通网络自主登录平台，由人才自主将个人信息登记入库，力争最快速度、最大范围内掌握现有人才信息，为推荐人才和茶企选择人才做好信息储备。通过组织举办招聘会，为茶业人才和企业牵线搭桥。2017 年，组织举办大型人才招聘会 7 场次，参加招聘会的用人单位达 650 多家，求职的各类人才约 1.1 万人次，通过招聘会，1300 多人与用人单位达成就业意向。

继续免费为毕业生办理求职登记并通过安溪人才网发布求职信息，提供档案接收、咨询、报到等服务，接收、核实大中专毕业生档案，并将档案信息输入到档案管理系统，同步在安溪人才网上发布，便于毕业生查询，同时根据毕业生去向及时将档案转往各县（市、区）人事部门和具有档案管理权限的用人单位。2017 年，转入档案 4103 份，转出档案 1148 份。办理人事代理 456 人。

·行政服务中心·

【概况】

2017 年，安溪县行政服务中心秉承"规范、便民、高效、廉洁"服务理念，以政务服务对象满意为立足点和出发点，从解决群众反映

强烈的切身利益问题入手，着力规范权力网上运行、提升服务水平，创造良好便民的营商服务环境，助推县域经济平稳健康发展。全年中心共受理办件 277845 件，其中，即办件 225201 件，即办结率 80.87%。

【规范管理】

行政服务标准化建设 2017 年，安溪县全面落实权责清单制度，全县乡镇及县直部门涉及 2154 个审批服务事项被请进"中心"；149 个审批服务入驻分中心（车管所、残联、公积金、农机站、法律援助），实现"大厅之外无审批"。落实"三集中三到位"，实现部门审批职权往一个股室集中，并成建制入驻"中心"实体大厅和网上办事大厅。深化审批自由裁量权改革，共规范 5445 项申报材料，取消没有法律依据的申报材料 289 项，精简比例为 5.04%；细化现场勘察标准，推行"清单打勾式""清单量分式"勘察，共涉及 18 个单位 227 项事项细化 3518 个具体勘察标准；规范 72 个审批服务事项目的特殊环节办理时限，平均办理时限 5.4 个工作日。规范前置审批，取消不符合法律法规章规定的前置审批事项 47 项，杜绝部门间互为扯皮现象。

多措并举推动授权 2017 年，安溪县在民政局、卫计局、发改局、市场监管局等 4 个单位作为首批试点单位推行审批官制度，转变审批方式，全面推行"一审一核""一人一审"制度和重大事项审批集体研究制度，有效压缩审批环节，提升窗口即办结能力。经统计，推行审批官制度后，涉及 153 事项实现审批股长"一支笔"审批，53 个事项转化为即办件。以"最多跑一趟""一趟不用跑"倒逼审批提速，通过引入邮政速递等第三方服务机构和网上办事大厅预受

理机制，解决群众"跑多趟"的烦扰。经过 5 批次的梳理，共计 1945 项实现"最多跑一趟""一趟不用跑"，占全县行政审批和服务事项的 90.29%，比省、市要达到 80% 的要求提高 10.29 个百分点。开通微信办事大厅，构建网上办事大厅与实体服务大厅融合应用的便民服务"一张网"。全年，通过网上申报 932 件，约占申办件的 6.16%。此外，公安出入境还推出微信网上预约、在线自助签证等服务，群众获得感得到进一步增强。加快电子证照生成与应用，实现部门间审批数据的共享、交叉认证。1—12 月，新增电子证照批文 19551 份，完成率 100%；库存证照批文转化 32231 份。

【便民服务】

政务环境 2007 年，安溪县升级乡镇便民服务中心建设，涉及乡镇审批和公共服务的 1294 个事项全部入驻便民服务中心，把政务服务延伸到离群众最近的距离。推行"网上预审"，入驻省网上办事大厅的事项经窗口 2 个工作日内预受理通过后，群众直接到窗口提交申请材料进入办理程序。梳理便民服务事项清单，按照"就近服务、同城通办"原则，针对成建制"一条龙"提供服务的 12 个单位 207 个事项全部入驻"中心"对外办公；对水、电、燃气、微笑自行车、电信、移动、八闽通 ETC 等，通过创造条件推行网上办理、自助服务。推行周末轮班制度，民政的婚姻登记、公安局的出入境、医保中心的原新农合等入驻窗口实行"周末轮班制度"，解决群众上班时间没空办事、休息时间没处办事"的困扰。建成 24 小时自助服务区，电力、电信、社保、国税、地税、天然气及"中心"七个单位首批入驻行政服务中心 24 小

时自助服务区，为市民提供更加透明便捷全时段政务服务。建成网上中介超市，共 68 家中介服务机构入驻泉州市网上中介超市，进一步方便了企业群众办理。

项目审批 2017 年，安溪县行政服务中心 "中心"为每个重点项目建立审批台账，实行专人负责，保证项目审批服务不挂空档、有序推进。创新性推行"双轨并行"项目报批服务机制，即在项目选址确定后，推行土地报批流程与基建报批流程双轨并行，国土部门牵头负责向省里申报土地用地手续；住建部门牵头负责抓基建报批，加强对项目报批前期服务的指导，并启动容缺预审程序，使得项目在取得土地使用权的同时，基本具备可研（可行性研究）及建设用地许可的审批要件。推行"一号一窗一网一表"办理机制，即所有投资项目均由"中心"并联审批窗口通过省网获取全国统一赋码，并由该专窗实行"一口受理"，结合项目建设报批需要发起并联审批，通过信息互通共享，实现部门间的协同协作。推行"联合把脉会诊"机制，项目正式进入报批前，由行政服务中心管委会牵头，相关行政部门提前介入，携手为项目梳理存在的问题和报批时应注意的技术要件事项，从而化解项目推进障碍，有效缩短各部门审核时间。推行"阶段式"并联审批机制，即项目基建的整个报批分为选址及立项、可研（核准）及综合报批、方案及施工图审查、施工许可等四阶段进行并联审批，行政服务中心负责各个审批阶段的牵头、协调与沟通，各审批部门全程配合。确保项目报批在规定的承诺时限内办结。

政协安溪县委员会

·重要会议·

【概况】

2017年，政协安溪县委员会认真履行政治协商、民主监督、参政议政三大职能，召开全会1次，常务委员会5次。

【政协第十二届安溪县委员会第二次会议】

2017年12月26—28日，中国人民政治协商会议第十二届安溪县委员会第二次会议在安溪县影剧院举行。十二届县政协委员281人，代表20个界别。出席开幕式委员248人，出席闭幕式委员238人。会

议期间，全体委员听取并审议通过政协主席梁金良所作的县政协十二届常委会工作报告、副主席陈春买所作政协十二届一次会议以来提案工作情况报告和其他决议；开幕会上表彰十二届县政协一次会议以来的优秀提案、提案承办先进单位和提案工作先进个人；列席第十七届安溪县人民代表大会第二次会议，听取并讨论县长刘林霜所作的《政府工作报告》以及其他工作报告；围绕助推新时代"四个安溪"再上新台阶等重大议题发表意见和建议。

十二届县政协主席会议研究决定，十二届县政协设置凤城镇、城

厢镇、参内乡、魁斗镇、蓬莱镇、金谷镇、湖头镇、湖上乡、感德镇、桃舟乡、长坑乡、蓝田乡、祥华乡、西坪镇、尚卿乡、福田乡、大坪乡、龙涓乡、虎邱镇、官桥镇、龙门镇21个安溪政协委员联络处。政协委员联络处原则上根据委员祖籍地编组，一般由祖籍地委员和所在乡镇统战委员组成。企业委员既可以参加祖籍地联络处活动，也可以申请参加企业所在地联络处活动。

【县政协常务委员会议】

2017年，安溪县召开县政协十二届常务委员会议5次。

2017年12月26日，安溪县召开中国人民政治协商会议第十二届安溪县委员会第二次会议　　　　（安溪报社供图）

2017年安溪县政协常务委员会会议情况表

时间	会议名称	会议内容
3月25日	第一次常务委员会	讨论通过安溪县政协2017年工作要点、安溪县政协2017年度协商工作计划、政协第十二届安溪县委员会各委员会主任、副主任、委员名单及各办公室主任、副主任名单、《安溪县政协常委会工作规则》《安溪县政协主席办公会会议规则》《安溪县政协专门委员会通则》《安溪县政协委员服务管理办法》；宣布安溪县政协委员联络处工作暂行规定及组成人员名单、领导挂钩安排；组织学习贯彻落实全国"两会"精神、《中共安溪县委关于加强社会主义协商民主建设的实施意见》《中共安溪县委关于加强人民政协协商民主建设的实施意见》文件精神。
7月18日	第二次常务委员会	实地参观八马茶庄园；听取县政府关于2017年上半年经济社会运行情况通报、安溪茶产业供给侧结构性改革调研情况通报、八马茶业发展情况介绍；政协常委围绕"助推茶产业二次腾飞"主题集中讨论、就茶叶品牌差异化发展、茶产业资源整合、茶文化旅游发展、茶园流转、茶叶品种园建设等方面提出意见建议。
10月18日	第三次常务委员会	听取县纪委关于2017年党风廉政工作情况通报、县政府关于县政协十二届一次会议提案办理情况通报、专题协商、调研、视察报告、湖头镇关于湖头相地府衙群保护与开发"年度重点协商专题报告、刘顺和关于建设发展现代农业庄园（铁观音茶庄园）、潘江明作关于安溪"船马之地"海丝源的调研报告、李培植关于白濑水利枢纽工程情况视察报告、郭东宇作关于村级医疗机构服务保障能力情况视察报告、陈德诚作关于原生态保护的视察报告、陈德诚作关于借力资本市场，做强实体经济的调研报告、李培植关于开展宗教场所管理的调研报告。
12月20日	第四次常务委员会	听取县政府、法院、检察院、计划、预算等工作报告（征求意见稿）；讨论修改《十二届县政协常委会工作报告》（讨论稿），《提案工作报告》（讨论稿）；协商通过十二届县政协二次会议有关建议事项；审议通过关于召开政协第十二届安溪县委员会第二次会议召开的时间、政协第十二届安溪县委员会第二次会议议程（草案）、政协第十二届安溪县委员会第二次会议报告人名单、政协第十二届安溪县委员会第二次会议日程安排、政协第十二届安溪县委员会第二次会议秘书长、副秘书长名单、政协第十二届安溪县委员会第二次会议讨论组计划分办法和召集人名单、大会秘书处的机构设置、讨论通过政协第十二届安溪县委员会第二次会议执行主席日程安排、讨论通过政协第十二届安溪县委员会第二次会议列席人员范围、讨论决定政协第十二届安溪县委员会第二次会议提案截止时间、通过关于授权主席会议审议政协第十二届安溪县委员会常务委员会第二次会议未尽事宜的决定。
12月28日	第五次常务委员会	听取各讨论组汇报；审议通过县政协十二届二次会议决议（草案），提请大会表决。

·主要工作·

【概况】

2017年，政协安溪县委员会组织调研13次，参加调研委员400多人次，撰写调研文章13篇。配合省、市及外地政协调研50多次。组织委员视察调研，了解民生、倾听民声，提出意见、建议300多条。

【政协提案】

提案办理　2017年，安溪县政协十二届一次会议后，政协委员、政协各参加单位和各专委会，围绕安溪县经济社会发展大局，履行职能，通过提案形式建言献策。全年收到提案129件，经审查，立案123件（其中并案5件），作为来信处理1件，立案率99.2%。123件提案分解为213件，送交79个承办单位研究办理。至2017年8月31日，所有提案均按章程规定时间全部办结并答复委员，答复率100%。《关于加快推进新能源光伏入户，实现精准脱贫的若干建议》等81件提案，已经解决或基本解决，占65.9%；《关于扶持我县建筑业做强做大的若干建议》等35件提案，已列入计划将逐步解决，占28.5%；有7件提案，所提问题因受条件限制等原因，有待以后解决，占5.6%。收到委员对办理情况的反馈意见表209份，均表示满意或基本满意，满意率100%。

提案表彰　2017年，安溪县政协表彰10件优秀提案；表彰县林业局、县农业与茶果局、县市政公用事业局、县卫生和计划生育局、县交通运输局、湖头镇政府、龙涓乡政府为承办提案先进单位；表彰肖文典（县人民政府督查室）、苏杷木（县教育局）、史龙洲（县农业与茶果局）、易曙峰（县文化体育新闻出版局）、汪建定（县住房和城乡规划建设局）、黄佳雄（县茶业管理委员会办公室）为办理提案先进个人。

2017年安溪县政协表彰优秀提案名表

编号	案由	第一提案人
121001	关于加快推进新能源光伏入户 实现精准真正脱贫的若干建议	廖志南
121002	关于大力扶持本土企业走向资本市场的若干建议	陈伟杰
121003	关于提倡全民做健康传统好茶 铺开安溪茶文化宣传格局的建议	郑华山
121004	关于如何利用创新金融服务实体经济的建议	陈财枝
121006	关于加强安溪县名木古树保护宣传和挂牌的建议	赵万超
121008	关于加强无障碍环境建设，推动残疾人无障碍出行的建议	龚永利
121011	关于加强解放路中闽百汇路段交通安全管理的建议	陈传昌
121026	关于在省道307线安溪城关清溪大桥至蓬莱镇美滨村路段增设路灯的建议	林境炎
121029	关于科学合理设置减速带等交通限制设施的建议	林少鹏
121065	关于整治铭选中学大门至金岭商场路段店前通道的建议	柯建华

【调研考察】

2017年，安溪县政协围绕实施创新驱动发展战略、深化供给侧结构性改革、茶产业"二次腾飞"、产业园区建设、补齐民生短板、综合交通提升、绿色生态发展等议题开展调研，以《安溪政协信息》《政协安溪县委员会专报》《大会呈阅件》等形式，向县委、县政府及有关部门报送350多条建议意见。县委书记高向荣、县长刘林霜对调研成果高度重视，批示、批阅专报20多次，要求有关部门研究办理落实。围绕做实做强园区经济，组织开展关于促进泉州（安溪）厦门经济协作区发展的思考调研，就争取专项用地指标、加快公共配套建设、健全完善管理机制、加大资金筹集力度等方面提出建议。配合市政协开展"引进和扶持龙头企业发展""推动文化旅游业发展"等课题调研，就推进传统产业转型升级、发展战略性新兴产业、整合文旅资源等提出建议。组织开展"安溪铁观音茶庄园发展建设与调查"调研，邀请福建省社科院专家"问诊把脉"，

2017年7月18日，县政协副主席、八马茶业董事长王文礼在"助推茶产业二次腾飞"调研座谈会上介绍八马茶业发展情况　　　　（县政协供图）

梳理总结安溪县茶庄园建设发展模式，就进一步促进安溪茶庄园的发展提出若干建议。围绕"推进茶业供给侧结构性改革，建设现代茶业强县"专题开展调研，就生态建设、茶园管理、茶企发展、质量安全、茶庄园建设、品牌打造、茶市拓展、政策扶持等方面提出建议。组织开展安溪县宗教活动场所管理现状与思考调研，就加强宗教政策宣传、开展和谐寺观教堂创建活动、加强管理队伍培训、促进宗教旅游良性

发展等提出建议意见。组织安溪"船马之地"海丝源调研，考察安溪古渡口发展历史和遗存现状保护，理出安溪海丝源历史脉络和时代印迹，就弘扬古渡口文化、加强史迹保护、合理利用"海丝"资源等提出建议意见，为安溪"海丝"话语权留足凭证。围绕"借力资本市场，做强实体经济"课题，调研安溪县企业上市工作情况及存在的问题，从加大上市宣传培训力度，为企业勾画上市清晰路线图，成立上市工作领

导小组，健全职能部门联动协调机制，建立以奖代补的上市扶持政策，建立企业融资绿色通道，加强潜在资质企业摸排工作，储备培育上市梯队，全力扶持条件成熟企业，打造一批成功上市标杆等提出建议意见。

重点课题协商 2017 年，安溪县政协组织湖头相地府衙群保护与开发重点课题协商，就强化文物管理保护、合理利用文物资源、加强优秀文化传承等提出意见建议，推动湖头相地府衙群保护开发。

【民主监督】

2017 年，安溪县政协抓好提案办理协商，落实县政府、县政协领导联合领衔督办重点提案制度，"关于加强乡镇卫生院医疗专业队伍的建设""关于切实提高农村学前教育""关于加大力度支持民办养老业发展""关于加强乡村道路建设"等 50 多个民生提案得到有关部门的有效办理。组织泉州白濑水利枢纽工程项目移民安置工作视察，从近 4 万移民的切身利益和长远发展出发，围绕移民安置房建设模式、移民实物补偿标准、宗教设施迁移复建、剑斗新镇区规划建设及安置模式、库区有房无户（即财产户）安置、库区公共服务及基础设施建设标准等重难点工作，与有关部门进行协商讨论，建议意见得到有效吸收与采纳。围绕深化基层医疗卫生机构综合改革试点工作，组织"村级医疗机构服务保障能力情况"视察，就推进紧密式乡村卫生服务一体化管理提出若干思考，引起县委、县政府的高度重视。围绕"全面取缔压茶机、禁用除草剂工作"，组织委员到金谷、蓬莱、湖头、白濑、剑斗、感德、桃舟、福田等 8 个乡镇开展视察，就防范"压茶机"反弹回潮问题，提出建议，参与省级文明县城创建活动，组织迎检工作视察，就规范创建标准、落实主体责任、做细迎检基础、加强沟通协调、强化迎检演练等提出建议意见。关注生态文明建设，组织开展林业自然生态资源及古树名木保护工作视察，就落实生态保护管控措施，提出意见建议。组织政协委员参与计生考核、教育工作、卫生工作、征兵工作、文明县城创建、绩效考评等专项督导检查活动，促进相关工作的有序开展。与其他地区县市区交流民主监督做法，进一步扩宽民主监督思路。

【文史工作】

2017 年，安溪县紧扣文史资料"亲历、亲见、亲闻"特点，以"安溪海丝缘"为主题，征编出版 2017 年《安溪文史资料》，共收录"三亲"史料 25 篇。其中，围绕第十届世界安溪乡亲联谊大会召开，收集整理世界安溪乡亲爱国爱乡事迹 5 篇。围绕助推茶产业"二次腾飞"，收集撰写相关史料 6 篇。围绕安溪"海丝"源文化，收集整理相关史料 10 篇。围绕"振兴乡村文化"，收集整理相关史料 4 篇。参与省政协《天有丰年——农业文化遗产综览》征编工作，报送农业文化遗产 30 多项，精美图片 200 多张，文字资料 2 万多字。

2017 年 4 月 27—29 日，安溪县政协与省政协教科文卫体委在中国政协文史馆举办《影像安溪》——苏宇霖摄影作品展。第十届全国政协副主席张克辉出席影展并宣布开幕，第十届全国政协副主席罗豪才致信祝贺。全国政协、省政协、在京安溪乡亲和各界嘉宾等 200 多人参加开幕式。人民网、中央电视台等 10 多家媒体采访报道，安溪县从国家级贫困县到全国百强县的跨越式发展故事受到社会各界的好评。

2017 年 4 月 27 日，第十届全国政协副主席张克辉出席《影像安溪》——苏宇霖摄影作品展并宣布开幕
（安溪报社供图）

（潘江明撰 刘顺和审）

·法治政府建设·

【概况】

2017年，安溪县扎实推进诚信安溪、平安安溪、法治安溪和过硬队伍建设，完成环泉州湾自行车赛以及第二届中国（安溪）家居工艺文化博览会（简称艺博会）、第十届世界乡亲联谊会等系列重大活动安保任务，确保党的十九大、厦门金砖国家领导人会晤安保维稳，为"四个安溪"建设营造安定稳定的社会环境、公平正义的法治环境、优质高效的服务环境。安溪县群众安全感94.524，保持持续提升态势。

【维护社会稳定】

维稳工作　2017年，安溪县以护航党的十九大和厦门金砖国家领导人会晤为主线，开展风险隐患排查、矛盾纠纷化解、治安问题整治、社会力量群防"四项行动"，有序梯次推进各阶段安保工作，排查风险隐患问题666项，化解601项，化解率90%，其中，纳入市级问题清单库404项，化解370项，化解率91.5%，位列全市第三位，确保党的十九大、厦门会晤安保维稳工作，实现"七个坚决防止"（即坚决防止发生影响国家安全和社会稳定的严重政治事件、暴力恐怖事件、个人极端暴力案件、大规模群体性事件、重大生产安全和公共安全事故、重大网络安全事件、失泄密事件）"三个不发生"（即不发生大规模集体上访、不发生因信访问题处理不当引发个人极端事件，不发生因信访问题处理不当引发不当舆论炒作问题）的工作目标。同时，完成环泉州湾自行车赛以及艺博会、第十届世界乡亲联谊会等系列重大活动安保任务。

信访秩序　2017年，安溪县开展信访积案集中攻坚、非正常上访整治和"三跨三分离"（跨地区、跨部门、跨行业；人事分离、人户分离、人事户分离）难题破解等"三场攻坚战"，通过强化领导包案化解、发动公众参与化解、使用专项资金化解、加强教育疏导化解等方式推进信访积案的化解，2件省级积案，6件市、县级信访积案全部办结化解，实现党的十九大、全国"两会"等重要时期进京零上访。全年全县信访总量1210件，同比下降30.6%，信访机构及时受理率100%，有权机关及时受理率100%，按期办结率100%，12345政务服务平台诉求1444件，同比上升108.4%，群众满意率为94.04%。

矛盾纠纷化解　2017年，安溪县开展个人调解室创建和人民调解员星级评定工作，完善交通事故、医患纠纷、诉前等三个行业性调委会的制度建设，组织开展人民调解"百日攻坚"专项行动，建立重大纠纷调解攻坚组、疑难纠纷专家指导组、突发矛盾纠纷调处应急组等3个专业组，集中化解疑难复杂纠纷。全年全县各级人民调解机构排查各类矛盾纠纷2106件，已调处2106件，调处成功2016件，调处成功率95.73%，其中，婚姻家庭纠纷、邻里矛盾纠纷、轻微伤害问题等三类纠纷435件，占总数26.98%，调处成功431件，调处成功率99.08%。

【平安安溪建设】

平安创建　2017年，安溪县城厢镇、金谷镇等12个乡镇被市综治办评为2016年度"平安乡镇"，评选县法院、县直党工委等19个单位为第三轮第二批县直"平安单位"，县公安局法制大队等19个单位为第三轮第二批行业系统"平安单位"。深化"平安物业小区"创建，全面推进小区物业服务管理，恒禾湾美等30个小区全年盗窃案件零发案，扬德等8家企业被评为"2016年度治安防范工作先进单位"。

重点整治　2017年，安溪县保持打击电信诈骗犯罪、涉毒犯罪的高压态势，对涉骗犯罪和涉毒犯罪露头即打、决不手软，顺利通过省禁毒委"禁毒警示地区"考评验收，电信网络诈骗和涉毒犯罪打击成效创历史最高水平。加强严重精神障碍患者救助管理工作，严格落实以奖代补政策。严格实行实名收寄、收寄验收、过机安检的"三个100%"制度，把好源头关口，严防非法寄运枪爆物品、管制刀具、毒品及其他禁运物品。加强危险物品安全监管，开展危险化学品企业安全生产大检查，推进"打黑恶•缉枪爆"，全年未发生因安全监管不到位的涉枪涉爆案事件。持续防范和打击非法集资的经济犯罪案件、非法吸收公众存款、集资诈骗、传销等涉众型经济犯罪，全年未发生定性为非法集资案件。建立全县失信被执行人联合惩戒机制，制定惩戒"负面清单"，开展"春夏秋冬"执行战役，有力打击拒执犯罪。

综合治理 2017年，安溪县出台《安溪县健全落实社会治安综合治理领导责任制实施细则》《安溪县执行社会治安综合治理一票否决权制实施办法（试行）》《安溪县综治诚信信息系统管理暂行办法》和《安溪县综治（平安建设）考评及奖惩办法》，进一步构建党委领导、政府主导、综治协调、各部门齐抓共管、社会力量参与的工作格局，推动综治责任制有效落实。建设县级综治中心，把基层综治办、信访办、公安派出所、司法所等资源力量统筹起来，强化部门间的信息资源互联互通、共享共用，最大限度聚合基层综治平安建设活力。实行电信诈骗高危人员和吸毒人员网格化管理，完善辖区流出人口和重点人员信息采集，录入网格化管理平台，升级"猎狐管控云+"系统，增加手机APP数据采集功能，动态更新，分门别类，分级管控，提升重点对象管控能力。

防控体系建设 2017年，安溪县新招募3.9万人成立平安志愿者队伍，招聘反邪教协理员24人，加强巡防队伍和维稳信息员、网络舆情引导员、维稳群众队伍建设。推进城市安全信息系统、村镇公共安全视频监控系统和公安检查站建设，全县建设视频监控点3320个，村镇视频监控点422个，市际公安检查站1个、县际公安检查站1个。推行治安防控"网格化"管理，定巡防区域、巡防路线、巡防部位，在城区组建便衣巡逻队，辅助巡防。

·公 安·

【概况】

2017年，安溪县公安机关主动融入全县经济社会发展大局，以重大活动安保为主线，以群众满意为目标，以深化改革为动力，勇挑重担，创新发展，不断提升社会治理和服务群众能力水平，有力维护全县社会大局稳定。

【强化打击整治】

侦办假劣违法犯罪 2017年，安溪县发挥各警种职能作用，强化情报收集、研判、追踪、核查、布控、抓捕工作。加强同市场监督管理局、农茶局、卫计局等部门沟通协作，强化信息互通、摸排核查、联合检查、案件侦办工作。针对重点案件，提前提请检察院介入指导，加强同省厅、市局协作配合，确保重点案件有力侦破。全年安溪县公安局侦办假劣违法案件16起，发起全国集群战役2起、侦破部督案件3起、省督3起，获公安部通报表扬1次、省公安厅通报表扬1次。

打击电信网络新型违法犯罪 2017年，安溪县开展集中打击整治电信诈骗犯罪"三年行动"以及"诚信安溪"建设，结合公安部开展的"三打击一整治"（打击网络贩枪、电信网络诈骗和传统"盗抢骗"三类犯罪，集中整治地域性职业犯罪重点地区）专项行动，重拳打击、综合整治。全年打掉诈骗团伙145个、成员616名；侦破"5·25"特大刷单诈骗案等一批重特大诈骗案件；奔赴全国20多个省（市）开展抓捕行动800多次，抓获犯罪嫌疑人906人，止付涉案资金32笔279万多元；特别是9月15日部署开展"猎狐百日会战"后，抓获电信网络诈骗犯罪嫌疑人736人。全年抓获诈骗犯罪嫌疑人1685人（其中网上逃犯386人）、同比提升17.67%；刑拘1190人、同比提升17.82%；逮捕630人、同比下降12.13%；起诉881人、同比提升33.08%；赴外地抓获906人、同比上升11.58%；封停涉骗手机3032部，同比下降84.2%。

严打网络违法犯罪 2017年，安溪县公安局以技术手段为支撑，打击整治网络违法犯罪，协助破获涉网案件500余起，抓获各类违法犯罪嫌疑人412人，同比分别提升48.7%、11.4%。支持外地公安机关案件配侦请求，协查案件48起，成功抓获47人。自主侦破侵犯公民个人信息案件6起，抓获犯罪嫌疑人10余名，累计查获公民个人信息2亿多条。在"扩线索、端团伙、捣窝点、破大案"上求突破，深入研判、二次研判、专案经营，成功侦破"1104"专案、黄种杰被敲诈勒索案等大要案。

打击拐卖妇女儿童犯罪 2017年，安溪县按照深入开展"打拐"专项行动，进行线索摸排、打拐追逃和血样采集，不断加大案件侦办力度，"打拐"专项行动取得明显成效，整体绩效继续保持全市领先地位。全年县公安机关破获拐卖妇女、儿童案件6起，抓获涉拐犯罪嫌疑人30人，移送起诉26人，DNA比中儿童数11人。

建设电子取证实验室 新实验室面积119平方米，配置专业高速取证FL-800、便携式取证DC-8811、手机取证 FL-900、密码加速破解服务器、超大容量存储服务器及高速磁盘阵列柜等多种专业高科技软硬件。完善实验室工作配套制度，制定《电子数据类证据取证规范（安溪）》，明确不改变数据、规范操作、取证过程严格记录三大原则，规范现场搜查、现场扣押、送检勘查等流程细节，着力提升电子证据取证规范化水平。主动加压，严格规范，全面检验电子物证，为相关办案部门案件移送起诉作证据支撑，共勘验取证电子检材 4231 个，其中，硬盘 1071 个，U 盘 561 个，手机 2599 部，出具勘验报告 165 份。

禁毒专项斗争 2017 年 6 月，安溪县顺利通过省禁毒委禁毒警示地区验收，由原来的禁毒警示地区降格为关注地区。通过验收后，县公安局严格落实省禁毒委"禁毒警示地区"考评验收工作会议精神，以通过省禁毒委"禁毒警示地区"考评验收为新起点，加固常态管控，强化宣传教育，持续推进禁毒整治工作。全年破获毒品案件 162 起，同比上升 284%，抓获犯罪嫌疑人 164 人，同比上升 288%；查获吸毒人员 246 人，同比上升 155%。打击成效创历史最高水平。加快推进县第三医院美沙酮药物维持治疗点及戒毒治疗科建设，两项工程均已建设完工、通过验收并开始落地开展工作；全县 14 个社区戒毒社区康复工作站全部实体化运作。

【社会治安防控】

治安大排查 2017 年 3 月 1 日开始，安溪县推进治安问题清查整治专项行动，检查旅馆业 812 家次、查处不如实登记 95 起；检查娱乐场所 24 家、查办涉赌案件 2 起、抓获人员 9 名；检查网吧 50 家、查处不如实登记 11 起；核实快递企业 10 家、基础网点 89 家，核实物流企业 116 家；摸排"低慢小"目标单位 6 个、

个人持有 27 个，均录入系统，签订责任状，6 月 8 日，召开"低慢小"管控新闻发布会。开展"护校安园"专项行动，联合教育部门开展 2 轮校园集中检查，完成 2017 年高考安保任务，查办涉校案件 1 起 1 人。全年查办赌博案件 65 起（刑事 34 起、治安 31 起），同比上升 103.1%；开展夏季公共场所黄赌整治 7 次、查办案件 12 起 119 人。全县采集流动人口信息 9361 条，出租房屋信息 403 条，发放居住证 3850 张，注销流动人口信息 6394 条，变更流动人口信息 895 条，查获涉及出租房屋案件 38 起，抓获在逃人员 2 人，查获涉案物品 8 件，破"两抢一盗"案件 354 起，比升 12.7%（其中破"两抢" 8 起，比降 20.0%；破盗窃案件 346 起，比升 13.8%）。

安全生产大检查 2017 年，安溪结合"打黑恶·缉枪爆"、缉枪治爆、厦门重大活动安保、党的十九大安保及易制爆危险化品与寄递物流专项整治行动，采取"双随机"（检查人员和被检对象随机抽取）、"四不两直"（不发通知、不打招呼、不听汇报、不用陪同接待、直奔基层、直插现场）重点监督检查相结合的执法制度，在全县范围内持续开展危爆物品安全大检查工作，全年开展专项行动 16 次，出动警力 12000 多人次，检查民爆企业 288 家次，检查烟花爆竹等危险品企业和网点 1019 家次，检查寄递物流企业 736 家次，排查枪爆类隐患 28 条，整改 28 条，排查烟花爆竹等危险品隐患 3 条，整改 3 条，排查寄递物流企业隐患 36 条，整改 36 条，收缴炸药 1388.439 千克、雷管 465 枚，假冒伪劣烟花爆竹 4602 件、黑火药 35.8 千克、雷管 39 枚、鸟铳（火药发射为动力） 88 支、改制的射钉枪 6 支、气枪 39 支、仿真枪 22 把、弩 12 把及子弹钢珠 12410 枚，破获涉

枪涉爆刑事案件 39 起（其中非法制造枪支案件 5 起、非法买卖、储存爆炸物 4 起、非法制造爆炸物 2 起、非法持有枪支 27 起），逮捕 5 人，刑事拘留 13 人，取保候审 21 人；查结行政案件 23 起，追究刑事责任 38 人，行政处罚 23 人。

县公安局结合辖区实际，以摩托车、校车、货车、客车等重点车辆及运输企业、驾校、机动车检测站为重点，督促交通安全主体责任落实到位。加强公共安全体系建设，客运站危化品检测仪及重点区域动态视频监控安装率 100%。加强从业人员教育管理，受教育率 100%，重点驾驶人审验率 99.07%，换证率 99.52%，满分学习率 99.71%，校车驾驶人审验率 100%。

坚盾专项行动 2017 年，安溪县开展"坚盾 5 号"等专项行动，出动警力 2357 人，车辆 295 部，设置卡点 60 个，检查重点行业、场所、单位 900 余家次，清查城中村 2 个，城乡接合部 6 个，出租房 1350 家，流动人口 2107 人；查办醉驾 2 起，酒驾 12 起，超速超员 19 起，其他交通违法行为 598 起，扣留机动车 110 辆。查获案件 13 起 26 人，其中涉黄 3 起，涉赌 2 起，盗窃 3 起，诈骗 4 起。凤城派出所在宝龙公寓查获 1 起组织介绍他人卖淫案，抓获违法犯罪嫌疑人 11 名。"坚盾 6 号"统一行动，以设卡盘查、区域清查为重点，全警压上。查获醉驾 4 起，酒驾 9 起，超速超员 33 起，其他交通违法行为 577 起；查处违规旅馆、网吧各 1 起，查封消防隐患场所 1 家；查办违法犯罪案件 7 起 13 人，其中，湖头卡点查缴以火药为动力的鸟铳 1 支、火药 9 克、铁弹珠 400 粒、铜质子弹 16 发，城厢派出所抓获 5 名涉嫌拐卖儿童犯罪嫌疑人等。"坚盾 7 号、8 号"行动，共出动警力 1880 余人次，出动车辆 270 余部，

清查出租房屋1421户，新登记出租房屋42户，新采集流动人口85名；不按规定申报承租人信息的房屋出租人5名。清查中小旅馆181家、留宿洗浴按摩场所52家，查处不如实登记案件5起，发现治安消防隐患54处。检查低慢小目标商户102家、危爆单位52家、娱乐场所33家、汽车租赁和二手车交易企业52家。

【户政管理】

常住人口管理　2017年，安溪县对常住人口管理坚持"三核对"（核对身份证、户口本、户籍内卡）、"四一致"（身份证、户口本、户籍内卡和本人实际情况一致）。全年共办理准迁证1576份，省内一站式受理审批2329份，二代证审核及分拣110879张，异地办理身份证11734张，办理临时身份证411张，解决户口登记项目变更更正295份，解决出生未落户24404人，漏报补录户口信息458条，多报删除199人，受理微信业务715笔，出生证发函604份，非亲属公告1061份，身份证鉴定129份（共2050张），档案整理248卷。

标准地址二维码管理　2017年，安溪县为有效破解"双实"（实有房屋、实有人口）管理难题，夯实公安基层基础工作，服务保障"金砖峰会"安保，主动适应信息化、动态化条件下公安管理、社会治理、民生服务需要，开展标准地址二维码管理工作。截至9月13日，全县共核实门牌数309967个，地址清理率100%，地址标注率78.08%，地址覆盖率82.29%，房屋（人员）登记率99.94%。

夏秋季征兵政审　2017年，安溪县对全县体检合格的应征青年按规定标准逐人进行政治考核；发函调查125份，派员调查620人次，设立举报电话24个，设立举报信箱24个，公开张榜24张，提供联审620名，联审中淘汰12人，合格率98.06%。

【出入境管理】

2017年，安溪县共接收国家工作人员报备3341人次，复核3341人次，其中，新增国家工作人员报备501人次，更新国家工作人员报备2712次，撤销国家工作人员报备128人次；接收法定不批准出境人员报备4621人次，复核4621人次，持证告知1052次，作废有效证件1320人次，全部24小时内录入系统；开展2次法定不批准入境人员持有效出入境证件核查专项工作，收缴证件315本，宣布作废证件26本，提请证件签发机关宣布证件10本；受理、补录、扫描公民出国（境）74853人次，审核、审批74853人次，同比增长15.7%，其中批准公民出国申请34822人次，批准公民往来港澳申请29059人次，批准公民往来台湾地区10972人次，服务满意率99.99%；审核、制作、签发港澳台旅游签注、港澳探亲、逗留签注、异地签注13943张。未发生控制对象漏管、失控现象。

【监所管理】

2017年，安溪县看守所先后被评为全国看守所"五化建设"（勤务模式科学化、执法行为规范化、管理方式精细化、监管手段信息化、设施保障标准化）优胜单位，全国公安监管场所"信息技术应用"先进单位。全年收拘留人员632人（治安拘留490人，司法拘留124人，异地拘留11人，拘留审查5人，外国籍人待遣2人），监所无发生安全事故。5月19日，省厅监管总队在安溪召开"送科技进监所"现场会，重点推广安溪县看守所"互联网+技术"相关经验，重点查看了安溪县看守所利用"互联网+"技术手段，把互联网思维和监所管理工作相结合首创推出的"监管服务平台"。

【道路交通安全管理】

强化重点车辆及驾驶人源头管控　2017年，安溪县公安局会同交通、安监等部门，到3家公路客运企业、11家货运企业、1家校车管理公司、31家汽车租赁企业开展安全隐患大排查，排查客运车辆383辆、重型货车622辆、危化品运输车37辆、校车246辆、出租汽车180辆。通过媒介平台宣传倡议、路面执法引导、车辆年检引导。加强校车标牌的核发和机动车检测站的监督管理。全年办理摩托车驾驶证3296本；汽车类换证9046本，非汽车类换证9750本；注销293本，年审4871人，满分学习1343人，补证5661本，迁入6911人；科目一考试22936人，科目三考试13203人；新车上牌汽车类7524辆，摩托车类17985辆；补换牌证汽车类916辆，摩托车类4025辆；抵押/解除抵押登记2201辆；转移登记汽车类2995辆，摩托车类1324辆；摩托车年检101805辆，汽车年检54939辆（其中六年免检12190辆）；带牌销售13256辆，非机动车上牌161辆。

整顿机动车违法犯罪行为　2017年，安溪县公安局严格落实上级公安机关"逢六逢九""夜查"统一行动日要求，严厉打击"五类十项"严重交通违法行为；5月22日至6月22日，组织开展为期1个月的涉酒驾驶专项整治行动。联合交通执法部门在彭亭治超站开展联合执法行动，严查严处货车、渣土车、工程水泥搅拌车等超载超限违法行为；5月19日至9月30日，联合教育部门开展为期5个月的学生驾乘摩托车、超标电动车、助力车交通违法行为专项整治。利用已建成的电子警察、球机、枪机等视频抓拍系统查处非现场违法行为。全年，全县查处"五类十项"严重交通违法79274起，其中，酒驾1350起，醉驾277起，营运客车超员55起，摩托车、电动车超员 8077 起，其他车辆超员 270 起，货车超载 30% 以上 885 起，现场超速 2181 起，涉牌 10412 起，涉证 9814 起，驾驶人未戴头盔、不系安全带 45953 起。

全年全县共发生道路交通事故 248 起，死亡 78 人，受伤 267 人，直接经济损失 83880 元，与 2016 年同期相比，事故起数同比持平、死亡人数下降 2.5%、受伤人数下降 3.61%、直接经济损失上升 25.97%，未发生一次死亡 3 人以上较大事故。

【加强信息公开宣传】

截至 2017 年 12 月 12 日，安溪县公安局在各级媒体发布新闻 358 余篇（条）。微博"安溪公安"推送 200 多条原创博文，"安溪公安"微信公众号推送 187 条原创微信，市局微博发布安溪公安素材 94 篇，微信 30 篇。通过新媒体推送的《警营里的"葛优瘫"》《安溪：山区民警防汛抗灾的日常》《暴雨夜中闪烁的警灯》等先进典型的感人事迹，在"安溪公安"微信公众号上推送阅读量过万。其中，8 月 6 日的《安溪县公安局开展第四次大清查行动》的阅读量 35992 人次。是年，"安溪公安"微信公众号居"泉州微信影响力榜单"政法公安微信影响力榜单第 1 位。

（张芸 撰　郑艺斌 审）

【消防】

2017 年，安溪县消防工作围绕防火、灭火中心，以"人民满意"为工作标准，全年县消防大队接处警 801 起，其中，火灾 284 起，抢险救援 517 起，出动车辆 1191 辆次，出动警力 7680 人次，抢救被困人员 113 人，疏散人员 62 人，抢救财产价值 2600 多万元，全县火灾总体形势保持平稳。全年开展消防培训 200 多次，演练 300 多次，发送手机短信 4 万多条，发放宣传资料 5 万多份，

受教育人数 7 万多人。推进火灾防患排查治理工作，检查单位 1463 家，发现各类火灾隐患 1918 处，督促整改火灾隐患 1886 处，下发《责令改正通知书》875 份，责令"三停"15 家，查封 21 家，拘留 1 人，处罚款 16.42 万元。

·检 察·

【概况】

2017 年，安溪县检察工作以司法办案为中心，以深化检察改革为动力，以建设过硬队伍为保障，依法逮捕各类刑事犯罪嫌疑人 944 人，办案量位居全市第四位。

【刑事检察】

2017 年，安溪县检察院起诉故意杀人、强奸、放火等严重暴力犯罪、黑社会性质组织犯罪 14 人，起诉抢劫、抢夺、盗窃等多发性侵财犯罪 99 人，起诉新型电信网络违法犯罪 568 人；提前介入潘某强等 21 人诈骗案件，引导公安机关有效打击犯罪。严惩制假售假、制贩毒品、拐卖妇女儿童、非法侵犯公民个人信息等犯罪，办理的章某某侵犯公民个人信息案入选最高检发布的六起侵犯公民个人信息犯罪典型案例之一。全年批准逮捕各类刑事犯罪嫌疑人 944 人；提起公诉 2088 人，同比上升 22%，办案量位居全市第四位。

刑事诉讼监督 2017 年，安溪县检察院探索对公安派出所刑事侦查活动监督机制，作为全省侦查活动监督平台试点单位，与县公安局共同出台《侦查活动监督平台运用实施细则》获省院转发推广，依托平台发出侦查活动监督通知书 49 份。建立"检察官工作室＋基层派出所联络员"制度，发挥派驻县公安局检察官工作室职能，轮流派驻员额

检察官全程动态监督警综平台案件结转，将监督工作前移，提前介入重大案件，强化案件诉前审查。完善两法衔接工作，开展"破坏环境资源犯罪专项立案监督活动"和"危害食品药品安全犯罪专项立案监督活动"。

参与矛盾排查化解 2017 年，安溪县检察院重视各重要节点和重大活动的涉检信访和维稳工作，把服务保障党的十九大和金砖国家领导人厦门会晤顺利召开作为重要政治任务，切实做好"环厦护城河"安保维稳工作，成立安保维稳工作领导小组、组建应急分队，及时排查、化解维稳风险隐患案件；受理群众信访 177 件，逐一依法导入妥善处理或及时分流到对口部门并持续跟踪督促，为党委政府和相关部门依法处置信访案件提供意见。依法对犯罪情节轻微的初犯、偶犯、过失犯不捕 82 人，不诉 71 人。开展检调对接，促成刑事和解 8 件，发放司法救助金 3 万元。全年立案监督 11 件 11 人。

刑事执行检察 2017 年，安溪县检察院全面推进羁押必要性审查工作，受理羁押必要性审查案件 95 件，立案 86 件，建议变更强制措施 84 件。落实交付执行检察监督工作，开展对安溪县法院暂予监外执行提请、决定的专项检察工作，监督安溪县看守所刑 3 个月以上罪犯送监执行 558 人次，持续跟进被撤销缓刑、假释罪犯的收监执行检察，3 名被撤销缓刑、假释的罪犯被依法收监执行。重点关注看守所在押人员、社区矫正人员、肇事肇祸精神病人等重点人群动态，定期巡回对 12 名强制医疗执行对象开展检察监督，排除不稳定因素。开展财产刑执行专项检察"回头看"活动，督促法院移送立案执行 650 件 969 人。开展禁止令专项检察活动，纠正法

院、司法机关在交付执行、监管方面不规范和违法行为10件。

【查办和预防职务犯罪】

2017年，安溪县检察院着重查办发生在群众身边、侵害群众利益的职务犯罪，立案20人，追回赃款178万元，其中，贪污受贿17人，渎职侵权3人。全力配合国家监察体制改革工作，着力开展"清积净手"工作，对缓查和欠侦不结等积存案件和线索进行评估与清理，清理积压案件7件、积压线索14条，加快在办自侦案件移送起诉，实现在转隶前不留积案；对拟转隶的16名人员开展谈心谈话和家访活动，保障改革期间思想不乱、队伍不散。创新职务犯罪警示教育形式，同步跟进兴泉铁路安溪段工程等项目的专项预防，在泉州高速公路安溪东管理所设立谈心室，制作廉政微片《贪途》，获评省级"优秀H5廉政微片"，并在全县邮政网点LED屏全天滚动播出。

【民事行政检察】

2017年，安溪县检察院深化民事行政检察职能，办理民事生效裁判监督案件1件，民事执行监督案件4件，民事审判程序违法监督案件2件，行政非诉执行监督10件，督促行政机关申请法院强制执行案件2件，行政违法行为监督案件34件，支持起诉案件1件。加强督促矿山生态环境整治，对1件未依法履行矿山生态环境监管职责的案件依法提起行政公益诉讼，维护国家和社会公共利益。持续开展土壤污染防治专项监督活动，向县国土、人防部门发出检察建议6件，督促收回防空地下室易地建设费65万元。

【控告申诉检察】

2017年，安溪县检察院依法文明接待群众来访，坚持尊重诉讼程序、司法裁判和人权保障，通过权利保护，从源头上降低当事人因不满检察机关办理而引发的信访矛盾。在全市先行先试邀请第三方力量参与化解检察环节涉法涉诉信访案件机制，规范流程，做实做细，聘请人大代表、政协委员、大学教授、律师、医学专家、镇村调解员等具有专业性、中立性、公益性的第三方，组建人才信息库，参与公开审查，因案施策参与联合接访、因人而异参与信访答复、客观公正参与依法治访，实现信访工作连续3年零上访，全年，参与化解了15起检察环节涉法涉诉首访案件。该项工作被省委《八闽快讯》、省政府、省检察院、《检察日报》等转发供各地参考，并在全市一院一亮点创建工作中获得"优秀创新奖"。

【生态资源检察】

2017年，安溪县检察院构建"预防＋打击＋修复＋监督"四位一体的生态检察工作模式，督促缴交生态修复金63万元、完成生态修复13.33多公顷，生态保护机制获评全市亮点项目。设立派驻县河长办、林业局、消防大队、国税局检察官工作室，建立信息沟通渠道，及时掌握相关行政执法部门履职情况。先后开展专项法制宣讲9次，参与策划开展河小禹主题实践活动、公益环保行等专题普法活动，联合制作《水土保持 绿色崛起》宣传片。开展环境保护"小专项"，联合开展农村公路改造提升专项监督行动，对200条农村公路建设项目是否存在非法占用林地、农用地等违法犯罪行为开展监督；把水污染问题作为环保监督的重点及全覆盖的发力点，联合督办涉河涉水违法犯罪行为8件。

【未成年人刑事检察】

2017年，安溪县检察院通过青少年法治教育基地平台、进学校、进家庭、进社区开展多元普法工作。牵头县法院、民政、妇联等11个部门制定《建立刑事案件留守儿童救助联动机制的试行意见》，试行女企业家代理家长制，邀请13名女企业家联谊会代表成为"爱心阿姨"志愿者，与受助刑事案件留守儿童及家长签订一对一帮扶协议；率先在全省研发"刑事案件留守儿童信息管理系统"，实地走访各乡镇摸底符合条件的刑事案件留守儿童情况，到各乡镇开展"心手相牵·快乐成长"关爱活动，举行刑事案件留守儿童关爱平台启动仪式，该项工作受到省市院的广泛关注和充分肯定，被确定为2017年全省未成年人检察工作创新实践项目。

【执法规范化建设】

阳光司法机制建设 2017年，安溪县检察院推送案件程序性信息25200条，公开程序性信息2791条，公开法律文书1245份，全面提升检察工作透明度。应用互联网＋模式，借助电子卷宗系统快速提供律师阅卷，接待律师各项申请434人次。

司法体制改革 2017年，安溪县推行检察人员分类管理，完成42名员额检察官、37名检察辅助人员的等级确定及晋升，确定13名司法行政人员岗位，公开招聘13名聘用制书记员。推行检察官办案责任制，突出检察官办案主体地位，将员额检察官全部配备在办案一线；完善检察官办案权力清单，实行独任检察官或检察官办案组的办案组织形式，办案效率得到显著提升；建立领导干部带头办理重大、复杂、新类型案件制度和检察官会议制度，保证案件质量。通过定期通报退补案件质量、提前介入侦查、召开公检法联席会议规范刑事案件疑难问题、开展侦查人员出庭或观摩庭审、听庭评议等活动，提升应对以审判为中心诉讼改革的综合能力。

智慧检务建设　2017年，安溪县加快大数据在侦查监督工作中的应用，发挥派驻县公安局检察官工作室职能，推进对派出所刑事侦查活动监督的网络化和公安机关办案的统一管理。以"茶乡检韵"官方微信公众号为平台建设载体，完善服务模块构建，规范线上管理维护，推进"指尖上的"检察监督指导中心落地应用。依托统一业务应用系统，实现全部办案信息网上录入、办案流程网上管理、办案活动网上监督、办案数据网上生成，运行"量刑建议辅助系统"，提高办案效率。

"检察开放日"活动　2017年，3月1日，安溪县检察院邀请安溪女企业家联谊会13名代表参加"守护明天 为爱护航"为主题的检察开放日活动，促进爱心女企业家与刑事案件留守儿童结成"爱心阿姨"。5月27日，举办"防治校园欺凌·护航未成年人成长"为主题的检察开放日活动，邀请省市县人大代表、政协委员、县教育局、妇联、共青团及教师代表视察未成年人刑事检察工作实况，并从推进未成年人司法保护工作层面共同探讨防治校园欺凌的措施和对策，多方聚焦校园安全，护航未成年人健康成长。

·法　院·

【概况】

2017年，安溪县人民法院深化"党建＋茶乡巡回审判""'铁观音'执行品牌"等品牌机制，被列为全市基层党建创建培育典型点。全年受理各类案件16090件，审、执结14341件，新收数、结案数同比分别上升2.0%和1.9%，诉讼标的总额10.5亿元，服判息诉率和改判发回重审率两项指标全市法院最优。

【审判】

刑事审判　2017年，安溪县人民法院推进庭审实质化改革，完善鉴定人、证人出庭作证机制，实施量刑规范化罪名35个。探索推进庭审"三项规程"，9月，出台庭前会议工作规则，落实非法证据排除，让以审判为中心的诉讼制度改革落地见效。推行轻微刑事案件快速办理机制，危险驾驶等案件采用"三集中三简化"（相对集中移送审查起诉、相对集中提起诉讼、相对集中开庭审理，简化文书制作、简化审批程序、简化庭审程序）办案模式，平均审理时间缩短至7个工作日。严厉打击各类刑事犯罪，严惩故意伤害、"盗抢"等危害治安、公共安全犯罪588件，审结制售有毒有害食品、非法经营等扰乱市场秩序犯罪72件；落实县委"诚信建设"部署，依法从重判处电信网络诈骗犯罪283件508人，选择电信诈骗典型案件到中学巡回审判，助推形成群防群治的社会氛围；审结涉赌犯罪109件574人，严厉打击陈某荣为首的犯罪团伙跨国开设赌场系列案；保持惩治腐败高压态势，判处贪污、受贿等犯罪12件13人。全年受理刑事案件1398件2394人，审结1295件2203人；其中，判处5年以上有期徒刑116人，判处5年以下有期徒刑1143人，判处拘役172人，判处有期徒刑、拘役缓刑709人，判决单处罚金8人，免予刑事处罚3人。其中，被判处附加剥夺政治权利4人，并处罚金995件1676人，并处没收财产2件2人。

行政审判　2017年，安溪县人民法院加强行政纠纷诉前协调力度，促进实质性化解行政争议，预防和减少行政争议，依法审查计生、环保等行政非诉执行230件；持续深化府院良性互动，与县政府召开府院良性互动联席会议，联合税务机关召开"关于法院执行与税收征管问题调研座谈会"，出台"院税"共建框架意见，建立依法治税、执行联动长效机制；针对审判中发现的社会管理难点问题，向行政机关、企事业单位发送司法建议4件，被采纳率100%。

民商事审判　2017年，安溪县人民法院妥善审理房地产开发、工程建设、股权纠纷等案件413件，多措维护金融安全，快立快审金融案件492件，助力金融机构清收不良贷款7800万元。强化产权司法保护，审结买卖租赁、民间借贷、保险合同等纠纷3816件，保障市场主体公平竞争。服务新型城镇化与农村建设，审结拆迁安置、土地承包、林业合同等纠纷54件。化解民生领域纠纷，审结婚姻家庭纠纷814件，发出首份"人身保护令"，防范家庭暴力；审结人身损害、劳动争议、消费者权益等案件447件。开展茶乡巡回审判，在村居社区、群众家门口就地立案、调解、审判，深入小区、村居审理高空抛物致人损害、拆迁安置纠纷，共巡回审判372场次，化解纠纷585件，服判息诉率100%，《人民法院报》"影像·法行基层"专栏以《杯茶化纠纷》为题报道。全年受理各类民商事案件7377件，审结6675件，调解撤诉2767件，调解撤诉率41.45%。

执行工作　2017年，安溪县人民法院建立失信被执行人联合惩戒机制，与县直30个部门制定22项惩戒措施，限制14家企业、149名个人办理工商、金融等业务，敦促自动履行970万元。开展"春夏秋冬"执行战役，扣划存款2657万元，查封房屋269处、车辆130辆，网络司法拍卖成交82宗1.5亿元，为当事人节省佣金763万元；开展涉诈骗财产刑暨民生案件专项执行，举行工资执行款集中发放仪式，为

2017年9月26日，安溪县法院城关庭法官到君悦华庭小区，巡回审理一起建筑物抛掷物品致人损害责任纠纷　　　　　　　　　　（县法院供图）

228名工人追回薪酬446万元。全市首推执行悬赏保险机制，曝光"老赖"高清头像5602人次，与县公安局建立拘留协作、矛盾化解机制，司法拘留123人；专项打击拒执犯罪，移送立案侦查8人，受理自诉4件，判处3人。全年共执结各类案件5870件，到位金额2.3亿元，《人民法院报》《福建法治报》等专题报道"'铁观音'执行品牌"的工作成效。

【立案信访】

2017年，安溪县人民法院完善"跨域"诉讼服务平台建设，办理异地立案690件次，引进ITC自助诉讼服务终端，让群众获得一站式、智能型服务。推行院领导挂钩驻庭机制，院领导累计驻庭288天，直接办结案件305件，接待群众610人次。完善多元化纠纷解决机制，指导人民调解委员会调处纠纷127起，交通巡回法庭结案调撤率87.2%。做好重大会议期间的安保维稳，院领导带案下访68件次，初访化解率52.7%，引导群众合法表达诉求，实现涉诉信访零事故。

【基层党建提升工程】

2017年5月，安溪县人民法院党组以被确定为"全市基层党建典型创建典型点"为契机，印发《关于推进基层党建典型创建提升工程的实施方案》，深入实施"基层党建典型创建提升工程"。该方案坚持从严治党、思想建党、制度治党，以完善"1263"机关党建机制为抓手，深化基层党组织覆盖、功能提升、服务保障"三大工程"，搭建"一家一室一地一网一号一群""六个一"党建平台，实施党建责任、政治引领、党员先锋、服务能力、作风纪律等"八大提升行动"，打造"党建+茶乡巡回审判"特色亮点。

率先推出执行悬赏保险合作机制　2017年8月4日，安溪县人民法院在全市率先推出执行悬赏保险合作机制，与中国人保安溪支公司签订执行悬赏保险合作备忘录。根据合作备忘录，所有符合条件的申请人都可以向法院提出悬赏书面申请，经人民法院同意后，缴纳悬赏金额10%作为保费，申请人自定悬赏比例，悬赏金额最高不超过20万元。在保险期限内，经举报人提供相关线索，被执行人财产执行到位，由保险公司根据执行到位金额和悬赏比例向举报人支付赏金，除另有

约定，保险期间为1年。

首份离婚冷静期通知书　2017年，安溪县人民法院在审理原告林某莲与被告黄某完离婚纠纷一案过程中，通过走访调查了解到：原被告均为离婚后再婚，双方的结合实属不易。婚后双方虽因家庭琐事偶有争吵，但夫妻感情基础较好，且二人育有一女，年仅2岁，若原、被告离婚，势必会对婚生女造成巨大的伤害。为尽力挽救这个再婚家庭，保障未成年子女的健康成长，承办法官决定向原、被告双方发出"离婚冷静期通知书"，给予双方2个月的冷静期，以期双方能以包容的心态解决家庭矛盾，不在冲动的时候做出错误的决定。

最高法院院长周强接见林剑东家属　2017年2月21日，在最高人民法院举办的基层法官暨"法治中国行·法官故事"专栏人物座谈会上，最高人民法院党组书记、院长周强接见了县法院蓬莱法庭原庭长林剑东的遗孀郭晓满及多位基层优秀法官。会上，周强认真倾听郭晓满讲述林剑东生前如何扎根基层，忠诚履职，担当奉献，直至生命最后一刻的感人事迹，并向林剑东等因公牺牲的干警表示深切哀悼和缅怀，对他们的家属表示深切慰问。

·司法行政·

【概况】

2017年，安溪县扎实开展普法教育、人民调解、法律服务、社区矫正、安置帮教司法行政等工作，为安溪科学发展、跨越发展提供和谐稳定的社会环境。

【普法教育】

2017年，安溪县根据省、市普法依法治理工作要点，结合安溪实际，下发《2017年安溪县普法依法

治县工作意见》，为安溪县"七五"普法工作的开展明确任务。深化"法律进机关、进单位"活动，提高领导干部行政执法人员依法办事、依法行政水平。8月，制定《关于加强国家工作人员学法用法工作的实施意见》，使领导干部学法、用法活动得到有效开展。深化"法律进校园"活动，提高青少年遵纪守法意识。安溪县完小以上学校配备法制副校长（辅导员）468人，占学校总数的98%。法制副校长（辅导员）为师生上法治课530余场（次），受教育师生12万多人（次）。深化"法律进企业"活动，增强企业经营管理人员依法管理水平，围绕企业生产经营、改革发展深入各企业、厂矿开展多种形式的法治宣传教育，重点加强企业法律法规、安全生产、诚实守信、维护职工权益等方面的法律法规宣传。深化"法律进社区"活动，构建和谐社区，为广大社区居民、外来员工分发各种宣传材料2万多份，利用短信平台发出各种法治宣传短信息1.5万多条，并使用20个固定LED广告栏进行播放法制宣传标语，举办法制讲座受教育人数2.35万人，解答群众法律咨询295人次。深化"法律进乡村"活动，提高广大村民法制意识，开展法律进乡村法治宣传355次，受教育群众9.55万多人次。

2017年，安溪县已建法治宣传栏263个。在县政府门户网站开设"法治安溪"专题，在安溪广播电台开设《法治之声》普法专栏，在《安溪报》开设《法治安溪》专栏，在安溪电视台开设《法治前沿》等栏目。新建青少年法治教育基地24处，外来员工教育基地2处。

【人民调解】

2017年，安溪县严格按照"四上墙"（调解工作任务、原则、纪律和纠纷当事人的权利义务）、"四

规范"（规范组成人员、规范工作制度、规范调解秩序和规范调解文书）、"四落实"（落实组织、制度、工作、报酬）等人民调解委员会建设的有关要求，各人民调解委员会全部建立"五簿二册"（学习会议记录簿、法制宣传登记簿、调解登记簿、排查纠纷簿、回访登记簿；调委会委员花名册、纠纷信息员花名册），完善"十项工作机制"（矛盾纠纷排查调处的"预防、预警、排查、定期分析、调处、联调、应急处置、督导、信息报送、责任追究"等十项机制），基本做到制度完善、按章办事、管理有序。全年创建规范化调委会28个，完成泉州市司法局下达任务的117%。

2017年，安溪县建立各类人民调解委员会501个，其中，乡镇人民调解委员会24个，村居人民调解委员会475个，机关事业单位人民调解委员会3个，区域性、行业性人民调解委员会8个，物业调委会4个，企业调委会1个，旅游纠纷调委会2个，其他调委会4个。形成纵向包括"镇、村、组、员"的四级人民调解工作网络，横向包括综治、法院、公安、司法、卫生、信访、国土等有关部门和工青妇等群团组织齐抓共管，社会各界参与的"大调解"工作格局。

2017年7月，安溪县司法局与县旅游局在安溪县著名4A级风景旅游区清水岩设立旅游纠纷调解委员会，9月27日举行揭牌仪式。乡镇级招聘专职人民调解员24名，实现1个乡镇至少有1名专职调解员的目标。全县24个乡镇和28个村（居）调委会达到规范化建设标准。继续发挥个人调解室在维护社会稳定中的作用，全县已有个人调解室15个。6月12日，举办安溪县基层司法行政工作培训班，近200名调解员参加了培训。结合本地实际，推行"互联网＋调解"的模式，通过市局创建的人民调解工作网上工作平台，组织全县各级调解组织和调解员利用手机APP、微博、微信、QQ群、电视、报刊等调解新手段开展线上调解，全年，案件通过互联网＋调解成功3个。全年共排查各类矛盾纠纷2251件，调处成功2153件，调解成功率95.65%。

【法律服务】

2017年，安溪县规范化推进公共法律服务体系"三大平台"建设，实体平台，主要承担受理申请的案件，律师现场解答来访人、当事人

2017年6月12日，安溪县举办基层司法行政工作培训班　　　　（谢诚勇摄）

相关的咨询；网络平台，受理网络平台上的申请4件，接受群众网上咨询84多人次，及时通过网络平台或手机客户端对咨询人所提出的问题给予详细地回复；热线平台，"12348"法律服务热线平台接受270多位法律咨询，并能及时将咨询案件及时做好信息录入。放宽经济困难审查标准，将经济困难标准从最低生活标准放宽至最低工资标准1380元/月；降低法律援助门槛，对未成年人、残疾人、老年人、妇女、农民、农民工、下岗失业人员以及军人军属等特殊困难对象免予提交经济困难证明；持续扩大法律援助事项范围，将涉及有关劳动争议、土地纠纷、征地拆迁、交通事故、环境保护与污染、食品药品安全等涉及群众权益保障等与民生紧密相关的事项纳入法律援助的范围。最大限度地为更多困难群众提供及时便利、优质高效的法律援助服务，做到能援则援、应援必援。全年法律援助中心办理法律援助案件481件，受援人数481人，提供法律咨询418多人次。持续推进"一村（居）一法律顾问"工作，安溪县478村（居）都配备了村（居）法律顾问，村（居）法律顾问覆盖率100%。县司法局组织开展党员律师送法下乡活动，全年，印发公民道德建设常识、科普、文明旅游、文明出行、诚信建设、市民公约、法律宣传册和购物袋等宣传品3000多份。党员律师现场为广大市民提供法律咨询、形式多样的活动吸引大批市民积极参与。发挥党员律师先锋模范带头作用，推动律师服务经济社会发展，参与化解社会矛盾纠纷，不断发挥法律服务和法律保障职能作用，落实公证办证公开制、公证便民服务制、公证质量管理制、公证复查争议投诉处理制、公证执业过错责任追究制等"五项制度"，狠抓公证质量和公证档案管理制度

的提升。全年办结各类公证事项850件，其中，大陆公证536件，涉外164件，涉台84件，涉港澳66件。

社区矫正执法 2017年，安溪县按照社区矫正人员报到、宣告等程序规定，安溪县对社区矫正人员实行"无缝对接"，县局接收后及时与司法所对接，司法所接收社区矫正人员后及时组织入矫宣告。动态监管、预防脱管漏管，社区矫正人员进入监管环节后，对每1名社区矫正人员坚持做到"六个必须"，即矫正工作初期必须与矫正对象见一次面、必须进行一次谈话、必须建立一份档案、重大节假日必须上门走访、矫正对象思想波动时必须过问、矫正对象本人及家庭出现困难时必须在政策范围内帮困解难。认真贯彻落实奖惩的相关规定，从"严"执法，对违反监督管理规定的社区矫正人员进行相应处置，以维护社区矫正工作的严肃性和权威性。

教育帮扶和转化 2017年，安溪县各司法所全面掌握社区矫正人员的生活生产情况，及时帮他们联系解决就业门路，增加他们的经济收入。对有条件创业的社区矫正人员，司法所采取"心理上减压、创业上帮助"的方法，鼓励社区矫正人员创业。坚持以人为本，帮助社区矫正人员积极面对生活中遇到的困难，顺利融入社会。元旦、春节期间，各司法所对辖区内经济生活困难的社区矫正人员进行专项排查，对排查出的困难对象进行深入走访，并送去慰问金和节日的问候。考虑未成年矫正对象的身心特点，采取有针对性的矫正措施，通过分开矫正、鼓励动员未完成学业的社区矫正人员复学，组织就业培训等方法，使其有一技之长，更好地融入社会。3月，县司法局印发了《安溪县社区

矫正安置帮教安保维稳工作具体实施方案》，明确社区矫正和安置帮教工作的具体联络员。要求各司法所即日起开展全面摸排、登记造册、进行风险定级和分类管理。将排查出的风险隐患作为整治和监管重点，将重点帮教人员名单抄送统计政法综治部门和公安部门，纳入综治网格管理和公安重点人口管控范围。10月，在金砖国家领导人厦门会晤会议全面排查走访的基础上，重新开展新一轮的集中排查活动，排查走访中，对每名安置帮教对象的现实表现、近期言论、具体诉求、活动范围、家庭成员、就业收入、主要社会关系等情况进行详细了解，分析研判安置帮教工作中存在的风险隐患。全年累计接收社区矫正人员841人，解除矫正800人，在册1209人。

社区矫正常态化督查 2017年，安溪县司法局继续执行执法监督制度和社会矫正工作执法检查，由派驻县司法局纪检组长带队对司法所执法活动进行督查，及时指出存在的问题并要求整改到位，进一步规范执法活动。

2017年，安溪县坚持无缝衔接，开展信息核查、排查走访等专项活动，建立完善刑释解教人员档案，做到"一人一档"，推进安置帮教信息系统建设创建安置帮教教育、就业基地。与各乡镇政府、企业进行协商，做到成熟一个，创建一个，为更多的刑释解教人员提供教育、就业平台。开展"六一"关爱特殊人群子女活动，为特殊人群子女送去学习生活用品，帮助特殊人群增强回归社会的信心。全年接茬刑释人员856人，均得到妥善安置。

·人民武装·

【概况】

2017年，安溪县人民武装工作围绕"铸魂、聚力、改革、正风"，抓战备、抓主业、抓落实、抓作风，各项工作稳步上升，民兵整组，专门组建6支专业应急队伍，更加符合"应急应战"需求。圆满完成征兵工作，各项建设稳步发展。

【思想政治建设】

2017年10月中旬起，安溪县人民武装部把学习宣传贯彻党的十九大精神作为首要任务，组织全体党员集中收听收看党的十九大电视直播，到金谷镇安南永德苏维埃政府旧址重温入党誓词，精读专家评论文章，撰写个人心得体会。结合每季度党委中心组理论学习，通过个人自学、集中导读和组织讨论的形式，提高干部职工的理论水平和思想素质。结合专武干部例会、业务培训会和民兵集训等时机，抓好民兵思想政治教育的有效落实，通过以会代训、提要求、教方法、提高专武干部"爱武、专武、精武"的意识。将思想政治工作始终贯穿民兵集训的全过程，主要抓好"五个一"活动，即开展一次座谈、教唱一支歌曲、组织一次宣誓、举行一次授枪仪式、开展一次拉练活动，进一步强化民

兵"兵"的意识，提高支持和参加国防建设的自觉行动。并做好新闻宣传报道工作，先后在军地各大纸质或网络媒体发表文章35篇。

【规范化建设】

正规化建设 2017年，安溪县人武部把安全稳定作为"保底工程"抓紧抓实，把握重点部位与重要时节，确保部队和辖区社会安全稳定。落实思想教育引导，强化干部职工责任意识；落实日常管理制度。完善重要岗位人员的政治考核制度；落实安全管理措施，确保人武部安全稳定。

基层规范化建设 2017年，安溪县人武部按照军分区明确的武装部规范建设标准要求，投入50多万元，用于扶持西坪、福田、芦田和大坪等乡镇武装部的规范化建设，并对蓬莱镇清水岩风景旅游区民兵应急排和全县24个乡镇的武装部"三室一库"（办公室、资料室、会议室、物资器材库）建设、制度管理等进行统一的规范，有效提高民兵应急分队的应急保障能力。

民兵整组 2017年，在保持任务数不变的基础上，安溪县人武部主要采取赋予任务的方式，专门组建6支专业应急队伍，使得整组编配更加合理、任务更加明细，更加符合"应急应战"需求。

军事训练 2017年，安溪县人武部对照上级明确的战备任务，及时修订应急方案，搞好战备教育，强化值班责任，用好民兵信息员队伍，确保"不错情、不误情、不漏情"。依据安溪实际，狠抓基层民兵应急分队的建设，涌现出龙门镇立足就近就便、自主抓建民兵应急分队的典型，其经验做法在2017年7月2日的《中国国防报》二版刊发。全年组织民兵训练4批398人次，选派28名民兵参加上级组织的专业集训，3次组织481名应急民兵，参加防汛抗台和节日战备值勤。通过训练和战备演练，有效提升民兵遂行多样化任务的能力。

征兵工作 2017年，安溪县人武部扎实做好国防动员潜力核查，抓好网上兵役登记。突出抓好征兵宣传发动，扎实开展"征兵宣传校园行"活动，对辖区内11所完中、1所高校展开入校宣传。兵员征集中，从全县各阶层遴选出95名监督员（其中县级5名，乡镇90名），全时段全过程全领域对征兵工作进行监督检查，确保征兵工作廉洁公正，圆满完成征兵工作。

【拥军优属】

2017年，安溪县人武部基本实现"5个100%"：2名转业干部100%安排公务员；6名符合条件的

退役士官 100% 安置国有企业；军人子女 100% 安排到城区好的学校就读；未就业随军家属 100% 安置工作；未就业家属补贴 100% 按时发放到位。逢年过节组织对 2 名军烈属、4 名孤寡老人和 6 名困难学生进行了慰问。8 月，在泉州军分区党委的带领下，专门走访 9 名"关爱功臣"家庭，配合完成省级"双拥模范城"的评选活动。

·人民防空·

【概况】

2017 年，安溪县人防工作侧重宣传人防法律、法规，抓好人防工程、指挥通信、人防宣传教育和依法行政等方面建设。全年，审批场地建设防空地下项目 30 个，拟建防空地下室面积 146154.15 平方米，竣工备案的防空地下室项目 6 个，竣工防空地下室面积 16079.23 平方米。

【人防宣传教育】

2017 年，安溪县结合"9·18 泉州市第 20 次防空警报试鸣暨人口疏散演练"，组织市民 2000 人、师生 4000 人、党政机关干部 200 人参加；现场分发《人民防空知识宣传材料》《人民防空知识 100 问》4000 多份；利用广播电视、报纸、展板等宣传 5 次，书写人防宣传横幅标语 20 多条、发出人防宣传短信息 20 余条。

【人防工程建设】

2017 年，安溪县加强人防工程体系建设，严格按照国家规定的人防工程的防护标准、质量标准和就地就近的原则抓好人防工程建设。全年审批易地建设防空地下室项目 30 个，收取易地建设费 397.41 万元；审批就地就近修建防空地下室项目 28 个，拟建防空地下室面积 146154.14 平方米；竣工备案的防空地下室项目 6 个，竣工防空地下室面积 16079.23 平方米。加强人防地下室工程质量管理，严格开展施工现场监督，在工程开工前参加并组织召开技术交底会，在建设过程中重点做好工程主体结构和孔口防护工程的施工质量监督，依据"双随机"检查制度，做到周、月、季度对在建工程有专项检查和不定期的抽查，做到对影响工程的要素实现全程覆盖，检查在建工程 85 人次。

【人防指挥通信建设】

2017 年，安溪县按照实战化、实案化、实名化的要求修订完善城市防空方案。组织对 5 支人防专业队进行重新整组，登记造册，完善资料档案，进一步加强组织领导，明确专业队员，落实职能职责，成功组织人防专业队进行"泉州 2017 年第 20 次防空警报试鸣暨人口疏散演练"活动。按照警报建设规划和布局要求，对早期安装的防空警报器组织检修，将站点人民银行警报器迁移至圆谭湾美小区；加强对警报设施的管理，举行了警报管理人员培训会，使警报设施经常保持良好的使用状态；严密组织一年一度的警报试鸣，鸣响率和音响覆盖率均 95%。按照"平战结合、城乡挂钩、对口扶持、共建互利"的原则抓好疏散基地建设，在人口疏散基地建设过程中长坑乡探索出一条"资源共享、平战结合"的路子，长坑乡人口疏散基地建设，以崇德中学为依托，在学校设置长坑乡人口疏散安置指挥部，利用崇德中学的办公楼、宿舍楼、食堂、操场等资源为疏散人员提供先期的生活保障，疏散人员到达后在崇德中学进行编组、分流。长坑乡人口疏散安置指挥部设在崇德中学，在学校办公楼建有指挥长室、指挥室、会议室及各指挥组办公室，疏散基地的基本生活设施配套，接收安置方案将不断完善。是年，组织对 5 个重要经济目标防护单位的防护方案组织修订，在修订防护方案要求各防护单位健全机构，组建应急救援队伍，明确职能职责，落实防护措施，完善防护预案为重要经济目标防护做保障。

【人防队伍建设】

2017 年，安溪县组织 10 人次参加省、市关于人防专业集中培训和人防执法资格专业法律知识考试，进一步规范执法程序，优化审批流程，规范人防审批窗口标准化建设。加强执法检查，做好"专项检查防空地下室易地建设费"活动的整改和提高，不断完善人防建设管理的长效机制，进一步明确人防法律法规赋予的职能职责，坚持依法行政，依法审批，人防审批工作走上规范化轨道。

2017 年 9 月 18 日，安溪县举办人防演练活动　　　　　　　（黄黎金摄）

群团组织

·安溪县总工会·

【概况】

2017年，安溪县总工会（简称县总工会）当年，新组建基层工会26家，发展会员4847人，22个乡镇及14家单位工会完成换届和增补班子。工会组织突出新时代工人运动主题，坚持"务实、创新、争先"的工会工作思路，主动融入"四个安溪"建设，各项工作全面推进。

【职工"建功活动"】

2017年，安溪县总工会开展"聚焦'四个安溪'建功项目攻坚"主题的劳动竞赛活动。动员和组织职工立足岗位、做好本职，为建设"四个安溪"做出应有的贡献。白丽静获得福建省五一劳动奖章，县农村信用社合作联社获得福建省五一劳动奖状，泉州瑞麦食品有限公司、安溪新唐信家具有限公司获得福建省工人先锋号，富华工艺品公司打样班组获得泉州市工人先锋号。王艺生、黄庆发被命名为首批"泉州工匠"。林福生等6名职工被授予"安溪工匠"和"安溪县五一劳动奖"，泉州市斯博利家居股份有限公司等3家企业被授予"安溪县工人先锋号"。

【职工素质教育工程】

职工大培训工程　2017年，安溪县职工素质教育基地与福建省安溪茶叶职业技术学校开办茶叶审评与茶艺培训班6期、评茶员培训班6期、茶艺师培训班6期，电工鉴定培训班6期；与华侨职校开展雨露计划培训班1期、新型女农民培训班1期、新型农民"菜篮子"基地种植培训班1期、新型农民休闲农业与乡村旅游培训班1期、茶叶协会包装分会骨干培训班1期；与泉州市凯鹰电源电器有限公司开办自动包板、自动点胶、自动铸焊、充电工艺培训班各1期。

职工职业技能竞赛活动　2017年，安溪县总工会联合县委组织部、县人社局举办藤铁技艺"安溪工匠"职工职业技能竞赛6场；3月，组队参加2017年全市"聚焦五个泉州——建功项目攻坚"主题劳动竞赛与全市建筑职工技能竞赛活动；4月，组队参加泉州市庆"五一"国际劳动节暨职工创新工作推进会，王艺生、黄庆发被授予"泉州工匠"称号，陈清河、林木水发明创造的图片在展览会上展现；8月，与国网安溪电力公司联合举办配电、电能计量等技能竞赛；11月，与县邮政局联合举办邮政储蓄、邮政投递业务技能竞赛。组织参加市级电焊工职业技能竞赛，县总工会获优秀组织奖。其中，廖政平获一等奖、泉州市技术能手称号；张西湖获三等奖；许添水获优胜奖。11月3日，组织参加泉州市2017年电子商务行业职工职业技能竞赛，谢玉雪获优秀奖。

职工经济技术创新工程活动　2017年，安溪县征集17个项目参加省百万职工"五小"创新大赛活动，9个获奖项目。其中，大规格陶瓷装饰薄板及配方工艺获一等奖；多功能马灯、茶叶包装线自动上料装置获二等奖；淮山营养粥、新型电动窗研发及产业化等6个项目获三等奖。组织发动安溪县企业参加2017年法国斯特拉斯堡欧盟发明展览会、第69届德国纽伦堡国际发明展览会，安溪县施米德智能科技有限公司林木水发明的多功能推开窗分别获得银奖和铜奖，无防尘脱落挂钩新技术获法国巴黎国际法国际发明展铜奖。

女职工工作　2017年，安溪县新组建工会26家，建立女职工组织26家，组建率达100%，做到了女职工委员会与工会委员会同时建立，采取不同形式，层层培训专、兼职女工干部。"三八"期间，慰问18名困难（单亲）女职工，发放慰问金1.8万元。关注女职工健康，举办"与美丽同行"专题讲座，为100多名机关、企事业单位工会女职工讲授乳腺健康科普知识，组织19人单亲困难女职工进行免费体检。通

2017年5月1日，安溪举办首届"禁毒杯"乒乓球赛 （李志艺摄）

过"金秋助学"活动，发放助学金近8万多元，帮助22名困难女职工子女跨入学校的大门。协助凯鹰电源电器有限公司和八马茶业有限公司进一步健全完善女职工心理咨询室，帮助她们缓解工作、生活、家庭等方面的压力。开展"妈妈小屋"建设，推动全社会关心、呵护怀孕期和哺乳期女职工，新创建泉州瑞麦食品有限公司1家"妈妈小屋"。

职工文化建设 2017年，安溪县开展"禁毒杯"乒乓球比赛、灯猜、职工趣味运动会、"劳动光荣·诚信为本"文艺晚会、"诚信杯"羽毛球比赛、企业职工运动会、职工书法大赛等一系列活动；做好"职工素质提升工程"培训工作；推荐福建八马茶业有限公司参评全国"职工书屋示范点"；9月24日，在安溪茶都广场开展主题为"网络安全为人民网络安全靠人民"的网络安全宣传活动；协同泉州市总工会与泉州广电联合创办大型电视竞技综艺节目《兵来"匠"挡》节目录制，培育精益求精的"工匠精神"。

【企事业民主管理】

集体协商制度 2017年3月，安溪县开展工资集体协商"要约行动月"活动，印发宣传材料、集体合同和工资专项集体合同规范材料，全县工资集体协商要约的企业60家，覆盖企业2650家，其中，100人以上企业要约51家、区域性要约5家、覆盖企业2019家，行业性要约4家、覆盖企业580家，签订率98.7%，新签订工资集体协商17家、集体合同14家，续签区域性合同2家，覆盖企业1231家。通过"要约行动"，全县单独签订工资集体合同的企业582家，签订区域性集体合同5份覆盖企业1973家，行业性集体合同4份、覆盖企业580家。至年底，全县签订集体合同、工资协议的企业占已建会企业95%。

【劳动保护】

2017年1月12日，市总工会副主席王毅扬带队到安溪县走访慰问3名困难职工。5月，组织发动全县企业开展安康杯竞赛活动，推荐移动公司、烟草公司、邮政公司、旺旺集团4个单位和晶安光电公司晶圆平片衬底课班组、供电公司配电带电作业班组2个班组为省"安康杯"。6月，组织企业开展"安全生产月"活动，做好迎接泉州市对安溪县安全生产大检查有关材料备检，对照清单做好工会组织动员广大职工开展群众性安全生产、职业卫生监督、隐患排查制度及落实企业安全生产标准化考核约束机制情况等方面文件材料收集整理。7月20日，泉州市总工会副主席陈坤生一行到安溪开展"夏送清凉"慰问活动。走访安溪交警大队、安溪环卫处、福建三安钢铁3家坚守在高温一线作业的职工，发放3万元的防署降温物品，并巩固建设原有的"清凉驿站"7个。

【职工帮扶工程】

服务中心转型升级 2017年，安溪县加强职工服务站建设，对11个职工服务中心（站）进行提升、提质、创新，增设湖头光电产业园职工服务站。做好安溪县职工服务中心（站）牌子规范上墙，做好安溪县职工服务中心、安溪凤城镇职工服务站及湖头光电产业园职工服务站的星级评定及检收。

送温暖工程 2017年，安溪县开展困难职工帮扶慰问，帮扶困难职工103人，发放慰问金281630元，全部实现依档帮扶、因困施助、实名发放、银行转账，确保慰问金全额安全发放。

金秋助学活动 2017年，安溪县开展金秋助学活动，分为筹措资金、调查摸底、申报审批、助学金发放四个阶段。金秋助学51人，发放助学金金额18.85万元。

职工医疗互助活动 2017年，安溪县发动组织27320名职工参加职工医疗互助活动，发放职工住院补助1392人、补助资金171多万元。

法律援助活动 2017年，安溪县答复51名企业职工咨询各类工会相关问题。提供法律咨询20多人，发放法律宣传手册600多册，与县人社局、法院、住房建设局等部门开展"欠薪投诉举报、劳动法律咨询"现场接访活动3场。做好"两节""两会"及节假日的维稳工作。

关爱外来工活动 2017年，安

溪县组织开展 2017 年春节外地职工"平安返安"活动，补助"平安返安"职工 341 人，补助车费金额 63930 元。

就业帮扶工程　2017 年，安溪县开展就业帮扶服务。全年在工会电子屏幕发布企业用工信息 6 期，为求职者提供 5000 多个岗位；与人才市场、就业中心联办大型现场招聘会 6 场；发放宣传材料 2 万多份，有 1000 多家企业参与，提供 1 万多个岗位，2000 多人现场求职登记，800 多人达成就业意向。精心实施市委、市政府为民办实事项目——农民工创业扶助工程。扶持 10 家农民工创业，发放扶持资金 50 万元，带动 100 多名农民工就业。组织安溪县农民工参加泉州市第三期农民工创业培训班。进行泉州市 2016 年优秀创业农民工及"泉州市五一劳动奖章"推荐工作。

【工会组织建设】

基层工会组建和会员发展　2017 年，安溪县新组建基层工会 26 家，发展会员 4847 人，22 个乡镇及 14 家单位工会换届和增补工作的指导、审批工作，指导基层工会建立健全基层工会经费审查委员会、女职工委员会等，符合社团法人资格条件的基层工会社团法人资格督促其及时登记，帮助协商解决基工会建立独立的工会经费帐户，保障开展工会工作的基本条件，全县 80% 多基层工会达到"六有"标准，大部分基层工会进行数据库管理，坚持不懈地抓好基层工会特别是非公有制企业和村级的工会的组建和会员发展工作。

职工之家建设　2017 年，安溪县贯彻《中华总工会关于进一步加强职工之家工作充分发挥基层工会作用的意见》精神推进"六有"基层工会建设，申报创建安溪县先进职工之家活动。培育泉州瑞麦食品有限公司为国家级职工之家。完善瑞麦食品、怡龙包装、晶安光电等企业相关职工之家材料、上墙制度，并配合市总工会抽检怡龙包装、海佳彩亮等企业职工之家的申报建设情况。泉州市公路局安溪分局罗岩公路站工会小组、国网安溪县公司参内供电所工会小组、福建安溪集发工艺品有限公司 3 家基层工会（小组）获得泉州市模范职工之家（小家），安溪县怡龙茶叶包装工贸有限公司、福建海佳彩亮光电科技有限公司、福建晶安光电有限公司等 7 家获得泉州市先进职工之家。

基层工会管理　2017 年，安溪县完善全县企事业单位、基层工会数据库，对基层工会和会员进行动态管理。带领部分企业工会干部到较为规范的企业中去参观学习，取长补短，更好地做好工会规范化工作。

工会干部队伍建设　2017 年，安溪县组织工会干部参加省、市总工会多次培训；组织 25 人参加网络知识培训并参加考试，23 人获得岗位合格证书，县总工会举办 3 期培训班共 300 多人次参加培训。

工会财务　2017 年，安溪县根据《工会预算管理办法》规定，严格按照"统筹兼顾、保证重点、量入为出、收支平衡"原则，做好 2018 年度工会经费收支预算，在编制预算的过程中，保障重点项目支出。组织发动工会经费互审会、工会经审工作培训会及以会代训，共组织人员培训 115 人。被评为 2016 年度"福建省工会经审工作规范化建设 A 级单位"。开展"1+X"工会经费专项督查，对安溪县 85 家行政、企事业单位工会自 2016 年 10 月后的工会经费收支管理情况开展集中专项督查。

【劳动模范管理】

2017 年，安溪县慰问各级劳模 200 多人次，发放慰问金及津贴 15 多万元。摸查上报 2017 年省级劳模申请帮扶资金对象及市级劳模困难补助对象。做好 2017 年省部级以上劳模医疗费补助申报工作，上报安溪县劳模陈清河为 2017 年度省职工创新补助项目竹藤编及藤铁工艺与现代 LED 新光源相结合的灯饰灯具创新项目，上报安溪县陈清河劳模工作室为全国示范性劳模创新工作室和工匠人才创新工作室，上报陈青元、陈加友 2 家市劳模工作室材料。征集《福建省劳模工作室巡礼》安溪县劳模资料图片，征集陈清河 1 件劳模作品参加市国庆节期间展览。做好各级劳模信息更新，有 5 名劳模信息失真或失联均已查实。做好各级劳模疗休养工作，安排 4 批次 12 名劳模参加省、市组织的各地劳模休养活动。组织安溪县全国劳模陈清河参加省总工会在厦门举办的 2017 海峡职工论坛会。做好省总工会机关干部子女到安溪县举办"学习劳模精神——传承非遗工艺"亲子夏令营活动工作。"重阳节"期间慰问安溪县高龄劳模、困难劳模廖祖烈、李锡悌、王奕荣 3 名劳模。与县委文明办联合举办劳模事迹、工匠事迹进校园、进企业、进社区活动。组织部分劳模参加听取全国人大代表李振生传达全国"两会"盛况报告及劳模会长吴汉民讲话。做好全国文学名作家采访安溪劳模故事活动。

劳模创新工作基地　2017 年，安溪家居工艺文化产业产值从 2016 年 108 亿增长到 130 亿。研究成功双非遗（竹编与漆器）传统技艺融合的工艺美术新艺种——竹编漆器（暂名）诞生，12 件作品得到中国工艺美术界专家们肯定。竹编漆器作品《福禄生辉》参加杭州第十八届中国工艺美术大师作品暨手工艺

2017 年 4 月 14 日，全省劳模工作室现场推进会在安溪陈清河劳模创新工作室召开
（安溪报社供图）

术精品博览会，获 2017"百花杯"中国工艺美术精品奖金奖。作品《盛世鸿途》获第十届海峡两岸（厦门）文博会金奖。

全省劳模工作室现场推进会

2017 年 4 月 14 日，省总工会在安溪县华侨职校教学楼 1 号楼一层大会议室召开全省劳模工作室现场推进会。省人大常委会副主任、省总工会主席张广敏，各设区市总工会、平潭综合实验区工会工委分管领导，及经技部部长，省级各企业（系统）工会及省总工会直属企业工会工委负责人等约 100 人参加。

【县政府与县总工会第十五次联席会议】

2017 年 4 月 25 日，安溪县政府与县总工会在县政府会议室召开第十五次联席会议。县领导刘林霜、傅天宝、苏志雄参加会议。

共青团安溪县委

【概况】

2017 年，共青团安溪县委（简称团县委）围绕组织青年、引导青年、服务青年、维护青少年合法权益各项职能，着力构建"凝聚青年、服务大局、当好桥梁、从严治团"四维工作格局，创新推进团的工作和建设，各项工作取得新成效。撰写的经验材料"引领青春起航——安溪县积极推进青年社会组织建设取得成效"（《八闽快讯》增刊第 123 期）全文刊发并获团省委书记宿利南批示肯定；被团中央列为第二批"常态化下沉基层"工作的联系点及《青年文学》创作基地的联系点。

【团县委第十五届五次全体（扩大）会议】

2017 年 5 月 3 日，共青团安溪县委召开第十五届五次全体（扩大）会议。会议增选团县委十五届委员会委员 8 名，候补委员 5 名，增选后共青团安溪县第十五届委员会由 31 名委员组成，候补委员 5 名。

【青少年教育】

主题教育实践活动 2017 年，安溪团县委依托植树节、学雷锋月、清明节、"五四"青年节、"六一"儿童节等重要时间节点，开展"青春家园大美安溪"植树志愿服务，"志愿情茶乡红"主题志愿服务，"红色基因我们传承"清明祭扫，"我们的节日·清明"经典诵读，"青春喜迎十九大青年建功'四个安溪'"纪念建团 95 周年，"喜迎十九大 童享中国梦"六一文艺会演等主题教育活动，通过微信公众号、团属官网、青年之声、FM94.6 广播等线上平台，集中开展"我向习爷爷说句心里话""我的青春我的梦"等主题实践活动，通过主题队会、书信征集比赛等形式展现茶乡青少年的心声，共举办各级主题教育活动 20 多场次，受教育青少年 30 多万人。

诚信文化主题宣传教育活动 2017 年 3 月，安溪县举办"诚信安溪从我做起"优秀书法巡回展活动，征集优秀作品 100 多幅，走进官桥、湖头、魁斗、长坑 4 个乡镇巡回展出，开展"诚信杯"少儿才艺展示，开展"文明诚信"为主题的街舞活动，呼吁广大茶乡青少年，讲文明，守诚信。

网络新媒体工作 2017 年，安溪团县委打造"指尖上的共青团"，2017 年团属微信公众号"安溪青年之家"共发布团青动态、信息等 145 期。扎实推进"青年之声·安溪"平台的建设运营，开展线上线下互动活动 14 场，推进"四个融合"建设。打造"正青年"导航工程，在"安溪青年之家"公众号、"青年之声"平台上继续开设《茶乡青年说》《茶乡青创》专栏。

少年军校活动 2017 年 7 月，安溪团县委联合有关部门举办第六期、第七期少年军校，180 名青少年学生在消防大队度过为期 6 天的军事化生活。

"牵手行动 与爱同行"关爱未成年人公益活动 2017 年 5 月，安溪团县委联合县委文明办等单位先后走进虎邱少卿小学、白濑中心小学 2 个乡镇 2 所学校，通过公益理发、健康体检、游戏互动、爱心捐赠等方式开展特色主题活动。

青少年禁毒宣传 2017年6月，安溪开展"携手同心 共创无毒"公益宣传活动和移动"禁毒大喇叭"送法下乡宣传活动，分发禁毒宣传册、禁毒宣传报1万多份，受教育青少年2000多人次。推进青年禁毒志愿服务队的建设，围绕禁毒工作开展宣传活动3场。联合县禁毒办在龙湖社区的登科小区内创建全县首个"体验式"无毒社区教育示范基地，以游戏为主的参与式培训，社区内娱乐场所从业人员、居民和中小学生7500多人接受禁毒培训教育。

【青年文明号创建】

"青年文明号"创建活动 2017年，安溪团县委表彰安溪县农村信用合作联社龙凤信用社、安溪县农村信用合作联社金谷信用社、安溪县公安局芦田派出所、泉州农村商业银行股份有限公司安溪县支行、茶都网络（安溪）有限公司、中石化森美（福建）石油有限公司泉州安溪集能加油站6家单位为2016年度县级青年文明号集体。安溪县公安局西坪派出所、安溪县公安局龙门派出所、泉州市公路局安溪分局路产路权管理所、安溪县农村信用合作联社官桥信用社、国网安溪县供电有限公司龙门供电营业厅等4家单位被认定为"2018—2020年泉州市级青年文明号集体"。

青年创业孵化 2017年7月，安溪团县委授牌泉州（湖头）光电产业园、尚卿乡972源工坊、大学生创业园、有余创业孵化基地、妙思众创空间5家基地为第二批孵化基地。10家孵化基地在2017年共开办226期（场）公益青年创业培训班，培训创业青年7437人次。

青年创业政策扶持 2017年，安溪团县委发放"青创（青年创业）

卡"213笔，金额2148.5万元，发放青创贷款591笔，金额4516.7万元，发放"光伏"项目贷款135笔，金额1454.7万元。

服务大型活动 2017年，安溪团县委组织青年志愿者500多人次参与第十届世界安溪乡亲联谊大会、第二届中国（安溪）家居工艺文化博览会、2017年环泉州湾国际自行车赛安溪段三场大型活动，2017年团县委评为第三届海上丝绸之路国际艺术节筹办工作先进集体。

2017年，安溪团县委开展"弘扬雷锋精神 共建'四个安溪'""青春家园 大美安溪""志愿情 茶乡红""文明出行 利家宜业"等系列主题志愿服务行动，服务省级文明县城创建。

"三下乡"活动 2017年，安溪县"青年之声"服务队前往尚卿乡参加2017年安溪县文化科技卫生"三下乡"集中服务活动，为农民群众赠送春联500对，并组织志愿者广泛宣传"青创卡"等创业扶持政策。

第二届"安溪县青年拔尖人才"评选活动 2017年5—8月，安溪县评出占卓、陈建文、高慷慨、黎志银、周有良、范水生、谢志斌、张志扬、朱贵良9名青年拔尖人才，涉及企业经营管理、应用技术、农林水及科教文卫4大类。

选树先进典型 2017年，安溪县德峰茶叶团支部书记王文良入围"全国向上向善好青年"，县青年商会会长林志强荣获省级"青年五四奖章"，官文宾获省级"向上向善好青年"，苏清阳等30人获市级荣誉。林志强、陈敬敏、薛承者等3位青年商会理事、恒兴中学团委书记王坤明获第四届感动安溪"道德模范"荣誉称号。

【青年交流活动】

海峡两岸青年人才文创设计邀请赛 2017年7月，安溪县举办

2017年海峡两岸青年人才文创设计邀请赛，来自两岸13所高校文创青年92人，组成的21支参赛团队，创作出55项作品，涉及国心绿谷双铁主题公园、尤俊农耕文化园文创街区设计、旅游伴手礼设计、"藤云尚卿"标志设计等4个项目，从中评选出获奖作品22个，授予苏毓毅、张子妤、李泓源、吴开西、谢伟杰、柴丽敏、郑妤柔、王柏元等8名设计者"安溪县技术能手"荣誉称号。

第三届"海峡两岸高校大学生记者挑战赛" 2017年1月，安溪团县委配合团市委接待海峡两岸高校大学生记者41人，走进安溪感受茶乡传统文化，两岸大学生记者通过视频展示、综艺节目、新闻连线、现场互动等形式展示安溪魅力，比赛评选出一等奖1组、二等奖2组、三等奖3组（市级）。

海峡两岸乡村农创节 2017年4月，共40多名台湾青年走进安溪指导金门县青年发展协会和龙涓乡团委签订《共建金安两岸青年乡创基金合作意向书》，促进海峡两岸青年文化交流。

开展"协同发展 青年先行"系列活动 2017年3月，安溪召开"厦门—安溪"两地青联委员座谈会，共叙友情，共谋发展，并开展"协同发展青年先行"系列活动。

【团建工作】

基层团组织建设 截至2017年底，安溪县共80个团委、47个团总支、1969个团支部，团员4.63万人。是年发展团员2653人，专职团干部6人，兼职团干部2198人。2017年9月，在全市率先召开乡镇团委换届动员部署会，明确乡镇团委换届的时间要求和目标任务，全县24个乡（镇）党委分管领导、团委负责人及团县委机关全体干部参加会议，10月中旬，率先完成24个乡镇团委

换届工作，新一届团委书记24名，行政编制14名，占总数的58.3%，事业编制10名，占总数的41.7%；女性同志4名，占总数的16.7%；平均年龄29.3岁，全部为本科及以上学历，党员占95.8%。团委副书记44名，其中，行政编制13名，事业编制19名，选调生1名，选聘生3名，编制外（来自各条战线的优秀人才）人员9名；女性22名，占总数的50%；中共党员28名，占63.6%；本科及以上学历39名，占总数的88.6%；平均年龄27.2岁。委员192名。做好2016年省、市两红两优的推报工作及县级两优的评选表彰工作。11月，举办"新时代 新青年 新征程"机关开放日，以会代训的方式向广大团员青年传达党的十九大精神，并向基层团干、青年代表赠送《习近平七年知青岁月》《习近平关于青少年和共青团工作论述摘编》等书。

"青年之家"综合服务平台建设
2017年，安溪县共建设安溪华侨职校、福建农林大学茶学院、安溪茶业职业技术学院、长坑乡"青年之家"、安溪登科社区青年之家综合服务平台，安溪团县委、安溪县青少年宫、安溪电商宅基地、清水岩青年志愿者爱心驿站、弘桥智谷电商产业园、桃舟乡志愿服务联络站、龙涓乡青年联合会、白濑乡"青年之家"、安溪金谷苏维埃"青年之家"、感德镇"青年之家"、芦田乡"青年之家"等16家县级"青年之家"综合服务平台，其中，安溪华侨职校综合服务平台被认定为升级示范性服务平台，福建农林大学茶学院、安溪茶业职业技术学院、长坑乡"青年之家"、安溪登科社区青年之家综合服务平台4家被认定为市级示范性服务平台。共建设安溪团县委、安溪县青少年宫、安溪茶业职业技术学院、龙涓乡青年联合会等4家云平台。

青少年宫公益阵地建设 2017年，安溪县先后举办"名城名家百企百茶"中国书法名城名家作品邀请展（安溪巡回展）暨安溪铁观音品鉴活动、"墨韵茶乡"泉州市青年书法家走进安溪书法采风系列活动、"海丝扬帆 生态茶乡"美术展等。依托县青少年作家协会，围绕"让阅读带你飞翔"等主题，开展"青春领读 书香安溪"名家系列活动19场，邀请孙绍振等著名学者走

进9个乡镇、学校与1.6万多人名青少年分享交流，并在桃舟乡添寿福地茶文化创意产业园成立首家青少年创作基地。推进县青少年宫合作办学项目开展，针对县委、县政府关于三馆的资产处置方案，确定文化旅游发展有限公司开展校外基础培训，已推出声乐、西洋乐、美术、阅读与写作等8大类培训项目。

纪念"五四"运动活动 2017年4月，安溪县举行老团员重温入团誓词，新发展团员入团仪式集中示范、举办怎样做一名合格团员主题团课；5月，开展"'不忘初心跟党走'五四主题团日活动"、"党政领导上团课"活动、"喜迎十九大——我向习爷爷说句心里话"少先队主题活动、"房车进乡团——乡创采风"公益活动、"夏青杯"（安溪赛区）朗诵比赛、福建省向上向善好青年官文宾阅读公益创业分享会等主题活动。

庆"六一"系列活动 2017年5月，安溪县举办"喜迎十九大，童享中国梦"——庆"六一"文艺汇演，线上线下同步推送晚会实况，在线观看人数达1200多人。

"共青团与人大代表、政协委员面对面"活动 2017年，安溪团县委结合工作实际，联合县人大、政协研究制订《关于开展好"共青团与人大代表、政协委员面对面"活动的工作方案》，选定调研主题"促进返乡农村青年电商创业"，成立调研工作领导小组，到弘桥智谷电商产业园、安溪茶学院、尚卿乡淘宝村等地开展了集中调研，走访返乡创业青年和安溪籍大学生1000多名，收集有效调查问卷879份。

专业心理辅导 2017年，安溪团县委组织县校外未成年人心理辅导站志愿者走进社区、农村、学校，为留守儿童、孤儿、服刑犯未成年子女等

2017年5月，安溪团县委开展"青春喜迎十九大·不忘初心跟党走"新团员入团仪式暨老团员重温入团誓词活动 （团县委 供图）

开展专业的心理辅导、游戏沙盘、讲座等 20 场，受辅导青少年群体 2000 多人次。

安溪县妇女联合会

【概况】

2017 年，安溪县 472 个村社区妇代会全部改建成妇女联合会，24 个乡镇妇联区域化建设有效推进。通过单建模式成立祺彤香茶业、晶安光电等 9 家妇委会，通过联建模式成立龙涓乡内灶茶叶专业合作社联合社、感德微商协会妇委会 2 家。

【十三届五次执委（扩大）会议】

2017 年 4 月 28 日，安溪县妇联召开十三届五次执委（扩大）会议。县委常委、组织部部长史思泉出席会议并做讲话。县妇联十三届全体执委，安溪县的市妇联十三届执委，各乡镇妇联正副主席，县妇联机关全体干部职工等参加会议。县妇联主席郑丽萍代表县妇联十三届常委会作题为《巾帼心向党、出彩新安溪》的工作报告。随后，县妇联各分管领导分别就家庭文明创建、巾帼脱贫攻坚、妇女维权、儿童工作、"两纲"实施、基层组织建设等相关妇联业务进行培训。

【基层妇联改革】

2017 年，安溪县每级妇联均配备兼职副主席 2 名以上，乡镇执委 2 名以上，村社区执委 10 名以上。7 月 27—28 日，由安溪县妇联举办的全县妇联系统兼职副主席培训班在安溪华侨职业中专学校举行，来自全县的乡镇妇联主席、兼职副主席、村（社区）妇联兼职副主席等参加培训。

发挥好兼职副主席作用　2017 年，安溪县为使兼职副主席第一时间融入工作角色，邀请省妇干校等专家授课，在全省率先举办全县性的兼职副主席培训班，各乡镇妇联相继举办类似主题培训班。善搭各类平台，让兼职副主席尽显所能，涌现出湖头山都村妇联兼职副主席钟玉琴等先进人物。

实行符合条件的离任村妇代会主任、社区妇联主席养老补助　2017 年 4 月 26 日，安溪县妇联联合县财政局下发《关于建立乡镇妇联工作经费保障机制以及实行符合条件的离任村妇代会主任、社区妇联主席养老补助的通知》（安妇〔2017〕21 号），落实基层离任妇女干部待遇，符合条件的离任村妇代会主任、社区妇联主席，每人每月发放 80 元，并对 318 名符合条件的离任村妇代会主任、社区妇联主席进行养老补助。符合条件的离任村妇代会主任、社区妇联主席包括：担任村妇代会主任、社区妇联主席累计满 15 年（含 15 年）以上，且年龄在 55 周岁（含 55 周岁）以上，且未享受村两委社会养老保险待遇的。其中村妇代会主任、社区妇联主席任职时间出现中断的，可合并计算累计任职时间。

妇联兼职副主席培训班　2017 年 7 月 27—28 日，由安溪县妇联举办的全县妇联系统兼职副主席培训班在安溪华侨职业中专学校举行，来自全县的乡镇妇联主席、兼职副主席、村（社区）妇联兼职副主席等参加培训。

【最美家庭创建活动】

最美家庭品茗话家风　2017 年 3 月 2 日，由安溪县妇联、县农茶局、芦田镇党委政府主办的"品梅占茶点·传好家风"最美家庭品茗活动在中国茶都斗茶厅举行。安溪县各界妇女代表，家庭代表，受表彰的"最美家庭""三八红旗手""三八红旗集体"代表，"党员干部话家风"主题征文活动获奖者，各乡镇、村、社区妇联干部，以及县直小学的学生记者齐聚一堂，品茗闻香话家风。县委常委、组织部部长史思泉，县委常委、县纪委书记林文超，县政府副县长林毅敏参加活动。全国"最美家庭"提名奖、全国"五好文明家庭"的家庭成员龙门镇寮山村妇联主席卓小燕现场讲述家风故事。活动中，主办方还举行"传承好家风、培育好家庭从我做起"践诺签名活动，现场表彰 2016 年安溪县"最美家庭""三八红旗手""三八红旗集体"，并通报"党员干部话家风"主题征文活动获奖名单。

传统教育　2017 年 9 月 26 日，由安溪县委组织部、安溪县妇联、湖

2017 年 3 月 2 日，安溪县举行品梅占茶·传好家风"最美家庭品茗活动　　（陈双清 摄）

头镇党委政府共同举办的安溪县"传家训、立家规、扬家风"主题活动暨家风家训传承示范基地授牌仪式在湖头镇阆湖博物馆举行，来自各行各业的家庭代表、湖头镇村两级妇联干部、部分中小学生等参加活动。11月下旬，县妇联联合有关部门筹办安溪家风家训主题展厅，并配合县纪委组织开展"新时代·新风尚"家风家训主题教育活动，各乡镇、县直各单位的科级干部及其配偶参加活动。12月下旬，组织开展"传承好家风、争做好孩子"主题活动，城区小学部分学生参加活动。

平安家庭宣传 2017年，安溪县妇联与安溪县综治办联合下发文件，继续在全县范围内组织开展推荐命名全县"平安家庭"活动，严格按照"平安家庭"创建标准，在11月底前命名安溪县"平安家庭"1万户。11月8日，县妇联组织到参内乡岩前村开展"平安家庭"进家庭宣传活动。活动中，县妇联现场为岩前村5户"平安家庭"户集中授牌，并到这5户"平安家庭"户家中挂牌，向他们宣传"平安家庭"创建的宗旨、意义，倡导更多的家庭参与到平安家庭的创建活动中来。随后，县妇联为岩前村巾帼平安志愿者服务队授旗。

巾帼宣讲团 2017年11月27–28日，安溪县妇联巾帼宣讲团来到虎邱、官桥等乡镇，深入田间地头茶园，走进村（社区）妇联、巾帼示范基地、企业妇委会、各创业妇女群体、妇女领办的农民专业合作社等，与妇女群众面对面互动交流，把党的十九大精神传达到基层。

评选"三八红旗手"和"三八红旗集体" 2017年，根据《安溪县妇联关于评选表彰安溪县三八红旗手（集体）的通知》和《安溪县妇联关于表彰安溪县三八红旗手（集体）的决定》，授予蔡巧梅、廖凤鸣、

吴晓珠、何春英、谢菊珠、张淑环、陈瑞华、刘瑞琼、林宝龙、苏莲秀、吴美珠、廖彩婷、李雪峰、占小峡、林少云、王秀美、白慧雅、颜锦环、廖华玲、林金妞、白永津、官华萍、张瑞芳、冯黄莲、王娉娇、张美蓉、张素兰、林文英、陈艺能、郭燕松、白云霞、吴淑应32人为安溪县"三八红旗手"，授予凤城镇凤山社区居委会、城厢镇南坪村妇女联合会、蓬莱镇妇女联合会、湖头镇中心幼儿园、安溪县感德微商协会、长坑乡妇女联合会、龙涓中心学校、龙门中心学校、安溪国宇医院9个单位为安溪县"三八红旗集体"。

【巾帼脱贫行动】

妇联干部、女能人＋贫困妇女
2017年，安溪县组织发动县、乡、村三级妇联干部1100多人进村入户，与乡镇驻村工作组形成合力，与1101名建档立卡贫困妇女结穷亲，科学制定"一妇女一脱贫计"。组织巾帼文明岗、女企业家、女能人采取"一帮一、一帮多、多帮一"形式与贫困妇女结对子，开展"四牵"（物质、项目、文化、爱心）、"五送"（组织培训送技能、吸收就业送岗位、爱心助困送温暖、宣传教育送理念、倡导文明送和谐）活动，落实脱贫项目启动资金33.6万元，帮助解决100多名贫困妇女就业。县妇联机关干部职工重点挂钩帮扶官桥镇石岩村和内村。

特色产业＋贫困妇女 2017年，安溪县鼓励贫困妇女"以茶脱贫"或发展"四金四银"，推行"村企妇联共建"模式，通过妇联组织引领、女能人帮带，建立健全"妇建＋产业＋扶贫"帮扶机制。在以妇女为法人代表的全县39家农民专业合作社中开展以巾帼脱贫行动为主题的"巾帼示范基地"创建活动，累计培育19个市级以上"巾帼示范基地"。

技能培训＋贫困妇女 2017年，安溪县发挥县农村妇女电商培训基地、县妇女茶叶技术培训基地的培训优势，推广集互联网、培训、创业就业为一体的扶贫培训创业中心，打通贫困妇女与市场的通道。为建档立卡贫困妇女量身开展新型职业女农民、家政员等多选项培训班。联办或自办涉及贫困妇女的实用技术培训班8期1030人次、农产品电商培训班5期1200人次、家政员培训班4期228人次。

新型职业女农民培训班 2017年7月29—30日，由安溪县妇联主办的新型职业女农民培训班在华侨职业中专学校举行。来自全县专业大户、家庭农场、农民专业合作社、龙头企业等新型农业经营主体中的女性创办领办人，以及巾帼示范基地负责人等妇女100人参加培训活动。培训班时间为2天，内容包括《创意农业手工工艺品制作——田园拾光》《画廊电子商务——开店》《创业就业》等课程。采取专家答疑、交流讨论、现场观摩、实际操作等形式进行。

【节日系列活动】

2017年5月28日，安溪县庆"六一"亲子家庭包饺子大赛活动在南星酒店举行。"六一节"前后，组织到剑斗镇前炉小学、县直第九小学等5所学校开展"童缘·爱心驿站"圆梦行动暨"点亮微心愿.欢乐过六一"活动。组织到安溪实验幼儿园、城厢中心学校等4所学校开展家庭教育知识巡回讲座，邀请市家庭教育协会专家分别讲解《好习惯成就好未来》《感恩、责任、拼搏》等内容。6月10日，安溪电视台少儿才艺大赛暨首届"金话筒"小主持人大赛在县妇女儿童活动中心多功能厅正式启动。6月16日，由县妇联主办的2017年"颗颗童心朝向

党、传承家风迎七一"文艺会演在县妇女儿童活动中心多功能厅举办。6月30日，由县妇联、县卫计局、县计生协会、大坪乡党委政府主办的安溪县2017年"童心向党、梦想启航"幸福家庭音乐会在县妇女儿童活动中心多功能厅举办。

安溪县工商业联合会（总商会）

【概况】

2017年，安溪县工商联合会（简称县工商联）有会员2557个（团体会员44个，企业会员2160个，个人会员357人），下辖县级行业公（商）会7个（会员7730个），乡（镇）商会3个（会员388个）和异地安溪商会28个（其中9个为经济促进会），会员8578个；安溪异地商会（安溪县浙江商会）1个，会员84个。

【重要会议】

八届一次主席会议　2017年3月22日，安溪县工商联（总商会）八届一次主席（会长）会议在八马茶业召开。县委常委、统战部部长林荣超、县政协副主席袁霖辉出席会议。会议传达学习省工商联十届六次执委会议精神和泉州市工商联十四次代表大会精神，讨论研究县工商联（总商会）兼职副主席（副会长）联系常委、执委工作办法和县工商联2017年工作要点。

八届一次常委会议　2017年8月8日，安溪县工商联（总商会）召开八届一次常委（扩大）会议，总结上半年工作，部署下半年工作任务。县委常委、统战部部长林荣超、县人大副主任苏志雄、县政府副县长吴志朴、县政协副主席陈春买出席会议。会议由县工商联党组书记易进法主持。县工商联常委和部分执委，各行业商会、乡镇商会会长和秘书长共80多人参加会议。

八届二次执委会议　2017年12月25日，安溪县工商联（总商会）召开八届二次执委会议。县委常委、统战部部长林荣超、县政协副主席、县工商联（总商会）主席王文礼出席会议。县工商联（总商会）副主席、副会长、常委、执委，各同业商会（公会）、乡镇商会、安溪浙江商会会长、秘书长参加会议。会议由县工商联党组书记易进法主持。

【推进非公有制经济发展】

2017年，安溪县工商联推荐华源茶业郑华山、恒发工艺品有限公司黄庆发2人为泉州市中级人民法院、泉州市工商联第三届商事调解员。参与协调劳动关系三方机制建设，与县人社局、经信局、总工会和企联等部门密切合作，开展劳动法律法规宣传和接访等活动，配合做好市、县非公有制企业构建和谐劳动关系情况考评，开展最低工资标准问卷调查，在协调劳动关系、促进社会和谐稳定等方面发挥积极的作用。继续做好法律咨询服务，共接受咨询170多人次。

非公有制经济思想建设　2017年，安溪县工商联组织学习习近平总书记在全国政协十二届四次会议民建、工商联界委员联组会上的重要讲话和俞正声在全国年轻一代民营企业理想信念报告会上的讲话精神以及全国政协7月18日召开的"构建'亲''清'新型政商关系，促进民营经济健康发展"专题协商会会议精神，开展以"守法诚信、坚定信心"为重点的非公经济人士理想信念教育，11月15日，组织县工商联副主席、副会长、部分常执委收听收看泉州市年轻一代民营企业家学习党十九大精神理想信念报告会，县工商联主席王文礼在会上作《"匠心"不改制好茶　治企有方靠"傻劲"》的典型发言。配合系统党委做好行

业商会、异地安溪商会党建和发展党员工作，促进非公有制企业健康发展和非公有制经济人士健康成长。全年发展党员6人，培养入党积极分子20人。

引导非公有制经济人士回报社会　2017年，安溪县工商联开展"百企联百村帮千户"精准扶贫行动，有1家企业3个商会帮扶55户贫困户，落实帮扶资金113.5万元。动员非公企业和非公经济人士参与县乡筹建扶贫开发协会，共捐赠扶贫资金10407万元。组织非公人士参与爱心助学光彩活动，扶持贫困大学生556人次，发放助学金195.2万元。动员广大乡贤奉献社会，南宁等6个商会捐赠慈善资金174.5万元。此外，县工商联捐赠泉州市同心光彩基金10万元。

【服务经济发展大局】

2017年，安溪县前往江苏、上海、常州、北京、苏州等地开展招商引资工作，8家企业意向落户安溪。邀请深圳安溪商会一行回乡考察，3家企业意向落户安溪。做好全国工商联水产业商会、青岛海尔对接工作，促成项目在安溪县落地。做好非公有制企业职称评审工作，为非公有制企业提供人才支撑，做好非公经济人士中、高级职称78人次的材料的收集与报送工作。与市非公职改办联系，10月，到安溪县开展家居工艺行业中级职称评定工作，家居工艺行业通过中级职称评审13人。建筑行业通过中级职称评审12人。做好铁观音和工艺品原产地域保护服务，办理产地证19件。

企业文化建设　2017年3月28日，安溪县组织副主席、副会长参加市工商联组织的学习和传承晋江经验座谈会；4月13日，组织企业家参加市工商联召开的开展降低实体经济企业综合成本座谈会；6月5—

9日，组织新任常执委参加泉州市社会主义学院培训班。引领常执委企业发挥党支部作用，加强党建工作和企业文化建设。

开展调研活动　2017年3月8日，省委统战部副部长、省工商联党组书记李家荣、副主席李建南一行到安溪县调研"百企帮百村"精准扶贫行动落实情况，李家荣对安溪的精准扶贫工作给予肯定寄予厚望。11月2日，省工商联副主席陈建强到安溪调研"五好"县级工商联创建工作。陪同调研组先后走访县家居工艺商会、尚卿商会，实地参观富华工艺、八马茶业等民营企业，并召开座谈会，汇报安溪县"五好"县级工商联建设工作情况，基层"四好"商会建设得到省工商联领导的充分肯定，并受邀参加福清市"四好"基层商会建设书面交流。

【异地商会】

永安市安溪商会换届　2017年4月22日，永安市委安溪商会第二届会员大会召开，会员317人，设正、副会长19人、理事34人，周荣华为会长。

南宁安溪商会成立　2017年9月21日，南宁安溪商会成立，会员259人，大会选举产生29名正、副会长，52名理事，张富民为会长。

广州市福建安溪商会换届　2017年9月24日，广州市福建安溪商会第二届会员大会召开，会员348人，设正、副会长38人、理事49人，李庆忠为会长。

乌鲁木齐安溪商会成立　2017年9月30日，乌鲁木齐安溪商会成立，会员140人，大会选举产生28名正、副会长，135名理事，吴志岩为会长。

苏州市安溪商会成立　2017年11月11日，苏州市安溪商会成立，会员301人，大会选举产生56名正、副会长，82名理事，陈琪祥为会长。

广东省福建安溪商会换届　2017年11月26日，广东省福建安溪商会第二届会员大会召开，会员108人，设正、副会长32人、理事75人，吴德勋为会长。

惠州市安溪商会成立　2017年12月24日，惠州市安溪商会成立，会员218人，大会选举产生18名正、副会长，18名理事，陈燕和为会长。

异地安溪商会（经济促进会）会长秘书长工作座谈会　2017年9月21日，安溪县工商联在南宁召开第三次异地安溪商会（经济促进会）会长、秘书长联席会议。全国工商联原副主席、中国民营经济研究会会长庄聪生，县委常委、统战部部长林荣超、县政协副主席袁霖辉、县人大原主任谢保家出席会议，各异地安溪商会（经济促进会）会长、秘书长，各异地安溪商会筹备组组长，部分行业协会会长、秘书长共50多人参加座谈会。同时，对深圳市安溪商会、西安福建安溪商会被泉州市工商联确认为2016年度"五好"基层商会进行了通报表扬。

【获评全国"五好"县级工商联】

2017年1月22日，安溪县工商联被省工商联确认为2016年度"五好"县级工商联，3月6日，被全国工商联确认为2016年全国"五好"县级工商联；11月10日，被省工商联确认为2017年度"五好"县级工商联，12月5日，被全国工商联确认为2017年全国"五好"县级工商联。

安溪县归国华侨联合会

【概况】

2017年，安溪县归国华侨联合会（简称县侨联）围绕全县发展大局，坚持"以人为本、为侨服务"的宗旨，调动全县各级侨联干部职工和广大归侨侨眷及海外侨胞的积极性、主动性、创造性，为推进安溪县科学发展、跨越发展认真履职、开拓创新、积极作为。

【第九次归侨侨眷代表大会】

2017年12月5日，安溪县召开第九次归侨侨眷代表大会。中国侨联第四届主席庄炎林，中国侨联副主席王亚君，泉州市侨联调研员陈海涛，安溪县四套班子领导，以及部分旅外乡亲代表出席会议，归侨侨眷代表近200人参加会议。会议听取并通过安溪县侨联第八届委员会工作报告，选举产生安溪县侨联第九届委员会。李宏鸣当选为第九届侨联主席，柯丽云当选为专职副主席兼秘书长，王曼龙、李坚任、肖新兴、林荣煌、易尚碧、柯灿明、黄连福等7人当选为兼职副主席。大会还聘请安溪县侨联第九届委员会名誉主席和顾问。中国侨联副主席王亚君在大会上致辞，县委书记高向荣代表安溪县四套班子和120万茶乡人民，对大会的召开表示祝贺，并向各位代表及广大海外侨胞和归侨侨眷致以诚挚的问候，并提出希望。

【联络联谊】

2017年利用春节期间，安溪县侨联通过发微信、短信、邮件及电话、传真、走访等方式与海外40多个安溪同乡会馆、宗亲会及200多名知名人士保持密切联系。县乡侨委主动走出去30多人次，到新加坡、马来西亚等国家和地区，开展联络联谊活动。金谷镇侨联发挥广泽尊王信仰文化作用，多次组团赴新加坡、马来西亚开展广泽尊王文化交流活动。魁斗镇、尚卿乡侨联应邀到马来西亚、文莱、印尼等国家和地区，参加庆典，拜会宗亲，加强联络联谊。

【为侨服务】

2017年，安溪县侨联接待海外社团26个，接待侨胞520多人次，4月，加拿大多伦多泉州同乡联合总会会长林志伟伉俪回乡探亲考察，加拿大联邦参议员胡子修赵从霓伉俪等一行、马来西亚槟城华裔黄剑威等一行回到祖籍地寻亲谒祖；6月，新加坡圣公文化传承委员会、新加坡南安会馆、水廊头凤山寺、裕廊凤山寺等组团一行280多人到金谷镇威镇庙开展圣公文化交流活动；马来西亚安溪总会总秘书长许福来、拿督林顺峰往湖头镇慈山农中考察第八届马来西亚安溪华裔青少年冬令营场所。12月5—7日，来自印尼、新加坡、马来西亚、缅甸等10多个国家的海外乡亲参加第十届世界安溪乡亲联谊大会。

帮助侨胞寻根寻亲 2017年，安溪县侨联帮助马来西亚林鸿选、吴焌樑、吴泉生，加拿大胡子修，马来西亚槟城华裔黄剑威等5位侨亲及在马来西亚槟城出生移居香港的白光远寻找到祖籍地，并安排好与家乡亲人会面对接。5月3日13时央视四套《华人世界》栏目播出《马来西亚"侨三代"寻根 安溪县侨联助圆梦》的报道；4月14日东南网、4月17日中新网等刊载《马来西亚"侨三代"寻根 安溪县侨联助圆梦》的报道。

"献爱心、送温暖""金秋助学"活动 2017年，安溪县乡侨联，利用元旦、春节期间开展慰问走访活动，为回乡过节的海外侨胞以及国内贫困归侨、侨眷送去党委政府和侨联组织的温暖。各级侨联筹集资金6.78万元，慰问贫难侨及空巢老人95户，老侨联工作者35位。向侨亲和侨界成功人士争取助学资金，资助侨界贫困学子。印尼侨眷、深圳汇洁股份有限公司股东李婉贞捐资，资助母校官桥中学贫困中小学生就学；侨资企业安溪春秋置业有限公司庄秋竹捐资，资助贫困学生；新加坡侨亲蔡龙海捐款资助贫困大学生。

侨法宣传 2017年4月27—28日，安溪县侨联联合县总工会、县义工协会等单位在安溪宝龙城市广场和安溪凤华制衣有限公司厂区开展"珍爱生命、远离毒品"禁毒宣传活动。在活动现场，向侨乡群众和侨企员工分发《禁毒倡议书》和《禁毒宣传材料》1000多份；开展了禁毒图片展示，介绍毒品对个人身心及社会的危害；组织"珍爱生命，远离毒品"现场签名。

重视信访工作 2017年，安溪县侨联接待侨界群众来信来访11件21人次，妥善处理信访件9件。聘请县法律服务中心王国心律师作为县侨联的常年法律顾问，为全县侨联组织、侨资企业、广大归侨侨眷等提供法律咨询服务。

重点乡镇侨、台情普查 2017年，安溪县侨联在官桥、蓬莱、龙涓等3个乡镇开展重点乡镇侨情普查工作。至2017年底，完成3个重点乡镇的入户调查普查、信息录入工作，并进行统计、信息汇总等，根据初步统计结果，3个重点乡镇有归侨151人，侨眷46750人，港澳台眷属17555人；华人华侨318486人，香港人员10677人，澳门人员619人，台湾人员244867人。同时，深入基层，收集族谱等资料954册捐赠或暂借市华侨历史博物馆寻根综合服务平台，协助市侨联打造南洋华裔族群寻根谒祖综合服务平台建设。9月，县侨联与沼涛图书馆达成协议，筹备共建安溪族谱馆。

【参政议政】

2017年，安溪县侨界人大代表、政协委员提出提议案13件。涉及"海丝"先行区建设、家居工艺、道路交通、城市建设、文化、民生等方面。比较突出的提议案有：县政协委员李宏鸣等《关于建立"安溪侨台历史博物馆"的建议》；县人大常委黄连福等《关于出台政策扶持家居工艺行业拓展国内市场的建议》；县政协常委赵万超等《关于加强安溪县名木古树保护宣传和挂牌的建议》；常委李美忠等《关于发挥我县历史文化资源的优势，推选"安溪县文化名村"的建议》；委员李

2017年10月24日，出生于马来西亚移居香港的白光远到龙门镇榜头村华汤祖祠寻祖
（县侨联供图）

云川等《关于整合安溪"海丝文化"宝贵资源的建议》等。

【重要活动】

华侨大学安溪校友会成立

2017年10月15日，华侨大学校友会成立大会在安溪永隆国际大酒店举行，来自华侨大学兄弟校友会代表、各界嘉宾代表及华侨大学安溪校友等500多人参加大会。华侨大学校友总会会长、原校长贾益民，原校长陈觉万，原党委书记李冀闽，原泉州市政协副主席陈秋菊，市侨联经济科科长邱联光，及县委县政府、县侨办、县侨联相关领导等出席大会。会议审议通过华侨大学安溪校友会章程、财务管理办法；表决通过《华侨大学安溪校友会第一届理事会成员推荐名单》；华侨大学校友总会为华大安溪校友会授旗。会议选举李坤辉为华侨大学安溪校友会第一届理事会会长；王火花（女）、苏文俊、杨西河、吴伟辉、吴振灿、陈俊贤、陈新华、董振博等8人为常务副会长；王荣峰、许国卫、苏志超、苏泗众、苏建财、苏春民、苏健民、苏普宁、肖世木、吴毅敏、陈安生、陈劲松、陈武汉、陈星宇、陈增辉、林桂香（女）、柯佳艺、钟华伟等18人为副会长；吴伟辉为监事会监事长（兼）；吴金池、林录恺等2人为副监事长；吴毅敏为秘书长（兼）；苏健民为执行秘书长（兼）；王志贤、李渝、陈哲聪、陈集中、黄玉龙、龚金发、谢更进等7人为副秘书长。华侨大学安溪校友会还向10名就读华大的安溪籍贫困学生发放每人3000元的助学金。

华侨大学安溪校友会是由安溪县侨联批复同意成立的非营利性社会组织，安溪校友会接受安溪县侨联的领导和监督管理，接受华侨大学校友总会的业务指导。校友会已

联系到600多位安溪校友。华大安溪校友会实行"一会三地"管理，即一个安溪校友会，分别设立安溪、泉州、厦门及其他区域三个小分会，并推选出区域负责人。

泉州侨青联走进国心绿谷茶庄园

2017年10月17日，在泉州市侨联的倡议下，泉州侨界青年联合会走进安溪县尚卿乡，在国心绿谷茶庄园建设泉州市侨青联专属茶园，建立侨界青年创新创业基地。市侨联主席陈晓玉、副主席李荣生，县委常委、统战部部长林荣超，县侨联主席李宏鸣，尚卿乡党委书记林格雷等出席此次活动。

泉州市安溪县培文学校侨联成立

2017年11月27日，安溪县培文学校侨联成立暨第一次归侨侨眷代表大会在培文实验高级中学举行。培文系列学校创办者、印尼侨亲施金城，市领导陈荣洲，副县长丁建铭，县侨联主席李宏鸣出席大会。大会选举产生安溪县培文学校侨联第一届侨联领导班子。白志明当选为第一届侨联主席；胡志珍、姚锦程当选为副主席；林伟鹏当选为秘书长。会上，陈荣洲、丁建铭等为施金城颁发培文学校侨联名誉主席证书。

安溪县文学艺术界联合会

【概况】

2017年，安溪县文学艺术界联合会（简称县文联）开展文艺采风，组织座谈会，举办文艺赛事、文艺活动、文艺培训，实施文艺精品扶持及惠民工程等，打造文艺工作亮点，加大文艺家培养力度，推动文艺精品创作，引领全县文艺工作者创新有为。

【文艺采风】

县首期作家研修班福田乡白桃

村采风 2017年5月25日，安溪县文联组织安溪县首期作家研修班学员到革命老区村白桃村采风，接受革命传统教育。采风团一行参观白桃小学、虞森土楼、龙山岩、碧华岩，走访当地宗祠，了解当地丰富的人文自然资源。并就加强传统文化的传承保护、美丽乡村建设等作了交流。

"名相故里海丝风"中国著名作家采风 2017年6月16—20日，安溪县文联邀请《小说选刊》副主编、鲁迅文学奖得主王干，吉林省作协主席、著名评论家张未民，辽宁省作协副主席、小说家老藤，中国社会科学院研究员、鲁迅文学奖得主李洁非，《芈月传》作者蒋胜男，贵州省作协副主席、小说家赵剑平，澳门大学中文系主任朱寿桐，《小说选刊》编辑李昌鹏，福建省文联副主席、小说家陈毅达，福建文学杂志社社长、诗人曾章团，《福建文学》副主编、评论家石华鹏，福建省作协秘书长林秀美，福建省文学院院长张应辉等出席活动。采风结束后，名家创作的采风作品纷纷在《中国艺术报》《中国青年报》《中国文化报》等报刊上发表，并结集为《榕村雅集》单行本推出。

安溪文艺采风团惠安采风

2017年7月19日，安溪县文联组织县作家协会、美术家协会、书法家协会、摄影家协会、楹联学会等组成的安溪文艺采风团走进惠安采风，进一步激发安溪文艺家的创作热情。

"走进家居工艺·寻韵魅力安溪"中国著名作家采风 2017年12月11—14日，第二届中国（安溪）家居工艺文化博览会期间，安溪县文联邀请著名先锋文学作家马原、《人民日报》海外版副总编李舫、湖北作家协会副主席陈应松、著名

作家叶兆言、荆歌和周晓枫、《星火》主编范晓波、《西湖》杂志主编吴玄、《扬子江诗刊》副主编晓华、《人民文学》编辑部副主任马小淘、八零后青年作家吕魁、青年画家夏无双及《中篇小说选刊》主编林那北及编辑廖伟14人到茶乡采风。采风结束后，名家创作的采风作品在《人民日报》《新民晚报》《文汇报》等报刊上陆续推出。

【座谈会】

"李光地文化与文学创作"座谈会　2017年6月18日，"李光地文化与文学创作"座谈会在安溪永隆酒店举行。"名相故里海丝风"中国著名作家采风嘉宾及泉州市文联主席许旭明，县委常委、宣传部部长陈剑宾及市县部分作家代表，共50多人出席活动。座谈会由《小说选刊》副主编王干主持。与会者就"李光地文化与文学创作"话题，各自从不同角度展开深入交流。

"地域文化与文学创作"座谈会　2017年12月13日，"地域文化与文学创作"座谈会在尚卿乡国心绿谷举行。"走近家居工艺·寻韵魅力安溪"中国著名作家茶乡采风嘉宾及市县作家代表，共30多人出席活动。座谈会由《中篇小说选刊》主编林那北主持。与会嘉宾就地域性与文学创作、地域性与地方经济发展，文学让地域发光等问题展开深入交流。

【文艺赛事】

"我们的节日·大美安溪"摄影大赛　2016年8月至2017年6月29日，举办"我们的节日·大美安溪"摄影大赛。活动结束后，评选专业组十佳作品10件、优秀奖作品30件，手机组十佳作品10件、优秀奖作品100件，并颁发证书和奖金。

中央人民广播电台第五届"夏青杯"朗诵大赛（安溪赛区）暨首届诵读活动　2017年3月至5月，以"魅力安溪·经典诗词"为主题，举办中央人民广播电台第五届"夏青杯"朗诵大赛（安溪赛区）暨首届诵读活动。大赛分小学组、中学组和成人组进行，共评出46名获奖者，5月21日举行颁奖仪式。

"中国梦·劳动美·茶乡情"安溪县第二届（职工）谜语大会

2017年4月29—30日，第二届（职工）谜语大会吸引来自基层工会的45支代表队参赛，大赛分个人笔猜和团体电控竞猜，共评出"最佳射手"12名，团体电控竞猜大赛一等奖1队，二等奖2队，三等奖3队。

安溪县首届职工书法大赛

2017年7月25日至9月5日，举办安溪县首届职工书法大赛。大赛以书法、篆刻为主，共评出一等奖2人，二等奖4人，三等奖6人。9月30—10月15日，展出获奖、入选书法作品61件，特邀作品8件。

第七届安溪县音乐舞蹈节

2017年8—9月开始，举办第七届安溪县音乐舞蹈节。活动分少儿舞蹈创作比赛、合唱音乐节。9月21日举行颁奖仪式。

"检税共建·生态安溪"摄影大赛　2017年9月29日至11月15日举办"检税共建·生态安溪"摄影大赛。大赛设一等奖1名，奖金3000元，二等奖2名，奖金各2000元，三等奖3名，奖金各1000元，优秀奖6名，奖金各500元。截稿后，主办单位组织有关专家评奖并为获奖者颁发证书和奖金。

"新时代·安溪脱贫之美"全国征文大赛　2017年11月中旬至2018年6月30日，举办"新时代·安溪脱贫之美"全国征文大赛。活动设一等奖1名，奖金5000元；二等

奖3名，奖金各2000元；三等奖5名，奖金各1000元；优秀奖若干名，奖金各300元。

【文艺活动】

文化下乡　2017年1月10日，安溪县文联文化下乡走进尚卿，捐赠精品图书500余册，物品价值近3万元。开展现场赠书、书写春联、义务拍照等活动。开展"优秀传统戏曲进校园"活动；开展2017年安溪县优秀童谣征集推广活动。

"名城名家·百企百茶"中国书法名城名家作品邀请展暨安溪铁观音品鉴活动　2017年2月28日，安溪县文联在三馆展出名城名家作品160多件，108家茶企参加现场斗茶。活动是茶书融合、茶书辉映的创新模式，是以传统书法助力茶业"二次腾飞"的创新尝试，用文化的形式推广安溪铁观音。

"诚信安溪·从安溪做起"优秀书法作品巡回展　2017年3月中旬，举办"诚信安溪·从安溪做起"主题优秀书法作品巡回展，先后在青少年宫、魁斗镇、官桥镇、湖头镇、长坑乡、尚卿乡等举行专题展览。

"那时花开"安溪铁观音2017主题诗会　2017年10月20日，为庆祝党的十九大胜利召开，"那时花开"安溪铁观音2017主题诗会在茶学院举行。安溪县文联自9月中旬开始向广大诗友征稿，至9月底结束，共征集到来自北京、山东、河北、甘肃、湖北、安徽及福建等地45位作者稿件130余首，作者中有工人、农民、学生、教师、公务员及自由职业者等。安溪县文联从中精选部分优秀作品，结集成册并举办诗会。

编选出版文艺书籍　2017年，安溪县文联编选《清溪诵读》诗文集。诗文集分古代诗文名篇、现当代名家作品以及安溪主题诗文三部份；

出版《铁观音》第 63 期和第 64 期。乡土风推出"海丝寻茶韵·名家看安溪"中国著名作家茶乡采风作品；刊中刊推出"白濑溪声"征文大赛获奖作品、"名相故里海丝风"中国著名作家湖头采风作品；打造小说林、新锐坊等拳头栏目，不断提高办刊质量，成为宣传安溪宣传铁观音的又一重要平台。

【文艺培训】

举办安溪县书法研修班　2017 年 4 月 9 日至 5 月 6 日，安溪县举办第一期书法骨干研修班。邀请林景辉、叶韶霖、曾锦溪等名家授课。

举办安溪县美术家高级研修班　2017 年 5 月 15—19 日，安溪县美术家高级研修班开班，中国当代著名雕塑家陈文令、泉州市美协主席郭宁出席开班仪式，并走进桃舟采风写生。

举办安溪县首期作家研修班　2017 年 5 月 26—27 日，举办安溪县首期作家研修班。福建省文联副主席、福建省作协主席杨少衡，县政府副县长林毅敏出席开班仪式。研修班 20 名学员来自全县各条战线、各个领域，有教师、公务员、自由职业者等，都有一定创作经验，以青年作家为主，老中青结合。研修班采用小班化教学，开设小说、散文、诗歌、散文诗等 4 个专题讲座，邀请各领域名家授课，每堂课安排学员与名家互动交流，课后穿插座谈及诗会等学习方式。

【文艺精品扶持及惠民工程】

青年文艺家培养工程　2017 年暑假，选派中央美术学院毕业的青年美术家王燕芳到专业院校进行学习。

·小资料·

安溪县文联每年选派文艺创作成果丰硕、潜力突出的 1—2 名青年文艺家到专业艺术学校或专业培训机构进修学习，全面提升其专业创作水平。

铁观音文丛个人文艺专著出版推介工程　2017 年，推出美术类林功楫、翁火枝、朱贵良、刘义斌、李瑞扬等 5 人个人美术作品集。组织摄影类的申报与评选，林思宏、陈达水、谢旭东、李子宏、黄东华等 5 人个人摄影作品集入选。

·小资料·

安溪县文联实施铁观音文丛个人文艺专著出版推介工程，每年重点选择一个文艺门类，集中推出 5—6 个成熟文艺家的个人文艺专著，做成系列。逐年推出文学、书法、美术、摄影等门类。每年纳入文丛出版计划的个人文艺专著，县文联给予每部作品 2 万元以内的出版资金补助，资金直接支付给出版社。

文艺惠民工程　2017 年，安溪县文联专门征订《福建文学》《泉州文学》赠送县内文艺家、部分中学文学社团主要负责人，送文化到基层；《铁观音》出刊后，定期向各乡镇、县直各单位，各学校、医院、企业，各省市安溪经济促进会，省市有关部门，县领导，安溪部分乡贤，文联全体委员等赠送；加强新媒体建设，由专门人员负责县文联微信公众号的运营，打造宣传新平台，加强与广大文艺家、文艺工作者的信息共享和交流；组织各文艺家协会开展写春联、送春联、灯猜、戏剧专场等文艺志愿服务，定期举办摄影展览、楹联讲座、电影下乡活动。

【换届工作】

2017 年 8 月，安溪县文联成立换届工作领导小组，部署相关协会换届工作。12 月 22 日，县音乐舞蹈家协会召开第六次会员代表大会，选举王铭芬为主席，谢建筑、林克龙、林朝志、林毅坚、廖定坤为副主席，韩云为秘书长。12 月 23 日，县作家协会召开第四次会员代表大会，选举许素彬为主席，倪伏笙、吴小猛、陈德进、吴奋勇（兼秘书长）、林炳根为副主席，倪伏笙、吴小猛、陈德进、吴奋勇兼秘书长。12 月 30 日，县电影家协会召开第三次会员代表大会，选举周志宏为主席，易瑞阳、郭建园（兼秘书长）为副主席。

【县文艺家协会工作亮点】

作家协会　2017 年，林筱聆深入安溪县西坪镇采风创作的小说，入选中国作家协会 2017 年度定点深入生活项目，长篇小说《观音》入选福建省作家协会长篇小说重点扶持项目，中篇小说《老宅》入选福建省中长篇小说双年榜，散文《月寨·繁华与孤寂》在《人民文学》发表，散文《南山南·月寨香》在《人民日报·海外版》发表，散文《底片·月寨时光》获庄逢时海内外散文榜银榜，中篇小说《杨柳依依》被《小说选刊》选载；吴奋勇、倪伏笙的散文诗入选《闽派诗歌·散文诗卷》；周牵连主编的《白驹过濑》、金文诗集《萍踪诗影》由团结出版社出版；举办"春光里·星美滋"图书漂流主题活动、"家+文化"征文比赛，开展"我快乐·我成长"读书活动、作家进校园活动，组织会员到尚卿、参内、白濑等乡镇采风，参与编撰《尚卿风物》《罗内雅集》等文集，参加"安溪县首届作家研修班"学习等；

戏剧家协会　2017 年，安溪县高甲戏剧团被中宣部、文化部、国家新闻出版总局联合授予"第七届全国服务农民、服务基层文化建设先进集体"称号；开展"周周有戏""月月文化进社区""传统戏曲进校园"系列活动，全年常态化公益演出 80 余场；《憨生别传》获福建省第八届百花文艺奖三等奖；创作新编高甲戏《李光地》，编排小品《新生》参加2017年全国社区网络春晚演出，应邀参加第三届海上丝绸之路国际艺术节开幕式、2017海峡两岸郑成功文化节、韩国济州岛第56届耽罗文化节演出等。

音乐舞蹈家协会 2017年，王铭芬创编的歌舞《双宝争宠》获2017第八届"同一片蓝天"全国新春少儿电视晚会北京专场金奖。韩云演唱的《飘香》获福建省茶文化艺术调演活动最佳表演奖。在福建省文化厅、福建省教育厅主办的"海峡杯"闽渝台少儿歌手赛总决赛中，陈诗琦获少年B组铜奖、肖晨昊获少年A组金奖、李羽宸获幼儿组铜奖，王铭芬、李玉华获得"优秀教师指导奖"。许晓静编排的舞蹈《映山红》获第十三届我爱祖国全国青少年才艺电视展演舞蹈金奖；举办第七届音乐舞蹈节、"绽放星未来"文艺晚会、"千人合唱快闪"活动、"有余创梦想星声音"流行音乐歌手大奖赛、"快乐阳光"全国总决赛获奖节目展演（安溪）等。

书法家协会 2017年，黄昭文作品入选西湖韵当代青年篆刻选拔赛、海南省第二届篆刻临摹展、第二届海峡两岸中青年篆刻展、"八闽鱼水情"第二届双拥书画展、万印楼当代国际篆刻精英收藏工程、福建省第三届书坛新人新作展、首届全国青年书法精英展；胡育艺作品入选中国书法家协会主办的全国第八届楹联书法篆刻作品展；叶青山作品入选"诗礼传家 坚守正道"福建省家规家训书法展、第六届海峡杯全国书画作品展；谢文博作品入展"八闽鱼水情"第二届双拥书画展、福建省兰亭雅集书法作品展；张福气作品入展福建省兰亭雅集书

法作品展；王乃通作品获第二届"健康中国"书法美术摄影作品展二等奖；举办新春书法笔会、"名城名家·百企百茶"中国书法名城名家作品邀请展、"喜迎十九大"安溪县首届职工书法大赛、书法创作骨干培训班等活动。

灯谜学会 2017年，安溪县举办第二届（职工）谜语大会、"环保进校园·灯谜来推动"灯谜竞猜活动、安溪县"学习十九大·灯谜大家猜"系列活动等；创建安溪县第一中学等15所学校为第一批安溪县灯谜教育基地，为基地校编撰《灯谜校本教程》，开设灯谜专题讲座、指导灯谜专题活动；编辑四期谜刊《茶乡谜苑》，聘请当代著名灯谜艺术家、中华灯谜学术委员会副主任、深圳市灯谜学会会长赵首成担任《茶乡谜苑》顾问并题写刊名；召开县谜协第三届二次理事会，召开筹备县谜协第四次会员代表大会工作会，创建安溪灯谜微信群，组织会员到惠安、石狮参加竞猜活动等。

美术家协会 2017年，朱贵良水彩作品入选第三届全国青年水彩画展；翁火枝、许瑞端、王两辉、吴连集、肖建金等作品入选泉州市宣传部主办的"海丝辉煌"画展；许瑞端《憩》《高原放歌》、谢月云《岁月》在"国际名家水彩油画"微信平台展出；在泉州市中小学优秀美术书法作品展中，黄伟游《山居图》获一等奖，吴国忠《书声钟声两相应》、汪振生《蓝田清韵》分获三等奖；谢月云获第二届全国女性水彩粉画作品展三等奖；许瑞端获"云尚国际水彩俱乐部首届理事会会员水彩作品展"优秀奖。举办"美绘乡村"画展，展出水彩、国画、油画作品48幅。举办"海丝扬帆·生态安溪"系列活动，主要包括："初

彩·朱贵良水彩画展""安溪美协水彩画研究会首届画展""美丽乡村·苍郁蓝田"写生展；成立安溪县美术家协会水彩画研究会，朱贵良为会长；"泉州市美术家协会桃舟乡写生基地""泉州晚报社书画研究院安溪桃舟乡写生基地""泉州市中小学美术教研写生基地"在桃舟乡挂牌等。

楹联学会 2017年，陈坤玉当选省楹联学会常务理事、市楹联学会副会长，苏振朝当选省楹联学会理事、市楹联学会副秘书长，李绍清当选省楹联学会理事、市楹联学会常务理事，林志景当选市楹联学会常务理事，李维川、施巧茹、梁志勇、陈伟阳当选市楹联学会理事；陈坤玉、苏振朝、梁志勇、陈伟阳、林燕飞、黄龙洲、苏木德获年度佳作奖；举办安溪铁观音"民间茶王"杯海内外征联大奖赛，收到海内外楹联家2000多副作品，共评出金奖1名、银奖5名、铜奖10名；组织会员走进湖上、蓝田、城厢、虎邱等乡镇采风，开展网上征联活动，出刊《海峡联鸿》第22期。

摄影家协会 2017年，陈国平《根源》《千丝万缕》获"幸福福鼎"全国摄影大赛优秀奖，《妈祖下海》获中国数字电视摄影频道全国摄影双月赛二等奖。谢旭东《矿工的欢乐》入选"第三届福能杯"摄影大赛，《庆典》入选"翠屏湖杯"第九届宁德好风光全国摄影艺术展。周锦缎《三毛流浪记》获"全国最美天使"摄影大赛特等奖，《生命的佑护者》入选心中的"中国故事"摄影大赛。林水源《采茶春曲》入选"重走海丝之路 助力泉州申遗"摄影大展、《厦门白城沙滩》入选喜迎十九大"大美福建 秀丽河北"闽冀摄影交流展。李子宏《新农村换届民主选举》

获"泉州市人才工作新闻摄影比赛"十佳作品奖，入选心中的"中国故事"摄影大赛；出版《安溪文化丛书续编·摄影卷》；举办"我们的节日·大美安溪""检税共建·生态安溪""安溪县人才工作新闻摄影"大赛。

民间文艺家协会 2017年，安溪民间文艺家协会走进湖头、蓬莱、金谷等乡镇采风，加大对李光地文化、清水祖师文化、红色文化等的挖掘研究，搜集民间故事，普及文博知识等。

·安溪县科学技术协会·

【概况】

2017年，安溪县科学技术协会（简称县科协）团结、动员和组织全县基层科协、学会组织和广大科技工作者，继续实施《全民科学素质行动计划纲要》，开展科学技术普及、科技咨询服务、学术交流和青少年科技教育等工作。

【科普宣传】

科普日系列活动 2017年，安溪县全国科普日活动的主题为"创新驱动发展，科学破除愚昧"。9月22日，县科协联合部分全民科学素质工作领导小组成员单位及县级学会、企业科协共20个单位在安溪县龙津公园开展科技咨询、科技服务、科普展览、发放科普资料、义诊、机器人表演、科普猜谜等"全国科普日"系列活动，赠送科技书籍3000多册，科普资料5000多份，参加人数1000多人次。9月16—22日，科普日活动期间，县科协联合县电影院举行为期3天的科普日科教电影公映宣传活动；举办科普知识竞猜送流量活动，参加人数1000多人；城区各主要街道悬挂跨街横幅标语30条，县有线电视台播放科普日活动剪影新闻，《安溪报》专题报道科普日宣传活动；其他全民科学素质工作领导小组成员单位及县级学会、企业科协也相应开展系列科普宣传活动。

科普进乡村、进社区 2017年1月10日，县科协作为"三下乡"活动成员单位，参加在安溪县尚卿乡举行的安溪县"三下乡"服务活动。捐赠3万元现金及近万元的科普书籍，支持尚卿乡村级文体广场、农家书屋等的建设，并在现场开展科普宣传咨询服务，分发科普书籍、科普宣传资料1000多份，同时，县科协还邀请联通泉州分公司到现场开展"我的VR梦"的现实虚拟体验活动，让参加活动的人员体验最新VR科技。2月11日，县科协与城东社区联合举办"闹元宵 科普猜谜"系列科普活动，活动内容包括科普猜谜、科普展览、免费赠书等。4月28日，与县科技和知识产权局等单位联合在安溪茶都广场举办知识产权宣传周现场宣传咨询活动。分发科普书籍、科普宣传资料1000多份。9月19日，与文昌社区开展"和谐凤城，幸福文昌"文艺科普晚会。9月29日，与城厢镇茗城社区居委会联合在茗城社区举办科普猜谜活动。10月23日，参与市科协等单位联合在魁斗镇举办的义诊、科普、普法宣传活动。活动现场县科协免费赠送科普宣传材料并进行科普咨询。

科普进校园 2017年，安溪县科协在安溪一中、铭选中学、县实验小学等20所学校赠送《2017年度科普挂图》《科普小册子》等科普刊物。

科普讲座 2017年4月27日，安溪县科协在安溪一中和第三实验小学举办中国科协"大手拉小手科普报告希望行"巡讲活动。巡讲团专家赵育青、孙怡分别为安溪一中和第三实验小学带来《空中机器人——无人机》《小动物睡觉的秘密》的精彩讲座，参与活动师生600多人。9月27日，邀请闽江科学传播学者——福建省南平市人民医院名誉院长、党委书记，主任中医师余天泰教授到安溪县作《<黄帝内经>的养生理论与方法》专题科普讲座，参与听讲300多人。

科普刊物 2017年，安溪县科

2017年9月22日，安溪县"全国科普日"主场活动一角　　　（刘艳娜摄）

协继续出版《安溪科普》，每季一期，每期300份，发放到各学（协）会理事长、秘书长、乡镇和县直各有关部门。

科普新说 2017年，安溪县科协每星期六、日晚上10:50至11:20在安溪县电视台播放《科普新说》。

【青少年科技活动】

科技创新大赛 2017年，安溪县选送16个项目参加第十四届泉州市青少年科技创新大赛，获科技创新项目一等奖1项、二等奖3项、三等奖5项，科技创意作品一等奖1项，科技实践活动三等奖1项。

青少年科学调查体验活动 2017年，安溪县科协组织铭选中学、实验小学、第十小学、第三实验小学等4所中小学校学生参加以"走近创客体验创新"为主题的2017年全国青少年科学调查体验活动。

科技辅导员培训 2017年12月1日，安溪县科协与市青少年科技活动中心、县教育局联合在县科技馆4楼会议室举办2017年安溪县科技创新辅导教师培训班，培训班邀请泉州师范学院物理与信息工程学院院长杨惠山教授作专题讲授，全县中小学校从事科学教育的科技辅导教师近60人参加培训。

青少年科技教育论文奖 2017年安溪县获第十三届泉州市青少年科技教育论文一等奖1篇、二等级2篇、三等奖2篇。

青少年科学工作室 2017年，安溪县科协在凤城镇凤山社区、登科社区新建2个青少年科学工作室；在崇德中学、县第十八小学新建2个校园创新工作室。

流动科技馆科普巡展 2017年，安溪县科协与市科协、市科技馆、市反邪教协会等单位联合在凤城中学、铭选中学、第十二小学、湖头中心小学、湖头三安小学等举行泉州市科技馆科普巡展（安溪站）及安溪县流动科技馆巡展活动5场，参观师生1.5万人。

【科技馆】

2017年8月23日，安溪县委编委发文同意设立安溪县科技馆，安溪县科技馆为隶属县科协的事业单位，核定编制3名，经费渠道为财政核拨，已到位1名，正在组织招考1名。

【基层科协（学、研究）会】

县级学会 2017年10月底，根据县委（安委办〔2017〕9号）文和县社会科学联合会（安联组办〔2017〕2号）文件要求，安溪县机动车维修行业协会和安溪县网络营销与电子商务协会等2家协会与科协主管单位脱钩。

企业科协 2017年11月9日，泉州盛世三和茶业有限公司科学技术协会成立并召开第一次全体会员大会，选举吴荣山为主席，吴晓新、江波为副主席，詹土木为秘书长，宋向洪为副秘书长。

学术活动 2017年4月3日，安溪县科协指导县预防医学会、县第三医院承办泉州市社区精神疾病防治与康复培训班，邀请上海福州等地专家授课，泉州及外地市相关专业人员参训100多人。6月5日，由安溪县抗癌学会承办的泉州市第二届胸外科沙龙在安溪县医院举行，共同探讨当前胸外科疾病治疗的新理念、新进展、新信息。来自省内专家、学者、胸外科医师近70人参加。10月24日，安溪县中医药学会承办全国名老中医苏稼夫教授学术交流会暨针刀医学培训班，苏稼夫教授、王海东教授、吴强教授等10多位针刀医学及相关领域专家现场授课，并举办福建首届针刀医学沙龙，为"全国名老中医苏稼夫工作室"授牌。10月25日，由县中医药学会组织安溪县相关医务人员参加脑卒中基层医师培训学习，特邀泉州市第一医院神经内科副主任宫淑杰主任医师进行脑卒中治疗策略讲座。全县医务人员近100人参加学习。8月21日，安溪县茶叶协会被中国农村专业技术协会评为"中国农村专业技术协会科普奖"先进单位。

【全民科学素质】

2017年4月27日，安溪县出台《安溪县全民科学素质行动计划纲要实施方案（2016—2015年）》，进一步完善工作机制和工作制度。

5月8日，调整充实全民科学素质工作领导小组，副县长吴志朴任组长，县科协主席孙黎昕任副组长，成员由有关单位组成。领导小组下设办公室，县科协副主席钟少川兼任办公室主任。

【院士专家工作站】

2017年5月8日，调整充实县院士专家工作站建设管理领导小组，县委常委、组织部部长史思泉任组长，副县长吴志朴任副组长，成员由有关单位组成。领导小组下设办公室，县科协主席孙黎昕兼任办公室主任。

5月2日，福建佳友机械智能科技股份有限公司被市人才工作领导小组认定为第一批市专家工作站。5月31日，福建中科生物有限公司院士工作站、福建佳友机械智能科技股份有限公司院士工作站被市人才工作领导小组认定为第六批市院士工作站。6月14日，福建中科生物有限公司院士工作站、福建佳友机械智能科技股份有限公司院士工作站被省委组织部、省科协、省财政厅、省科技厅认定为省级院士专家工作站。

创新驱动助力工程 2017年，安溪县科协指导安溪县中国国际信息技术（福建）产业园区科学技术协会申报市创新驱动助力工程示范点，并获认定。

科技工作者日 2017年5月27日，安溪县科协召开县科协三届三次全委（扩大）会议暨开展首个"全国科技工作者日"活动，县科协第三届委员、县级各学会（协会、研究会）秘书长、乡镇科协主席、秘书长等科技工作者代表68人参加。与会人员前往湖头镇，参观了泉州（湖头）晶安光电的LED高科技体验馆、中科三安植物工厂。在尚卿乡国心绿谷茶庄园会议室召开县科协三届三次全委（扩大）会议，会议审议通过《安溪县科学技术协会事业发展"十三五"规划》并开展《科技工作者问卷》调查。

【基层科普行动计划】

2017年8月21日，市科协授予安溪县尚卿乡家居工艺电子商务协会、安溪乌龙茶研究会、安溪县龙涓乡赤片茶业技术协会、名安农业（剑斗）淮山农村科普示范基地、安溪县国心绿谷茶庄园科普示范基地为2017年"基层科普行动计划"优秀项目；授予张顺儒为农村科普带头人；授予安溪县凤城镇文昌社区为"社区科普益民计划"优秀项目。

【技术培训及农函大】

联合办学点 2017年，安溪农函大与安溪县茶叶协会联合办学点举办7期茶叶技能鉴定培训班，培训560人。

培训重点班 2017年，安溪推进农村实用技术培训重点班工程，举办4个班16期适用技术培训重点班，参训人数500多人。

技术培训与茶事活动 2017年3月16日，由安溪县农业与茶果局、人力资源和社会保障局、科学技术联合会主办的安溪乌龙茶烘焙技艺交流赛在福建佳友茶叶机械智能科技有限公司举行。4月25日，由安溪县科协、诚信促进会、安溪县乌龙茶研究会、龙涓乡政府联合举办的"好茶龙涓·诚信茶协"活动在安溪县龙涓乡赤片村召开。茶农们聚集在赤片茶业技术协会，聆听铁观音制茶工艺大师易长青讲授"诚信制茶"一课，并在《诚信公开承诺书》上签下自己的名字，按上手印。活动当天，赤片茶业协会会员主动自愿封存11台压茶机。9月24—25日，安溪县科协联合安溪县农村专业技术协会、尚卿乡家居工艺电子商务协会在安溪县尚卿乡灶美村举办以"创新驱动发展科学破除愚昧"为主题的全国科普日电商培训系列活动，近200人参加培训。9月27—28日，由县科学技术协会、县农业与茶果局主办、感德铁观音制作技术研究会承办的2017年秋季铁观音初制大赛在感德铁观音制作技术研究会隆重举办。评选出男子组和女子组一等奖各1名、二等奖各2名、三等奖各3名、优质奖各4名。9月28日，由市农技协、县科协、龙涓乡人民政府联合主办的2017年秋季"龙尖杯"茶农茶商初制技术交流赛在龙涓乡美岭村举行。评出一等奖1组、二等奖2组、三等奖3组。10月31日，由市农技协、县科协、西坪镇人民政府主办，西坪铁观音制作技术研究会、溪水生态茶场科普示范基地承办的2017年秋季传统工艺铁观音茶王赛在西坪镇举办。研究会会员选送茶样118份，经茶叶专家评审，评出金奖1个、银奖2个、铜奖3个、优秀奖10个，来自留山村的潘玉练获得金奖。

·安溪县茶叶协会·

【概况】

2017年，安溪县茶叶协会围绕茶业发展工作任务，认真履行职责，不断创新协会工作思路，以创特色为切入点，推动各项工作有序开展。新成立山东烟威（烟台、威海简称）分会，分会组织扩大到61个，会员发展到9850名。

【第二届理事会第三次会议】

2017年1月23日，安溪县茶叶协会第二届理事会第三次会议在安溪三德大酒店召开。县政府副县长肖印章，县政协副主席、安溪铁观音同业公会会长王文礼，县茶叶协会会长谢志攀，泉州市茶文化研究会执行会长陈文山，县民政局、人社局、农茶局、市场监督管理局领导和兼任分会会长的乡镇分管领导，县协会各分会会长，县协会理事会成员，安溪铁观音同业公会会员企业负责人等220人出席会议。

会议总结2016年协会工作、颁发茶王赛获奖证书、分会代表作经验介绍，并宣读《抵制压制茶倡议书》、举行《抵制压制茶倡议书》签名仪式。

【成立山东烟威分会】

2017年12月16日，安溪县茶叶协会山东烟威分会成立大会暨第一届第一次会员代表大会在烟台市举行。烟台市福建商会会长吴福林，县常委、宣传部部长陈剑宾、县茶叶协会会长谢志攀出席。在烟台、威海从事茶叶加工、经营等方面的71名安溪籍个人会员参加大会，会议宣读了关于聘任安溪县茶叶协会山东烟威分会第一届理事会负责人的决定，聘任王明伟为第一届理事会会长，占国金、汪永林、吴世杰、林艺坚、周培锋为常务副会长，王文杰、林艺明、杨坤良、汪启峰、陈锦地、刘晟杰、颜清金、王世杰为副会长，王文杰兼秘书长。

【调研安溪铁观音市场】

2017年4月20—21日，安溪县茶叶协会会长谢志攀、常务副会长刘青洲一行前往兰州调研安溪铁观音市场，了解当地安溪铁观音市场和分会会员经营情况。期间，召开座谈会，围绕分会如何抱团发展、甘肃分会第二届理事会推荐人选等展开探讨。6月19—20日，县茶叶协会会长谢志攀、秘书长林松洲一行前往汕头调研安溪铁观音市场，了解当地安溪铁观音市场和分会会员经营情况。9月6—8日，县茶叶协会秘书长林松洲一行前往南宁调研安溪铁观音市场，了解当地安溪铁观音市场经营情况。

【赴台参加交流活动】

2017年4月10—15日，安溪县茶叶协会组织会员企业参加由厦门日报社社长李泉佃带领的2017两岸斗茶赴台交流考察团。期间，参加两岸茶叶交流品茗会暨两岸茶业论坛，台湾大同技术学院、台湾阿里山茶业协会与两岸斗茶组委会共同举办的2017年两岸茶业研习活动。

安溪县计划生育协会

【概况】

2017年，全县24个乡镇协会配齐专职干部37名，其中，5万人口以下的乡镇配备1名，5万人口以上的乡镇配备2名，人员大部分从原计生服务所转岗充实。各乡镇计生协会于1月进行换届，选举产生会长24名，副会长41名。全县481个村（居）计生协会，共有正副会长740人，小组长3248人，全部由县财政予以补贴，其中，会长补贴每人每月500元，小组长补贴每人每月50元。

县级协会 2017年2月20日，安溪县计生协会召开第六次会员代表大会，选举产生第六届理事会，王金章当选理事会会长，陈建强当选为常务理事会专职副会长，林耀煌当选理事会专职副会长，郑紫文、谢文哲、苏江中、上官方颖、魏中南、肖杰成为兼职副会长，聘任王庆端为秘书长。根据省、市协会要求，县委编办核定协会内设机构两部一室（组织宣传部、财务项目部、办公室），人员编制6人（新增2名事业编制）。县财政预算计生协会各项经费380万元。

【基层协会"四联创"活动】

2017年9月18日，安溪县有12个乡镇协会被市确认为先进乡镇计生协会；481个村级协会有121个达到一流协会标准，占村级协会数25.16%；有217个达到合格村协会标准，占45.11%；双达标率为70.27%。全县3248个协会小组，有1981个达到"五好小组"标准，占60.99%；评选优秀协会小组长945人，给予每人奖励3个月补贴，各150元。

【生育关怀行动】

筹集生育关怀资金 2017年，

安溪县财政预算投入生育关怀资金65万元，各级协会共筹集525万元。

创建生育关怀基地 2017年，安溪县各级协会共创建各种生育关怀基地32个，内容涉及茶叶制作和营销、电商培训、生殖保健、法律援助、健康教育、关爱老人儿童、婴幼儿早教等方面。

生育关怀项目 2017年，安溪县为计生失独家庭办理大病住院救助保险，为高龄两孩孕产妇提供免费检查，为患不孕不育症夫妇介绍就诊就医。"两节"期间，关怀计生困难家庭300户，发放慰问金每户500元，关怀基层计生工作者、志愿者10人，发放慰问金每人800元。紧急救助因病因灾的计生家庭73户，发放救助款11万元。

关怀计生失独家庭 2017年，安溪县为全县62户计生失独家庭建档造册，分类型不定期开展入户慰问。对当年新发生的5户计生失独家庭，及时登门慰问，送上慰问金每户1.7万元，帮助解决具体困难和问题。全县62户计生失独家庭中，至2017年底，有6户女方满49周岁领取定补，每人每月1000元，14户再生育，8户收养孩子，县计生协会全部为他们办理意外伤害保险、大病救助保险和住院津贴保险等。

实施幸福工程 2017年，安溪县幸福工程第十期结合精准扶贫相关要求，扶助50户，给予每户扶助2万元，运作期限2年，资金发放全部到位。小额贴息帮扶，全县帮助312户计生家庭办理贷款，贷款总额1234.8万元，运作期限1年，到期通过信用联社发放贴息资金。

实施安居、成才工程 2017年，安溪县计生协会为农村"二女户"

建新房 50 座，总建筑面积 5770 平方米，总投入资金 613.5 万元，其中，县、乡投入 200 万元，社会各界捐资 35 万元，减免各项建房费用 57.6 万元。为 243 名农村"二女户"女儿上大学（其中本科 150 名、专科 93 名）提供助学奖励金 205.8 万元。其中，有 9 名学生同时得到省、市协会资助（省协会 2 名、市协会 7 名），每人每学年 5000 元至大学毕业。

实施计生家庭意外伤害保险

2017 年，安溪县为计生家庭办理意外伤害保险 21752 户，其中县、乡财政投保 13260 户，每户 100 元，总投入 132.6 万元，惠及人口 49675 人，参保对象包括农村二女户、一男结扎户、女方年龄满 45 周岁的独生子女户和计生特殊家庭。动员计生户（1 女 1 男户）自己出资投保 8492 户。至 12 月 30 日，已理赔 131 例，理赔金额 129.58 万元，其中，人寿保险安溪分公司理赔 127.8 万元，财产保险安溪分公司理赔 1.78 万元。

青春健康教育进校园 2017 年 4 月 25 日，安溪县计生协会在安溪八中召开"生育关怀青春健康教育进校园"经验交流会，举办学生团体技能互动演练。市计生协会专职副会长赵文祥亲临现场，指导活动开展。

开展高龄两孩孕妇免费产前检查项目 2017 年，安溪县拨出专项资金为高龄两孩孕妇（35 周岁以上）免费进行 12 期产前基础内容检查，建档造册，每人 1250 元的检查费全部由县财政支付。7 月 3 日，市计生协会（〔2017〕25 号）文转发安溪县的具体做法。至 12 月，全县有 642 人到县医院、县中医院、县妇幼保健院享受免费产检，检查中发现死胎 1 人，孕后并发症 5 人，得到相关医务人员及时指导就诊治疗。

安溪县关心下一代工作委员会

【概况】

2017 年，安溪县有关工委组织 715 个，其中县级关工委 1 个，乡镇关工委 24 个，县直各系统关工委 13 个，县直事业单位关工委 2 个，村（居）关工委 471 个，中学关工委 31 个，中心学校、小学关工委 150 个，企业关工委 23 个，参加关工委人数 7927 人。

【重要会议】

全委扩大会 2017 年 4 月 18 日，安溪县关工委全委（扩大）会议在县离退休干部活动中心四楼多功能厅召开，260 余人参加会议。会议传达学习中央领导批示和省委领导讲话、市关工委全委（扩大）会议的主要精神，回顾总结 2016 年工作，部署安排 2017 年任务。

7 月 24 日，县关工委召开上半年全县关心下一代工作会议，通报县委（安委〔2016〕5 号）文件督查情况、总结上半年和部署下一阶段工作会议，并开展有关业务培训。县委老干部局副局长陈哲泉出席会议，县关工委全体驻会人员、各乡镇关工委主持日常工作常务副主任、县直机关各系统党委关工委主任参加了会议。

"百万大手牵小手"部门联席会议 8 月 10 日，县委、县政府召开"百万大手牵小手"关爱活动部门联席会议，县委常委、组织部部长史思泉、县政府副县长丁建铭、"十大工程"牵头单位负责人、参与单位分管领导、县关工委驻会全体成员参加会议。

【创"五好"工作】

2017 年，安溪县关工委全面实施基层关工委创"五好"（即：领导班子建设好、骨干队伍建设好、活动经常效果好、制度健全执行好、探索创新成果好）动态管理机制，深化争先创优活动，量化、细化"五好"评估标准，坚持"一年一评三级联动"的评审方法，2017 年评出"五好"关工委 266 个，占关工委总数的 37.4%。为表彰先进、树立典型，进一步推进全县关工委"创五好"活动深入开展，县委、县政府授予连续四年评为"五好"关工委的凤城镇关心下一代工作委员会等 101 个单位为"安溪县基层关工委创'五好'先进单位"；授予黄开明等 50 位同志为"安溪县基层关工委创'五好'先进工作者"。2017 年 2 月，安溪县尚卿乡尤俊村关工委被省关工委评为"五好基层关工委先进集体"。

【青少年思想道德教育】

少年军校 2017 年 7 月，安溪县关工委配合团县委举办 2 期少年军校，常务副主任薛世浩为青少年授课。运用安溪县革命传统教育基地、青少年社会教育活动中心等各种教育基地，发挥阵地平台作用，组织开展丰富多采的教育实践活动，让广大青少年在优秀本土教育资源中将党史国史融入心灵。

《影像安溪》摄影作品展 2017 年 4 月 27—29 日，由省政协教科文卫体委和安溪县政协联合主办的《影像安溪》摄影作品展，在中国政协文史馆隆重举行，选取安溪县关工委主任苏宇霖亲自拍摄的《影像安溪》162 幅具有代表性的安溪发展的作品，直观讲述安溪的发展历程，以讲好安溪故事激发青少年爱国爱乡爱家情怀。

推荐学生赴市参加主题演讲比赛 2017年7月18日，安溪县关工委推荐2名小学生、1名中学生到市关工委参加由市关工委、市委文明办、市教育局、团市委联合举办的"向军旗敬礼，向英雄学习"演讲比赛，匀获得优秀奖。

设立县级青少年党史国史教育示范基地 2017年9月26日，安溪县关工委联合县委文明办、党史研究室和金谷镇等单位在中共安南永德苏维埃政府旧址设立青少年党史国史教育示范基地并举行揭牌仪式。县关工委常务副主任薛世浩为广大青少年及与会人员讲述党史国史教育课。

青少年社会教育活动中心建管用 2017年，安溪县青少年社会教育活动中心14个（含1个自建）。桃舟乡、凤城镇城东社区、蓬莱镇联盟村、参内乡大盾村、西坪镇南岩村、官桥镇山珍村等青少年社会教育活动中心按照县关工委部署于8月8—15日期间组织开展硬笔书法比赛等活动。西坪镇南岩村青少年社会教育活动中心在评选中获得"优秀"等次，补助经费1.5万元。

【捐资助学工程】

2017年8月25日，安溪县关工委召开三安集团助学金发放仪式，60名贫困学生、家长参加座谈会，现场收到爱心助学金4000元，这是第四次助学金。

8月31日，县关工委召开发放福建发树慈善基金会暨厦门新景地集团、厦门安溪商会2017年度助学金仪式。福建发树慈善基金会共捐

2017年4月27—29日，《影像安溪》摄影作品展在中国政协文史馆举办（安溪报社 供图）

赠21万元资助70名学生，厦门新景地集团钟江波捐赠9万元资助30名学生，厦门安溪商会廖志南、王正育、苏木清、许开明、柯希杰、李进江共捐赠9万元，资助30名学生。

8月25日，县关工委召开陈加友助学金发放仪式，为8名应届高考毕业生、2名在校贫困大学生发放爱心结对助学金每生3000元。

【关爱帮扶活动】

调整充实县关爱工作团 2017年5月12日，安溪县召开新一届关爱工作团工作会议，传达市关工委关爱工作会议精神，座谈交流县关爱工作经验和部署新一阶段的工作任务。政法系统关工委专门成立了关爱工作团。

第三届普法教育活动总结表彰 获中国关心下一代工作委员会、中华人民共和国司法部和中央社会治安综合治理委员会办公室联合表彰：安溪县中小学生社会实践基地、安溪县人民检察院"优秀组织奖"；钟少华、郭艳娜、黄月红获"先进个人"称号；胡巧娜、林巧红、王福强、陈文坚、王金山、何锦河、苏海滨等7人获"优秀辅导员"称号。

筹建"五老"志愿者服务队 2017年，安溪县为加大对校园周边环境、网吧综合治理力度，发挥"五老"志愿者关爱下一代、服务社会、发挥余热的精神，在全县各乡镇组建"五老"志愿服务队。

回访关爱失足未成年人 2017年7月12日，安溪县关工委主任苏宇霖、常务副主任吴金溪一行到芦田镇失足未成年人杨某川家中，回访了解一年半来帮教转化的情况。

2017年，安溪县关工委联合公安、检察、法院、司法、团委、教育等部门，以特殊青少年群体（即"五失"青少年）为主要工作对象，通过密切配合开展经常性教育、关爱、帮教和服务工作，预防、减少和矫正青少年违法犯罪。

·残疾人联合会·

【概况】

2017年，安溪县残疾人联合会推动出台《安溪县加快残疾人小康进程，推进残疾人事业发展"十三五"规划纲要》，明确"十三五"残疾人事业发展10大主要指标和33项

主要任务，健全残疾人社会保障和服务体系。2017年，安溪县残联被评为泉州市残疾人工作先进集体和市级文明单位，工作经验在全省残联系统工作会议上交流推广。

【省市县为民办实事项目】

2017年，安溪县残疾人联合会完成6件为民办实事项目，其中，省为民办实事2件：完成"残疾人居家养护"376名，共发放补助资金75.2万元；完成"扶助残疾人创业就业"130名，共发放补助资金65万元；市为民办实事2件：实施残疾人辅助器具适配救助工程，为28名受助对象到定点专业机构适配辅助器具35例，共补助36.25万元；为全县"一户多残"家庭残疾人发放生活补贴，为2452户"一户多残"家庭5142名残疾人发放补贴307.695万元。县为民办实事2件：为45户贫困残疾人建设"安居工程"提供补助，每户3.8万元，共投入资金171万元；完成"政府为残疾人代缴医保、社保"项目，为26056名残疾人购买新农合、城镇基本医疗保险，为12249名残疾人购买社会养老保险工作。共投

入社保资金513.3万元。

【康复工作】

2017年，安溪县组织实施220名残疾儿童康复训练并给予补助，共发放补助资金211.3万元；组织27名就业年龄段贫困智力、精神残疾人在第三医院、特教学校"福乐家园"托养，每人获补助5000元；组织实施"市贫困患者复明手术"及县"慈善复明"白内障复明手术项目，共为677名贫困白内障患者提供补助；组织实施"慈善助行"项目，为10名患者安装假肢；组织实施慈善助听项目，为32名听力残疾人安装助听器，发放省残疾人福利基金会"阳光伴我行"集善明门儿童轮椅30辆；发放贫困重度残疾人及"七彩梦"、彩票公益金辅助器具220件；实施省残疾儿童人工耳蜗项目，21名听力残疾儿童在定点医院进行人工耳蜗植入手术。推进精准康复服务工作，成立以分管副县长为组长的安溪县残疾人精准康复服务行动领导小组，制定并下发《安溪县残疾人精准康复服务行动实施方案（2016–2020年）》，举办专门业务培训班。

是年，共为109人残疾人发放货币补贴12.76万元。

【劳动就业工作】

2017年，安溪县与泉州市养生理疗协会联合举办残疾人中医理疗职业技能初级培训班，全县已培训50名25–38周岁的肢体残疾人，并取得资格证书；推进按比例安置残疾人就业工作，安置残疾人55名，配合地税部门做好残疾人就业保障金征收工作，是年，征收残保金847.8万元；落实扶持残疾人就业创业政策，补贴残疾人自主创业就业社保补贴57人，总资金13.5495万元；奖励安置残疾人高校毕业生就业企业1家，5000元奖金。

【残疾人扶贫与助学】

2017年，安溪县审核发放全县2584名一级重度残疾人护理补贴每人每月100元，8189名二级重度残疾人护理补贴每人每月50元，全年发放护理补助资金799.12万元；发放10889名生活困难残疾人生活补贴每人每月50元，共计651.08万元。完成2017年度残疾人机动轮椅车燃油补贴报批及资金发放工作，共492人享受补贴，发放补助资金12.792万元。完成残疾人家庭无障碍改造项目资金的发放，全县共补助150户，每户1000元，其中，3户示范户补助标准为每户3000元，合计发放补助资金15.6万元。

开展扶助贫困残疾学生和残疾人家庭子女就学，为310名受助对象发放助学金62.95万元；实施"交通银行残疾青少年助学"项目，2名符合条件的残疾大学生每人获助2000元。实施残疾人事业专项彩票公益

2017年8月，安溪视力残疾人林钰宁在第九届全国残疾人艺术汇演钢琴独奏（县残联供图）

金助学项目，扶助 12 名贫困学前在园残疾儿童，每人补助 3000 元。

【残疾人文体活动】

2017 年，安溪县组织 8 名青少年残疾人运动员参加 2017 年泉州市青少年残疾人田径、羽毛球、乒乓球、飞镖选拔赛；选送 15 件作品参加由市残联等 4 个单位联合举办的"放飞梦想·共享阳光——泉州市 2017 残疾人艺术作品展"，获得 1 金、2 银、1 铜佳绩；选送 2 个节目参加省、市残疾人文艺会演，节目《赛马》获器乐类市级二等奖、省级三等奖，节目《也好，越好》获舞蹈类市级三等奖，安溪代表队获"市级组织奖称号"；2017 年 8 月林钰宁获第九届全国残疾人艺术会演器乐类一等奖，受县政府奖励 1 万元，并被评为市残疾人自强模范。

【推动出台残疾人事业发展"十三五"规划纲要】

2017 年 2 月 21 日，安溪县出台《安溪县加快残疾人小康进程，推进残疾人事业发展"十三五"规划纲要》，健全残疾人社会保障和服务体系及权益保障制度，推进残疾人小康进程。

【安溪县爱慧自闭症康复中心运营管理工作】

2017 年，安溪爱慧自闭症康复中心被定为国家残疾儿童康复救助"七彩梦计划"定点民办康复机构，有专业教职工 8 人。是年，2 次邀请精神统合疗法创立人日本名古屋大学荫山英顺教授及石川美由纪教授来安溪开展自闭症教育帮扶活动。中心收训 50 多名儿童，有 11 人经过训练进入普通幼儿园。

【安溪县爱慧日间照料托养中心管理工作】

2017 年，安溪县爱慧日间照料托养中心为 13 名残疾人提供日间照料服务，残联为托养对象提供政府购买服务补助，每人补助 2000 元。

【联办精神类残疾人托养中心】

安溪县残疾人（三院）托养中心，建筑面积 3050 平方米，产权归属安溪县残联。2017 年 4 月 26 日，县政府县长刘林霜、副县长林毅敏到中心实地察看筹建情况，召开协调会决定批准中心为县残联下属财政全额拨款事业单位。8 月 30 日，县委编办行文批复县残联与县第三医院联合创办安溪县残疾人（安溪县第三医院）托养中心正式成立。

中心建筑面积 3050 平方米（2 号楼第 2、第 6 层），总投资 2578 万元，其中中央及省级补助资金 878 万元、县财政配套 1700 万元。内设工疗车间、康复训练室、阅览室、篮球场等功能室，配套认知行为评估系统等先进设备和农疗场地。主要职责是通过提供工疗服务和康复训练、文化娱乐、就业培训等途径，帮助精神障碍残疾人恢复社会功能。

【推进政府购买残疾人服务】

2017 年，安溪县推动 2 个政府购买残疾人服务项目：在 5 个乡镇试点政府购买残疾人家政服务，落实"阳光家园计划"，为 100 名精神、智力和重度肢体残疾人提供家政服务。为在第三医院、明爱、爱慧三个机构托养的 100 个精神、智力和重度肢体残疾人购买托养服务。项目补助标准为每人 2000 元。

·红十字会·

【概况】

2017 年，安溪县红十字会在"5·8"世界红十字日、"6·14"世界献血日、"世界急救日"，组织志愿者在县政府广场、龙津公园等场地开展无偿献血、造血干细胞捐献、人体器官捐献、艾滋病预防宣传活动，发放各类宣传品 20000 多份。春节前开展"博爱送万家"慰问活动，慰问救助城乡困难居民 303 人，发放慰问金约 13.47 万元。帮助白血病患儿申请总会的"小天使基金"及帮助先天性心脏病儿童申请住院费用救助，参与县关工委牵头的开展救助贫困大学生的捐资助学活动，搭建企业参与红十字助学救助活动的平台。是年，全县获全国无偿献血金奖 3 人，银奖 1 人。登记器官捐献 2 人，眼角膜捐献 2 例。红十字志愿者的服务时间 1825.5 小时。2017 年 6 月，安溪县红十字会在泉州市凯鹰电源电器有限公司成立安溪县第一个企业基层红十字会组织。

【应急救护培训】

2017 年 7 月，组织敬老院护工、禾康智慧养老中心护工和安溪义工协会志愿者在明爱福利院开展应急知识救护培训、培训人数 50 人。10 月 17 日，为泉州师范学院参加夏令营的大三学生开展应急救护知识培训讲座。全年为供电公司及其下属单位、凯鹰电源有限公司等企业 1085 名企业员工开展应急救护知识培训。

外事·侨务·港澳台事务

·外事·

【概况】

2017年，安溪严格执行因公出国（境）管理规定，全年因公出国团组4批19人次，主要出访新加坡、印度尼西亚、马来西亚、俄罗斯、越南、韩国等国联络乡谊，开展经贸洽谈活动，推介安溪铁观音及茶机械。

【对外文化交流】

2017年1月27日，"佳茗美酒·香溢巴黎"茶酒对话专场活动在法国巴黎举行，作为闽茶的优秀代表品类，安溪华祥苑茶与法国葡萄酒庄的对话成为活动的重点；4月12日，安溪县对接印度主流媒体记者代表团到安溪参观考察，宣传安溪铁观音和安溪茶文化；4月21日，加拿大参议院前议员、现任联邦参议员利奥·豪萨科斯，联邦参议员纳德·尼尔·佩莱特等随加拿大闽商寻根经贸代表团，到安溪进行文化交流；4月30日，对接丹麦青少年夏令营到安溪参观茶园茶史馆等，体验安溪茶文化；5月15日，邀请捷克国家投资局、捷克政府协会、捷克斯洛伐克银行、捷克政府协会驻华办事处等组成代表团到安溪考察"一带一路"合作项目，与福建三和茶业签订合作备忘录；6月6日，安溪沼涛中学与意大利米开朗基罗中学缔结姐妹学校；7月7日，对接乌克兰记联主席谢尔盖·托米连科率新闻代表团一行到安溪进行"丝绸之路经济带建设"主题采访采风，推介安溪的经济建设和茶业生产情况；同日，邀请希腊总统府文化办公室主任及文化事务主席索菲亚·希尼亚度和意大利文化顾问路易斯·高塔特教授一行到安溪参访考察，寻味中希建交45周年纪念茶——"安溪铁观音—我的莫逆之交"；9月26日，协助相关企业、部门赴法国参加第二届中法文化论坛系列活动，开展茶瓷文化交流。

2017年安溪县主要组团或参与组团出国访问情况表

时间	国家（地区）	主要出访人员	职务	参加单位	出访任务
3月	新加坡、印度尼西亚、马来西亚	刘林霜	安溪县人民政府县长	政府办、外侨办、发改局、龙门镇、官桥镇	开展经贸洽谈；通报第十届联谊大会筹备情况；拜访乡亲
6月	俄罗斯、越南	高向荣	中共安溪县委会书记	县委办、外侨办、农茶局	开展经贸洽谈
7月	马来西亚	叶文德	中共安溪县委常委、政法委书记	政府办、外侨办、蓬莱镇	参加柔佛州安溪公会60周年庆典活动
9月	韩国	石福林	福建省安溪县高甲戏剧团副团长	福建省安溪县高甲戏剧团	参加第56届耽罗文化节

·侨务·

【概况】

2017年，安溪县接待涉侨重点团组51批次，组团或参与组团出访3批次，向海外侨胞宣传国家"一带一路"倡议、泉州市海上丝绸之路先行区规划建设安排和安溪的招商政策，发动海外侨胞参与先行区建设，邀请海外侨胞带项目回乡参观考察和投资，深化"海外精英故乡行"活动，引导广大海外侨胞支持安溪县经济社会建设，全年华侨捐赠兴办公益事业3011.64万元，其中捐赠教育事业1587.04万元，修建公路80万元，其他公益事业1344.6万元。

【联络联谊】

2017年，安溪接待马来西亚团组19批次、新加坡团组11批次，印度尼西亚团组7批次，美国团组3批次，越南、加拿大团组各2批次，印度、阿根廷、缅甸、泰国、俄罗斯、日本、英国团组各1批次。是年3月，县长刘林霜带队赴新加坡、印尼、马来西亚开展经贸洽谈、拜访乡亲，通报第10届世界安溪乡亲联谊大会筹备情况；6月，县委书记高向荣带队赴俄罗斯、越南拜会乡亲、开展经贸洽谈，推介安溪铁观音及茶机械；7月，县委常委、政法委书记叶文德带队赴马来西亚参加柔佛州安溪公会60周年庆典活动。做大做强"海外青少年夏（冬）令营"活动品牌，11月28日至12月9日，举办以"为梦想"为主题的第8届马来西亚华裔青少年"中国寻根之旅"冬令营活动，为期12天，共有62名马来西亚华裔青少年参加。

2017年11月29日，第8届马来西亚华裔青少年"中国寻根之旅"冬令营在安溪慈山农中举行授营旗仪式　　　　　　　　　（县侨办供图）

2017年安溪县接待重点团组情况表

时间	国家（地区）	带队	职务	团组名称
1月	新加坡	李鸣羽	新加坡侨胞	寻根谒祖团
	新加坡	蔡志发	新加坡侨胞	参访交流团
	印度尼西亚	施柏松	印度尼西亚泗水安溪公会辅导委员会主席	省亲交流团
2月	日本	林全南	爱媛县华侨华人联合会会长，林氏国际株式会社董事长	参访交流团
	英国	廖炳树	英女皇特许会计师	省亲交流团
	美国	张卫明	美国第一联合投资银行合伙人	投资考察团
3月	印度尼西亚	李龙羽	印度尼西亚松大集团	省亲考察团
	新加坡	李瑞庆	新加坡侨胞	经贸考察团
	美国	叶松春	美国南加州福建同乡会常务副会长	参访交流团
	美国	翁国泉	美国南加州福建同乡会常务副会长	参访交流团
4月	新加坡	陈添来	新加坡韭菜芭城隍庙主委	宗教文化交流团
	加拿大	胡子修	加拿大议员	寻根谒祖团
	加拿大	林志伟	加拿大泉州同乡联合总会会长	参访交流团
	马来西亚	黄剑威	马来西亚槟城安溪会馆理事	参访交流团
	马来西亚	曾德发	马来西亚新山福建会馆会长	参访交流团
	印度	——	印度媒体代表团	媒体采风团
	马来西亚	许福来	马来西亚安溪总会秘书长	参访交流团
	马来西亚	林孝仁	拿督、马来西亚德信集团董事长	经贸考察团
	马来西亚	林良实	马来西亚交通部原部长	参访交流团
5月	新加坡	林善能	新加坡永春会馆秘书长	参访交流团
	越南	柯育	越南福建商会会长	参访交流团
	马来西亚	陈万隆	马来西亚侨胞	参访交流团
	新加坡	杨云仲	新加坡安溪会馆总务	参访交流团
	新加坡	张子彪	新加坡张氏宗亲会秘书长	参访交流团
	印度尼西亚	林路意	印度尼西亚侨胞（施金城外孙）	经贸考察团
6月	印度尼西亚	许再山	印度尼西亚工商会馆中国委员会副秘书长	经贸考察团
	马来西亚	许福来	马来西亚安溪总会秘书长	参访交流团
	马来西亚	叶长鹏	马来西亚安溪总会理事	参访交流团
	印度尼西亚	施景明	印度尼西亚侨胞（施金城儿子）	参访交流团
7月	马来西亚	章炳来	马来西亚柔佛州安溪公会理事	参访交流团
	越南	杨映辉	越南江安贸易进出口公司经理	经贸考察团
8月	马来西亚	曾德发	马来西亚新山福建会馆会长	参访交流团
	马来西亚	许福来	马来西亚安溪总会秘书长	参访交流团
	新加坡	杨云仲	安溪会馆总务	参访交流团
	马来西亚	林建南	马来西亚安溪总会副会长	参访交流团

时间	国家（地区）	带队	职务	团组名称
9月	马来西亚	林福山	马来西亚安溪总会会长	参访交流团
	泰国	张建禄	泰国福建会馆理事长	参访交流团
	俄罗斯	吴进明	俄罗斯闽南商会理事长	参访交流团
10月	新加坡	黄山忠	新加坡中华总商会会长	参访交流团
11月	马来西亚	林木春	马来西亚侨胞	参访交流团
	新加坡	张湘艳	新加坡侨胞	参访交流团
	马来西亚	林福山	马来西亚安溪总会会长	参访交流团
12月	马来西亚	陈顺峰	大马福建社团联合会青年团副秘书	参访交流团
	新加坡	唐裕	新加坡侨胞	参访交流团
	阿根廷	钟清	阿根廷中国文化发展基金会荣誉会长	参访交流团
	缅甸	林友金	缅甸安溪会馆会长	参访交流团
	印度尼西亚	廖杨宗	印度尼西亚安溪福利基金会主席	参访交流团
	印度尼西亚	胡玉志	印度尼西亚占碑安溪同乡会主席	参访交流团
	马来西亚	许福来	马来西亚安溪总会秘书长	参访交流团
	马来西亚	彭瑞霞	马来西亚侨胞（陈金火遗霜）	参访交流团
	马来西亚	陈正锦	马来西亚乌雪安溪会馆会长	参访交流团

【经贸合作】

2017年3月17—20日，安溪县组织20家茶企到马来西亚参加马来西亚国际茶与咖啡博览会，展会期间签约合同金额1200多万元；6月18日，组织10家企业到福州参加第10届中国·海峡项目成果交易会重要活动之一的华侨华人项目成果（泉州）专场对接会，达成合作意向项目2项，总投资650万元；8月17—19日，组织8家中国驰名商标的茶企参加第九届香港国际茶展，展会期间签约合同金额1500多万元；11月30日至12月3日，组织八马茶业、德峰茶业等9家茶企到马来西亚参加福建商品展。全年引进侨资项目5个，其中，促成印度尼西亚PPI公司到中国投资，在安溪合资注册安溪县中尼贸易有限公司和福建中尼贸易有限公司。

2017年8月15日，安溪县人民政府与印度尼西亚PPI公司项目签约仪式在安溪举行
（县侨办供图）

2017年安溪县新落地侨资企业情况表

企业名称	经营范围	备案时间
安溪十通能源有限公司	研究、开发绿色新能源及其生产设备（依法须经批准的项目，经相关部门批准后方可开展经营活动）	2017年5月
安溪安博斯重金属研究院有限公司	研究和开发重金属处理技术。（依法须经批准的项目，经相关部门批准后方可开展经营活动）	2017年5月
佛罗花（福建）综合农业科技有限公司	茶叶新品种及其制作新技术研发；茶叶加工、批发、零售；茶园开发；茶树种植；农产品（不含棉花、粮食）收购、销售；茶具销售；植物饮料生产、销售；从事货物与技术的进出口业务（但涉及前置许可、国家限定公司经营或禁止进出口的商品和技术除外）。（依法须经批准的项目，经相关部门批准后方可开展经营活动）	2017年6月
安溪县中尼贸易有限公司	预包装食品、保健食品、日用百货、工艺品、茶具、钢材、针纺织品、办公用品、办公设备、电子产品、包装材料、建筑材料（不含危险化学品）、木材、卫生洁具、五金交电、机电设备及配件、矿产品、橡胶销售；自营和代理各类商品和技术的进出口，但涉及前置许可或国家限定公司经营或禁止进出口的商品和技术除外。	2017年8月
福建中尼贸易有限公司	预包装食品、保健食品、日用百货、工艺品、茶具、钢材、针纺织品、办公用品、办公设备、电子产品、包装材料、建筑材料（不含危险化学品）、木材、卫生洁具、五金交电、机电设备及配件、矿产品、橡胶销售；自营和代理各类商品和技术的进出口，但涉及前置许可或国家限定公司经营或禁止进出口的商品和技术除外。	2017年9月

【为侨服务】

2017 年，安溪县受理涉侨涉外来信来访 3 件，办结 3 件，办结率 100%。做好有关华侨子女入学、"三侨生"（即归侨、归侨子女、华侨子女）加分审批、华侨回国定居办理等工作，办理华侨身份认定 9 份。发放列入低保贫困归难侨生活补助 7 人 1.68 万元，发放遭遇大病大灾贫困归难侨补助 15 人 4.3 万元，发放鳏寡孤独贫困归侨补助 5 人 1 万元，发放贫困归侨生产扶持资金 7.6 万元。

【丰富侨情资料】

2017 年，安溪县加快推进全县侨捐信息资料库建设，支持老侨务工作者陈克振将改革开放以来刊在海内外报刊的涉侨文章结集，编辑出版《安侨之光》。该书记述侨居海外的安溪华侨华人和国内归侨侨眷的事迹，同时记载安溪侨务部门落实侨务政策、服务改革开放和地方经济发展等方面的情况，为安溪华侨史留下翔实资料。

·港澳事务·

【概况】

2017 年，安溪县接待来访香港澳门同胞 5 批次，其中，香港同胞 3 批次，澳门同胞 2 批次；主要组团或参与组团出境访问 2 批次。

【交流活动】

2017 年 2 月，香港安溪同乡会候任副会长张鹏程带队到安溪参访交流；7 月，香港安溪同乡会荣誉会长王曼源带队到安溪参访交流；10 月，澳门安溪同乡会会长柯南强带队到安溪参访交流；12 月，香港安溪同乡会会长曾少春、澳门安溪同乡会会长柯南强分别带队到安溪参访交流。

【赴港活动】

2017 年 2 月，县政协主席梁

2017年4月9日，在首届海峡两岸乡村农创节上举行两岸大学生合作共创签约仪式（县侨办供图）

金良带队赴香港参加安溪同乡会第十六届董事会就职典礼活动；8 月，县委书记高向荣带队赴香港参加泉州市同乡总会第十四届董事会就职典礼活动。

【安港大学生茶文化交流】

2017 年 8 月 5 日，2017 年香港大学生海上丝绸之路科学营无我茶会在安溪茶学院举行，来自香港的 21 名大学生与安溪茶学院学生结对品饮，共同鉴赏安溪四大名茶乌龙茶、本山、黄金桂、毛蟹，开展茶文化交流。

·涉台事务·

【赴台交流】

2017 年 2 月 13—19 日，虎邱镇镇长高刚福率团一行 10 人，赴台开展乡镇对接交流活动；4 月 8—9 日，安溪组织台湾青年"海丝泉州·安溪行"，举办首届海峡两岸乡村农创节；6 月 19 日，以"光地故里共叙缘 两岸文创同发展"为主题的第九届海峡论坛·李光地文化节暨海峡两岸大学生文创峰会在安溪开幕，海峡两岸政、商人士，李光地文化研究专家学者，李氏宗亲代表，台湾教育文化经贸促进会代表等 200

多人共同探索李光地文化、传承和弘扬李光地精神；7 月 10—19 日，在安溪县尚卿乡举办 2017 年海峡两岸（安溪）青年人才文创设计邀请赛，邀请来自台湾台北市、南投县的青年企业家来安溪参观交流，来自海峡两岸的 13 所高校学生组成 21 支团队参赛；7 月 22—31 日，台湾青少年"寻根之旅"夏令营福建安溪营在安溪茶业职业技术学校、安溪县慈山农业学校举办，45 名营员共同学习茶文化、制茶工序，观看民俗表演，参观泉州、安溪历史古迹与安溪县城；8 月 15—21 日，县委常委、统战部部长林荣超率团一行 8 人，赴台开展台湾清水祖师宗教信仰文化交流；10 月 23—29 日，县人大常委会副主任苏志雄率团一行 10 人，赴台开展安台乡镇村里、同宗同名村对接和民间交流活动；11 月 28 日至 12 月 4 日，县政协副主席许文风率团一行 10 人，赴台参加在台南举办的第二届清水祖师文化节，并参访台北市安溪同乡会等社团，拜访在台安溪乡亲。

2017 年，安溪县从提升清水祖师、广泽尊王、保生大帝、城隍等民间信仰对台交流品牌的影响力入手，增强台湾同胞对祖地文化的认同感，深化宗亲宗族文化交流，发挥安溪是台湾同胞最主要的祖籍地优势，组织开展宗亲联谊、族谱对接，互访交流等活动，促进安台宗亲交往的正常化、常态化、基层化。全年安溪县接待重点台胞30批次。

2017年安溪县接待重点台胞情况表

时间	带队	职务	团组名称
1月	颜重庆	澎湖县议会原副议长	民间基层参访团
	欧阳修	台湾澎湖县旅游发展协会创会理事长	参访交流团
2月	廖锡鸿	台中广圣宫主委	广泽尊王文化交流团
3月	陈忠治	"中华"两岸交流联合办公室执行长	参访交流团
4月	陈宇华	金门县青年发展协会会长	参访交流团
	颜重庆	澎湖县议会原副议长	望安乡公所代表团37人
	郭文明	高雄双龙寺（董公）主委	高雄郭氏宗亲回官桥碧一村交流团110人
5月	陈世川	台南清水祖师文化交流协会原秘书长	参访交流团
	吴陈琼秋	中国国民党中常委	参访交流团
	陈忠治	"中华"两岸交流联合办公室执行长	参访交流团
6月	李炷峰	金门县原县长	参加海峡两岸李光地文化节
	张定次	台湾张氏宗亲总会会长	宗亲交流团
	高锦煌	台湾高氏宗亲会原理事长	宗亲交流团
7月	翁重钧	台湾澎化翁氏宗亲会会长	寻根谒祖团43人
	李延禧	台湾新北市军公教联盟党创党主席	寻根谒祖团17人
	陈信杰	台湾"中华"华夏青年关怀总会会长	参访交流团
	杨胜凯	台湾山水之林股份有限公司总经理	经贸考察团
8月	江金香	台东县议会顾问	参访交流团5人
	周庆松	台北安溪同乡会理事长	参访交流团6人
9月	卢玉栋	屏东县恒春镇镇长	宗教交流团112人
10月	郑铭坤	台湾妈祖联谊会会长	参访交流团6人
	王华富	台湾禁毒处处长	参访交流团3人
11月	吴志祥	台南龙山寺主委、台湾清水祖师交流协会创会会长	清水祖师文化交流团
	颜重庆	澎湖县议会原副议长	参访交流团
	吴陈琼秋	中国国民党中常委	参访交流团10人
	洪有庆	澎湖县马公市风柜里里长	参访交流团
12月	周庆松	台北安溪同乡会理事长	参访交流团
	高锦煌	台北市高姓宗亲会名誉理事长	参访交流团
	萧明显	台南后碧长短村萧氏宗亲	宗亲交流团33人
	臧幼侠	台湾南部司令、台湾振兴"中华"促进会理事长	参访交流团6人

【对台经贸】

2017年，安溪县实施泉州市"港湾计划"（指打造人才"引得进、留得住、过得好"的梦想港湾、事业港湾、生活港湾），主动牵线搭桥，推荐引进并服务好台湾高层次人才，尤其是台湾青年创业人才，为安溪新一轮发展提供有力人才支撑。结合县委、县政府"大招商 招大商"活动，按照"以台引台、借力招商"思路，加大招商引资。全年引进台湾高层次人才12人，引进台资企业2家，签订合作意向书6份。

【关心台胞、台属】

2017年，安溪县全年发放慰问金3万多元，发放老龄台胞、困难台胞补助23.73万元。加强台联界政协委员的考察推荐，推荐台籍人士为市政协委员1名、县政协委员7名。

城乡建设与环境保护

·城乡规划·

【概况】

2017年，安溪严格建设项目规划许可，对县城、乡镇规划区内的规划管理继续实行"一书两证"（选址意见书、建设用地规划许可证和建设工程规划许可证）的管理制度。截至2017年底，办理选址意见书299件，办理建设用地规划许可证91件，办理建设工程规划许可证97件。

【城区规划】

中心城区规划 2017年，安溪县推进控规编制。其中，德苑片区、罗内片区控规、35KV及以上电力设施、县城移动通信基础设施专项规划分别于7月、9月、7月、11月获县人民政府批复实施；同美—美法—高速出入口控规完成初步方案；玉田—墩坂片区、城南片区、路英—南坪—古山片区控规完成前期调研工作；城市景观风貌、排水（雨水）防涝、停车场、电动汽车充电基础设施等专项规划均完成方案成果，各专项规划领域进一步覆盖。

湖头新城规划 2017年，安溪县湖头镇对2011年完成的《湖头综合改革建设试点镇总体规划（2011—2030年）》进行新一轮的调整修编；

委托设计院启动《湖头特色小镇全域总体策划》《湖头特色小镇核心区概念设计》规划设计，12月底已完成方案文本。

8个中心城镇和10个小城镇规划 2017年7月，尚卿乡总体规划获安溪县人民政府批复；10月，安溪清水岩风景名胜区总体规划（修编）获福建省人民政府批复；蓬莱镇、剑斗新镇区、龙涓乡总体规划均完成方案成果。

新农村村庄规划 2017年9月，安溪县蓬莱镇彭格村村庄建设规划9月获安溪县人民政府批复；剑斗镇福斗村、月星村村庄规划（修编）均完成方案成果。

【石结构房屋改造】

2017年，安溪全县计划完成石结构房屋改造面积375.87万平方米，其中，成片改造项目25个，涉及石结构房屋改造5856栋，建筑面积168.05万平方米；零星改造涉及石结构房屋改造8561栋，建筑面积283.49万平方米。至2017年底，累计拆除房屋13574栋，建筑面积472.29万平方米，占年度拆除计划104.59%；累计完成投资21.8亿元，占年度计划投资93.21%；累计开工8014栋，建筑面积279万平方米，占年度开工目标的100.02%。

·城乡建设·

【概况】

2017年，安溪县市政公用事业进一步加强市政道路建设，进行市政道路建设15项，完成投资3亿多元；加强城区46条主、次干道106公里市政道路工程配套设施，26座桥梁巡逻检查；加强城市景观建设、园林绿化，城市绿地覆盖率43.69%，人均公园绿地14.30平方米。同时，做好环境卫生、自来水供应，污水处理等工作。

【美丽乡村现场会】

2017年3月，安溪县在参内乡田底村召开全县的美丽乡村现场会，23个美丽乡村所在乡镇的分管领导、经办人员、村主干等人员参加了现场会，参观学习参内乡田底村的做法。同时，进行业务培训会，对省级美丽乡村的政策、资金补助、实施内容以及2016年的工作进展及存在问题等方面进行详细的解读和通报。

【市政道路建设】

建安南路市政道路工程 全长约1009米，道路宽度为50米。工程主要是路线、路基路面、桥涵、交通、道路照明、雨及污水等工程的建设。2012年7月底开工建设，至2017年

12月，完成总投资约1700万元。

安溪县建安南路延伸段市政道路工程（第一标段） 路线全长500米，道路宽度50米。工程主要是道路工程、桥涵工程、排洪渠工程、交叉工程、给水工程、雨水工程、污水工程、照明工程、交通工程、绿化工程。2016年5月底正式开工建设，2017年6月完工，完成总投资1400万元。

安翔公路中山大桥及连接线道路排洪等配套工程 全长约1920米，红线宽度32~44米不等，主要是桥梁、箱涵、机动车道、非机动车道、人行道、给水、雨水、污水管线、街头绿地、绿化工程、路灯工程及交通安全设施等的建设。2015年3月开工建设，2017年10月完工，完成投资2.3亿元。

红星美凯龙东侧市政道路工程 全长约414米，宽度15米，主要建设内容为机动车道、非机动车道、人行道、给水、雨水、污水管线、路灯工程及交通安全设施等。2015年10月开工，2017年底完成投资210万元。

德苑工贸园区农民集中住房建设项目A区区间道路 全长约422米，宽18米。工程主要建设内容为车行道、人行道、给水、雨水、污水管线、路灯工程、交通安全设施及二环路市政配套完善等。2015年11月开工建设，2017年1月完工，完成总投资162万元。

安溪县光德汽车站及安商大厦区间道路工程 项目包括3条支路，其中，AK线全长约394米，宽16米；BK线全长约217米，宽16米；CK线全长约396米，宽12米。工程主要建设内容为车行道、人行道、给水、雨水、污水管线、绿化、路灯工程及交通安全设施等。2015年11

月开工建设，至2017年底完成投资约370万元。

安溪县美法市政干道工程（K0+220~K0+364.334） 全长约364.334米，宽度18米，主要建设内容为车行道、人行道、给水、雨水、污水管线、交通安全设施、路灯及绿化工程。2016年9月开工，2017年11月完工，完成总投资200万元。

安溪县建安大道宝龙城市广场人行天桥工程 主梁桥全长46.5米，主梁宽4.328米。2016年10月开工建设，2017年3月完工，完成总投资436万元。

安溪县二环路第十八实验小学人行天桥工程 天桥单孔44米，横跨现状二环路，桥面净宽度4米。2016年10月开工建设，2017年3月完工，完成总投资约492万元。

安溪县尚学领地西侧市政道路工程 道路起点位于二环路，向南延伸约480米，宽度18米。工程主要建设内容为车行道、人行道、给水、雨水、污水管线、路灯工程及交通安全设施等，横断面采用4.5米人行道+9米车行道+4.5米人行道的形式。2017年3月开工建设，至年底完成投资约80万元。

德苑工贸园片区农民集中住房建设项目B区市政道路延伸段工程 道路起点位于二环路，修建全长约381.261米，宽度24米。工程主要建设内容为人行道、给水、雨水、污水管线、路灯工程、绿化工程、交通安全设施等，横断面采用4.5米人行道+15米车行道+4.5米人行道的形式。2017年6月开工建设，至年底完成投资约120万元。

安溪县颖如大桥桥面系修复工程 工程主要施工内容为桥面铺装层更换、人行道板更换、栏杆更换、伸缩缝更换、照明设施更换等。2017

年7月开工建设，9月完工，完成总投资130万元。

安溪县建安南路延伸段改渠工程（PK0+52.62~PK0+220） 主排洪渠位于建安南路延伸段西侧，起点位于坑埔尾桥，桩号起点为PK0+0,项目范围为桩号PK0+52.62~PK0+220，全长167.38米，排洪渠两侧设重力式C20片石砼挡土墙，渠底铺设片石，开挖深度7~8米，挡土墙坡度1:0.25。2017年7月开工建设，11月完工，完成总投资约370万元。

安溪县东湖（凯鹰电池厂门口）边坡治理工程 工程主要对东湖（凯鹰电池厂门口）进行边坡水土流失治理，采用草皮护坡、挂网护坡和边坡喷草防护三种形式。治理高度最高57米，治理面积5039平方米。2017年11月开工，至年底完成投资约50万元。

安溪县参洋片区农村公路东西大道段工程 东西大道路线西起接岩岭隧道连接线，路线往北偏东向右转从参洋片区穿过，终点止于东二环路，路线全长约2144米，道路红线宽度36米；经一路连接段南起接既有一号路，路线往北止于与纬五路交叉口，路线全长约440米，道路红线宽36米；南北大道续建段南接既有参内大街，路线往北延伸至纬五路，与之交叉，路线全长约420米，道路红线宽36米。工程主要是路基路面、桥梁、涵洞、排洪渠、管线工程（雨水、污水和给水）、交通工程、路灯照明工程及绿化工程等市政配套设施的建设。2017年10月开工，至年底完成投资约1300万元。

【市政道路管理】 2017年，安溪县加强城区46条主、次干道106公里市政道路工程配套设施、26座桥梁的巡逻检查工作，做好道路路面、路缘石、人行道、诗词栏杆等市政设施的维护及保养工作。对城区电力、自来水公司附近破路进行修复；对蓝溪大桥门帘进行维修；对河滨南北路木栈道进行修复；对南门桥头交叉口进行改造；对芹坑口大桥桥台裂缝进行修复；对南坪村旧排洪渠进行混凝土回填，对高速公路出口护栏、铭选大桥护轮带、南门大桥栏杆、安溪大桥栏杆、益民天桥栏杆、河滨南路木栈道进行油漆保养；对城区政府广场、民主路、中山街、解放路、河滨北路、凤山路、联谊街、八三一路人行道进行修复；对东二环路茶博汇至友联、茶学院路面进行修复；对河滨西路龙镇宫前路面、纬璇织造门口、金火中学原大门口、美法村老年活动中心、永隆国际城一期门口路面进行修复；对建安南路（华侨职校）挡土墙进行修复；对河滨南路好美国际酒店、龙湖商城路面进行修复；对城厢宝龙红绿灯人行道、永安路、龙飞路、建安大道、河滨南路人行道进行修复；对大同路（7天连锁酒店）、美安路（君悦华庭）路面进行修复；对光德河滨路、德苑路、兴安路、河滨西路人行道进行修复；对同美河滨路路面进行修复；对参内大街、茶博汇河滨路、过溪河滨路、圆谭河滨北路人行道进行修复；对安溪县城区人行道进行盲道线修补；对河滨北路影剧院、安香茶叶、垃圾转运站路面进行修复；对新安路一中圆盘路面进行修复；对城区道路进行冷补沥青修补、沥青灌缝；对建安大道学府名门路口人行道、雨水管进行改造；对解放路（中闽百汇段）道路进行改造提升；完善二环路配套人行道、路面等，完成 26 座桥梁检测。累计路面翻修约 9000 平方米，人行道翻修约 8000 平方米，路缘石翻修约 7000 米；加强城区桥梁管养及维护，是年委托设计单位对城区桥梁检测发现的病害进行维修方案设计。修补城区市政道路 5000 平方米（热拌沥青碎石混凝土）。是年，完成城区路面修复等零星工程的总投资约为 600 万元。

【城市景观】

路灯夜景工程建设　2017 年，安溪加强城区 2.2 万多盏路灯维护及维修工作；路灯夜景工程建设：主要有 308 线清溪大桥到金谷地界两侧路灯安装工程，项目造价 1207.71 万元；三安大桥安装中华结灯，项目造价 10.8 万元；夜景工程有：政府主楼、雁塔、清心阁、城东水闸桥、南门大桥、颖如大桥、铁索桥、新加坡花园等；为全县 24 个乡镇提供 LED 路灯 4365 盏，318330 瓦。

城市园林绿化建设　2017 年，安溪开展"四绿"工程建设，巩固"国家园林县城"成果，先后完成了凤山公园（续）、尚学领地广场（续）、清水湾河滨公园（续）、鼎盛金领广场绿地（续）、三安大桥连接线边街头绿地等公园广场景观绿化建设；三安大桥连接线、建安南路延伸段等道路绿化建设；湾美小区二期（续）、永隆国际城三期（续）、清水湾二期（续）、金沙水岸二期（续）、第十幼儿园、十八小等单位庭院和居住区景观绿化建设。新增城市绿地 35.40 公顷。至 12 月，安溪县城市建成区面积 27.0 平方公里，绿地面积 1039.74 公顷，绿化覆盖面积 1179.56 公顷，公园绿地面积 342.72 公顷，绿地率 39.82%，绿化覆盖率 43.69%，人均公园绿地 14.30 平方米。

城市景观建设　2017 年，安溪县先后完成凤山公园（续）、尚学领地广场（续）、清水湾河滨公园（续）、鼎盛金领广场绿地（续）、三安大桥连接线边街头绿地、河滨南路龙湖山庄前绿化提升工程等公园广场景观绿化建设。

城市亭廊景观建设　2017 年，安溪新建设凤山公园孔子龛亭子 1 座、廊架 1 座。

【水务】

生产经营　2017 年，安溪县自来水供水 2738 万吨，实际售水 1308.6 万吨，水费收入 2444.5 万元，新增用水户 11156 户。营业总收入 4335 万元，生产营业总支出 2705 万元，利润总额 1761 万元。

回收提升　2017 年，安溪县市政局新设管网巡查、测漏组，改进安装、抢修体系，加大破损管网改造力度，投资 60 多万元更换超年限使用计量器具，累计更换水表 1509 只，供水回收率由 50% 左右提升至 52%。加快水厂三期工程建设，累计完成投资 7328 万元。

【环卫事务】

环卫设施建设　2017 年，安溪新建光德垃圾转运站 1 座；改造提升坝头转运站为压缩式转运站。新购置勾臂车 4 辆、扫路车 2 辆、护栏车 1 辆、洒水车 2 辆，共配套垃圾清运车辆 45 辆、垃圾清捞船 4 艘。

环境卫生　2017 年，安溪道路清扫保洁面积 261 万平方米，大龙湖清捞保洁面积 175 万平方米，日产日清生活垃圾 500 吨。垃圾收运覆盖全县 24 个乡镇。全年，清运生活垃圾 18.85 万吨，无害化处理量 18.85 万吨，生活垃圾无害化处理率 100%。

县城市生活垃圾焚烧发电厂　2017 年，安溪县城市生活垃圾焚烧发电厂入厂垃圾量为 216292 吨，入炉处理量为 209997 吨，入厂垃圾量由原来的 500 吨 / 天左右增长至 620 吨 / 天。8 月 17 日，与县市政公用事业管理局签订安溪县城市生活垃圾焚烧发电厂改扩建项目框架协议，并进行项目开工前准备工作。

【城区污水处理】

安溪安晟环境工程有限公司以BOT模式运营的安溪城市污水处理厂，位于安溪县城厢镇过溪村东部，建设规模为6万 m³/d。一二期生产工艺均采用A2/O工艺，各构筑物均进行加盖采用生物滤床进行除臭，尾水排放标准为GB18918—2002《城镇污水处理厂污染物排放标准》一级B标准。日均处理量为4.0万吨/日，出水稳定达标排放。

· 房地产业 ·

【房地产开发】

2017年，安溪县住建局审核批准房地产开发企业资质8家（三级资质1家，暂定资质7家），完成房地产投资95.22亿元，房地产销售面积164.43万平方米，办理商品房预、现售许可证60宗，批准预、现售面积133.04万平方米。

【产权产籍档案管理】

2017年，安溪全县商品房预售合同备案18166宗；存量房转移登记备案2244宗，面积42.18万平方米；办理二手房交易2244宗，面积42.17万平方米；预购商品房抵押备案9899件；均在承诺时限内办结，办结率达100%。

【物业管理】

截至2017年底，在安溪县注册取得资质的物业服务企业28家、外来企业备案25家。全县住宅小区164个，由物业企业管理的非安置房项目138个（其中，已交房97个、已中标但尚未入驻管理41个），业主自治项目9个，居委会自治项目10个，有物业管理的安置房项目7个，

已成立业委会的小区37个，业委会成员353人。

县住建局联合县消防大队组织对各全县物业服务企业进行消防安全管理工作专题培训及现场演练，组织召开安溪县物业服务企业消防安全管理约谈会；联合安溪新奥燃气有限公司开展燃气安全管理交流会。此外，还分别组织各小区开展电梯安全管理培训、防台防汛工作现场演练、保安人员专题培训等。推动物业服务企业创建省、市级优秀示范项目。是年，海峡茗城项目通过省级考评组验收，获得"福建省物业管理示范项目"称号，润宇欧洲城二期、清水湾一期、山水湾、百盛华府4个项目获得"泉州市物业管理示范项目"称号。创新物业管理机制，引进市级示范项目评分标准，成立物业服务企业考评组，对全县所有物业服务小区进行考评检查。

【保障性安居工程】

2017年，安溪县新开工建设任务为棚户区改造690套，至9月份已开工建设690套，均采用政府回购商品房作为安置房的安置方式。棚户改造2个项目，其中，官桥镇棚户区改造项目，共480套，总建筑面积6.13万平方米，计划投资2.46亿元，实际已完成投资9700万元，处于主体施工阶段。安溪县富源安置小区（一期）210套，总建筑面积2.74万平方米，计划投资9122万元，实际已完成投资2515万元，处于桩基施工阶段。

· 建筑业 ·

【概况】

2017年，安溪县加强建设领域各个环节的监督管理，抓好福建省

建筑施工企业信用综合评价体系企业合同履约行为评价，对全县在建施工项目施工合同、劳动合同、劳务分包合同、企业用工实名制管理、农民工工资发放情况等行为进行检查。

至2017年底，安溪共有建筑业企业65家，其中，一级企业5家，二级企业11家。全县新开工建筑项目121个。全面开展创建"无欠薪项目部"活动，规范工资支付行为，全年协调15件拖欠农民工工资纠纷上访事件，为农民工追回工资620万元。

【招投标管理】

2017年12月10日，安溪恢复房建和市政工程建设项目报建，由县住建局组织业务人员参加报建等相关业务培训、学习，对招投标规范性文件进行全面梳理，调整招投标监管方式，通过福建省公共资源交易电子监督平台进行电子报建及招投标备案。是年，住建局共签收21个招投标备案项目。

【工程质量安全监督管理】

2017年，安溪全县办理质量监督工程97个，建筑面积164.85万平方米；办理工程竣工验收备案24个，建筑面积128.70万平方米。开展4次建设工程质量安全大检查和8次质量安全专项检查，发出"责令改正通知单"620份，对97个项目总监扣分3149分，对40家监理单位扣分2759分；对147个项目经理扣分4009分，对90家施工单位扣分3542分；对施工现场存在较大质量安全隐患的6家责任单位依法进行处罚，共计罚款24.52万元。

是年，安溪裕福明珠一期1#-3# 和5#-8# 楼及地下室工程、安溪县安翔公路中山大桥及连接道路排洪等配套工程第二标段、铁观

音广场一期工程3个项目被评为福建省建筑施工安全生产标准化优良项目；安溪县安翔公路中山大桥及连接道路及排洪等配套工程第二标段、裕福明珠一期1#-3#和5#-8#楼及地下室工程、铁观音广场一期工程、安溪盛世金元居住小区一期工程1#-12#楼及地下室、弘桥商业城2-3#和5#楼工程、弘桥滨江新城13#和14#楼工程6个项目被评为泉州市建筑施工安全生产标准化优良项目。

·环境保护·

【概况】

2017年，安溪辖区空气质量达到国家二级标准，县城区空气质量一、二级优良天数350天，占有效监测天数（363天）的96.4%；城区饮用水源达标率为100%，晋江流域水质监测省控断面Ⅲ类水质达标率为100%。安溪县被评为"美丽中国十佳典范城市"。

【环境保护督察】

2017年4月24日，中央第五环境保护督察组进驻福建省开展为期1个月的环保督察工作，5月4—9日，到泉州市开展督察，期间，现场督察安溪县三安钢铁厂环境保护及淘汰落后产能情况。10月23日，市委、市政府环境保护第五综合督察组到安溪县开展为期10天的环境保护督察工作，对安溪县中央、省级环保督察反馈问题整改落实情况和泉州市环境保护能力建设大会战项目建设进展情况逐一核实。12月20日，省委环境保护督察组到泉州市开展省级环保督察"回头看"工作，并入驻安溪县开展核查。

中央督察未反馈安溪县个性问题，涉及共性问题15项；市委、市政府反馈问题2个。截至2017年底，各项问题整改工作进展顺利，取得阶段性成果。督察期间，安溪县受理信访件83件，县信访工作组与市信访工作组沟通协调，由各行业主管部门牵头组织办理回复信访件，切实履行"党政同责、一岗双责"。

【生态文明建设】

基础设施建设　2017年，安溪推进尚卿农村环境连片整治项目，完成600吨/日集中式污水处理站1座、50吨/日人工湿地污水站1座，配套建设污水收集管网工程5379米，明渠修缮2700米；农村一体化污水处理设备77套，配套污水收集管1125米；升级改造垃圾收集池58座，垃圾运输车4辆，摩托式垃圾车8辆，新增垃圾收集箱86个，项目顺利通过市环保局、财政局验收。

环保能力建设　2017年，安溪县加快推进环境监管能力建设三年行动，抓好环境监测、监察等标准化建设，抓紧落实环境监察、监测站标准化建设配套资金，确保按计划完成环境监察新标准达标复检。继续抓好环保移动执法系统及网络平台建设，进一步配齐移动执法设备，全面使用移动执法系统开展日常环境执法。根据市环保局《关于做好泉州市重点污染源自动监控设施委托专业化运维工作的通知》的要求，安溪县重点污染源自动监控设施委托第三方运维工作完成第二期第一年。重点污染源在线视频监控系统建设基本完成。由聚光科技（杭州）股份有限公司在污染源自动监控设施现场端及监控站房安装实时视频监控系统，全天候监控自动监控设施运行情况，并将视频文件保存一个月以上。3月，福建三安钢铁有限公司、安溪安晟环境工程有限公司、福建三元集发水泥有限公司、安溪

南方水务有限公司的视频监控系统安装完成并投入使用，市县两级环保部门可随时调阅现场视频，有效自动监控数据造假行为。

环境保护网格化　2017年10月，安溪制定《安溪县网格化环保监管工作办法（试行）》，对安溪县各级网格的日常工作流程、培训与档案管理、网格员管理以及奖惩考核等内容作详细规定，为网格化环保监管工作开展提供具体指导。制定《安溪县环保监管社区（村）网格员管理办法》，对基层网格员的聘用、职责与权利、考核与奖惩等内容作明确规定。在全市率先争取到网格员工作补贴列入县财政预算。制定《安溪县网格化环保监管考核奖惩办法（试行）》，由县环委办严格根据有关考核标准组织年度考核。建立环境网格化监管挂钩联系制度，由县环保局24名干部每人分别挂钩一个三级网格（乡镇）及下属四级网格。

【污染物减排】

2017年，安溪开展危险废物"达标升级"，力推清洁生产审核和大气污染防治工作。继续实施《安溪县危险废物规范化管理"达标升级"工作方案的通知》，引导企业规范管理危险废物。完成全县VOCS（挥发性有机化合物）的全面调查和摸底，涉及家具、包装印刷、钢铁、水泥、食品、医院、加油仓储等7大类污染源，共112个单位和企业。完成31家企业的VOCS污染整治，减少全县VOCS的排放总量，大气污染防治重点项目基本完成（投资额9043万元）。协调有关部门联动形成合力，全面完成加油站油气回收改造任务，建筑施工及道路等扬尘管理、城区餐饮油烟污染整治等重点任务取得一定进展。全年全县污水处理厂处

理污水 1924.2 万吨；重点污染企业污染防治设施稳定运行，完成燃煤锅炉节能环保综合提升改造 25 台（2 台进行煤改电，5 台改用生物质燃料），5 家企业完成煤改天然气，其余淘汰或停用；淘汰黄标车 504 辆，完成市下达任务的 100.2%；出具 11 份总量指标交易确认意见。

【环评审批】

行政许可办理 2017 年，安溪县环保审批窗口办理各类许可事项 188 件，其中，环评审批 74 件（报告书 11 件，报告表 63 件）；竣工环保验收 50 件（报告书 7 件、报告表 27 件、登记表 1 件，验收简化类报告书 4 件，验收简化类报告表 11 件）；环境影响后评价备案 1 件；福建版排污许可证发放 58 件；全国版排污许可证发放 4 件；上报市环保局件 1 件。

全国版排污许可证核发 根据《固定污染源排污许可分类管理名录（2017 年版）》规定的 2017 年相关行业国家排污许可证的发放要求，安溪县 2017 年度应核发全国版排污许可证的企业 4 家，其中，火电行业 1 家、造纸行业 1 家、水泥行业 2 家，全部完成。

重点项目服务 2017 年，安溪县环保局对县级以上（含县级）重点建设项目进行分类管理，参与住建、国土、交通等相关部门组织的设计方案评审会 50 多次，提前介入，督促指导业主及时办理环评手续。至 12 月底，全县 303 个重点建设项目已取得办理环评或备案的 104 个，可实行豁免类项目 13 个。

"放管服"改革落实 2017 年，安溪县环保局推进部门权力清单和责任清单制度建设，编制并公布权力和责任清单，用部门权力"瘦身"为发展瘦身，砍掉清单外的权力事项，对保留的权力事项进行严格规范。至 12 月底，县环保局梳理保留权力事项共 205 项，其中，行政许可 13 项，行政确认 1 项，行政处罚 139 项，行政强制 9 项，行政征收 2 项，行政监督检查 3 项，其他行政权力事项 2 项，公共服务 3 项，其他权责事项 33 项。

【环境宣传教育】

2017 年 2 月，安溪茶叶职业技术学校被泉州市环保局命名为市环境教育基地。3 月 8 日，县环保局与县妇联联合开展纪念"三八"国际劳动妇女节 107 周年庆祝表彰大会暨家庭才艺展示活动。6 月 5 日，县环保局、县人民法院、县人民检察院联合在县文庙广场开展环保法律咨询、污染投诉处理活动，分发环保、法律宣传资料和宣传品；现场共发放新《环保法》读本、"两高"司法解释读本、环保宣传画册、《安溪环保》期刊等环保宣传资料 2500 份，帮助群众解答法律咨询问题 20 多个，接受处理投诉 5 起。

【环境执法】

开展生猪养殖污染专项整治 2017 年，安溪县政府制定《安溪县生猪养殖污染专项整治行动方案》，进一步明确乡镇政府及有关职能部门之间的职责分工。专项行动开展期间，全县出动执法 158 人次，检查生猪养殖场（户）50 余家。其中，立案处罚 5 家，处罚金额 6 万元，下达改正违法行为决定书 5 份，关闭拆除 20 家。

开展厦门会议环境质量保障行动 2017 年，安溪县对辖区内环境问题开展全面排查，摸清辖区内主要环境问题，重点摸排各类工矿企业、无证无照的小散杂企业等排污企业的环境违法情况，依法严格查处。8 月中旬至 9 月上旬，在继续对辖区内违法排污企业开展全面排查的基础上，着重加大对涉 VOCs、涉 NOx（氮氧化合物）企业的检查力度，对违法排污的企业依法立案查处，并按照要求监督相关企业在厦门会议期间落实限产停产要求。

2017 年，安溪加大对全县排污企业，特别是饮用水源保护区范围的监管、巡查力度。保持对三安钢铁、三元集发水泥厂、创冠环保（安溪）有限公司、福建省闽华电源股份有限公司和泉州市凯鹰电源电器有限公司、安晟污水处理厂、三安光电及采选矿厂等重点工矿企业的监管力度，开展了环境安全隐患排查工作，对企业污染防治设施运行情况、污染物排放情况及危险废物储存、转运情况实施重点检查。全年出动执法人员 900 人次、检查企业 350 余家次，立案处罚企业 46 家、罚款 132.1 万元，实施停产、限产案件 2 起，按日计罚案件 0 起，查封、扣押案件 6 起，移送侦办案件 2 起（其中，行政拘留 2 起、涉嫌环境犯罪 0 起），取缔"散乱污"企业 12 家，申请法院强制执行 6 件。

【农村生活污水处理"安溪模式"】

2017 年，安溪推广农村污水第三方运营管理督促第三方管理单位按照合同要求做好项目管理。针对污水进水量少、浓度低的问题，及时提出整改措施，督促有关乡镇做好管网延伸和破损修复，确保农村污水处理设施发挥效益。将 59 个小型污水处理设施分为两个标的，面向全社会公开招标，对两个运维商进行考核评比。

3 月 31 日，全市农村生活污水垃圾治理工作现场会在永春县召开，安溪县作为 5 个典型单位之一，在会上做农村污水处理第三方运营典型经验发言。

·发展和改革·

【概况】

2017年，安溪县列入省级重点项目10个，总投资226亿元；列入市级在建重点项目26个，总投资360亿元。争取到上级资金补助7822万元，其中较大的有：安溪县沼涛中学艺术楼项目1600万元、安溪县妇幼保健院门诊住院大楼项目1200万元、安溪档案馆项目1056万元、安溪县清水石镜山景区旅游基础设施项目1000万元、安溪县大坪萍州敬老院项目466万元、安溪县陈利职校中专学校实训综合楼项目350万元、福建省互联网经济新增引导资金300万元。

【项目建设】

2017年，安溪开展"项目攻坚年""大招商招大商"活动，在全市率先出台招商优惠政策和正向激励机制，招商项目的数量、体量、质量都取得明显突破，落实招商签约项目186个、总投资309.77亿元，其中重大招商项目32个，新引进项目年度完成固定资产投资8.31亿元；全年组织召开重点项目月度协调会9场，解决项目在资金、用地、征迁等方面的问题23个；举行元旦"五一""十一"集中开竣工活动6次，其中，开工项目115个，总投资208.44亿元，竣工项目35个，总投资28.94亿元。

【行政审批制度改革】

2017年，安溪深化行政审批体制改革，承接上级下放的非跨县（区市）的水资源配置调整项目、县级公路、城市燃气利用（含天然气、液化石油气）项目等3项核准事项；进一步规范审批授权和技术评审中的自由裁量权，明确技术审查环节并细化规范审查标准，规范技术审查时限，明确专家评审的刚性修改意见条款和柔性修改意见条款。10月起，将"企业投资项目备案"升级为"一趟不用跑"五星级全网办事项，申请人只需在福建省网上办事大厅提交备案信息即可，单位后台随即接收信息，审核项目信息，项目备案通过后可以通过在线平台自行打印备案证明。

【县级重点项目建设情况】

2017年，安溪县安排重点项目303个，项目总投资1188亿元，年度计划投资250亿元。完成投资250.36亿元，占年度计划100.14%。实施交通项目15个，总投资71.67亿元，年度计划投资17.92亿元，完成投资17.5亿元，占年度计划97.66%；实施工业项目66个，总投资378.27亿元，年度计划投资90.05亿元，完成投资94.8亿元，占年度计划105.27%；实施城市基础设施项目22个，总投资15.21亿元，年度计划投资10.11亿元，完成投资10.6亿元，占年度计划104.85%；实施房地产项目39个，总投资278.78亿元，年度计划投资48.95亿元，完成投资61.05亿元，占年度计划124.72%；实施农林水项目24个，总投资125.98亿元，年度计划投资17.16亿元，完成投资7.8亿元，占年度计划45.45%；实施商贸项目17个，总投资81.92亿元，年度计划投资18.36亿元，完成投资16.5亿元，占年度计划89.87%；实施旅游项目30个，总投资110.4亿元，年度计划投资14.59亿元，完成投资12.25亿元，占年度计划83.96%；实施社会事业项目90个，总投资125.51亿元，年度计划投资32.86亿元，完成投资29.86亿元，占年度计划90.87%。

【公共资源交易中心】

2017年，安溪整合县工程建设招标投标、土地使用权和矿业权出让、政府采购、国有产权交易等交易平台，建立全县统一的公共资源交易平台体系，实现信息和资源共享，推进公共资源交易规范运行。7月1日，安溪县公共资源交易中心开始投入运行，7月26日正式揭牌，是泉州市平台整合后建立的第二个县（市、区）级交易中心。中心办公地点设在县行政服务中心2号楼二层，面积1000平方米，有两个开标室，可满足招标文件备案、信息发布、专家抽取、开标评标等功能需要。至2017年底，中心完成工程建设项目招投标交易177宗，交易额20.25亿元，节约资金1.5亿元；完成政府采购交易123宗，交易额4.28亿元，节约资金0.25亿元；完成土地使用权出让46宗，交易额22.49亿元。

·物价管理·

【概况】

2017年，安溪县从县级价格调节基金中拨出资金374.42万元对春节困难群体进行一次性临时价格补贴；共受理各类价格投诉142件（含咨询），查处价格违法金额134.98万元，退还消费者370元；完成涉案财物价格认定247件，金额1486.08万元，其中，刑事案件224件，金额439.62万元；行政执法案件6件，金额838.69万元；新增存量房基准价格认定17条。建立安溪县公平竞争审查工作局际联席会议制度，推进平价商店建设，推进农业水价综合改革，建立安溪县农业水价综合改革联席会议制度；推进价格争议调解处理示范工作站建设，在原已建立的3个工作站基础上再增设5个工作站。

【价格监管】

价格管理 2017年，安溪县取消1项行政权力事项，即：取消中小学社会实践基地的住宿、伙食费标准。取消2项公共服务事项，即：取消国务院及国家有关部门审定公布的国家级和省审定公布的省级游览参观点门票价格的审核、转报；取消民办幼儿园保育教育费标准备案。8月，出台《关于发挥价格机制作用促进国家生态文明试验区建设意见》，对钢铁行业实行差别电价和阶梯电价政策，贯彻落实水泥行业实行阶梯电价政策。

价格监督检查 2017年，安溪受理各类价格投诉142件（含咨询）。分别涉及农村客运票价、网络购物价格欺诈、医疗卫生和停车场收费等方面，已办结各类价格投诉138件，查处价格违法金额134.98万元，退还消费者370元。

价格监测 2017年，安溪完善价格监测，做到应急监测与常规监测相结合，加强对市场重要商品和服务价格的分析预测，提高对价格异常波动的敏感度，及时发现苗头性、倾向性、潜在性问题。继续通过平价商店建设、政府价调基金准备金补贴、民生价格信息发布、市场价费严格监管等手段，完善价格监测预警机制，将CPI涨幅控制在3%以内。贯彻落实盐价改革政策，密切关注盐价动态变化，发现问题及时采取应对措施，确保盐价稳定。

价格认证 2017年，安溪完成涉案财物价格认定247件，金额1486.08万元，其中，刑事案件224件，金额439.62万元；行政执法案件6件，金额838.69万元；新增存量房基准价格认定17条。推进价格争议调处工作站点规范管理，建立清水岩景区价格争议调解处理示范站点；开展价格争议调解处理进商场、进社区、进景区、进医院活动，设立清水岩、润家商场、和兴医院、龙湖社区居委会等8处争议调解处理工作站。针对当前房地产价格的变化情况，及时完成2017年安溪县城区及有关乡镇存量房基准价的修正。

价格调节基金征管 2017年春节期间，安溪从县级价格调节基金中拨出资金374.42万元对春节困难群体进行一次性临时价格补贴，发放对象为2016年度县民政部门在册城市低保543人、农村低保12088人、重点优抚5111人、革命"五老"60人、农村五保604人，建档立卡贫困对象14984人。发放补助资金534.89万元，其中，资金由市县两级按照3：7比例承担。重点对教育收费、医疗服务收费、机动车停放服务、涉农、景区门票等民生价费热点问题及放开价格领域等进行专项检查工作，维护群众的合法权益。

【收费管理】

2017年1月1日起，安溪取消对工业企业征收江海堤防工程维护管理费；4月1日起，取消或停征41项中央设立的行政事业性收费，4项省定涉企行政事业收费。安溪涉及的行政事业性收费项目主要有环境监测服务费、卫生监测费、委托性卫生防疫服务费、计量收费、预防性体检费、房屋转让手续费、机动车抵押登记费、河道采砂管理费，年减轻企业负担680万元。

2017年，安溪县梳理定价管理的经营服务性收费目录，全面实施收费目录清单制度，开展涉企中介服务收费自查自清工作。督促落实取消或停征一批行政事业性收费，涉及的行政审批前置服务收费项目环境监测服务费、卫生监测费、委托性卫生防疫服务费、计量收费、预防性体检费。取消和暂停商业银行部分基础金融服务收费、降低增值税税控系统产品及维护服务价格、落实减免公共资源交易平台服务收费、减半收取建设工程交易服务，年减轻企业负担409万元。进一步明确一些已经放开服务收费、废止服务收费政策不能再作为收费依据。

【平价商店建设】

2016年12月1日至2017年2月28日，安溪县11家平价商店、经营区（安溪大润发商业有限公司、感德伟平食品店、官桥供销购物广场、湖头华林商场、蓬莱供销购物广场、泉州新华都购物广场有限公司安溪大同店、联谊润家购物广场、安溪供销购物广场（三江店）、中闽百汇购物有限公司安溪分公司、艾美百货公司、金谷供销购物中心），平价销售大米（晚籼米）、猪腿肉、五花肉、花生油（2.5升）、鸡蛋、鸭蛋、小白菜、大白菜、花菜、包菜、空心菜等11个商品，每人次限量大米5公斤、肉蛋菜2公斤、油1桶。其中，粮油肉价差保持在5%，鸡蛋价差在10%，蔬菜价差在15%。发放平价商店补贴15.5万元，群众直接受惠，以点带面，达到稳价惠民作用。

·市场监督管理·

【概况】

2017年，安溪县有凤城镇、城厢镇、参内乡、蓬莱镇、金谷镇、尚卿乡、湖头镇、剑斗镇、感德镇、长坑乡、祥华乡、龙涓乡、虎邱镇、西坪镇、官桥镇、龙门镇等16个市场监督管理所。

【市场主体管理】

市场主体注册登记　2017年，安溪梳理出114个行政审批事项和公共服务事项为"最多跑一趟"事项清单，占全部行政审批和公共服务事项的81.29%，梳理出4个行政审批事项为全程网办，实现"一趟都不用跑"。与建设银行等配套企业协调，推动市场主体登记全程电子化，通过网上受理，办结企业名称预先核准2285件，企业注册登记2631件。新登记内资企业4080户，注册资本124亿元，分别比上年同期增长21.18%、72.87%；个体工商户7740户。截至12月31日，全县有内资企业16717户，注册资本522.19亿元，分别比上年同期增长

27.91%、39.65%；外商投资企业209户，注册资本8.29亿美元，分别比上年同期增长3.98%、14.19%；个体工商户39606户，资金数额18.39亿元，分别比上年同期增长17.64%、27.03%。

农民专业合作社注册登记　2017年，安溪引导农民专业合作社以产业和产品为纽带组建联合社。共依法登记119家合作社，出资总额2.25亿元，全县农民专业合作社总数1539家，出资总额19.41亿元，全市占比32.14%。

市场主体年报　2017年，安溪县10489户内资企业、171户外资企业、1196户农民专业合作社、18895户个体工商户通过公示平台成功申报并公示2016年度年报，年报率分别为91.4%、87.6%、83.1%、58%。内、外资企业和农民专业合作的平均年报率为90.5%，比国家总局要求85%高5.5%。

异常名录管理及公示　2017年，安溪县进一步完善以企业法人法定代表人、负责人任职限制为主要内容的失信惩戒机制。推进部门联动响应机制，对被载入经营异常名录或有其他违法记录的市场主体及其相关责任人，与有关部门联合采取有针对性的信用约束措施，形成"一处违法，处处受限"的局面。是年，按照省工商局部署双随机抽查126户，其中涉及1+X专项检查的6户；与县公安局、消防大队跨部门双随机抽查7户；与县统计局、人社局跨部门双随机年报信息抽查177户；县市场监管局对广告、商标、农资等经营户双随机抽查46户。共抽查企业356户、个体工商户424户，14户通过登记住所或经营场所无法联系的企业和6户未按规定公示其他应当公示信息的企业依法移入经营异常名录；9户通过登记住所或经营

场所无法联系的个体工商户依法进行异常标注。全县列入经营异常名录库的企业1344户，其中，内资企业1065户，外资企业24户，农民专业合作社255户。列入经营异常标注的个体工商户14359户（主要是未按期参加年报公示）。移出经营异常名录库的企业93户，取消经营异常标注的个体工商户1009户，被限制担任市场主体法人法定代表人、高级管理人员、负责人近100人次。

【服务企业发展】

企业法律法规培训　2017年，安溪县开展"送法进社区、送法进企业、送法进校园"活动，共开展大型现场宣传咨询活动8场、举办"食品安全知识走进校园"大型食品安全宣传教育主题文化艺术活动12场、举办食品药品安全知识专题讲座20多场，悬挂（播放）科普公益广告及LED200多条，发送宣传短信6万条，分发宣传材料8万多份。3月7日，举办安溪县化妆品质量安全培训会。4月28日，举办安溪铁观音证明商标准用企业食品安全基础知识培训，全县共有116家"用标"茶叶生产企业参加培训。5月12日，联合弘桥智谷为电商经营企业开展网络食品安全法律法规培训。7月26日，召开外烩厨师培训会，全县近200名外烩厨师参加培训。8月25日，举办食品企业质量安全管控暨可追溯管理系统培训启动仪式。9月11日，召开网络订餐第三方平台约谈会，集体约谈美团外卖和饿了么网络订餐平台安溪代理机构负责人，与两家代理机构负责人分别签订《安溪县网络订餐交易第三方平台提供者（协议方）食品安全承诺书》。9月30日，举行"诚信泉州（安溪）行，喜迎十九大"系列活动暨安溪县药品、医疗器械安全风险管控培训，邀请中国人民解放军180医院、

安溪县医院、安溪县中医院的专家讲解《医疗企业监督管理条例》、医疗机构药品风险管理、药品不良反应监测和上报，全县共有30多家医疗机构，130多家药店的经营人员参加培训。

服务企业发展 2017年，安溪县指导和支持启邦（福建）食品有限公司等209家企业申请冠省、市名称，促进企业扩大知名度，提升竞争力和影响力。协助指导泉州市钻石投资发展有限公司通过兼并重组，抱团开拓市场，获得可持续竞争优势，实现强强联合。对政府招商引资重点项目，开启绿色通道，实行"专人负责、全程跟踪、容缺预审、特事特办"。主动靠前服务，为福建省安溪县芦田茶厂及时办理营业执照，助力申报国家级旅游项目。加大小微企业帮扶力度，推进"个转企"提质扩面，开展商务诚信建设，激发小微企业转型发展活力。深化集群注册，推进虚拟产业园"集群登记"，促进众创空间、创客工场等新产业、新业态、新模式发展。

【市场经营管理】

打击传销 2017年，安溪县利用"3·15""3·31""5·15"等特殊纪念日以及"平安安溪""美丽乡镇"大型宣传活动开展反传销宣传。各乡镇共举办现场宣传活动10场，入户宣传3000人次，分发宣传材料7500份，张贴宣传海报600张。共备案直销会议21场次。

不正当竞争查处 2017年，安溪县印发《安溪县市场监督管理局关于开展"八闽红盾出击"2017年反不正当竞争执法专项行动的通知》，全面开展反不正当竞争专项整治。共查处不正当竞争违法行为5起(其中商业贿赂1起)，罚没款4万元。

农资市场监督管理 2017年，安溪县紧扣春耕、夏种、秋播等重点农时，以春季打假保春耕、保夏护秋两个执法主题，加强对化肥、农药等农资市场监管，开展硝酸铵复混肥类危险物品专项检查，严厉打击制售假冒伪劣农资和严重坑害农民利益的违法违规行为，推动农资市场健康有序发展。出动执法人员505人次，检查农资经营户440多个次，发放宣传资料648份，受理投诉1件、为农民挽回经济损失0.3万元。送检化肥12批次，依法立案查处涉嫌生产、销售不合格化肥案2起。

电子商务监管 2017年，安溪县集中力量严厉打击网络市场虚假宣传、不正当竞争、商标侵权、违法广告、销售假冒伪劣商品等违法经营行为，不断提升监管执法效能。立案查处各类网络违法案件44件。组织开展以安溪铁观音网络市场为重点的互联网领域打假专项整治行动，立案查处41件，罚没款10.05万元；组织开展"6·18"网络商品和服务信息定向监测，监测辖区内16个网络经营主体在天猫、京东平台参与促销活动情况，进一步规范网络市场集中促销行为。网上检查网站、网店392个次，实地检查网站、网店经营者194个次，删除违法商品信息27条，责令整改网站34个次。

推进信用监管体系建设 2017年，安溪县共录入市场主体信息11531条，采集监管信息55970条，发出监管文书1457份，为有关单位出具企业信用证明30多份。全县推送公示涉企信息（不含工商业务）9819条，其中行政许可信息4265条；行政许可变更信息22条；行政处罚信息1446条；抽查检查信息489条；小微企业享受扶持政策信息3128条；联合惩戒469条。安溪县归集公示数据居全市第三位。

【商标管理】

世界知识产权日宣传 2017年4月，安溪县开展以"尊重保护商标权，护航金砖会晤"为主题的宣传周活动，宣传商标法律法规和各级政府及工商部门支持企业实施商标战略的政策措施，展示打击侵权假冒行动所取得的成果及有关保护商标专用权的典型案例，提升消费者商标知识产权意识和对商标品牌的认知能力，形成全社会自觉抵制假冒伪劣、重视知识产权保护的良好氛围。分发宣传材料700多份，接受现场咨询400多人次。

商标强县战略 2017年，安溪县申请商标注册9537件，新增注册商标2725件，全县有效注册共20456件。

商标监督管理 2017年，安溪以产品制造集中地、商品集散地、侵权案件高发地为重点整治地区，以侵犯涉外商标和驰（著）名商标、农产品商标、地理标志商标专用权和制售关系人民群众生产生活安全的假冒伪劣商品为重点查处内容，加强线上线下商品质量一体化监管，组织开展维护中国制造海外形象"清风"行动，严厉打击销售假冒伪劣等违法违规行为，防止不合格产品流向市场。严厉打击销售侵犯"一得阁"注册商标专用权商品违法行为。开展打击商标侵权"溯源"专项行动。开展驰著名商标企业规范使用注册商标及商标代理市场专项检查，加强商标专用权保护，维护商标权利人和消费者合法权益。查办侵犯知识产权和制售假冒伪劣商品案件27件、罚没款8.67万元，其中，商标侵权案件11件，罚没款1.47万元；产品质量案件16件，罚没款7.2万元。

【地理标志管理】

地理标志产品 2017年，安溪推进安溪铁观音列入"中欧100+100"

地理标志互认互保产品清单。及时向国家质检总局提供安溪铁观音知名度、出口情况、经济效益、质量技术要求等相关资料，为谈判顺利进行打下扎实基础。两次组织专家对照欧盟提出的安溪铁观音质量技术规范问题清单，对安溪铁观音质量技术规范进行修改，并翻译成英文通过国家质检总局报送欧盟。欧盟已把安溪铁观音列入保护清单对外公示。

标准化管理与监督　2017年，安溪县地理标志保护产品2个（安溪铁观音、湖头米粉），国家质检局批准安溪铁观音地理标志产品专用标志使用资格企业118家；引导规模企业按照《安溪铁观音地理标志保护产品专用标志使用暂行规定》进行印刷专用标志，订制专用标志10万枚。指导、帮助企业开展农业标准化示范区创建工作，指导、帮助2家企业（誉丰国心、山格淮山）开展第三年建设工作，争取2019年通过验收。

广告监督管理　2017年，安溪强化广告导向监管，严厉查处使用或变相使用国家机关、国家机关工作人员名义或形象等造成不良影响和违背社会良好风尚的广告，开展公益广告刊播活动的指导和管理工作。围绕涉及广大人民群众重大利益和反映强烈的虚假违法广告，聚焦医疗、药品、食品、保健食品、招商投资、互联网等重点领域，开展虚假违法广告专项整治行动。集中开展防范和处置非法集资工作，配合开展非法集资风险、互联网金融风险、农村非法集资风险和"校园网贷""现金贷""一元购"等专项整治，配合开展涉嫌非法集资广告资讯信息排查清理活动和互联网金融广告及涉及以投资理财名义从事金融活动风险专项整治；开展

食品、保健食品欺诈和虚假专项整治；加强医疗美容广告监测检查；严厉打击内容低俗的违法互联网广告，强化对辖区内户外、印刷品、广播、电视、报纸、网络广告和其他各类形式广告的监测监管。查处违法广告案件50件，罚没款5.41万元；查处虚假宣传不正当竞争案件3件，罚没款3万元。

【质量监督】

质量强县　2017年，安溪县积极开展质量强县工作，在产品质量、工程质量、服务质量上均得到提升，未发生区域性、系统性质量安全事件。

工业产品质量监督抽查　2017年，福建省质量技术监督局对安溪企业生产的108批次工业产品进行省级监督抽查，其中合格104批次，不合格4批次，合格率96.43%。

计量管理与监督　2017年，安溪加大计量装备经费投入和计量标准建设，投入计量检定仪器设备购置费14万元，提升社会计量标准装置的科技水平。全县社会公用计量标准设备8个，筹建中2个。开展民生领域计量监督检查，在辖区内开展重点领域安全防护计量器具监管、加油机专项计量监督检查及机动车安全技术检验专项整治工作，建立定量包装商品生产企业名录库和加油机数据库，组织开展定量包装商品及治理商品过度包装监督抽查，配合开展省级、市级定量包装抽查及治理商品过度包装专项检查，开展诚信计量工作及计量惠民宣传服务活动。

药械质量监管　2017年，安溪县开展角膜塑形镜、无注册证医疗器械、中药材和中药饮片"防风行动"、疫苗、麻精药品、血液制品、特殊用途类化妆品等10多个专项药械检查。重点检查2家药品批发企

业，对83家零售药店和2家医疗器械经营企业实施GSP认证，配合市食药监局开展10家药品零售跟踪认证双随机检查，并做好认证后复核。引导俏佳人、霸王花等质量体系良好的化妆品经营单位创建示范单位。开展新注册和变更执业药师入职考试约谈工作、考试36场次，劝退挂证执业药师5人（在职人员2人，外县3人），劝退厦门药师到安溪县挂证行为1人。全市率先设立3处家庭过期药品回收定点单位。

特种设备安全监察　2017年，安溪县注册登记特种设备3043台，其中，锅炉34台、压力容器183台、压力管道28条、电梯2428台、起重机械324台、厂内专用机动车辆37台、大型游乐设施9台。县市场监督局被市质监局评为2017年落实特种设备安全目标责任制优秀单位。

将学校、医院、商场、游乐场等30家企事业单位列入重点使用单位名单，开展重点监督检查，对未注册、未检验、已停用设备，建立重点保障设备台账，共检查30家特种设备使用单位，涉及特种设备175台。开展隐患大排查，建立辖区内6家"重点区"使用单位问题、责任、销号清单，对省特检院反馈的重要问题事项进行专项监督检查，检查357家特种设备使用单位，发现10条隐患，全部整改完成。明列问题清单133家，采取措施督促各所开展重要问题处理，整改闭环133家。开展特种设备安全生产大检查工作，重点检查涉及民生、人员密集场所、盛装危险化学品的高风险特种设备及重要问题的清理闭环工作，发现隐患问题12条，已整改完成。

开展电梯及游乐设施安全专项整治。检查自动扶梯和自动人行道12家58台，跟踪督查辖区内2家大型游乐设施运营单位（B级设备6台，

C 级设备 3 台），督促使用单位落实特种设备安全主体责任并签订承诺书。开展气瓶充装安全专项整治，对全县 7 家气瓶充装使用单位开展气瓶充装安全专项整治检查，责令 1 家充装许可证超期单位立即停止充装并及时办理许可证。

【食品药品安全监管】

食品药品安全宣传 2017 年，安溪县通过晚会、分发宣传单、展示法律法规宣传牌匾、现场咨询解答的形式，举办 12 场"食品安全知识走进校园"大型食品安全宣传教育主题文化艺术活动。委托安溪县中小企业政务咨询服务中心举办 1 期安溪铁观音证明商标准用企业食品安全基础知识和培训班和 1 期食品生产企业质量安全管控暨食品安全追溯管理系统使用培训班，2 期参加培训人员 530 人次。组织开展餐饮服务"明厨亮灶"示范街创建工作推进会、网络订餐第三方平台（协议方）集体约谈暨食品安全监管会议、食品安全宣传周等宣传活动。开展药品安全进城东社区活动，邀请县中医院专家到城东社区开展义诊活动，免费提供药品。制定并下发《关于加强食品生产经营企业食品安全管理人员培训的通知》，督促各企业参加教育培训及质量管理人员考试，完成在线培训及食品质量管理人员考试 299 家次。

食品安全监管 2017 年，安溪县新立食药案件 56 起，结案 51 起，罚没款 224 万元，其中涉嫌犯罪食品案件 7 起（已移送公安处理），移送农业部门案件 1 起。开展节日期间食品安全专项整治、儿童食品和校园及其周边食品安全专项整治、蜂产品专项治理、畜禽水产品质量安全专项整治、有毒野生蘑菇中毒防控和赤潮期间有毒贝类食品监管工作、农村食品安全整治、保健食品"四非"专项整治、食品、保健食品欺诈和虚假宣传专项整治、瓶（桶）装饮用水生产企业综合治理等一系列专项整治工作。检查食品生产（经营）及保健食品生产经营企业者 4299 家次，农贸市场 50 个次，菜市场经营者 350 户次，监督抽检 749 批次（含餐饮环节），食品快检手段抽检食用农产品 380 个批次，发出责令改正通知书 235 份，约谈食品生产经营者 33 户次。

7—12 月，开展城区中心集贸市场秩序专项整治，检查经营户 1230 户，规范亮照经营 748 户，发限期责令整改通知 287 份，办理营业执照 473 份，食品经营许可证 117 户，查处无照无证经营 3 户，清理销毁不符合食品安全标准食品 32 公斤。城区中心集贸市场的食品经营秩序大为改观，助力文明县城创建。

6—12 月，开展食品生产加工小作坊专项整治，检查取证小作坊 135 家次，下达责令整改书 20 多份，开展小作坊产品抽检 9 批次，对其中 1 批次不合格食品立案调查，指导申办取证小作坊送检小作坊食品 19 批次产品，样品均合格。开展省级、县级小作坊示范创建活动，指导创建 10 家县级示范小作坊、2 家省级小作坊示范点。新取证小作坊 16 家，全县取证小作坊 25 家，总数位居全市第一。

4—12 月，开展食品生产安全风险排查整治及不合格食品（风险监测问题样品）核查处置工作。配合市食药监局对 3 家拟供货厦门会议的茶叶生产企业开展飞行检查。配合国家总局飞行检查食品生产企业 1 家次和市局飞行检查食品生产企业 5 家次，全面落实整改措施。排查食品生产企业安全生产风险 406 户次，发现存在食品生产风险问题企业总数 32 家次，责令整改 31 家次，责令停产 1 家次，立案查处食品生产类案件 9 件，移送公安 2 起，查封扣押问题产品及原料 225 公斤。开展监督抽检不合格食品及问题样品的风险防控和核查处置工作，督促 3 家不合格（问题）食品生产企业落实食品召回工作，对 6 家不合格（问题）企业依法开展核查处置，立案查处 4 起，移送公安涉嫌犯罪案件 2 起。

食品放心工程 2017 年 5 月 8 日，安溪出台《2017 年全县治理"餐桌污染"建设"食品放心工程"工作方案》。主要针对食品的五个环节（种植养殖、饮用水、食品生产加工、食品流通、餐饮服务），组织开展各类专项整治，强化风险监测和监督抽检，加大执法办案力度，加强食品安全应急处置，全面开展全县治理"餐桌污染"建设"食品放心工程"工作。创建 3 个食品安全示范乡镇、10 家传统工艺食品生产加工小作坊示范点、1 条食品安全示范街，学校"明厨亮灶"示范点建设达 100 多家。

【食品安全监督抽检】

2017 年，安溪县制定年度食品安全监督抽检工作方案，全年投入抽检专项经费 145 万元，抽检食用农产品 269 批次，抽检食品 800 批次。组织开展全县茶叶生产、流通领域质量安全抽样检测工作，完成 1100 批次的茶叶抽检任务。组织开展餐饮环节以及学校食堂抽检工作，抽检 402 批次，其中 10 批次抽验不合格，移送公安部门立案调查 3 起。举办食品安全快速检测培训班，为 16 个基层市场监管所配置食品快速检测设备，并在后楼市场、大润发等 10 家大型商超及农贸市场建立 10 个食品安全快速检测室，已开展食品安全快速检测 13760 批次，初检不合格 22 批次，检测合格率 99.8%。

【信用体系建设】

落实分级管理　2017年，安溪县开展食品药品生产经营者风险等级评定工作，将辖区内食品药品生产经营者风险等级评定结果计入其信用档案，根据风险等级对应的日常监督检查频次，对食品药品生产经营者开展日常监管检查工作，做好监督检查结果记录，装入信用档案保留存档，同时，将监督检查情况录入至福建省食品安全监管与社会共治系统平台。全系统完成10522家食品生产经营企业风险分级管理工作，其中，A级企业10480家，B级企业39家，C级企业3家，依据风险分级情况对10452家食品生产经营企业开展日常监督检查。推进餐饮服务单位量化分级及信用等级评定管理工作，完成对新增723家餐饮服务单位的量化分级评定工作。

推进追溯管理　2017年，安溪县成立食品安全追溯管理系统推进工作领导小组，全面部署落实追溯系统体系建设。通过举行全县食品生产经营企业追溯系统培训、下发文件、微信群转发通知及教材等形式，动员广大食品生产经营者积极参与追溯系统建设，348家食品生产企业、186家食品经营企业、121家保健食品经营企业纳入可追溯系统管理，录入可追溯信息23842条。

创建省级食品安全社会共治示范县　2017年，安溪推进治理"餐桌污染"，建设"食品放心工程"，构建"党政主抓、部门主管、企业主体、主官主责、人人主人"的食品安全社会共治格局，捍卫人民群众"舌尖上的安全"，在省食安委组织的考评验收中，安溪县高分通过省级食品安全社会共治示范县验收。

【完善消费维权机制】

2017年4月10日，安溪制定《安溪县市场监督管理局处理投诉举报若干规定（试行）》，完善消费维权机制。规定在企业、商场、市场、景区健全和完善自律制度，推广赔偿先付制度，推动消费纠纷协商和解，提高消费维权效能，切实保障群众利益积极探索消费维权方式转变，通过开展与企业行政约谈，加大对维权站工作指导力度，加强与人民法院沟通联系等，人民调解、行政调解、司法调解衔接联动，做到职能互动、优势互补、资源共享，切实筑牢消费维权这一民心工程，结合"无传销社区（村）创建"等活动，开展消费维权知识进社区、进农村活动，通过解答消费咨询，讲解识假辨假知识，举办真假农资商品识别、消费维权知识有奖问答等活动，不断提高消费者的自我维权意识。

消费维权　2017年，安溪县共受理消费者投诉举报1707件。其中，受理工商系统投诉举报1143件，为消费者挽回经济损失171.5万元；受理食品药品投诉举报案件542件，其中食品类投诉534件、药品类投诉2件、保健品类投诉3件、化妆品类投诉3件；受理"12365"产品质量投诉22件，其中市质监局交办8件。"12345"市政热线平台受理各类诉求件151件。在泉州市委、市政府组织的2017年度消费维权满意率调查中，安溪县在全市排名前三。

美丽乡村免费检测项目　2017年6月9日，安溪县开展"福建省百家美丽乡村建设项目免费检测服务计划"推荐工作。推荐安溪县龙门镇桂瑶村、安溪县蓬莱镇彭格村、安溪县政府和福建省安溪县冠和茶业有限公司美丽乡村为检测对象。免费检测项目主要为：空气、水、土壤、茶叶；批次总数为：616批次，合格率均为100%。其中，空气28批次，合格28批次；水28批次，合格28批次；土壤14批次，合格14批次；茶叶546批次，合格546批次。

·检验检疫·

【概况】

2017年，泉州出入境检验检疫局安溪办事处获批由副处级单位升格为正处级单位。全面推广企业和产品分类管理、无纸化、生产企业代办产地证等便利模式，并实施"随到随签、立等可取"和24小时预约签证服务。

是年，安溪已通过备案的出口企

2017年11月7日，安溪县市场监督管理局在联谊润家水晶城店开展食品安全快速检测"你点我检"活动
（白振福　摄）

业 33 家，其中，出口茶叶企业 10 家，出口竹木藤草制品及家具企业 20 家，出口水产品、水产品罐头、膨化食品企业各 1 家；出口茶叶备案基地 51 块（约 4900 公顷）。办理进出口检验检疫的产品主要有出口竹木草制品、茶叶、膨化食品、水产品及水产罐头。全年检验检疫出境货物 2202 批次，货值 8809.46 万美元，同比分别增长 7.1% 和 17.8%。其中，出口竹木草制品 1835 批次，货值 4905 万美元，同比分别增长 4.9%、4.9%；出口冷冻水产品 136 批次、6768.4 吨、1929.8 万美元，同比分别增长 19.3%、25.5% 和 18.3%；出口水产罐头 41 批、1737.8 吨、729.3 万美元，同比分别增长 5.1%、36.7% 和 37.1%。签发各类原产地证书 2838 份、签证金额 7544.53 万美元，同比分别增长 3.7%、9.7%。

【简化通关模式】

2017 年 3 月和 6 月，安溪分别组织辖区企业参加泉州局举办的中国检验检疫网上申报系统、无纸化报检培训班各 1 次，并开通网上申报系统。对辖区企业全面开通无纸化报检，强化内部业务流程管控，加强检验检疫与企业的沟通联系，进一步压缩检验检疫时长。对辖区 33 家企业 100%

开通通关无纸化；全面推行原产地签证制度改革八项惠企措施，简化产地证企业备案手续并取消年审、实施一般原产地证快速审签、优秀企业可凭自行声明直接签发原产地证书等；及时修订辖区出口动植物、食品风险评估方案，继续对辖区藤铁工艺品、茶叶、膨化食品、水产品及水产罐头企业实施出口"111"（一个基础、一条主线、一种方式即：以风险分析为基础，以全程落实企业主体责任为主线，以检验监管验证结果为放行依据）检验监管放行模式，分类管理一类企业 8 家、二类 22 家、四类 3 家。

【出口质量安全示范区建设】

2017 年 6 月，安溪县通过国家质检总局专家组对出口乌龙茶质量安全示范区的现场年度考核。9 月，日本厚生劳动省代表团一行到安溪考察输入日本的乌龙茶质量安全控制体系运行情况，先后实地考察福建省安溪茶厂有限公司生产加工车间、福建省安溪县兴溪茶业有限责任公司芦田出口备案基地，对茶园管理、病虫害防控、农药使用、产品溯源等环节进行全面考察。代表团高度评价安溪出口乌龙茶质量安全示范区的质量安全管理机制和工作模式，为日本官方解除对茶叶中农残氟虫

腈的命令检查（进口批批检查）提供了有力的事实依据。

【打造出口示范企业】

打造"三同"（同线同标同质）企业 "三同"是指出口企业在同样的生产线上，按照相同的标准生产出口和内销产品，从而使供应国内市场和供应国际市场的产品达到相同的质量水准。2017 年，福建省安溪县兴溪茶业有限责任公司、福建省海誉食品有限公司先后成为上线的三同企业。

打造自有品牌出口企业 2017 年，福建检验检疫局开展出口食品农产品"品牌培育工程"建设，并研究制定《推动出口食品农产品"品牌培育工程"建设指导意见》，泉州检验检疫局进一步制定了 2017 年出口食品"品牌培育工程"工作方案。安溪办事处在前期调研的基础上，确定 1 家茶叶企业、1 家竹木藤草企业为培育对象，深入企业、指定专人负责帮扶企业梳理产品标准、管理规范，形成具有企业品牌特征的标准体系指导企业组织生产与出口，培育品牌价值。同时扩大自主品牌出口，重点培育帮扶安溪内灶茶叶合作社、红色丰和茶业有限公司自有品牌出口。是年，安溪县龙涓内灶茶叶专业合作社联合社以自主品牌"荣景牌"出口小包装乌龙茶 13 批次、88.77 吨、640.92 万美元，主要销往中国香港和东南亚国家。

打造出口竹木草制品质量安全企业 2017 年，福建省恒发家居饰品有限公司成为安溪第二家获评"出口竹木草制品质量安全示范企业"。对获评出口竹木草制品质量安全示范企业，检验检疫机构将为其提供出口产品口岸查验比例降低、优先推荐绿色通道、无纸化报检资格等便利措施，并提供国外技术法规、标准、合格评定程序等信息和培训

2017 年 9 月，安溪县出口乌龙茶质量安全示范区迎接日本官方考察 （县国检办 供图）

支持等。

【国家茶叶检测重点实验室（福建）】

2017 年，国家茶叶检测重点实验室（福建）人员 29 名，其中高级工程师 3 名，工程师 8 名，硕士 6 名。实验室认可检测能力覆盖茶叶、水果蔬菜、食用油、粮食产品等 27 类产品、591 个标准、1018 个项目，包括常规理化、重金属、药物残留、微生物、食品添加剂等检测类别。其中茶叶检测项目近 200 项，覆盖国标 GB 2763-2016 中对茶叶最大农药残留限量，涉及有机茶标准、欧盟和日本等标准。全年检测茶叶样品 3000 多个、项目 2 万多项。

·安全生产监督管理·

【概况】

2017 年，安溪县发生各类生产安全事故 149 起，其中道路交通事故 28 起，工矿商贸 2 起，铁路交通 3 起，死亡 18 人，受伤 33 人。未发生较大及以上生产安全事故，安全生产形势持续保持总体稳定向好。

【安全生产宣传教育培训】

2017 年，安溪县联通、移动、电信公司向群众发送安全公益短信 5 万多条，在安溪电视台、《安溪报》等县级媒体开设专栏报道"安全生产月"动态，并滚动播放安全宣传口号。同时，在人员密集型场所、学校、医院、企业等先后举行消防火灾、人员疏散、地震逃生、烟花爆竹、危险化学品等应急救援预案演练 60 多场次。6 月 22 日，在龙津公园开展"第十六个全国安全生产月"主题活动。

【安全生产大整治】

2017 年，安溪县以推进安全生产大排查大整治和确保厦门会晤期间安全生产为主要目标，重点紧盯

2017 年 6 月 22 日，安溪县在龙津公园开展"第十六个全国安全生产月"现场咨询活动
（吴长江　摄）

非煤矿山、危险化学品、烟花爆竹、金属冶炼、建筑施工、道路交通、铁路、民爆器材、消防、特种设备、渔业船舶、水利、电力、燃气管线、燃气、旅游、粉尘涉爆、涉氨制冷、有限空间作业、水电油气煤等重要基础设施、"三合一"及劳动密集型企业、人员密集场所等重点行业领域，以及电厂工程、水电工程、交通工程、矿山建设、超高建筑等建设项目。各乡镇各部门通过全面排查整治事故隐患，摸清本乡镇本行业安全风险特别是高危行业领域安全风险底数，消除安全盲区和死角，堵塞安全监管漏洞，杜绝各类生产安全事故的发生。大排查大整治大检查活动，各乡镇各行业主管部门共组织 1053 个检查组，检查企业 1830 家次，排查出各类安全隐患 2634 项，已整治 2241 项，立案查处 295 起，暂扣证照 3 本，关闭取缔 2 家，共处罚款 127.5 万元。

【隐患排查治理体系建设】

2017 年，安溪县在首批纳入智慧安监信息平台企业完成信息采集的基础上，主要增加建筑施工、城镇燃气、特种设备生产、气瓶检验等重点高危行业领域以及涉氨制冷、

有限空间、粉尘涉爆企业等，鼓励其他行业领域主动增加纳入智慧安监信息管理平台的企业范围、数量。全年，纳入"智慧安监"管理平台的 427 家企业上报隐患 4631 条，已完成整改 4625 条。

·国土资源管理·

【概况】

2017 年，全县土地总面积 299377.70 公顷，其中，耕地 31845.07 公顷，园地 56101.46 公顷，林地 158563.18 公顷，草地 17822.03 公顷，城镇村及工矿用地 16528.26 公顷，交通运输用地 4722.83 公顷，水域及水利设施用地 5352.93 公顷，其他土地 8441.94 公顷。

【耕地保护】

2017 年，安溪县完成市下达安溪县耕地补充任务 173.7 公顷，连续 11 年实现耕地占补平衡。至 2017 年底，全县耕地保有量 3.18 万公顷，基本农田保护 425（村）片、2.71 万公顷。

【国土资源执法监察】

2017 年，安溪县和各乡（镇）

政府以及县直各相关单位密切配合，建立健全县、乡（镇）、村3级国土资源执法监察网络，形成合力。投入资金保障县国土资源执法监察人员以及24个基层所全体干部移动执法设备的运行与维护，建立健全日常动态巡查、督查制度。制止各类国土资源土地违法案件68宗，占地面积46363平方米；配合县"两违办"和各乡镇政府拆除各类违建，面积34.36万平方米。接待群众来访26批50人次，处理各类国土资源信访转办件79件，其中重信49件，办结省、市、县各级督交办件73件，其中重信37件；办理书记、县长热线电话5件；有效化解各种纠纷9件。加强土地矿产卫片执法监督检查工作，对国土资源部监测到的143宗违法用地，依法立案查处，通过上级验收。

建设用地需求 2017年，安溪县做好全县各类企事业单位项目用地的报批服务工作，办理预审108宗，面积664.982公顷。批准农用地转用9批次，面积141.3186公顷，有效保障南方水产城、龙门2025产业园、罗内水暖卫浴基地和雅兴物流园等重大项目用地需求。报批乡镇安置用地1个批次，涉及城厢镇土楼村农村宅基地集中建设小区、龙门镇梧桐内角落农村宅基地集中建设小区、湖头镇前山村石尾埔角落安置小区和福田乡丰都村农村宅基地集中建设小区4个项目，批准面积4.9691公顷。办理农村个人建房审批93批次，2309宗，面积214261.33平方米。

【国有建设用地使用权出让】 2017年，安溪县出让国有建设用地使用权46宗，总面积1065206.946平方米，起始价126890万元，成交价224921万元。办理国有划拨土地使用权补办出让手续33宗，面积7559.09平方米，补缴出让金115.04万元。

2017年安溪县国有建设用地有偿出让情况表

序号	用地者	地块	用途	出让方式	面积（平方米）	起始价（万元）	成交价（万元）	出让日期
1	厦门新景地集团有限公司	古山片区B2地块	商住	拍卖	67796.35	15300	37000	2017-01-17
2	安溪县农村信用合作联社	湖头镇S14-1地块	商服	挂牌	4166.92	355	360	2017-01-20
3	泉州市鹏峰水暖卫浴有限公司	玉田阀门基地二期F-1地块	工业	挂牌	5471.34	155	155	2017-01-20
4	泉州市南翔阀门制造有限公司	玉田阀门基地二期F-4地块	工业	挂牌	8311.28	236	236	2017-01-20
5	泉州恒联建材科技有限公司	玉田阀门基地二期F-5地块	工业	挂牌	8031.1	228	228	2017-01-20
6	泉州永昌卫浴有限公司	玉田阀门基地二期F-8地块	工业	挂牌	6647.84	189	189	2017-01-24
7	泉州迈能工业自动化有限公司	玉田阀门基地二期F-9地块	工业	挂牌	11012.47	312	312	2017-01-24
8	泉州市久容卫浴发展有限公司	玉田阀门基地二期F-10地块	工业	挂牌	5538.79	157	157	2017-01-24
9	福建宝树丰厨卫科技有限公司	安溪县玉田墩坂片区C-4地块	工业	挂牌	33605.19	732	732	2017-02-08
10	福建安溪云中山旅游开发有限责任公司	安溪县福田乡格口YZS-1地块	商服	挂牌	6749.68	285	290	2017-02-20
11	安溪县茂雄生物科技有限公司	南翼新城莲兜美片区D-24地块	工业	挂牌	59068.73	1422	1422	2017-03-14
12	安溪县小城镇建设投资有限公司	安溪县影剧院、沼涛实验小学建设项目地块	小学用地和安置用地	挂牌	15555.85	2372	2402	2017-03-20
13	图途（厦门）户外用品有限公司	安溪县塘垅片区A-05地块	工业	挂牌	39041.79	941	941	2017-03-29
14	安溪县安商茂雄农产品物流园有限公司	安溪县350524-04-B-08地块	商服	挂牌	18757.06	1570	1585	2017-04-13
15	安溪县安商茂雄农产品物流园有限公司	安溪县350524-04-A-21地块	工业	挂牌	24954.64	552	552	2017-04-17

序号	用地者	地　块	用途	出让方式	面积（平方米）	起始价（万元）	成交价（万元）	出让日期
16	福建轩晟置业有限公司	安溪县南翼新城龙门金狮片区A1-3地块	商服（商业仓储物流）	挂牌	1974.58	113	143	2017-05-02
17	福建省泉州港闽建材有限公司	安溪县南翼新城莲兜美片区D-25地块	工业	挂牌	10804.04	246	246	2017-05-04
18	安溪县官桥碧福加油站	安溪县南翼新城碧一片区U-1地块	商服	挂牌	1218.1	105	990	2017-05-10
19	福建渔百惠食品有限公司	安溪县中国南方水产城A-1-03地块	工业	挂牌	28712.36	477	477	2017-05-26
20	安溪县兴民食品有限公司	安溪县闽商投资区B-2地块	工业	挂牌	3333.33	91	91	2017-07-05
21	福建省万寿谷食品有限公司	安溪县中国南方水产城A-1-04地块	工业	挂牌	31660.83	527	527	2017-07-14
22	福建省正丰数控科技有限公司	安溪县南翼新城寮山片区Z-1地块	工业	挂牌	16117.67	413	413	2017-07-17
23	福建安溪联创房地产开发有限公司	中国国际信息技术（福建）产业园B地块	商住	拍卖	49081.69	8900	23300	2017-07-18
24	厦门特房滨海房地产有限公司	中国国际信息技术（福建）产业园C地块	商住	拍卖	69289.72	11900	36400	2017-07-18
25	黄艺鹏	参洋片区A-07地块	商住	拍卖	2660.17	405	435	2017-07-25
26	泉州鑫绿源环保科技有限公司	安溪县南翼新城莲峰片区HL-12地块	工业	挂牌	35175.91	840	840	2017-08-02
27	福建省万寿谷食品有限公司	安溪县中国南方水产城A-2-02地块	工业	挂牌	28813.97	481	481	2017-08-14
28	廖宏澄	南翼新城上苑片区SY-1地块	住宅	拍卖	780.51	60	123	2017-08-15
29	陈华彬	原福建省安溪制药有限公司旧厂区地块	商住	拍卖	19628.92	9400	26000	2017-08-23
30	泉州汇京友联汽车销售有限公司	参洋片区C-05-02B地块	商服	挂牌	6527.69	366	396	2017-09-06
31	泉州君诺美建筑材料有限公司	南翼新城莲峰片区HL-8地块	工业	挂牌	13175.54	319	319	2017-09-08
32	泉州芸台科技有限公司	南翼新城莲峰片区HL-11地块	工业	挂牌	50607.32	1213	1213	2017-09-08
33	福建佳福隆环保餐具有限公司	南翼新城莲峰片区HL-13地块	工业	挂牌	25082.57	603	603	2017-09-08
34	安溪县小城镇建设投资有限公司	参洋片区D-10-1地块	商服	挂牌	6335.77	810	834	2017-09-14
35	福建久一科技有限公司	安溪2025产业园A-04地块	工业	挂牌	54435.05	1459	1459	2017-09-20
36	福建弘启实业有限公司	安溪2025产业园A-20地块	工业	挂牌	40000	954	954	2017-09-20
37	泉州安溪鑫兴亿鞋业有限公司	南翼新城XXY地块	工业	挂牌	11197.42	304	304	2017-09-30
38	福建安溪育民工艺品有限公司	魁斗镇工业走廊D1地块	工业	挂牌	11524.24	257	257	2017-09-30
39	安溪县尚品千艺模型有限公司	2025产业园A-57地块	工业	挂牌	55530.28	1431	1431	2017-10-27
40	元化生物科技有限公司	安溪县湖头镇A-7-1地块	工业	挂牌	24854.156	527	527	2017-11-02

序号	用地者	地块	用途	出让方式	面积（平方米）	起始价（万元）	成交价（万元）	出让日期
41	安溪县共兴房地产开发有限公司（厦门市立夯投资有限公司）	安溪县350524-02-A-04地块	商住	拍卖	69896.28	40000	45000	2017-11-15
42	安溪县中创仓储物流有限公司	安溪县罗内片区B-2-1地块	工业	挂牌	26428.8	657	657	2017-11-17
43	陈伟艺	安溪县蓬莱镇彭格村下寨山A1-1地块	住宅	拍卖	2000	111	121	2017-11-17
44	安溪县荣耀物流发展有限公司	安溪县350524-03-A-11地块	工业	挂牌	24044.23	865	869	2017-11-29
45	福建银领置业有限公司	员宅片区YJG-20-2-1地块	商住	拍卖	3042.58	1850	4250	2017-12-13
46	谢再添	建安格口片区20-4地块	商住	拍卖	26564.19	16400	28700	2017-12-15

【行政审批服务】

2017年，安溪县国土局有行政许可10项、行政确认21项、行政处罚114项、行政强制4项、行政征收2项、行政裁决2项、行政监督检查10项、其他行政权力18项、公共服务事项9项，全部对外公布实施，同时编制运行流程图45张，进一步规范权力运行流程。对审批时限进行压缩，进驻中心事权承诺时限压缩至法定时限的22%。

【库区移民后期扶持】

2017年，安溪县库区移民后期扶持工作涉及蓝田水库、村内水库2座大中型水库移民，以及安置的三峡库区移民，共3个镇、5个村（居）。安溪县移民管理部门联合公安、财政和人力资源与社会保障局等部门开展核查工作，核减因死亡、在编、出境等直补移民10人。开展2017年度大中型水库移民后期扶持计划编制工作和2017年度小型水库移民扶助计划和预算编报工作、移民后期扶持计划编制工作。全县投入移民扶持扶助资金625.64万元，发放直补资金93.48万元，实施环境整治、社会事业、生产开发等库区移民项目22个，争取移民资金补助271.48万元。

【地质灾害防治】

2017年6月27日，安溪县政府办下发《关于开展全县地质灾害隐患再排查工作的通知》，在全县范围内组织开展地质灾害隐患再排查。共有13个乡镇初步排查出41处灾情险情点。经技术支撑单位技术人员现场调查核实，确认9个乡镇的20处为新增点、威胁38户417人，在册点加剧5处、威胁26户101人，其余点可不列入。所在乡镇按照技术单位编制的"一报告两方案"、防灾预案表和简易降险处理图表落实相应防治措施。设立局地质灾害汛期值班室，汛期值班室实行24小时值班和领导带班，台风暴雨期间技术支撑单位实行24小时待命。全年接到地质灾害灾情险情40处、及时派员开展应急处置41处，完成率100%。县国土局与气象、水利等部门采取"点对点"、配合"先进雷达＋微信平台"等办法实施地灾气象风险预警。截至11月16日，发布一级预警10次、二级预警22次、三级预警37次、临近灾害性天气预警90多次，利用防治规划项目和应急技术支撑单位的优势，经省闽南地质大队和省197地质大队对城厢、参内、蓬莱、金谷、湖头、湖上、兰田、剑斗、虎邱和龙门、官桥、凤城12个乡镇上报的310处拟核销点进行调查审核，认定106处符合核销条件，建议核销。经县政府批准，县政府办（安政办〔2017〕309号）文公布。

【不动产统一确权登记】

2017年，安溪县国土局累计完成魁斗镇、西坪镇、龙涓乡、虎邱镇、感德镇、芦田镇、长坑乡、祥华乡、福田乡、桃舟乡、参内乡、尚卿乡、蓝田乡13个乡镇234个行政村的农村房屋和地籍调查工作，完成率54.9%。县不动产登记中心全年受理不动产登记51067件，发出《不动产权证》13597本，《不动产登记证明》29023份，总登簿数65318次。至2017年底，不动产登记数据整合1694宗，完成率6.37%，房屋整合13174件，完成率16.22%。

【矿产管理】

矿产资源开发利用 2017年，安溪县开发利用的矿种有铁矿、水泥用石灰岩（大理岩）、高岭土、地热、石墨、萤石、建筑用石料（花岗岩、凝灰岩）、辉绿岩、建筑用砂8种。全县持有效采矿许可证矿山16家，其中，铁矿3家、水泥用石灰岩矿4家、高岭土矿1家、地热3家、石墨矿2家、萤石矿1家、建筑用石料矿山3家。

矿政管理 2017年4月，安溪县国土局组织对《安溪县矿产资源总体规划（2016－2020年）》进行

听证并征求意见，邀请主要矿山所在地乡镇政府、村委会、矿业权人代表及县有关部门参加，对其的合法性、必要性和可行性听取意见。9月，市国土局组织召开规划审查工作会，根据专家意见，规划编制单位进行修改完善。开展全县2016年度采矿权人开采信息公示工作，全县应参与开采公示采矿权22家，公示矿山21家，一家矿山未按规定公示，列入异常名单。9月，县政府办牵头组织县国土局、林业局、水土办、县安监局、县环保局等有关部门及相关乡镇政府，对全县建筑用石料矿山（含机制砂）规划拟设置矿点进行了全面的现场踏勘，逐一比对各矿点的规划设置条件，择优选取，制定全县建筑用石料矿山规划方案并报县政府同意实施。

治理整顿矿业秩序 2017年，安溪县组织开展严厉打击非法违法采矿、查处无证无照经营、矿产卫片执法检查等专项整治4次，开展矿山动态巡查764次，其中，固定点巡查304次，区域巡查460次；关闭取缔3个无证非法采矿点，立案查处1起，进行矿产资源破坏性鉴定1起，罚没款13.35万元。

矿山生态环境保护 2017年，安溪县完成废弃矿山迹地治理面积1.45万平方米，完成官桥废弃矿山治理面积22.4万平方米；各持证矿山完成治理面积8.98万平方米，种植各种树木8.69万株。

官桥—龙门饰面用花岗岩矿矿山地质环境恢复治理示范工程 2017年9月29日，安溪县组织召开官桥—龙门饰面用花岗岩矿矿山地质环境恢复治理示范工程三期项目开工前期工作协调、测量交桩、技术交底及图纸会审等工作。10月20日，项目开工准备工作基本就绪，

2017年11月，官桥—龙门饰面用花岗岩矿矿山地质环境恢复治理示范工程狮子寨片区治理后样貌
（县国土资源局供图）

签发开工令，投入挖掘机45台，作业人员420人，工作面全面铺开，至11月27日，完成弃渣排险114464立方米，石挡土墙11852立方米，整理平台绿化地4万立方米，排水沟、截水沟2050米，挖方回填方7万立方米等工作，累计完成投资约1760万元。年度完成投资约3000万元。8月9日，国土资源部党组书记、副部长孙绍聘带队到安溪县官桥龙门矿山地质环境治理示范工程二期（铁峰山片区）项目现场调研矿山生态环境恢复治理工作。福建省政府副省长洪捷序、国家土地督察上海局局长韩海青、福建省国土资源厅厅长叶敏、泉州市政府市长康涛等陪同调研。

·统 计·

【概况】

2017年，安溪县统计工作深化统计方法制度改革与统计服务创新，不断提高统计数据质量，提升统计数据分析、监测和经济预测、预警能力，建设新安溪提供统计服务。全县完成地区生产总值515.33亿元，按照可比价计算，同比增长8.9%；农林牧渔业总产值65.79亿元，增长4.2%；规模以上工业产值735.32亿元，增长11.5%；社会消费品零售总额262.42亿元，增长10.5%；固定资产投资362.76亿元，增长11.1%；工业增加值234.35亿元，增长8.5%，其中规模以上工业增加值204.51亿元，增长9.1%。

【第三次全国农业普查】

2017年1月1日开始，安溪组织全县2788名一线普查员和普查指导员，完成安溪县第三次全国农业普查核查、入户登记、数据录入、数据审核和验收、事后质量抽查等普查工作，通过省级质量验收

【入选百强县】

2017年，安溪县国民经济保持平稳较快发展，各项社会事业取得新的进步，城市综合实力不断提升。通过GDP、人口、财政、人均收入、环境、创新创业等指标进行综合评价，安溪县位居2017年度中国中小城市综合实力百强县第65名、最具投资潜力中小城市百强县第25名，创新创业（双创）百强县市第81名。

·审计·

【概况】

2017年，安溪完成审计（调查）42个项目，审计查出主要问题金额18247万元，其中，违规资金8428万元，管理不规范金额9819万元。审计处理处罚8530万元，其中，应上缴财政8428万元，应调账处理102万元。已上缴财政270万元，审计期间整改金额287万元。审计发现非金额计量问题76个。提交审计报告和专项审计调查报告55篇，提出审计建议113条，审计促进整改落实有关问题资金285万元。

【预算执行审计】

2017年，安溪县对2016年度本级预算执行审计，采取省、市、县三级联动组织方式，审计项目包括由省厅统一制定的三级联审项目和本级自定项目两部分组成。省、市、县（区）三级联动开展的项目有：预算执行情况及决算草案、加快产业转型升级资金使用绩效、支持现代农业发展资金使用绩效、财政事权和支出责任划分、地税部门税收征管和优惠政策执行情况审计等5项。市县同时根据省厅清理整合省级专项资金移交的疑点数据同步开展移交疑点审计。

全年完成县财政局、卫计局、粮食局、商务局、国土局、旅游局、环保局等7个部门单位预算执行审计。查出主要问题金额11528万元。

在加快产业转型升级资金使用绩效审计调查中，发现玉峰岩茶叶专业合作社、安溪茶学院教育发展基金会2个项目资金投入不足、项目进度缓慢；在支持现代农业发展资金使用绩效审计中，发现2016年建成并通过验收合格的设施农业大棚项目18家，尚余5家项目单位补贴资金138.87万元未拨付，安溪县泰农农业专业合作社新建设施农业温室大棚，至审计时还未种植相关农产品，未能产生效益，泉州市安永生态农业有限公司新建花卉设施温室大棚项目受灾大棚未继续建设，未能发挥应有效益等问题；在2016年度财政事权和支出责任划分审计调查中，发现2016年拨付企业的资金部分通过下拨到主管单位后，再由主管单位进行下拨；在地方税收征管及税收优惠政策审计调查中，发现5家企业2016年购买的土地未及时申报纳税，均在2017年3月补缴纳税（含滞纳金）。

【经济责任审计】

2017年，安溪县完成城厢镇、感德镇、龙门镇原镇长，蓝田乡、白濑乡、龙涓乡原乡长6位政府领导以及县委老干局、信访局、档案局、广播电影电视事业局、行政执法局、县食药局原局长，县委文明办、疾病预防控制中心、供销联社原主任，团县委原书记10位部门领导经济责任履行情况审计。查出主要问题金额5082万元，其中，主管责任231万元，领导责任4851万元。

【政府投资审计】

2017年，安溪县完成县城建办、城西拦河坝系列工程建设办、潘田矿区移民安置办、德苑工业园管委会4个建设办终结审计。查出主要问题金额1182万元。

是年，基建审计中心完成政府投资项目竣工决算审计81个，送审造价139616万元，审计净核减14699万元。完成小项目抽审17个，再次核减19万元。

【专项资金审计】

2017年，安溪县完成安溪弘桥智谷（泉州）电商园项目跟踪审计，发现产业园项目施工期为2014—2019年，至审计时，施工期已经过半。截至2017年5月，该项目累计实际支出17065万元，计划总投资75000万元，实际完成进度22.75%，项目建设进展偏慢；完成安溪中科植物工厂项目进展情况跟踪的审计，发现该产业化基地项目施工期为2016—2019年，至审计时，施工期已经近半。截至2017年9月，该项目累计实际支出57100万元，计划总投资422667万元，实际完成计划投资的13.51%，项目建设进展偏慢；完成永春县2016年精准扶贫和城乡医疗救助资金"最后一公里"审计、泉港区2017年城镇保障性安居工程跟踪审计、2017年公务支出和公款消费情况审计、财政资金信息化管理情况审计调查、厦门金砖会晤经费专项审计。

【企事业单位审计】

2017年，安溪县完成福前农场2016年财务收支审计。发现存在往来款项未及时清理结算、固定资产报废未及时报批核销等问题。完成第八中学、沼涛中学、第三医院3个事业单位2016年财务收支审计。查出主要问题金额116万元。审计发现部分单位存在扩大学生代办费范围、往来款项清理不及时、应缴财政专户款未及时上缴、部分原始凭证填制内容不真实、固定资产和在建工程的核算与管理不规范等问题。

【内部审计工作指导】

2017年，安溪县审计局帮助指导供销、教育、卫计3个系统内审机构做好内部审计工作。内审机构共完成审计项目38个，审计总金额83884万元，促进增收节支15万元，提出合理化建议51条，供销系统向安溪县公安局移送案件1起1人。

财政税收

·财政·

【概况】

2017 年，安溪着力推进供给侧结构性改革，促进产业升级提高财政收入质量，合理配置资源优化支出保障格局，全年预算执行情况良好。但仍面临经济下行压力，新的财源增长点不明朗，财政增收动力不足。民生和重点领域及稳增长调结构促改革政策措施等财政支出刚性需求增强，财政收支矛盾更加突出。

【财政收入】

2017 年，安溪县一般公共预算总收入 40.49 亿元，比上年增加 3.27 亿元，增长 8.79%，其中，一般财政公共预算收入 26.57 亿元，比预算数增加 7895 万元，比上年增加 22553 万元，增长 9.3%。政府性基金预算收入 21.09 亿元，比上年增加 11.29 亿元，增长 115.3%。

【财政支出】

2017 年，安溪县严格控制一般性支出，实行"三公"经费总额控制制度，加强财务报销票据、报销手续合规性和完整性的审核。全年县直单位"三公"经费同比下降 29.1%。一般公共预算支出 63.07 亿元（含省市补助和上年结转支出），比上年增加 9.01 亿元，增长 16.7%。其中，一般公共服务支出 4.48 亿元，同比增长 13.3%。公共安全支出 2.76 亿元，同比增长 5.0%。政府性基金支出 15.82 亿元（含省市补助和上年结转支出），比上年增加 48431 万元，同比增长 43.2%。

教育 2017 年，安溪县教育支出 17.45 亿元，同比增长 10.6%。投入 12974 万元支持基础教育校舍建设和维修改造；投入 14115 万元落实义务教育"三免一补"政策；投入 1345 万元落实职业教育助学金、中职学生免学费政策。

文化科技 2017 年，安溪县科学技术支出 1.57 亿元，比上年可比增长 58.7%。投入科技创新资金 6230 万元，文化体育与传媒支出 0.9 亿元，比上年可比增长 26.3%。投入 794 万元支持基层文体广场设施及农民健身工程建设；投入 2003 万元举办铁观音宣传推广、环泉州湾国际公路（安溪段）自行车赛、第十届世界安溪乡亲联谊会、第二届家居工艺文化博览会等系列活动；投入 6327 万元推进非物质文化遗产保护与传承、文物保护，加大公共文化服务体系建设。

社会保障和就业 2017 年，安溪社会保障和就业支出 4.03 亿元，比上年可比增长 0.5%。投入城乡低保资金 2613 万元，解决困难群众基本生活；投入老龄事业资金 717.16 万元，支持居家养老社区、老年活动中心建设，为特困失能老人提供政府购买服务；投入 542.81 万元发展残疾人事业，支持扶贫、就业培训、托养服务、生活补助等；投入优抚对象抚恤补助 794.26 万元，完善重点优抚对象生活和医疗保障机制。

公共卫生、计生 2017 年，安溪医疗卫生与计划生育支出 7.83 亿元，比上年可比增长 13.0%。投入 2579 万元对公立医院基本建设、设备购置等实行定项补助；投入卫生专项资金 1052.5 万元支持公共卫生体系建设、"中医馆"建设、妇幼保健等；落实计划生育专项支出 533.5 万元提升计划生育服务能力。

扶持中小企业 2017 年，安溪扶持企业专项资金 3.54 亿元，帮助企业技改扩能，转型升级，拓展市场，企业上市，提质增效。继续使用企业应急周转专项资金，帮助企业解决贷款过桥资金 3.87 亿元。

节能环保 2017 年，安溪节能环保支出 0.91 亿元，比上年可比增长 7.1%。投入 307 万元用于节能减排与发展循环经济；投入 2231 万元用于农村垃圾运转及焚烧处理；投入 6442 万元开展晋江西溪、九龙江上游水资源保护补偿和重点流域水环境综合整治。

农业农村建设 2017 年，安溪县农林水支出 7.34 亿元，比上年同比下降 0.6%。投入 13356 万元支持发展特色现代农业；投入 8262 万元支持美丽乡村建设、村级组织运转、村集体经济创收补助及农村"一事一议"奖补；投入 2147 万元支持农业综合开发；投入 9000 万元支持白濑水库等重大水利项目建设；投入 620 万元支持农田水利建设；投入 5212 万元用于实施"河长制"和水资源保护奖补；投入 7421 万元支持造林绿化、植被恢复、森林景观提升。

【财政改革】

2017 年，安溪县财政局实现公共财政预算资金、政府性基金、财政专户资金的全面覆盖。5 月 1 日起，全面推开建筑业、房地产业、金融业、生活服务业等"营改增"工作，及时调整充实工作领导小组成员，确保营改增试点工作平稳开展、有序运行。全年实现国库集中支付报销 20139 笔，支付金额 20.8 亿元，授权支付业务 217 笔，支付金额 777.26 万元。政府采购成交金额 2.635 亿元，比预算节省 2487.19 万元，平均资金节约率为 8.62%。

【会计集中核算监督】

2017 年，安溪县会计核算中心共受理核算业务 63198 笔，金额 402615.69 万元，其中收入业务 17280 笔，支出业务 45918 笔，；其他业务 15090 笔。严格执行有关财务规定，退回手续不完整业务 739 笔，拒付不合理支出业务 569 笔。累计办理直接支付业务 20139 笔，支付金额 208474.31 万元，授权支付业务 217 笔，支付金额 777.26 万元。

【监控管理】

政府投资项目审核 2017 年，安溪县财政局审核预算项目 329 个，完成审核项目 329 个，审结率 100%。送审金额 285215 万元，审定金额 269759 万元，核减 15456 万元，核减率 5.4%。

预算绩效监控管理 2017 年，安溪县有 100 万元以上的项目支出 136 个，全部纳入财政绩效目标编报范围，编报绩效目标的项目预算资金占项目预算资金的比例不低于 80%，积极扩大预算绩效目标管理试点范围，并将绩效目标管理范围逐步覆盖到绝大部分财政资金（财政项目资金 100 万元以上的实现全覆盖）。

政府性债务管理 2017 年，安溪县完成存量债务债券置换 139232 万元，其中，一般债券 69862 万元，专项债券 69370 万元。争取新增一般债券 75200 万元，其中，城乡社区支出 74700 万元，农林水利支出 500 万元。

【小城镇建设投资】

2017 年，安溪县小城镇建设投资公司全年实现收入 33344 万元，纳税 3853 万元，利润 7245 万元，上缴国有资产处置收入 17215 万元，资产总额 599885 万元，资产负债率 43.86%。以小城投公司作为业主项目在建或新建项目 19 个，累计建筑面积 195.53 万平方米，投入项目建设资金 4.26 亿元。全年销售金融行政服务中心写字楼、车位面积 5928.75 平方米，销售合同总金额 4421 万元，收取写字楼、店铺、车位等租金 196 万元。吸纳鸿腾建筑有限公司、泉州万益有限公司、福建中尼贸易有限公司等实力企业总部进驻经营，推动总部经济发展。全年，移交接收 17 处国有房产，通过公开拍卖、招租等方式取得收益 6185.43 万元。加强与各金融机构沟通合作，全年，筹集项目建设资金 6.2 亿元。为企业提供应急资金 34 笔 3.57025 亿元。

·国家税务·

【概况】

2017 年，安溪县国家税务系统管征户数 14635 户，其中，增值税一般纳税人 2193 户，小规模纳税人 12442 户；个体户 5277 户，企业类 9358 户。落实国家出台的各项结构性减税政策 1.41 亿元。

【依法治税】

2017 年，安溪县构建"安溪县立体式的涉税信息交换平台"，"税检共建、税警协作、税院协同、税邮携手"综合治税体系全面确立。全年召开税检联席会议 4 次；移送公安机关涉税案件 2 件，刑事立案调查 2 件；入库 2 笔欠税法院强制执行 84 万元；委托邮政代开发票 7.57 万份，代征税款 3162.90 万元。持续规范行政处罚，累计审结一般处罚 103 条、简易处罚 1102 条，审结率达 100%。

【纳税服务】

2017 年，安溪县创新性构建"税银企"三位一体机制，推动纳税服务部门化向网点化转变，以较低的运营成本，布设服务网点群，打通空间和区域限制，扩大服务覆盖面。同时，推行小微企业"银税贷"，有效解决企业融资难、融资贵的问题。"银税 24 小时自助服务厅"发放发票 13903 户次；开具证明 13189 份；签订"银税贷"4 户，授信 33160 万元。在全省首创"一人一窗一屏一机一网双系统"模式基础上，实行流程再造，打破部门壁垒，将分布于不同部门的业务单元，集成到办税服务厅的业务流程中。简并环节、文书，实现"纳税人发起的业务全部在办税服务厅'一站式'办结，办理多类业务享受'一窗式'服务"。同时，全面梳理"一趟不用跑"业务 6 项，"最多跑一趟"业务 39 项。

【税收征管改革】

2017 年，安溪县国地税联合登记 2704 户，定额核定 1603 户，信用等级评定 2605 户；共享信息 28500 条，清理数据 36138 条；国地税联合办税厅受理业务 19800 户次，纳税人办税次数减少 50% 以上、时间缩短 10% 以上。

严格以国家税务总局公告列明的 87 个审批项目为基础，削减审批项目 92.95%。全面推行无纸化管理，无缝对接外贸企业退税审批权下放，持续加快退税进度，办理退税 1.9 亿元，免抵调库 0.3 亿元。

围绕实现事前审核向事中事后监管、固定管户向分类分级管户、无差别管理向差异化管理、经验管理向大数据管理的"四个转变"，抓住安溪地域文化特点，优化征管职能，提高征管绩效。

2017年安溪县国税纳税超百万企业名表

序号	企业名称	序号	企业名称
1	福建三安钢铁有限公司	41	中鼎国际工程有限责任公司
2	国网福建安溪县供电有限公司	42	福建省龙润置业发展有限公司
3	安溪县农村信用合作联社	43	福建省振安建筑工程有限公司
4	福建省闽华电源股份有限公司	44	泉州市圣能电源科技有限公司
5	泉州润宇房地产开发有限公司	45	福建金宜房地产开发有限公司
6	中国邮政集团公司福建省安溪县分公司	46	福建省三安环保资源有限公司
7	泉州瑞麦食品有限公司	47	安溪大润发商业有限公司
8	福建晶安光电有限公司	48	福建基弘实业有限公司
9	永隆兴业（泉州）发展有限公司	49	安溪贤发房地产开发有限公司
10	泉州立旺食品有限公司	50	中国工商银行股份有限公司安溪支行
11	福建八马茶业有限公司	51	三德兴置业（福建）有限公司
12	福建纬璇织造有限公司	52	泉盈（福建）房地产发展有限公司
13	安溪力志房地产发展有限公司	53	中国人民财产保险股份有限公司安溪支公司
14	茶博汇投资有限公司	54	福建省和祥房地产开发有限公司
15	泉州市钻石投资发展有限公司	55	中石化森美（福建）石油有限公司泉州安溪城东加油站
16	安溪世德置业有限公司	56	创冠环保（安溪）有限公司
17	福建省安溪县恒兴房地产开发有限公司	57	中国银行股份有限公司安溪支行
18	福建省泉州中拓置业有限公司	58	福建省正丰数控科技有限公司
19	泉州金龙置业有限公司	59	中国农业发展银行安溪县支行
20	福建省安溪荣新矿产有限公司	60	福建广新置业有限公司
21	福建省安溪旺鑫置业有限公司	61	福建省亿洲工程建设发展有限公司
22	福建泰兴特纸有限公司	62	兴业银行股份有限公司安溪支行
23	泉州市凯鹰电源电器有限公司	63	泉州供电服务有限公司安溪分公司
24	福建一泰房地产开发有限公司	64	安溪鼎华建材有限公司
25	福建省中科生物股份有限公司	65	安溪县电力建设服务有限公司
26	福建海佳彩亮光电科技有限公司	66	福建省三净环保科技有限公司
27	泉州安溪万达广场投资有限公司	67	福建省安溪茶厂有限公司
28	安溪春秋置业有限公司	68	泉州市鼎裕服装织造有限公司
29	安溪兆阳房地产开发有限公司	69	中国邮政储蓄银行股份有限公司安溪县支行
30	中国农业银行股份有限公司安溪县支行	70	福建省中晟建设投资有限公司
31	安溪县聚贤美佳置业有限公司	71	大成工程建设集团有限公司
32	福建省泉州市味博食品有限公司	72	安溪凤冠房地产开发有限公司
33	恒禾置地（安溪）发展有限公司	73	安溪县弘桥滨江置业有限公司
34	中国建设银行股份有限公司安溪支行	74	国富瑞数据系统有限公司福建分公司
35	安溪县小城镇建设投资有限公司	75	福建省安溪雅斯达电器有限公司
36	福建省安溪兰田水库电站有限公司	76	福建省安溪煤矸石发电有限公司
37	砖文建设集团有限公司	77	福建省东霖建设工程有限公司
38	建融（安溪）置业有限公司	78	中国平安财产保险股份有限公司安溪支公司
39	泉州连捷置业有限公司	79	泉州市连捷旅游开发有限公司
40	福建安溪三元集发水泥有限公司	80	福建省八方建筑工程有限公司

序号	企业名称	序号	企业名称
81	安溪德宏矿业有限公司	129	安溪县英发家具装饰有限公司
82	集安矿业（安溪）有限公司	130	福建省龙洲建筑工程有限公司
83	福州建工(集团)总公司(原福州市建筑工程总公司)	131	福建省轻纺工程建设有限公司
84	安溪县益安电力工程有限公司	132	安溪县恒珀利锰铁矿有限公司
85	福建省泰兴激光科技有限公司	133	安溪宝龙资产经营管理有限公司
86	福建省恒发彩印包装有限公司	134	泉州金达房地产开发有限公司
87	福建省中创商品混凝土有限公司	135	安溪民生村镇银行股份有限公司
88	福建省安溪县尚德建筑工程有限公司	136	安溪县腾辉家饰工艺有限公司
89	福建省五洲建设集团有限公司	137	福建省天驰工程建设有限公司
90	安溪万城置业有限公司	138	泉州市汽车运输总公司安溪公司
91	福建省鼎泰光电科技有限公司	139	福建省安溪县源丰液化气发展有限公司
92	安溪明珠发展有限公司	140	福建安溪聚丰工艺品有限公司
93	福建省信达光电科技有限公司	141	安溪县兴安电力工程设计有限公司
94	厦门市诚红建筑劳务有限公司	142	泉州黄金龙卫浴洁具有限公司
95	安溪县日春茶叶有限公司	143	中建远南集团有限公司
96	安溪新奥燃气有限公司	144	中铁四局集团有限公司第七工程分公司
97	福建省同美建设工程有限公司	145	泉州全和发展有限公司
98	福建三安建材有限公司	146	安溪县长信矿山机械配件制造有限公司
99	安溪县新湖房地产开发有限公司	147	厦门市星海建筑劳务有限公司
100	中化（泉州）石油销售有限公司安溪河滨南路加油站	148	光大成贤（福建）建设有限公司
101	新泉水电（安溪）有限公司	149	安溪晨苑房地产开发有限公司
102	泉州银行股份有限公司安溪支行	150	中国建筑第四工程局有限公司
103	福建省亿晟路桥工程有限公司	151	福建宏侨置业有限公司
104	中国移动通信集团福建有限公司安溪分公司	152	福建省安泰建筑工程有限公司
105	安溪宏骏置业有限公司	153	安溪天福茶业有限公司
106	福建安溪新联安房地产有限公司	154	安溪县龙涓内灶茶叶专业合作社联合社
107	中国民生银行股份有限公司泉州安溪支行	155	安溪县金华南实业有限公司
108	福州星阳建筑劳务有限公司	156	安溪城东水闸桥电站有限公司
109	福建德远集团有限公司	157	福建安溪艾美工艺品有限公司
110	安溪县弘涛置业有限公司	158	福建省伟拓塑胶制品有限公司
111	安溪高芳苑置业有限责任公司	159	福建安溪富华房地产开发有限公司
112	中建海峡建设发展有限公司	160	福建省安溪县远荣茶厂
113	安溪新唐信家俱有限公司	161	福建省安溪县尚卿华星工艺品有限公司
114	泉州市中闽百汇购物有限公司安溪分公司	162	安溪宝龙置业发展有限公司
115	福建省安华市政工程建设有限公司	163	福建安溪富华工艺品有限公司
116	集安水电(安溪)有限公司	164	福建省易利食品冷冻有限公司
117	安溪县格美家具装饰有限公司	165	福建省建宏工程建设有限公司
118	安溪县宏安劳务有限公司	166	江西省国利建设集团有限公司
119	江西省临川安石建筑工程有限公司	167	泉州市志闽旅游股份有限公司
120	中铁十六局集团路桥工程有限公司	168	泉州飞扬工艺有限公司
121	福建安溪佳福工艺品有限公司	169	福建省安溪县珍成矿产品有限公司
122	中晟（福建）混凝土发展有限公司	170	福建省颖航建设工程有限公司
123	福建省安溪潘田铁矿有限公司	171	福建省安溪县自来水公司
124	福建海佳置业有限公司	172	福建省宏泰鑫轻质墙材有限公司
125	中国建筑第八工程局有限公司	173	平安银行股份有限公司泉州安溪支行
126	福建省厦安建筑工程有限公司	174	福建省安蓬建设工程有限公司
127	泉州恒兴置业有限公司	175	福建康佰家大药房连锁有限公司安溪利民店
128	中国石油天然气股份有限公司福建安溪路发加油站	176	安溪星源房地产开发有限公司

序号	企业名称	序号	企业名称
177	泉州弘桥智谷物流有限公司	190	福建省高建发茶业有限公司
178	福建省第一公路工程公司	191	福建安溪合兴工艺品有限公司
179	福建安溪佳胜针织服装有限公司	192	中国一冶集团有限公司
180	福建省泉州市安溪仙荣火电厂	193	厦门市仁得建筑劳务有限公司
181	福建省中挪化肥有限公司	194	福建省海誉食品有限公司
182	波特（安溪）鞋业有限公司	195	安溪弘桥置业有限公司
183	福建省安溪县珍昌铸造厂	196	中建富林集团有限公司
184	福建省远隆建设工程有限公司	197	泉州市斯博利家居股份有限公司
185	安溪县贤发家具装饰有限公司	198	中铁十八局集团第二工程有限公司
186	福建安溪中田工艺有限公司	199	福建省安溪龙门中泉制釉有限公司
187	安溪县群盛花园饰品有限公司	200	中国太平洋财产保险股份有限公司安溪支公司
188	福建省安溪帝豪工艺有限公司	201	福建安溪集发工艺品有限公司
189	华福证券有限责任公司安溪民主路证券营业部	202	福建省锦达工艺制品有限公司

·地方税务·

【概况】

2017年，安溪地税系统组织各项收入17.58亿元，可比口径增长8.2%。其中，税收收入11.69亿元，可比口径增长5.1%；一般公共预算收入9.19亿元，可比口径增长14%，完成县政府计划任务的103.5%；社保"五险"收入4.7亿元，增长14.6%。

【征管改革】

2017年，安溪县制定《安溪县地方税务局纳税人分类分级管理实施办法》，实施以风险管理为导向、以信息管税为支撑、以分类分级为基础的规范化、专业化、差异化的税收征管方式；贯彻落实《国地税合作工作规范（3.0版）》，联合开展税务稽查，并成立县公安局派驻税务联络机制办公室和建立县级"院税协同"机制；实行"清单管理—重点工作落实—强化绩效评价"的循环督办，提升规费征管质效，社保五率在全市位列前茅。

在全省首创"税银企"三位一体机制，设立24小时自助服务办税厅，累计发放发票615户次、14763份，开具证明3521份，促成4家小微企业与县农信社签订"银税贷"协议，取得贷款10175万元。落实国务院税收优惠政策，累计减免各项税收24037万元，增长35.2%，其中，改善民生类15076万元，支持三农1935万元，鼓励高新技术和投资创业1016万元，促进小微企业发展309万元。扎实做好开征环境保护税的各项准备工作，加强与环保部门的协作和对接，建立底册，做好基础信息接收确认，开展环保税专题培训，加强宣传和辅导，主动作为对接税制改革。经测算，全县环保税规模800多万元，涉及企业180多家。

【健全纳税服务体系】

2017年，安溪县深化"放管服"改革，率先试行地税实名办税，率先推行社保登记"一窗通办"机制，深化与国税纳税信用等级评定、优惠政策等"套餐式"服务。开展"便民办税春风行动"，落实办税事项"最多跑一趟"清单和"全程网上办"清单。不断拓展网上办税、移动办税业务，打造实体办税、网上办税、掌上办税和自助办税相互补充，线上线下相互融合的办税服务新格局，全县网上申报率90%以上。

2017年4月1日，安溪县税务部门联合县农信社在全省首创"税银企"三位一体机制
（汪海滨 摄）

2017年安溪县地税纳税超百万企业情况表

单位：万元

序号	纳税人名称	纳税额
1	泉州润宇房地产开发有限公司	4940.47
2	福建三安钢铁有限公司	4740.39
3	安溪世德置业有限公司	3239.65
4	安溪力志房地产发展有限公司	3147.44
5	安溪县农村信用合作联社	2715.40
6	安溪县小城镇建设投资有限公司	2687.60
7	恒禾置地（安溪）发展有限公司	1971.32
8	福建省安溪旺鑫置业有限公司	1720.13
9	泉州金龙置业有限公司	1641.51
10	永隆兴业（泉州）发展有限公司	1640.10
11	安溪春秋置业有限公司	1601.60
12	福建省泉州中拓置业有限公司	1585.61
13	泉州安溪万达广场投资有限公司	1467.80
14	安溪县聚贤美佳置业有限公司	1442.48
15	福建基弘实业有限公司	1433.03
16	安溪兆阳房地产开发有限公司	1299.83
17	建融（安溪）置业有限公司	1296.76
18	福建泰兴特纸有限公司	1294.58
19	福建一泰房地产开发有限公司	1292.99
20	安溪特房嘉泉房地产有限公司	1267.65
21	安溪县新景地房地产有限公司	1158.06
22	中国人民财产保险股份有限公司安溪支公司	1105.10
23	泉州市钻石投资发展有限公司	1092.21
24	福建金宜房地产开发有限公司	1088.82
25	福建省龙润置业发展有限公司	974.03
26	福建正祥置业发展有限公司	901.09
27	张华民	897.43
28	安溪万城置业有限公司	882.11
29	国网福建安溪县供电有限公司	874.66
30	中国平安财产保险股份有限公司安溪支公司	812.47
31	泉盈（福建）房地产发展有限公司	803.82
32	福建省闽华电源股份有限公司	798.15
33	福建广新置业有限公司	776.54
34	福建晶安光电有限公司	772.57
35	安溪贤发房地产开发有限公司	747.65
36	蔡彩恋	743.04
37	福建安溪联创房地产开发有限公司	710.65
38	砖文建设集团有限公司	673.58
39	茶博汇投资有限公司	655.51
40	福建省和祥房地产开发有限公司	632.69
41	福建省中晟建设投资有限公司	549.78
42	泉州连捷置业有限公司	525.77
43	华福证券有限责任公司安溪民主路证券营业部	498.24
44	福建省八方建筑工程有限公司	495.86
45	福建省振安建筑工程有限公司	476.68
46	厦门市华荣泰集团有限公司	471.93
47	安溪县弘桥滨江置业有限公司	424.61
48	安溪县文化旅游发展有限公司	424.53
49	安溪宝龙资产经营管理有限公司	417.21
50	福建省信达光电科技有限公司	412.72

序号	纳税人名称	纳税额
51	中国人寿保险股份有限公司安溪县支公司	403.29
52	安溪县医院	400.14
53	福建天电光电有限公司	397.78
54	安溪县国土资源局	368.03
55	福建安溪三元集发水泥有限公司	349.52
56	福建省安溪县恒兴房地产开发有限公司	344.89
57	泉州金达房地产开发有限公司	344.56
58	安溪宏骏置业有限公司	335.24
59	安溪县新湖房地产开发有限公司	326.37
60	泉州立旺食品有限公司	322.33
61	福建省五洲建设集团有限公司	312.93
62	福建省泰兴激光科技有限公司	311.15
63	福建省中科生物股份有限公司	302.28
64	安溪县官桥镇人民政府	296.65
65	泉州幸福投资有限公司	292.74
66	福建省泉州市丰源房地产开发有限公司安溪分公司	272.81
67	福建纬璇织造有限公司	263.90
68	福建恒邦置业有限公司	261.68
69	中国农业银行股份有限公司安溪县支行	259.78
70	安溪弘桥置业有限公司	257.52
71	福建宏侨置业有限公司	255.83
72	国富瑞（福建）信息技术产业园有限公司	253.82
73	福建省安溪县自来水公司	251.40
74	福建省兴泰建筑工程有限公司	234.78
75	福建万寿谷食品有限公司	229.95
76	福建安溪富华房地产开发有限公司	227.46
77	安溪县贤发工艺制品有限公司	223.85
78	泉州恒兴置业有限公司	222.07
79	福建安溪德鸿房地产有限公司	216.75
80	福建省安溪县白濑水电有限公司	213.57
81	安溪恒骏电子有限公司	212.17
82	安溪县英发家具装饰有限公司	211.67
83	洲豪（福建）再生资源材料有限公司	205.07
84	福建省泉州市味博食品有限公司	205.05
85	泉州市凯鹰电源电器有限公司	204.65
86	福建宇创置业有限公司	203.04
87	福建省曲斗香酒业有限公司	200.15
88	安溪高芳苑置业有限责任公司	199.25
89	集安矿业（安溪）有限公司	196.43
90	中国人寿财产保险股份有限公司安溪县支公司	195.54
91	安溪宝龙置业发展有限公司	188.59
92	安溪县弘涛置业有限公司	187.49
93	安溪迎宾酒店投资管理有限公司	185.09
94	福建力标集团有限公司	182.36
95	泉州瑞麦食品有限公司	175.88
96	福建八马茶业有限公司	174.88
97	安溪星源房地产开发有限公司	172.75
98	安溪凤冠房地产开发有限公司	172.32
99	中国建设银行股份有限公司安溪支行	170.95
100	福建省安溪煤矸石发电有限公司	169.84
101	福建省安溪清水岩风景旅游区	169.59
102	安溪县联翼投资管理有限公司	158.60

序号	纳税人名称	纳税额
103	泉州嘉信置业有限公司	158.52
104	福建省安溪荣新矿产有限公司	156.65
105	福建省亿晟路桥工程有限公司	155.59
106	福建安溪嘉霖房地产有限公司	153.75
107	中国太平洋财产保险股份有限公司安溪支公司	152.92
108	福建海佳彩亮光电科技有限公司	151.70
109	福建省龙洲建筑工程有限公司	151.14
110	中国农业发展银行安溪县支行	150.11
111	创冠环保（安溪）有限公司	146.43
112	大成工程建设集团有限公司	146.30
113	福建海佳置业有限公司	145.63
114	福建省安华市政工程建设有限公司	145.03
115	福建省弘桥智谷投资有限公司	144.59
116	中国邮政集团公司福建省安溪分公司	141.98
117	福建新新房地产开发有限公司安溪分公司	141.30
118	福建省东霖建设工程有限公司	140.61
119	中鼎国际工程有限责任公司	140.43
120	安溪宝龙商业物业服务有限公司	139.97
121	福建省安蓬建设工程有限公司	139.15
122	福建中奥建筑工程有限公司	133.61
123	福建德远集团有限公司	130.53
124	安溪县茂雄生物科技有限公司	130.33
125	福建大自然茶业科技有限公司	128.77
126	福建久一科技有限公司	127.49
127	福建省安溪县尚德建筑工程有限公司	124.09
128	福建安溪富华工艺品有限公司	123.18
129	福建省安溪龙门中泉制釉有限公司	122.84
130	福建安溪聚丰工艺品有限公司	121.74
131	福建省厦安建筑工程有限公司	121.69
132	中国工商银行股份有限公司安溪支行	120.96
133	安溪新唐信家具有限公司	119.96
134	中国电信股份有限公司安溪分公司	117.89
135	福建省安溪县尚卿华星工艺品有限公司	117.65
136	福建省同美建设工程有限公司	116.46
137	中航重科（福建）置业有限公司	116.13
138	福建渔百惠食品有限公司	114.73
139	福建省正丰数控科技有限公司	110.74
140	张连全	109.89
141	安溪县祥华溪二级水电有限公司	109.12
142	泉州嘉发置业有限公司	108.72
143	廖吉全	107.75
144	福建省金典华福置业有限公司	106.84
145	福建省安溪县新嘉源房地产有限公司	106.51
146	安溪县尚卿三级水电有限公司	106.30
147	泉州供电服务有限公司安溪分公司	106.01
148	安溪县兴安电力工程设计有限公司	103.83
149	安溪鼎华建材有限公司	103.34
150	中华联合财产保险股份有限公司泉州中心支公司安溪营销服务部	101.93
151	安溪县白濑二级水电有限公司	101.48
152	阳光财产保险股份有限公司安溪支公司	101.13

· 综述 ·

【概况】

2017 年，安溪全县农业生产践行国家供给侧结构性改革，推进现代、生态、智慧、品牌农业建设。培育省级示范家庭农场 6 家，新增省级示范社 10 家。农业各产业均健康稳定发展。全年实现农林牧渔业总产值 65.79 亿元，同比增长 4.2%，增幅排名全市第三。

【农业执法】

2017 年，安溪加强村级财务和农民负担监督管理，开展农资专项整治行动，出动执法人员 1500 多人次，执法车辆 375 辆次，检查农资经营单位 555 家次，全县共立案查处销售假、劣兽药、未取得登记证肥料产品案件 4 起，罚没款 0.84 万元。

· 种植业 ·

【概况】

安溪县粮食作物有水稻、甘薯、马铃薯、玉米、大豆等，其中以水稻、甘薯、马铃薯为主要粮食作物。2017 年，安溪粮食作物播种面积 2.25 万公顷，其中，水稻种植面积 1.2 万公顷（早稻 0.55 万公顷、中稻 0.31 万公顷、晚稻 0.34 万公顷），甘薯 0.56 万公顷，马铃薯 0.41 万公顷，

玉米 0.05 万公顷，大豆 0.033 万公顷。淮山（薯蓣）为安溪县发展较快的特色粮、菜、药兼用农作物，是安溪县经济效益最高的粮食作物。果园面积 1.02 万公顷，水果总产量 3.15 万吨，其中柑橘类 0.13 多万公顷，产量 0.75 万吨；热带水果 0.33 多万公顷，产量 1.03 吨；其他水果 0.55 多万公顷，产量 1.37 万吨。由于安溪县果树主栽品种市场竞争力不高，经济效益不佳，果农有意识进行试验引种一些新品种如沃柑、百香果等。

【粮食作物】

粮食生产新技术试验示范 2017 年，安溪县农技站在城厢镇南英村进行水稻精确定量栽培新技术试验：其主要内容有：在早、晚稻适时播种、

种子处理与催芽、适宜播种量、适期插秧等育秧栽培技术及合理基本苗、氮磷钾三要素比例及基、追肥比例，施用氮肥及磷钾肥，返青分蘖阶段、控制无效分蘖、长穗期、结实期的管水技术等大田栽培技术进行定量栽培试验，及与同等条件下大田水稻传统普通栽培进行对比试验。年度"水稻精确定量栽培新技术试验"初步达到良好效果。

新品种试验示范 2017 年，安溪县农作物主导品种有：水稻 T 优 2155、全优 1093、福两优 366、金农 3 优 3 号，甘薯广薯 87、泉薯 10 号，马铃薯中薯 3 号、泉云 4 号等，花生粤油 7 号、仲恺花 1 号等优良品种为主。继续实施农作物新品种

2017 年 11 月 10 日，白濑芦柑丰收   （安溪报社 供图）

引进、试验、示范、推广工程，从省内、外引进农作物新品种20个，其中，水稻新品种10个、花生2个、马铃薯和蔬菜8个，对引进的新品种，根据不同的生育特性在不同的海拔、不同土壤进行多点试验示范，筛选出适合安溪县种植的新品种，水稻恒T两优164、甬优5552、桐优039等，马铃薯泉云3号等。

2017年安溪县非粮食作物面积产量情况表

项目	年末实有面积（公顷）	采摘面积（公顷）	产量（吨）
园林水果	10170.53	8694	31465
1.苹果	0	0	0
2.梨	78.93	69.8	399
3.柑橘类	1327.87	1249.87	7470
柑	0.33	0.33	3
橘	1207.2	1137.8	6757
橙	8.2	8.2	120
柚	112.13	103.53	590
4.热带水果	3327.33	2938.4	10311
香蕉	231.53	231.27	2364
菠萝	13.13	12.07	35
荔枝	297.67	275.6	1235
龙眼	2044.67	1817.6	4713
枇杷	19.47	18.13	76
橄榄	10.13	8.8	37
杨梅	396.33	320.4	864
芒果	242.47	202	747
番石榴	71.33	52.53	240
5.其他水果	5436.4	4435.93	13285
桃	160.4	149.33	771
李	330.8	238.13	836
葡萄	14.47	14.47	108
柿子	4692.33	3825.93	10489
枣	158.07	127.73	600
其他	80.33	80.33	481

【果业】

2017年，安溪县果类种植面积10170.53公顷，改植换种面积130公顷。推动龙眼产业化，根据标准化要求，规划机耕路，果园建水池及配套喷灌设施，指导果农做好龙眼控冬梢，防花穗"冲梢"，保花保果、抗旱防涝、防寒防冻及病虫害综合防治等龙眼生产常规管理工作，提高优质果率。引进新品种，调整龙眼早中晚熟品种结构。组织技术人员深入基层，指导果农加强柿园标准化生产和柿饼加工技术规范，提高油柿产业管理水平，为重修油柿饼省级地方标准做前期准备工作。

【植物保护】

农作物（粮食、茶叶）病虫害发生防治情况 2017年春季，安溪县气温偏高，降水偏少，日照正常，加上2016年的暖冬气候，对农作物病虫的越冬和繁衍均有利；7-9月，长时间持续高温，最高 36℃，不利于各种病虫害的发生。全县水稻病虫害发生面积 0.41 万公顷，防治 0.8 万公顷次，全县茶叶病虫害发生面积 3.41 万公顷，防治 9.67 万公顷次，挽回茶叶损失 1175 吨。

新肥料示范推广　2017 年，根据农业部《关于做好 2017 年果菜茶有机肥替代化肥试点工作的通知》，安溪县被列入农业部 100 个果菜茶有机肥替代化肥试点示范县之一，安排安溪县茶叶有机肥替代化肥示范县试点专项资金 1000 万元。按照《安溪县农业与茶果局关于印发到 2020 年化肥使用量零增长行动方案的通知》的要求，结合安溪县农业生产实际，制定并下发《安溪县农业与茶果局关于做好 2017 年全县化肥使用零增长相关工作的通知》《安溪县农业与茶果局关于印发安溪县 2017 年商品有机肥示范推广项目实施方案》和《安溪县农业与茶果局关于下达 2017 年化肥减量任务的通知》等文件进行动员部署，按照"有机无机配合、基肥追肥统筹、肥水管理协调、农艺农机结合"原则，重点鼓励推广使用商品有机肥，提高土壤肥力和农产品品质，促进农业生产健康可持续发展。全年引进缓控释肥、茶树专用肥、有机肥等 3 个新型肥料在茶树、茭白等作物上进行试验、示范；推广各种新型肥料施用面积累计 1 万公顷，施用有机肥面积 0.4 万公顷，建立有机肥示范基地 3 个，示范面积 166.67 公顷。

新药械示范推广　2017 年，安溪县组织实施茶叶病虫害统防统治，全县统防统治面积 3.48 万公顷次。其中大司农植保服务专业合作社在虎邱竹园永盛茶场、祥华旧寨陈双

算茶园、龙涓吉山村、龙涓美岭村、龙涓内灶、剑斗由义村等开展统防统治有偿服务 0.07 万多公顷次，使用新型喷雾器"轻松宝"，普遍反映良好，不仅节约防治成本，也缩短防治时间，每亩大概节约防治成本 100 元。引进使用军民融合创新成果——智能虫害防治系统　将军用电子对抗技术跨界应用于茶叶虫害防治，通过对多功能智能终端的远程操控，综合运用声光电效应，对害虫及其繁殖链、生长活动进行干扰和破坏，实现对茶小绿叶蝉的针对性有效防控。为验证防治系统对茶叶虫害的防控效果，评价其速效性、持效性以及对茶树和天敌的安全性，8 月底，植保站在湖上乡历历山茶场茶园安装防治系统 7 套，防控茶园面积约 10 公顷，自 8 月 30 日启动运行，经过 1 个多月的跟踪调查，安装防治系统的区域防效达 90% 以上，茶叶品质比常规喷药的提高两个等级。"智能虫害防治系统"项目已正式落户在安溪中国国际信息技术（福建）产业园。

·畜牧业·

【概况】

2017 年，安溪县肉乳蛋总产量 2.74 万吨，比上年增长 3.1%；畜牧业总产值 81560.95 万元，占农林牧渔总产值的 12.17%。肉类总产量 2.10 万吨、乳 684 吨、蛋 5684 吨，分别比上年增加 -1.51%、-4.74% 和 26.14%。全县人均占有肉量 18.25 千克、乳 0.59 千克、蛋 4.94 千克。

2017 年，安溪县按照"稳定生猪生产，大力发展草食动物生产"的原则，进行畜牧业内部结构调整，生猪存栏数由 2016 年的 14.8 万

头增加到 17.79 万头，存栏数增加 20.2%。生猪出栏率由 121.21% 下降到 96.98%。2017 年生猪产肉量 1.40 多万吨比上年减少 0.04 万吨，下降 2.57%。牛、羊、家禽和兔的存栏数分别为 2.01 万头、2.61 万头、152.05 万羽和 32.42 万只，比上年的存栏数增长 5.24%、3.57%、25.37% 和 -14.59%。

【科学技术培训】

2017 年，安溪县畜牧兽医三站共举办培训班 4 期，受训人员 200 人次；有 6 人次参加省级培训，42 人次参加市级培训；在省级以上专业刊物发表论文 4 篇。

【畜禽疫病防治】

2017 年，安溪在县辖区开展动物布鲁氏菌病调查，摸清动物布鲁氏菌病感染情况，推进动物疫病防控工作从控制向净化道路前进，保障养殖业生产安全、动物产品质量安全和维护公共卫生安全。全县共下发动物疫苗 368 万毫升（头份），免疫家禽 396 万羽，生猪 31.4 万头，牛 2.02 万头，羊 3.6 万头。全年辖区内无发生重大动物疫情。

【动物卫生监督执法】

动物卫生监督队伍建设　2017 年，安溪全县 24 个乡镇动物卫生监督中心 27 名干部经申报确认为官方兽医，至此，各乡镇动物卫生监督中心受理辖区内养殖场户产地检疫申报，依法依规开展产地检疫，开展本辖区养殖场日常监管工作和病死动物确认与无害化处理补贴申报。

屠宰检疫　2017 年，安溪县在城关、官桥、湖头 3 个定点屠宰场（点），严格实行"四证一耳标"制度，做好入场生猪查物验证、宰前检疫和屠宰同步检疫等各项工作，

屠宰动物受检率100%，检疫到不合格产品1412千克，全部进行无害化处理。

动物检疫合格证明电子出证工作 2017年，安溪县全面实行动物检疫合格证明电子出证，取消手写出证，进一步规范动物及动物产品检疫工作，提升检疫工作管理水平。

病死畜禽无害化处理 2017年，安溪县规模养殖场和3个屠宰场（点）全部建有化尸池，城区屠宰场和10家规模养殖场建有发酵法无害化处理设施，有4家养殖场共引进5台养殖场有机废弃物处理机，对病死动物进行处理。全年安溪养殖环节申报病死猪无害化处理补助2169头。

动物卫生监督执法 2017年，安溪县组织人员到定点屠宰场、养殖场等场所、畜禽运输环节开展动物卫生执法监督检查。全年立案查处检疫类案件11起，饲料类案件1起，全部结案，罚款21073元。承办龙门龙山强兴畜牧有限公司在饲料中添加饲料添加剂，不遵守国务院农业主管部门制定的饲料添加剂安全使用规范，案件查处［安农（饲料）罚第201701号］被省农业厅评为全省优秀案件。

动物产品安全监测 2017年，安溪县加强对生猪定点屠宰场和规模养殖场"瘦肉精"监管，对规模养殖场不定期抽检生猪尿样，对进入定点屠宰场（点）的每批生猪进行尿样抽检，全年抽检生猪尿液4615头份，分别检测"盐酸克伦特罗""莱克多巴胺""沙丁胺醇"各4615头份，检测结果全部为阴性。

规模养殖场日常监管 2017年，安溪县共办理动物防疫条件合格证15份，动物诊疗许可证1份。加强规模养殖场日常监管，出动执法人员215人次，检查全县规模养殖场86家次，发出整改通知书23份，督促各养殖场建立规范的消毒制度，完整的用药记录和病死畜禽无害化处理记录，对全县规模养殖场进行动物卫生风险评估，根据评估结果进行分级管理。

·渔业·

【概况】

2017年，安溪县渔业养殖面积340公顷，其中，池塘83公顷、山塘88公顷、水库169公顷。全年渔业总产量1743吨、总产值2934万元；生产各种鱼苗种750万尾，其中，大规格苗种200余万尾，牛蛙、锦鲤等名优鱼苗种200余万尾，鱼苗种产值180万元。

【水产养殖】

水库网箱养殖 2017年，安溪县网箱养殖草鱼面积5000平方米，总投资450万元，产量400吨，总产值460万元；网箱养殖光倒刺鲃、青鱼、鲈鱼等名贵鱼类及鲤鱼，面积2700平方米，放养各种鱼种18.2万尾，总投资260多万元。全年生产各种名贵鱼类及鲤鱼产量156吨、产值435万元；发展水库网箱养殖鳗鱼，面积960平方米，但由于是年11月份严重干旱和水库发电，造成水位偏低缺氧，致使鳗鱼死亡约70%，养殖效果不佳。

家庭式牛蛙养殖 2017年，安溪县牛蛙产量375吨，产值900万元；8月，放养牛蛙苗近1000万尾。

池塘养殖光倒刺鲃 2017年，安溪县池塘养殖光倒刺鲃面积10多公顷，产量100吨，产值300万元。

大棚养殖对虾 2017年5月初，福建省山水水产生态养殖场进行大棚养殖南美白对虾，第一批放养虾苗51万尾，养殖面积1.4公顷，经63天养殖，平均46尾/千克，产量7.35吨，产值34.55万元。8月11日，第二批放养虾苗61.5万尾，养殖面积1.4公顷，经70天养殖，平均40尾/千克左右，产量7.25吨，产值39.15万元。

封闭式工厂化养殖基地建设 2017年，兰田水库发展封闭式工厂化养殖，总建筑面积计划2500平方米，养殖面积1500平方米，总投资预计需1000万元；至年底，已完成主体工程和办公设施建设，投入资金700万元。

【渔政管理】

2017年，安溪县配合省市海洋与渔业主管部门进行水产品禁用药物残留精准检测，抽检16个样品，检测合格率100%。完成泉州市海洋与渔业局下达的《水产品中禁用药物残留快速检测》任务45个，每个样本检测氯霉素、孔雀石绿、呋喃唑酮代谢物和呋喃西林代谢物4个项目，检测结果均为阴性，合格率100%。出动104人，对安溪兰田水库三兴养殖场、涝港鱼种场、福建华农生态农业开发有限公司和安溪县长坑清辉水产养殖场等小型水库渔业养殖生产进行重点排查；出动104人次，全年检查养殖场（户）18家。各养殖场（户）在历次检查中均未发现使用禁用药品，能依法建立生产记录、用药记录和销售记录等制度，"三项纪录"基本完整。

【溪河放流增殖】

2017年1月6日，安溪县在西溪进行放流增殖，投入资金8万元，放流家鱼种 16.47 万尾，其中，鲢鱼 6.6 万尾、鳙鱼 3.87 万尾、草鱼 2 万尾、鲤鱼 4 万尾。12 月 22 日，泉州市海洋与渔业局到安溪县进行西溪鱼类放流增殖活动，放流鲢鱼、鳙鱼鱼种 15 万尾。12 月 29 日，安溪县在西溪进行放流增殖，投入资金 8 万元，放流各种家鱼种 17.88 万尾，其中，鲢鱼 3.92 万尾、鳙鱼 4.6 万尾、草鱼 4.15 万尾、鲤鱼 5.21 万尾。

农村能源与生态农业建设

【概况】

2017 年，安溪县新建中小型沼气工程 35 座，总池容 2145 立方米，年可产沼气 11 万立方米，折开发能源 78.75 吨标准煤。完成生猪养殖场标准化改造 13 家，关闭拆除生猪养殖场（户）71 家，其中涉及"河长制"的 52 家；完成农业减排项目 12 家，指导养殖废弃物综合利用 39 家；建立农产品产地环境长期监测点 115 点，农产品协同监测 10 点；完成省级生态循环农业示范项目建设 1 家。

【农村沼气安全生产管理】

2017 年，安溪发放沼气安全生产资料 3000 份，发送沼气安全生产短信息 6400 条，举办沼气安全生产培训班 1 期，现场指导代训向沼气用户传授知识 300 人次，与重点沼气工程业主签订《沼气用户安全生产责任书》38 份，出具《沼气安全生产责令整改通知书》6 份，并对 4500 户沼气用户进行沼气安全生产检查。

【"三品一标"认证】

2017 年，安溪县新增无公害产地认定与产品认证 4 家，复查换证 6 家。至年底有效期内，获得无公害农产品产地认定 20 家，其中，种植业 12 家 511.63 公顷，食用菌 1 家 70 万袋，养殖业 7 家 20.14 万头（羽）；获得无公害农产品认证 20 家 20 个产品，产量 18725 吨。绿色食品认证新认证 3 家，续证 7 家。至年底有效期内，获得绿色食品认证有 18 家企业 18 个产品 1292.93 公顷 1899 吨。有机食品认证新认证 3 家，再认证 19 家。至年底有效期内，获得有机食品认证有 22 家企业，面积 0.074 万多公顷，植物生产产量 1603.76 吨，加工产量 237.30 吨。11 月 28 日，安溪铁观音顺利通过农业部专家评审，获得农产品地理标志登记保护，面积 4 万公顷，产量 6.8 万吨。

·林 业·

【概况】

2017 年，安溪县林地面积 21.96 万公顷，其中，生态公益林面积 8.72 万公顷，商品林面积 13.25 万公顷。森林覆盖率 65.77%，森林蓄积量 728 万立方米，林地保有量 21.96 万公顷。省级自然保护区 1 个（云中山自然保护区），面积 0.42 万公顷；自然保护小区 23 个，面积 0.42 万公顷；湿地 161 个，面积 0.37 万公顷；自然保护小区 23 个，面积 8369.8 公顷。县域内有半林、白濑、丰田、竹园 4 个国有林场。

【植树造林】

2017 年，安溪县植树造林面积 1985.33 公顷，占任务 1106.67 公顷的 179.4%，其中，乡村生态景观林 28.67 公顷，中心城区一重山森林生态景观提升 93.33 公顷，生物防火林带 47.93 公顷，重点生态区位林分修复 669.73 公顷，珍贵用材树种造林 160.07 公顷，不炼山造林 68.8 公顷，其他人工造林更新 916.8 公顷。实施森林抚育面积 2033.74 公顷，占任务 1600 公顷的 127.1%，其中，生物防火林带抚育 340.2 公顷，重点林分森林抚育 1027.47 公顷，一般抚育 666.07 公顷。完成"三个必造"（征占用林地、火烧迹地、采伐迹地）面积 1028.4 公顷，占任务量 1010.73 公顷的 101.7%，其中，林木采伐更新面积 743.47 公顷，火灾迹地更新面积 16.47 公顷，病虫害迹地更新面积 10.8 公顷，占用征收林地异地恢复森林植被造林面积 257.67 公顷。建立义务植树基地 26 个，面积 20 多公顷。

"二沿一环"两侧生态修复 2017 年，安溪茶山补植套种 0.07 万公顷，主要在重要区位茶园内，按照 25 株/亩的标准，补植套种胸径 1.5 厘米、苗高 1.5 米以上的阔叶乔木。退茶还林 30.67 公顷。在县城、重点乡镇周边一重山，对郁闭度 0.5 以下的稀疏林分，通过补植胸径 3 厘米以上的珍贵树种苗木。

乡村绿化 2017 年，安溪县结合美丽乡村建设，建设一批能为当地百姓提供休闲场所的风景林、风水林、小型公园，涉及 43 个村庄，绿化面积 28.67 公顷。

设施林业和林业碳汇试点 2017 年，安溪县实施市级设施林业项目，其中，油茶抚育面积 33.33 公顷，毛竹丰产示范林培育 184.47 公顷。推进林业碳汇试点项目工作，项目设计面积 3473.59 公顷，生成 1 个林业碳汇项目，项目期内年均产生碳汇量 1 万多吨。

2017年安溪县各乡镇植树造林森林抚育面积情况表

单位：公顷

单位	造林绿化面积												森林抚育面积				其中"三个必造"面积			
	合计	两带一区面积							其他人工造林更新面积				小计	生物防火林带抚育面积	重点林分森林抚育面积	一般森林抚育面积	林木采伐迹地更新面积	森林火灾迹地更新面积	林业有害生物危害迹地更新面积	征占用林地异地植被恢复面积
		小计	森林生态景观带建设				生物防火林带建设面积	重点生态区位林分修复面积	小计	珍贵用材树种造林面积	不炼山造林面积	其他人工造林更新面积								
			小计	高速公路森林生态景观通道建设面积	乡村生态景观林面积	中心城区环城一重山森林生态景观提升面积														
合计	1985.33	839.67	122	0	28.67	93.33	47.93	669.73	1145.67	160.07	68.8	916.81	2033.73	1020.6	1027.47	666.07	743.47	16.47	10.8	257.67
凤城镇	18.27	0	0	0	0	0	0	0	18.27	0	0	18.27	5.33	0	3.33	2	18.26	0	0	0
城厢镇	29.33	29.33	9.33	0	1.33	8	0	20	0	0	0	0	82.67	11.8	51.33	46.2	0	0	0	6.67
参内乡	8.27	5.33	3.33	0	0.67	2.67	2	0	2.93	0	0	2.93	37.53	5.87	19.53	12.13	2.93	0	0	0
魁斗镇	10.13	7.6	5.33	0	0	5.33	2.27	0	2.53	0	1.93	0.6	59.07	8.53	34.53	16	0.6	0	0	0
蓬莱镇	37.47	19.33	8	0	1.33	6.67	3.33	8	18.13	0	0	18.13	70.13	12.53	32.6	25	15.67	3.33	0	6.67
金谷镇	34.47	4.13	4.13	0	2	2.13	0	0	30.33	0	1.27	29.07	59.87	8.6	27.67	23.6	29.07	0.67	0	0.6
湖头镇	223.47	17.27	14	0	0.67	13.33	3.27	0	206.2	0	4.47	201.73	39.4	8.07	15.33	16	197.33	0	0	7.67
白濑乡	10.2	0.67	0.67	0	0.67	0	0	0	9.53	0	8.2	1.33	22.87	5.87	10	7	0	0	0	8.2
湖上乡	22.6	14	0.67	0	0.67	0	0	13.33	8.6	0	0	8.6	27.47	5.13	13.33	9	0	0	1.2	8.6
剑斗镇	133.93	45.07	0.67	0	0.67	0	2.27	42.13	88.67	7.2	7.13	74.53	64.67	12	33.33	19.33	43.27	0	0	28.33
感德镇	130.93	78.53	8.53	0	1.33	7.2	3.33	66.67	52.6	9.47	0	43.13	215.33	24.53	144.47	46.33	37.13	0	8	10
桃舟乡	99.26	29.53	1.33	0	1.33	0	0	28.2	69.73	7.87	0	61.87	49.4	17.4	32	0	31.2	0	0	26.67
福田乡	4	0	0	0	0	0	0	0	4	0	2	2	54.67	15.13	17.33	22.2	14.8	0	0	1.33
长坑乡	43.33	29.33	1.33	0	1.33	0	3	2.5	14	0	14	0	118.27	19.6	45.07	53.6	0	0	0	17
蓝田乡	47.2	72.4	4.13	0	2	2.13	0	20	23.07	0	10	13.07	121.47	9.8	92	19.67	8.4	0	0	13.13
祥华乡	119.11	45.33	1.33	0	1.33	0	4	40	73.8	23.33	6.67	43.78	183.33	32.73	66.67	83.93	14.29	0	0	36.15
西坪镇	77.07	56	11.67	0	2.67	6.67	0	46.67	21.07	0	0	21.07	107.6	11.6	36.67	59.33	0	0	0	19.73
大坪乡	33.07	15.33	2	0	2	0	0	13.33	17.73	0	0	17.73	52.8	7.93	27.33	17.53	14.4	1	0	2.33
尚卿乡	76.6	17.27	1.33	0	1.33	0	3.47	12.47	59.33	7.07	0	52.27	107.47	24.4	44.87	38.2	48.13	0	0	7.6
芦田镇	51.53	31.07	0.67	0	0.67	0	3.67	26.73	20.47	20.13	0	0.33	74.67	15.6	52.67	6.4	0	0	0	5.6
龙涓乡	482.43	198.13	22.67	0	4	17.5	6.67	168.8	284.33	60	2.13	222.17	246.67	47.87	120	78.8	247.17	0	0	11.67
虎邱镇	127.77	99.6	16.8	0	1.33	15.47	2.8	80	28.17	10	0	18.17	66.67	9.33	37.33	20	8.37	0	0	2.8
官桥镇	52.77	7.6	1.33	0	0	1.33	1.2	5.07	45.17	0	0	44.5	63.73	10.27	26.73	26.73	12.47	1.33	0	31.4
龙门镇	111.93	65.07	5.07	0	1.33	3.73	6.67	53.33	46.87	15	11	20.87	102.67	15.6	43.33	43.73	0	8.93	8.13	5.53

【森林防火】

2017年3月31日，安溪县组建成立2支50人专业森林消防队伍，并通过专业培训正式投入使用。组织3期森林消防队伍培训，演练参训200人次。3月15日至4月15日，9月27日至10月27日，开展2次森林防火宣传月活动，出动宣传车1820车次、新增防火宣传牌警示牌350块、群发短信172.5万条、印发宣传材料（含《禁火令》）48万份。加强野外火源管理，清明节、冬至期间和高森林火险期间组织人员在坟墓集中区、景区景点主要路口劝导群众禁止携带火种上山，不燃放鞭炮、不焚烧纸钱，确保文明、安全祭祀，共设置检查关卡208个次。开展森林防火督查、巡查7次，排查火灾隐患98处，查处违章用火5起。全年发出高森林火险橙色预警7次共70天，县政府发出《禁火令》5次，县森林防火指挥部发出《禁火通知》2次。

【森林资源管理】

2017年，安溪县深化生态公益林管护体制改革，采用"镇（乡镇政府）聘、站（林业站）管、村（村委会）监督"的办法择优选聘管护员，划分342个管护责任片区，选聘森林资源管护员342人，实行"专职管护"模式。感德镇探索建立"山长制"，形成"山有人管、林有人护、火有人防、责有人担"的森林资源管护新格局；优化调整生态公益林布局，调整增加云中山、厦沙高速公路沿线两侧、莆永高速公路沿线两侧、兴泉铁路沿线两侧生态保护区和火烧桥水库水源保护区和大岭水源保护区等生态区位，涉及感德、剑斗等18个乡镇，共1113个小班、面积3823.6公顷。补充生态公益林储备库，将属于江河支流源头、江河两岸区位的93个小班、面积672.13公顷林分作为补充建立生态公益林储备库，确保生态公益林占补平衡，

总量不减；实施天然林保护工程，及时修订集体和个人所有的天然林保护工程经费管理办法，落实天然林管护责任。启动建立补充林地储备库工作，结合森林资源二类调查，开展补充林地资源调查。开展年度林地变更调查，做好年度森林资源监测和档案数据更新工作，组织开展第四次森林资源规划设计调查；做好采伐限额管理，全县审核集体林采伐1128.77公顷，批准使用限额67673.9立方米，占全年限额163980立方米的41.3%。全县实际采伐林木67788.6立方米，其中，占用征收林地林木采伐5210.6立方米、病虫害29571.4立方米、其他灾害3043.2立方米，使用限额63121.4立方米，占全年限额38.5%，年度森林采伐消耗量低于"十三五"年森林采伐限额。开展感德、官桥、龙门等3个林业站的标准化和服务能力建设检查验收，推进城厢、参内等2个林业站实施标准化和服务能力建设，组织

基层林业站技术人员参加"全国乡镇林业工作站岗位培训在线时间学习平台"的学习培训。

【林业审核审批】

2017年，安溪县审核同意占用征收林地项目170个，审核同意占用征收林地定额面积343.33公顷；办理木材运输证1024份；办理省内植物检疫证书998份、省外植物检疫证书6份；发放林木采伐许可证909份，其中，病虫害采伐177份；征占用林地采伐601份，抚育采伐1份，正常采伐105份，其他采伐25份，核发林木种子生产经营许可证15家；新批准木材经营加工企业9家，到期换证30家；批准野生动物经营加工2家；批准野生动物驯养繁殖5家；采矿权登记涉及使用林地预审1份。

【森林公园建设】

2017年，安溪县森林公园14个，面积1.07多万公顷。省级森林公园7个，县级森林公园5个。拟新建泰山岩省级森林公园已通过总体规划评审。

2017年安溪县森林公园情况表

权属	名 称	面积（公顷）	坐 落
集体	安溪县官桥犀山县级森林公园	366.2	官桥镇善益村
	安溪县晋江源县级森林公园	1407.73	桃舟乡达新、康随、吾培、桃舟村
	安溪县凤冠山县级森林公园	2071.73	城厢镇古垵、员宅、南坪村
	安溪县骑虎岩县级森林公园	262.13	虎邱镇仙景村
	安溪县清风洞县级森林公园	505.2	魁斗镇蓬庭村
	集体县级森林公园小计	4713	
集体	安溪县龙门省级森林公园	1663	龙门镇桂林、桂瑶村
	安溪县凤山省级森林公园	197.93	凤城镇先声、上山村
	安溪县阆苑岩省级森林公园	192.73	城厢镇同美村
	安溪泰山岩省级森林公园（2017年通过总体规划评审）	1184	湖头镇前溪、前山、后溪、仙都、横山村
	集体省级森林公园小计	319.47	
国有	安溪丰田省级森林公园	503.73	安溪丰田国有林场
	安溪虎邱省级森林公园	519.53	安溪虎邱国有林场
	安溪龙涓省级森林公园	787.13	安溪半林国有林场
	安溪白濑省级森林公园	691	安溪白濑国有林场
	国有省级森林公园小计	2501.4	
	合 计	1063.87	

【野生动植物资源保护】

2017年，安溪县共申请办理野生动物人工繁育企业5家，建立野生动物人工繁育台账，组织对全县人工繁育企业检查2次。建立、完善野生动物临时收容救护点，接到群众报警105起。加强野生动植物保护宣传，严厉打击非法猎捕野生动物行为。开展爱鸟周宣传活动，组织开展实施"春网行动"，严厉打击非法猎捕、杀害、收购、运输、出售野生鸟类等野生动物资源及破坏野生动物栖息地的违法犯罪行为，全县清除鸟网37张，破获非法猎捕、杀害、收购野生鸟类等野生动物案件7起，抓获犯罪嫌疑人8名。建立自然保护区、保护小区基础数据档案，新增保护小区规划2421公顷。森林投保面积11.7万公顷，其中，生态公益林投保面积8.01万公顷，商品林投保面积3.69万公顷。

【森林病虫害防治】

2017年，安溪县完成清理枯死木数量18311株；完成林分改造任务543.53公顷，完成率102%。挂设诱捕器650套、诱木650处、诱捕松墨天牛9.7万只；完成白（绿）僵菌防治2472.6公顷、噻虫啉防治338.87公顷、肿腿蜂天敌等喷施防治172.6公顷。

【集体林权制度改革】

2017年，安溪县开展集体林权制度改革进展情况调查及统计，制定出台《安溪县林业局关于完善集体林权制度工作的通知》等文件，持续深化林改工作。引导创办省级林业专业合作社2家，市级林业专业合作社2家，市级家庭林场1家，落实专项扶持资金35万元。实施省、市级林下经济示范项目40个，建立林下经济基地面积356.6公顷，落实扶持资金190万元。支持、引导安

溪县兴安林业规划设计服务中心依法成立民营性质的林权收储机构。

【维护林区和谐稳定】

2017年，安溪县办理涉林群众信访件54件（包含县长书记热线信访4件、"12345"政务服务平台群众信访件8件），其中，初信36件，重复件18件。协调配合完成中央环境保护督察协调联络领导小组交办信访件的调查核实和反馈。做好17起山林权属积案稳控，涉及面积3290.67公顷。

【国有林场】

半林林场　2017年，国有安溪半林林场经济总收入240.9万元，完成计划数128.8%。销售利润154.2万元，完成计划数155.2%。木材生产1569立方米，完成计划数97%，本年度木材销售1569立方米，完成计划数97%，库存材销售2748立方米，完成计划数100%。造林面积192.27公顷，完成计划数132%。全年造林192.27公顷，完成计划数132%，其中速丰林85.27公顷。

白濑林场　2017年，国有安溪白濑林场经营总面积0.21万公顷，其中生态公益林0.12万公顷，新建防火林带8千米，维修防火路33.7千米，维修林道18.9千米。累计造林68公顷。其中，迹地更新造林34.13公顷，不炼山造林12.13公顷，生态林修复2.87公顷，防火林带新建、改建10.67公顷，其他造林8.2公顷；完成中幼林抚育721.2公顷，占计划的151%；完成育苗0.31公顷（包括福建柏优树单系育苗39份），占计划的100%。木材生产1504立方米，木材销售2155立方米。经济林总面积为49.93公顷。其中，毛竹29公顷，柑橘8.07公顷，蜜柚8.2公顷，茶园4.67公顷。全年水果总产量335吨。其中，柑橘250吨，蜜柚85吨。

水果总产值46万元，上缴利润8万元。全年经济收入247.55万元。其中，木材销售收入170.55万元，多种经营收入77万元。全年总投资907.18万元。其中，林业生产341.81万元，管理费210.87万元，林木良种基地53.23万元，建安费292.6万元，间伐道路8.67万元。

丰田林场　2017年，国有安溪丰田林场全场经营总面积0.82万公顷其中生态公益林面积3240.93公顷。森林总蓄积61.2万立方米。2017年，完成造林55.53公顷，其中营造速生丰产林47.07公顷；造林成活率95%以上，年终保存率100%。完成育苗0.2公顷，占计划3亩的100%。完成森林经营示范林173.87公顷，占计划166.67公顷的104%。完成不炼山造林25.47公顷，占计划25.33公顷的100.5%。完成中幼林抚育478.67公顷，占计划459.87公顷的104%。完成林地准备22.93公顷其中，迹地更新15.27公顷，退茶还林7.67公顷，占计划15.27公顷的150%。完成珍贵树种造林44公顷，占计划40公顷的110%。完成国家储备林建设138.73公顷，占计划133.33公顷的104%。完成森林近自然经营71.26公顷，占计划71.27公顷的100%。

竹园林场　2017年，国有安溪竹园林场全场经营总面积0.17万公顷，森林覆盖率95%，森林蓄积量8.85万立方米，其中生态公益林面积0.11万公顷，占经营总面积的67.5%。2017年，经济总收入37.97万元，完成计划数58.9%，其中木材销售收入25.64万元，完成计划数48.6%，多种经营收入12.33万元，完成计划数105.7%，销售利润22.61万元，完成计划数76.7，全年木材生产1391.84立方米，完成计划数

97.1%，木材销售 1574.21 立方米，完成计划数 97.4%，年度造林 48.87 公顷，完成计划数 100%。其中，速丰林 19.27 公顷，中幼林抚育面积 259.33 公顷。

【林业案件查处】

2017 年，安溪县林业案件刑事立案 10 起，破案 11 起（往年积案 1 起）。其中，放火案 1 起、失火案 3 起、非法收购珍贵、濒危野生动物及其制品案 4 起、盗伐林木案 1 起、非法占用农用地案 1 起、故意毁坏财物案 1 起。刑事拘留 9 人，逮捕 2 人，移送起诉 3 人。

受理林政案件 103 起，查处 103 起。其中，违法开垦、采石、采砂、采种、采脂和其他活动毁坏森林、林木 11 起；滥伐林木 18 起、盗伐林木 4 起；擅自开垦林地 4 起、擅自改变林地用途 45 起；森林防火期内未经批准擅自在森林防火区内野外用火 8 起；使用禁用的工具、方法猎捕国家非重点保护野生动物 2 起；收购的木材无合法来源证明 1 起；未经批准采挖、移植非保护树种的林木 1 起；无木材运输证运输木材 4 起；承运无木材运输证的木材 3 起；非法出售、利用、运输非国家重点保护野生动物 1 起，未取得经营加工许可证加工野生动物及其产品 1 起，实施经济处罚 152.5 万元。

·水利·

【概况】

2017 年，安溪县实际完成年度水利投资 5.63 亿元，占年度计划的 115.4%。3 月起，根据中央的统一部署，全面推行河长制，实现组织全覆盖、管理全域化、整治全方位、社会全员化。8 月，出台《安溪县小水电站转型升级试点实施方案》，

启动小水电站退出试点工作，年内完成全县小水电站排查、安全鉴定。

【水利项目建设】

2017 年 12 月，安溪县开工建设虎邱镇万里安全生态水系，推进龙涓乡、蓝田乡、桃舟乡等 3 个河道治理工程前期工作；续建晋江防洪工程，开工建设美仙段、溪东段、鹤前段、参林段 A 标段等 4 个堤段；实施蓬莱镇龙居村、虎邱镇双格村、西坪镇龙地村、参内乡田底村、湖头镇山都村、湖上乡盛富村，以及魁斗镇农村饮水安全巩固提升工程；完成源泉电站增效扩容改造项目，开工建设富兴、百丈磜水电站增效扩容改造项目；完成 9 座水库安全评价和 2 座水库维修养护工作，除险 10 座山围塘。

2017 年 3 月，完成 2016－2017 年度冬春水利建设，累计完成投资 10450 万元，占投资计划的 100%。投入劳力 78 万工日，完成土石方 150 万立方米，修复水毁水利工程 118 处，新增防渗渠道 82 公里，疏浚河道 5 公里，清淤沟渠 10 公里，新增供水能力 125 万立方米，新增节水能力 95 万立方米，新增水电装机容量（技改增容）1200 千瓦。

【水资源管理制度】

2017 年，安溪县落实最严格水资源管理制度列入县政府工作报告，严守"三条红线"底线，严格控制各项指标，年度用水总量、万元国内生产总值用水量、万元工业增加值用水量、农田灌溉水有效利用系数、重要水功能区水质达标率、重要水功能区污染物总量减排量等六大指标任务均达标。制定打击非法采砂专项整治工作方案，加大河道的巡查力度，及时查处采洗砂行为 16 起。严格取水许可、计划用水管理、节约用水等制度，做好水资源费征收，重新规划四、五级河道砂石开采点

16 处，采取分期向社会公开招投标方式予以出让，是年，首批公开招标出让采砂点 9 处。

【全面推行河长制】

2017 年 3 月，安溪县出台《全面推行河长制实施方案》，全面构建县、乡、村三级河长体系。县委书记担任总督察，县长担任县级河长，并将全县流域划分成 5 大段，由 5 位县领导担任副河长兼流域河长。同时，成立县河长办，从县水利局、环保局、国土局、住建局、农茶局、水土办各抽调 1 名干部到河长办挂职，实行集中办公、实体化运作。24 名乡镇长任河长，24 个乡镇也按要求全部挂牌成立乡镇河长制办公室，同时招募河道专管员、设立河道警长及河道义务监督员。建立河流名录，完成河流"一河一档一策"、水质监测、河道岸线和生态保护蓝线等三项规划编制。出台涉及督察、督查、巡查、工作会议、信息报送、验收、考核、队伍管理、激励问责等 8 个规章制度文件，建立县河长办与县检察院联合监督协作机制，挂牌成立县检察院派驻县河长办检察官工作室。

【防汛抗旱】

2017 年，安溪县共防抗 8 场暴雨和 6 个台风，在虎邱镇、湖头镇 2 个乡镇增设县级防汛物资分仓库，并配备配齐相应的防汛抢险物资。同时，为安溪县 24 个乡镇配备移动式自动净水设备、66 个偏远行政村分别配备小型发电机和升降泛光灯各 1 台、武警部队配备冲锋舟 3 台。推广运用"福建知天气"手机 APP 和关注"安溪县防汛抗旱"微信公众号等平台，为精准指挥提供参考依据。完成防汛指图编制工作，加强对水库、重点河段的指挥调度，建立健全转移人员动态数据库，对危

险区域及人员实行网格化管理，精准及时地转移人员，最大程度减少人员伤亡。组建安溪县防火防汛应急大队，分别在虎邱竹园和魁斗翁后林场设立防火防汛应急分队。

2017年4月23—26日，安溪县人武部在大龙湖水上训练基地组织民兵防汛骨干集训，来自全县各乡镇105名基干民兵参加防汛演练。5月10日，县防汛抗旱指挥部举行全县防汛抗灾知识视频培训会，邀请专家讲授防汛应急管理工作、水利工程抢险、突发地质灾害应急救援等知识，全县1200多人参训。7月27日，县防汛抗旱指挥部举办2017年度全县防汛救灾应急抢险综合演练，县政府副县长肖印章，各乡（镇）乡镇长及分管领导，以及县防指相关单位300多人参加、观摩演练。

·农业机械管理·

【概况】

2017年，安溪县农机总动力为84.64万千瓦，其中柴油机动力5.05万千瓦，汽油机动力8.99万千瓦，电动机动力70.60万千瓦，农业机械原值99217万元。拥有小型拖拉机480台，小型配套机具348部，联合收割机3台，耕整地及种植机械1332台，排灌动力机械3124台，田园管理机械6.70万台，收获机械2.55万台，农副产品加工机械31.39万台，手扶变形运输机894台。

【农机作业】

2017年，安溪完成机耕作业面积15133公顷，机械植保作业面积16830公顷，机电灌溉作业面积7250公顷，机械加工农副产品作业量42.48万吨，农业运输1025万吨公里，农田作业综合机械化水平稳步提高，主要农作物茶叶已基本实现生产全程机械化，农机作业由产中向产前和产后延伸，作业领域不断拓宽。

【农机安全监理】

2017年，安溪县农业机械管理站与乡镇、驾校共签订责任书25份，与农机手签订责任书237份，发放农机安全生产宣传材料680份，核发新驾驶证66本，换发驾驶证202本，年检拖拉机224台，注销达到报废年限拖拉机577台。农机安全生产呈现平稳态势，全年未发生重、特大农机安全事故。

【农机技术培训】

2017年，安溪县共举办3期拖拉机新训驾驶员培训班，新训拖拉机驾驶员66人。完成培训农机技术人员、农机监理人员、农机操作人员532人次。

【农机推广引进】

2017年，安溪县推广使用水果分级机2台、网箱养殖设备24台、沼渣沼液抽排设备22台。11月23日，在城厢镇经兜村组织开展农机推广现场会，演示水稻机收和旱地机械作业，加快推进主要农作物生产全程机械化发展。

【落实农机购置补贴】

2017年，安溪县完成农机购置补贴资金299.458万元，引导农民投入购买资金927.964万元，补贴机具1222台，受益农户1107户。补贴机具以农产品初加工机械、耕整地机械、收获机械和田间管理机械为主。

·水土保持·

【概况】

2017年，安溪实施国家、省、市各级重点水土流失治理项目共19个。全年累计完成治理水土流失治理面积0.63万公顷，其中完成坡耕地水土流失治理0.1万公顷，山都小流域创建国家水土保持生态文明工程通过水利部评审。

【水土保持监管】

2017年3月28日，安溪县在全省水土保持工作会议上就水保监督执法能力建设作典型发言。是年，全县共检查各类生产建设项目103个，审批项目水土保持方案13个，依法查处水土流失案件8起。

【水土保持宣传】

2017年6月28日，安溪县水土办与省水利厅在安溪联合开展"水保

2017年6月28日，省水利厅到安溪开展主题党日活动 （谢巧红 摄）

督查促生态，金砖会议添光彩"的主题党日活动，提高建设单位、施工单位的水土保持意识；通过设立大型户外广告牌、刊发简报、举办知识讲座、开展答题送流量活动等方式，引导全县上下共同重视、保护水土资源，支持、参与水土保持；围绕"一馆三进"（一馆指水土保持科教展示馆，三进指进党校、进学校、进社区），有针对性地开展水保宣传教育，持续发挥县水土保持科教展示馆作为泉州市委党校、县委党校教学基地功能，组织学员进行现场教学，同时设立水土保持基点校，在安溪县实验小学校内创建水土流失模拟径流场，常态化进行水保教学，并利用世界水日、普法日等持续推进水土保持进党校、进学校、进社区；制作"十二五"水土保持专题片，系统展示安溪县十二五期间水保成效；联合检察院、河长办等单位，开展"保护母亲河"系列宣传活动，营造良好的水保宣传氛围。

【上级领导检查安溪水土流失治理工作】

2017年3月29—30日，福建省政协党组成员、副主席陈义兴带领省政协、省审计厅、中国（福建）对外贸易中心集团公司、福建农林大学、福建炼油化工有限公司等单位负责人组成的调研组，到安溪开展水土保持工作调研。

2017年4月27日，福建省水土保持监督站罗寿泰站长带队对安溪县境内部分在建的公路项目水土保持落实情况进行监督检查。

2017年6月28日，省水利厅林捷总工率领省水利厅水保处及省水保监督站人员到安溪县对部分在建生产建设项目进行专项检查。

2017年9月13—14日，省水利厅水保处处长施志群带队到安溪开展2016年度水土流失综合治理项目验收及2017年度项目督查工作。

2017年10月19日，省政协副主席陈义兴一行到安溪开展水土保持工作情况调研，泉州市政协副主席王瑞强等陪同调研。

2017年11月24日，泉州市水利局傅春添局长带队到安溪检查指导水土保持工作。

2017年11月29-30日，国家水利部水保司原司长刘震带领专家组到安溪，开展湖头山都小流域创建国家水土保持生态文明工程评审工作。省水利厅林捷总工，省水保处处长施志群，泉州市水利局副局长苏杭生等参加评审活动。

农业区划与休闲农业

【概况】

2017年，安溪继续围绕"安溪铁观音申报全球农业文化遗产"这一国际品牌和创新休闲农业的发展理念，以优化区域布局，调整农业结构；拓展景观规划，推行乡村休闲，提高农民收入；发展循环农业，建设生态家园，改善农村环境为抓手，着重打造"一山二水三体验四文化五开心"（一山指山林生态良好；二水指小溪流或水库的水质清澈；三体验指农事体验指导充分、易学、易懂；四文化指农耕文化展示丰富；五开心指吃得开心、住得开心、购得开心、游得开心、娱得开心）等主题突出、特色明显的休闲农庄为目的，鼓励产业间联合与协作，构建新型休闲农业产业联盟，打造生产标准化、经营集约化、服务规范化、功能多样化的现代休闲农业特色优势产业带和产业群。

【全球重要农业文化遗产】

2017年7月，安溪参加"全球农业文化遗产委员会"在浙江湖州举办的"第四届东亚地区农业文化遗产研究会学术研讨会"，学习借鉴浙江湖州"桑基鱼塘系统"2016年入选"全球重要农业文化遗产"的工作经验与做法。9月，专题文章《安溪铁观音茶文化系统的保护、管理与利用》在"福建农业"第8期上发表，扩大"安溪铁观音——中国重要农业文化遗产品牌"的知名度和影响力。

【休闲农业发展】

2017年，安溪县休闲农业好去处增至33家，其中，当年新增国公山生态农业园（尚卿乡）、禅心缘观朴生态休闲茶庄园（虎邱镇）、大宝峰现代茶庄园（城厢镇）；芦田茶场现代农业（茶业）庄园（芦田镇）、湖上瑞和园家庭农场（湖上乡）、水云坡生态农庄（龙涓乡）、福建华虹茶业庄园（虎邱镇）共7家。

全县休闲农业以休闲观光园（庄）为主，从业人员近6800人，其中农民就业约占80%，带动农户1.7万多户，年接待280万人次。

【休闲农业示范点】

2017年，安溪县湖头山都村被确认为省级"最美休闲乡村"。国心绿谷休闲生态茶庄园和冠和现代茶庄园被确认为泉州市休闲农业示范点。

全县新增县级休闲农业示范点4个，分别是：国公山生态农业园（福建省安溪县国公山种植专业合作社）、亿富科普观光园（福建省亿富农业科技有限公司）、大宝峰现代茶庄园（福建省安溪县大宝峰有机茶厂）、禅心缘观朴生态休闲茶庄园（禅心缘福建茶业股份有限公司）。

玖玖天诚葡萄观光园被泉州市农业局列为2017年度休闲农业基础设施提升美化项目。

茶 业

·茶业管理·

【概况】

2017年，安溪县茶业致力打通"七大通道"（新茶向老茶转化的通道；消费者购买正宗安溪铁观音的通道；金融资本进入茶山茶园的通道；游客到安溪体验消费的通道；连接省直、市直机关茶杯的通道；安溪铁观音"一带一路"的新通道；品牌精准传播的通道），重塑安溪茶产业生态文明，推动品牌国际化，推动茶产业"二次腾飞"。全县茶园面积稳定在4万公顷，茶叶年产量6.8万吨，涉茶总产值160亿元，连续9年位居全国重点产茶县首位。

2017年5月20日，在首届中国国际茶叶博览会总结会上，安溪铁观音上榜中国十大茶叶区域公用品牌。12月底，安溪县已在工商部门登记的茶叶专业合作社1095个。

【茶业万人培训】

2017年，安溪各乡镇以提高茶农、扶持茶农、富裕茶农为方向，培训提高一批，吸引发展一批，培育储备一批，构建一支有文化、懂技术、善经营、会管理的茶业新型职业农民队伍。全年，全县累计举办各类涉茶培训班265期、培训24492人次。

【压茶机专项整治】

2017年4月，安溪县以执法大队为主体，抽调市场监管、供销社、茶管办等单位人员成立县茶叶质量安全监管大队，负责组织督导各乡镇开展压茶机专项整治工作。对各乡镇对于压茶机的清查情况、上报的取缔进度以及群众举报情况进行明察暗访，对督查检查工作中发现的问题及时上报，确保全面取缔压茶机集中攻坚行动切实取得整治效果。全县就地封存压茶机18857台。

【安溪铁观音地理标志证明商标使用管理】

2017年，通过审核、勘察、质量抽检，确定福建省安溪县溪韵茶业有限公司等6家企业为安溪县人民政府公布的第五批安溪铁观音地理标志证明商标准用企业。

2017年安溪铁观音地理标志证明商标（第五批）准用企业名单

序号	企业名称	准用证号
1	福建省安溪县茶都绿如蓝茶业有限公司	AT-BQ20170126289
2	福建省安溪县溪韵茶业有限公司	AT-BQ20170126290
3	福建省安溪县南香生态茶业有限公司	AT-BQ20170126291
4	福建省安溪县正香茶业有限公司	AT-BQ20170126292
5	福建省安溪县兴德顺茶厂	AT-BQ20170126293
6	安溪县天月盛世茶叶专业合作社	AT-BQ20170126295

·茶叶生产·

【概况】

2017年，安溪县各乡镇采取现场培训、典型带动、示范推广三者相结合方式，推广茶树高效生态环保栽培模式，合理建设水利和道路系统，使树、草、肥、水、路有机融合，达到"茶园周边有林、路边沟边有树、梯壁梯岸有草"的要求，打造梯壁牢固、梯层整齐、水土保持良好的生态茶园。进一步优化茶园生态系统。至年底，全县累计建设高标准生态茶园0.11万公顷。

【推进涉茶项目实施】

福建省安溪县现代农业产业园

2017年9月，经农业部、财政部批准创建安溪县现代农业产业园。创建区域面积1154.52平方千米，涵盖西坪镇、虎邱镇、龙涓乡、尚卿乡、芦田镇、官桥镇、龙门镇等7个茶叶主产乡镇，园区农业人口42.83万人。创建区茶园1.57多万公顷，占全县茶园面积40%，囊括茶叶种植、加工、销售、物流、研发、人才、配套等全产业链区域。园区涉茶总产值超90亿元，占全县涉茶总产值的61.25%；茶叶种植和产品加工年产值56.18亿元，占园区总产值的62%。至年底已完成《福建省安溪县现代农业产业园中央财政奖补资金使用方案》编制。

安溪县农民创业园　2017年，安溪农民创业园坚持"政府引导、市场运作、农民受益"的运行机制，发挥茶产业特色优势，通过综合性的优惠政策扶持作用和重点项目建设示范带动作用相结合，初步建立起一个多层次创业共同发展、多方式扶持共同参与的农民创业体系。涵盖一产、二产、三产相融合的特色茶产业发展模式，截至年底，8个产业园专项资金项目8个，总投资1030万元。

【安溪铁观音打假维权行动】

2017年11月23日至12月2日，由县市场监督管理局、茶管委办（茶业总公司）等部门联合组成两支打假维权队伍，分赴西安、重庆、吉林、北京、天津等地开展安溪铁观音维权打假专项行动，到各大茶叶批发市场、茶城及超市卖场进行明察暗访，查处侵权及其他违规行为14例。

12月，安溪县组织新一轮维权打假行动，到县内各大茶叶市场及乡镇进行安溪铁观音打假，检查茶企45家，维护安溪铁观音品牌形象。

（黄佳雄撰　苏少民审）

·茶叶科研·

【概况】

2017年，安溪县累计获得2016年现代茶业生产发展项目财政补助资金1582万元。2017年，安溪获得市级提升现代茶产业发展项目建设补助资金88.6万元。积极开展茶树优异种质资源保护与利用和茶园土壤改良。

【现代茶业生产发展建设项目】

省级项目　2017年，安溪县制定《安溪县财政局 安溪县农业与茶果局关于下达2016年现代农业（茶业）生产发展项目资金及实施方案的通知》《安溪县财政局 安溪县农业与茶果局关于下达2016年第二批现代农业（茶业）生产发展项目资金及实施方案的通知》，其中生态茶园建设总投资2175.5万元（财政补助资金1242万元），茶叶初加工清洁化改造总投资699.4万元（财政补助资金340万元）。安溪县省级生态茶园建设项目由安溪铁观音地理标志证明商标准用企业和龙头企业、省级和市级示范合作社、纳税大户等合计27家单位承建实施。累计实施面积483.87公顷，生态茶园种植树木6200株，主干道50.25公里，步道54.3公里，水池4355立方米。茶叶初加工清洁化改造项目由安溪铁观音地理标志证明商标准用企业和龙头企业、省级和市级示范合作社、纳税大户等合计17家单位承担实施。累计新建或改建茶叶初加工清洁化厂房面积5488平方米。

市级项目　2017年，市级提升现代茶产业发展项目由符合文件要求的7家单位进行实施建设，项目合计总投资119万元，累计实施面积187.33公顷，干支道6.3公里，步道1公里，水池300立方米。

【茶树优异种质资源保护与利用】

2017年，安溪各乡镇根据当地茶叶主产品种，采取不同措施加强优异茶树种质资源保护，促进品种资源的有效保护、利用、传承、发展。西坪镇在宝潭村建立"红芯歪尾"铁观音母本园，繁育"红芯歪尾"铁观音33.33公顷；金谷镇对位于金山村石竹岩的白毛猴品种进行保护；芦田镇依托梅山岩茶叶专业合作社，推动梅占品种的保护和发展；虎邱镇依托禅心缘茶业公司，加大对野生茶保护和利用力度，挖掘自然放养"野生茶"的价值。

【茶园土壤改良】

2017年，安溪县委、县政府下发《安溪县2017年茶园生态建设与地力提升行动方案》，安排制定2017年全县各乡镇茶园土壤改良工作实施内容、技术措施、方案，细化全县茶园土壤改良工作任务、目标及考评办法。各乡镇结合实施农业部茶叶有机肥替代化肥示范县创建这一契机，通过建立示范片，辐射带动全乡乃至全县茶园土壤改良工作，较好完成全年茶园土壤改良工作任务。全县各乡镇实施茶园土壤改良2050.67公顷，建立示范片28个，加固梯岸430公顷，开设排水沟或竹节沟188公里，耕翻茶园1059.33公顷，茶园覆盖1256.67公顷，施用羊粪等商品有机肥或农家肥1.75万吨。

·茶叶市场·

【概况】

2017年，安溪县茶都市场交易保持稳定，全年市场交易量2.25万吨，交易额23.5亿元，与2016年基本持平。入驻茶多网的实体店铺1800多家，通过原产地认证的茶商60多家，共有注册会员170多万人。

【茶都茶叶市场】

2017年8月1日起，安溪茶都交易大厅全面实行分区管理，对进入市场的茶叶设卡严查，凡属压制茶一律不准进场，压制茶、劣质茶全面退出茶都交易大厅。

【茶都茶多网】

2017 年，安溪县不断提升茶多网平台综合服务能力。通过提供供求信息发布、信息展示、贸易撮合、在线交易、电子支付、网店装修、网店托管、物流配送、电商培训、企业孵化、投融资等服务，实现布局区域化、服务规模化、设施标准化。

·茶事活动·

【概况】

2017 年，安溪县通过各种形式开展参与大型茶事活动近 30 场，其中各地茶叶协会分会举办的茶事活动 12 场。通过商品展示、贸易洽贸、合作交流等途径，促进安溪茶叶"走出去"，拓展"一带一路"新通道，提高品牌知名度和影响力。

【"闽茶海丝行（西欧站）"活动】

2017 年 2 月 20 日，由省农业厅、福建日报社共同主办的大型闽茶经贸文化推广活动——"闽茶海丝行"西欧站活动在伦敦正式启动，开展福建茶叶在英国、西班牙、法国为期 10 天的经贸合作之旅，再续闽茶与西欧茶缘。活动期间，安溪县组织华祥苑茶业、八马茶业、三和茶业等安溪龙头茶企代表参与闽茶推介、商贸洽谈、茶酒对话等活动，并与英国合作伙伴签署购销合同。

·小资料·

随着国家"一带一路"战略的推进，安溪县与"海丝"沿线产茶国家往来、产品互销、文化交流、活动联办等深度和广度日渐提升，并致力构筑国际市场"茶香通道"。安溪铁观音出口东南亚、欧盟等 63 个国家和地区，已成为中国茶的一张"世界名片"。

【最美家庭品茗活动】

2017 年 3 月 2 日，由安溪县妇女联合会、县农业与茶果局、中共芦田镇委员会、芦田镇人民政府联合主办的"品梅占茶·传好家风"最美家庭品茗活动在安溪县举行，100 多名安溪女性精英欢聚一堂，品茗闻香话家风。

【马来西亚国际茶与咖啡博览会】

2017 年 3 月 17 — 20 日，2017 马来西亚国际茶与咖啡博览会在马来西亚首都吉隆坡举办。博览会吸引来自中国、马来西亚、印度、印度尼西亚、越南、斯里兰卡等 8 个国家和地区的近 200 家企业参加。安溪县 7 家茶企组团参展。其中，安溪铁观音集团、晋江源茶业与马来西亚上市公司海鸥集团签订合作意向书。

【首届安溪铁观音大师赛】

2017 年 4 月，由安溪县人民政府和福建农林大学安溪茶学院联合举办的"茶者匠心·国饮飘香"首届安溪铁观音大师赛启动，以县人民政府的名义对 20 名决赛选手予以表彰，授予决赛总成绩第一名和第二名的选手为"安溪铁观音大师"，决赛总成绩第 3 名至第 10 名选手为"安溪铁观音名匠"，决赛第一阶段成绩第 11 名至 20 名选手为"首届安溪铁观音大师赛入围奖"等荣誉。

【首届中国国际茶叶博览会】

2017 年 5 月 18 日，由国家农业部、浙江省人民政府联合举办的首届中国国际茶叶博览会在杭州开幕。茶博会历时 4 天，以"品茗千年中国好茶"为主题，以成就展示、贸易洽谈、合作交流为主要内容，国外 47 国茶商参展、中国 20 个茶叶主产省茶企代表及 1700 多家国内外专业客商参展。其中，安溪县组织八马茶业、华祥苑茶业、桃源有机茶等品牌茶企抱团参展。

2017 年 7 月 14 日，安溪举行首届安溪铁观音大师赛颁奖仪式　　（安溪报社 供图）

首届安溪铁观音大师赛获奖名单

奖项	获奖人
安溪铁观音大师	李金登、王清海
安溪铁观音名匠	刘金龙、陈素全、高童谦、王逢春、刘文品、詹玉炎、陈朝金、杨木山
决赛入围奖	陈清安、詹朱祥、黄培江、林加荣、李凯林、郑福添、苏德林、黄珍发、杨连波、苏鹏鸣

【参加全国"双安双创"成果展】

2017 年 6 月 29 日至 7 月 3 日，由国务院食品安全办、农业部、食品药品监管总局主办的 2017 全国"双安双创"成果展在北京举行。全面展示食品安全示范城市和农产品质量安全县创建（简称"双安双创"）中企业、政府、社会的典型治理经验和做法，此次展览，安溪县作为福建省唯一的县级参展方，集中展示了农资源头监管、茶叶质量安全管控成效、茶庄园创新建设成果，同时辅以现场茶艺表演、摇青、包揉等传统制茶工艺演示，通过虚拟现实（VR）、宣传片、动漫片、电子翻书、多屏互动投影系统、沙画表演等形式，全面展示安溪铁观音是可以"放心喝、大胆喝"的健康、生态饮品，吸引了广大海内外宾客前来参观体验，品茗闻香。

【香港国际茶展】

2017 年 8 月 17 — 19 日，2017 香港美食博览会暨第 9 届香港国际茶展在香港会议展览中心举行。福建省由省农业厅副厅长姜绍丰带队，组织逾百家企业参展（其中茶企 47 家），涵盖乌龙茶、白茶、红茶、绿茶等六大茶类。其中，安溪组织福建大自然茶业科技有限公司、福建省安溪凤岩保健茶有限公司、福建省安溪茶厂有限公司等 10 家茶企参展。福建省安溪凤岩保健茶有限公司的"凤岩鸿金观音"获得 2017 香港国际茶展名茶比赛第三名。

【中国国际茶产业投资展览会】

2017 年 9 月 18 — 21 日，2017 厦门国际投资贸易洽谈会在厦门国际会展中心举行。本次展会，由海峡两岸茶业交流协会、中国国际投资贸易洽谈会组委会主办，重要主题展——2017 中国国际茶产业投资展览会，安溪县集中打造 300 平方米独具闽南文化特色的特装展位，组织八马茶业、安溪铁观音集团、中闽魏氏等 3 家品牌茶企入驻，开展品茗、制茶体验等活动，同时，组织华祥苑茶业开展"国宾茶"专场推介会。

【安溪铁观音大师工作室揭牌】

2017 年 9 月 22 日，安溪铁观音大师李金登、王清海工作室分别进行揭牌仪式。大师工作室的设立，旨在进一步发挥大师的带动作用，通过传徒授艺、培训讲习等形式，培养茶产业优秀人才，引导制茶队伍理性回归，引导制茶工艺向传统、向国家标准回归。

【第二届中法文化论坛】

2017 年 9 月 26 日，以"一带一路，中法文化汇流和共享"为主题的第二届中法文化论坛在法国里昂市政厅开幕。泉州作为中国城市代表之一参会交流，并带去安溪铁观音、德化"中国白"陶瓷等，讲述文化新丝路下的泉州好故事。安溪县受邀出席论坛开幕式，并在"生活艺术与美食"对话活动中讲述安溪铁观音的生活艺术。

论坛期间，泉州市代表团积极参与一系列活动，包括在里昂汇流博物馆举办的"刺桐古韵、瓷恒茶香"茶瓷文化展，在里昂商学院举行的"一带一路倡议下，里昂与泉州经贸交流合作机遇"座谈会和"中欧茶学社——安溪茶文化交流中心成立暨大型人文画册《安溪人》法文版首发赠书仪式"。安溪县组织八马、三和、中闽魏氏 3 家茶企参与经贸交流活动。

【安溪铁观音传统茶产销对接大会】

2017 年 9 月 29 日，安溪县召开 2017 秋季安溪铁观音传统茶产销对接大会，号召茶农茶商共同抵制压制茶，推广传统茶，进一步形成政企社农联手，合力拓展茶叶市场的良好势态。会上，10 家安溪铁观音地理标志证明商标准用企业与供应商、合作商、茶叶专业合作社签订传统茶产销合同。安溪铁观音地理标志证明商标准用企业、各企业供应商、茶叶专业合作社等负责人共同在"不生产、不收购、不销售压制茶"承诺书上签名，共同抵制压制茶。

【签订海峡两岸乌龙茶传统制作交流合作协议】

2017 年 10 月 16 日，"海峡两岸乌龙茶传统制作工艺研究会"和"安溪铁观音制作技艺传习所"揭牌仪式在安溪西坪镇慧芳生态茶叶有限公司举行。海峡两岸乌龙茶传统制作工艺研究会旨在推动海峡两岸共同保护传承安溪铁观音传统制作技艺，提高铁观音优质率，推进茶产业持续健康发展。揭牌仪式上，慧芳茶叶生态有限公司与台湾中正大茶签订海峡两岸乌龙茶传统制作工艺长期交流合作协议。

【秋季安溪铁观音茶王赛】

2017 年 11 月 16 — 17 日，由安溪县茶叶协会、中国茶都集团联合举办的"2017 年秋季安溪铁观音茶王赛"在中国茶都举行。共收到参赛茶样 555 个，其中清香型参赛茶样 234 个、浓香型参赛茶样 321 个。评出清香、浓香两个系列的金奖各 1 名、银奖各 3 名、铜奖各 5 名、优质奖各 15 名。福建牧云山网络科技有限公司获清香型金奖，感德镇陈锦清获浓香型金奖。

【李金登大师杯斗茶赛】

2017 年 12 月 2 — 5 日，2017 秋季"李金登大师杯"安溪铁观音（清香型）斗茶赛，由县茶业管理委员会办公室、县农业与茶果局、安溪中国茶都集团有限公司、虎邱镇人民政府联合在中国茶都三楼会议室举办。举办此次赛事，旨在推动安溪茶人特别是年轻一代热爱茶、研究茶，传承传统工艺，持续提升安溪铁观音品质水平，推动茶产业发展和品牌成长。同时，增强消费者对名优茶、高品质茶的认知，树立安溪铁观音好茶的方向标和参照物，让消费者了解顶级安溪铁观音的标准，吸引安溪铁观音的高端客户。

【第七期安溪铁观音大师沙龙】

2017 年 12 月 8 日，第七期安溪铁观音大师聚会堂暨安溪铁观音制茶工艺大师吴世福大师工作室揭牌仪式在祥华乡福洋村冠和茶庄园举行。

【县茶业信息发布中心揭牌】

2017 年 12 月 28 日，县茶业信息发布中心举行揭牌仪式。县茶业信息发布中心将实行联席会议制度、信息发布制度、采访报告制度，强化多部门联动，定期总结工作亮点，通报工作情况，解决存在问题，研究茶业宣传方向；整合"一报两刊两台一网一杂志"县域媒体及其所属官方微信、微博，手机客户端等新媒体，主动对接中央、省、市主流媒体，向外推送新闻稿件，权威发布安溪茶业从种植、采摘、制作、加工、销售整个产业链的有关信息。同时，针对不同销售区域、消费群体和消费诉求，分区宣传、精准宣传，树好安溪铁观音绿色、生态、健康形象，放大安溪铁观音品牌效应，全方位、多维度展示安溪茶业发展的最新成果。

【茶叶分会举办安溪铁观音茶事活动】

2017 年 5 月 14 日，"乾艺杯"吉林省第五届（2017）安溪铁观音斗茶大赛于在长春国际会展中心举行。本次斗茶赛分为浓香型和清香型 2 个系列，共收到 135 个参赛茶样（浓香型 72 个、清香型 63 个），评出金奖 1 名、银奖 2 名、铜奖 3 名和优质奖 10 名。

2017 年 6 月 25 日，由河南省茶叶协会、安溪县茶叶协会主办，郑州唐人街文化广场、县茶叶协会河南分会承办，福建省安溪五湖茶业有限公司协办的 2017 年安溪铁观音河南品鉴会暨神州韵传统安溪铁观音新品发布会在郑州市举办。县政府副县长林毅敏、县茶叶协会会长谢志攀，以及河南郑州各界人士 150 人出席了品鉴会。

2017 年 7 月 9 日，县茶叶协会福州分会第三届理事会就职典礼暨首届"张天福"杯茶界泰斗安溪铁观音茶王争霸赛颁奖仪式在福州举行。县委常委、宣传部长陈剑宾，县茶叶协会会长谢志攀出席活动。会议宣读了《关于聘任安溪县茶叶协会福州分会第三届理事会负责人的决定》文件，聘任以吴荣山为福州分会会长的新一届理事会领导班子。

2017 年 7 月 9 — 11 日，由安溪县茶叶协会主办，安溪华侨职业中专学校、茶博汇（安溪）经营管理有限公司协办，县茶叶协会包装分会承办的第二届中国茶都·安溪茶叶包装新品发布会在安溪茶博汇举办。县政府副县长肖印章、县茶叶协会会长谢志攀出席发布会。3 天展会期间，参展商、采购商人数 2000 多人，订货成交金额达 5000 多万元。

2017 年 10 月 28 日，由县茶叶协会、县茶叶协会广东中山分会联合举办的"中山市 2017（秋季）安溪铁观音茶王赛"在中山市举行。中山市南区党工委委员张才合，县政府领导郑清花、县茶叶协会会长谢志攀，以及县农茶局、祥华乡等相关部门领导共 210 人出席活动。

2017 年 11 月 5 日，第七届（福州）安溪铁观音文化节暨 2017"金砖国茶·匠心杰作"安溪铁观音茶王争霸赛颁奖仪式在福州举行，福

2017 年 12 月 28 日，安溪茶叶信息发布中心揭牌 　　　　　（安溪报社 供图）

建省政协原副主席陈家骅、省农业厅原厅长尤珑、省委统战部原副部长陈田爽，福州政商两界知名人士、县政府副县长肖印章、县茶叶协会会长谢志攀，以及茶商、消费者共500人出席活动。

2017年11月25日，由安溪县茶叶协会吉林分会主办，吉林省福建商会、长春电影制片厂歌舞剧团协办的"安溪铁观音 好喝一身轻"大型品茗系列活动在长春市举办。吉林省委统战部副巡视员王毅、省商务厅副厅长孟庆宇、省人大原副秘书长、办公厅主任李洪刚，省发改委原党组书记副主任曹家兴、省人民检察院原副检察长韩起祥、省委党校原副校长李永发、省商务厅处长尹禄、省经济技术合作局处长孙维国，长春市政商两界知名人士、县政府副县长肖印章，县财政局、农茶局、人大农村委等相关部门领导和茶商、消费者共350人出席品茗活动。

2017年11月30日，由天津市工商联茶文化商会、天津珠江投资（控股）集团有限公司主办，安溪县茶叶协会天津分会、天津珠江茗都茶城承办的2017"珠江茗都茶城杯"安溪铁观音茶王赛暨天津首届品茗会在天津市举行。天津市工商联、天津市河西区工商联，县政协副主席袁霖辉等领导及茶商、茶人等450人参加活动。

2017年12月5日，由县茶叶协会主办、县茶叶协会东莞分会承办的"东莞市首届安溪铁观音茶文化节暨东莞市第二届安溪铁观音茶王赛、首届安溪茶商新零售高峰论坛"在东莞市万江区举行。东莞市万江商务局局长孙旭林、东莞市万江社

会办事局局长伍立君，世界茶文化交流协会常务副会长王赟烨、副会长陈文海，广东省茶文化促进会会长蔡金华、广东省茶叶流通协会会长李勇刚，县政府副县长洪龙、县茶叶协会会长谢志攀，以及县茶叶协会广东佛山分会、中山分会、深圳分会等兄弟分会负责人和茶商共320人出席活动。

2017年12月7日，由县茶叶协会主办，县茶叶协会广东佛山分会承办的"2017年佛山秋季安溪铁观音茶王赛暨茶王品尝会"在佛山市举行。佛山市民政局副局长刘宇明、佛山市法学会副会长易新华、佛山市禅城区人力资源社会保障局副局长朱云英，县政府副县长洪龙、县茶叶协会会长谢志攀，以及佛山市有关部门领导，县茶叶协会广东东莞分会、中山分会、深圳分会等兄弟分会负责人和茶商共380人出席活动。活动期间，还举办安溪铁观音国家标准参考样和《安溪铁观音冲泡方法和品鉴方法》宣传培训。

2017年12月16日，由县茶叶

协会主办、县茶叶协会山东烟威分会承办的胶东半岛首届安溪铁观音茶王赛在烟台市举行。县委常委、宣传部部长陈剑宾，县茶叶协会会长谢志攀，以及县茶叶协会山东分会、山东德州分会、临沂分会负责人和茶商共360人出席活动。

2017年12月18日，由县茶叶协会主办，县茶叶协会山东临沂分会承办的2017年"金砖国茶 遇见传统"安溪铁观音新媒体盛典"在临沂市举行。县委常委、宣传部部长陈剑宾，县茶叶协会会长谢志攀，以及临沂市有关部门领导和茶商共350人出席了活动。

【安溪铁观音女子排球队品茗联谊活动（郑州、成都、沈阳站）】

2017年，"安溪铁观音"冠名福建女排，征战2017—2018中国排球超级联赛。11月23日、11月28日、12月26日，分别前往河南、四川、辽宁参加比赛，县茶叶协会河南分会、四川分会、辽宁分会分别在郑州、成都、沈阳举办福建安溪铁观音女子排球队品茗联谊暨球迷见面会。

2017年11月30日，"珠江茗都茶城杯"安溪铁观音茶王赛暨天津首届品茗会现场
（县茶管委办供图）

·工业经济·

【概况】

2017 年，安溪县工业增加值234.35 亿元（当年价，下同），同比增长8.5%；规模以上工业企业（2000万元及以上）总产值735.32 亿元，同比增长11.55%。其中，列入统计的规模以上工业企业277 家，规模以上工业增加值204.51 亿元，同比增长9.1%。

【规模以上工业】

2017 年，安溪县规模以上工业产值中，按工业类别分：轻工业产值463.91 亿元，同比增长3.4%；重工业产值271.41 亿元，同比增长8.7%。按经济组织类型分：国有企业产值16.69 亿元，同比增长2.1%；股份合作企业产值3.33 亿元，同比增长7%；股份制企业产值490.18 亿元，同比增长17.8%；外商及港澳台商投资企业产值163.67 亿元；同比增长0.8%；其他经济类型企业61.45 亿元，同比增长0.2%。按行业分：采矿业产值9.24 亿元，同比下降3.1%；茶叶加工业产值171.09 亿元，同比增长2.9%；纺织服装加工业产值58.51亿元，同比增长2.2%；包装印刷业产值53.42 亿元，同比增长8.1%；建材加工业产值129.67 亿元，同比增长44.1%；食品加工业产值15.32 亿元，同比增长22%；电源电器行业产值25.02 亿元，同比增长5%；工艺品加工业产值103.79 亿元，同比增长0.2%；电力生产业产值23.56 亿元，同比增长5.6%；其他行业产值35.09亿元，同比增长0.1%。

是年，全县有51 家年缴纳税金总额超500 万元（含国税免抵额，下同），其中，超1 亿元3 家，5000 万元至1 亿元2 家，1000 万元至5000 万元17 家企业。县委、县政府分别授予"2017 年度纳税功勋企业""2017 年度纳税龙头企业""2017年度纳税优秀企业"等称号。

是年，安溪县组织闽华电源等6家企业申报全省2017 年度电力直接交易，企业受益2678.76 万元；帮助企业申报获得省市县各类项目资金补助1276 万元，主要涉及技术改造、企业自主创新、增产增效、战略性新兴产业等项目。通过深入实施"数控一代"和智能制造示范建设、两化融合示范工程、战略性新兴产业示范等项目，进一步提升全县产业科研创新水平、机械数控化应用水平，加快推进工业创新转型。支持企业建立省、市级技术中心，组织安溪县企业经营管理人才参加"企业管理创新"名家讲坛、数控一代、电子商务、中国制造2025 等系列培训活动，提高企业管理创新水平，提升企业竞争力；发挥县级应急周转保障资金，惠及企业34 家次，累计使用金额3.7 亿元。

【企业创新转型】

2017 年，安溪县组织福建省安溪县韵和机械有限公司、福建元弘自动化科技有限公司、福建省三净环保科技有限公司、福建省安溪县旺富机械科技有限公司、福建佳友茶叶机械智能科技股份有限公司、福建省正丰数控科技有限公司等6家企业申报2017 年泉州市"数控一代"示范项目产品并通过认定。全县共有7 家企业列入省级两化融合重点项目库，福建八马茶业有限公司通过省级两化融合示范企业认定；福建三安钢铁有限公司列入2017 年两化融合管理体系贯标国家试点企业。推进战略性新兴产业示范，福建省正丰数控科技有限公司、福建省弘桥智谷信息科技股份有限公司、福建省中物生物股份有限公司、福建海佳彩亮光电科技有限公司等4家企业列入2017 年战略性新兴产业重点项目计划。

【培育龙头企业】

2017 年，安溪县共推荐12 家企业申报市级产业龙头企业。经过评定，福建纬璇织造有限公司、泉州市凯鹰电源电器有限公司、福建安溪聚丰工艺品有限公司、安溪新唐信家具有限公司、福建三安钢铁有限公司、福建晶安光电有限公司、福建天电光电有限公司、福建省信达光电科技有限公司、福建省闽华电源股份有限公司等9家企业，涵盖纺织鞋服、机械装备、建材家居、新能源、新一代信息技术等行业，列入2017年市级产业龙头企业。

【技术改造】

2017年，安溪县完成工业投资102.76亿元，技术改造投资64.65亿元。其中，38个企业项目列入县级技术改造项目库，10个企业项目列入市级重点技术改造项目库，8个企业项目列入省级重点技术改造项目库。福建省信达光电科技有限公司、福建海佳彩亮光电科技有限公司分别获得2017年省级企业技术改造专项资金288万元、资金补助28万元。

2017年安溪县规模以上工业产值主要分类情况表

单位：万元

指　标	绝对数（万元）	比增(%)
规模以上工业产值	7353240	11.5
其中：轻工业	4639134	3.4
重工业	2714106	8.7
国有企业	166922	2.1
股份合作企业	33272	7.0
股份制企业	4901843	17.8
外商及港澳台商投资企业	1636704	0.8
其他经济类型企业	614500	0.2

2017年安溪县规模以上工业主要行业产值情况表

单位：万元

指标	绝对数（万元）	比增(%)
采矿业	92387	−3.1
食品加工业	153152	22.0
茶叶加工业	1710924	2.9
纺织鞋服加工业	585094	2.2
包装印刷业	534190	8.1
藤铁工艺品加工业	1037861	0.2
建材加工业	1296729	44.1
水暖厨卫业	230094	1.9
机械制造业	302066	23.9
电源制造业	250205	5.0
光电信息业	574012	34.8
水电生产供应业	235577	5.6
其他行业	350949	0.1

城镇集体工业联合社

【概况】

2017年，安溪县城镇集体工业联合社（简称县工业联社），下属企业5家，其中，工业企业4家，商贸企业1家。职工257人，其中，在职职工62人，退休职工195人。企业占地面积30955平方米，建筑面积14110平方米，资产总值约177万元，负债50.4万元。

【租赁承包经营企业】

县胶合板厂 位于凤城镇祥云路凤冠山下，占地面积11000平方米，建筑面积4000平方米，职工52人（在职14人，退休38人），原生产经营木材胶合板，1992年8月停产。此后，厂房场地对外租赁。2017年底，被县委、县政府列入凤山片区改造项目，已完成评估和拆迁协议的签订。

县二轻造纸厂 位于凤城镇祥云路凤冠山下，占地面积5000平方米，建筑面积2500平方米，职工64人（在职7人，退休57人），原生产经营再生纸，1998年6月停产。至2016年，厂房场地及设备对外租赁。2017年底，被县委、县政府列入凤山片区改造项目，已完成评估和拆迁协议的签订。

县轻工机械二厂 位于官桥镇区205线公路边，占地面积1.1万平方米，建筑面积4000平方米，职工82人（在职31人，退休51人），主要经营小五金修配。1984—2017年，采取集中统一管理下以车间分立承包经营的方式，同时有部分闲置场地对外租赁。

县机电厂 位于湖头镇中山街中部，占地面积3560平方米，建筑面积3050平方米，职工39人（在职8人，退休31人），以生产小型机电产品为主。1985 — 2017 年，采取内部竞标承包经营的方式。2017 年，由该厂职工李火旺承包经营。

县供销公司 位于凤城镇解放路南段，占地面积 395 平方米，建筑面积 560 平方米，职工 18 人（在职 2 人，退休 16 人），原主要经营二轻商场。2017 年，该公司仓库场地由安溪华侨酒店承租。

【企业参展】

2017 年 4 月 28 日至 5 月 2 日，第 12 届中国（莆田）海峡工艺品博览会上，安溪黄庆发作品《传承》获"争艳杯"金奖，是安溪工艺行业第一个"争艳杯"金奖。

2017 年 10 月 20 — 23 日，第 18 届中国工艺美术大师作品暨手工艺术博览会上，陈清河竹编漆器作品《福禄生辉》和黄连福金属工艺作品《破晓》获百花杯金奖。

【工艺美术大师队伍】

2017 年，安溪县申报省工艺美术大师黄连福、陈清河 2 人，工艺美术名人黄庆发等 14 人，通过省经信委公示省工艺美术大师 2 人，工艺美术名人 13 人；谢锦贤、吴美珠 2 个工艺美术大师工作室，至年底，全县新增市级工艺美术大师工作室 7 个。

·供电公司·

【概况】

2017 年，安溪县电网最高负荷 673 兆瓦，全社会用电量 37.88 亿千瓦时，比 2016 年增长 9.17%，其中工业用电量 26.55 亿千瓦时，同比增长 10.18%。县供电公司总购电量 31.8 亿千瓦时，售电量 30.21 亿千瓦时，首次突破 30 亿千瓦时，综合线损率 4.98%，纳税 11009 万元。全员年劳动生产率 46.18 万元 / 人。

【电力经营管理】

2017 年，安溪县推进光伏发电扶贫项目，完成并网 826 户，并网容量 2.6 万千伏安。全年 10 千伏业扩项目全流程平均时长 84.98 天，优于全市平均水平。响应生态文明建设政策，累计完成能源替代电量 1.3 亿千瓦时，进一步降低安溪县煤炭、柴火等低质高耗能源占比。深化"互联网 +"营销服务应用，智能交费占比 30.23%、线上交费应用率 64%、线上办电率 100%。

【电网投资和改造】

2017 年，安溪县供电公司对接县域经济发展，完成《安溪县 2015-2030 年 35 千伏及以上电网设施布局规划》《安溪县中低压配电网滚动规划（2017）》《安溪城关片区及参内电站片区配电网网格化规划》。全年完成县域电网投资 1.88 亿元，投入运营 110 千伏官桥唐龙变、湖头郭埔变电站和 110 千伏青阳风电送出工程，推进 110 千伏虎邱到龙涓线路工程。完成农网项目 286 个、中心村改造项目 183 个。全年新增和改造配变 318 台，新建和改造 10 千伏线路 81 公里、0.4 千伏线路 133 公里。新建设建安公园充电站 1 座。

2017年安溪电网用电结构情况表

单位：万千瓦时

项目		数量
供电量		317987
售电量	居民	94458
	非居	8735
	商业	21646
	非普	29559
	大宗	126641
	农业	15863
	倒送省网	5244
	合计	302149

2017年国网安溪县供电有限公司经营情况表

项目	数量
购电量（万千瓦时）	317987
售电量（万千瓦时）	302149
税金（万元）	11009
利润（万元）	805.14
线损率（%）	4.98

工贸园区

中国国际信息技术（福建）产业园

【概况】

2017年，中国国际信息技术（福建）产业园数据中心投产标准机柜4600多个，接入中国电信、中国移动、中国联通、广电网络等网络资源，出口带宽1.4T，同时启动数据中心1号楼二、四层扩容及3号楼机房改造两个项目，规划新增建设3400个标准机柜，预计总投资额2亿元，成立招商服务中心，在工商登记、税收申报等方面为企业落地提供保姆式服务，联合百度打造创新中心，为"双创"团队及项目提供孵化服务，当年入园企业30余家；作为泉州市首批人才工作直接联系点，信息技术人才教育实训中心与布塔教育、厦大、华大合作开展信息技术教育、培训，全年举办各类培训班20多期，培训大数据人才3000多人次，培训教师及业务骨干600多人次；华侨大学"数字福建一带一路服务行业大数据研究所""福建省高校重点实验室华侨大学大数据应用研究所"先后成立。

【基础设施建设】

2017年，产业园已建设云谷山庄酒店、商业中心、人才公寓4、5号楼和众创基地3、4号楼等基础配套设施，龙门镇政府、卫生所、派出所、市场监管所等单位均入驻园

2017年10月12日，华侨大学大数据应用研究所揭牌
[中国国际信息技术（福建）产业园 供图]

2017年12月，产业园数据中心   [中国国际信息技术（福建）产业园 供图]

区，配套休闲公园设施；龙门镇至安溪县城公交线路正式开通运营，产业园至厦门公交线路完成路线规划；周边天湖高尔夫球场、希尔顿酒店、连捷悦泉行馆、八马茶叶庄园、志闽国家森林公园等配套设施不断

完善。

【园区建设】

数据中心 数据中心按照国际上最高的T4等级标准设计和施工、运维，总建筑面积6.7万平方米，总投资20亿元。拥有标准机柜4600多个，可容纳15万台的服务器，提供数据存储、交换、处理、备份恢复等专业数据服务。打造有新华大数据加工中心、新华丝路云、侨联大数据、非遗大数据、安溪医疗大数据、区块链技术研发等服务平台，福建省政务数据、泉州市政务数据、泉州市金融局、泉州市"金保工程"、厦门自贸区口岸数据、厦门航空、厦门公正云等数据落户园区，接入中国电信、中国移动、中国联通、广电网络等网络资源，出口带宽1.4T。

信息技术教育实训中心 项目由厦门大学、福建省外经贸学院、县人民政府、聚贤教育投资公司和HP公司共建，采取学院加实训基地的模式，建设福建服务外包学院、信息技术专业人才培训中心，可为产业园乃至福建省提供大量信息技术和服务外包方面的新兴产业人才。项目总投资5亿元，建筑面积7万平方米，与国内百余所高校合作。可容纳人数6000多人。

2017年2月28日，建设中的APEC酒店 （安溪报社 供图）

2017年12月，产业园服务外包基地 （中国国际信息技术〈福建〉产业园 供图）

APEC电子商务工商联盟国际交流中心 项目占地180亩，总投资约8亿元，主要建设多功能国际会议中心、五星级国际大酒店和21个APEC经济体成员国际会所。项目建成后将作为APEC电子商务工商联盟成员开展国际交流活动的平台。

信息技术服务外包产业基地 总投资20亿元，首期建筑面积13.2万平方米，已投入使用。建立众创空间综合技术服务平台，在产业园众创基地建设"3D模型研发服务中心""渲染、动捕服务中心""VR演示中心""全景影像拍摄服务中心""音像合成服务中心"、资料处理中心等，为入驻企业、研发人员提供全面的技术支持；以大众创业、万众创新为核心，通过大学生实训培育创新骨干、创业团队和企业技术人才，孵化中小微企业。

国际数字媒体产业基地 基地依托产业园数据中心向全球提供5000多刀片服务器运算量的数字媒体云服务，通过建设"三中心"（集群渲染中心，动作捕捉中心与音乐音效中心），辅助配套建设"二平台、一展馆"（云端协同工作平台、知识产权交易平台及数字媒体产业基地微缩型展示体验馆），形成集艺术设计、技术渲染、互动体验、发行展示、公共服务等功能为一身的数字媒体制作全产业链，吸引影视、动漫、游戏、建筑设计、广告、衍生品等相关上下游企业入驻。

海西电商产业集群基地 项目主要建设电子商务实体体验店及商务办公、仓储物流和产业深加工区，由厦门弘桥集团有限公司投建，总投资20亿元人民币，总建筑面积100万平方米，首期面积20万平方米，主要建设办公、仓储和实体体验店。

【入园企业】

2017年，产业园入驻大数据企业3家，入驻项目12个，从业人数60人。

2017年入驻中国国际信息技术（福建）产业园大数据企业情况表

序号	大数据企业名称	企业标签	主要产品和解决方案	所属大数据产业链条	公司总部地址（具体到区县或产业园区）	2017年从业人数（人）
1	福建易景云网络科技有限公司	VR制作	为客户提供全景展示策划、拍摄、制作和发布。秉着创造、创新、开放、深耕的态度，构建全景互动服务平台，为千万家企业提供稳定可靠的诚信服务。	VR全景云平台	泉州市安溪县龙门镇EC产业园	10
2	中企通宝数据管理有限公司	大数据采集及应用、数据交易	建设城市消费系统、建设会员数据管理系统、城市一卡通数据增值系统开发、运营管理，数据信息采集及运用；计算机网络工程研发，软件开发、销售，网络技术领域内的技术服务；电子商务交易平台开发。	数据采集与分析	厦门市思明区石顶街32号三楼A区07单元	20
3	泉州全域一带一路信息科技有限公司	大数据采集及应用、数据交易	网络技术开发、数据处理、采集、整理和存储服务及相关交易咨询服务。	数据采集与分析	上海世界非遗文化城	30

2017年中国国际信息技术（福建）产业园落地项目情况表

序号	企业名称	企业简介	入驻时间	从业人数
1	厦门唐人科技股份有限公司福建分公司	厦门唐人科技股份有限公司福建分公司（股票代码：839271）是以提供专业智能化系统设计、施工及系统集成、物联网应用软硬件研发以及产品代理为一体的高新技术企业。公司现有资质包括电子与智能化工程专业壹级资质证书、建筑智能化工程设计甲级、安防工程企业二级、系统集成三级证书，ISO9000质量管理体系认证证书、ISO14001环境管理体系认证证书、OHSAS18001职业健康安全管理体系认证证书、AAA重合同守信用、软件企业双软证书等作为行业内知名的智能化工程商、安全防范工程商以及自主知识产权产品开发商，公司致力于数据库应用和物联网领域应用的开发，在物联网智能设备研发上了积累丰富的经验，并取得了多项技术突破。十余年的成长过程中，厦门唐人科技股份有限公司承揽过各类弱电工程，服务行业遍及国家机关、教育、医疗、能源、金融、电力等各个领域，服务内容涉及建筑智能化、系统集成、消防工程、机电安装等各个专业。	2017-05	暂无人员
2	福建博格网络科技有限公司	福建博格网络科技有限公司是腾讯投资的游戏开发及APP推广平台，公司营业内容主要有：商业化大数据处理分析及数据输出商业化；自研自推手机游戏，包括苹果和安卓端；针对App Store和国内第三方应用商店（如：百度手机助手、应用宝等）的精准大数据分析和渠道优化；针对海外的App Store和Google play的数据分析和渠道优化；针对手机游戏研发商的游戏分析并介入做游戏联运和分发合作。专注于国内大中小型优质手游的分发联运推广，核心针对手游的ios用户流量导入，以性价比最高的推广手段获取最优质精准的用户。	2017-03	暂无人员
3	福建邦杰网络有限公司	华云集团在园区成立福建邦杰网络有限公司，华云数据集团有公有云运营平台，私有云平台CloudUItra,IDC云管平台CloudIDC，运维自动化平台OpsUItra，大数据分析平台DataUltra，旗下子公司云上通有OA、CRM、邮箱、即时通讯等办公软件，容能云子公司提供Pass云服务平台，服务覆盖云通讯、运营工具等，深圳润迅子公司运营IDC数据中心，北京飞讯子公司运营CDN平台，华云数据云巢资源调度系统对多种异构底层的支持，资源节点全球分布，网络类型多样，弹性灵活，不与云服务器到期时间捆绑，强大的控制面板功能，转云支持服务。	2017-04	暂无人员
4	百创云谷（福建）网络有限公司	计划打造福建省最大的创新创业基地，带动当地的互联网产业发展和经济效应；充分发挥百度专业的技术优势及资源优势，把创业团队聚拢在百度云这个大平台上，从而孵化更多的产品，丰富和拓展百度云生态。	2017-03	2
5	中企通宝数据管理有限公司	企通宝科技股份有限公司是一家拥有并依托国家级"移动视频编解码实验室"核心技术的高新企业，旗下主要平台项目为企通宝。企通宝自成立以来，便致力于打造成为全球华人最大的企业公众服务平台，通过稳健的经营发展，目前企通宝已在上海、宁波、成都、徐州、广州、重庆、泸州、台湾、南宁、上杭等地设立近30家分公司，以及近百家核心渠道运营商构建专属于华人企业家的企业圈，为传统企业的线上形象展示、企业互动、线下圈层活动等提供平台，企通宝投资创建首家线下体验电商园。园区拟吸纳线上精品企业3000家以上，线下精品旗舰体验店150家以上，不定期举办线下企业产品订货会、渠道对接会等，建成集合展示、体验、交易、投融资等功能于一体的综合电商产业园，以线上线下一体化为运营模式。	2017-06	30

序号	企业名称	企业简介	入驻时间	从业人数
6	福建原初教育咨询有限公司	是由上海七煌信息科技有限公司、厦门百润央银股权投资管理基金及龙湾地产集团共同投资组建的一家电子竞技平台运营公司，平台公司将以电竞人才孵化为切入点，通过引入大型电竞内容IP、电竞赛事活动、动漫游戏展会、电竞职业俱乐部、电竞明星艺人、电竞传媒等优质电竞资源，集中服务于西南地区电竞爱好者和企业客户，并以此逐步构建成都电竞产业链集群，贯穿呈现"全球首个电竞生态产业孵化园"，拉开电竞产业落地成都的序幕，共同助力成都市在新兴文化产业的创新创业发展。七煌重金打造专业级别演播厅，组建业内顶尖的电竞明星团队和专业的制作团队，以打造行业标杆品质的节目内容。在未来，七煌将斥资千万致力于开发"电竞泛娱乐"理念的IP，扩大电子竞技的受众范围，推动电竞行业多元化发展。	2017-06	20
7	福州开发区鸿发光电子科技有限公司安溪分公司	一家高科技民营企业，创立于1997年，经过12年的快速发展，目前已经成为国内重点综合性安防监控器材生产、工程商之一，产品涵盖军、民用监控镜头、摄像机、高速球、DVR等。鸿发一直以客户需求为出发点，关注行业发展趋势，持续增加研发投入，在生产管理和品质保障等方面进行持续改进；鸿发以一流的自主研发设计、一流的生产加工设备、一流的产品品质，全力打造一流的AVEMIA视频监控产品品牌。	2017-06	暂无人员
8	遗珍信息科技有限公司	中国非遗联盟大数据平台，致力于版权保护、防伪追溯、市场销售、文化宣传、内容创意等方面。	2017	1
9	泉州嘉柏当代艺术品拍卖有限公司		2017	1
10	泉州中城丝路文化旅游发展有限公司		2017	1
11	泉州全城一带一路信息科技有限公司		2017	1
12	北京新华多媒体数据有限公司福建分公司	新华多媒体数据有限公司成立于1999年，公司致力于大数据领域研发，拥有强大的技术研发团队。依托遍布全球的新闻信息采集和服务网络，以及云技术、大数据、人工智能等先进技术，为全球上万用户提供经济信息服务，主营业务有：大数据基础设施与业务系统建设、舆情监测分析、中国舆情网、舆情指数、软件研发、多媒体数据加工、数据编译，以及中科院科研成果数据服务、路透社医疗健康信息专线国内总代理。	2017	50

·城区工业园·

【概况】

2017年，安溪县城区工业园园区规模以上工业企业127家，实现产值269.8726亿元，比2016年增长17.6%。

【规划布局】

根据规划建设和产业布局情况，安溪县城区工业园园区规划城东、城南、城西和下长泰4大功能片区。其中，城东片区位于园区的东侧，规划面积780公顷，规划发展集茶叶精加工、交易、总部、研发、物流仓储、电子商务、文化交流、高等教育、观光旅游等功能为一体的城东茶业新城。城南片区位于县城南部，总规划用地面积830公顷，规划发展服装纺织等工业产业和酒店、金融服务、商业服务、房地产开发等第三产业为主的城南金融商务区，是安溪企业回归总部建设聚集地。城西片区位于西二环路沿线及周边区域，总规划面积800公顷，规划发展商住、商贸、物流、家居工艺品等。下长泰片区位于省道308线沿线区域，规划用地面积890公顷，规划发展水暖卫浴、机电阀门、仓储物流等产业。

【园区建设】

2017年，安溪县城区工业园引进福建宝树丰厨卫科技有限公司等工业生产项目9个，用地面积9.0391公顷，计划投资3.85亿元；引进安溪县中创仓储物流有限公司等仓储物流物流项目2个，用地面积5.1384公顷，计划投资1.82亿元；落户房地产开发项目8个，用地面积27.02公顷，计划投资45.58亿元；引进安溪县安商茂雄农产品物流园有限公司等商业项目2个，用地面积2.5285公顷，计划投资1.0亿元。

2017年，安溪三净环保、金宝汽车、金沙水岸（C区二期）、裕福明珠一期工程、润宇·欧洲城三期等17个项目（企业）投产（使用）或部分投产（使用）；佳友机械、正祥置业、隆恩华城、中创物流、三安大桥东片区城东村改造项目等22个新项目动工建设。

2017年城区工业园引进项目情况表

序号	企业名称	地块名称	面积（公顷）	建设内容或经营范围
1	福建正祥置业发展有限公司	路英片区C-5-1地块	6.8648	房地产开发
2	李金宗	路英片区C-5-2地块	1.1933	房地产开发
3	厦门新景地集团有限公司	古山片区B2地块	6.7796	房地产开发
4	泉州恒联建材科技有限公司	玉田阀门基地二期F-5地块	0.8031	水暖卫浴产品生产销售
5	泉州市鹏峰水暖卫浴有限公司	玉田阀门基地二期F-1地块	0.5471	水暖卫浴产品生产销售
6	泉州市南翔阀门制造有限公司	玉田阀门基地二期F-4地块	0.8311	机电阀门产品生产销售
7	泉州迈能工业自动化有限公司	玉田阀门基地二期F-9地块	1.1012	机电阀门产品生产销售
8	泉州市久容卫浴发展有限公司	玉田阀门基地二期F-10地块	0.5539	水暖卫浴产品生产销售
9	泉州永昌卫浴有限公司	玉田阀门基地二期F-8地块	0.6648	水暖卫浴产品生产销售
10	福建宝树丰厨卫科技有限公司	玉田墩坂片区C-4地块	3.3605	厨房卫浴产品生产销售
11	安溪县安商茂雄农产品物流园有限公司	350524-04-A-21地块	2.4955	农产品加工销售
12	安溪县安商茂雄农产品物流园有限公司	350524-04-B-08地块	1.8757	农产品仓储物流
13	安溪县兴民食品有限公司	闽商投资区B-2地块	0.3333	农产品加工销售
14	黄艺鹏	参洋片区A-07地块	0.2660	房地产开发
15	安溪县怡龙茶叶包装工贸有限公司	参洋片区A-01-04地块	0.8441	茶叶包装产品生产销售
16	陈华彬	原福建省安溪制药有限公司旧厂区地块	1.9629	房地产开发
17	泉州汇京友联汽车销售有限公司	参洋片区C-05-02B地块	0.6528	汽车4S店
18	厦门市立夯投资有限公司	350524-02-A-04地块	6.9896	房地产开发
19	安溪县中创仓储物流有限公司	罗内片区B-2-1地块	2.6429	水暖卫浴产品仓储
20	福建银领置业有限公司	安溪县员宅片区YJG-20-2-1地块	0.3042	房地产开发及安置房建设
21	谢再添	建安格口片区20-4地块	2.6564	房地产开发
		合计	43.7228	

【基础设施建设】

2017年，安溪城区工业园园区累计完成用地报批35.07公顷，征用土地42.28公顷；拆除和拆迁安置建筑物4.35万平方米；德苑工贸园片区农民集中住房建设项目（A、B区）、参内洋中学苑安置房、参内参山丽苑安置房竣工交付使用，城厢涝港安置小区一期工程主体工程完工、安溪县中山大桥东片区城中村改造项目主体施工、富源小区安置房桩基施工；建安片区延伸段二期工程、三安大桥及连接线工程、安溪双安浦口大桥工程、美法市政道路竣工投入使用，东二环石狮岩隧道左洞工程、参洋片区东西大道开工建设；德苑完全中学和南坪小学扩建工程开工建设；德苑宝马等品牌汽车4S店建成投入运营，海峡茶博园铁观音生态文化园景观示范区和停车场基本完成。完成用地回填平整41.53公顷，基本用于学校、道路等公共配套设施建设和出让给企业作为建设用地；收储及收购11.048公顷工业用地，变更为商住、学校、道路等公共配套建设用地。

2017年12月，参内洋中学苑安置房　　　　　　（李金早　摄）

· 湖头光电产业园 ·

【概况】

2017 年底，安溪湖头光电产业园完成投资 100 多亿元，初步建成一个集生产基地、研发检测、应用展示、商贸物流为一体的配套齐全、产业链完整的 LED 千亿产业集群。全年实现产值 54 亿元，纳税 0.71 亿元。

【基础设施建设】

2017 年，安溪湖头光电产业园园区有自来水厂 1 座，管网已贯通，可供应工业用水 2 万吨/日，生活用水 4000 吨/日。完成 110KV 变电站建设，配受 10KV 生产用电，完成用电双回路改造，启动信达光电二期地块电力线路迁移，保障项目生产、生活用电。晶安光电污水处理厂投入使用，完成园区污水管网的铺设并连接至镇区主管网；建成迎宾路一、二期及大成路一期。孵化基地总面积 1.1 万平方米，位于美食园，一期 4000 平方米、二期 7000 平方米，已完成消防工程、配电工程、主体外部装修工程，福建省勤杰机械制造有限公司（简称"勤杰机械"）、福建省勤为光电有限公司（简称"勤为光电"）、福建省安能实验室设备有限公司（简称"安能实验室设备"）等入驻并投产，福建省柏纳新材料科技有限公司、福建冠博新材料科技有限公司、泉州市友腾光电科技有限公司、福建省三州光电科技有限公司、寻花郎（福建）农业开发有限公司等入驻并进行厂房二次装修。标准厂房，规划用地 64 公顷，部分林地报批已获采伐许可。有产业园食堂 1 座，1500 平方米，为企业职工供餐，日约 400 人用餐。企业自有食堂 2 座。有公租房 4.7 万平方米，702 间（套），可供 2000 人同时入驻，已入驻 610 人。有公交停靠站两处，运营时间为 7:00-18:00，30 分钟一班。建成职工健身房已 400 平方米，可供 50 人同时使用。职工休闲中心完成改造和装修。职工文体中心完成工程招投标。完成园区夜景亮化提升工程。对园区道路两侧进行绿化提升及建设休闲步道。

【入驻项目】

晶安光电　晶安光电是全国光电龙头、主板上市企业——三安光电股份有限公司的全资子公司，专注于 LED 蓝宝石衬底及其他产品产业化的研发、生产与销售，是世界上最大的蓝宝石衬底生产厂商。产品广泛应用于 LED、消费电子、光学、航天、军工等诸多领域。总投资 70 亿元，用地 44 公顷，分三期建设，已完成一二期建设。已实现平片衬底产能 320 万片/月，PSS 图形化衬底产能 260 万片/月。

信达光电　信达光电是国有上市公司——厦门信达股份有限公司的子公司，专注于白光封装、RGB 显示屏封装与路灯应用产品的研发、生产和销售，着力打造在全国有影响力的 LED 封装产品和照明产品生产基地。总投资 20 亿元，用地 20 公顷。路灯生产线 2 条，产能 7.2 万盏/月；显屏生产线 4 条，产能 2000KK；白光生产线 2 条，产能 2300KK；球泡灯生产线 2 条，产能 56 万支/月；日光灯生产线 1 条，产能 20 万支/月。

天电光电　天电光电是全球照明巨头——飞利浦、欧司朗的供货商，主要从事大功率 LED 封装产品的研发、生产和销售，专注于照明级大功率 LED 器件封装，产品主要用于室内照明灯具、灯管、球泡、天花灯和手机闪光灯。总投资 22 亿元，用地 10 公顷。2017 年，其深圳厂、厦门厂、海西基地旧厂均已搬迁至湖头新厂区。共有机台设备 2000 多台，产能 2500KK（单晶）。

中科三安系列项目　中科三安系列项目系福建省中科生物股份有限公司投资建设。总投资 70 亿元，包括中科生物总部、研究院和植物工厂产业化基地三大核心项目。中科生物总部及研究院，设在安溪县参内乡，占地 13.33 公顷，由中科院植物所方精云院士、匡廷云院士担任技术指导委员会主任，20 多位国内外知名科学家担任科研负责人。植物工厂产业化基地，位于湖头光电产业园，占地 20 公顷。7# 厂房蔬菜生产车间、3# 厂房金线莲生产车间已投产，年产高品质安全蔬菜近千吨、金线莲干品 2 吨。

勤为光电　勤为光电已入驻光电孵化基地一期 2 层并开工投产，总投资 5000 万元，主要从事电子元件包装设备开发、包装产品设计、生产和销售。

勤杰机械　勤杰机械已入驻光电孵化基地一期 1 层并开工投产，总投资 1000 万元，投产机加工生产线，满足园区企业机械设备、配件价格需求，并不断向外扩展业务。

安能实验室设备　安能实验室设备已入驻光电孵化基地一期 2 层并开工投产，总投资 2000 万元，主营实验室设备、家具生产、加工、销售。

【人才队伍】

2017 年，湖头光电产业园共有 22 人通过泉州市高层次人才认定（第三层次 10 人、第四层次 7 人、第五层次 5 人），22 人通过省引进高层次人才认定（A 类 1 人、B 类 9 人、C 类 12 人），11 人通过省引进台湾高层次人才认定；晶安光电谢斌晖团队入选省第五批引才百人计划境外长期创新团队，天电光电袁瑞鸿团队申报第六批省引才百人计划。中科生物获批省级院士专家工作站。园区与多家省内外高校（三明学院、福州阳光学院等）签订人才培养合作协议，共建教学实验基地。已实现光电产业人才初级职称自主评定。共 60 套高端人才公寓已全部配齐家电家具并入住。与职校合办光电班，开办二元制大专班。2017 年，园区共招收工人 3638 人，净增加 1500 多人。

· 交通运输 ·

【概况】

2017年，安溪县完成农村公路安全生命防护工程建设70.3公里，完成17座公路危桥改造任务；加强车辆源头监管，共排查客运车辆277辆，危险货物运输车辆106辆。将2名严重违法驾驶员列入"不适岗名单"加强危货罐体运输车辆管理，全县所有22辆罐体运输车辆100%安装紧急切断装置。加强驾驶培训机构质量信誉考核工作，全县共有驾驶培训机构11家，评定为AAA级1家，AA级6家，A级4家。加强机动车维修企业质量信誉考核工作，全县共有一、二类机动车维修企业9家，评定为AA级4家，A级5家。

是年，安溪县共有道路客运企业4家，道路货运企业8家，公交企业2家，出租汽车企业1家，共有营运客运车辆297辆，营运货运车辆2733辆，公交车辆112辆，出租汽车165辆。推进客运站务信息化、智能化管理，投入智能自助售票机8台（其中安溪汽车总站7台，恒兴新车站1台）。全年交通领域安全生产指标全面优于去年，工程建设、内河水上交通零事故。

【客货运输】

2017年，安溪县共4家道路客运企业，营运客车297辆，座位7282个，客运线路75条，日发1370班次，营运里程125780公里，客运网络覆盖24个乡镇，实现村村通农村客车（含预约班车）；全县道路货运企业8家，其中普通货物运输企业6家，危险货物运输企业2家，共有营运货车2733辆，11725.87吨位，新增货运车辆710辆，其中个体户车辆563辆，完成货运量1146.2万吨，货物周转量97427万吨公里；公交企业2家（安溪县公共交通公司、福建安溪泉安汽车运输有限公司），公交线路15条（2017年4月23日新开通龙门至城区公交线路一条），公交车112辆，2017年全年公交营运里程598.4万公里，客运量710万人次；出租汽车企业1家（安溪县闽兴出租汽车有限公司），出租汽车165辆，全年出租汽车营运里程1224万公里，客运量155.4万人次。

【运输管理】

客运管理　2017年，安溪县按时间节点发放农村客运车辆及农村客运成品油价格补助资金459.04万元；对经营期限届满的市际、县际客运班线重新许可并换发线路牌；落实省际班车凌晨2—5时落地休息制度；落实客运实名制购票制度，完成对实名制管理工作相关设施、设备的升级改造，安溪共有2条省际、12条市际客运班线实行实名售票和实名查验；全年共废更新客运车辆53辆，完成投资1272万元；做好长途卧铺客车退出客运市场工作，发放安溪至贵州盘县省际客运班线接驳运输证2张。落实省际、市际班线多站配载，提高客运车辆实载率。

货运管理　2017年，安溪县倡导绿色交通，注销黄标车辆128辆。向所有道路货运物流及相关企业分发《泉州货运物流行业安全管理宣传单》1000份，印发《告知书》6000份。共办理许可或备案432家（其中许可116家、备案316家），签订物流企业落实"2个100%"责任书1589份、承诺书682份。

维修、驾培机构行业监管　2017年，安溪办理机动车维修企业经营许可80家；对34家机动车维修企业开展年度质量信誉考核。共出动检查人员180人次，对全县130家维修企业进行全面排查；组织运管所、交通执法大队在全县范围内开展驾培机构教练员教学监督管理工作。2017年，累计完成机动车驾驶员培训20078人。

非法营运管理　2017年，安溪县共出动交通执法人员330人次，检查车辆740辆次，共查处非法营运44起（其中，道路客运9起，危货5起，普货30起），行政罚款31.9万元。

【交通安全综合整治】

"雷霆1号"整治路域环境百日专项执法行动　2017年4月1日至

2017 年 11 月 24 日，安溪县交通执法大队联合公安交警于 S307 线彭亭路段开展普通道路货物运输执法检查
（易海锋 摄）

11 月 30 日，安溪县突出对公路路域环境重点路段、重点区域、重点设施、重点行为等四个重点的执法管控力度，依法严厉查纠各类侵害公路路产路权行为。共出动交通执法车辆 610 辆次，出动执法人员 2286 人次，开展联合执法 55 次，查纠其他涉路违法行为 145 起，开展宣传 33 次，清除违章堆积物 902 平方米，清除非公路标志 298 面。

"四好农村路"农村公路路域环境整治 2017 年，安溪县在 X340、X341 等开展专项整治行动，劝导茶农自行纠正违法行为 148 人次。对辖区 X340 线湖头镇湖一、湖三村、金谷镇金谷村等贸易市场、摆摊设点、非公路交通标志较为密集的农村公路路段进行集中整治。累计清理农村公路占道堆放建筑材料 34 处，计 650 平方米，劝导工人自行纠正违法行为 38 人次，清理建筑受损残余广告布 197 平方米，移除沿线移动式占道小广告店牌 60 余块，移除沿线广告旗和遮阳伞 68 根。

公路货车违法超限超载专项行动 2017 年，安溪县通过采取固定检测和流动巡查相结合方式，共出动执法人员 2398 人次，执法车辆 480 辆次，开展联合执法 58 次，共查获违法超限运输车辆 137 起，污染公路 1 起，卸分载 1389.6 吨，处罚 57.2 万元。

渣土车整治 2017 年，安溪交通执法大队共联合渣土办、行政执法、公安交警等相关部门 52 次，出动交通执法人员 580 人次，公安交警 570 人次，行政执法人员 568 人次，检查车辆 2610 辆，共查处渣土车违法超限运输案 104 起（其中：渣土车运载渣土、沙包土等超限运输车辆 22 辆水泥混凝土运输车辆 12 辆；渣土车运载石头、石子等超限运输车辆 43 辆；渣土车运载沙子、河沙等超限运输车辆 27 辆），查处污染公路案 1 起和没有采取必要措施防止货物脱落扬撒案 4 起。

混凝土运输车辆专项整治行动 2017 年，共出动执法人员 530 人次，检查车辆 240 辆次，共查处混凝土运输车辆违法超限运输车辆 9 起，卸分载 111.82 吨，处罚 4.25 万元。

【恒兴新车站正式启用】

2017 年 1 月 6 日，安溪恒兴新车站正式揭牌启用。安溪恒兴新车站按二级汽车客运站标准进行规划建设，总用地面积 1.33 公顷，一期建筑面积 1.16 万平方米，总投资 6500 万元，历时两年建成，是集科技化、信息化、智能化为一体，功能齐全的综合运输枢纽站，将承担安溪县 80% 的农村客运和多条省、市、县际线路的旅客运输和服务任务。

·公路桥梁建设·

【概况】

2017 年，安溪推进"联四线"湖头环城段工程建设；开工建设纵四线南翼新城过境段工程、联四线雅兴至东坑公路工程，全年累计完成投资 2.6 亿元。开工建设东二环路石狮岩隧道左洞工程，解决二环路公路石狮岩隧道路段交通瓶颈问题；完成为民办实事项目农村公路新建项目 96.2 公里，农村公路提级拓宽改造 88.7 公里，累计完成投资 2.95 亿元，完成为民办实事项目农村公路危桥改造 17 座，完成投资 1260 万元；完成 2017 年度生态示范路 40 公里、安全生命防护工程建设 70.3 公里，农村公路改造提升工程累计开工建设路基工程 505 公里，累计完成路面工程硬化 200 公里。三安大桥、双安浦口大桥、厦沙高速公路安溪段完工通车。

【高速公路】

2017 年 11 月 16 日，厦沙高速公路安溪段完工通车，厦沙高速安溪段工程该项目于 2014 年 11 月开工建设，全长约 25.06 公里，起于沈海高速复线安溪凤城枢纽互通，经城厢镇、官桥镇、蓬莱镇、金谷镇，连接泉三高速公路永春达埔枢纽互通。全线共设凤城枢纽、清水岩、东溪、洋中枢纽 4 处互通立交，及清水岩、东溪 2 处落地互通。按双向四车道、行车速度 80 公里/小时（7 座以下小客车提速至 100 公里/小时）设计。桥梁、隧道占比 42%，大小桥梁 30 座，隧道 2 座。其中：岩山特长隧道是全线的控制性工程，总长 4200 多米，穿越软弱地层、节理裂隙密集带、构造破碎带等不良地质；彭亭大桥连续跨越漳泉肖铁路、西溪和省道307线，墩柱最高65米，施工环境常复杂、施工难度大；清水岩收费站以4A级旅游风景区"清水岩"命名，建筑设计以闽南传统建筑"红瓦白石双坡曲、出砖入石燕尾脊"为特色；清水岩落地互通直接连接省道307线同步建成的沥青砼路面双向四车道，为到清水岩朝圣旅游的海内外游客提供更便捷的交通条件。

【普通公路】

联四线（省道217）湖头环城段建设 项目全长9.61公里，总投资3.56亿元。至2017年底，完成7.2公里路面硬化，完成桥梁工程施工、铁路工程标段下穿改上跨变更方案施工图设计，年度投资3000万元。

纵四线（国道355）安溪南翼新城过境段工程建设 项目全长6.743公里，按二级公路兼城市主干路标准设计，设计速度为60公里/小时，采用双向六车道，路基宽度27.5米，水泥混凝土路面，其中新建大中桥430米/3座，项目估算总投资3.83亿元。至2017年底，完成征地拆迁款9500万元，完成项目部组建、拌合站、料场、钢筋加工棚等施工场地标准化建设，路基挖方42万方，路基填筑27万方，挖除非适用材料15万方，完成路基施工2公里，完成官郁大桥桩基50根、墩柱4根、墩前中桥桩基5根，年度投资2亿元。

联四线雅兴至东坑段公路工程建设 项目全长16.1公里，总投资6.1亿元。其中澳江至雅兴标段743米于2017年1月份开工建设，至2017年底完成路基工程K97+643~K97+800段路基开挖，K98+000~K98+120段路基填筑和K98+280~K98+330段路基填筑，K98+015~K98+035段路肩墙浇筑；完成江兴大桥49片T梁预制，完成3跨36片T梁吊装；完成雅兴中桥14根桩基，1#墩系梁及墩柱，年度投资3000万元。

东二环路石狮岩隧道左洞工程开工建设 项目全长2.67公里，有石狮岩隧道左洞一座长1760米，立交匝道桥1座长约352.8米，项目估算总金额1.90亿元。该项目于2017年1月份开工建设，全年累计完成路基土石方开挖6.6万立方米，开挖非适应性材料1500立方米，完成5座涵洞施工；完成隧道进口洞身开挖及初支155米，仰拱113米，二衬77米，隧道出口开挖及支护110米，仰拱30米；完成A匝道桥18根桩基，年度投资8000万元。

【农村公路】

2017年，安溪县在全省率先推行农村公路改造提升工程建设，以农村公路"单改双"为重点，加快推进"四好农村路"建设，部署开展为期三年（2016-2018年）的通建制村约700公里农村公路改造提升工程。至2017年底，下达建设计划项目里程631.5公里，已累计开工建设路基工程505公里，累计完成路面工程硬化200公里。首条农村公路改造提升项目祥华至珍山公路于2017年12月26日建成通车。

【桥梁建设】

三安大桥建成通车 2017年10月31日，安溪三安大桥建成通车。三安大桥主桥长度约557米，全长约1920米，宽度32米~44米，桥梁结构采用等截面连续箱梁，设计速度为40公里/小时，2015年4月正式启动三安大桥及连接线建设，工程施工历时30个月。

双安浦口大桥建成通车 2017年12月25日，安溪双安浦口大桥完工通车。该桥于2016年4月开工建设，总投资10090万元（其中建安费8035万元），线路全长1.25公里，起点与省道308连接，自西向东跨越晋江西溪，终点与南安的茂盛路相连，是安溪参内乡卫浴新城和南安市仑苍镇工业园通往省道308线、金安高速、兴泉铁路的快速通道。大桥按二级公路标准建设，路基宽

2017年10月13日，航拍厦沙高速公路安溪段清水岩出口　　　　　　　　　　　　　　　　（安溪报社 供图）

29米，桥梁宽27米，采用双向6车道，沥青混凝土路面，设计时速60公里/小时。

·公路管理·

【概况】

2017年，安溪县配备扫地王6辆、乳化沥青生产设备1套、装载机7台、挖掘机1台、振动式压路机3台、沥青混凝土摊铺机1台、轻型自卸车32辆、双排座小货车6辆、洒水车1辆、高空作业车1辆、洒水机5部、水泥路面灌缝机14台、清缝机7台、割草机109台等先进齐全的养护机械设备。安溪公路分局主要负责安溪县境内13条线路503.238公里（其中4条省道235.153公里、8条县道266.14公里、1条乡道1.945公里）的专养公路的日常养护、路政管理和公路建设等任务，是全省管养里程最长的一个公路分局。

【公路养护】

2017年，安溪扎实做好路基边沟清理、路肩整修、桥梁涵洞疏通、路面清灌缝、修补、保洁、裂缝处理等日常养护工作，投入小修经费2721.93万元。完成清灌缝12万延米，共用灌缝沥青30吨，加强养护力量建设，组织统一招聘合同制养护工86名。修订《防汛防台风应急预案》和《专养公路突发事件应急预案》，与人保财险公司签订198公里农村公路灾害保险。修复水毁溜方16254.5m³、158处、涵洞3道、挡墙2处，投入资金255万元。完成普通公路归类移交接养工作，移交后管养里程为377.649公里（其中，国省干线300.111公里，绕行路线继续管养路线77.538公里。安溪县新规划的国省干线351.224公里）。国省干线公路优良路率96.9%，国省干线公路技术状况指数MQI值91.5，综合优良路率92.4%。

推进入厦通道建设提升项目，包括省道206线水毁修复、安溪城关至同安交界段交通安全设施完善、龙门隧道洞口绿化提升、龙门隧道整治和入厦公路交通诱导分流标志制作设置等。加强区域协作，配合公安部门做好交通诱导分流等工作，联合交通综合执法部门对路域环境开展专门整治，逐步拆除已注销许可的非标，在厦门市同安区汀溪镇政府的配合下取缔龙门隧道口（厦门端）铝合金加工点，拆除占用公路用地和公路绿化带的违章搭盖。开展公路路容路貌全面整修，全面反复开展安全隐患排查整治和应急演练，及时修复危桥险路、完善道路安全设施、防范网络安全、整改其他隐患。投资90万元，按时完成环泉州湾自行车赛专养公路标线、护栏等设施完善工程。

【工程建设】

专案工程建设　投入约9802万元，完成X340线K47.468~K56路面置换板及K56~K67.760路面重铺工程（县重点项目）、S308线英溪左桥维修加固工程、元口大桥维修加固工程及龙仙桥维修加固工程、省道206线215K+404.2涵洞新建工程及县道341线56K+472.6涵洞改建工程（为民办实事工程）、省道207线34.773K~34.87K高边坡崩塌治理工程、省道308线105K+800涵洞改建工程、S207线绿化补植工程、S308线尚卿至祥华段绿化工程。

同时，泉州市公路局安溪分局作为代业主承担市重点项目：G355线（纵四线）安溪南翼新城过境路段新建工程。该工程总投资3.8亿，完成年度投资20000万元。

公路安全保障工程　2017年，安溪县完成X339、X340、X341、X342、X344交通标线工程；省道206线K251.350~259.540段及省道308线151K~185K生命安全防护工程、县道339线51K~55K混凝土护栏工程；S206、S307清溪桥头至湖头郭埔灯控路段道路交通隐患整治工程、S307线湖头高速路口段及X339线等路段标线工程、安溪县校园交通安全隐患（专养公路）整治工程、官桥高速连接线及乌冬格标志标线完善工程。

【路政管理】

2017年，安溪县路产路权管理所严格规范许可审批，建立健全公路路产档案，确保涉路工程建设、非公路标志设置符合公路发展规划和公路工程技术规范要求。共办理公路路政许可4件、收取赔补偿费1263152元，办理路产损坏赔偿案件31起、收取公路赔（补）偿费187691元，办理协议式管理案件63起、收取赔（补）偿费175800元。开展综治平安建设法治宣传月、"爱护公路 服务出行"路政宣传月以及安全生产咨询日活动，帮助民众提升爱路护路意识，有效提升路政管理水平。同时，联合县交通综合执法部门深入开展专养公路交通安全专项整治工作，加强日常上路巡查力度，做到在公路红线控制范围内严禁乱堆乱放、侵占公路，严禁乱倒垃圾、污染公路，杜绝公路"三乱"，提高公路交通安全防范能力，有效地遏制重特大交通事故的发生。共上路巡查268车次、725人次，及时纠正制止违章537起，占道经营行为56起，违法搭接平面交叉道口10处，违法堆放物品53起，违法种植作物87起，违法设置非公路标志287起；开展联合整治行动37次，出动47车次、136人次，共计清理公路、公路用地堆积物523余平方米，清理违法设置非公路标志及违章搭盖279处、895平方米，及时制止、纠正各类公路违法行为。

邮政·通信

中国邮政集团福建省安溪县分公司

【概况】

2017年，安溪共有新安、中山、官桥、湖头、蓬莱、龙门、虎邱、西坪、龙涓、魁斗、金谷、长坑、剑斗、感德、福前、芦田、尚卿、祥华、桃舟、大坪20个邮政支局（所），中山路、北石、龙湖、茶都、祥云路、官桥、龙门、蓬莱、湖头、感德、白濑、城厢、虎邱、金谷、西坪15个邮储网点和参内、蓝田、湖上、白濑、福德、潘田、竹圆、罗岩、墩坂9个社会代办点。邮政实现总收入6426万元，比增27.88%。邮储期末余额16.57亿元，平均余额15.27亿元。代理金融累计实现业务收入2796万元，比增16.5%。

【包裹快递业务】

2017年，安溪县邮政包裹快递业务实现收入2204万元，同比增长92.2%，规模列全省第五位。其中国内小包实现收入2035万元，同比增长140.92%。

【信函广告、报刊业务】

2017年，安溪县邮政信函广告业务实现收入366万元，同比增长25.55%。邮政报刊业务实现收入

2017年9月10日，祥华邮政支局

321.5万元，报刊大收订一次性流转额1451.26万元。

【集邮与增值业务】

2017年，邮政集邮业务实现收入225万元。全年代开国税发票7.5万份，开票金额10.6亿元，代收税款3163.38万元，突出城乡居民"足不出乡镇"开票便捷服务。全省率先开发法院法律文书标准快递寄递业务，12月份累计交寄1363份。

中国电信集团安溪分公司

【概况】

2017年，中国电信安溪分公司

（简称安溪电信）经营收入22795万，同比增幅4.93%；天翼用户数到达21.29万户，移动用户市场份额23.01%；宽带用户13.90万户、光宽带用户13.69万户；天翼高清用户7.71万户。

【通信建设】

2017年，安溪电信无线网络投资6129万元，5月底完成LTE五期暨800M重耕工程建设，新建基站728个、载扇1770个，率先完成低速物联网网络覆盖建设，安溪县城主要区域无线覆盖率超99%，高速无线覆盖率超98%，其他主要乡镇、道路覆盖率超97%；3G基站690个，扇区913个，覆盖率超99%，实现

全人口覆盖，全网百万掉话次数降到550以下；4G基站1166个，扇区2240个，实现全县覆盖，覆盖率超98%，MR优良率超88%，WiFi无线网络覆盖全县所有三星级以上酒店、大中专院校、二级以上医院、车站码头、大型商业广场及对外服务窗口等，数量超200个。

是年，安溪电信光网络建设累计完成投资2476万元，全年新增10G PON 1096个，全县所有节点均具备承载万兆带宽能力，城区节点可提供的万兆端口超30%；累计新增AP 4000个，新增端口能力3.7万线，全县的光网端口数33.9万线，全县光网全覆盖，实现全网50M~1000M带宽以上的通信能力。

【服务网络】

2017年，安溪电信营业网点375家，其中大型连锁渠道16家、合作营业厅20家、其他专营店44家、开放门店及全县"一村一点"缴费点295家。

【智慧安溪系列工程】

智慧政务　2017年，安溪电信承建住建局工地监控项目，实现对施工现场的安全生产、文明施工、消防保卫等情况进行有效监管，合计完成项目建设63个，建设监控点位300多个，总投入金额400多万。

智慧警务　2017年，安溪电信承建公安城市安全信息系统五期高清监控项目，推动全球眼平台与视频专网平台对接应用；厦门金砖会议期间，安溪电信投入20万元承建龙门安检站通信网络链路，免费为安溪公安局提供413部20元/月的警务通流量卡，投入40多万元承建安溪100家酒店WIFI监管，实现安溪公安局对酒店公共WIFI的安全监

管。

智慧民生　2017年，安溪电信与安溪县老龄办继续承接市政府2017年为民办实事项目，与禾康智慧养老服务中心合作搭建居家养老平台，第二批为凤城、城厢社区834位老人提供居家养老基础信息化和实体援助服务，以信息化为手段提供居家养老服务。

智慧校园　2017年，安溪电信承建湖头镇政府关于慈山学校智慧校园项目，该项目将综合区域下属各级学校日常行政办公、教务教学、协同教研、数字德育、学生成长、教师发展等多个方面全面信息化，实现的低成本高效率，将智慧校园建设推至一个新的高度，项目总投入金额1000万；承建"安溪教育局在线报名系统平台"，提升报名效率。

智慧园区　2017年，安溪电信与EC产业园共建电子政务数据中心的大数据平台，安溪县域VR被省政府选为泉州唯一试点。

中国移动通信集团福建有限公司安溪分公司

【概况】

2017年，中国移动通信集团福建有限公司安溪分公司（以下简称安溪移动）下设4个部门、5个片区营销中心，共有10家营业厅、242家服务网点，遍布全县各个乡镇。在册员工195人，平均年龄34岁。全县行政村和自然村信号覆盖率100%，其中4G网络覆盖超98%，实现456个行政村4G信号覆盖。全县移动客户规模超60万，移动三家通信普及率85.5%，一家通信普及率59.8%，年运营收入超4亿元。

【信息化建设】

2017年，安溪移动响应"绿水青山就是金山银山"号召，首例建设感德镇山长制视频监控项目，应用于造林绿化、矿山治理、水土流失治理、生态茶园建设等信息化管理；建设龙涓举源茗茶茶庄园信息化项目，为茶园提供远程视频监控、土壤环境智能监测等可视化管理，为企业做好茶提供有力科学数据。与文旅集团成功合作"安溪智慧旅游公共服务平台"项目建设，该平台主要应用于安溪各景区宣传、推广、互联网经营等。通过该平台发展互联网营销模式，鼓励酒店、餐饮、商铺等共同发展智慧旅游，共同促进安溪旅游行业拓展。为促进移动通信技术在智能交通和现代物流体系中的应用，安溪移动推进无线网络与智能交通运营体系的融合，重点拓展基于GPS无线定位技术的车辆智能调度系统等业务，持续运营渣土车监控平台，实现对渣土车的24小时实时管理，保障渣土车安全运营管理。同时持续完善校车GPS监控平台，推广新增校车监控终端安装，实现对校车的24小时实时管理。为县政府提供城市网格化管理、无纸化办公、政府WAP门户网站、行政审批管理等政务信息系统的建设开发。2017年为行政服务中心、中小学、县医院等单位提供基础网络接入服务。

【通信建设】

2017年，安溪移动开通383个4G基站，基本实现安溪自然村全覆盖。同时在易受灾乡区域桃舟、剑斗、大坪、湖上等乡镇开通大功率容灾基站，提高安溪乡镇通信容灾应急能力。加强安溪县4条省道、3条高

速信号覆盖建设优化，其中，S207覆盖率改善18.36%，S206改善4.38%，S307改善3.19%，S308改善6.55%，安厦高速覆盖率改善7.2%，莆永高速改善2.62%，厦沙（金谷至澳江）改善2.69%。

全年完成网络规模翻番，重点保障电商区域宽带网络覆盖，助力茶乡电商腾飞。是年，各类专线建设量是2016年的162%。其中，协助安溪公安局搭建城市信息安全监控系统；与城厢镇、龙门镇、参内乡、芦田乡、蓬莱镇等多个单位合作社会治安村村通视频监控项目，在各乡镇主要交通道路路口、红绿灯路口、交通卡口等重要位置实现视频监控联网布防，助力各乡镇治安管理水平提升；完成微笑自行车专线的交付使用。

是年，新入网实名登记率100%，授权售卡网点工商营业执照办理率100%，存量客户实名补登记率100%。在工信部、省通信管理局、总部、省公司、市公司各类实名暗访检查中，无实名违规现象。

坚决打击垃圾短信和诈骗电话，垃圾信息举报量同比下降64%，经2016年的伪基站整治，2017年未出现伪基站违法行为。

【智慧家庭】

2017年，安溪移动推进数字家庭生态圈建设，基于移动极光宽带和魔百和4K机顶盒，打造家庭娱乐中心，为用户提供4K影视、杜比音乐、VR体育、3D视频、体感游戏、在线课堂等特色服务。通过安防摄像头、智能门锁、门磁、窗磁、红外探测仪等安防智能设备，为家庭住宅、商铺或商务办公场所提供视频监控、入侵监测及实时报警等服

2017年10月5日，中国移动公司安溪分公司办公大楼　　（陈艺明 摄）

务，保障家庭和财产安全。已建设渠道宽带电视体验区80个、智能家居产品体验区10个，并按一镇一店标准建设24家宽带电视服务站。

中国联合网络通信有限公司

【概况】

2017年，联通移动宽带用户近11万户，其中4G用户7.5万户，宽带用户2.5万户，业务收入5500万。

【网络建设】

2017年12月，全县累计开通联通基站2125个，其中2G基站394个，3G基站896个，4G基站835个，实现安溪无线网络覆盖"村村通"。全县共有OLT机房52个、光交93个、ODB数量463个、LAN接入设备15349个，FTTH22036个，宽带城区覆盖率88%，农村覆盖16个乡镇。

2017年11月5日，中国移动工作人员在凤山超级基站进行维护　　（朱雅阳 摄）

·旅游业建设·

【概况】

2017年，安溪以建设海西观光旅游、休闲度假、康体养生重要目的地为目标，打造"山水福地·茶韵安溪"旅游品牌。接待境内外游客681.83万人次，同比增长22.5%，旅游收入76.79亿元，同比增长31.3%。（备注：2017年下半年开始，全省旅游经济主要指标统一采用省级下算数据。）

【旅游项目建设】

2017年，安溪有重点旅游项目30个，总投资110亿元，2017年计划投资计划投资14亿元，完成投资13亿多元。北部湾旅游股份有限公司，合作开发海丝茶源（安溪）文化旅游项目、大龙湖水上旅游等先期启动项目，打造茶文旅综合体。建立旅游投资项目库，策划生成西坪铁观音小镇、龙门温泉、李光地故居等13个旅游项目，开展招商选资，主动靠前对接服务，争取更多的旅游新业态和创意项目落地。由县财政注资2亿元成立县文旅公司，通过资源整合、资金运作、项目实施、合作经营，推进安溪茶旅、文旅产业发展，助推项目建设和旅游提升。

【旅游资源整合】

2017年，安溪呼应"海上丝绸之路"和"东亚文化之都"建设，坚持地域文化、体育文化、创意文化与休闲旅游有机融合，申报创建芦田茶场国家现代茶叶庄园，志闽生态旅游区通过省体育旅游休闲基地验收。推进"茶乡人家·特色小镇"行动计划，培育一批可看、可游、可复制的示范典型，加快完善乡村旅游服务体系。创建长坑村、益林村、槐川村、场前村、石山村、南岩村等乡村旅游特色村。推进贫困村发展乡村旅游，指导魁斗镇钟山村、蓬莱镇鸿福村等乡村旅游扶贫重点村完成乡村旅游发展规划，推进旅游扶贫村旅游项目与基础设施建设；开展2017年海峡两岸乡村农创节，助推茶旅结合，促进旅游扶贫和旅游惠民。

【旅游公共服务配套】

2017年，安溪县提升安溪旅游集散服务中心运营，推进智慧旅游平台建设，安溪中国国际信息技术（福建）产业园创建"福建省智慧旅游产业示范基地"。进一步完善主要景区旅游标识系统建设。实施旅游厕所建设管理大行动，2017年新建旅游厕所3座，改建4座，完成投资115万元。精心研发包装安溪特色伴手礼产品，挖掘开发安溪的特色小吃，阆山湖头米粉、龙涓贡糖获得"福建好礼"百佳旅游商品，龙涓贡糖、茶叶米粉、茶酒、冬蜜等一批商品入选第六批泉州伴手礼推荐名录，形成"安溪旅游伴手礼""安溪旅游美食"系列产品。

【旅游品牌推广】

2017年3月22日，举办"海丝缘·真茶韵2017海丝茶旅春季斗茶品茗会"，吸引全国各地旅行商、嘉宾400多人。4月8—9日，主办2017年海峡两岸乡村农创节，打造"非遗""海丝"茶旅品牌，提升茶产业与旅游产业融合发展。主办以"海丝茶源·清新茶旅"为主题的"中国旅游日"系列活动，提升整体品牌形象。组织企业参加第十三届海峡旅游博览会、厦漳泉金旅游推介会等大型旅游活动，宣传推介安溪旅游。借助家居工艺博览会、世界安溪乡亲联谊会等大型节庆活动，加强与主要客源地双向交流，推介旅游产品，扩大安溪旅游影响力。加强与《中国旅游报》《泉州晚报》《安溪报》《泉州旅游》各类刊物合作，推出旅游专题、旅游信息。利用安溪旅游微信、微博等宣传平台，推出相关旅游活动信息。

【旅游服务环境提升】

2017年，安溪县开展旅游行业重点领域专项整治，针对旅游行业特点，在旅游黄金周到来之际，及时启动假日旅游协调工作机制和突发事件应急预案，协同有关部门开展"打非治违"和重点领域专项整治，开展旅游市场质量暨旅游安全监管"双随机"工作，规范旅游市场秩序。全市率先成立清水岩旅游调解委员会，维护游客合法权益，营造和谐、繁荣、有序的旅游市场。督促各旅游企业落实"党政同责，一岗双责"及企业安全生产主体责任，与旅游企业签订《2017年安溪县旅游安全责任状》，扎实强化安全隐患排查整治，共开展日常安全生产检查 8 次，专项检查 8 次，联合检查 3 次，出动检查人员 84 人次，检查旅游企业 62 家次。构建双预防机制，强化安全生产源头管控，扩大纳入"智慧安监"平台覆盖面。配合有关部门做好金砖会晤期间安全工作。举办旅游行业安全生产管理员培训班、旅游行业管理人员培训班、安全生产风险分级管控专题培训班以及入企宣讲活动，对旅行社工作人员、导游人员、星级旅游饭店服务人员、景区管理人员进行安全知识、抢险知识、救援知识、消防知识培训，积极开展各类旅游志愿者服务活动，营造企业诚信经营、游客文明出行、市民明礼友善的良好氛围。加强与高校在旅游策划、人才培训、文化交流、基地建设等方面合作，开展导游、酒店管理服务人员、乡村旅游管理人才培训，培养一批富有创新精神、有突出专长、知识全面的人才梯队。选送一批导游员参加市专职导游提升教育培训、省千名导游培训。

·旅游业活动·

【安溪县与北部湾旅游股份有限公司签订战略合作框架协议】

2017 年 1 月 16 日，安溪县举行《福建省安溪县与北部湾旅游股份有限公司战略合作框架协议》签约仪式，安溪县人民政府与北部湾旅游股份有限公司签订战略合作框架协议。按照协议，双方将以合作推动安溪县全域旅游为核心，就龙湖"夜游安溪项目"和其他水上游览娱乐项目、"茶都安溪——铁观音之旅"全域旅游项目、清水岩景区升级改造项目以及安溪县旅游其他旅游项目开展合作。

【2017年旅游行业安全生产管理员培训班】

2017 年 3 月 29—31 日，安溪

2017 年 10 月，虎邱镇高建发茶庄园格桑花开　　（安溪报社供图）

县旅游局在华侨职业中专学校举办2017 年旅游行业安全生产管理员培训班。全县各星级酒店、旅行社、旅游景区、乡村旅游经营单位的 30多名安全生产管理人员参加培训。

【安溪县旅游事业局开展旅游安全主题入企宣讲暨工作交流会】

2017 年 6 月 23 日，安溪县旅游局在三德大酒店举办旅游行业安全生产主题入企宣讲暨安全生产工作座谈会活动，参加活动的有全县所有旅行社、门市部、星级旅游饭店、A 级旅游景区、乡村旅游经营单位以及拟评星评 A 的景区点等 29 家涉旅企业的负责人、企业安全分管领导、安全管理员以及三德酒店的员工代表等共计 70 多人。

【"安溪县清水岩旅游纠纷人民调解委员会"揭牌成立】

2017 年 9 月 28 日，"安溪县清水岩旅游纠纷人民调解委员会"在国家 4A 级旅游区清水岩旅游区揭牌成立，成为泉州市成立的首家旅游纠纷人民调解委员会，延伸了旅游调解的辐射范围，拓宽旅游纠纷的处置平台，为游客维权申诉提供更多便利，维护游客合法权益，营造和谐、繁荣、有序的旅游市场。

【茶庄园文旅活动】

2017 年 10 月中下旬，安溪县高建发茶庄园游客如潮，"安溪文旅新名片·只许云天分野艳"活动火热开展。活动由安溪县旅游事业局、脱贫办与虎邱镇政府联合主办，安溪县文化旅游公司等单位共同承办，以蓝天白云为背景，以高山茶园为场地，结合格桑花开花季，融合安溪民俗文化元素，采用文艺表演和行为艺术的形式，与游客交流互动，促进了特色茶庄园建设，创新丰富茶文化旅游形式，推动茶业与文创业、旅游业融合发展，提升安溪茶文化旅游影响力。同时，也促进旅游与扶贫结合，部分门票收入捐赠给省级重点扶贫村双格村的扶贫事业。

【安溪智慧旅游公共服务平台合作项目成功签约】

2017 年 10 月 19 日，安溪县举办安溪智慧旅游公共服务平台合作项目签约仪式。安溪文旅海丝信息科技有限公司与中国移动通讯集团福建有限公司泉州分公司签署协议书，共同推进安溪智慧旅游公共服务平台建设。

安溪智慧旅游公共服务平台以手机移动互联网技术为支撑，能方便地为游客提供天气预报、景区导览、交通路线、旅游攻略、投诉举报、在线预订等服务，通过市场化的方式运作，打造线上游客集散中心。

·商贸流通·

【概况】

2017年，安溪县国有商贸企业有食品、服务、糖业烟酒、五交化、医药、物资等6家，集体商业企业1家（商业综合公司）。在职干部职工251人，离退休人员329人。全年全县社会消费品零售总额262.42亿元，增长10.5%；其中，限额以上社会消费品零售总额99.50亿元，比增18.2%。

【国有商业】

2017年，安溪县国有商业企业通过承包、租赁等经营方式完善经营机制。其中，县服务公司主要依靠店面和商业宾馆的出租租金来维持日常支出，年营业额93.46万元，利润6.92万元，税金13.60万元；县五交化公司主要依靠仓库的出租租金来维持日常支出，年营业额36万元，利润0.65万元，税金6.5万元；县糖业烟酒公司主要依靠店面、仓库的出租租金来维持日常支出，年营业额53.72万元，利润0.10万元，税金8.79万元；县食品公司主要依靠城关、官桥屠宰场和湖头屠宰点的屠宰服务收入来维持日常支出，年营业额389.09万元，利润3.51万元，税金38.85万元。

【医药经营与管理】

2017年，安溪县医药公司经营全过程信息化管理，药品的购、销、存、运在"中国药品电子监督网"实现实时查询，药品储存实现温湿度监测调控自动化，现有国家执业资格执业药师21人（其中，高级职称4人，中级职称2人）。全年药品营业额591.5万元，实现利润4.56万元，税金52.2万元。

【县农产品批发市场经营】

2017年7月21日，安溪出台《安溪县中心城区集贸市场常态化管理暂行规定》，明确县有关部门管理职责。县市场服务中心通过投入资金添置设施、日常维护、强化保洁等方式，抓好城关中心市场经营环境的整治工作，城关中心市场、商业城市场及南市场的环境设施进行添置改善。城关中心市场改造列入"安溪'XIN'行动"项目。城关中心市场农残检测室共检测样品132家次，抽样188次，抽检合格率100%；县茶叶批发市场交易额17亿元。

【"菜篮子"基地建设】

2017年，安溪县"菜篮子"基地56个，其中，蔬菜基地25个（其中省级2个，市级2个），总面积6860亩，全年为市场提供蔬菜4985万公斤；养殖基地31个（其中省级2个，市级3个），全年为市场提供商品猪8.62万头、鲜蛋291.3万公斤。县级财政专项补贴"菜篮子"基地项目资金250万元，年内已完成拨付。

【获评"泉州老字号"企业】

2017年，福建省安溪茶厂有限公司获评"泉州老字号"企业，字号"凤山"。福建省安溪慢陀茶业有限公司获评"泉州老字号"企业，字号"慢陀"。安溪县泉胜家庭农场获评"泉州老字号"企业，字号"泉胜"。

【电子商务发展】

2017年，安溪县电商交易额69.94亿元，比增30.1%，电商交易量稳步上升。其中，茶叶电商交易额31.51亿元，比增12.53%；家居工艺电商交易额近35.47亿元，同比增长77.3%。"双十一"当天，县电商交易额9.14亿元，比增72%，其中，茶叶总销量4.3亿，家居工艺品电商总销量超4.2亿元，八马茶业交易额1459万，连续3年位居全网乌龙茶类目销售第一。是年，共培养电商人才71批4087人次，为电商发展提供人才支撑。安溪县获评国家电子商务进农村综合示范县；位居全国电商网络零售额TOP100县第32位；新增1个淘宝镇（凤城镇），6个淘宝村（中标村、雅兴村、员宅村、上山村、吾都村、美法村）。全县共有淘宝镇3个，淘宝村17个。尚卿乡的灶美村、新楼村、灶坑村、尤俊村、福林村、翰卿村和翰苑村等 7 个村获评"省级农村电子商务示范村"。

是年，茶多网电商创业孵化基地创立全国"茶业价格指数"，成为全国农产品电子商务标杆企业，并获评"2017 年十佳电子商务企业""互联网＋创新竞争力信用企业""中国互联网优秀企业"。安溪县龙涓扶贫培训创业中心首创"零元"创业·"造血"扶贫电商扶贫新模式，通过电商技能培训、人才引进、签约包销等形式助力精准扶贫。成立福建省安溪御品龙涓农业专业合作社，建设无菌化手工贡糖加工厂，依托合作社整合资源，以产业带动、平台包销等形式开展特色农产业扶贫，推进电商助力精准扶贫。全年为贫困户创收 17 万余元，开展全县 8 个乡镇 1560 余人次实用技能培训，20 户贫困户参与家禽养殖合作社包销活动，5 户贫困户实现 0 元创业；开展网店和微商应用实训操作培训，共培育电商人才 150 人次。"御品龙涓"贡糖获省级"福建好礼"百佳旅游商品称号；龙涓乡香菇、笋干、蜂蜜等山野珍品系列获市级"泉州伴手礼"称号；安溪县龙涓扶贫培训创业中心主任李火金获评"泉州 2017 年度十大电商领军人物"。

【弘桥智谷（泉州）电商产业基地】

2017 年，弘桥智谷（泉州）电商产业基地开展信息服务 155 家次，开展创业辅导项目 13 项，带动创业就业约 1000 多人，举办 29 期公益性基础培训共 1011 人次；提供管理咨询服务企业 24 家次。3 月，中国国际电子商务中心授予弘桥智谷（泉州）电商产业基地中国电子商务产业园区发展联盟发起人单位；7 月，福建省科技厅授予弘桥智谷（泉州）电商产业基地首批省级星创天地（泉州弘桥智谷星创天地）。

·小资料·

弘桥智谷（泉州）电商产业基地规划占地 1500 亩，建筑面积超 100 万平方米，拟投资 20 亿元，已投入运营面积 20 万平方米，占地 500 亩，完成投资约 5 亿元，是福建省规模最大的电商产业基地。

·粮油经营·

【概况】

2017 年，安溪县粮食局共购进粮食 13381 吨，销售粮食 13381 吨。至 2017 年底，全县粮食系统资产总额 28841 万元，其中，粮油存货 12130 万元，固定资产 5374 万元；负债总额 16676 万元，其中，银行借款 12137 万元；所有者权益 12165 万元，其中国家资本 1586 万元，资本公积 10459 万元，盈余公积 128 万元，未分配利润 -8.4 万元；县级储备粮总库存 41170 吨，县级储备油 300 吨。

2017 年，安溪粮库建设项目列入年度县重点建设项目投资计划。获省级财政补助资金 149 万；截至 2017 年底，县粮库建设项目累计投入 2361 万元。县粮库建设项目一期扩建 0.84 万吨标准化粮食仓容，工程已竣工验收；项目二期新建 2.5 万吨标准化粮食仓容，已完成规划、选址、项目建议书、土地修规、土地预审、勘察设计招标和林地报批、建设用地规划许可、环评及可研初审、场地平整设计及土方量计算与造价预算、征地拆迁、地上物清表、土地平整及边坡支护的施工，主体工程于 2017 年底开工建设。

【储备粮采购与轮换】

2017 年，安溪县轮出粮食 13381 吨（其中，早谷 4810 吨，晚谷 2000 吨，小麦 6571 吨）。储备粮按质按量采购轮入，储存于中心粮库及购销公司湖头粮库（其中，稻谷 6810 吨、小麦 6571 吨）。县级地方储备粮销售委托泉州市产权交易中心进行储备粮轮出网上竞价交易。县级地方储备粮购入委托福建立勤招标代理有限公司泉州分公司在网上公开发布采购信息，由江西、安徽、湖北等地的粮商参加公开招投标活动，签订粮食购销协议后进行采购。

【粮食保管与检验】

2017 年，安溪县继续贯彻"以防为主、综合防治"的保粮方针，开展创建"一符四无"（账实相符，无害虫、无变质、无鼠雀、无事故）粮仓。执行查仓保粮制度，坚持"三天一小查、七天一大查，风雨随时查，站库主任月会查"，认真落实省、市春季粮油安全联合大普查及县级普查制度，落实站库主任定期会查和保管员查仓保粮制度，建立健全"三卡一折"（粮情检查记录卡、囤头卡、粮油进出仓登记卡，保粮折）检查记录制度，做到"有仓必到，有粮必查，查必彻底，不留死角"，为储粮安全防霉度夏打好基础。组织开展春秋两季粮食库存和储粮安全大检查，对分布在县中心粮食储备库、粮食购销有限公司湖头粮库，蓬莱、城厢粮站、官桥粮食加工厂的 5 个粮库、31 个间仓房进行检查，实存粮食库存 41170 吨（折合成稻谷计量），其中，小麦 16171 吨、稻谷 24427 吨，应急大米 400 吨。积极推广科学技术保粮技术，全县实现机械通风储粮 38908 吨，粮情测控系统 38908 吨，环流熏蒸 27924 吨，密闭过夏 1690 吨，槽管密封 40598 吨。落实地方储备粮管理规定，加强科学保粮管理，确保储备粮管理"一符、三专、四落实"（账物相符，专仓储藏、专人保管、专账记载，数量、质量、品种、地点落实）。

【经营机制与管理】

2017年，安溪县共储备粮食规模4.1万吨，储备食用油规模300吨，粮油储备规模入库足额到位。县级应急大米储备任务400吨列入粮食储备规模任务量，确保应急情况下提供即时市场供应。完善粮食风险基金配套政策，确保粮油储备利息、保管费、粮食差价正常运行。定期实地勘查粮油仓储设施添置及仓房受损程度，争取各级财政维修改造及补助资金支持。是年，共收到省级财政拨付资金60万元，主要用于粮库智能升级改造；市级财政拨付资金60万元，用于粮库维修改造补助；县财政局拨付25.62万元，主要是粮食仓房维修费用。加强消防设施建设，着力解决仓储条件不足。严格执行国家军供规定，军供粮油做到"一批一检一报告"，实现供应大米、小麦粉全面优质，确保驻县部队吃上放心粮，年度军粮供应优质率和优质服务率均100%。严格军供粮油财务规范管理，按规定时限结算，及时拨付到军供粮油供应企业，军供粮油差价补贴专账运行。

·供销经营·

【概况】

2017年，安溪县供销合作社联合社（下文称供销社）下属有供销集团公司及下设冠盛农资公司、冠盛茶果公司、冠盛土产公司、冠盛贸易公司、冠盛物流公司5家独立运营的子公司；有新合作农业生产资料有限公司1家股份制企业；有城厢、魁斗、蓬莱、金谷、湖头、尚卿、新溪、龙门、虎邱、龙涓、西坪、芦田、感德、剑斗、长坑、祥华、参内17个基层供销合作社；有中挪化肥有限公司、龙馨茶业有限公司和年年香茶叶股份公司3家开放办社企业。设有经营网点313个，农资经营服务网点438个，全系统账面资产总额2.62亿元，净权益额1.30亿元。

全年实现商品销售总额1.27亿元；综合经济效益758.71万元，其中，提取折旧费286.18万元，利润472.53万元。安溪县供销社在2017年泉州市供销合作社综合业绩考评中获特等奖；7月13日，被福建省供销社授予"全省供销合作社综合改革试点工作先进单位"。

【综合改革】

2017年，安溪县供销社建立"人（事）财（务）物（资产）模（式）"四位一体的科学管理模式，组建县供销集团公司，实行集团化管理、集约化经营，并筹集经营发展股金，实行股份制经营，封闭式专项管理；以集团化管理、集约化经营的管理模式，开展农资、烟花爆竹和日用百货三项连锁超市经营，实行统一标识管理、统一采购管理、统一配送管理、统一价格管理、统一销售管理、统一结算管理的经营管理模式，提高经营规模和效益；10月1日，供销集团投资2500万元开设的第一家全资连锁超市在湖头正式开业。超市一二楼营业面积近2000平方米，经销商品包括百货、日用品、烟酒、粮油、生鲜食品等10多类近2万品种。

【服务三农】

2017年，安溪升级改造和规范建设庄稼医院，在为农服务中打响"庄稼医院"这一品牌。至2017年底，安溪被全国供销总社评为示范庄稼医院1家，省级示范庄稼医院4家，县级示范庄稼医院15家。

是年，安溪根据供应季节集中的特点，搞好化肥冬储和供应，做好新品种、新肥料、新农药、新技术、新机具等"五新"推广应用，搞好农资供应。开展品牌农资商品总经销、总代理，采用厂商联储、商商联储、内部联储以及储肥于民等储备方式，储备各种化肥24099吨，完成泉州市政府下达冬储计划7900吨的305%。1月5日，组织当年度茶园蔬菜适用农药公开招标采购。招标取消历年保留部分中标农药品种的做法，全部重新进行采购招标，拟招标农药品种125个，经安溪县农业主管部门准入审核和招标资格审查，最终39个厂商、83个品种参加投标，中标36个厂家，77个农药品种，97个品种规格，中标价格比市场价或最高限价平均降低10.8%。加强农资监管与物流追踪平台使用管理，利用现代信息技术和经营服务网络优势，开展三农综合信息化服务，为茶农提供"六位一体"的互联网信息化服务。2017年，安溪县农资监管与物流追踪平台作为福建馆安溪展区铁观音质量源头安全管控的典型经验亮相全国"双安双创"成果展与第七届全国茶产业经济研讨会暨安溪铁观音发展高峰论坛，通过宣传片、动漫片、电子翻书、多屏互动投影系统全面展示安溪铁观音是可以"放心喝、大胆喝"的健康、生态饮品。全国供销总社理事会主任王侠、监事会主任宋璇涛先后到"农资监管平台"参观调研，都给予充分肯定。

【经营服务网点建设】

2017年，安溪创办1个综合维修服务中心、5个综合维修服务部、18个综合维修服务站、25个综合维修服务点。发展创办42个农民专业合作社和1个专业合作社联合会。完成信息化改造服务站和创建电商服务站4个，新建信息服务点1个，新建和改造提升参内供销社和剑斗供销社信息服务站，创建尚卿供销社和供销集团电商服务站，新建西坪供销社宝潭村信息点。截至2017年，已改造信息化网点36个，新建信息服务点20个。携手中国农业银行安溪县支行，实现惠农社保卡嫁接农户农资购买卡的功能，实现农资监管平台与E商管家平台实现"平台互通"，实现供销社商品流通网络与银行资金网络的有效对接，全县供销社基层网点设立农行"便民金融服务点"65个。5月，安溪县供销社在原来城厢供销社参内分销处的基础上，改造组建成参内供销合作社。

【项目建设】

2017年，安溪县供销社加快老旧资产改造，改造整合基层经营服务网点，至2017年底，总批复改造面积2.17万平方米，实际竣工面积1.84万平方米，完成85%。龙门供销合作社电子商务综合楼项目2017年底进入工程主体收尾建设阶段。采取产权置换的方式，建设供销集团企业总部和供销社商品仓储物流配送中心，以及再生资源回收利用交易中心等。

【发展电子商务】

2017年，安溪县基层供销单位以安溪县供销电子商务有限公司为依托，开设各种网店，对接"供销e家平台"，开展食品、藤铁居家饰品网上销售，推进系统电子商务开展。参观学习德化县、长汀县供销社开展电子商务工作经验做法，制定《安溪县供销合作社联合社农村电子商务惠农工程》建设方案，上报总社纳入2017年中央财改"新网工程"建设补助项目，并被全国总社列入"供销e家"综合服务平台首批试点县。

·物资流通·

【概况】

2017年，安溪县物资流通部门由安溪县物资有限责任公司及泉州市恒安民爆物品有限公司安溪分公司组成，实行两块牌子，一套人马，合署办公，财务独立，自负盈亏的经营模式。在职员工31人，退休人员15人。主要承担着全县民用爆炸物品的供应及储存；参与市场竞争，为全县的工艺品行业供应金属材料。内部机构设置有办公室、财务部、金属材料经营部、民爆物品经营部、民爆仓库5个部门。1月，原位于美法工业区的金属材料物资仓库，因政府拆迁，搬迁至同美中路租赁经营。12月，位于二环路闽商投资区内的新物资仓库落成，金属材料经营部遂搬至新物资仓库经营。

【物资经营管理】

2017年5月，泉州市恒安民爆物品有限公司安溪分公司接受泉州市经信委组织的安全生产标准化达标考评，成绩优秀。在全年金属材料价格激烈波动、金属材料仓库搬迁影响及民爆物品经营成本增大的不利情况下，县物资流通部门主动让利用户，保障物资供应，实行免费的物资配送服务，全年钢材销售超额完成任务。民爆物品供应实行即批即配送，保障全县重点工程建设及矿山开采对民爆物品的需求。是年，物资流通部门超额完成年计划的物资流通销售任务，取得良好经济效益和社会效益。累计销售钢材（工艺材）8766吨，工业炸药1067吨（其中乳化炸药698吨），工业雷管49万发，工业索类1万米。

2017年县物资流通部门各项主要经济指标

（单位：万元）

年度 主要指标	2017年	
	物资公司	恒安民爆
物资购进总额	3402	859
物资销售总额	3294	1149
实现利润总额	103	93
上缴各种税费	77	80
人均上缴税费	4.9	6.6

·烟草专卖·

【概况】

2017年，安溪销售卷烟4.33万箱，同比2016年增长3.87%；销售收入10.86亿元，比增9.28%；实现税利3.42亿元，比增11%；利润1.35亿元，比增14.08%。全县市场净化率97.17%，同比下降0.16%；守法经营率96.81%，同比上升0.48%。至2017年底，安溪烟草专卖局、泉州市烟草公司安溪分公司服务全县卷烟零售客户6298户。

【专卖内部监管】

2017年，安溪共查处真烟流入案件109起，同比减少24起，下降18%；先行登记保存涉案卷烟82.94件，同比减少52.2件，下降38.6%；涉案总案值41.64万元，同比增加8.16万元，上升24.37%。其中，查处假烟案件6起，查获假烟0.142件，查处5万元以上假烟案件1起。

市场监管 2017年，安溪开展"筑篱""清非打非"等卷烟市场综合整治专项行动，与漳平市、长泰县、南安县、永春县等开展边界市场联合巡查工作，重点对废弃的厂房、仓库、工棚及果林场、养殖场等区域进行摸底排查，维护边界市场稳定。开展"茶季市场专项检查"等专项行动，重点对茶产区市场进行巡查，维护销售旺季市场的稳定。开展许可证后续监管专项检查行动，按"无照无证、有照有证、有照无证、无照有证、证照相符、证照不符"等无证经营情形进行分门别类，协调当地工商等相关部门，开展联合查处行动，对符合经营条件的无证无照经营户进行限期整改，规范发证。加强许可证使用情况的后续监管，对涉嫌17户被借套证零售户给予降量及诚信扣分，共下调限量29件，诚信扣分18分。

内部监管 2017年，安溪县烟草专卖局采取定时申报和实地勘察相结合的方式，动态梳理特殊送货对象，做到"能直送不代送、能约时不寄送"，严格约束特殊送货客户比例。经过实地核查删除被代送户1个，取货点9个、定点取货户24个和6个约时定点取货户。调整更新后特殊送货对象为561户，其中代送点1个、被代送户27个、定点取货点173个、取货户301个、约时定点取货户59个，确保特殊送货服务规范运作。2017年，共走访员工亲属户108户次，未发现违法违规行为。对有存在借证、套证情况嫌疑的8个零售户给予降量处理。

【卷烟营销】

2017年，安溪卷烟销售扭转整体下滑的局面，总量比增3.87%，高于全区水平3.85个百分点，增幅居全区第一；完成全年目标进度103.8%，进度居全区第一。其中，销售省产烟3.48万箱，比增1.76%，销售省产一类烟4245箱，比增13.02%，增幅居全区第一；销售省产二类烟9655箱。2017年，安溪细支烟销量805.66箱，比增238.2%，其中低焦卷烟销量7126箱，比增38.8%，增速高于全区26.1个百分点。

卷烟市场营销 2017年，安溪县省产烟销售同比增长1.76%、省外烟销售同比增长13.31%。工商协同，携手中烟开展七匹狼（蓝钻）、土楼（1575）等5场次新品宣讲会，七匹狼（蓝钻）规格销售451.9箱，占全区市场份额9.37%，高于其它低焦卷烟规格占比。协同零售户开展尚品、厦门宴席上桌推广及节假日主题营销活动，1—12月厦门、尚品的宴席用烟数量达到4830条，其中厦门4211条，尚品619条，两个规格占全区的市场份额分别为36.15%和16.49%，有效促进省产一类烟的市场培育。组织营销人员对"五要素"相关概念进行学习，重点关注订足率和订足面指标（订足率指当周某款或某类别卷烟客户订货数量与该款或该类别卷烟客户的投放数量的比值，反映的是市场需求的旺盛程度；订足面指订足投放限量的客户数与投放客户数的比值，反映的是客户对投放量的吸收潜力），通过数据查询分析、市场状态研判并及时向市公司提出策略修改建议，满足市场需求。"三大规格"（灰狼、红狼、软红狼）的订足率超85%，订足面超80%，较年初提升60多个百分点。

零售终端建设 2017年，安溪县烟草公司着力优化零售终端经营生态，组织普通零售户参观海晟连锁店，交流学习卷烟明码实价销售、稳定客源等方面的先进做法；指导成立自律小组，划分230个自律小组，协助自律小组完成组建管理工作；开展卷烟零售价格竞猜活动，提高消费者对"实价销售"的认识；开发明码实价监督小程序，设置统一价格监督举报入口，收集零售户之间互相监督原始信息并限时处理，提高信息的利用率，制定对策，提高零售户价格执行力；制作"明码实

价宣传贴"面向消费者宣传明码实价，全面推进明码实价工作；引导客户使用移动支付业务，2017年上半年投放1000个移动支付台牌供零售户使用，截至12月已有63.4%的客户使用移动支付业务。协同专卖部门重新核定与真实经营能力相匹配的合理定量，还原客户真实合理定量；全面排查辖区70户大户并分类，通过实施规范经营引导、市场监管、合理定量、货源投放、价格监督等手段对大户实施分类管控，15件以上客户由年初的74户减至12月0户（不含海晟店）；通过有效满足货源需求、提升现代终端建设、加强客户服务培训等手段指导中户成长；通过小户细分，减少订货频次扶持潜力户、制定月度指导及季度帮扶计划提高小户经营能力。截至12月，安溪客户分布结构情况为大户占比为0.1%，中大户占比为4.9%，中户占比为28.9%，中小户占比为36.9%，小户占比为28%。推行终端店堂5S管理，以"三人组"协同维护终端示范店的形式，引导22家终端示范店根据5S管理方式自觉做好终端陈列维护，提升终端陈列质量。2017年，新建现代终端示范店2家，成功指导业态转型升级3家。分析325个现代终端空白行政村，对于有条件的行政村明确建设对象58户。2017年建设现代零售终端652户，同比增加68户。

·对外经贸·

【概况】

2017年，安溪县进出口商品总额33.78亿元，同比增长8.4%。其中，外贸出口30.07亿元，同比增长4.2%；进口3.71亿元，同比增长62%。进出口（顺差）差额（出口减

进口）26.36亿元，同比减少0.21亿元。全县实际利用外资（验资口径）6.73亿元，同比增长11.5%，增幅居全市第4位。

【利用外资】

2017年，安溪县实际利用外资（验资口径）6.73亿元，比2016年6.04亿元增长11.5%。全年新备案外资企业8家，增资项目1个，合同外资2.38亿元，比2016年13.8亿元下降83%；投资客商主要来自印尼、马来西亚等国家和中国台湾、香港等地区（附表）。全县外商投资企业总产值208.752亿元，比2016年199.605亿元增长4.9%；已批外商投资企业历年累计530家，投资总额24.8811亿美元，其中，合同外资15.0653亿美元；实际利用外资历年累计11.6945亿美元。

【招商引资】

2017年，安溪县创新招商机制，实施"大招商、招大商"活动，进行招商引资竞赛。重点参加深圳外资专项招商、9·8厦门投洽会、泉州市外资招商推介会、东南亚招商和2025产业园、南方水产城等招商活动，新编《安溪投资指南》等宣传册。利用外资取得突破，东南亚、深圳等外资专项招商活动签约项目3个，投资总额18800万美元，完成任务数的188%；参加厦洽会签约项目6个，投资总额2.45亿美元，上报利用外资1.3亿美元，完成任务数的108%；成功引进印尼PPI国际贸易、大成智能科技、法国玛尚、香港国泰达鸣等一批大项目。

是年，安溪县参加全国外商投资企业年度数据申报系统企业132家。

【外贸出口】

2017年，安溪县实际完成外贸出口30.07亿元，同比增长4.2%。家居工艺品仍是安溪出口的主要支撑产品，出口16.11亿元，占出口总额的53.57%，占生产型企业自营出口额25.84亿元的62.35%；纺织、服装、鞋帽、箱包出口1.44亿元，占4.79%；茶叶、食品出口1.67亿元，占5.55%；建材、化工出口0.38亿元，占1.26%；电子、电池出口5.18亿元，占17.23%；机械、渔具出口1.15亿元，占3.82%。商贸出口4.14亿元，占13.77%，呈现下滑态势，出口额同比减少32.13%。从市场结构上看，欧美占据市场主要份额（出口欧美18.73亿元，占62.29%）。对美国、德国、英国、荷兰、日本等国家和中国香港等地区的出口呈较大增长。出口欧洲7.24亿元，占24.08%；出口北美洲13.6亿元，占45.23%；出口拉丁美洲0.57亿元，占1.9%；出口亚洲7.62亿元，占25.34%；出口非洲0.19亿元，占0.63%；出口大洋洲0.59亿元，占1.97%。从经营主体上看，内资企业出口份额大增，出口19.42亿元，占出口总额的64.58%。从贸易方式上看，一般贸易出口份额继续提升，出口28.75亿元，占95.62%；来料加工装配贸易出口0.08亿元，占0.27%；进料加工贸易出口0.69亿元，占2.32%；其他出口0.54亿元，占1.79%。

是年，组织企业申报省市县各类商务资金，惠及55家次出口企业。用好市出口信用保险专款，帮助32家藤铁工艺企业办理出口信用保险。做好第二届家居工艺文化博览会招商招展工作，展会共设903个展位和353间商铺，邀请境内外289家展商、1438名采购商参加，现场成交额7950万元，意向交易额7.2亿元。组织150家次企业境外国家和地区参展；积极参与"品牌泉州境外行"等系列活动；动员出口型企业参加中国（上海）国际家具博览会；组织125家家居工艺企业参加121届春交会、122届秋交会，订货总额9000万美元；在第121、122届中国进出口商品交易会展馆设立"中国藤铁工艺之乡—安溪"主题馆，集中展示、宣传安溪品牌企业；引导企业入驻境外商城设立商品展示中心，支持茶企筹备在新三版挂牌上市。

2017年安溪县对外经济指标完成情况表

项 目	单位	2017年	比上年增长（%）
进出口商品总值（海关数）	亿元	33.78	8.40
1.出口	亿元	30.07	4.20
（1）内资企业	亿元	19.42	3.79
（2）三资企业	亿元	10.65	4.93
2.进口	亿元	3.71	62.01
3.合同外资	亿元	2.38	−83.00
4.外商实际到资（验资口径）	亿元	6.73	11.50
5.三资企业总产值	亿元	208.75	4.90

2017年外商投资企业备案（新设）情况表

序号	企业名称	法定地址	投资者名称	经营范围	法人代表	备案时间
1	泉州育大建材有限公司	安溪县龙桥工业园	GRAND REACH HOLDINGS LLC.(广达贸易有限公司)	生产楼梯扶手、家具、高档建筑五金、水暖器材。	林明三	2017-1-4
2	安溪十通能源有限公司	安溪县城厢镇澳江聚丰工业园	马来西亚张添寿斯蒂芬·戴尔·波特罗伯特爱德华·桤木	研究开发绿色新能源及其生产设备	张添寿	2017-5-8
3	安溪安博斯重金属研究院有限公司	安溪县蓬莱镇岭美村岭美小学	马来西亚张添寿斯蒂芬·戴尔·波特罗伯特·爱德华·桤木	研究和开发重金属处理技术。	张添寿	2017-5-8
4	尚惠茶文化传播有限公司	安溪县参内乡茶博汇一期8单元3号	台湾刘惠谦	茶文化传播；文化艺术交流活动、企业形象、市场营销、礼仪庆典策划；会务服务、展示服务；广告设计、制作、发布、代理；茶叶、茶具、茶叶包装用品、工艺品、家具、农产品(不含粮食、棉花)、服装、鞋帽、电子产品、日用百货销售。	刘惠谦	2017-5-16
5	佛罗花（福建）综合农业科技有限公司	安溪县桃舟乡桃舟村1号	马来西亚林跃芳福建省安溪晋江源茶叶科技有限责任公司	茶叶新品种及其制作新技术研发；茶叶加工、批发、零售；茶园开发；茶树种植；农产品(不含棉花、粮食)收购、销售；茶具销售；植物饮料生产、销售；从事货物与技术的进出口业务（但涉及前置许可、国家限定公司经营或禁止进出口的商品和技术除外）。	林跃芳	2017-6-21
6	安溪中尼贸易有限公司	安溪县城厢镇金融行政服务中心5号楼A栋9楼	中国谢更生中国谢文金中国谢文江中国林子新印度尼西亚谢三多	预包装食品、保健食品、日用百货、工艺品、茶具、钢材、针纺织品、办公用品、办公设备、电子产品、包装材料、建筑材料（不含危险化学品）、木材、卫生洁具、五金交电、机电设备及配件、矿产品、橡胶销售；自营和代理各类商品和技术的进出口，但涉及前置许可及国家限定公司经营或禁止进出口的商品和技术除外。	谢更生	2017-8
7	福建中尼贸易有限公司	安溪县城厢镇金融行政服务中心5号楼A栋9楼	中国谢更生中国谢文金中国谢文江中国林子新印度尼西亚谢三多	预包装食品、保健食品、日用百货、工艺品、茶具、钢材、针纺织品、办公用品、办公设备、电子产品、包装材料、建筑材料（不含危险化学品）、木材、卫生洁具、五金交电、机电设备及配件、矿产品、橡胶销售；自营和代理各类商品和技术的进出口，但涉及前置许可及国家限定公司经营或禁止进出口的商品和技术除外。	谢更生	2017-9
8	福建御林芯文化传播有限公司	安溪县虎邱镇林东村林口29号	台湾林美杏	文化艺术交流活动策划、茶文化活动策划、企业形象策划、礼仪庆典策划；酒店管理、会务服务、展示服务；广告设计、制作、发布、代理；预包装食品、茶具、茶叶包装用品、工艺品、家具、服装、鞋帽、电子产品、日用百货、文具、玩具销售；自营和代理各类商品和技术的进出口业务（但涉及前置许可，国家限定公司经营或禁止进出口的商品和技术除外）。	林美杏	2017-10-30
9	福建省正丰数控科技有限公司	安溪县龙桥工业园A-3地块	台湾陈志明	数字自动化机械设备及其零部件研发、制造、销售、维修及技术服务、技术咨询；自营和代理各类商品和技术的进出口业务。	陈志明	2017-12-17

2017年全县外贸进出口海关数

单位：亿元

项目			进出口实绩	完成年计划%/行业占总数%	2016年同期数	同比
		出口总额	30.07	——	28.86	4.20%
全县外贸出口	按企业性质分类	外资企业出口额	10.65	35.42%	10.15	4.93%
		内资企业出口额	19.42	64.58%	18.71	3.79%
	按企业行业分类	工艺品出口额（不含外贸公司工艺品出口额0.87亿元）	16.11	53.57%	15.64	3.01%
		服装鞋帽出口额	1.44	4.79%	1.57	−8.28%
		商贸出口额	4.14	13.77%	6.1	−32.13%
		茶叶、食品出口额	1.67	5.55%	1.23	35.77%
		电子、电池出口额	5.18	17.23%	2.74	89.05%
		建材、化工出口额	0.38	1.26%	0.28	35.71%
		机械、渔具、其他等出口额	1.15	3.82%	1.3	−11.54%
		一达通	——	——	——	——
全县进口总额			3.71	——	2.29	62.01%

2017年外资企业海关数（出口）

单位：亿元

序号	企业名称	出口实绩	2016年同期数	同比
1	泉州市凯鹰电源电器有限公司	1.21	0.22	456.92%
2	安溪县英发家具装饰有限公司	1.05	1.15	−8.13%
3	福建安溪聚丰工艺品有限公司	0.99	1.14	−12.45%
4	福建安溪富华工艺品有限公司	0.9	0.98	−7.82%
5	福建安溪集发工艺品有限公司	0.83	0.68	22.78%
6	泉州飞扬工艺有限公司	0.8	0.81	−0.56%
7	福建省安溪县凤华制衣有限公司	0.56	0.45	26.6%
8	安溪佳诚工艺品有限公司	0.49	0.44	10.68%
9	福建省安溪恒星家具有限公司	0.47	0.64	−25.81%
10	泉州世珍工程车辆配件有限公司	0.45	0.34	32.37%
11	福建省安溪恒辉工艺有限公司	0.44	0.42	4.87%
12	泉州安溪益鑫工艺品有限公司	0.41	0.47	−12.39%
13	泉州育大建材有限公司	0.38	0.28	33.92%
14	泉州安溪鑫兴亿鞋业有限公司	0.37	0.51	−28.28%
15	福建安溪佳胜针织服装有限公司	0.23	0.25	−10.04%
16	泉州市圣能电源科技有限公司	0.2	0.02	684.1%
17	福建安溪达辉工艺品有限公司	0.14	0.15	−11.42%
18	安溪县贤发工艺制品有限公司	0.14	0.33	−58.16%
19	安溪宏迪工艺有限公司	0.13	0.12	1.16%
20	安溪恒凯工艺有限公司	0.09	0.11	−18.29%
21	安溪艺发工艺品有限公司	0.09	0.11	−19.31%
22	宝星箱包（安溪）有限公司	0.08	0.11	−29.99%
23	安溪三秀渔具有限公司	0.07	0.06	15.31%
24	福建省安溪县隆山盈益工艺品有限	0.06	0.06	−7.45%
25	福建省安溪渔人渔具有限公司	0.02	0.02	22.88%
26	泉州瑞麦食品有限公司	0.02	0.02	10.93%
27	泉州圣利人服装织造有限公司	0.01	0.16	−93.02%
28	安溪彼洋工艺品有限公司	0.01	0	——
29	安溪天力时工艺品有限公司	0.01	0	——

序号	企业名称	出口实绩	2016年同期数	同比
30	安溪赛德铸造工艺有限公司	0	0.01	−100%
31	安溪天源工艺有限公司	0	0.01	−56.08%
32	安溪宝迪工艺品有限公司	0	0	−58.8%
33	安溪正源工艺有限公司	0	0.01	−100%
34	泉州美嘉洋遮有限公司	0	0.06	−100%
35	泉州立旺食品有限公司	0	0	−100%
36	泉州市安溪县立丰工艺品有限公司	0	0.01	−86.28%
37	福建省鑫磐道路器材有限公司	0	0	−25.19%
小计		10.65	10.15	4.93%

2017年内资企业海关数（出口）

单位：万美元

序号	企业名称	出口实绩	2016年同期数	同比
1	福建省安溪县对外贸易公司	2.29	2.78	−17.5%
2	福建天电光电有限公司	1.88	0.64	194.46%
3	福建省闽华电源股份有限公司	1.39	1.5	−7.08%
4	安溪新唐信家具有限公司	1.12	1.14	−1.17%
5	泉州银琪贸易有限公司	1.02	0	——
6	福建省易利食品冷冻有限公司	0.92	0.63	45.66%
7	福建安溪佳福工艺有限公司	0.86	0.54	58.75%
8	泉州安创贸易有限公司	0.83	0.92	−9.8%
9	安溪县格美家具装饰有限公司	0.79	0.89	−11.24%
10	福建省安溪尚卿华星工艺品有限公	0.61	0.61	−0.79%
11	福建安溪中田工艺品有限公司	0.52	0.31	68.09%
12	福建泰兴特纸有限公司	0.51	0.79	−36.29%
13	福建晶安光电有限公司	0.5	0.33	50.59%
14	福建省海誉食品有限公司	0.49	0.36	34.72%
15	安溪县贤发家具装饰有限公司	0.47	0.34	38.76%
16	福建省恒发家居饰品有限公司	0.42	0.49	−14.62%
17	福建省安溪世纪工艺品有限公司	0.39	0.4	−3.64%
18	福建省安溪恒星家居工艺有限公司	0.29	0	——
19	福建安溪合兴工艺品有限公司	0.28	0.22	28.52%
20	福建省安溪县兴溪茶业有限责任公司	0.24	0.21	14.27%
21	泉州正元工艺有限公司	0.24	0.18	32.44%
22	安溪县群盛花园饰品有限公司	0.2	0.19	3.75%
23	福建省安溪帝豪工艺有限公司	0.18	0.24	−24.08%
24	安溪恒鑫工艺有限公司	0.18	0.11	64.11%
25	安溪县宏源工艺有限公司	0.17	0.11	51.88%
26	安溪县腾辉家饰工艺有限公司	0.17	0.33	−46.6%
27	泉州联美家居饰品有限公司	0.17	0.18	−2.71%
28	福建安溪和诚工艺品有限公司	0.17	0.18	−5.07%
29	安溪格瑞特工艺品制造有限公司	0.16	0.12	31.98%
30	泉州市创诚工艺制品有限公司	0.16	0.14	11.37%
31	福建省安溪佳和工艺有限公司	0.16	0.12	36.65%
32	福建省安溪县顺德铸造有限公司	0.16	0.15	10.84%
33	福建安玮鞋业有限公司	0.12	0	——
34	安溪县锦达工艺制品有限公司	0.12	0.13	−1.08%
35	福建省安溪振鸿工艺有限公司	0.11	0.12	−12.57%
36	安溪县嘉美家居工艺有限公司	0.1	0.03	232.36%

序号	企业名称	出口实绩	2016年同期数	同比
37	福建安溪盛威工艺品有限公司	0.09	0.13	−29.03%
38	福建省安溪县华艺礼品有限公司	0.09	0.07	37.79%
39	泉州楠海运动器材有限公司	0.08	0	190255.8%
40	福建安溪英瑞工艺品有限公司	0.08	0.06	23.03%
41	安溪县中港德正工艺有限公司	0.08	0	——
42	安溪县颍鑫工艺有限公司	0.07	0.05	42.57%
43	福建恒盛家具有限公司	0.07	0.05	42.87%
44	福建省安溪县萌盛工艺品有限公司	0.06	0.05	10.43%
45	福建安溪兴源工艺品有限公司	0.05	0.02	124.15%
46	福建省安溪县诚毅工艺品有限公司	0.04	0.02	105.94%
47	安溪县龙门镇锦铭包袋厂	0.04	0.07	−34.77%
48	泉州市安溪海丽工艺品有限公司	0.03	0.05	−28.13%
49	安溪鑫联丰工艺品有限公司	0.03	0.04	−16.24%
50	福建安溪贵仕达家具有限公司	0.03	0	——
51	安溪恋彩服装有限公司	0.03	0.02	90.31%
52	安溪海益家具工业有限公司	0.02	0.02	−2.98%
53	福建省安溪智胜装饰品有限公司	0.02	0.08	−71.37%
54	福建省安溪县聚星工艺品有限公司	0.02	0.01	53.94%
55	福建安溪清源峰工艺品有限公司	0.02	0	——
56	安溪县信博家居饰品有限公司	0.02	0	——
57	福建省安溪县厦丰工艺品有限公司	0.01	0.03	−69.33%
58	福建省安溪荣发家具有限公司	0.01	0.02	−34.91%
59	福建安溪荣华工艺品有限公司	0.01	0.01	8.38%
60	福建省中科生物股份有限公司	0.01	0	——
61	福建安溪科志藤铁工艺品有限公司	0.01	0	——
62	福建省大成智能科技有限公司	0.01	0	——
63	福建安溪颖新服装机绣有限公司	0	0	−100%
64	安溪县益民皮革化工有限公司	0	0	——
65	安溪佳亿食品有限公司	0	0	——
66	洲豪（福建）再生资源材料有限公司	0	0	——
67	安溪红色丰和茶业有限公司	0	0	——
68	福建省安溪朗科饰品有限公司	0	0.01	−46%
69	福建省安溪龙门中泉制釉有限公司	0	0	——
70	福建八马茶业有限公司	0	0.01	−100%
71	福建省鼎泰光电科技有限公司	0	0.02	−100%
72	福建省泉州中拓贸易有限公司	0	0.42	−100%
73	福建省泉州中拓供应链有限公司	0	0.02	−100%
74	福建博特新能源有限公司	0	0.01	−31.43%
75	福建佳友茶叶机械智能科技股份有限公司	0	0	42.47%
76	福建省安溪茶厂有限公司	0	0	−100%
77	福建中和供应链有限责任公司	0	0.02	−100%
78	安溪蓝祺贸易有限公司	0	1.94	−100%
79	安溪县隆兴塑料制品有限公司	0	0.03	−100%
80	福建省正丰数控科技有限公司	0	0	——
81	泉州固德机电有限公司	0	0	402.67%
82	福建省安溪桂泉工艺品有限公司	0	0	——
83	福建泉州品津汇商贸有限公司	0	0	——
84	福建省安溪县创展力电子科技有限公司	0	0	——
小计		19.42	18.71	3.79%

金　融

· 金融监管与服务 ·

【概况】

2017 年，安溪县银行业金融机构本外币各项存款余额 407.79 亿元，比年初增加 53.86 亿元、增长 15.22%，同比多增 1.38 亿元，增幅高于全市 13.73 个百分点；本外币各项贷款余额 363.40 亿元，比年初增加 52.43 亿元、增长 16.86%，同比多增 2.26 亿元，存贷款增幅均列全市首位。全县结汇 40610 万美元，同比增加 2404 万美元，售汇 7813 万美元，同比减少 65 万美元；结售汇顺差 32797 万美元，同比增加 2469 万美元。

【货币政策】

2017 年，安溪县坚持"区别对待、有扶有控"的原则，做好供给侧改革的信贷政策扶持，重点支持产业集群龙头企业及其配套合作的上下游企业发展，限制对退出行业、过剩产能、僵尸企业信贷投放。大力支持信息技术 EC 产业园、光电产业园、安溪 2025 产业园、弘桥智谷电商产业园、思明湖里工业园区等园区内新兴产业发展。加强重点项目建设扶持力度，促进重点项目有序开工、竣工。是年全县新增贷款 20 亿元支持重点项目建设，占全部贷款增加额的 50%，至年末支持重点项目建设贷款 65 亿元，占全部对公贷款的 46%，主要用于支持城镇化建设项目、工业园区项目，确保省市县重点项目按时开工和完成。

【创新金融服务实体经济发展模式】

2017 年，安溪县引导金融机构创新扶持小微企业机制、产品、服务、平台、保障，实现小微企业贷款"两个不低于"目标；放宽小微企业信贷门槛，积极推广"借新还旧"方式，以满足小微企业对流动资金贷款资金连续使用的融资需求，共办理 206 笔 2.8 亿元，帮助小微企业渡过难关。引导金融机构创新小微企业抵质押担保方式，为小微企业提供货物质押、应收账款质押、联贷联保等业务，发放贷款 5 亿元。推动县农信社利用银税企大数据在全省率先创立"银税贷"，根据企业纳税信用、纳税额度进行贷款额度测算，目前已授信 1.6 亿元，并将根据纳税情况进行适时调整。

【普惠金融服务】

2017 年，安溪县推动涉农金融机构开展金融扶贫示范基地建设，为 4641 户贫困户精准建档，建档率 100%；累计发放扶贫小额贷款 2469 户金额 1.06 亿元；扶贫小额贷款余额 4807.14 万元，充分利用金融的"输血"功能来提高贫困人口收入。创建西坪镇留山村、龙涓乡龙房村和虎邱镇双格村 3 个金融精准扶贫示范基地。

【金融稳定】

2017 年，安溪县通过征收房产返租形式化解福建联谊润家购物广场等 4 家关联企业 21615 万元贷款风险。出台对失信人员实施联合制裁具体办法，要求相关银行拒绝受理失信人员业务。2 月 28 日，推动县法院出台《安溪县人民法院关于防范化解金融风险保障金融秩序稳定的十二项工作措施》，创新金融审判机制，强化金融纠纷案件审判执行和综合治理，全年执结涉金融执行案件（含旧存案件）100 多件，执行到位资金共计人民币 1500 多万元，全县金融机构不良贷款余额 3.40 亿元，贷款不良率 0.93%，信贷资产质量居泉州市前三。

【金融服务】

2017 年，安溪县对兴业银行安溪支行开展支付结算检查，对其违规问题处以 0.5 万元罚款。将 2017 年确定为助农取款服务风险防范活动年，制定并实施《安溪县银行卡助农取款服务点风险防控管理工作方案》，组织各收单机构开展金融服务点管理和风险隐患排查活动，对无业务或业务量小、或者有其他结算工具可替补的以及服务差、风险度高等没有实际保留意义的服务点予以撤销，全年撤销95个服务点，提升服务点安全性能和实际效果，并做好金融服务点财政补贴。会同公安局等部门联合开展为期6个月的"联合整治银行卡网上非法买卖专项行动"，共立案5起、破获案件5起，抓获犯罪嫌疑人9名，打掉1个犯罪团伙，查获银行卡60张，涉及的非法买卖银行卡信息46202条、破获案件涉及的金额1万元。推广运用电票业务提高电票率，辖区银行承兑汇票业务电子化率98.55%。

全年收纳、报解各级收入410564笔，金额690432万元；办理预算拨款8310笔，金额819054万元；预算收入退库1426笔，金额20910万元；更正业务106笔，金额99596万元；其他会计业务9325笔，金额5532万元。推进乡镇国库集中支付制度改革，国库集中支付改革覆盖面扩大至全县24个乡镇、306家预算单位。办理集中支付6957笔，金额209251万元。做好出口退税批量支付工作，提升基层国库服务社会、服务民生能力，全年共办理出口退税497笔，金额22000万元。加强内部监督，提高国库监管层次，今年来开展国库主任、部门负责人、会计主管实地检查等形式的国库内部检查8次，把风险消除在萌芽状态，全年柜面监督发现并纠正不合规业务3笔、金额6万元。

【行政执法】

2017年，安溪县对兴业银行股份有限公司安溪支行支付结算业务情况开展现场检查，对其存在部分个人银行结算账户开立后未向人民银行备案的违规行为处以人民币5000元罚款的行政处罚；对安溪县农村信用合作联社存在人行准备金账户中存款准备金缴存不足违规问题处以7192元罚款。

【征信管理】

2017年，安溪县加强信用体系基础设施建设，构建信用信息在不同部门间的联建共享机制，组织辖内银行、保险、证券等29个部门率先建立在金融服务工作中联合惩戒失信被执行人工作联动机制，利用各部门职责，发挥法外手段，督促、迫使失信被执行人自觉履行法院判决，并要求各部门动态反馈惩戒成果，全年受惩戒法人25家、自然人1517人，已落实履行自然人49人，已落实履行法人1家，初步形成"一处失信、处处受限"的联合惩戒局面。做好动产融资统一登记平台和应收账款融资服务平台的推广应用工作，直接推送融资需求成交金额44.9亿元。4月，在安溪一中等城区七所中学中开展以诚信为主题的辩论联赛。开展信用乡镇、信用村评定活动，助推农村信用体系建设，全县创建信用乡镇7个，占全部24个乡镇的比重为29.17%；信用村109个，占全部435个行政村的比重为25.06%，评定信用户214124户，占全部275274个农户的比重为79.52%。对已建立信用档案农户发放贷款余额76.51亿元。

【反洗钱工作】

2017年，安溪县金融办接收金融机构报送的重点可疑交易线索1条，向公安机关报案并立案1起，公安部门对"3·23洗钱案"部分涉案人员进行收尾抓捕，抓获犯罪嫌疑人5名，2名在逃，涉案金额7354.12万元。完成监测指标设置、系统建设、流程控制等方面的评估、改造工作并上线运行，确保监测指标自定义工作有序开展。制定《安溪县贯彻落实金融机构大额交易和可疑交易报告管理办法工作方案》。

【人民币管理】

2017年，安溪县办理特殊残缺、污损人民币兑换1653张，金额144335元。加强人民币收付业务和反假货币检查，组织开展人民币收付业务暗访，对兴业银行开展人民币收付业务和反假货币工作执法检查。做好小面额人民币供应和回收工作，增配5台硬币自助兑换机，在金融服务点打造小面额现金供应、回收和反假货币的"便民超市"，全年金融服务点办理小面额人民币兑换47800元；上缴假币3540张，金额329375元；做好农信社代理发行库管理检查工作，加强查库、值班、记账、调拨等制度的落实，定期开展制度学习和技能培训提升按章操作水平，确保安全无事故。组织127次反假货币和131次爱护人民币宣传活动，分发19851和20145份宣传材料。

【外汇管理】

2017年，安溪县实行大额购付汇事项提前报备制度，要求各银行办理经常项下、资本项下购汇超过100万美元、付汇超过500万美元的业务，实行事前报备。主动引导抑制流出规模，对利润汇出进行合理引导。加强境外投资资金汇出审核，引导企业采取组合替代方案对外付汇，抑制流出规模。督促银行加强"减资"股权购付汇业务审核,采用跨境人民币汇出,减少购付汇规模。推进资本项目外汇收入意愿结汇政策。

中国工商银行股份有限公司安溪支行

【概况】

2017年,中国工商安溪银行股份有限公司安溪支行(简称"安溪县工行")各项存款余额28.20亿元,比年初增加4.45亿元,增量位居系统第3位;其中,储蓄存款比年初增加2.34亿元,增量位居系统第1位;公司存款比年初增加1.88亿元,增量位居一类行第三位;机构存款比年初增加2239万元。各项贷款余额36.11亿元,公司贷款比年初增加3.36亿元,增量占比40.15%,同业第二;个人贷款比年初增加4.82亿元,增量占比20.18%,增量位居系统第3位,同业第三。不良贷款余额6897.65万元,比年初增加1231.53万元,不良率1.91%,比年初下降0.12%,在系统内不良控制率位居前列;未转化成不良贷款1282万元,比年初减少1804万元。中间业务收入完成2408.32万元,同比减少92.12万元。拨备前利润完成9490.80万元,同比增加1453.80万元,人均利润115.51万元;拨备后利润8041.98万元,同比增加559.45万元;净利润6031.49万元,同比增加419.59万元,直管支行排名第二。

【信贷投放】

2017年,中国工商银行股份有限公司安溪支行累计为重点项目投放4.65亿元项目贷款,重点支持福建正祥置业房地产项目、厦门新景地房地产项目、厦门特房房地产项目、创冠环保(安溪)三期垃圾发电项目、创冠环保漳州垃圾发电项目等一批优质项目贷款,拟融资金额20多亿元。

【风险防控】

2017年,安溪县工行加快不良资产的处置进度,加强个人按揭贷款业务风险控制抓源头工作,加强贷款劣变防控。对借款人的贷款成数、贷款年限、收入证明、已有房产情况、征信情况、联系方式等因素严加分析判断,从源头上控制个人按揭贷款业务风险。对存在风险隐患的客户及时纳入潜在风险客户管理,利用多种措施和渠道,主动化解潜在风险,从源头堵截不良贷款的形成;认真抓好潜在风险贷款化解工作,一户一策落实好具体的工作措施和进度,防范资产质量劣变。

中国农业银行安溪县支行

【概况】

2017年,中国农业银行安溪县支行(简称安溪县农行)各项存款余额85.64亿元,比2016年增加7.88亿元,其中各项存款存量、增量、个人存款增量、对公存款存量和各项日均存量、增量保持四大行首位,个人存款存量和个人存款日均余额的四大行占比分别为53.11%、52.83%。各项贷款余额63.49亿元,比2016年增加14亿元,增量安溪14家金融机构第一。其中,法人贷款比年初净增8.58亿元,增量市场份额四大行占比高达102.51%;新增投放10.88亿元。不良贷款余额515万元,不良率0.08%,在全县商业银行经营机构、泉州农行系统内最低,比年初下降1824万元,比2016年下降0.39%,法人贷款实现零不良。实现营业收入29833万元,在全市农行个人金融业务"比学赶超"考核评比中,连续8个季度保持第一,被市农行评为"2017年优秀领导班子""2017年度先进集体""2017年度精神文明建设突出贡献奖"。并被授予"中国农业银行五一劳动奖状""第五届全国文明单位""2016-2017年全国金融系统思想政治工作先进单位"称号。

【支持经济社会发展】

2017年,安溪县农行作为全国农行"服务三农""放权搞活""中国制造2015"等试点支行,制定金融服务方案,推进服务三农"一县一方案"发展战略,重点对接官桥、龙门、湖头、参内、凤城、城厢等乡镇投资项目,营造"安溪在发展,农行在行动"的浓厚氛围。建立已批项目库、项目储备库及服务营销库,上下联动带头服务,动态跟进;向上争取信贷政策、信贷资金支持,做到快审批、快投放。累计获批南方水产城A地块、金安高速公路、湖头光电产业园等项目贷款6个,授信17亿元,新增投放厦沙高速公路、信达光电有限公司、南方水产城A地块、小城投等项目贷款7个,用信10.88亿元,占比近全县14家金融机构投放总量的五分之一,全年支持省市重点项目、企业17户,贷款余额22.67亿元。

是年,安溪县农行成立个人贷款经营分中心,通过专业团队服务加强与裕福明珠等11家优质楼盘合作,做好与房管局交易窗口、优质中介对接,提升营销服务能力和业务运作效率;推进"网捷贷""金穗快农贷"工程;加大自助可循环贷款政策宣传,拓展汽车分期、车位分期、消费分期等产品，全行个人贷款实现跨越式增长。推广农民安家贷业务，累计发放农民安家贷 5.18 亿元，帮助 1278 户的农民实现进城购房的梦想。

与祥华珍山村支部、湖头半山村支部、蓬莱上智村支部等 3 个贫困村签订支部共建协议，引导福建安溪聚丰工艺品有限公司等 8 家优质企业参与"百企惠百村"帮扶活动。支持建档立卡贫困户 1289 户 3876 人，累计支持 71 个建卡贫困村、小额农户贷款 186 户，贷款金额 1425 万元，其中与县脱贫办签订扶贫小额信贷风险担保金协议，开办扶贫小额信贷 11 笔 33.2 万元；常年开展结对帮扶活动，资助多名贫困大学生上学；持续、有序、规范开展生源地信用助学贷款工作，发放个人助学贷款 1265 户金额 1510 万元，帮助茶乡学子圆梦大学，促进教育脱贫攻坚稳步推进。

【服务三农】

2017 年，安溪县农行累计新增省级以上农业产业化龙头企业账户 16 户，并信贷支持 6565 万元；新增专业合作社及家庭农场账户 49 户，家庭农场贷款余额 458.9 万元，农业专业大户贷款 15498 万元。成立"电子商务业务服务突击队"，创新引领电子商务业务再发展，抓住安溪农资产品批发特色，重点向上游批发商和村镇下游经销商推广"农银 e 管家"产品，成功上线兴农化肥等在安溪范围内影响范围较广、销售金额较大的农资批发企业，有效解决客户交易数据整合难题，帮助客户实现仓管、销售、财务统一管理。引导"金穗惠农通"服务点注册农银 e 管家 APP，解决惠农社保卡发放后配套设施和服务不足问题。86 个惠农通服务点上线"农银 e 管家"，延伸金融服务半径。县农行被省农行评为惠农 e 通"县域批发商样板行""惠农通服务点样板行"。

2017 年末，县农行惠农社保卡"立等可取"窗口累计制卡 9623 张；通过惠农社保卡实现 18371 人次参合农民的县外就医医疗报销，合计金额 8941 万元。

【客户基础量质提升】

2017 年，安溪县农行个人贵宾客户净增 2047 户，私人银行客户净增 5 户；新增对公客户 1106 户，增幅 44.2%，新增对公有效客户 1088 户，其中，省市级重大项目账户新增 12 户，机构有效客户新增 25 户；第三方存管新增有效户 4396 户；泉州市医疗保障基金管理中心安溪管理部收入户与支出户成功落户，配合全县医疗保险缴费工作，实现参保率达 98.2%，比 2016 年同期提高 20%，在全市范围内提前 2 个月率先完成缴费任务；新增信用卡有效客户 8899 户，新增短信通有效客户 26290 户，互联网客户净增 14563 户；新增缴费直连商户 30 户，E 农管家商户有效净增 380 户。

【不良资产处置】

2017 年，安溪县农行共重组盘活不良贷款 425 万元，化解 3 户风险贷款；现金收回已核销贷款本息 2320 万元，现金收回历年表外利息 200 万元；到期信用收回率 99.52%；全行不良贷款余额 515 万元，比 2016 年下降 1824 万元，不良率下降 0.39%，在全县商业银行经营机构、泉州农行系统内最低，仅为 0.08%，法人贷款实现零不良。

中国农业发展银行安溪县支行

【概况】

2017 年，中国农业发展银行安溪县支行各项贷款余额 38.05 亿元，比年初减少 4.44 亿元，降幅 10.46%，日均贷款余额 40.52 亿元，比年初增加 8.19 亿元，增幅 25.35%，贷款余额在安溪县金融系统排名第三；各项存款余额 26.32 亿元，比年初减少 2.1 亿元，降幅 7.4%，存款余额位于全省系统内县支行首位，日均存款 27.74 亿元，比年初增加 19.05 亿元，增长 219.42%；地方自筹粮食风险基金到位 600 万元，到位率 100%；实现营业利润 1.45 亿元，增长 130.02%；收回风险贷款 6370 万元，资产质量优良，在全省"十佳支行"中名列第一。

【粮食安全保障】

2017 年，中国农业发展银行安溪县支行支持安溪县粮食储备中心拍卖轮换 2014 年度前的粮食 1338 万公斤，发放县级储备粮贷款 3839.21 万元，12 月，储备粮贷款余额 12892 万元。审批仓储设施贷款 7200 万元，已发放 1000 万元，支持县中心粮库一、二期工程建设。

【支持农村基础建设】

2017 年，中国农业发展银行安溪县支行累计投放贷款 3.85 亿元，各项贷款余额 38.05 亿元，充分发挥其政策性金融作用开展支农惠农工作。其中，医疗项目投放 2000 万元，用于改善医院诊疗环境和条件，提高诊疗水平，推动医学发展，满足广大群众的就医需求；片区改造项目投放 1.93 亿元，促进当地经济发展和社会进步，完善公用基础设施，改变镇村的环境面貌，改善和提升当地农民的生活条件，提高社会主义新农村建设水平，加快农村城镇化进程，提高土地综合利用率，促进土地资源的可持续循环发展；农村公路项目投放6200万元，用于完善和增强农村路网功能，落实安溪县综合交通规划的需要，提高全区农村公路技术等级和标准，提高公路通行效率和服务水平，缓解交通拥堵，带动片区经济发展，促进招商引资，助力当地经济的发展；整体城镇化项目投放1.05亿元，用于完善湖头新城市政和公建配套设施，改善群众的人居环境，提高生活质量，使片区农业人口享有均等化的城镇公共服务，推进安溪县湖头镇新型城镇化建设，加快农业人口市民化；救灾应急款500万元，用于在强台风"莫兰蒂"和"鲇鱼"中受灾公路的修复，以确保灾后各项基础设施恢复通畅、人民生产生活得以恢复。

推动安溪县与江西南丰县结对帮扶友好合作，2017年4月，两地签订《友好合作帮扶框架协议》，促进两地互惠互通、协同发展。

【客户营销】

2017年，中国农业发展银行安溪县支行累计营销审批项目2个，审批金额10.2亿元；根据省分行"稳存增存"、市分行"存款百日攻坚战""存款冲刺实施方案"等活动要求，加强款引存力度，2017年累计引存存款37笔，金额5.65亿元。

中国银行股份有限公司安溪支行

【概况】

2017年，中国银行股份有限公司安溪支行（简称"安溪县中行"）人民币存款余额21.56亿元，比上年末增加1.65亿元；外币存款余额2668.67万美元，比上年末增加410.61万美元。人民币贷款总余额28.43亿元，比上年末增加3.79亿元。外币贷款余额292.50万美元，比上年末减少66.13万美元。全行资产质量贷款不良率1.57%，比上年末上升1.00%。年度本外币税后利润折人民币2500.49万元，比2016年末增加1696.96万元。

【内部管理】

2017年，安溪县中行本外币客户存款日均余额24.79亿元，比上年末增加3.21亿元；零售贷款余额12.39亿元，比上年末增加2.2亿元，零售贷款全年累计发放额4.17亿元；信用卡应收账款总额2.08亿元，比上年末增加0.65亿元；公司贷款余额（含贴现）14.15亿元，比上年末增加0.88亿元，全年累计办理银承贴现1.63亿元。是年，安溪县中行加强风险排查力度，关注企业基本面，针对可能出现的授信风险苗头及时采取相应措施，避免成为新的逾期或不良，降低逾期占比和新发生不良客户。加强中小企业已核销不良贷款现金清收力度，密切跟踪未终结诉讼案件执行进展，及时向法院申报参与拍卖款的分配。全年化解公司客户潜在不良授信20649万元，个人不良贷款清收及化解1411万元，其中通过现金清收649万元，通过法律途径清收99万元，其他途径化解94万元，本年核呆569万元。加快智能柜台推广，推动网点转型，通过智能柜台推广，变革网点经营理念和服务模式，优化客户动线，提高网点综合服务能力。县中行营业部、新安支行、官桥支行先后投放中国银行智能柜台。

【创新业务增长点】

2017年，安溪县中行以国际结算和贸易融资领域传统品牌优势为基础，通过确立以创新促发展的工作思路，不断加大业务创新和推介力度，以"人无我有、人有我新"来强化争揽客户的理念，形成业务新的增长点。完成国际贸易结算量4.25亿美元，比上年同期增长13.87%，国际结算市场份额78.19%，比上年增加4.57个百分点；跨境人民币结算量3.04亿元，比去年同期增长50%；跨境人民币结算市场份额99%，比上年增加11.63个百分点。在巩固发展传统业务的同时，通过抢抓住机遇，锁定高端客户，加大新产品、新业务推介力度，取得良好效果。是年，县中行的"国际贸易结算产品"有："信用证""托收""汇款"等三个业务系列10项具体业务品种；国际贸易融资产品有：进口押汇、协议融资、海外代付、出口贴现等9项具体业务品种，基本满足县域的国际结算需要。

【制定中小企业服务新模式】

2017年，安溪县中行落实中央"金融服务实体经济"政策，在利率方面给予适当优惠，且在当地同业中率先免除小微企业房地产评估费，年度内县中行自行承担房地产评估费30笔，金额20.03万元，减轻小微企业融资成本，缓解小微企业的融资困难问题。是年末，县中行的小微企业授信客户57户，授信余额38523万元，占县中行授信总额的13.55%，较好地支持县域内中小微企业的发展。

中国建设银行股份有限公司安溪支行

【概况】

2017年，中国建设银行股份有限公司安溪支行（简称"安溪县建行"）本外币一般性存款余额362736万元，日均存款余额351618万元，比2016年底时点新增7.39亿元，日均新增6.46亿元，时点与日均新增在建行泉州分行系统占比分别达21.01%和17.13%，均居第二，一般性日均存款余额四行占比提高1.52个百分点；全行各项贷款余额443331万元，比年初新增7.36亿元，各项贷款日均余额396599万元，比去年日均新增4.30亿元；全行五级分类不良贷款余额1005万元，不良率0.23%，比系统平均不良率低1.92%；实现主营业务收入20373万元，实现中间业务毛收入5800万元，计划完成率108.55%，居泉州分行系统第三。

【创新发展】

2017年，安溪县建行建立并实施客户经理挂钩联系网点以及小企业业务辅导员等制度，推动小企业业务在营业网点的全覆盖，注重上级行下发各类目标客户清单、大数据商机的利用和挖掘，推动小微快贷持续较快增长。全年累计签约小微快贷135户，支用9438万元。至12月底，小微快贷89户，贷款余额1684万元，比年初新增80户、1640万元，分别完成市建行下达小微快贷破万户计划的93.68%和105.23%。小微快贷成为县建行小微企业增贷的亮点，提高小微企业融资便利性。加大公积金缴交客户、建行代工、房贷及高金融资产等客群"快贷"

业务营销和推介力度，实现快贷业务的快速发展，全年累计实现个人消费贷款投放13.55亿元，年末个人消费贷款余额4.8亿元，比年初新增4.53亿元。

【渠道建设】

2017年，安溪县建行加快推进渠道统筹规划，在湖头三安、水晶城新设自助银行，在城区周边30公里范围内布设5个助农取款服务点，继续盘活人员，组建营销团队，定期宣传营销。

【提升资金实力】

2017年，安溪县建行强化财政、公共资源交易中心、中医院等重点机构客户维护营销力度，全年上述三大重要客户新增日均存款8600万元；占有公共资源交易中心账户，拓展热点账户，吸收投资款、验资款3.67亿元，带动日均存款新增7000万元；拓展中建远南、砖文建筑等100%保证金保函业务，增加保证金定期存款600万元；房地产、建筑业两大行业客户日均存款新增超200万元以上客户34家，实现日均存款新增25000万元。

【加大信贷资源投入】

至2017年12月31日，安溪县建行各项贷款余额443331万元，比年初新增7.36亿元，各项贷款日均余额396599万元，比上年日均新增4.30亿元。年初实现安溪县南翼新城建设有限公司1亿元债权类同业投放，年底投放新景地房开贷3300万元；全年新增审批通过3个项目，分别为泉州厦沙高速20000万元、新景地房地产9000万元、润宇房地产22000万元；全年累计投放个人住房贷款2376户、8.70亿元，年末个人

住房贷款余额28.88亿元，比年初新增2.53亿元；全年个人消费贷款客户新增69737笔，累计投放13.55亿元，贷款新增4.53亿元，创县建行历史新高。2017年县建行信用卡分期交易额17793.23万元，任务完成率104.97%，泉州分行系统排名第四。

【支持小微企业发展】

2017年，安溪县建行实施客户经理挂钩联系网点以及小企业业务辅导员等制度，推动小企业业务在营业网点的全覆盖，注重上级行下发各类目标客户清单、大数据商机的利用和挖掘，推动小微快贷持续较快增长。全年累计签约小微快贷135户，支用9438万元。至12月底小微快贷89户，贷款余额1684万元，比年初新增80户、1640万元，分别完成市建行下达小微快贷破万户计划的93.68%和105.23%。

【信贷资产管理】

2017年，安溪县建行重视风险管理，实现对全行风险状态定期研判分析及动态把握。加强存量客户贷后管理和风险排查，防止良好贷款产生欠息问题。推动潜在风险及不良客户风险化解，明确存量不良及潜在风险项目处置策略及工作措施，加大不良处置及风险化解工作力度。通过有效催收，先后成功清收3户不良贷款，实现贷款本金2240万元及利息的全额现金回收。完成潜在风险客户华城实业分类下调及变更借款人再融资化解工作，组织尚盛茶叶有追索权呆账核销申报，至年底已完成全部申报流程。积极推动已核销资产回收处置进度，推动颖星竹藤工艺抵押物拍卖并取得法院分配的拍卖款4471417元，年底前

按照分行决策部署对泉州外经助保贷平台代偿款 417761.61 元的退款工作，剩余 4053655.39 元归还颖星竹藤工艺已核销贷款。

2017 年，安溪县建行五级分类不良贷款余额 1005 万元，不良率 0.23%，不良贷款率比系统平均不良率低 1.92 个百分点，信贷资产质量继续保持同业及系统较好水平。

【住房公积金贷款】

2017 年，安溪县建行与公积金管理部门发放住房公积金委托贷款 1721 笔，累计发放 7.28 亿元，贷款新增 5.23 亿元。

·中国邮政储蓄银行安溪县支行·

【概况】

2017 年，中国邮政储蓄银行安溪县支行（简称安溪邮储银行）新增发放贷款 5.3 亿，超 1 亿规模完成政府下达指标，首次进入中国邮政储蓄银行福建省十大贡献支行。

【存款业务】

截至 2017 年底，安溪邮储银行个人人民币定活期存款 195224 万元，较 2016 年净增 41524 万元；公司存款 11224 万元，较 2016 年净增 2464 万元。

【信贷业务】

2017 年，安溪邮储银行实现放款新增 53394 万元；推出"优享贷""邮薪贷"等信用贷款产品，拉动内需增长；推出"助学贷"，全年办理 14 笔 10.694 万。截至 2017 年底，各项贷款结余 157147 万元，较 2016 年新增 53394 万元。

【信用卡】

2017 年，安溪邮储银行发放各卡种信用卡 3945 张；结存卡量 15513 张。

【中小企业服务】

截至 2017 年底，安溪邮储银行共支持各类中小微企业 33 户，贷款结余 12498 万元，较 2016 年净增 3044 万元。与滕铁工艺、茶叶机械、小水电等个协会达成合作意向，与安溪县国税局、地税局达成"征信互认 银税互动"的合作。推出医院贷、学校贷、排污贷、供水贷等新产品，给予和兴医院、明仁眼科医院共计 985 万元的资金支持。

【服务三农】

截至 2017 年 12 月底，安溪邮储银行涉农贷款平均余额 116462 万元，较 2016 年新增 52210 万元，同比增长 81.25%；对风险客户采用减额续贷优化，同时推出小额循环贷、机械贷、抵押类家庭农场贷等多项特色农户贷款产品。

2017 年 8 月 25 日，揭牌成立三农金融事业部安溪县营业部。

【风险管理】

2017 年，安溪邮储银行无案件和重大风险事件，不良贷款金额 864.66 万元，不良率 0.5%。

【渠道建设】

2017 年，安溪邮储银行推出贷款手机自助支用，机票、电影票、体育彩票手机银行自主购买，电费、电视费、邮票预订缴纳功能；推出"邮享付"二维码收款产品，避免机具安装麻烦，满足商户需求；在龙涓、祥华、官桥等 5 个乡镇布放助农取款点，将金融服务延伸至农村。

截至 12 月 31 日，全县共设 17 个网点，34 部自助设备，1334 部 POS 机，助农取款点 7 个；新增电子银行 3418 户。

·安溪县农村信用合作联社·

【概况】

2017 年，安溪县农村信用合作联社（简称安溪县农信联社）资产总额 153.02 亿元，比年初增加 22.41 亿元，增长 17.16%；各项存款余额 133.22 亿元，比年初增加 19.30 亿元，增长 16.94%，存款市场份额 33.02%，比年初上升 0.53%；各项贷款余额 84.88 亿元，比年初增加 13.23 亿元，增长 18.47%，贷款市场份额 23.37%，比年初上升 0.31%；存贷款余额和市场份额连续七年保持全县首位。2017 年获"中国精准扶贫十佳县域银行"称号。

【支持经济发展】

安溪县农信联社截至 2017 年末，各项贷款总户数 69508 户，比年初增加 8102 户，户均贷款 12.21 万元；已建档贫困户 4641 户，建档面 100%，累计发放"扶贫贷"2443 户金额 1.05 亿元，其中存量国定、省定贫困户 1059 户余额 4589 万元；新增助学贷款 1605 户，金额 4002 万元；精准建档客户数 6.5 万户，农 e 贷业务授信 2850 户，金额 1.13 亿元；存量普惠卡 52267 张，用信余额 12.85 亿元，比年初增加 29161 张，用信余额增加 6.51 亿元，是全省发放"助学贷"最多的金融机构和全县发放"扶贫贷"最多的金融机构。

【业务创新】

2017 年，安溪县农信联社推出

公职人员"易贷"、小微企业"银税贷"，累计办理公职"易贷"31笔金额230万元，办理"银税贷"1笔金额1100万元。针对公职人员推出全省第一张具备"五卡合一"功能的普惠卡，全年办理"全V卡"6809张，金额6.68亿元。

推出个人车位（库）按揭贷款、企业厂房按揭贷款、二手房交易资金监管业务，办理二手房资金监管业务3笔，办理企业厂房按揭贷款3笔金额2116万元。推出"连年贷""年审制"，推广无还本续贷业务，全年办理无还本续贷笔数79笔金额1.87亿元。

【农民专业合作社贷款管理】

制定管理办法　2017年4月，安溪县农信联社印发《安溪县农村信用合作联社农民专业合作社贷款管理办法》，为开展农民专业合作社信贷业务提供指导和依据。

灵活贷款方式　2017年，安溪农信联社灵活采取信用贷款、联保贷款和普通保证贷款等多种担保方式给予贷款支持。截至12月31日，共向1711户农民专业合作社及社员授信13502万元，农民专业合作社及社员贷款户数1074户，贷款余额8360万元。

中国人民财产保险股份有限公司安溪支公司

【概况】

2017年，中国人民财产保险股份有限公司（简称"安溪人保财险"）安溪支公司总保费收入1.28亿，同比增长13.67%，纳税950.2万元，综合赔付率48.38%，实现账面利润962.41万，获评保财险泉州市分公司"2017年利润贡献奖"和"2017年车险经营管理奖第一名"。

【理赔服务】

2017年，安溪人财保险通过创新理赔服务模式，推出"迈出一步，主动关怀，逢交通事故必停暨人保帮帮团"，从发生在出行路上交通事故的细微之处着手，对急需帮助的民众及时实施协助救援、疏导交通和协助理赔服务。携手上海金汇通航公司，针对自然灾害、突发事件实施直升机公益救援服务。打造"心服务 芯理赔"理赔服务品牌，全国法定节假日期间，在各高速路口设置中国人保"心服务站"，安排查勘人员驻点，现场提供事故查勘定损、故障车救援、保险咨询便民服务。

【保险工作】

2017年，安溪人财保险中标安溪建档立卡贫困户大病补充医疗保险，承保乡镇乡宴食品安全责任；续保新农合补充意外险，保费同比增长30%；社会治安综合保险于2018年正式承保；政策性农房叠加保险、自然灾害公众保险、森林保险、茶叶种植保险、农村公路财产综合保险等政府统保项目续保。

中国人寿保险股份有限公司安溪县支公司

【概况】

中国人寿保险股份有限公司安溪县支公司（简称"安溪国寿"）在全县设立服务网点12个，"咨询服务点"33个，拥有员工及代理人队伍1892人，实现"乡乡有咨询点、村村有业务员"。2017年总保费收入3.04亿元，同比增长20%，共缴纳税收432.63万元，其中个人所得税357.03万元，营业税68.34万元，城建税及教育费附加等税收7.24万元。是年，安溪国寿被泉州市委、市政府授予创建文明行业工作"先进单位"，获总公司、省公司选评党建创新"先进基层党组织"，获市公司2017年度专项"队伍建设先进奖""2017年度培育奖"、2017年开门红业务竞赛优胜单位综合第三名、团险渠道2017年开门红业务竞赛第二名。

【基础及附加值服务】

2017年，安溪国寿组织"3.15客户维权""国寿客户节""国寿小画家""VIP客户健康体检"等客户服务活动工作，对有特殊情况的客户坚持开展上门服务、协助客户办理理赔、送赔款等服务工作。全年给付生存金7659件，1506.96万元，满期件1120件，满期金2106.18万元；支付理赔件2768件，赔付1726.51万元，其中短险1716件，赔付505.3万元，长期寿险1052件，赔付1221.21万元。

【服务民生】

2017年，安溪国寿为18922户计生户家庭提供承保服务，提供意外身故保障34.06亿元，意外医疗2.27亿元；全面落实全国妇联《关于在脱贫攻坚战中开展"巾帼脱贫行动"的意见》及省"巾帼脱贫攻坚行动"，开发妇女安康保险，开展"关爱女性健康"活动，为全县1729人承保，提供7780.5万元的高额保障；为11632人次承保，提供13.96亿元疾病保障。

教育·科技

· 教育 ·

【概况】

2017 年秋季，安溪县共有各级各类学校 502 所（不含高等院校），在校生 213445 人。幼儿园 223 所（其中，独立核编 53 所，集体办 16 所，民办 154 所），在园幼儿 51995 人；小学 267 所（其中，民办 1 所，文体新局办 1 所），教学点 39 个，小学在校生 112429 人；初级中学 32 所，九年一贯制学校 5 所，职校初中部 1 所，初中在校生 35008 人；完全中学 13 所（含民办中学 1 所），普通高中在校生 14297 人；职校 6 所（其中，县卫计局、县文体新局各办 1 所），中职在校生 5845 人；特教学校 1 所，在校生 185 人；教师进修学校 1 所。全县公办在职教职工 10095 人，编外合同教师小学 924 人、幼儿园 232 人。2017 年 11 月 11 日，在国家基础教育实验中心外语教育研究中心主办的第 11 届全国高中英语课堂教学优秀课展评中，铭选中学教师陈娇燕的课例获一等奖（本次比赛全省共 3 人获一等奖）。

【学前与初等教育】

2017 年秋季，安溪县共 267 所小学（含教学点）：220 所独立完小（含 5 所附属小学：培文、官中、萍州、东溪、梧桐）、5 所九年一贯制小学部（陈利、慈山、毓秀、罗岩、庄山）、1 所外国语学校（民办）、1 所安溪县文化体育新闻出版局主办的少体校、1 所特教学校、39 个教学点；9 月，城厢镇中标小学升格为安溪县第二十小学。

【中等教育】

2017 年秋季，安溪县有完全中学 13 所（其中，恒兴中学系民办中学），初中校（含九年一贯制初中部、职专初中部）37 所。初中在校生 35008 人，开设 776 班；高中在校生 14297 人，开设 321 班；初高中教职工 4276 人，其中初中专任教师 2686 人；高中专任教师 1243 人。

是年 8 月，安溪县第 17 次县长办公会研究决定，将玉湖学校初中部并入崇德中学，规划建设长坑乡第三中心小学。

2017年安溪县小学基本情况

单位：人

全县合计		一年级	二年级	三年级	四年级	五年级	六年级
总生数	112429	18389	18291	18633	20764	19439	16913
总班数	2939	509	487	494	518	489	442

2017年安溪县普通中学基本情况（一）

单位：人

项目 学年度	学校数(所)				班数		毕业生数		招生数	
	合计	初级中学	完全中学	九年一贯制学校	初中	高中	初中	高中	初中	高中
2017年	50	32	13	5	776	321	9532	4326	13470	4719

2017年安溪县普通中学基本情况（二）

单位：人

项目 学年度	在校学生数									毕业生数			教职工数			
	合计	初中				高中				初中	高中	合计	其中：专任教师			
		小计	一年级	二年级	三年级	小计	一年级	二年级	三年级				小计	初中	高中	
2017年	49305	35008	13475	11617	9916	14297	4722	4940	4635	9532	4326	13858	3929	2686	1243	

【高等教育】

2017年，福建农林大学安溪茶学院安溪校区共有在校生3615人，增加1000人，启用A10~A14五栋学生公寓，为110套公寓住所添置所需配备；校园会堂桌椅添置安装完毕并投入正常使用；学术报告厅视频会议系统与校本部完成调试并投入使用运行。教职工92人，其中专任教师48人，双聘院士1名（陈宗懋院士，安溪茶学院名誉院长），高级职称教师12人，副高职称教师4人，中级职称教师33人，台籍教授4名，博士生导师7人，享受国务院政府特殊津贴1人，国家重大农技推广体系茶产业首席专家1名、团队主任2名，部省级茶叶产业技术体系岗位科学家2人，入选福建省"百千万人才"4人，入选福建省高等教育新世纪优秀人才2人。具有博士学位16人，在读博士生18人，具有博士学位和在攻读博士学位的专任教师比例70.8%；8位教师获得职称晋升（7位讲师1位副高）；7位教师获得创新创业证书，成为双师双能型教师；17位教师获得评茶员职业鉴定证书。是年，学院共有7项教学改革课题获得各级立项，其中：国家级1项，省级5项，校级重点1项。专任教师共发表15篇教改论文；其中，涉及理论教学改革类11篇；涉及实践教学改革类4篇，其中1篇发表在国际SSCI期刊《数学、科学与技术教育杂志》上。学院共建设4门在线课程（其中，省级精品在线课程1门，校级现在

课程3门），均已完成录制并投入教学；共举办与教学相关的学术讲座22场；与多所台湾高校建立协同育人关系，引进18场次台湾专题报告，专家往来交流30人次；举办5场次各级各类产教融合交流会或研讨会；在10余家企业建立产教融合示范性课堂。先后组织开展首届安溪铁观音大师赛决赛选手集训班、广西省河池市东兰县优秀党外干部培训、广西壮族自治区河池市东兰县干部培训等各类型培训班9批，分别为茶产业从业人员、农技人员等相关从业人员，提供茶产业种植、经验、销售等实用技术培训和咨询314人次。累计组织新农学员参加为期20天的集中面授工作，累计为610人/次提供系统的继续教育。

【实行"阳光招生"】

2017年5月，安溪县制定下发《安溪县2017年秋季城区小学一年级招生工作方案》《安溪县教育局关于2017年秋季城区初中招生工作的意见》，并分别在《安溪报》、安溪有线电视台、微信公众号进行招生宣传。对部分需就读第十小学一年级、城厢中学、沼涛中学、安溪六中三所学校初一年的外来务工人员子女，采取自主申请与电脑派位相结合方式安排就读。

2017年5月13日，安溪县城区小学网上报名系统正式启用，家长通过关注微信公众号"安溪县教育局"，进行网上在线报名；符合条件的二至六年级片区生也可以利用网上报名系统进行转学申请，在全

省义务教育阶段学校属首创。

【教育管理标准建设】

2017年12月，安溪县第三实验小学、逸夫实验小学、第十小学、第十三小学和第十六小学5所小学通过"义务教育管理标准化"学校省级评估；2017年12月，铭选中学、蓝溪中学、俊民中学、第六中学、沼涛中学、梧桐中学、茶业职业技术学校、金火中学、慈山学校、官桥中学、崇文中学、城厢中学12所学校被省教育厅确认为"福建省2017年义务教育管理标准化学校"。

【教育质量监管测】

2017年春季，安溪县教育局初幼教股组织对全县100人以下小学及教学点进行质量监测活动，组织毕业班语文数学质量测查、小学三至五年级思品社会、英语和科学质量抽查工作，并组织力量，对学生学业质量进行跟踪监测和质量分析；修订完善《初中教育质量评价实施细则》，对2017年中考、会考成绩进行分类测算评估，并下文通报。常态化开展教学视导活动。

根据国务院教育督导委员会办公室部署，2017年5月25日，全国统一开展2017年国家义务教育质量监测。安溪县被国家确定为2017年国家义务教育质量监测样本县（市、区）。龙涓乡庄山学校、龙涓中学等21个样本校学生606人以及相关学校校长、教师参加监测，参测率98.35%。因整个监测组织工作和测试过程严格、规范、有序，被授予"2017年度全国义务教育监测县级优秀组

织奖"。

2017年12月28日，安溪县第十八小学、第五小学等18所小学作为样本校参加全省义务教育质量监测。

【教育科研】

2017年9月25日，召开全县教科研工作会，印发《安溪县中小学三项研磨活动方案》，在全县各类学校深入开展"磨课、磨卷、磨学情"等三项研磨活动。11月上旬，举办初中语、数、英学科体验式研训活动。

【职业教育】

至2017年秋季，全县共有中等职业学校6所（教育部门办学4所：华侨职校、安溪茶校、陈利职校、慈山农校，其他部门办学2所：安溪卫校、安溪艺校），其中国家级重点职校1所（华侨职校），省级重点职校2所（安溪茶校、陈利职校）。中职在校生5845人。

【民办教育】

2017年，安溪县审批通过12所民办幼儿园、1所培训机构（苍鹰教育培训中心），并给予颁发办学许可证。

【"全面改薄"建设项目】

2017年，安溪县"全面改薄"校舍规划建设项目12个，至12月，1个项目已竣工，2个项目装修中，2个项目基础建设中；2个项目许可证办理中，3个项目招投标状态，1个项目财政审核中，1个项目图纸设计中。

【教育重点项目建设】

2017年，安溪县教育重点建设项目11个，至12月，安溪一中新校区电教馆做收尾工作；安溪一中体育馆屋面网架安装；安溪华侨职校家居工艺校企实训基地主体封顶、运动场项目征地工作进行中；德苑完全中学（暂名）完成初中教学楼、

宿舍楼、护坡、运动场及其他部分附属配套设施；南坪小学扩建工程部分竣工并投入使用；光德中学扩建工程竣工、投入使用；县直第二十小学（中标小学扩建）工程竣工、投入使用；建安中学教学楼基础施工；县直十一小学扩建工程消防水池已完工，4#楼主体竣工验收并投入使用，3#楼准备开工；县直第九幼儿园主体施工；龙门中学运动场完成安征迁及场地围墙建设。

【创建文明学校】

安溪县2016-2017年度文明校园（48所）：安溪第五中学、泉州师范学院附属培文实验高级中学、安溪县东溪中学、安溪县逸夫实验小学、安溪县第六小学、安溪县第八小学、安溪县第十三小学、安溪县第十五小学、安溪县第十六小学、安溪县第十八小学、安溪县西坪中心小学、安溪县龙门中心小学、安溪县龙涓中心小学、安溪县感德中心小学、安溪县芦田中心小学、安溪县金谷中心小学、安溪县白濑中心小学、安溪县桃舟中心小学、安溪县城厢中心小学、安溪县蓝田乡中心小学、安溪县蓬莱中心小学、安溪县虎邱中心小学、安溪县官桥镇中心小学、安溪县湖头镇三安小学、安溪县祥华中心小学、安溪县尚卿中心小学、安溪县长坑第二中心小学、安溪县魁斗中心小学、安溪县福田中心小学、安溪县剑斗中心小学、安溪县龙门镇济阳小学、安溪县西坪镇西原小学、安溪县梧桐中学附小、安溪县龙涓乡三乡小学、安溪县龙涓乡举溪小学、安溪县龙涓乡新岭小学、安溪县龙涓乡福都小学、安溪县龙涓乡西兴小学、安溪县感德镇霞庭小学、安溪县感德镇五甲小学、安溪县感德镇霞云小学、安溪县感德镇岐阳小学、安

溪县第六幼儿园、安溪县第十幼儿园、安溪县第十一幼儿园、安溪县第十二幼儿园、安溪县感德中心幼儿园、安溪县龙涓中心幼儿园。

【学校德育】

2017年，安溪实验小学学生王伯铭获评2017年福建省"最美学生"；金火中学、城厢中学、安溪六中、俊民中学、梧桐中学、陈利职校、第八小学、第十五小学等8所学校通过泉州市示范性"绿色校园"评审；评审组织参加"阳光校园，我们是好伙伴"系列活动，安溪县3名选手被选送参加全省演讲比赛决赛，华侨职校学生潘洲冰获全省演讲比赛和朗诵比赛一等奖，并代表福建省参加全国朗诵总决赛，获全国朗诵比赛二等奖。

【安溪县久久爱公益促进会】

2017年11月16日，安溪县久久爱公益促进会举行揭牌仪式，主要资助对象是家庭经济困难的安溪籍学生。2017年，久久爱公益促进会募集资金252935.87元，资助86人次、金额174000元，截至是年底，累计资助152人次，实现累计资助人次破百计划。

【入选电商专业百强】

2017年6月29日，"2017年中国职业院校物流＆电商专业竞争力排行榜"发布会在成都举行，安溪县陈利职业中专学校入选中职学校电子商务专业竞争力100强，位列全国第65名。

【全国中小学校责任督学挂牌督导创新县】

2017年12月26日，"全国中小学校责任督学挂牌督导创新县（市、区）"实地核查组一行3人，对安溪县创建"全国中小学校责任督学挂牌督导创新县"工作开展实地核查。

【首届"浓韵汇"杯大学生茶叶拼配与烘焙技艺比赛】

2017年11月20日，福建农林大学安溪茶学院联合安溪铁观音大师王清海文化店——闽州浓韵汇茶业有限公司举办首届"浓韵汇"杯大学生茶叶拼配烘焙比赛，安溪茶学院2014级两个班76名学生参与赛事。

·科技·

【概况】

2017年，安溪县推进众创空间等载体建设，搭建创新创业服务平台，实现创新创业资源聚集，推动创新创业事业发展及经济转型和产业升级。是年，安溪县创新创业提升至全国第81位。

【企业创新主体地位提升】

2017年安溪县培育省级众创空间1个——妙思众创空间；国家星创天地3个——藤云驿站星创天地、妙思星创天地、蒲公英星创天地；省级星创天地1个——泉州弘桥智谷星创天地。

是年，安溪县福建佳友茶叶机械智能科技股份有限公司（复核）、福建省正丰数控科技有限公司、福建省海佳彩亮光电科技有限公司、福建省安溪雅斯达电器有限公司4家企业通过高新技术企业认定，新增福建省正丰数控科技有限公司、泉州市凯鹰电源电器有限公司、福建省海佳彩亮光电科技有限公司、福建省安溪雅斯达电器有限公司4家企业通过省科技小巨人领军企业认定，新设福建硬脆光电材料晶圆加工技术研究院1个新型科研机构。

【服务传统产业转型升级】

2017年，安溪县推进"福建泉州国家农业科技园区（茶叶园）"建设。是年底，由安溪县承建三园之一的福建泉州国家农业科技园区，经现场验收和视频答辩等评估环节，通过科技部验收。

2017年"国家茶叶质量安全工程技术研究中心"项目建设重新启动，安溪县争取各级科技部门建设配套经费700万元，监督承建单位按计划任务书中17大项42小项进行科研项目建设，围绕全国茶产业质量安全领域，在茶叶的种植、加工、包装、储运等各个环节进行科研和推广。

【服务新兴产业发展】

2017年，安溪县以"五园"（光电产业园、信息技术产业园、湖里园、思明园、弘桥智谷电商产业园）和"安溪县2025产业园"为载体，集聚创新资源和要素，围绕光电照明、信息技术、文化创意等新兴产业创新发展，帮助企业解决实际问题，推进增强高新区核心带动能力，打造自主创新新高地。

【服务科技成果转化】

2017年，安溪县组织推荐申报立项省级科技计划项目20个、市级科技计划项目28个（含科技扶贫、知识产权、科技特派员项目）、县级科技计划项目55个项目；2016年省级科技计划项目2个、市级科技计划项目14个、县级科技计划项目69个。

【知识产权】

2017年，安溪县专利申请2438件、授权1672件，其中发明专利申请236件、授权263件，同比增长-38.9%和113.8%，申请专利质量显著提升。每万人口发明专利拥有量突破"4"大关，2017年增至4.02件，全年发放专利补助781.32万元；新增福建省知识产权优势企业2家，组织推荐成立知识产权执法维权援助中心2个，引导4家企业进行知识产权贯标工作，帮助企业建立科学化、标准化的知识产权管理制度；共举办6场知识产权进企业培训活动，组织200多人次参加省、市、县知识产权运用管理知识培训。

【科技成果奖励】

2017年，安溪县有4项成果获"2017年度泉州市科技进步奖"：福建晶安光电有限公司"LED用四英寸高性能蓝宝石衬底研发"获得一等奖；福建省安溪县韵和机械有限公司"全天候乌龙茶清洁化初加工生产线开发与应用"获得二等奖；福建八马茶业有限公司、福建省农业科学院茶叶研究所"乌龙茶连续化智能化精加工技术集成研究与应用"与安溪萌皇茶业有限公司"数控全自动化远红外烘干技术推广与示范"获得三等奖。

2017年安溪县科技成果获泉州市科技进步奖情况表

奖项	获奖项目名称	主要完成人	主要完成单位
一等奖	LED用四英寸高性能蓝宝石衬底研发	陈铭欣、林木榕、谢斌晖、林武庆、余学志	福建晶安光电有限公司
二等奖	全天候乌龙茶清洁化初加工生产线开发与应用	林清娇、王文建、陈文才、谢伟良、林清苗	福建省安溪县韵和机械有限公司
三等奖	乌龙茶连续化智能化精加工技术集成研究与应用	林荣溪、周灼能、蔡银笔、陈泉宾、林金俗、雷德发、谢承昌	福建八马茶业有限公司、福建省农业科学院茶叶研究所
	数控全自动化远红外烘干技术推广与示范	谢辉艺、谢辉煌、谢启龙、赖志勇	安溪萌皇茶业有限公司

2017 年，安溪县科技和知识产权局组织修订《安溪县科学技术奖励规定》并开展"2015-2016 年度安溪县科学技术奖"评审，授予"福建三安钢铁有限公司"创新创业县长特别奖；"植物工厂产业化项目关键技术研发与示范"等 27 项科技进步奖；"一种乌龙茶初制自动化生产设备及生产方法"等 6 项专利奖；"名优乌龙茶害虫生态防控关键技术研发与应用"等 10 项科学技术荣誉奖。

2015-2016年度安溪县科学技术奖获奖单位、项目

奖项	获奖项目名称	申报单位/获奖单位	主要完成人
创新创业县长特别奖	——	福建三安钢铁有限公司	——
科技进步一等奖	植物工厂产业化项目关键技术研发与示范	福建省中科生物股份有限公司	李绍华、郑延海、李鹏
	安溪县松墨天牛成虫种群动态研究与应用	安溪县森林动植物病虫害防治检验检疫站	王再生、廖素燕、李宗耀、谢银斌、白来东
	超级电池（铅炭电池）研发	福建省闽华电源股份有限公司、厦门大学	杨勇、高军、黄连清、李培德
	"挖隧道"法在鼻内镜下复杂性鼻中隔偏曲矫正术中的应用	安溪县医院、安溪县卫生职业中等专业学校	吴振恭、熊俊、林重庆、陈金川
	改良大骨瓣联合软通道微创介入逐渐减压术治疗重型颅脑损伤	安溪县医院	翁挠南、陈建才、陈龙钦、谢泽锋、张建王
科技进步二等奖	磁悬浮超级加工中心研发及产业化	福建省正丰数控科技有限公司	陈志明、何䫆炎、谢进义、肖美娟、汪月秀
	淮山养生茶加工技术研究与推广	安溪县山格淮山专业合作社	陈金发、陈主义、陈建河、陈文爵、林河通
	基于片区管理的高品质安溪铁观音制作技艺研究与示范	福建省安溪县西坪德峰茶叶专业合作社	王文良、王辉荣
	山地茶园水肥一体化设施建设及其配套技术研究与示范	福建省高建发茶业有限公司	高碰来、王文建、陈春
	改良ommaya囊枕角脑室外引流加后颅窝减压术治疗大面积小脑梗死的临床观察	安溪县医院	陈文杰、沈清芳、苏志民、叶金练、陈龙钦
	希罗达同步放化疗与PF方案同步放化疗治疗老年局部晚期食管癌临床分析	安溪县医院	陈景象、陈婷婷、周源源、林振德、陈巧彬
	显微镜下腰椎间盘切除术治疗腰椎间盘突出症	安溪县医院	李绍熹、叶金练、叶月彬、陈龙钦、吴文彬
科技进步三等奖	茶叶自动分包装机的研究及运行示范	福建省安溪县旺富机械科技有限公司	林华生、林巧珺、李正元、林大才
	清肺枇杷花茶的研究及产业化	福建省安溪县华福茶厂有限公司	高金典、刘建福、王明元、高辉煌、许瑞安
	观赏植物水培技术开发与应用	福建安溪绿如蓝园艺有限公司	傅仰群、吴建设
	农村生活污水处理设施运行管理模式研究与应用	安溪县环境科学学会、福建省三净环保科技有限公司	谢辉铭、谢国贤、黄丽芬、谢婷虹、吴秋木
	铁观音茶园水肥高效利用技术开发集成与示范	福建省华虹茶业有限公司	高水治、林琼、陈子聪、颜明娟、邱孝煊
	夏黑葡萄引进栽培及葡萄酒酿造技术	福建省安溪县国公山种植专业合作社	陈延林、温建彬、肖全省、吴玉林
	喷雾干燥塔废气的除尘净化系统的研究与运用	福建安溪华净环保设备有限公司	詹金全、郭学理、郭清波、吴高焰
	乌司他丁对脓毒症患儿炎性反应和肾功能的影响	安溪县医院	肖建佳、章秀桃、黄栋钦、蔡伟泽、胡伟滨
	经尿道等离子剜除术治疗前列腺增生	安溪县中医院	黄玉山、洪双龙、李奕森、林金宝、白剑峰
	安溪县不同职业慢性荨麻疹病人变应原检测技术创新及应用	安溪县医院	周锦缎、谢启旋、陈钦江、苏良宝、黄毅明
	双套管持续冲洗负压引流在骨盆直肠间隙脓肿根治术后的应用	安溪县医院	林文华、唐丽敏、苏昆明
	重组人脑利钠肽治疗急性心肌梗死并左心功能不全临床观察	安溪县医院	张志扬、许红黄、李文明、苏东泉、陈冬冬

奖项	获奖项目名称	申报单位/获奖单位	主要完成人
科技进步三等奖	研究鼻塞式CPAP联合大剂量盐酸氨溴索治疗新生儿ARDS的效果	安溪县医院	黄栋钦、肖建佳、章秀桃、胡伟滨
	三子止咳胶囊联合噻托溴铵治疗稳定期COPD临床观察	安溪县医院	张志扬、蔡蔚萍、林志萍、苏东泉、黄建龙
	骨瓣减压术对150例颅脑损伤患者的疗效分析	安溪县医院	陈龙钦、谢泽锋、陈文杰、翁挠南、吴文彬
科学技术荣誉奖	名优乌龙茶害虫生态防控关键技术研发与应用	福建农林大学、福建省农业科学院植物保护研究所、漳州市英格尔农业科技有限公司、泉州出入境检验检疫局综合技术服务中心、福建八马茶业有限公司、华祥苑茶业股份有限公司、武夷星茶业有限公司、安溪县龙涓乡举源茶叶专业合作社	尤民生、孙威江、林乃铨、王联德、李建宇、陈李林、黄伙水、林志平、赵健、曾兆华
	安溪县茶产业质量安全管控体系建设	福建安溪铁观音集团股份有限公司、福建省农业科学院茶叶研究所、安溪县新合作农业生产资料有限公司、安溪县农业技术推广站、安溪县生产力促进中心	郑乃辉、赵健、周有良、李嘉彬、郑回通、李月珍、谢伟良、张炳玲
	名优乌龙茶加工关键技术开发与应用	安溪华祥苑茶基地有限公司	杨文俪、孙威江、肖文华、何素萍、叶秋萍
	福建柏人工林大中径材优化经营技术及应用	福建省安溪白濑国有林场、福建农林大学林学院	陈元品、江希钿、周宗哲、陈金章、江传阳、李渊顺、张惠光、林贤山、连勇机、吴木花
	一种全自动乌龙茶生产设备	福建省安溪县韵和机械有限公司	林清娇
	一种带有红茶副产品的铁观音及其制作工艺	福建八马茶业有限公司	林荣溪、周爱民、陈长友
	沼气茶叶杀青机	福建安溪历山茶仙茶业有限公司	姚福金、姚加怀
	原始工艺浓香型铁观音的制作方法	中闽魏氏生态茶业有限公司	魏贵林
	一种茶叶醇化及提香设备及其生产方法	福建省安溪县韵和机械有限公司	林清娇
	一种红茶发酵机	福建佳友茶叶机械智能科技股份有限公司	黄春池、陈加友、黄思海

2015-2016年度安溪县科学技术专利奖获奖单位、项目

奖项	专利名称及专利号	专利权人	实施单位
专利奖金奖	一种乌龙茶初制自动化生产设备及生产方法 L201010104947.9	福建省安溪县韵和机械有限公司	福建省安溪县韵和机械有限公司
专利奖银奖	一种LED显示屏模组固定装置 ZL201310591072.3	福建海佳彩亮光电科技有限公司	福建海佳彩亮光电科技有限公司
	一种组合式生物转盘 ZL201520923858.5	福建省三净环保科技有限公司	福建省三净环保科技有限公司
专利奖优秀奖	一种无粮酿制的茶酒及其制作工艺 ZL201310134247.8	李伟铭	安溪县益酩茶酒酿造有限公司
	一种高效三角袋包装机 ZL201520855228.9	福建省安溪县旺富机械科技有限公司	福建省安溪县旺富机械科技有限公司
	一种保健食品山格淮山养生茶 ZL201310391875.4	陈主义	安溪县山格淮山专业合作社

【鼓岭科学会议在安溪县召开】

2017年11月28日，由福建省科技厅主办，泉州市科学技术局、安溪县人民政府协办，福建省中科生物股份有限公司承办的第二十四次鼓岭科学会议在安溪县召开。福建省科技厅、泉州市科学技术局、安溪县政府领导，国内相关领域知名专家等100多位代表参加会议，围绕光生物技术创新与应用、植物工厂与农业转型升级等主题进行深入探讨，分享研究成果。

·文化艺术·

【概况】

2017年，安溪县开展"优秀传统文化进校园"活动16场，公益性高甲戏惠民演出85场；1月1—25日，举办夫子艺苑少年儿童摄影展览；1月21日，由安溪县文体新局指导，安溪县文化馆主办，安溪网、艾尚艺术培训机构、星海文化、飞扬影音承办，弘桥世界城总冠名的"金鸡贺岁闹新春"2017年安溪百姓网络春晚在体育馆举行；4月27日晚，在宝龙广场举行庆五一"劳动光荣·诚信为本"晚会；全年举办文博世界鸡年鸡图片展、图说中国古代教育图片展、"集美学校播迁安溪80周年纪念图片展""砥砺奋进跨越发展四个安溪建设成就图片展"等多场图展；5月18—21日，组织茶艺团参加首届中国国际茶业博览会；6月29日赴北京参加"双安双创"成果展推介活动；7月25日，郭宗华、林怀锋、宋军泉、郑凯辉、张晓灿、张艺辉、吴欣琼赴泉州参加省第九届青年演员比赛泉州预选赛，6名演员拿到参加决赛资格；8月17日，组织高甲戏剧团参加"治国理政"金砖会晤高级论坛《刺桐情韵》非物质文化遗产专场演出赴中国台湾地区和韩国等国家进行文化交流演出；8月30日，举办"家+文化"征文活动，10月17日，在政府广场举办"喜迎十九大放歌十九大"一乡镇一歌专场演出。10月21日，举办"那时花开"安溪铁观音2017主题诗会；12月12日，参加第二届中国（安溪）家居工艺文化博览会，表演茶艺；12月15日，福建省第九届青年演员比赛获奖名单公示，宋军泉、郭宗华、林怀锋、张艺辉获铜奖。筹备"丝路茶印"茶文化专场剧目创排。12月15日，组织福建安溪铁观音女子排球队品茗联谊暨球迷见面会；12月26日，赴广州普宁参加第二届铁观音茶文化颁奖拍卖文艺晚会。配合省委宣传部的排练工作，为赴南非参加"海丝茶道"文艺演出做相应准备；12月，配合湖头镇完成CCTV-7《乡村大世界》特别节目《小镇外传》的拍摄；12月29日，举办"不忘初心、牢记使命"2018年新年音乐会。

【"5551"项目建设】

2017年，安溪县共建设乡镇文化广场4个，村级文化广场19个，农民体育健身工程67个。

2017年安溪县"5551"项目建设情况表

类别	项目情况
乡镇文化广场	建设湖上乡、虎邱镇、白濑乡、尚卿乡
村级文化广场	建设凤城镇吾都，城厢镇员宅，参内乡田底、岩前、参山，魁斗镇溪东，蓬莱镇寮海、蓬新，金谷镇河美，湖头镇美坂，桃舟乡桃舟，祥华乡郑坑，尚卿乡翰卿，龙涓乡庄灶，大坪乡大坪，虎邱镇竹园，官桥镇驷岭，龙门镇和平、金狮
农民体育健身工程	建设凤城镇吾都，城厢镇光德、砖文、路英、霞保、玉田、过溪，参内乡大厝、坑头，魁斗镇奇观、魁斗、佛子格、钟山、尾溪，蓬莱镇磜内、中芹、鹤前、新坂、蓬溪、联中（大岠内）、联中（登庸）、新美，金谷镇汤内、金山、溪榜，湖头镇前山、郭埔、高山，白濑乡基头，湖上乡长林，剑斗镇双洋、红星，感德镇洪估，桃舟乡吾培、下格、达新，福田乡双垵、丰田，长坑乡下林、西溪，祥华乡美仑、白玉、祥华、新寨，蓝田乡九磜，尚卿乡青洋、翰苑、黄岭、福林，西坪镇西坪、百福，龙涓乡宝都、山后、下洋，芦田镇内地、三洋，大坪乡福美、双美，虎邱镇石山、双都、双格，官桥镇赤岭，龙门镇龙美、溪内、观山、龙门、山头

【文艺创作】

2017年，安溪县以一代名相李光地廉政、家风为主题，组织创作新编高甲戏《李光地》剧本；创排小品《新生》，录制推荐参加2017年全国社区网络春晚、城厢镇"平安城厢·诚信茗城"文艺晚会、县"劳动光荣·诚信为本"文艺晚会；创排小品《孩子，上学去》，参加2017年安溪百姓网络春晚、泉州市检察院春节晚会演出；福建省茶文化艺术创作调演活动《妙哉铁观音》评为"最具人气"节目。

【作品及获奖情况】

2017年，安溪县组织创作《飘香》被评为福建省茶文化艺术创作调演活动"最佳表演奖"、"最佳人气奖"；2017年9月，高甲戏《憨生别传》获福建省第八届百花文艺奖三等奖；福建省茶文化艺术创作调演活动《妙哉铁观音》评为"最具人气"节目。

【文化交流】

2017年6月22—28日，安溪县应台南市文化协会之邀，组织安溪县高甲戏剧团赴台南彰化县参加2017海峡两岸郑成功文化节文化交流演出；9月21—24日，应韩国济州特别自治道政府之邀，赴韩国济州参加第56届耽罗节文化交流演出。

【文化市场整治】

2017年，安溪县多次开展文化市场（网吧、娱乐场所等）、文物（各乡镇文保单位）、体育设施安全大排查，开展"扫黄打非"、学校周边的专项整治行动和全县文化市场"双随机"行动，加强文化市场领域普法宣传教育。全年共出动200余人次，覆盖90%文化市场企业，查出各安全隐患100余条，关停不符合安全消防标准的企业2家，没收危害青少年健康成长的书刊200余册，随机抽取执法人员180余人次、经营单位60余家次，查处违反文化市场法律法规的企业7家，立案7起，共罚款26000元。利用宪法宣传日，开展"诚信""禁毒"等主题宣传活动，共分发宣传图册200余份。

【文博工作】

藏品管理　2017年，安溪县博物馆按规范建设馆藏库房，完善安全监控管理机制，规范藏品出入库登记制度，严格库房日常管理，分类典藏文物和进行常规养护工作。

社会教育与陈列展览　2017年，安溪县发挥安溪文庙的阵地功能，常年陈列5个固定展览，多方渠道充实博物馆的临时展览。2017年结合实际情况，开展公益活动6场次，培训小志愿者讲解员32名；举行临时展览10场，其中4场是安溪文博专题系列展。

文物保护　2017年，安溪县文庙修缮工程约投入资金713万元，25处文物单位被安溪县人民政府命名为第八批县级文物保护单位：同美陈氏旧衙、新衙祖厝，午峰岩国珪祠（包括扩展项午峰岩），圆潭劝农摩崖石刻，安溪古渡口（包括湖头下林渡、蓬莱魁美古渡口、城厢仙苑古渡口），振美大厝，五房小宗，宗城土楼，山格公评庵，监宫，聚星楼陈氏大宗祠，源远土楼，三安寨，尧阳日寨古民居（包括尧阳日升居与大湾油车厝），珍春古民居（包括福源居、福安居、福山居、福堂居），资深祖祠，宝政殿，凤山岩，庄山民防联保旧址（厚安堂），济芳楼，中共庄灶支部旧址（庄夏堂），赤岭芦汀桥，厚安土楼（包括扩展项金圣殿），龙门红色地下交通站旧址（龙门村林降祥故居）。

【"非遗"保护】

2017年，安溪县配合市政府做好泉州市申遗相关工作；组织相地府衙群等七项不可移动文物申报为第九批省级文物保护单位；组织开展第八批县级文物保护单位申报评审工作。推荐高碰来、王启灿申报第四批省级非物质文化遗产代表性传承人，推荐申报第三批县级非物质文化遗产代表性传承人，做好第

2017年2月10日，航拍安溪同美村陈氏祖祠　　　　　　　　（安溪报社　供图）

五批县级非物质文化遗产代表性项目申报。推选安溪竹藤编技艺传习所、陈素全茶叶研究所、德峰茶业有限公司、绿色黄金茶业有限公司4家单位参加第十届文化产业博览会，共10个展位。刘金龙、吴世福、郑华山、林水根、叶文土、施顺珩、陈火裕7人被命名为泉州市第七批非物质文化遗产代表性传承人。

【高甲戏剧团】

2017年，安溪县组织高甲戏剧团参加金砖国家治国理政研讨会《刺桐情韵》"非遗"专场演出和第三届海上丝绸之路国际艺术节开幕式演出，1名青年演员被省委、省政府表彰为先进个人，县高甲戏剧团获海艺节执委会表彰。完成"2017中国—中东欧国家文化季"韩国济州专场和第五届中国泉州国际木偶节安溪专场演出的联络对接和服务保障。完成2017年海上丝绸之路环泉州湾国际公路自行车赛安溪赛段、第十届世界安溪乡亲联谊会欢迎宴会、2018年春节团拜会文艺演出的排练、演出。

根据福建省艺术研究院闽南文化生态保护区戏曲剧种薪传计划"名老艺人传统折子戏传承"活动要求，组织老艺人传承传统折子戏《窑答》《入窑》《送水饭》《妗婆打》。复排传统剧目《逼婚记》。组织高甲戏《玉珠串》申报国家艺术基金2018年传播交流推广项目。

打造"飘香安溪·周周有戏"公益性惠民演出品牌，坚持开展送戏进乡村、进社区、进军营，充分利用流动舞台设施，完成省市公益性惠民演出85场。

创作新编高甲戏剧目《李光地》，组织参加第十三届福建省水仙花戏剧比赛和福建省第九届青年演员比赛，共5人获奖。举办"恒兴杯"首届青年演员比赛，委托泉州艺术学校培养2017级高甲戏表演专业学生25名。

2017年6月，赴台湾彰化参加2017海峡两岸郑成功文化节交流演出。2017年9月，和惠安县木偶戏艺术保护传承中心组成泉州市代表团赴韩国济州参加第56届耽罗文化节交流活动。

2017年9月，高甲戏《憨生别传》获福建省第八届百花文艺奖三等奖。

【安溪艺术学校】

2017年1月30日，安溪艺术学校茶文化艺术专业8名学生前往安溪祥华乡参加茗村东坑2017年春节千人品茗斗茶交流会评茶比赛，共6位同学获奖：王丽婷获特等奖，陈艳玲获一等奖，陈娜惠、钟啊莲获二等奖，陈玉婷、陈娜婷获三等奖。

【拓展图书馆功能】

2017年，安溪县沼涛图书馆参加宣传部组织的"2017年安溪县文化科技卫生三下乡"活动，并向尚卿乡中心小学捐赠价值5000元的少儿图书；启动大型公益项目"共享图书"。举行"凤山一号书栈"授牌仪式，并开展图书漂流活动，同时举行"春光里·星美滋"诗会；推动茶乡安溪全民阅读活动持续深入开展，于"4·23世界读书日"开展全城"送书"活动；联合茶文化艺术团，举办"书香茶韵"体验沙龙活动；参加福建省文化厅主办的2016年第二届"读吧！福建"读书征文活动中获"优秀组织奖"。

【茶文化艺术】

2017年，安溪茶文化艺术团参与CCTV农民春晚录制，受邀参加北京全国双安双创成果展，参加普宁第二届铁观音艺术节，参与福建安溪铁观音女子排球队品茗联谊暨球迷见面会活动，策划筹备"丝海茶韵"专场晚会。接待活动法籍国际策展人戴浩石一行考察团、广西河地市考察团、青海省考察团、等赴安溪参观考察茶艺表演等活动。进行《茶的女儿》MV部分拍摄，创编情景演唱《茶的女儿》、情景合唱《宇宙的种子》、情景茶艺《妙哉铁观音》《壶里春秋 闽粤茶情》、舞蹈《一茶一世界》《暖春》《秋采》等节目。

【安溪茶艺亮相"澳门福建文化节"】

2017年8月18日—20日，安溪艺术学校应邀赴澳门参加"第四届澳门福建文化节——丝路茶乡"，带去茶艺表演推动安溪茶文化在澳门的传播推广。

·档案·

【概况】

2017年，安溪县档案工作实行

2017年安溪县沼涛图书馆基本情况表

年份	新购图书（册）	接受捐赠（册）	藏书总量（册）	外借图书（册次）	流通人数（人次）
2017	1750	150	347867（其中，数字图书250639册，实体书97228册）	36566	39262

片组工作制度。将县档案局人员分为三个片组，各挂钩联系部分乡镇和县直单位。各片组深入各挂钩乡镇和县直单位开展档案监督检查，督查各立档单位做好档案的整理、保管。

是年县档案局先后指导医药公司、物资公司、八马茶业、铁观音集团重组等6家企业档案规范化整理。

忆档案'示范项目"称号。主动介入精准扶贫、农村土地确权等民生档案的督导工作。

重点项目监管　2017年，安溪县完成安翔公路中山大桥及连接道路排洪等配套工程、中国国际信息技术(福建)产业园、安溪官桥湖里园市政大道工程等8个重点项目的档案登记工作，主动对泉州白濑水利枢纽工程的档案工作进行指导。完成县委办、县发改局、县财政局等21个单位的档案整理工作。

档案法制宣传　2017年，安溪县开展"6·9国际档案日"普法宣传活动，以"档案——我们的共同记忆"为主题，通过举办档案专题展览、档案馆开放周、档案下基层、组织媒体报道、档案便民活动等多种形式的宣传活动，提高全社会档案法治意识。

人才队伍建设　2017年，安溪县组织全县档案专兼职人员参加市档案协会举办的档案岗位培训班，参训学员15人；档案继续教育培训班，参训人员13人；通过省公务员考试录用两名档案专业人员，派员参加省档案局组织的行政执法资格考试、档案修裱、口述档案等一系列业务培训。

【档案管理利用】

2017年，安溪县档案局先后接收县人大办、县财政局、县发改局、桃舟乡等9个单位文书档案2255卷，图书资料28册，族谱12册、珍贵档案23卷册。

2017年，安溪县新增开放档案2500余卷；累计接待档案利用者1200余人次，利用卷数3000余卷，出具证明9000余份，查档范围涉及婚姻、土地、知青、干部行政介绍信等。联合泉州市晚报社完成《世界安溪人档案录之一》编纂工作；建设县档案馆"微型消防站"、开展保安人员培训、消防演练及建筑电气消防安全检测。与慈山学校开展馆校共建合作，并妥善保管学校寄存的珍贵档案。

【综合档案馆建设】

2017年，安溪县档案馆易址城厢镇路英片区，规划建设用地6.032亩；11月，县政府同意把城建档案馆、不动产登记档案室、方志馆纳入县综合档案馆建设，建筑规模11560平方米，总投资5000万元；截至12月底，已完成项目建议书立项、选址意见书、红线图、建设项目环境影响登记表、用地预审等工作。

·地方志·

【概况】

2017年，安溪县地方志工作围绕提供社会服务的核心，对安溪县湖头镇进行2016年度中国历史文化名镇保护性发展初步评估；为《福建农业文化遗产调查》《闽宁协作志》等的编审提供相关材料等。9月，安溪县方志馆建设项目获批与县综合档案馆统一规划建设，面积约2000平方米。

【年鉴编纂】

2017年4月，《安溪年鉴(2016)》正式出版发行，累计发放、赠阅300多本。同月，《安溪年鉴》系列丛书第12卷《安溪年鉴(2017)》全面开编，实行"公开出版"，于11月成初稿送出版社审稿并申请书号。

【部门(专业)志编修】

2017年6月，《安溪县金融志》正式出版发行，该书近39万字，记载1991—2007年安溪金融业通过深化改革、扩大开放等方式快速发展，为安溪贫困脱帽、基本小康做出的努力和贡献。12月，《安溪张氏志》正式出版发行，系安溪张氏有史以来第一部全面、系统记述其源流、肇安、繁衍等历史与现状的志书。完成《安溪县华侨志》《安溪县教育志》初稿、二稿的审改，《安溪县华侨志》稿件退回重修，《安溪县教育志》继续整改充实。

【地情平台建设】

2017年，安溪县方志办编辑出版《安溪方志》2期(总第40、41期)，内容包括安溪县域内年度焦点、村落源流、风物研究等地情信息。"安溪方志"微信公众号全新改版，多篇推文引起读者共鸣，10月24日推送的《十幅长卷看大美安溪》24小时累计阅读量破5万(含其他平台转发数据)。

【安溪家风家训展厅】

2017年9月，安溪县方志办全面完成安溪家风家训展厅内容征集整理和布展工作。11月20日至12月1日，以安溪家风家训展厅为阵

2017年11月，安溪家风家训展厅正式对外开放　　　　　　（县方志办 供图）

地，安溪集中开展"新时代·新风尚"家风家训主题教育活动58场。

· 党史 ·

【概况】

2017年7月，《中国共产党安溪历史（1927-1949年）》出版发行，安溪县组织编撰《中国共产党安溪历史》（第二卷），至12月基本完成初稿。组织人员对改革开放以来相关党史资料的征集整理，着手编写《中共安溪县历次代表大会重要文献汇编》《中共安溪县组织史资料》等相关史料。

【宣传教育】

2017年，安溪县编辑出版《安溪党史》2期，8.9万字。利用清明节、建党节、建军节、国庆节等重要时间节点，开展主题教育活动，讲好红色故事，加强对青少年和党员干部的革命传统教育。发挥老区优势，做好金谷镇东溪村安南永德苏维埃政府旧址的修缮维护和旅游接待中心建设，打造红色旅游基地和红色体验旅游精品，扩大安溪红色资源的影响。做好中共安溪中心县委、安南永德苏维埃政府等地的参观讲解工作，共有4000多人次接受教育。

【资料征集】

2017年，安溪县围绕编写《安溪大事记》，共征集资料40多份，约2.4万字；围绕党员红色教育，征集相关史料和图片，做好魁斗镇安溪中心县委旧址的展览；根据省、市党史研究室要求，做好征集保护红色资源、传承红色基因、弘扬革命传统等相关资料和图片工作。

· 广播电视 ·

【概况】

2017年，安溪人民广播电台每天播出18小时。自办三档直播栏目，共采编、策划、播出节目780期，每期60分钟。自办两档录播节目，审核、播放电视剧1460集1095小时（每天4集，每集45分钟，每天3小时），电影547.5小时（每天1集，每集90分钟，每天1.5小时），科教、少儿等节目304小时（每天50分钟）。

【广播电台栏目拓展】

2017年，安溪人民广播电台自办谈话类节目《康鹏茶馆》，每期30分钟，共录制52期；文学综艺节目《946悦读时光》，从2017年6月19日开播，每期30分钟，共录制140期。录播《安溪新闻》《一周要闻》节目365期，编排、播出娱乐音乐等节目4660个小时。

2017年安溪县广播电台直播节目情况表

栏目名称	定位/宗旨	节目类别	节目形式	开办时间	播出时间	节目时长（分钟）
946新闻最早班车	新闻资讯	新闻	直播	2014.01.01	07：30-08:30	60
心动麦克风	温馨、快乐的点歌	文艺娱乐	直播	2014.01.01	11:00-12:00	60
946一路畅通	分享与车、交规有关的新闻、趣事	道路交通	直播	2014.01.01	17:30-18:30	60

2017年安溪县电视栏目制作与播放情况表

栏目名称	节目类别	节目形式	开办时间	播出时间	节目时间长度（分钟）
安溪新闻	新闻	录播	1993.12.11	周一至周五19:35首播	20
一周要闻	新闻	录播	2002.02.22	周六19:35首播	20
项目聚焦	专题	录播	2017.02.06	周一20:00首播（月播）	12
民生在线	专题	录播	2017.02.13	周一20:00首播（月播）	12
走近安溪	专题综合类	录播	2010.07.12	周六20:00首播（月播）	15
先锋视点	专题党建类	录播	2012.05.13	周六20:00首播（月播）	15
茶人茶事	专题	录播	2010.01.04	周二20:00首播	15
百姓生活	专题服务类	录播	2010.08.30	周三20:00首播（单周）	15
我爱厨房	专题服务类	录播	2013.05.01	周三20:00首播（双周）	15
法治前沿	专题法制类	录播	2011.06.30	周四20:00首播	15
成长快乐	专题少儿类	录播	2013.01.25	周五20:00首播（半月播）	15

【向上级台供稿】

2017年，安溪电视台选送的电视新闻稿件在泉州台播出316件，在福建台播出248件，在中央台播出16件（含提供选题、素材）。安溪人民广播电台新闻稿件被泉州电台采用98件，被福建新闻广播采用113件。

【节目获奖情况】

2017年，安溪县广播电视节目获"泉州市广播电视艺术奖"一等奖1件、二等奖3件、三等奖6件。其中，广播剧《承诺》获2017年度"泉州市广播电视艺术奖"一等奖；电视艺术片《安溪·安溪》获2017年度"泉州市广播电视艺术奖"二等奖；广播长篇连播《鬼吹灯》获2017年度"泉州市广播电视艺术奖"二等奖；电视主持《正心诚意·成人达己》获2017年度"泉州市广播电视艺术奖"二等奖；微视频《圆圆》获2017年度"泉州市广播电视艺术奖"三等奖；电视综艺节目原创歌曲《醉美大坪》获2017年度"泉州市广播电视艺术奖"三等奖；电视综艺节目《安溪电视台2017少儿春晚》获2017年度"泉州市广播电视艺术奖"三等奖；电视包装公益广告《关爱老年人——茶、饭篇》获2017年度"泉州市广播电视艺术奖"三等奖；广播播音《新闻早班车——新闻关键词》获2017年度"泉州市广播电视艺术奖"三等奖；电视播音《李光地——生前报效国家 身后家训传世》获2017年度"泉州市广播电视艺术奖"三等奖。广播剧《回家》在福建省第八届百花文艺奖评比活动中获三等奖。

【社会宣传】

2017年，安溪县围绕产业转型升级、重点项目建设、安溪铁观音品牌建设，以及精准扶贫、打击虚假信息诈骗、美丽乡村建设等重大宣传报道活动，组织实施系列宣传战役，进一步加强热点问题、难点问题引导，增强新闻吸引力和社会影响力。

是年，中央电视台《新闻直播间》《朝闻天下》《第一时间》《科技苑》等栏目，福建电视台《新闻启示录》《风物福建》等栏目，先后推出多件关于安溪和安溪铁观音的新闻、专题，报道安溪茶业的最新动向，向国人展示安溪铁观音"二次腾飞"，全面创新升级产业的新形象。

2月6日起，开播《项目聚焦》栏目，关注安溪县重点项目建设，通过深入挖掘项目落地的缘起、发展等背后故事，记录项目建设过程，阐释项目建设意义，突出大工程、大项目、大意义、大发展、大变化，为安溪推进重点项目建设提供舆论支持。2月13日起，开播《民生在线》栏目，对民生新闻进行延伸，将百姓的生活状态、生存方式，以及普通人的价值观、心路历程，以生动的语言和丰富的镜头原生态地呈现在电视荧幕上。

·电影·

【概况】

2017年，安溪县完成438个行政村5256场（一村一月一场电影）

2017 年 11 月 27 日晚，安溪影剧院演出高甲戏经典剧目《凤冠梦》　　　　　（安溪报社供图）

公益放映数字电影任务；县影剧院每逢周一、三、五晚免费放映一场数字电影；全年免费放映数字电影 156 场，累计观众数 5.2 万人次。积极开展电影下乡放映活动。

【社会服务】

2017 年 1—11 月，在创建"诚信安溪""大美安溪"活动中，播放"依法从重从快打击电信诈骗犯罪""诚信守法经营勤劳致富光荣"等 4 条打击电信诈骗广告，全县农村共播放 6155 场次，累计观众数 56.97 万人次；县影剧院共播放 170 场次，累计观众数 6.05 万人次。

5—8 月，开展"电教下乡，送片进村"活动，实施"夜幕下的电教工程"，在电影放映前播放《先锋视点》宣传短片，重点宣传安溪先进基层党组织和优秀党员事迹，共播放 741 场，累计观众数 5.78 万人次；在"平安安溪"建设活动中，播放交通安全出行"疲劳驾驶、酒驾、超速驾驶、闯红灯驾驶"等交通安全宣传标语，全县共播放 763 场，累计观众数 5.8 万人次。

9—11 月，组织全体放映员，在全县范围内公益放映电影前播放"迎接党的十九大，共圆小康中国梦""小康中国，富美乡村"等主题宣传标语。十九大召开后，各放映队制作"不忘初心，牢记使命，决胜全面建成小康社会""坚定文化自信，推动社会主义文化繁荣昌盛"等红色黄字横幅标语，在公益放映前张挂银幕下方。同时，在公益放映前播放"五位一体""四个全面""价值观"等宣传短片，共播放 1423 场，累计观众数 13.8 万人次。

【服务农村】

2017 年，安溪县推进"农村电影放映工程"，全县农村公益放映数字电影 5256 场，累计观众数 47.88 万人次。推进农村电影放映提质升级工作，感德、长坑和龙涓 3 个室内固定放映点，健全消防安全和放映管理规章制度，每周固定时间放映 1 场电影，一年放映 48 场，3 个放映点共放映 144 场，累计观众数近 2 万人次。坚持社会效益为首位，开拓农村电影市场，20 支放映队利

用农村祠堂文化、各类喜庆节日，主动上门服务农民，全年商业性放映数字电影 2150 场。组织一批《我的长征》《古田会议》等优秀爱教影片，龙涓、祥华、剑斗等 7 支放映队进入边远乡镇的中小学放映。全年全县共放映 66 场，共有 1.92 万人次中小学生观影。

【县新影剧院建成启用】

2017 年 10 月 23 日，安溪县沼涛片区改造领导小组召开协调会，确定安溪县新影剧院由安溪县电影服务中心接管。11 月 27 日上午 9 时，安溪县新影剧落成剪彩。县委书记高向荣、县长刘林霜、县人大常委会主任廖皆明、县政协主席梁金良等四套班子领导，沼涛片区改造领导小组、县直机关、凤城镇、建筑施工单位、沼涛实验小学、电影服务中心等单位部分干部职工参加剪彩。当晚 7 点新影剧院演出《凤冠梦》高甲戏，县直机关干部职及城区部分群众共 1056 人观看。

2017 年 12 月 6 日，第十届世界安溪乡亲联宜大会在县影剧召开；12 月 11 日，第三届海上丝绸之路国际艺术节"2017 中国——中东欧国家文化季"泉州分场在影剧院专场演出；12 月 26-29 日，安溪县第十七届人大、第十二届政协会议在安溪影剧召开，期间 12 月 26 日晚，县高甲戏剧团演出《玉珠串》，28 日晚放映电影《战狼 2》；12 月 30 日，"不忘初心、牢记使命"安溪县 2018 新年音乐会在新影剧院演出。

12 月 30 日，位于解放路旧县影剧院全部腾空，安溪县电影服务中心办公场所搬入新影剧院办公楼。

卫生·计生·体育

·卫生·

【概况】

至2017年12月31日，安溪县共有各级各类医疗机构755所，其中：县级医疗卫生机构6所，乡镇卫生院23所（甲类2所、乙类10所、丙类11所），社区卫生计生服务中心1所，民营医院7所，村级卫生所678所，厂、矿、校卫生室2所，个体诊所38所。全县编制床位3432张（公立2812张，民营620张），实际开放3629张（公立2999张，民营630张）。公立医疗卫生机构人员编制2587人，在编2231人，全县卫生技术人员4143人（助理执业医师以上1176人、执业护士1450人，包括村卫生所、室、诊所）。

机构改革　根据《中共安溪县委机构编制委员会关于设立安溪县卫生计生信息服务中心的批复》要求，合并县人口和计划生育执法大队、县卫生工作者协会、县人口与计划生育信息管理中心，设立县卫生计生信息服务中心，隶属于县卫计局事业单位，经费渠道为财政核拨；根据《中共安溪县委机构编制委员会关于整合设置安溪县卫生计生综合监督行政执法机构的通知》（安委编办〔2017〕32号）要求，安溪县卫生监督所（副科级）整合

更名为安溪县卫生计生执法大队，为副科级单位，副科级领导职数2名，原县卫生监督所的13名编制成建制转入县卫生计生执法大队。

【医疗卫生体制改革】

公立医院改革　2017年9月，安溪县在全国范围内公开竞聘县医院、中医院院长，10月，县医院、中医院院长上任。

启动分级诊疗　2017年，安溪县以高血压、糖尿病两个慢性病分级诊疗进行试点工作，出台相关实施方案，运用医疗、医保、价格等手段引导患者在基层就医，推动形成基层首诊、双向转诊、急慢分治、上下联动的就医秩序。

【卫生项目建设】

基础设施建设　2017年，安溪县医院门诊医技大楼59463平方米，总投资22500万元，已开工建设，至2017年底完成投资4000万元；县妇幼保健院整体搬迁建设30000平方米，总投资15000万元，已开工建设，至2017年底完成投资2400万元；龙门中心卫生院迁址新建6634平方米，总投资1700万元，已完成并投入使用；祥华卫生院改扩建病房综合楼3200平方米，总投资850万元，已完成并投入使用；湖上卫生院搬址新建病房综合楼3000平方米，总投资820万元，已完成并投入使用；

湖上卫生院宿舍楼1500平方米，总投资420万元，已开工建设；兰田卫生院业务综合楼1000平方米，总投资280万元，已完成施工图纸设计。县医疗卫生机构医疗设备等投入5628万元。

信息化建设　2017年，安溪县医院投入360万元、官桥医院投入180万元、蓬莱卫生院投入156万元，总计投入696万元用于信息化建设，已安装并投入使用。

【医政管理】

医疗质量百日专项行动　2017年8月，安溪县制定《安溪县卫生和计划生育局关于印发安溪县基层医疗卫生服务能力提升工作三年（2017—2019年）行动实施方案的通知》《安溪县卫生和计划生育局关于开展以"改善医疗服务环境、提高医疗服务质量"为主题的医疗质量百日专项行动的通知》，在全县卫计系统开展基层医疗卫生服务能力提升工作行动，针对各单位存在问题提出切合实际的整改提升方案，全面提高医疗整体工作水平。

提升医护人员综合素质三年行动　2017年，安溪县在全县各医疗机构全面实施进一步提升医护人员综合素质三年行动方案，以提高医疗技术服务能力为根本，以提高医疗服务质量为着力点，从人才培养、

学历提升、教育培训、医德医风、绩效考核等方面，提升医护人员的综合素质。

改善医疗服务 2017年，安溪县以预约诊疗、医疗资源调配、日间手术试点、提升医疗服务质量、推进临床路径管理、创新急诊急救服务、加强信息化建设、推进优质护理服务、加强药事管理、发挥中医特色、营造良好人文环境等11项内容为重点，同步推进改善医疗服务与深化改革，不断完善配套措施。

创建"群众满意的乡镇卫生院" 2017年，安溪县官桥、龙门、虎邱、蓬莱、尚卿、湖头、感德、桃舟等8个乡镇卫生院推选为安溪县2016—2017年度"群众满意的乡镇卫生院"的候选单位。经过考核，龙门中心卫生院、尚卿卫生院、感德卫生院等三家单位通过省级考核，尚卿卫生院通过国家考核。

"三基三严"训练和卫生法律法规学习 2017年4月9日，安溪县制定下发《安溪县全面加强卫生技术人员"三基三严"培训和学习卫生法律法规规章工作实施方案》，通过自主学习、短期培训等多种形式，确保全部医务人员参加"三基三严"（基本理论、基本知识、基本技能；严格要求、严密组织、严谨态度）培训和卫生法律法规规章学习。

落实医疗核心制度 2017年，安溪县印发《医务人员手册》《医疗质量评价标准》等书籍5000多册，分发给每位医务人员，确保人人熟练掌握核心制度，进一步规范诊疗行为，保障医疗安全。

医疗联合体建设 2017年10月22日，安溪县与福建医科大学附属协和医院签订"远程医疗服务协作"；县第三医院与泉州市第三医院、县妇幼保健院与泉州儿童医院、官桥医院与福建医科大学附属第二医院、城关社区卫生计生服务中心与泉州正骨医院开展医联体建设，组建2家县域医联体（县医院与虎邱卫生院、县中医院与尚卿卫生院），落实县医院、中医院、妇幼保健院支援湖头等8家乡镇卫生院的对口帮扶工作。2017年，市级及以上医院选派专家400多人次到医疗联体、对口帮扶单位开展坐诊、查房、讲座等，县级医院通过医联体到基层医疗单位会诊200多例，开展疑难手术10多例。全县医疗单位均与上级医疗机构签订医疗联合体协议。

医院感染管理 2017年，安溪县组织召开2次专题会议研究部署，督促落实全县医疗废物的管理工作。对全县医疗机构医疗废物管理工作进行明查暗访。全年共收集医疗废物约172吨，医疗废物集中处置率100%。

医疗纠纷防范 2017年，安溪县累计发生医疗纠纷案件34起，同比持平，未发生医闹、涉医违法案件。

【中医药工作】

"中医馆"建设 2017年，安溪县完成虎邱、湖上卫生院等9家中医馆的建设。在《百姓生活》栏目中录制播放两期"中医馆"专题节目，通过各大媒体、微信、公众号等形式积极开展中医文化传播。

中医药师承教育 2017年，安溪县组织开展全县50名师承人员和3名确有专长人员参加2017年度传统医学出师考核和确有专长考核工作，有34名师承人员和2名确专长人员通过考核工作。

县乡中医药互联服务 2017年8月11日，安溪县乡中医药互联服务正式启动，县中医院与全县24个乡镇卫生院签订县乡中医药互联服务合作协议，并举行签约授牌仪式。县中医院添置16台智能中药煎药设备和4台中药汤剂包装机，全年共服务群众6500余人次，配送中药32000余贴。

《中医药法》宣贯 2017年，安溪县以国家中医创先复核审评为契机，全面宣传贯彻实施中医药法，印制发放《中医药法》宣传册5000本。

中医药文化传承 2017年，由安溪县中医药学会组织征集编印名老中医经验集《茶苑撷杏》1000册，征集县域内具有丰富中医临床经验的个人多年中医临床且屡试屡验的经验总结。

【基本公共卫生服务】

2017年，安溪县共建立居民健康档案948368份，建档率93.69%；开展65岁以上老年人健康管理人数59705人，健康管理率67.99%；高血压患者管理63230人，规范管理39769人，规范管理率62.90%；糖尿病患者管理22697人，规范管理14610人，规范管理率64.37%；重性精神疾病患者管理4465人，规范管理3376人，规范管理率75.6%；0~6岁儿童健康管理148769人，健康管理率95.30%；新生儿访视19820人，访视率94.60%。孕产妇保健管理19830人，产后访视19142人。各项指标均达上级目标要求。开展65岁以上老年人中医药健康管理42828人，管理率48.77%，0~36月儿童中医药健康管理49965人，管理率86.74%。

【农村医疗】

2017年，安溪县组织乡村医生参加在岗学历教育、规范化年度培训。提高乡村医生基础津贴补助标准，为乡村医生办理养老保障生活补助（60周岁以上在岗乡村医生每人每月补助100元，年补助1200元，年财政预算45万元）、团体意外保险（年财政投入10万元，每人年保险额度24万元）、医疗责任险补助、职工医疗互助活动等。实施乡村卫生服务一体化管理，筑牢三级医疗卫生服务网络网底，至2017年底已完成乡村卫生服务一体化管理村卫生所规划设置全覆盖。着重推进家庭医生签约服务。截至是年底，全县常住人口签约数514909人，签约率50%；重点人群签约数351813人，签约率66.7%；户籍人口签约率42.89%，建档立卡贫困人口签约24290人，签约率100%。

【卫生监督执法】

医疗卫生监督（含打击"两非"）

2017年，安溪县累计出动人员651人次，联合执法检查1次，对各级医疗机构监督覆盖率达100%（含卫生监督协管巡查），查处无证行医3家，医疗机构违规执业2家，违法开展非医学需要胎儿性别鉴定2起，非法介绍妊娠妇女进行非医学需要的胎儿性别鉴定的行为52起，罚没款38万余元，吊销医师执业证书1人，护士执业证书1人。

公共场所卫生监督 2017年，安溪县组织对辖区内的公共场所（酒店、旅社、理发店、游泳场所、足浴场所等）进行全面检查，掌握辖区公共场所卫生许可情况和卫生状况。指导各公共场所经营单位在经营前要认真按照《卫生规范》等有关规定进行场所设置、卫生设施设备的配置。开展公共场所重点卫生监督，全县147家公共场所持证率100%。持续开展公共场所量化分级工作，确定卫生信誉等级。全年共检查各类公共场所98户次，发出卫生监督意见书52份。

生活饮用水卫生监督 2017年，安溪县开展生活饮用水重点卫生监督，配合中央环保督查和国家卫计委"双随机"任务要求，对6家集中式供水单位、10家二次供水单位进行100%监督检查。开展饮用水卫生专项整治、乡镇以上集中式供水单位专项调查、涉水卫生安全产品专项整治。累计出动人员125人次，发出监督意见书5份。采取水样及开展现场快测15次。

学校卫生监督 2017年，安溪县对全县的中小学、幼托机构进行学校传染病防治、生活饮用水卫生安全管理等学校卫生专项监督检查，累计检查95户，发出监督意见书45份。

放射卫生监督执法 2017年，安溪县组织人员对全县医疗卫生机构进行监督检查，共检查全县范围内放射诊疗机构32家。在检查主要发现，部分放射诊疗机构存在缺少受检者的个人防护用品、放射工作人员无个人计量检测等情况，对存在问题一一出具监督意见并督促其落实整改。

传染病防治监督 2017年，安溪县组织一次综合检查对全县医疗单位的传染病防治、消毒管理、医疗废物处置等情况进行检查。共检查各类医疗单位32家，对发现存在问题的单位提出整改意见进行整改，出具卫生监督意见书13份。依法开展消毒产品监督工作，累计检查消毒产品经营单位5家，立案查处1家，罚款3000元。在全县开展集中式餐饮具消毒单位专项整治工作，共检查集中式餐饮具消毒单位12家次，抽检餐饮具样品200余份。

卫生监督协管 2017年，安溪县分四次对全县各医疗单位进行卫生监督协管季督导及半年考核，督促各协管人员认真落实学校卫生巡查、集中式供水巡查、非法行医及非法采供血巡查、计划生育巡查等工作及时、规范完成，对存在的问题提出整改意见，并督促完成整改。

【疾病预防与控制】

传染病预防与应急 2017年，安溪县开展2次全员卫生应急知识培训及5次应急模拟演练。9月，组织全县登革热暴发疫情演练，有效处置8起食源性中毒事件、5起水痘聚集性疫情、3起学校结核病疫情和1起流行性腮腺炎疫情。截至2017年底，全县累计报告610例艾滋病病人/HIV感染者（按现住址统计），其中，死亡195例，存活415例；2017年发病数为86例，发病率为7.16/10万；全年开展VCT检测咨询305人次，26例阳性；开展监管场所羁押人员HIV检测2409人次，2例初筛阳性。2017年共登记可疑肺结核症状者1250例，查痰1195例，可疑患者的查痰率95.6%。发现活动性肺结核病人491例，其中，新发现涂阳病人225例涂阴肺结核病人249例，复治涂阳15人。治疗满一年新涂阳病人269例，治愈235例，治愈率87.36%，高于85%指标要求。2017年发现活动病人数580人，系统管理患者数559人，系统管理率96.38%，高于95%指标要求。全年筛查426例涂阳病人密切接触者，发现2例涂阳肺结核病人，其中学校126人，未发现活动性病人。2017年报告流行性出血热6例，布鲁氏菌病2例，登革热1例，按规范开展疫情处置；无新增现症或复发麻风病人，2例现症病人持续规范治疗，完成60人病人家属及密切接触者体检完成。做好麻疹、流感、手足口等季节性传染性疾病防控；霍乱等重点肠道传染病及流行性出血热等防控防治和监测；人感染H_7N_9禽流感防控。

免疫规划 2017年，安溪县疫苗基础免疫和加强免疫接种率均超95%，乙肝首针及时接种率超95%；严格疫苗出入库和冷链管理，保证疫苗接种质量；开展免疫规划疫苗查漏补种活动；持续开展脊髓灰质炎、麻疹、预防接种异常反应监测和急性乙肝监测。

卫生监测、检测和检验 2017年，安溪县疾控中心实验室参与理化项目省级铅、锰、氟及市级亚硝酸盐、氟、锌，参与微检项目市级菌落总数定量、副溶血性弧菌定性、HIV抗体、梅毒共十个项目质控考核。如期完成省级下达农村及城市饮用水检测任务274份；食品安全风险监测采样送检各类食品样本107份，采样自检食品样本20份；14家餐饮单位或学校大肠菌群项目餐饮具检测126份；职业性从业人员血铅检测1526份；常规项目公共场所监测76家，监督抽检公共场所监测47家；医疗机构消毒质量监测4家81份样品，合格77份，合格率95.1%；托幼机构消毒质量监测4家120份样品，合格108份，合格率77.1%。

疾病监测、检测与检验 2017年，安溪县食源性疾病监测上报433例，完成率106.9%；死因报告粗死亡5510份，粗死亡率为5.44‰；企业职业健康监护报告完成率100%；地方病防治盐碘检测309份，合格碘盐299份，水氟检测19份均合格；水碘检测560份，中位数1.52μg/L，均符合卫生饮用水指标；尿碘检测309份，中位数175.45μg/L，孕妇尿碘中位数117.3μg/L；看守所羁押人员艾滋病初筛检测2409人份、咨询人员检测305人份，确认28人份阳性。结核病人肝功及血常规检测1086人份；预防性健康体检沙门氏菌、志贺氏菌、ALT、甲肝、戊肝检测9529人份；53家企业接触危害因素从业人员职业健康体检2933人；调查33家医疗机构放射性诊疗基本情况；重点食源性寄生虫和土源性线虫监测顺利开展；作为2017年土源性线虫的流动监测点，采集虎邱、祥华、尚卿、剑斗、参内等5个乡镇（3

周岁以上人群）共计887份样本，结果钩虫阳性7例（感染率为0.79%），蛲虫阳性2例（感染0.23%），鞭虫阳性1例（感染率0.11%），3~9岁儿童蛲虫卵检测110人，阳性9人，感染率8.18%；疟疾监测超额完成；采集"三热"病人血液标本635份，未发现阳性标本；霍乱监测共送检腹泻病人粪便标本83份，结果均为阴性；人感染禽流感外环境应急监测共采集检测禽流感监测职业暴露人群血清10人份环境标本8份，其中外环境标本H5N1阳性1份；手足口病监测共报告121例手足口病例；采集送检咽拭子标本30份，结果8例EV71阳性，22例其他肠道病毒阳性；按《安溪县2017年伊蚊幼蚊监测工作方案》完成年度伊蚊幼虫监测。

健康教育 2017年，安溪县利用广播、电视、通讯，微媒体等形式加大宣传力度，传播结核病的防治知识、碘缺乏病的预防、预防接种常识、艾滋病防治常识等内容。

【妇幼保健】

2017年，安溪县被评为"国家级妇幼健康优质服务示范县"。全年农村妇女孕前和孕早期增补叶酸预防神经管缺陷项目任务数9000人，累计免费服用人数10514人，累计免费发放瓶数23955瓶，任务完成率116.82%；截至9月30日，累计实施农村孕产妇住院分娩补助8216人，任务完成率100%；农村孕妇和城市低保孕妇产前筛查项目任务数4000人，完成采血数4035人，完成率100.88%；完成超声数4027人，完成率100.68%；农村孕妇和城市已婚低保妇女"两癌"检查项目任务数5000人，其中：宫颈癌累计检查5000人，任务完成率100.00%，乳腺癌累计检查5000人，任务完成率100.00%；全年全县助产技术服务

机构内接受初次产前保健的孕妇数14468人，接受HIV抗体检测孕妇数12882人；共发现艾滋病阳性孕妇数2例；接受梅毒检测孕妇数12872人，共发现梅毒阳性孕妇数30例；接受乙肝表面抗原检测孕妇数12754人，共发现乙肝表面抗原阳性孕妇数1185例。住院分娩产妇数13530人，接受HIV抗体检测产妇数8750人；接受梅毒检测产妇数8859人，共发现梅毒阳性孕妇数23例；接受乙肝表面抗原检测产妇数8960人，共发现乙肝表面抗原阳性产妇数1122例。

【安溪县医院】

2017年，安溪县医院编制床位850张，全院职工929多人，高级职称77人，中级职称207人。设有19个临床科室及1个重症监护室（ICU），16个医技科室，设有120急救分中心、血液透析室、直线加速放疗室、特殊造影室、健康体检中心、中医康复理疗科、高压氧治疗室等。全年门诊量492202人次，年住院病人50132人次。

【县中医院】

2017年，安溪县中医院开放床位350张。开展7个优质护理服务示范病区，开设老年病、糖尿病、小儿脑瘫等11个具有中医特色的专科门诊，小儿脑瘫专科为全国第二批农村医疗机构中医特色专科；脑病专科和心病科分别为第四批和第五批省级农村医疗机构中医特色专科；针灸康复科为市级中医临床重点专科；皮肤科是市级临床重点专科，肛肠科为县级重点专科；泌尿外科微创手术是本地区领先项目；是省级基层名老中医药专家师承带徒单位，有名老中医4人，带徒10人；开展"互联网＋中药"服务试点工作。有12类40多种的中医诊疗设备。包括双排螺旋CT、DR影

像、电子胃肠镜、彩超、全自动生化仪、五分类血球分析仪等设备，价值3000余万元。卫生保洁、布类洗涤、消防保安实行社会化服务。现有职工总数349人（卫技320人），其中在编223人，高级职称45人，中级职称81人，研究生学历10人，中医药人员占60%以上。全年门急诊295161人次，出院18836人次，总收入11582.43万元。

【县妇幼保健院】
2017年，安溪县妇幼保健院实际开放135张；人员编制126人，实有人员223人，在编人员147人，编外人员76人，其中卫生计生专业技术人员178人，高级职称13人，中级职称46人。本科学历67人，专科学历81人。2017年新招聘医技人员33名，其中在编人员20名，编外人员13名。为彻底改善全县妇女儿童的就医环境，新址总规划50亩，一期规划建筑面积约32000平方米，设计床位300张，项目总投资约1.5亿元。2017年开工建设，预计于2019年6月底前投入使用。2017年5月，与市妇幼保健院建立"妇幼健康服务联合体"，加强合作；提供暖心服务，创办医院食堂、每天为住院期间的产妇免费提供一碗红糖姜水、增加自助服务终端等一系列措施为病人提供一站式服务。推行即时服务评价，全年共有168913余名群众参与满意度评价，综合满意度为99.64%。2017年共开展健康教育公众咨询义诊服务15次，发放各种宣传资料23000份，免费咨询680人次，免费义诊220多人次；制作"母乳喂养的好处""预防出生缺陷"等23期宣传栏；举办149期孕妇班，参与人数2915人次。

【安溪卫校】
2017年，安溪卫生职工中等专业学校，教职工38人，其中高级职称1人，中级职称11人。与泉州医学高等专科学校联办，开设护理、药剂和助产三个中专学历教育的专业，有教学班12个，在校生501人。2017年，学校分四期对全县938名乡村医生进行规范化培训。

【民办医院】
泉州国宇医院 2017年3月，泉州国宇医院引进台湾医策会品鉴，优化服务流程，提高服务质量，提升医疗品质。相继引进闽南、台湾等地知名医学专家到院开设专家门诊。

安溪明仁医院 2017年，安溪明仁医院成为"辽宁省肛肠医院专科联盟"成员单位，与国家临床重点专科医院——中日友好医院肛肠专科医院、福建三博福能脑科医院、安溪县医院等3家医院建立医联体。有职工110人，其中：主任医师2名，副主任医师3名，主治医师12名，执业医师及助理医师5名，主管护师2名，护师3名，护士29名，检验师1名，检验士2名，药士4名等。

安溪和兴医院 2017年，安溪和兴医院实际开放病床90张。有人员113人，其中卫生技术人员81人（副高级职称以上4人，中级职称9人）。2017年底，建成融门诊、医技病房为一体的综合大楼并投入使用，可设置六个病区，病床250张。2017年门急诊人数14586人，出入院病人3203人，总营业额1190万元。

【安全生产】
到2017年底，安溪县医疗卫生单位100%完成消防标准化达标创建工作，并且有40%的医疗卫生单位完成验收。

【首次公开竞聘乡镇卫生院院长】
2017年，安溪县在全省范围内公开竞聘官桥、虎邱、尚卿、感德、桃舟等5家试点乡镇卫生院院长并实行绩效年薪管理，共吸引了来自厦门、南安、本县等地区的66人报名竞聘。选拔出5家试点卫生院院长于2017年1月6日上任。

【学术研究】
2017年9月2日，"泉州消化系统疾病诊治新进展研讨会"在安溪县医院15楼多功能会议室召开，近300人参会。

2017年9月9日，《2017年泉州市第三期基层内科医师培训班暨安溪县胸痛诊疗进展学习班》，在安溪县医院15楼多功能会议室举行，来自安溪县24个乡镇卫生院和民营医院的医务工作者共100多位参加。

【明仁医院结缘中日友好医院】
2017年12月，中日友好医院王晏美教授等专家到安溪作为院方代表与安溪县明仁医院签订"中日友好医院肛肠科医联体成员单位"医联体建设协议，举行揭牌仪式。

·计生·

【概况】
2017年，安溪县总人口1274036人；初婚7863对，初婚率6.17‰，比2016年下降0.93个千分点；出生21000人，出生率16.48‰，比2016年上升1.2个千分点；出生总性别比114.79，比2016年下降0.15；二孩及多孩出生性别比119.77，比2016年下降3.16；政策内出生19242人，政策符合率91.63%，比2016年上升0.67个百分点。

【计生常规工作】
2017年，安溪县开展村级人口健康队伍建设，共有339人分别与各辖区乡镇医院签订《安溪县村级人口健康员聘用合同》，并领取《聘用书》。已聘用的村级人口健康员分布在251个村（居），占全县483个村（居）的51.97%。开展卫计事务融合和医养结合的试点工作，确定尚卿乡为县卫计融合示范试点乡镇，明爱福利养老院和凤城镇城东社区老年人日间照料中心被泉州市卫计委确认为市第一批医养结合试点单位。出台《安溪县关于开展高龄两孩孕妇免费产前检查的实施方案》，对全县所有高龄两孩孕妇（含流动人口）免费提供产前基础内容检查服务。在县医院、县妇幼保健院开设面向"大龄、高危"产妇的再生育及再通术咨询门诊。在县妇幼保健院再生育门诊开通大龄孕产妇技术咨询服务热线。

依法开展社会抚养费征收工作，是年，全县共征收社会抚养费14989.19万元，申请法院强制执行267例，全县未出现重大恶性案件。保持严打"两非"违法行为的高压态势。全县"两非"立案57件，结案57件（含2例"两非"重大案件），吊销执业医师证、护士执业证各1人。

【计生流动人口管理】

2017年，安溪县流出204593人，育妇84958人，其中已婚育妇70909人；流入人口31457人，育妇10580，其中流入育妇8015人。

【计生扶助】

2017年，安溪县把安居工程列入县政府为民办实事项目，每户财政补贴4万元，新建二女户安居工程50座。实施二女户女孩上大学奖学办法，为考取大学的243名"二女户"女儿提供助学奖励205.8万元。其中本科150人，每人1万元；专科93人，每人6000元。实施计生困难户小额贴息贷款帮扶，为312户计生户发放贷款资金1234.8万元，贴息86.44万元。全县应发放奖励扶

助对象2652人（其中低保对象262人），共发放奖励扶助金667.92万元；农村贡献奖励对象154人，发放奖励金9.24万元；二女夫妇奖励对象5948人，发放奖励金214.128万元；全额资助计生特殊家庭参加城镇居民医保或新农合人数11519人（每人180元）；为21752户计生家庭办理意外伤害保险（每户100元）、住院津贴保险37人（每人100元）；救助失独特殊家庭41户，独生子女伤残、死亡特别扶助对象77人，共发放扶助金58.56万元。开展生育关怀活动，关爱失独家庭，兑现各项优惠政策；县级生育关怀专项资金增加至65万元。同时，持续实施幸福工程50户，每户发放扶助款1万元，紧急救助72户因病因灾造成家庭经济困难的计生三户，发放救助款11万元。利用"两节"期间，对特殊家庭进行计生宣传教育和慰问活动，入户走访慰问计生困难户家庭共300户，发放慰问金、慰问品15万元。是年，指导各乡镇开展示范村（居）创建活动，全县确定创建"六好"示范村（居）要达到35%以上，重点抓凤城镇东北社区、参内乡参山村、桃舟乡达新村等3个示范点，指派相关人员进村入户指导活动开展。10月份，经组织验收评估，确认181个村（居）为今年度计生基层群众自治"六好"示范村（居），占总村（居）数37.55%。

【人才队伍建设】

2017年，安溪县实施卫计人才"千百十"培养计划。"十三五"期间全县计划培养20名学科带头人、百名骨干人才、百名医院管理人才、千名基层适宜人才。全年累计选派196名技术业务骨干到上级医院进修学习，组织13场医学继续教育，培训3500多人次。举办2期医院管理

培训班。邀请院校教授、医改先行市县院长（主任）开展知识培训与经验传授，并组织人员到3家先进基层卫生院参观学习。稳定卫计队伍。出台相应文件，规范卫技人员报考党政机关、企事业单位行为，稳定队伍。医教科研。制定下发《安溪县县级医院临床重点专科建设方案》，组织医管办、财政局、卫计局等人员对两个重点专科进行考核验收，完成县医院ICU、第三医院精神科等两个重点专科建设。

【宣传教育】

2017年，安溪县共发表卫计宣传稿件580篇，其中国家级100篇，省级414篇，市级66篇；举办大型宣传活动55期，受益群众10万余人；开设健康大讲堂65期，吸引粉丝3万余人；开设安溪卫计微信公众号，发布卫计工作信息150余条。完善县乡人口与健康文化园建设，全县共建24个较高规模人口与健康文化园；制作户外宣传牌100块，宣传标语2000条；开设"健康与生活"专题宣传栏目；编印计生法律法规和健康中国"2030"规划纲要、国家基本公共卫生服务项目100问、安溪卫生计生宣传手册等累计3.5万本。

2017年，安溪县委人才工作领导小组授予李朝晖等10名"安溪县健康卫士"称号，并由他们带头深入乡村开展宣传活动；利用电视台、公众号、微信等方式宣传全国卫计系统先进工作者陈传昌的事迹；开展最美医生和护士的评选活动，塑造卫计系统良好的社会形象和行业的先进典型；参加2017年全国卫计系统"最美天使"摄影大赛作品的征集活动；推荐参加全国流动人口管理征文比赛；举办安溪首届卫生计生优秀广播影视作品征集活动，并推送全国卫计系统优秀广播影视作品32部。

·体育·

【全县中小学生田径运动会】

2017年10月17-20日，安溪县第44届中学生暨第39届小学生田径运动会在安溪一中体育场举行。参加比赛的中学生代表队有52队599人，小学生代表队有47队421人。按组分，获团体前三名为高中组：一中、铭选、沼涛；初中组：沼涛、凤城、金火；小学组：实小、龙涓、十二小。其中，中学组14人次达到国家二级运动员标准，2队2次打破2项纪录，3人3次打破3项纪录。小学组1队1次打破1项纪录。

【县少年业余体育学校】

业余训练　2017年，安溪举重运动员刘能平参加2017年中日韩青少年运动会获得男子举重77公斤级抓举、挺举、总成绩三项第一名。举重运动员陈艺斌参加2017年全国青少年举重锦标赛获得15-17岁组85公斤级抓举、挺举、总成绩三项第一名。举重运动员刘能平参加2017年全国青少年举重锦标赛获得15-17岁组77公斤级抓举、挺举、总成绩三项第二名。田径撑竿跳高运动员王金芳参加第十三届全国运动会获得青少年组女子撑竿跳高第七名。皮划艇运动员苏剑艺参加第十三届全运会皮划艇激流回旋预赛暨全国锦标赛获得男子单人皮艇团体赛第一名，男子双人划艇团体赛第二名。有8名运动员参加全国级各类体育项目比赛，获得全国赛第一名4人次，第二名4人次，第三名3人次，四至八名6人次。参加2017年省年度青少年体育项目锦标赛，获得第一名14人次，第二名12人次，第三名4人次，四至八名23人次。参加2017年市年度少年儿童各项锦标赛，获得第一名44人次，第二名32人次，第三名44人次，四至八名53人次。参加2017年度安溪县中小学生运动会，第一名22人次，第二名8人次，第三名3人次，四至八名8人次。

运动员文化教育　2017年，安溪县举办中小学"新华杯""百年追梦 全面小康"读书教育活动主题征文评选，安溪县少年业余体育学校学生林佳佳获特等奖，并选送市级参赛，获得市级二等奖。参加安溪县中小学"诚信在我心中"主题征文评选，安溪县少年业余体育学校学生施洁获小学乙组三等奖。

青少年校外体育活动中心

2017年，安溪县青少年校外体育活动中心常年免费对青少年开放工作，组织篮球、乒乓球、羽毛球、足球等项目培训指导，参与青少年近3000人次。举办暑期体育夏令营，历时40天，共有300多人次参与。组队参加2017年全国青少年户外营地夏令营成都站活动，获得团队二等奖和体育道德风尚奖。组队参加2017年"阳光体育"福建省校外体育活动中心羽毛球夏令营活动。林罗迪凯（第三实小）和刘闽琦（县十一小学）组成的混双队获得羽毛球混双赛第四名。

【2017环泉州湾国际公路自行车赛安溪赛段】

2017年12月3日，2017环泉州湾国际公路自行车赛安溪赛段（以下简称：安溪段）在安溪开幕，安溪县文体新局获最佳组织奖。

安溪段是环湾赛的第二日赛段，全程111.4公里，围绕主题"山"展开，整条线路都在安溪县域内，从安溪茶博汇会展中心出发，途经参内、凤城、城厢、官桥、虎邱、西坪、尚卿、湖头、金谷、蓬莱等多个乡镇，最终抵达安溪清水岩景区。安溪赛段是本次赛事最长和最具挑战的一站，也是本届环湾赛的最后赛段。比赛设有两个途中冲刺点，分别在28.3公里和83.7公里处，此外还设有三个爬坡点，分别是48.8公里处的一级爬坡点、70.3公里处的2级爬坡点以及终点111.4管理处的一级爬坡点。

【全国青少年举重锦标赛】

2017年7月7日—17日，2017年全国青少年举重锦标赛在北京举行，此次全国青少年举重锦标赛安溪我县派5名运动员代表福建省参赛。在15-17岁组85公斤级比赛中，运动员陈艺斌以抓举127公斤，挺举151公斤，总成绩278公斤，的成绩夺得3枚金牌。刘能平在15-17岁组77公斤级的比赛中，获得抓举、挺举、总成绩3个第二。章超彬在18-20岁组77公斤级比赛中，获得抓举第四，挺举第三名，总成绩第三名。林志宝在14岁组以下52公斤级比赛中，获得抓举第三名成绩。

2017年12月3日，环泉州湾国际公路自行车赛颁奖仪式　　　　（安溪报社供图）

·为民办实事·

【概况】

2017年，安溪县实施为民办实事项目24个，涉及城市基础设施建设、扶贫、居民生活保障、"安居工程"、养老服务、残疾人关怀、医疗服务提升、未成年人活动场所建设等方面。

【项目实施情况】

"十百千"精准扶贫工程 2017年，安溪县11个市级帮扶村和13个县级帮扶村共投入帮扶资金2464万元；5475人的造福工程易地扶贫搬迁任务，国定贫困户89户（327人）、省定贫困户55户（207人）、一般农户1137户（4977人）当年全部竣工，投入资金22564万元；1000户贫困户安排挂钩结对帮扶。县处级干部进村挂钩帮扶70户贫困户，县直单位科级干部进村挂钩帮扶695户贫困户，其余贫困户由镇村干部挂钩帮扶，共落实帮扶资金226.3万元。超额完成年度目标任务。

加大城乡居民最低生活保障力度 2017年，安溪县累计发放保障金5021.24万元，超额完成目标任务。其中，城镇居民低保保障金263.53万元，农村居民低保保障金4757.71万元。

建设城区公共自行车租赁系统 至2017年底，安溪县完成1300个站点建设，投入3900辆自行车，累计完成投资4000万元，超额完成年度目标任务。

完善基层市场监管为民办事综合服务场所 2017年，安溪县16个市场监管所服务场所已经完工并投入使用。

实施食品放心工程 2017年，安溪县10家小作坊示范点、10个农贸市场、50家"明厨亮灶"示范店及乡镇食品安全社会共治示范区（片）均已创建完成。

为农村住房购买保险 2017年，安溪县参加农村住房保险25.6万户，获得保险赔偿637户，赔偿金78.81万元。

实施住房困难户、五保修缮户和贫困残疾人"安居工程" 2017年底，安溪100户（90户住房困难户、10户五保修缮户）住房困难户"安居工程"，已搬迁的有70户，正在装修的有10户，已完成装修的20户。50座农村"二女户"安居工程已全部竣工，其中36户已乔迁新居。45名贫困残疾人安居工程已基本竣工，按季度组织验收，发放补助款。

建设农村社区服务站 2017年，安溪50个农村社区服务站已完工并验收，总体情况良好。

开展新型社区治理试点 2017年，安溪县财政局、民政局组织对凤城镇朝阳社区、文昌社区，城厢镇龙凤社区居委会新型社区治理试点进行验收。

"5551"基层文化运动设施建设 2017年，安溪免费开放梧桐体育馆、少体校训练馆；完成参内、蓬莱、尚卿、城厢等乡镇的57个村农民健身工程点建设；组织精品剧目、茶文化歌舞专场"进乡镇、进学校、进军营、进企业"演出35场，投入70万元；完成农村电影放映工程5266场，占任务的100.19%，累计观众数483563人次，投入101.4万元；县影剧院已放映数字电影156场，累计观众数52022人次，投入10万元。完成1个社区多功能运动场、1个室内健身房、1个门球场、5个乡镇文化广场、18个村级文化广场及大坪上海古街的建设及5首优秀歌曲、1部大型高甲戏《榕村魂》的创作编排。

为残疾人购买医疗保险和社会养老保险 2017年，安溪为28115名残疾人购买新农合，每人150元，共421.725万元，协助相关部门完成21450名残疾人代缴城镇基本医疗保险，为12249名残疾人代缴养老保险。

为特困失能老人实施政府购买服务 为270名特困失能老人实施政府购买服务，并进行动态管理，已全部发放到服务人员手中，共计97.2万元。

推进城乡社区居家养老专业化服务 2017年，安溪为2000名特困老年人提供居家养老信息化基础服务和400名特定老年人提供实体援助服务。

提升基层医疗服务能力　2017年，安溪县蓬莱镇、官桥镇卫生院信息化建设已安装并完成调试使用，投入355.1万元。

推进"菜篮子"工程及副食品基地建设　2017年，安溪县"菜篮子"工程及副食品基地为市场提供蔬菜4985万公斤、商品猪8.62万头、鲜蛋291.3万公斤，分别完成年计划108.72%、111.27%、107.65%；蛋禽存栏23.9万羽，母猪存栏0.342万头，全年生产猪仔6.46万头。新建机耕道6000米、主排灌渠4500米、支渠2500米；新建生猪、蛋禽生产用房3000平方米；改造生猪生产用房2500平方米。共投入4126万元。

新建人行天桥　2017年，安溪第十八小学人行天桥、建安大道宝龙人行天桥于6月建成使用，总投资1040万元。

创建城市学校少年宫和社区未成年人文化活动室　2017年底，安溪完成安溪实验小学、县第九小学2所城市学校少年宫的建设。凤城镇东北社区建成350多平方米的未成年人活动中心，设有青少年科学工作室、图书室、绿色网吧、心理咨询室，登科社区建成阅览室和绿色网吧，面积约100平方米。湖滨社区建成160平方米的室内乒乓球室，对已建成的室外篮球场、羽毛球场等活动场所进行修缮。经组织验收后，专项补助经费已全部拨付。

实施道路交通提升工程　2017年，安溪实施农村公路改造提升工程，全年累计开工建设路基505公里，完成路面硬化施工200公里，总投资5.5亿元。建设完成17座农村危桥改造工程，投入1260万元。累计实施176.41公里农村公路安全生命防护工程，完成投资2682.58万元。

投入1300万元完成省道206、307线清溪桥头至金谷段路灯工程建设。投入350万元完成省道206线、307线、308线及城区二环路段"白改黑"、路中心隔离钢护栏改造约10公里及其他配套设施建设，完成友联灯控路口、北石灯控路口信号机改造和龙门高速公路、旺旺、八马灯控路口，官桥海峡名城、车站灯控路口、魁斗灯控路口红绿灯灯板、人行灯板的改造。

实施校园办学条件提升工程　至2017年底，金谷中心小学、三乡小学、墩坂小学、元口小学、尧元小学等11所学校运动场建设完工，龙涓中学、慈毅小学2所学校运动场施工中。玉湖学校、龙门中学、三乡小学、西坪中心小学、盛坑教学点、玉田小学等9所学校完成围墙建设，白玉小学正在施工中，林东小学因征地未完成围墙建设未启动建设。芦田中心小学、新华都阳光中学、第六小学、举溪中学、霞春中学完成食堂建设，金榜小学施工中。48所中学188台、220所小学350台开水自供设施工程完成安装。投入585万元按时序进度推进建设3所公办幼儿园，其中，西坪中心幼儿园进行主体施工，第九幼儿园进行基础施工，第十五幼儿园进行施工图审查。投入90万元完成10所中考、中职会考、高职教育入学考试考点标准化建设。安溪茶校电子商务中心、陈利职校电子商务实训基地完成项目建设并投入使用，总投入423.97万元。

资助200名贫困上线本科生　2017年，安溪资助200名贫困生上线本科生，每人3000元。

建设垃圾中转站　2017年，安溪投入290万元建设垃圾中转站，并投入使用同美、光德、砖文3个垃圾中转站。

建设城市安全信息系统及重点

乡镇视频监控系统　2017年，安溪县第六期城安系统及重点乡镇视频监控系统由市公安局统筹安排推进，项目于11月22日完成招投标。

购买水罐消防车　2017年，省消防总队签订水罐消防车采购合同。2018年上半年可完成采购。

建设人才资源市场　2017年9月27日，安溪县人才资源市场举行揭牌仪式，并正式投入使用。

·民政·

【拥军优抚安置】

2017年，安溪接收2016年秋冬季退役士兵374人，其中，城镇退役士兵25人，下士23人，中士12人，上士1人，四级军士长2人。接收安置2017年度转业士官12人。做好2016年秋、冬季退役士兵地方补助、大学生入伍奖励金、立功受奖奖励金、直招士官一次性奖励金、2017年度优待金发放工作。做好优抚信息管理系统数据更新。调整提高重点优抚对象抚恤补助标准。在春节期间，组织慰问团到县人武部、消防大队、武警中队、泉州军分区进行慰问，送去慰问金8万元及慰问物资，下拨拥军优属活动经费6.23万元，慰问优抚对象36.63万元。开展"烈士纪念日"活动，争创新一届省级双拥模范县。经过省、市的考核，获福建省双拥模范县"三连冠"。

【登记管理】

婚姻登记管理　2017年，安溪办理国内居民结婚登记10306对，补发结婚证1975对，国内居民离婚登记2025对，补发离婚证54人；港澳台结婚登记9对，补发结婚证8对，离婚登记2对；涉外婚姻结婚登记33对，补发结婚证1对，离婚登记1对。

民间组织登记管理　2017年，

安溪新批准成立登记社会团体99个，民办非企业单位21个。全县有社会团体534个，民办非企业单位218个。主动邀请、协同社会组织主管较集中的行政机关，对全县社会组织开展集中联合执法检查。

地名管理　2017年，安溪开展全国第二次地名补查补更工作，全面开展楼门标志清理，换发二维码楼门标志。经实地勘查并出具地名证明12人次。

【殡葬工作】

2017年，安溪县殡仪馆火化尸体数5541具，其中，本地5450具，外地91具（树葬8例）。南山宫陵园（公墓）实际出售墓穴120穴。公益性骨灰楼堂53个。

【革命老根据地建设】

2017年，安溪出台《中共安溪县委员会办公室、安溪县政府办公室关于加大脱贫攻坚力度支持革命老区开发建设的实施意见》，全年争取老区扶贫专项资金358万元。其中，省级56万元、市级243万元、县级59万元。资金全部用于补助老区农村基础设施建设、老区农村发展生产以及其他涉及老区扶贫建设等老区帮扶项目。

县政府成立"安溪县对接落实《赣闽粤原中央苏区振兴发展规划》领导小组"，出台《安溪县关于进一步做好＜赣闽粤原中央苏区振兴发展规划＞对接工作的实施意见》，并建立资金保障机制，县财政每年安排工作经费10万元，用于"苏区办"办公经费。2015－2020年，每年安排10万元用于老区革命遗址、遗迹的保护、修缮，并列入年度财政预算；增加老区帮扶资金50万元，用于扶持部分老区村群众反映强烈并急需解决的基础设施、水利、农业等项目资金补助。

对接落实中央、省老区优惠政策　2017年，安溪县争取到中央预算内投资享受中、西部政策的项目5个，资金总额4352万元。主要是县档案馆1056万元、县沼涛中学艺术楼1600万元、大坪萍州敬老院466万元、县妇幼保健院门诊住院大楼1200万元、龙涓森林派出所30万元。

·城乡居民生活·

【概况】

城乡居民生活保障　2017年，安溪县享受低保9129户、12177人，其中，城镇居民338户、474人；农村居民8042户、10917人。全年，累计发放保障金5021.24万元，其中，城镇保障金263.53万元，农村保障金4757.71万元。

医疗救助　2017年，安溪县医疗救助2845人次，发放医疗救助金411.48万元，缴纳低保对象、重点优抚对象参加新农合基金226.37万元，合计637.85万元。

农村特困家庭救助　2017年，安溪县对个别因病、因灾造成贫困的群众给予临时困难补助，共补助4602户，发放补助金810.84万元；救助流浪乞讨人员179人次，救助金额13736.45元。春节期间开展走访慰问活动，走访慰问贫困户1328户，发放慰问金86.33万元，丝棉被1000条，毛毯1000条，五保户军大衣650件。

落实农房统保政策　2017年，安溪县参加农村住房保险256057户，得到保险赔偿637户，赔偿金78.81万元。开展公众自然灾害责任险工作，救助意外事故死亡5人，补助50万元。

住房困难户"安居工程"　2017年，安溪县实施住房困难户"安居工程"100户，在春节前全部搬入新居。

"特困供养人员"、孤儿保障　2017年，安溪县城市特困供养29户、29人；农村特困供养578户、591人，其中，集中在敬老院供养32人，分散供养588人；孤儿142户、166人。

慈善福利　2017年，安溪县开展养老机构服务质量建设专项行动，组织开展农村幸福院星级评定工作，新建农村幸福院7所，居家养老服务中心18所。县社会福利中心提高标准，做好"三无"人员供养、孤儿养育、社会救助等工作，推行公建民营、启动社会化养老服务。"安溪县明爱养老院"民非企业运营管理，接纳入住老年人135人。3月，县明爱养老院被省民政厅评为福建省2017年养老服务示范单位。县慈善总会在春节期间为全县困难群众开展送温暖项目，发放给低保户和特困户毛毯1150条，折款19万元。开展走访慰问百岁老人和特困户活动，慰问百岁及以上老年人23人，发放慰问金12.82万元。做好慈善募捐工作，全年接收善款3431.88万元（含利息78.29万元）。对全县低保户和重点优抚家庭开展医疗救助，救助对象935人，救助金额1153.25万元。意外事故伤残患者及困难家庭临时救助7人，救助金额8.8万元。投入72万元实施慈善复明、助行、助听项目。资助特困白内障患者500人，每人补助1200元。资助特困肢残患者装配小腿假肢10支，每人补助8000元。经各乡镇残联筛选出10名贫困截肢患者送泉州市康复中心进行装配假肢。支出4万元资助特困聋人配戴助听器20个。支出63.6万元资助品学兼优的贫困学生走进学堂。此外，实施28项慈善公益项目。

"五老"人员经济待遇　2017年，安溪县提高"五老"人员定补金，在省定标准基础上，把革命"五老"人员定期生活补助费列入自然增长机制再提高3%，调整后每月1205元，按时足额发放到位。开展定期走访和春节期间慰问，做好12名特困和41名高龄"五老"人员的经费补助。在落实革命"五老"人员每人180元门诊费的基础上，落实医疗救助，发放"五老"人员医疗门诊和健康体检补助金。对家庭生活困难的革命"五老"人员按政策规定优先纳入低保。

【基层政权和社区建设】

2017年，安溪县建设2017年市委、市政府为民办实事的凤城朝阳、文昌和城厢龙凤新型社区治理试点项目以及市级城乡社区服务站参内乡罗内村、虎邱镇石山村，5个省级农村社区示范点、省市协商机制示范点、10个市级农村社区示范点。对50个县级社区服务中心（站）、10个社区志愿者服务站的进行验收。结合"港湾计划"，加强社会工作人才队伍建设，开展省级第二批农村社会试点工作和市级社会工作服务站试点工作。创新机制，在虎邱镇石山村、凤城镇朝阳社区和文昌社区、城厢镇龙凤社区开展社会工作购买服务，并委托泉州市社会工作协会对建设的社区社会工作服务站项目进行督导及末期评估。

·扶贫开发·

【概况】

2017年，安溪县争取上级财政专项扶贫资金5362万元（其中，中央财政专项扶贫资金745万元、省级3202万元、市级1415万元），县级财政扶贫资金投入3750万元；帮助2400多户贫困户搬入新居、9000多名贫困对象受到教育医疗扶助；年底，建档立卡贫困村由71个减少至15个，1.94万建档立卡贫困人口全部脱贫。

【省级扶贫开发重点村】

2017，安溪县有15个贫困村被列入省级重点帮扶村（蓬莱镇吾邦村、湖头镇下坑村、白濑乡上格村、湖上乡长林村、剑斗镇云溪村、感德镇尾厝村、桃舟乡南坑村、福田乡双垵村、长坑乡云二村、蓝田乡乌殊村、西坪镇龙地村、大坪村双美村芦田镇石盘村、龙涓乡鹤林村、虎邱镇石山村），共落实帮扶项目20个，投入资金2360万元。

【市级扶贫开发重点村】

2017年，安溪县11个贫困村被列入市级重点帮扶村（大坪乡香仑村、芦田镇内地村、金谷镇河美村、西坪镇珠洋村、虎邱镇少卿村、感德镇炉地村、祥华乡石狮村、龙涓乡山坛村、长坑乡三村村、湖上乡飞新村、剑斗镇御屏村），每个帮扶村市级捆绑资金100万元，共实施帮扶项目26个，落实帮扶资金3270万元。

【县级扶贫开发重点村】

2017年，安溪县确定县级帮扶村13个（龙门镇龙美村、官桥镇内村村、长坑乡小西村、尚卿乡青洋村、湖头镇桥头村、芦田镇红村村、桃舟乡达新村、蓝田乡山内寨村、西坪镇内社村、祥华乡河图村、白濑乡长基村、魁斗镇凤山村、福田乡双垵村），实施帮扶项目32个，落实帮扶资金2480万元。

【造福工程易地扶贫搬迁】

2017年，安溪县共组织实施国定贫困人口易地扶贫搬迁327人、省定贫困人口搬迁207人、一般农户搬迁4977人。组织实施7个省级造福工程集中安置区基础设施配套建设。

【扶贫小额信贷】

2017年，安溪县共筹措扶贫小额信贷风险担保金1400万元，杠杆放贷规模7000万元，截至年底，累计放信贷金额7139万元，惠及全县24个乡镇346个行政村1638户贫困户，贫困户覆盖率36%。

【帮扶到户】

2017年，安溪县建立领导干部挂钩帮扶机制，县乡村三级书记一起抓扶贫。县四套班子领导每人挂钩帮扶1个贫困村及2户贫困户，为每个村落实帮扶资金30万元以上，为每位贫困户落实帮扶资金5000元以上；695位县直单位科级干部全部挂钩建档立卡贫困户，协调帮扶资金208.5万元；71个建档立卡贫困

2017年8月28日，安溪县召开乡镇扶贫开发协会及专业合作社结对帮扶建档立卡贫困村贫困户启动仪式
（安溪报社 供图）

村均由县直单位挂钩帮扶；省、市、县精选干部进驻贫困村任第一副书记；乡镇、村干部也全线压上，做到"挂钩全覆盖、脱贫不脱钩"。

【启动企村帮扶】

2017年，安溪县发动商会、海外会馆、社会团体、民间组织、企业、合作社等全面参与，开展结对帮扶活动；在全省率先成立镇级扶贫开发协会，实现24个乡镇全覆盖，筹集社会资金超1.25亿元；发挥安溪铁观音大师、名匠、农民讲师团作用，以订单式的服务方式，帮助贫困户脱贫致富。

【精准帮扶模式成为全国典型】

2017年，《安溪县三项机制推动脱贫攻坚》得到国家扶贫办充分肯定，并刊文全国推广；《安溪县多措并举推进"以茶脱贫"》在《八闽快讯》上刊文推广，时任泉州市委书记郑新聪，市长康涛在全市内批示表扬；全覆盖成立乡镇扶贫协会、以茶脱贫、"电商"扶贫等经验做法得到新华社等各大主流媒体宣传报道，并多次在全省、全市现场会上作典型发言。

·老龄工作·

【概况】

2017年，安溪县60周岁及以上老年人口14.76万人，占全县人口数的12.15%，其中，60~69周岁91270人，70~79周岁36311人，80~89周岁17963人，90~99周岁2068人，百岁以上老人50人；其中，农村老年人口12.9万人，占老年人口数的87.50%，女性老年人口7.72万人，占老年人口数的52.3%。人口老龄化比例比上一年提高0.4个百分点，百岁老人比去年增加10人，老年人口呈逐年上升趋势。

全县公办敬老院17所，投入使用的6所，床位2006张；集中供养农村五保对象和城镇"三无"人员共112人。民营养老院一所（明爱养老院），床位198张，入住老人138人。公办福利院1所（县福利救助中心），床位220张。

2017年，安溪县承办全省、全市基层老年协会规范化建设现场会，开展"老宝贝免费摄影活动""欢庆十九大 关爱老年人"大型公益讲座、老教师祝寿会、老干部品茗大会等形式多样、丰富多彩的活动。县老龄办先后被评为"泉州市老龄信息宣传工作先进单位"、安溪县为泉州唯一获评"福建省老龄工作系统先进集体"的县。

【完善养老服务体系建设】

2017年，安溪县凤城镇上山村、城厢镇员宅村、经岭村入选2016–2018年省发改委社区老年人日间照料中心建设补助项目名单并先后开工建设。全年争取省级预算内投资442万元。凤山社区居家养老服务站、龙凤社区居家养老服务站被列为省养老服务工程提升项目，全年投资190万元。

【抓实为民办实事项目】

2017年，安溪县为失能老人建立健全档案和数据库，实行动态管理，全年投入97.2万元为270名特困失能老人提供政府购买服务；为875名失能老人发放一次性价格补贴26.25万元；对全县特困、失能、孤寡、大病住院等老人开展走访慰问，发放慰问金3万多元。

开通968962服务热线（7×24小时）、信息化管理平台、设立社区实体服务站，线上和线下联动，为社区及居家老年人打造"15分钟养老生活圈"。是年，3个乡镇（凤城镇、城厢镇、湖头镇）29个社区

作为禾康智慧养老服务中心服务范围，为当地符合条件的老年人提供居家养老专业化服务。共2000名老年人享受政府购买居家养老基础信息化服务，400名老年人享受政府购买居家养老实体援助服务。市、县两级政府共投入72万元。

【惠老工作】

2017年，安溪县实现城乡居民养老保险制度全覆盖。全县机关事业养老保险、城镇企业职工基本养老保险、居民社会养老保险分别为5043人、7031人、137241人。

是年，为90~99周岁高龄老人发放高龄补贴120.78万元，惠及1958名老人。为50名百岁老人发放营养补贴及慰问金16.9万元。

简化办证手续，为老年朋友提供方便，做好"福建省老年人优待证"的办理工作，至12月底，全年累计办理优待证7386本；县政府投入7万元为老年人乘坐城区公交车购买保险，为老年人乘车提供相应保障。

【营造爱老助老社会氛围】

2017年，安溪县有18家爱心企业帮扶18个村（社区）老年协会，到位资金1750万元，建设整修活动场所4处，开展帮扶活动次数78场次，帮扶困难老人3600人。

是年，开展以"志愿情 茶乡红"为主题的助老助残、走访慰问、法律援助等系列活动。老龄服务志愿者协会通过多方筹措资金，补助一批住房特困老年人修缮或改善住房条件。

"敬老月"期间，全县各级党政、社会各界等重点走访慰问百岁老人、高龄、困难老年人近2万多人，发放慰问金、慰问品共计300多万元。

【基层老龄工作】

2017年，安溪县下拨50万元，用于扶助基层老年协会老年活动设

施建设和规范化建设。投入4万元为全县472个村居老年协会统一制作协会衔牌，统一规范协会工作职责、学习、财务等规章制度。

2017年10月17日，全市基层老年协会规范化建设经验交流会在安溪县召开，会上对基层老年协会规范化建设的示范单位进行表彰。

是年，为全县100个先进老年协会、老年活动中心（站）、老年协会会长征订《福建老年报》各1份，丰富基层老年群众文化生活。

2017年安溪县百岁寿星名录

姓名	性别	出生年月	居住地（通讯地址）
黄赐	女	1910.11	城厢镇土楼村11组
谢筷	女	1912.09	龙涓乡黎山村13组
张实	女	1912.03	长坑乡屏珊村7组
林妹	女	1913.11	西坪镇南岩村11组
郭宿	女	1914.12	城厢镇同美村
廖肯	女	1914.05	参内乡镇中村5组
陈阎	女	1914.03	蓬莱镇联中村
肖花	女	1914.12	官桥镇新春村2组
叶再	女	1915.12	城厢镇过溪村4组
林越	女	1915.03	凤城先声八三一路95号
孙兔	女	1915.06	城厢镇墩坂村7组
刘鹞	女	1915.05	蓬莱镇美滨村4组
吴惜	女	1915.12	湖头镇桥头村4组
王美枝	女	1915.08	西坪镇珠洋村6组
杨秀花	女	1915.01	龙涓乡下洋村龙都13号
黄致	女	1916.01	城厢镇玉田村
洪秤	女	1916.11	参内乡罗内村荔园巷63号
陈省	女	1916.01	魁斗镇凤山村8组
苏蜂	女	1916.03	金谷镇汤内村中堀50号
徐气	女	1916.07	蓝田乡九磜村
王添丁	女	1916.11	龙涓乡黎山村13组
周类	女	1916.11	官桥上苑村大社34号
白好	女	1916.02	官桥镇上苑村山边路17号
林玉琛	女	1916.11	龙门镇寮山村9组
周抱	女	1917.02	虎邱镇湖垵村26组
童长顺	男	1917.09	凤城下西新华路357号二楼
梁参	女	1917.01	城厢镇仙苑村
李幼	女	1917.01	城厢镇光德村
黄端	女	1917.08	城厢镇砖文村
黄武夷	男	1917.01	参内乡镇东村彭殊口岭7号
刘双	女	1917.01	魁斗镇奇观村
李菊	女	1917.06	蓬莱镇植洋村11组
蔡切	女	1917.07	金谷镇溪榜村
陈高溪	男	1917.11	金谷镇华芸村4组
苏津卓	男	1917.11	湖头镇横山村5组
王世救	男	1917.02	剑斗镇月星村3组
林加	女	1917.06	大坪乡香仑村
林石花	女	1917.12	龙涓乡庄灶村大垵
林树枝	女	1917.11	龙涓乡赤片村13组
吴浮良	女	1917.12	龙涓乡玳堤村9组
许梭	女	1917.02	虎邱镇金榜村2组
林银英	女	1917.06	官桥镇善坛村
肖油	女	1917.09	官桥镇仙都村11组
黄赐助	男	1917.02	官桥镇官郁村郁美130号
黄信	女	1917.02	官桥镇新春村7组
林妙	女	1917.01	龙门镇美卿村2组
黄鸯	女	1917.03	长坑乡云二村10组
陈洗	女	1917.02	长坑乡月眉村21组
苏忠培	男	1917.04	长坑乡长坑村12组
苏伟丕	男	1917.04	长坑乡西溪村一选区38号

【老年教育】

安溪县老年大学1所，基层老年学校463所，学员40178人，占老年人口的30%。

2017年，龙门镇政府投入50万元，装修改造老年学校校园环境。城厢镇政府投入100万元，改造长泰学校教学楼1000平方米作为经兜、经岭、南英三个村镇村联办的渊兜村老年学校。发展老年远程教育，把电信网络转入广电网络云平台，建设对接云平台电视435台，基本实现全县全覆盖；创新办学模式，在参内乡、城厢镇、湖头镇、金谷东溪村等4所老年学校开设特色课程。县老教委讲师团10个乡镇老年学校讲课；采取镇村联办，村村联办，村角落设分班的教学模式。让老年人就地就近入学，提高入学率。

2017年，学校以创建省市县级示范校为抓手，对全县各级创建老年学校示范校进行分类指导，本着先易后难的原则，推进示范校创建活动。各乡镇老教委抓2—3所村级老年学校创建县级示范校。县老教委对县级示范校重点抓4所创建市级示范校。对市级示范校重点抓1所市级示范校。各乡镇按市县级示范校评估标准，补短板，开展创建活动。县老教委组织考核，全县有24所基层老年学校通过县级示范校验收。龙门、城厢、渊兜、长坑、祥华4所老年学校，上报市级示范校考核。

【老年大学】

安溪县老年大学位于县离退休老干部活动中心三楼，专用面积有1500平方米，公用的有多功能厅、小型会议室以及室外活动场所等。并有旧城隍庙、东岳社区教学活动点。设置18门学科，其中茶文化、

苏区文化、南音是学校的品牌学科，音乐课已被评为市级精品课程，兼职教师28位。学校设有1个离休干部班，1个科级退休干部班，1个退休教育党政研修班，5个读报班。学校现有6个专业学会（艺术团），1个老年教育理论研究会。学校还筛选了4个乡镇的教学点分设特色班：湖头老校的南音特色班、金谷东溪老校的苏区文化特色班、城厢镇砖文老校的保健班以及参内乡岩前老校的家教班。2017年度，学员人数1080人（包括乡镇4个特色班人数）。

2017年3月，学校举行庆祝3·8国际劳动妇女节暨2017年春季开学式文艺演出；学校南音学会参加福建南音网十周年交流演唱；学校和安溪艺校联合举办文化惠民演出活动；学校和泉兴口腔医院联合举办送健康下乡活动；学校和兴业银行联合举办法律讲座。4月，学校组织科级退休干部班、退休教育党政研修班到虎邱参观学习。5月，学校以"中国梦·劳动美"为主题，分别在旧城隍庙、东岳社区、龙湖社区等活动点举行庆"五一"文艺演出；学校在离退休老干部活动中心三楼书画室举办了庆"五一"书画展。6月，学校举办"喜迎十九大·欢歌颂党恩"暨庆祝中国共产党成立96周年文艺演出；学校组织科级退休干部班、退休教育党政研修班参观叶飞故居及泉州华侨革命历史博物馆。9月，学校举行2017年秋季教师及学员代表座谈会；学校和县老龄委办联合举办《黄帝内经》的养生理论与方法讲座。10月，学校组织学员在离退休老干部活动中心二楼党员活动室观看中国共产党第十九次全国代表大会开幕式现场直播；学校在离退休老干部活动中心四楼多功能厅举办"喜庆十九大·共筑中国梦"

文艺演出活动；学校和城东社区等单位在锦绣家园广场联合举办"欢度重阳节·共筑中国梦"文艺联欢活动；学校组织节目参与安溪县重阳节全县南音大会唱；在离退休老干部活动中心三楼书画室举办喜庆十九大胜利召开书画展；举行庆祝十九大胜利召开南音专场演唱会。11月，学校举行太极拳公益班开班仪式；和县老龄委办联合举办"欢庆十九大·关爱老年人"健康公益讲座。12月，学校举行喜庆十九大诗词吟诵会；学校举办第六届校园文化艺术节暨第十九届运动会；学校和蓝星幼儿园联合举办庆元旦联谊活动；学校各个文艺队分别举行庆元旦系列活动。

【老年人活动】

2017年，安溪老年人协会选择在五一劳动节、九九重阳节这两个节日，在龙津公园开展大型投环活动。10月25日，东岳老干局活动点举办以"庆祝党的十九大胜利召开暨九九重阳节"为题的文艺演唱会。10月27日，电影院公映电影《建党大业》，向全县老年人致以问候。

·慈善事业·

【概况】

2017年，安溪县慈善事业按照"立足民生、面向社会、以社会救助为中心"的工作方针，积极弘扬慈善文化，围绕"慈善助学、慈善助残、慈善助医、慈善送温暖慰问、慈善福利"等"五大救助工程"开展8个慈善救助项目。

【安溪县慈善总会理事会、监事会全体会议召开】

2017年1月6日，安溪县慈善总会理事会、监事会全体会议在县政府会堂召开，通过选举产生新的常

务副会长谢保家、副监事长陈水潮。

【募集善款】

2017年，安溪县共接收善款3517.09万元。利用各乡镇成立扶贫开会协会的时机，县慈善总会共募集精准扶贫善款374.10万元；县慈善总会联合中共安溪县委统战部、安溪县工商联发起"携手发展慈善爱心回报桑梓"的倡议书，共认捐到异地安溪商会的爱心善款124.49万元；接受日常捐赠0.5万元。其中：卢伟明捐赠0.2万元，泉州市长冠物业管理有限公司捐赠0.2万元，林梅玲捐赠0.1万元；社会各界爱心人士定向捐赠3114.30万元。

2017年安溪县慈善总会募集善款定向捐赠情况表

序号	捐赠来源	捐赠数额（万元）
1	福建三安集团有限公司	1000
2	厦门龙胜达照明电器有限公司	510
3	孙云川	220
4	孙原野	220
5	吴祥新	220
6	山东省临沂市嘉益房地产开发有限公司	162
7	福建省恒兴中学社会定向捐资	120.5
8	张剑侠	120
9	晋江市慈善总会	108
10	厦门立林科技有限公司	60
11	福建八马茶业有限公司	51
12	泉州恒兴置业有限公司	50
13	厦门经济特区房地产开发集团有限公司	50
14	福建省泰兴激光科技有限公司	50
15	安溪新景地房地产开发有限公司	40
16	安溪茶博汇投资有限公司	32
17	福建省明仁置业发展有限公司	30
18	李婉贞	20
19	中核工建设集团第四工程局有限公司	20
20	安溪县英发家具有限公司	13
21	安溪县农村信用合作联社	5
22	安溪县龙门镇和成搪胶玩具加工点	4
23	福建省八方建筑工程有限公司	3
24	建融（安溪）置业有限公司	2
25	福建省安溪县源丰液化气发展有限公司	1.5
26	福建省安溪县兴溪茶业有限责任公司	1
27	泉州市好运来物业管理有限公司	1
28	福建省正丰数控科技有限公司	0.3

【慈善项目】

慈善助学项目 2017年，安溪县慈善总会出资63.60万元资助贫困学生。资助82名贫困大学生完成就学梦，每人补助3000元；资助25名品学兼优的贫困高中生，每人补助2000元；资助100名品学兼优的高中毕业生，每人补助1000元；福建三安集团有限公司定向捐资24万元资助60名贫困大学生，每人补助4000元。

慈善助医项目 2017年，安溪县慈善总会对全县低保户、重点优抚对象、精准扶贫户等特困家庭开展医疗救助，共救助935人，救助金额153.25万元。

慈善复明项目 2017年，安溪县慈善总会出资60万元，为500名贫困白内障患者施行复明手术（其中：福建省明仁置业发展有限公司定向捐赠资助 250 名）。

慈善助听项目 2017 年，安溪县慈善总会出资 4 万元，资助贫困聋人配戴助听器 20 个。

慈善助行项目 2017 年，安溪县慈善总会出资 8 万元，资助 10 名贫困肢残者装配假肢，使他们重新站立起来。

重大灾害救助项目 2017 年，安溪县慈善总会共救助意外事故伤残患者及重大自然灾害人员伤亡、不属公保范围的溺水死亡的对象和困难家庭临时救助 7 人，共救助金额 8.8 万元。

春节慰问项目 2017 年，安溪县慈善总会开展慰问百岁老人及特困户的活动。是年，走访慰问 214 户特困低保户、五保户和残疾人；走访慰问百岁及以上老年人 23 人，每人发放慰问金 900 元；总计发放慰问金 13.07 万元。

送温暖项目 2017 年，安溪县慈善总会春节期间为全县困难群众开展送温暖项目，出资 19.50 万元，购买 1150 条毛毯发放到低保户、精准扶贫户、特困户家庭。

【慈善资金管理】

2017 年 4 月，安溪县邀请泉州大同会计师事务所有限公司对县慈善总会的财务收支情况进行审计，并结合当年上报公益性捐赠税前扣除资格材料把当年度的财务收支情况同时送省财政厅、民政厅、国家税务局、地方税务局审批监督，2016 年安溪县慈善总会获得公益性捐资税前扣除资格。

【慈善公益活动】

2017 年，安溪社会各界爱心人士定向捐赠支出 2811.30 万元，用于教育事业支出 557.30 万元；社会公共设施建设支出 161 万元；其他社会公共和福利事业支出 1711 万元；精准扶贫支出 230 万元；卫生事业支出 100 万元；文化事业支出 52 万元。

·防震减灾·

【概况】

2017 年，安溪县加密前兆监测台网，改造原有台站，提高地震监测、管理和分析水平，加强气象灾害监测预警。是年，安溪未出现地震灾害情况，气候总体平稳，气象灾害偏轻，台风、暴雨和强对流天气影响较大，全年遭受 3 个台风影响。

【震灾预防】

2017 年，安溪县逐步建设完善速报中心数据线路和相关配套设备，通过信息专网传输速报信息，实现震时的地震烈度速报及监测数据的实时图文显示。结合实际情况，建立起群众性地震测报和宏观调查网络，加强宏观资料报送的时效性；采用信息化管理软件建立宏观管理数据库，及时更新三网一员信息，每季度进行确认。

结合"科技人才周""防灾减灾日""科技三下乡"等活动，深入乡镇排摊设点，将地震的自救互救、农村民居地震安全、地震科普常识送到乡镇居民中去。以展馆和教育基地为主阵地，基地结合地震知识讲座、应急演练、参观展馆和观看宣传 VCD 等进行宣传，全年受教育约 5 万多人次。利用"5·12""防灾减灾日"，通过广电局播放宣传标语；联合移动公司，举办"防震减灾知识竞答"；利用"科技知识产权日"开展防震减灾宣传咨询活动，发放《防震减灾法》《家庭防震减灾常识》《防震避震与自救要诀》地震科普宣传册、图片等 2500 册；5 月 8 日，在茶都广场集中开展防灾减灾知识现场宣传活动；组织 1 个家庭代表队参加 2017 年泉州市"5·12"家庭防震减灾知识电视竞赛；丰富慈山农中防震减灾科普教育内容，宣传推广"福建省数字地震科普馆"；在各学校开展以紧急避险和疏散为主要内容的科普教育，组织地震应急演练活动；在城东"国家级地震安全示范社区"举行应急疏散演练；在科普馆、科普画廊、宣传栏充实挂图，播放宣传标语、科教影视片。指导协调教育部门在中小学校开展地震应急疏散演练活动，参与学校总数超 150 次。

【应急避难场所建设】

2017 年 5 月，安溪县筛选出 17 所适合的学校，对相关学校（凤城中学、毓秀学校、蓝溪中学、城厢中学、俊民中学、十小、沼涛中学、十六小、一中城东校区、安溪茶校、龙涓中学、培文中学、梧桐中学、崇德中学、安五中、安十一中、金火高级中学等 17 所）操场总面积、疏散通道、周边交通、机井、饮用水、操场管理等情况进行书面调查，形成报告。7 月 3 — 4 日由市地震局局长林田平带队，副局长叶威陪同到安溪县 10 个乡镇（凤城镇、城厢镇、官桥镇、虎邱镇、龙涓乡、龙门镇、湖头镇、长坑乡、感德镇）进行现场踏勘选址。初步选定凤城中学、城厢中学、十小、金火高级中学、毓秀学校、蓝溪中学、安溪茶校、龙涓中学、培文中学、梧桐中学、俊民中学、崇德中学、安十一中等 13 所学校为Ⅲ类地震应急避难场所。

【应急救援体系】

2017年，安溪县积极探索地市级烈度速报台网中心发布系统的建设模式，为福建省"地震预警与烈度速报系统的研究与示范应用"项目的顺利实施提供第一手技术资料。安溪县第十二小学和铭选中学被列入地震预警项目推广学校，电信部门介入并签订登记安装登记表。建设完善泉州市防震减灾信息化管理系统。每季度定期检查维护海事卫星电话系统的连接情况。通过地震系统卫星通信网络实现双向实时语音、图文、视频传输和网络通讯等功能。

【抗灾救灾】

台风　2017年6月12日，1702号台风"苗柏"在广东省深圳市大鹏半岛沿海登陆。安溪县从12日夜里开始出现明显降水，6月12—19日，全县24个乡镇降水量均超过200毫米，其中，5个乡镇超过300毫米，以祥华乡356.1毫米最大。受灾人口8143人，转移群众1.75万人；房屋倒塌3间；2个工矿企业停产，公路中断4条处，供电中断1次，通讯中断1次，全县工业交通直接经济损失652.3万元；1处堤防受损约120米、护岸损坏6处、水闸损坏3座，水利灌溉设施受损4处；农果作物受灾面积603亩，农林牧渔业直接经济损失14.46万元；全县因灾直接经济损失约1164.25万元，其中水利设施直接经济损失约232万元。

双台风1709号"纳沙"和1710号"海棠"　2017年，第9号台风"纳沙"和第10号台风"海棠"，分别于30日06时和31日2时50分登陆福清，截至7月31日20时，安溪县受灾人口20747人，转移群众22416人，经济总损失1509.9万元，

无人员伤亡。全县房屋倒塌3间、水利设施损毁损坏29处、农田受灾563亩、省道307线、安溪白濑段公路多处发生塌方溜方。

暴雨　2017年，安溪站出现4场暴雨。分别出现在3月10日，4月19日，6月15日，7月31日。全年全县主要降水过程如下：

受低层切变和地面冷锋影响，6月7日傍晚起安溪县中北部乡镇普降暴雨，局部大暴雨，统计6月7日18—19时，安溪县剑斗镇山尾崎站点1小时降水量达到71毫米。据县防汛统计，全县有5个乡镇受灾，受灾人口3696人，转移群众324人；受灾最重的剑斗镇死亡人数2人，失踪1人。全县因灾直接经济损失约1064.5万元。

受低层切变、西南急流和冷空气共同影响，6月12—19日安溪县出现大暴雨，局部特大暴雨。24个乡镇均不同程度受灾，受灾人口8143人，转移群众1.75万人；全县因灾直接经济损失约1164.25万元，其中水利设施直接经济损失约232万元。

8月17日下午2时30分左右，安溪县西坪镇西坪村、柏溪村、阳星村、后格村，尚卿乡福林村先后出现小冰雹、伴有雷电、短时强降水，大约持续10分钟，大小1~2厘米。西坪镇有民房5间瓦片房受损。

受高空槽和低层切变共同影响，9月21日晚上到22日早晨，安溪县部分乡镇出现大雨到暴雨，局部大暴雨。蓬莱镇遭遇百年一遇的大暴雨，累计雨量158.2毫米，3小时雨量达147.7毫米，破历史极值。在此次大暴雨过程中，全县受灾3000人，蓬莱、金谷等多个乡镇出现滑坡、塌方等地质灾害，农田淹没。转移人口2874人，直接经济损失18万元。

干旱　2017年9月5—21日，安溪县连续出现17天无效降水日，达到气象夏小旱标准，无灾情。9月29日至11月12日，出现连续45天无效降水日，达气象秋旱标准；截至11月11日，安溪因旱直接经济总损失1275万元。全县作物受灾面积21131亩，其中，成灾面积7808亩，绝收面积1125亩；粮食因旱损失1650吨，直接损失360万元；经济作物损失约915万元。安溪气象局利用有利天气，开展人工增雨作业，共发射人工增雨火箭弹26枚。11月13日降雨量16.4毫米，气象小旱解除。11月28日至12月31日，连续出现34天无效降水日，达到气象冬轻旱标准，无灾情。

高温　2017年夏季，安溪站出现47天≥35℃高温天气，秋季安溪站出现18天≥35℃高温天气，全年≥35℃高温共65天，为历史第二（2014年69天）。其中9月27日最高气温39.3℃，为2017年全年最高，同时打破9月历史最高纪录。

低温　2017年1月21—24日，受西路冷空气影响，安溪最低气温过程降温幅度达到8.0℃。2月9—12日，受强冷空气影响，安溪最低气温过程降温幅度10.0℃。

春季低温阴雨　受冷空气影响，安溪县2月下旬以阴雨天气为主，其中2月24—27日出现日平均气温连续4天≤12℃不利春播天气；3月14—16日内安溪出现日平均气温连续3天≤12℃低温阴雨不利春播天气。

秋寒　2017年，安溪县"23型"秋寒出现在10月21日（历史平均10月11日）；"20型"秋寒出现在11月18日（历史平均11月2日），均为偏晚。

·民族与宗教事务·

【概况】

2017 年，安溪县少数民族有畲族、高山族，全县 2623 户 12148 人（高山族 1 户 3 人，余者皆畲族），分布在全县 5 个乡镇、7 个行政村、1 个居委会，其中官桥善坛畲族村、湖上盛富畲族村、湖上横坪畲族村为少数民族行政村。其余 5 个自然村 948 人。宗教团体 2 个（基督教"两会"：安溪县基督教"三自"爱国会、安溪县基督教协会，安溪县道教协会），登记开放宗教活动场所 26 处，其中基督教场所 13 处、佛教场所 9 处、道教场所 4 处，民间信仰活动场所 1200 多座，分布在全县各个行政村。2017 年，盛富、横坪、善坛三个民族村人均收入分别为 10050 元、8950 元、11315 元。

【少数民族地区经济文化社会发展】

特色产业　2017 年，安溪县完成善坛畲族村百寿草培植示范基地建设，发展乡村旅游项目，水果自采区种植水果 30 亩；成立盛富畲族村节节高毛竹专业合作社，投入 15 万元完成茶园改造项目；完成横坪畲族村食用菌基地厂房及配套设施建设，培育的香菇已上市；投入 3 万元用于白濑长基村五龙绿竹笋基地建设。选派少数民族干部参加全省少数民族新型职业农民培训班培训。在"2017 海峡两岸少数民族茶产业交流会暨第四届福建省少数民族名优茶评选大赛"中，安溪县民宗局获优秀组织奖，善坛畲族村钟进生、钟永火分别获得乌龙茶类铁观音清香型金奖、清香型铜奖。

特色文化　2017 年，安溪县开展特色村寨规划建设，善坛畲族村完成畲族文化园内步行道、两个休息凉亭及栏栅网建设；横坪畲族村完成主干道两侧的畲族标志建设。盛富畲族村建成畲族文化馆、畲族特色党建室、荣誉室，完成"畲族文化"及"畲族特色标志、油画"的建设工作，被列入第三批"中国少数民族特色村寨"试点村。是年 11 月，盛富畲族村获"全国文明村镇"称号。11 月 23 日，中央组织部、国务院扶贫办联合举办的中央和国家机关选派驻村第一书记到盛富畲族村进行现场考察教学活动，盛富畲族村原第一书记黄开远现场介绍盛富畲族村从扶贫村到全国文明村变化的有关情况及发展壮大村集体经济、美丽乡村建设等方面的经验做法。

社会事业　2017 年，善坛畲族村完成文化园区道路路基主干道、环村道路 15.6 公里 LED 路灯、117.04 千瓦分布式光伏发电项目建设，已并网发电，完成圣泉岩造林绿化 50 亩，村主干道两侧绿化树病虫害防治 2 次。横坪畲族村完成 340 县道至村部主干道两侧的绿化和老年人活动中心建设。盛富畲族村种植桂花树 5000 多棵，建成村宣传栏、拓宽道路、修缮设施等。同时，为低保户、困难户申请造福工程建设，已有 7 户搬迁入住，为 5 名大学生提供助学帮助。是年全县有 25 名少数民族在校高中生、25 名大学生接受助学帮助，慰问少数民族困难户 22 户，捐助金额 71900 元。

【泉州市第十个民族团结进步宣传月进学校活动】

2017 年 9 月 14 日，由泉州市民族与宗教事务局、中共安溪县委统战部主办的"泉州市第十个民族团结进步宣传月进学校"活动在安溪县湖上中学举行。

【维护宗教领域和谐稳定】

2017 年，安溪县组织分管民宗工作领导干部、宗教活动场所负责人、教职人员认真学习贯彻全国宗教工作会议及新修订《宗教事务条例》精神。做好宗教活动场所"安全标准化提升工程三年行动""安全发展行业"工作。进一步规范场所内业资料的整档。邀请有关专家、老师开展消防安全知识讲座及智慧安监平台操作培训。完成全县 1200 多处民间信仰场所的普查、登记、建档工作。清水岩寺从 2017 年 1 月 1 日开始禁放鞭炮。安溪清水岩、凤山普陀寺分别捐资泉州"同心工程" 20 万元、10 万元。2017 年，全县宗教界慈善捐助 60 余万元。11 月 28 日至 12 月 4 日，清水岩组团参加由台南龙山寺承办的第二届世界清水祖师文化节。

【县道教协会举办公益活动】

2017 年 3 月 12 日，安溪县道教协会举办庆祝道祖圣诞千秋第二届道教节暨大型送医送药下乡义诊慈善公益活动。9 月 9 日，县道教协会举办庆中元"安溪县第二届夜间庙会"暨"喜迎十九大、道圆中国梦"2017 年"福美宫杯"全民健身广场舞邀请赛。

【安溪城隍清溪显佑伯主赴新加坡韮菜芭】

2017 年 9 月 22 日至 10 月 3 日，安溪城隍爷（清溪显佑伯主）应新加坡韮菜芭城隍庙邀请，于该庙成立 100 周年之际，赴新加坡赐福巡游。

· 凤城镇 ·

【概况】

2017年，安溪县凤城镇农林牧渔总产值1457万元，其中农业产值562万元，林业产值76万元，牧业产值551万元，渔业产值65万元，农林牧渔服务业产值202万元；规模以上工业产值1033772万元，500万元以上非农户固定资产投资552839万元，限额以上社会消费品销售总额291453万元。12月7日，阿里研究院、第五届中国淘宝村高峰论坛（菏泽）授予凤城镇2017年度中国"淘宝镇"称号。

【项目建设】

重点项目　2017年，安溪县凤城镇安排重点项目23个，总投资102.6亿元，年度完成投资18.3亿元。其中，安溪一中南校门片区改造建设项目年度计划投资1.9亿元，完成投资2.5亿元；中寮商住小区年度计划投资1.5亿元，完成投资1.9亿元；怡龙总部企业年度计划投资2000万元，完成投资5700万元，均超额完成年度任务。沼涛实小（一期）片区改造项目如期供地，凤山书院、三安大桥东片区城中村改造建设项目、解放路西片区等项目顺利推进。

城市建设　2017年，安溪县凤城镇新影剧院、三安大桥等一批新地标建成投入使用，美法市政路建成通车，安一中南校门、沼涛实小一期、中山大桥和旧制药厂等改造片区建设步伐加快，自来水供水设施第三期改扩建、晋江防洪堤美仙段建设工程有序推进，世邦清水湾、金达广场、盛世金元、力志御峰等新建小区陆续交房入住，绿道北线慢行系统完成规划设计，转入组织实施阶段，启动城隍庙、孔子龛等景区景点公共配套停车场项目。

招商引资　2017年，安溪县凤城镇新办各类企业1079家，新增注册资金27.19亿元，年均增长3.6%。组织引导集发工艺、新唐信家具、飞扬工艺、双信机械、兴溪茶业、全永兴纸品等6家企业；对企业自身及产品进行增资扩营、技术改造、新产品开发和科技应用，累计完成投资1.42亿元，产能释放5亿元，新增税收2000多万元。

【社会事业】

扶贫　2017年，安溪县凤城镇投入精准扶贫资金31.4万元，实施帮扶项目14个，24户贫困户全面脱贫。挂钩支持蓝田乡乌土村、感德镇炉地村的扶贫帮扶。8月15日，凤城镇成立扶贫开发协会，大会举行认捐仪式，共得到134家单位、94名个人的慷慨认捐，募集资金906万元。

教育　2017年，安溪县凤城镇完成实验小学一层停车场的改造，实施第二实验小学的扩建，新增校

2017年8月15日，凤城镇成立扶贫开发协会　　　　　（凤城镇 供图）

园面积 1.46 万平方米，新办 1 家民办幼儿园，新增校车 2 辆，关停 1 所不合格民办幼儿园。强化中小学、幼儿园的消防安全、食品安全、校车安全等监督管理得。表彰 9 名凤城籍中考、高考文理科前三名学生，资助 139 名贫困大学生。

社会保障 2017 年，安溪县凤城镇和兴医院综合大楼竣工投入使用，城关社区卫生计生服务中心完成医联体建设。累计发放低保金 1563 万元、优抚定补金 255.6 万元。新农合、城镇居民医保、城乡居民养老保险基本实现应保尽保。

平安建设 2017 年，安溪县凤城镇凤山社区将传统工作方法与信息化管理手段相结合，建成"嘀嘀服务平台"。城东社区建成"日间照料中心"解决上班族无暇照看小孩和老人的后顾之忧，被泉州电视台作为"基层一线好支部"题材进行宣传展播。东北社区整合资源，打造老干部 15 分钟生活服务圈，获得"省级服务老干部示范点"称号。登科社区创建"体验+网格+辐射"的"无毒社区"，为广大居民营造安享健康新生活的良好环境，新华网、中新网、中国禁毒网、《福建日报》等媒体，以及各电视台纷纷采访报

道。

2017 年，安溪县凤城镇推进社会矛盾纠纷化解工作，共办理各类信访件 76 件。依托"智慧社区"采集基础信息，推行社区网格化服务管理模式。完成"两会""金砖会晤"、党的十九大、2017 环泉州湾国际公路（凤城段）自行车赛、第十届世界安溪乡亲联谊大会等大事要事活动安保维稳任务，社会保持安定稳定。防御抗击"纳沙""海棠""苗柏"等强台风，并完成救灾复产工作。

·城厢镇·

【概况】

2017 年，安溪县城厢镇农林牧渔总产值 16307 万元，其中农业产值 8459 万元，林业产值 114 万元，牧业产值 4552 万元，渔业产值 224 万元，农林牧渔服务业产值 2959 万元，茶叶产值 1426 万元；规模以上工业产值 1595286 万元，500 万元以上非农户固定资产投资 695169 万元，限额以上社会消费品销售总额 325392 万元。

【项目建设】

重点项目 2017 年，安溪县城厢

镇实施县级以上重点建设项目 43 个，完成征地 1098 亩，拆迁 2.03 万平方米。龙亿古建、县直二十小、金宝宝马 4S 店建成投入使用，龙磐花园安置小区启动回迁程序，凯鹰电源电器（二期）、创冠垃圾焚烧厂等 2 家企业开始技改扩建，全年组织县中心粮食储备库（二期）、光德中学扩建、宝树丰厨卫科技、广交工艺品、中尼贸易仓储物流、县第五小学分校、县第十一幼儿园扩建等 26 个项目参加全县 7 次集中开竣工活动，项目数全县最多。全年完成签约项目 13 个，总投资 45 亿元。

公路建设 2017 年，安溪县城厢镇农村公路提级改造项目总长 13.05 公里，排查治理道路安全隐患 59 处，投入约 4 万元对城厢中心幼儿园等 10 所学校校园周边安全隐患排查。全年投入 63.84 万元用于道路拓宽改造，投入 53.64 万用于农村公路养护。

水利建设 安溪县城厢镇全面推行河长制，对晋江西溪、蓝溪及辖区内 6 条小溪进行整治，投入 5200 万元完成河道整治 7.5 公里、整修排水排洪设施 12.4 公里、清理内沟河 8.5 公里。晋江西溪防洪堤建设工程仙苑段全面动工。

城镇建设 2017 年，中山大桥、厦沙高速公路城厢段、双安浦口大桥等重大基础设施项目建设完成并投入使用；投入 300 多万元完善辖区乡村风景林、森林抚育、森林病虫害防治、村级公园建设及两岸一溪、环城一重山、重点区位林分生态修复；全年拆除"两违"11 宗、3.47 万平方米。

新农村建设 2017 年，安溪县城厢镇"渊兜水乡"美丽乡村（一期）项目建设基本完成，一座"望得见山、看得见水、记得住乡愁"的生态休闲乡村雏形初步显现；团

2017 年 12 月，"渊兜水乡"项目建设基本完工　　　　（城厢镇 供图）

结村生态果蔬基地利用地理优势先后种植葡萄、青枣、砂糖橘等水果200亩，百香果100多亩，发展设施农业，为游客提供果品采摘、观光垂钓、美食品尝等服务，成为全县现代农业发展的亮丽窗口和村民致富的载体平台；英华大唐茶艺观光园项目动工建设；结合城厢临城优势，探索"山下城厢""山上城厢"乡村振兴新路；经岭村获评全国文明村，经兜村被国家住建部评为"第四批全国美丽宜居示范村庄"。

【特色产业】

水暖卫浴产业　2017年，安溪县政府与原业主福建省龙都建设发展有限公司关于《海西国际五金城投资项目框架协议书》解约，引进德阀科技、宝树丰厨卫科技、银超卫浴等企业入驻片区。在玉田阀门基地已聚集中小企业36家，涉及黄金龙卫浴、苹果王卫浴、福洋卫浴、思龙五金等品牌，加工点340多个，年创造产值4亿多元，提供就业岗位2万多个。

【社会事业】

扶贫　2017年，安溪县城厢镇2016年尚未脱贫的9户36人贫困户均实现脱贫；成立城厢镇扶贫开发协会，认捐资金1007.67万元，居全县镇级扶贫开发协会前列，对口帮扶虎邱镇石山村、大坪乡双美村。7月25日，城厢镇扶贫开发协会成立，表决通过城厢镇扶贫开发协会《章程》《选举办法》，产生第一届理事会，共有理事25人，理事单位53个，会员单位65个，募集资金1007.62万元，对口帮扶虎邱镇石山村、大坪乡双美村。

民生　2017年，安溪县城厢镇全年投入228.67万元完成12件"一事一议"财政奖补项目；投入900多万元，建成员宅幸福院、经兜老年人活动中心，投入34.2万元实施安居工程9户，受益人口42人；投入376.71万元用于低保、孤儿、五保的生活保障；审批加层、翻建（含临时搭盖）336户；全年解决160多户个人住房困难问题；新农保参保率92.05%；新农合、居民医保参保率均达100%；全年享受低保人数867人。

教育　2017年，安溪县城厢镇大力实施教育扩容工程，投入使用县直第二十小学、光德中学教学楼等一批学校建设项目，加快推进县直第九、十一幼儿园、第十一小学扩建、德苑完全中学等11所校园建设项目，建成后可新增优质学位1.6万个。

文化　2017年，安溪县城厢镇新建村级农民健身工程4个，村级文化广场1个，实现村村建有文化活动室、农家书屋，举办专题文艺演出5场，协办第七届安溪音乐舞蹈节，歌曲《我家就在城之南》获安溪"一乡镇一歌"创作活动第一名。

卫生　2017年，安溪县城厢镇完成城厢卫生院改制并拨专款进行装修，重点开展公共基础卫生建设；加快推进县妇幼保健院项目建设，可新增床位300个。

平安建设　2017年，安溪县城厢镇抓获各类犯罪嫌疑人692人，破获刑事案件497起，受理行政案件1560起；持续推进电信网络诈骗治理，年度抓获现行新型网络诈骗犯罪分子165人，逃犯56人；开展综治网格化管理，网格化管理对象录入23149人，重点人员1791人，高危人员705人；开展打击涉毒专项行动，抓获涉毒犯罪嫌疑人19人，吸毒违法犯罪嫌疑人37人；集中大片清查24次，小片清查85次；大力实施雪亮工程，投入250多万元在全镇28个村（社区）主要路口布设"全球眼"技防设施，实现全覆盖。

2017年，安溪县城厢镇排查受理各类矛盾纠纷15起、化解15起，受理各类信访件14件，办结13件。

立案处理2件，党纪处分2人，开除党籍2人，暂停职务1人。试行对纳入绩效管理的临时聘用人员进行考评，深入开展窗口部门、执法单位行风评议活动，积极推行政务、村务、厂务、校务公开和民主理财、民主议事制度。

【基层组织建设】

2017年，安溪县城厢镇有4个党委、1个党总支、58个党支部，党员2229名。实施"十百千"主题活动，突出"四化"（意识化、规范化、制度化、特色化），以知促行，持续推进"两学一做"学习教育常态化制度化，夯实基层党建工作基础；开展村干部异地挂职锻炼，接收异地挂职锻炼5名，驻村蹲点干部1名，全年发展党员19名；开展党员"亮身份、正家风、助发展"主题活动，通过实施"五个一"（每位党员一本《准则》、一本《条例》、一枚党徽、一本《党费证》、一份党旗红手机报、一个"党员之家"牌子），亮明党员身份，助力城厢科学发展、跨越发展；在经兜村探索"党建＋项目、慈善、服务、养老、家风"农村党建新模式；率先在茗城社区探索开展"飘香的党旗"城市基层党建模式，得到县委组织部充分肯定；率先成立城厢镇离退休干部党支部，下设同美、砖文、经兜等3个老干部及党员服务站，服务管理周边区域的离退休老干部。特色党建做法在10月10日《泉州晚报》做专版报道。

【入选淘宝镇】

2017年12月，阿里研究院公布2017年中国淘宝村及淘宝镇名单，城厢镇获评中国淘宝镇，辖区内的光德村、同美村、仙苑村、雅兴村、员宅村、中标村、砖文村等7个村获得中国淘宝村，占安溪比超三分之一。

·参内乡·

【概况】

2017 年，安溪县参内乡农林牧渔总产值 8757 万元，其中农业产值 5314 万元，林业产值 151 万元，牧业产值 2825 万元，渔业产值 97 万元，农林牧渔服务业产值 371 万元，茶叶产值 3071 万元；规模以上工业产值 69711 万元；500 万元以上非农户固定资产投资 371054 万元；限额以上社会消费品销售总额 29338 万元。

【项目建设】

重点项目 2017 年，安溪县参内乡共实施县级重点项目 20 个，开竣工项目 17 个，涉及工业园区、商业地产、农贸市场、企业建设、文旅项目等领域，年度完成投资 13.44 亿元，全年完成征地 3168 亩，拆迁房屋及厂房 46028 平方米，迁移坟墓 1089 个。东西大道、兴泉铁路安溪参内段、东二环路石狮岩隧道左洞、田底村水美公路、镇中村公路、普陀寺公路、气象站公路、坑头村公路等 5 条村级公路正在加紧施工中，都在有序推进中。中科生物植物工厂研究院暨企业总部，卫浴新城，参山 E 地块都完成征安迁，土石方工程施工中。参山溪堤、普陀寺二期工程、溪禾山铁观音文化园、茶机具、台湾山庄、观音山茶业等项目也已完成征安迁；隆恩华城、阳光城·丽景湾等项目按时序进度推进中。

宜居环境建设 2017 年，安溪县参内乡学府一号 2 期、隆恩华城、阳光城·丽景湾、恒大御景、万达等商业地产陆续建成，聚集大量的人流、物流、财流。参山丽苑安置小区 3 号楼、参洋安置统建区一期、洋中学苑安置区 B、C 区竣工并交付入住。洋乌内整体搬迁进入规划设计，洋中农贸市场完成主体工程建设，绿道北线慢行系统穿越参内乡。

招商引资 2017 年，安溪县参内乡引入投资 1000 万元以上的项目 20 个，涵盖制造业、物流业、旅游业、企业总部回归等。

新农村建设 2017 年，安溪县参内乡对参洋片区、员潭村、罗内村完善基础设施；发展观光农业，加快美丽乡村建设步伐；组织实施大厝跃进桥片区、美塘马厝排洪工程和参林溪堤建设。重点培育美丽乡村示范村田底村，入选 2017 年全省"千村整治，百村示范"美丽乡村示范村、省级扫毒打非示范村、省级农村"六大员"示范村。实施环境卫生整乡打包治理，引进社会力量，实行市场化运作管理，全面改变"脏、乱、差"现象。落实各项惠农补贴，发放农业支持保护补贴 58.05 万元。压实乡村两级"河长"工作责任，开展流域综合治理，抓好兴修水利工作，全年进行河道清淤 265 公里，完成水毁溪坝修复 3 个。森林资源持续稳步增长，森林覆盖率 57.5%，森林蓄积量 12.5 万立方米，林地保有量 4.35 万亩。

【社会事业】

扶贫 2017 年，安溪县参内乡对全乡 46 户贫困户强化措施，精准发力，共实施产业帮扶 39 户（主要为养殖鸭、猪、牛、羊等禽畜），就业帮扶 5 户，就医帮扶 2 户，低保兜底 10 户。成立参内乡扶贫开发协会。举办 2 场助学活动，发放教育资金 22 万余元；为 16 户建档立卡贫困户发放产业补助金 16000 元；与建档立卡贫困村（芦田镇石盘村、朝阳村）结对帮扶。

教育科技 2017 年，安溪县参内乡优化全乡教育资源配置，安溪一中城东校区建设有序推进，加快建设县第十六幼儿园及扩建县第十六小学工程。2017 年中考中，56 人达到一级达标录取线，黄寒莹以总成绩 552.5 分位列全县第 15 名。

文化卫生 2017 年，安溪县参内乡积极创建省级文明乡镇，祜水村创建省级文明村居、参山村创建市级文明村居。促成参内卫生院与安溪县中医院实行医联体合作，开展医疗互助，医疗机构硬件设施有效改善，服务水平逐步提升。全年开展 3 次大型义诊活动。

计划生育 2017 年，安溪县参内乡人口出生性别比 114.89%，政策符合率 94.65%，二女奖励兑现率 100%。在计生工作年度考核中，位列全县第三名。

社会保障 2017 年，安溪县

2017 年 10 月 13 日，航拍溪禾山铁观音文化园　　　　　　　　（安溪报社 供图）

参内乡新型农村合作医疗参保率达103.56%，发放补助金30.4万元、受益1295人次。新农保参保率达94.57%。城乡低保实行动态管理，做到应保尽保，是年全乡享受低保555户776人，发放低保金75.8万元；发放定补、优待金158.4万元。

平安建设　2017年，安溪县参内乡排查调处矛盾纠纷30起，调处成功30起，调处成功率100%。处理各类案件258起，组织清查活动24次，抓获电信诈骗犯罪嫌疑人67名，完成年度目标任务218%，打掉诈骗团伙4个，网上追逃30人。举办"诚信参内·平安参内·大美参内"大型宣传活动及"平安参内·文明茶博"文艺晚会。检查各类安全生产经营场所135家，发出整改意见书48份，提出并完成整改意见58条，整改率达100%。完善信号灯、减速带等道路设施的建设，共查处酒驾、醉驾等交通违法55起。

·魁斗镇·

【概况】

2017年，安溪县魁斗镇农林牧渔总产值9932万元，其中农业产值6345万元，林业产值121万元，牧业产值2298万元，渔业产值60万元，农林牧渔服务业产值1109万元，茶叶产值2962万元；规模以上工业产值77557万元；500万元以上非农户固定资产投资29160万元；限额以上社会消费品销售总额4849万元。

【项目建设】

重点项目　2017年，安溪县魁斗镇策划生成县级重点项目6个，镇级重点项目30个，总投资76875万元，年度计划投资17880万元。项目涉及美丽乡村、公路提级改造、精准扶贫及乡村旅游等，13个项目已完成并投入使用。其中，兴泉铁路、

2017年12月21日，魁斗镇举行第二中心幼儿园开工仪式　　（陈东曲　摄）

石狮岩隧道左洞、晋江西溪防洪堤工程魁斗段、魁斗第二中心幼儿园、农村饮水安全巩固提升工程等一系列动土安迁的重大项目平稳有序推进。完成正线、弃渣场、施工便道等土地征用455亩，房屋初评120余座，征迁协议签订10多户。

招商引资　2017年，安溪县魁斗镇鼓励在外乡贤回乡发展，补齐镇域经济产业发展短板。今年签约项目5个，预计总投资2.1亿元，4个项目已开工建设；5个项目洽谈中。落实企业挂钩帮扶制度，支持鑫盛晖造纸厂技改创新，以生物颗粒燃烧替代传统的锅炉燃烧，提高生产效率和产品质量；忠达机械厂投入2000多万元用于改造机械配件生产线。合理利用省道206、307沿线土地规划发展工业经济和第三产业，发展机械制造和藤铁工艺、农村电商等。

【特色产业】

特色农业区　2017年，安溪县魁斗镇培育"一村一品"特色农业，瞄准特色高效，培育农业龙头企业、农民专业合作社、家庭农场、专业大户等新型农业经营主体，通过专业合作社、家庭农场和经济能人的示范带动。统筹推进农村土地流转。结合农村土地确权和农业普查，抓

好旧村改造，实施退茶还蔬还果工作，黎山、尾溪、贞洋等村共退茶75亩，用于发展果蔬、花卉等；盘活农村土地资源，引导各村根据各自特点和优势，发展种养业、设施农业、观光农业，带动魁斗镇农业转型升级。

绿色旅游带　2017年，安溪县魁斗镇围绕提质增效，整合佛仔格中心县委旧址、石狮岩、清风洞、景苑生态休闲农业、美丽乡村等旅游资源，实施休闲旅游、养生康体、乡村民宿、绿色低碳、教育文体等消费提升工程，培育集"红色、朝圣、休闲观光和国防教育"为一体的特色旅游产业。

【社会事业】

扶贫　2017年，安溪县魁斗镇通过实施挂钩帮扶、社会兜底、村企联动和产业扶贫等措施，开展"百企联百村帮千户"活动，主动对接帮扶企业进行点对点帮扶。引导贫困户自强自立，通过"雨露计划"、签订帮扶协议等为贫困户提供知识、技术支持，助其稳定脱贫。发挥区域优势，支持引导村级组织以集资入股"合作社"经营模式，引进绿色环境产业，盘活集体经济，壮大村财收入，贫困村钟山村通过集体

山地租赁、入股合作模式引进景苑生态农业，发展光伏发电项目，开展合作造林等，每年增加村集体收入14.5万元。成立扶贫开发协会，将帮扶资金精准落实到实处。镇财政全年拨付200多万元专项资金用于帮扶项目，全镇78户257名贫困户已全部脱贫。

生态建设 2017年，安溪县魁斗镇立足抓好公共服务设施建设和净化、绿化、美化整治。清理松树枯死木1.2万株，改造林分438亩，两岸一重溪造林绿化200亩。重点推进溪东村污水处理站和三层溪流域农村生活污水收集全覆盖。落实环境网格化监管，全面推行河长制，投入170万元完成石竹溪魁斗村段水土流失治理项目建设；全年拆除违章建筑1000平方米，拆除猪栏、鸡鸭栏3000平方米，取缔石材加工点3家。

公共设施 2017年，安溪县魁斗镇投资887万元完成农村公路改造提升工程路基及路面硬化9.53公里；投资260万元，在省道307线公路两侧安装照明灯9.45公里；投资80万元，协助县交警大队在省道307线公路建设中心隔离防护栏5公里。投资1250万元开工建设魁斗中心第

二幼儿园；建设魁斗医院中医馆，并邀请专家坐诊。

环卫整治 2017年，安溪县魁斗镇开展家园清洁行动，村容村貌焕然一新；做好魁斗镇农贸市场建设，遏制街区"脏、乱、差"现象；研究制定环境卫生常态化保洁机制，垃圾由村收集镇转运多个村场卫生考评位居市、县前列。

平安建设 2017年，安溪县魁斗镇全面推进"多位一体"综治专职巡防队伍建设，投入100多万元建设城市治安高清监控系统，实现全镇治安重点区域监控全覆盖，化解各类矛盾纠纷。全面落实"七五"普法规划，举办《民法总则》《禁毒法》等法制讲座6场。开展普法依法治镇工作，聘请常年法律顾问，邀请律师参与重大决策，实现"一村一顾问"全覆盖。依法开展社区矫正，落实安置帮教工作，通过举办培训班促其转型就业。推动领导干部深入各村和项目一线开展接访活动，化解信访案件和矛盾纠纷30多件。

2017年，安溪县魁斗镇录入特殊重点管控人群近1万人，通过建设宣教基地、诚信公园、广场建设，全力打造诚信魁斗。全年破获电信诈骗案件31起（其中团伙7个37人，

完成打击处理任务的154%），抓获犯罪嫌疑人74人（其中，逃犯19人，完成抓逃任务的475%）。

·蓬莱镇·

【概况】

2017年，安溪县蓬莱镇农林牧渔总产值32532万元，其中农业产值26212万元，林业产值118万元，牧业产值5289万元，渔业产值167万元，农林牧渔服务业产值746万元，茶叶产值19408万元；规模以上工业产值6133万元；500万元以上非农户固定资产投资34628万元；限额以上社会消费品销售总额10762万元。

【项目建设】

重点项目 2017年，安溪县蓬莱镇列入县级重点项目12个，镇级重点项目35个，完成投资4.35亿元。

村部建设 2017年，安溪县蓬莱镇完成联盟、蓬溪、鸿福、上智和新坂等5个村级活动场所建设，启动寮海、吾邦、竹林等3个村址建设工程。

景区规划 2017年，《安溪清水岩风景名胜区总体规划（修编）（2017-2030年）》获省政府批复，海会院玉佛殿项目完成28尊大玉佛以及100尊小玉佛的安装工程，清水岩温泉度假山庄项目重启规划方案设计；天街商业街重启施工工程，清水岩矿泉水综合项目完成旧厂房改造并投入使用，清水石镜山风景区完成专家评审和蔡洋水库旅游漫步道等园区配套基础设施建设。

道路交通 2017年，安溪县蓬莱镇建成清水岩景观大道；实施9条共计32.4公里的农村公路提级改造工程，完成新坂危桥改造并顺利通车。

2017年1月6日，蓬莱镇举行蓬溪村综合服务中心揭牌仪式　　　（安溪报社　供图）

基础配套建设　2017年，安溪县蓬莱镇完成蓬莱溪安全生态水系建设项目（一期）工程；完成800米镇区沿溪生活污水管道的修复和建设，完成鹤前、龙居等8座农村污水处理站和1157个三格化粪池建设。

招商引资　2017年，安溪县蓬莱镇签约安博斯新能源研发基地、古侨宿古渡口特色文旅、瀚锋腾隆展柜研发生产基地等6个项目，合计签约金额6.5亿元。

【特色产业】

"家＋文化"建设　2017年，安溪县蓬莱镇规划在进来小学旧址建设蓬莱侨乡博物馆，完成《蓬莱侨乡博物馆布展文本》编撰，进行布馆设计和文物征集工作；完成《蓬莱记忆》《蓬莱乡贤录》《感应—安溪清水岩的传说》等书籍编撰工作。

文旅推介活动　2017年，安溪县蓬莱镇承办中央电视台CCTV-7《过年了》2017年新春联欢会东部专场在清水岩的现场录制活动；完成2017"环泉州湾"国际公路自行车赛事（蓬莱赛段）和清水岩赛段终点承办活动；联合台湾清水祖师文化交流协会和台南市四鲲鯓龙山寺，举办第二届世界清水祖师文化节；赞助福建安溪铁观音女排；冠名全省首届气排球乙级联赛；《泉州晚报》作《蓬莱仙境美出新高度 百姓生活跃上新台阶——打造文宗圣地 建设慈善之乡》的专题报道。

全域旅游提升　2017年，安溪县蓬莱镇以清水岩为龙头，将辖区内的水美宫、九峰岩、白头格古民居群、魁美古渡口、龙居大寨山、李光地墓群等景点串联成线，打造出一条"全境游"的线路。组织拍摄《归·来》《往来如梭》《回归侨厝》等系列宣传片，第十届世界安溪乡

亲联谊会期间在海峡卫视滚动播放；组织拍摄《南国蓬莱·大爱彭格》美丽乡村宣传片，在福建电视台、人民网、今日头条等栏目同步推介；协拍电影《天涯芬芳》。

【社会事业】

扶贫　2017年，安溪县蓬莱镇吾邦村被列入第五轮省级扶贫开发重点村，筹集资金1630万元成立镇扶贫开发协会，成为全县乡镇捐资总额第一和个人捐资额最多的乡镇；全镇贫困户对象纳入2017年低保237户309人、安居工程9户、造福工程3户；筹集100万元资金为全镇建档立卡的597户1771人购买城镇居民补充医疗、综治保险，防止因病、因灾返贫。全镇流转茶园新增土地1900余亩，培育和扶持岭美中草药种植示范基地、鸿福博农农业专业合作社、兴宏综合农场、福山多肉植物等特色种养殖基地。培育壮大特色产业。吾邦村推广"旅游＋扶贫＋农业"发展模式，完成60亩树莓、桃金娘（中尼）等珍稀果木种植；蓬星村实施"退茶还蔬还果"，发展25亩大棚蔬菜、20亩红柚种植；鸿福、联盟、上智、吾邦等村发展太阳能光伏产业。

科技教育　2017年，安溪县蓬莱镇完成建设县直第十五幼儿园土方平整；蓬莱中心学校教学楼二期主体工程及运动操场开工建设；完成建设蓬溪学村项目协德小区、下树尾小区和伯坑小区土地平整，进入实质施工阶段；微电影《步履匆匆》获得全国二等奖。

公共服务　2017年，镇村卫生所一体化建设项目顺利开展。建立环境卫生长效管理机制，按人均80元的资金予以投入保障，完成1座垃圾中转站的升级改造和2个新建垃圾中转站的选址、设计，完成24

家生猪养殖场（户）升级改造。完成全镇31个村（居）侨情普查，收集整理海外华侨华人和国内侨眷侨属登记表3200多份，录入24000多人；推进"南洋华裔族群寻根谒祖综合服务平台"建设。

平安建设　2017年，安溪县蓬莱镇率先在村级组建一支20人的清水岩民兵应急队伍，招募16名部队退伍士兵组成防暴巡逻队，组建成一支近50人的综治巡防队伍；编配镇村网格员65名，在美滨、彭格等村建立村级监控平台。

·金谷镇·

【概况】

2017年，安溪县金谷镇农林牧渔总产值29918万元，其中农业产值25328万元，林业产值42万元，牧业产值3837万元，渔业产值109万元，农林牧渔服务业产值601万元，茶叶产值21353万元；规模以上工业产值5040万元；500万元以上非农户固定资产投资43396万元；限额以上社会消费品销售总额685万元。

【项目建设】

重点项目　2017年，安溪县金谷镇新续建重点项目18个，其中县级重点项目6个——安溪闽南文化古建筑博物馆、太王陵风景区旅游客服中心配套、美洋新村建设项目、太王陵风景区扩建（檀林岩）、三元村伏羲帝仙旅游景点建设、金谷第二中心小学项目，总投资达7.82亿元。厦沙、莆永两条高速公路安征迁收尾工作稳步进行，厦沙高速公路金谷段顺利通车，兴泉铁路金谷段征地拆迁全面完成。水库、山围塘进一步加固除险，因高速路项

目损毁的水渠逐步修复，农村污水治理工程扎实推进，完成土地复垦28亩。金谷第二中心学校综合楼竣工投入使用，金谷中心学校综合楼已完工并交付使用。闽南古建筑博物馆首期、檀林岩重建、伏羲帝仙旅游景点皆已落成使用，太王陵—威镇庙景区扩建完成投资超半。

基础设施建设 2017年，安溪县金谷镇新建村级组织活动场所2个、修缮2个，基本解决村民有址议事问题。完成省道307线金谷段路灯架设及其他水利工程、道路拓宽硬化等基础设施建设18项，完成中小学校、幼儿园教育基础设施建设6项，做好东溪学校百年校庆纪念活动。配合完成公路安保工程24.5公里，完成乡村道路拓改硬化18条。

镇区建设 2017年，安溪县金谷镇突出城乡统筹，合理科学规划，着重抓好"一心两翼"。"一心"即以镇区金谷点为中心，发挥全镇政治经济文化中心优势，抓好小城镇建设。"两翼"即东西两翼，"东翼"指沿金溪公路往东溪方向，"西翼"指沿省道307线往湖头方向，新增绿地面积1000多平方米。金谷农贸市场、供销购物中心改造升级，盘活金东茶叶市场，引进中大型商业企业和汽车维修配件项目。建设金谷文体活动中心、群众休闲公园及配套设施，满足群众精神文化生活需求。规划开发建设华芸生态茶园观光、太王陵—威镇庙风景旅游区4A级规划3A级建设和东溪革命遗址红色旅游，推进新农村建设；利用地缘特点，尝试将五社点的5个村和湖头新城建设融合，逐步实现区域同城化。

【特色产业】

2017年，安溪县金谷镇实施退茶还耕还蔬还果，引导群众改变唯茶是农观念，退出低产低质低海拔茶园770亩。引进龙岩雅馨花卉有限公司在河美村投资4000万元，智能温控大棚种植剑兰、非洲菊、百合、玫瑰等鲜切花200亩。加快物流、电子商务发展，拓宽销售平台渠道，同时结合红色、朝圣、生态旅游，发展乡村特色旅游。

茶产业 2017年，安溪县金谷镇组织召开全镇茶叶工作会、茶农代表座谈会、茶叶工作现场会、茶叶市场调研分析会等相关会议，并发动镇村干部登门入户全面宣传，层层动员、阐明利弊，引导广大茶农"以质取胜"把改良土壤、建设生态茶园作为一大工程抓紧抓好，推广使用以家禽粪为主的农家肥，增加土壤有机质；组织引导茶农在茶园内种植豌豆、黄豆等经济作物，增加茶园有机质；发动群众开展茶园翻耕，结合茶园水土流失综合治理，把渊兜、大演、元口、中都、田头等5个村缓坡开垦种植的茶园，改造为等高梯田式茶园。提升制茶技艺。多次邀请铁观音制茶工艺大师、茶叶专业技术人员以及民间制茶能手，深入田间地头、茶叶生产车间，通过现场观摩、指导、讲评、互动等形式，开展茶叶初制和精制工艺技术交流传授活动，引导广大茶农正确认识"观音韵"产生的原理，更加关注传统制茶技艺钻研。加强农资监管，严禁马路晒青，全面禁用除草剂，同时对全镇1764台压茶机全面取缔封存，让茶叶制作重新回归传统的手工包揉制作，提升产品质量。引导茶农成立"茶叶专业合作社"，探索推广"企业＋合作社＋农户""企业＋基地＋农户"等模式，依托合作社平台使龙头企业与农户结成利益共同体，进行标准化生产和规模化经营，提高综合竞争力。

【社会事业】

扶贫 2017年，安溪县金谷镇2个贫困村和建档立卡贫困户122户426人，制定帮扶方案和帮扶机制，企业、商会、驻村蹲点干部进行点对点帮扶，落实各项帮扶资金达300多万元，发展帮扶项目16个，实现贫困人口全部脱贫、贫困村全部摘帽。8月10日，金谷镇成立扶贫开发协会，共筹集扶贫资金318万元。

文化教育 2017年，安溪县金谷镇重阳节开展敬老爱老活动，镇村两级发放慰问金达上百万元。6月28日，金谷镇倡议成立全市首个乡

2017年12月16日，金谷镇在东溪中学举办金谷镇发展道口经济研讨会 （郑月英 摄）

镇级道德模范协会，募集捐款 145 万元。发挥广泽尊王文化信仰感召力，开展各种海内外交流活动，打响孝道金谷品牌。加大教育资金投入，不断完善教育基础配套设施，着力抓好金谷第二中心小学建设，着力提升办学水平。12 月 17 日，金谷镇举办东溪中学百年校庆，海内外历届校友莅临母校同贺百年华诞，广大校友和社会各界人士以捐赠、题词、书画、回忆文章等各种方式为百年校庆献礼，募集 536 万元成立陈全炼教育基金会和东溪中学教育发展促进会。

环境整治　2017 年，安溪县金谷镇以景坑村为示范点，抓好美丽乡村建设，力促村容村貌更加整洁美化。完善镇村基础设施建设，开展"两违"专项整治和家园清洁行动，实施河长制工程建设和重点流域综合整治，加强裸房整治和乡村绿化、亮化、美化，村容村貌整洁美观。发挥生态资源，发展以文化体验、田园休闲的旅游产业，打造山更绿、水更清的仙居金谷品牌。

12 月 16 日，金谷镇道口经济研讨会在东溪学校举行，金谷乡贤共商家乡发展大计，并就美河公路（东溪高速路口至河美桥头段道路提级拓宽改造，总投资 2200 多万元）项目建设主动认捐资金，助力金谷经济社会发展。

社会保障　2017 年，安溪县金谷镇完成安居工程、造福工程共 34 户，受益群众 126 人。开展"平安乡镇"建设，全面落实信访工作责任制，扎实推进社会治安综合治理。组织开展安全专项整治 30 多次、道路交通安全整治 10 多次。实施"七五普法"，推行综治信访维稳联席会制度，共化解信访案件和各类矛盾纠纷 60 多起。

· 湖头镇 ·

【概况】

2017 年，安溪县湖头镇农林牧渔总产值 18571 万元，其中农业产值 13245 万元，林业产值 129 万元，牧业产值 3554 万元，渔业产值 110 万元，农林牧渔服务业产值 1534 万元，茶叶产值 6910 万元；规模以上工业产值 1552121 万元；500 万元以上非农户固定资产投资 698839 万元；限额以上社会消费品销售总额 12345 万元。位列"2017 全国综合实力千强镇"257 位。入选首批中国特色小镇。

【项目建设】

重点项目　2017 年，安溪县湖头镇重点项目 36 个，完成投资 54.238 亿元。举行 4 轮项目集中开竣工仪式，新开工项目 17 个，竣工项目 5 个。完成征地 1736 亩，拆迁面积 2.7 万平方米。弘桥智谷电商园、美坂、美溪安置区等一批项目竣工。

基础设施建设　2017 年，安溪县湖头镇新建污水管网 2 千米，镇污水处理厂日处理污水 9100 多吨，启动建设产贤、半岭、山都等 5 个小型农村污水站建设。完成农村居民三格化粪池改造 655 户，新建一处垃圾中转站。

招商选资　2017 年，安溪县湖头镇新策划项目 32 个，包括中合农发集团食品安全谷、湖头米粉生产示范基地、颉轩光电、深圳鑫诠光电等项目。亨创科技 EMC 材料、勤为光电 LED 封装项目、中合联（福建）建设发展有限公司等 17 个项目签约落地，总投资约 38 亿元。与中合农发商贸集团、中建第六工程局等 10 多家企业对接洽谈，引进项目。中合农发商贸集团福建总部已经签约，将于明年 3 月入驻湖头。

三安幸福小镇　2017 年，安溪县湖头镇村集体经济收入 70 多万元。三安幸福小镇累积投资 8000 多万元，

项目整体建设富有新农村特色，成为全国具有示范意义、可推广的新型现代化农村样板。生态宜居。延续传统建筑特色，将白墙、红瓦、红砖和石材等闽南传统材料运用于立面统一装修，完成民宅外立面装修 170 多栋。通过保持自然生态，就地取材的方式，对 1.2 公里的石钟溪滨江观光休闲带进行河道疏浚、垒堤及绿化美化。产业兴旺。完成 500 亩生态茶园建设，完善配套喷灌、蓄水池等设施建设。引进花卉企业——师竹轩园艺公司，投资 800 多万元，完成 150 亩茶园土地流转，发展鲜切花种植及室外景观花田，建有 18000 平方米温室大棚，推动乡村休闲旅游及设施农业发展，共计接待游客 5 万多人次。弘桥智谷（湖头）电子商务产业园，设立网商培训中心（网商学院），每年可实现 2300 人次的互联网创业培训，实现孵化创业 100 人次。完善公共配套服务体系，建设裴氏宗祠文化广场，成立安溪县湖头镇山都村慈善会。逐步完善基础设施。山都村先后获评"全国美丽乡村建设示范村""福建省最美休闲乡村""福建省卫生村""泉州市美丽乡村""泉州市文明村""泉州市生态村"等称号。

【历史文化名镇建设】

2017 年，安溪县湖头镇完成《湖头历史文化名镇保护规划》《李光地宅和祠保护规划》等方案，申报李氏家庙、二衙、景新堂等 14 处为第九批省级文物保护单位。6 月 18—20 日，第九届海峡论坛·李光地文化节暨海峡两岸大学生文创峰会在安溪举办，海峡两岸 200 多名各界重要人士参加，海内外 30 多家媒体关注报道。全省首个镇级博物馆——阆湖博物馆于元旦正式对外开放，共接待参观人数 35 万多人次。完成与中央七套、湖南卫视合作，拍摄《乡村大世界》（全国仅选景 4 处）《小

2017年4月24日，航拍湖头李光地故居新衙大厝　　（安溪报社 供图）

镇故事》（全国仅选景8处）等栏目。在春节、"七一"、重阳节、"十一"等重大节日期间，结合传统文化，举办"建党96周年"联欢晚会、"喜迎十九大 创造新辉煌"文艺晚会、"泰山岩"杯登山活动以及"我们的节日·春节""我们的节日·重阳"等系列活动。引导安溪县唯尚心青年志愿者协会、茜茜公益协会湖头镇区站等爱心组织开展扶贫助困、志愿帮扶等活动100多场次，慰问贫困户近700户，慰问金、慰问品达40多万元。获省首批十个特色文化文物示范村镇、省侨乡文化名镇名村创建试点。2月，湖头镇成功入选"清新福建·海丝泉州"2016年度十大魅力小城镇。

【社会事业】

扶贫　2017年，安溪县湖头镇落实领导挂钩建立扶贫长效机制，投入210.3万元，实施产业发展、低保兜底等脱贫工程，发放小额信贷71户贷款338.2万元，造福工程易地搬迁6户24人，13户47人享受住房石结构改造政策，14户43人享受住房修缮加固政策，516户1785人实现脱贫。"抓党建促脱贫攻坚"的山都路径，入选中央和国家机关选派第一书记示范培训班现场教学点，

并在省组《时代先锋》栏目拍摄的《安溪扶贫攻坚纪实》中得到推广，全镇516户1785人实现脱贫。8月10日，湖头镇扶贫开发协会正式成立。社会各界捐资950万，与结对帮扶蓝田乡乌殊村、湖上乡长林村、桃舟乡吾培村等3个贫困村建立结对帮扶。

教育　2017年，安溪县湖头镇建设全国首个教育部"K12音乐信息化教育改革"实验基地，与厦门大学文创中心合作，将俊民中学打造成为安溪音乐特色学校，已有2名俊民中学学生到北京国家大剧院参加演出；探索厦湖两地名校共建模式，与集美中心小学、厦门外国语学校海沧附属学校、厦门六中、集美中学、厦门莲花中学等学校共建，开展教师结对互学，推进资源和成果全共享；启动智慧校园建设，与安溪电信合作，为学生提供智能化、信息化学习方案和学习环境。

平安建设　2017年，安溪县湖头镇打击诈骗团伙6个，抓获电信诈骗犯罪嫌疑人27名。推进网格化管理，完成镇、村两级网格化中心建设，完成流出人员和重点人员信息收集和录入工作，完成标准地址二维码管理工作。治理"餐桌污染"，

实施"食品放心工程"，推进食品药品网格化监管，创建市级食品安全社会共治示范乡镇。成立11个专项工作组，配备35名监管员，签订目标责任书，组织开展"安全生产月"活动，常规性开展安全生产大检查活动，全面排查治理安全隐患，建立安全生产基础台账。抓好378台压茶机取缔和禁用除草剂工作。

医疗保障　2017年，安溪县湖头镇开展"提高医疗质量百日行动"，完善陆大医院导引服务中心、指引标志等设施建设，投入30万元完成理疗馆建设，增加床位15张，加强医务人员管理和医务技能培训。

生态环境　2017年，安溪县湖头镇开展环保检查67人次，取缔养殖场6个、非法采砂场3个，关停机砖厂1个，取缔黄标车90部。

群众生活　2017年，安溪县湖头镇加大基本农田保护力度，新划定26片面积12287.25亩。规划区内农村个人建房审批501宗，拆除"两违"建筑面积2.734万平方米。完成29个村，12625户农户，73067人，26718.15亩耕地面积土地确权。

·官桥镇·

【概况】

2017年，安溪县官桥镇农林牧渔总产值23655万元，其中农业产值15924万元，林业产值156万元，牧业产值6177万元，渔业产值216万元，农林牧渔服务业产值1183万元，茶叶产值9506万元；规模以上工业产值265258万元；500万元以上非农户固定资产投资195357万元；限额以上社会消费品销售总额24232万元。

【项目建设】

湖里园　2017年，安溪县官桥

镇湖里园一期 13 万平方米标准厂房建成交付使用，配套商服用房"天地金谷"6 幢 1.2 万平方米完工，蓝领公寓 2 幢完成主体建设和外装修，成功引进 15 家企业入驻，落地总投资 60 亿元。

思明园 2017 年，安溪县官桥镇思明园一期 8 万平方米标准厂房投入使用，成功引进 9 家企业，总投资额 10 亿元。其中，吉福厨具和估亿食品已投产。

弘桥智谷电商园 2017 年，安溪县官桥镇弘桥智谷电商园入驻企业 400 多家，日均发货量 10 万多单，日交易额 1000 多万元，全年实现交易额 35 多亿元。

南方水产城 2017 年，安溪县官桥镇南方水产城一期（启动区）1011 亩，已完成规划方案编制、安征迁和 600 亩的场地土方平整，厦沙高速公路官桥出口连接线、一期园区主干道、污水处理站工程等基础配套设施正抓紧建设，入驻企业渔百惠、万寿谷已完成土地挂牌出让，在谈企业有印尼 PPI、万港智慧物流等 10 多家企业，总投资超 20 亿元。

法国玛尚 2017 年，安溪县官桥镇法国玛尚项目占地面积 92 亩，计划总投资 10 亿元。进行 4 条"七层共挤高阻隔薄膜"生产线建设。

福建东海蓝玉光电科技 2017 年，安溪县官桥镇福建东海蓝玉光电科技项目占地面积 42 亩，计划总投资 20 亿元，达到每年 30 万成品片的生产能力。该项目为蓝宝石晶体材料精加工生产项目，从晶体生长到加工、封装一条龙的流水作业线。

基础设施建设 2017 年，安溪县官桥镇完成村级公益事业建设一事一议公路硬化 5.5 公里，建设村文化活动场所 2500 平方米、路灯 105 盏，水渠砌筑 1200 米。全镇建有 4 个农民健身体育场地、26 个村级农家书屋，建设两个"人口健康文化园"

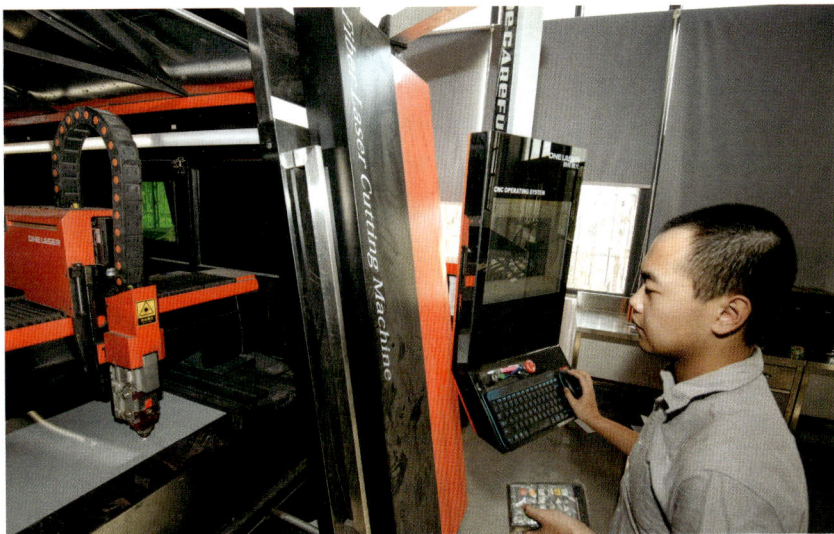

2017 年 10 月 26 日，吉福厨具工人在车间操作仪器　　（安溪报社 供图）

以及官郁村、上苑村老人活动中心等村级场所。

【社会事业】

扶贫 2017 年，安溪县官桥镇实现全镇脱贫，全年落实各级扶贫资金 342 万元，为贫困户购买大病医疗保险 14.1 万元；完成造福工程易地搬迁 6 户 21 人，开展农村实用技能"雨露计划"培训 80 人次，组织 12 户贫困户申请小额信贷资金发展生产。2017 年 7 月 13 日，安溪县官桥镇成立扶贫开发协会。认捐资金 675 万元。

环境整治 2017 年，安溪县官桥镇建成并运行乌东格垃圾中转站，成立 1 支环境卫生督导队伍。新建污水管道 5.5 公里，污水收集覆盖整个镇区。拆除"两违"3.33 万平方米，实施建设用地增减挂钩项目，新增耕地项目 82.6 亩，实施安全生态水系工程 2300 米，完成河道清淤疏浚 6 公里，建设农村污水处理一体化粪池 55 个，淘汰黄标车 27 部。

科教文卫 2017 年，安溪县官桥镇累计投入教育建设资金达 2600 万元，完善各中小学教育设施建设。廖俊林以投档分 668 分被清华大学录取。官桥医院与福建医科大学附属第二医院构建医疗联和关系，建

设"中医馆"，成立"产科中心"，医疗综合服务水平提升迅速。

社会保障 2017 年，安溪县官桥镇新农保参保率 95%，新型农村合作医疗参保率达到 100%。落实低保、临时救助、医疗救助等各类社会保障 1800 多人次，申请办理帮扶资金 58 万元。

【厦门安溪商会成立善坛畲族分会】

2017 年 10 月 15 日，厦门市安溪商会善坛畲族分会暨厦门市善坛畲族村乡亲联谊会——第一次会员代表大会在厦门牡丹港都大酒店召开，钟文强全票当选厦门市安溪商会善坛畲族分会首任会长。

·龙门镇·

【概况】

2017 年，安溪县龙门镇农林牧渔总产值 22693 万元，其中农业产值 16017 万元，林业产值 1305 万元，牧业产值 4849 万元，渔业产值 291 万元，农林牧渔服务业产值 231 万元，茶叶产值 10640 万元；规模以上工业产值 763269 万元；500 万元以上非农户固定资产投资 394638 万元；限额以上社会消费品销售总额 7316

万元。2017 年，再次被国家住建部等 7 部委联合评定为"全国重点镇"，同时列为福建省 15 个"小城市"培育试点乡镇之一。入围全国综合实力千强镇，成为泉州市唯一入选全国首批运动休闲特色小镇。EC 产业园入选首批福建省智慧旅游示范基地和泉州市首批人才工作直接联系点；志闽生态旅游入选福建省旅游示范基地。

【项目建设】

重点项目 2017 年，安溪县龙门镇重点项目 35 个，完成重点项目投资 25.44 亿元，占全县重点建设项目投资 10.18%。产业经济发展主要依托 3 个园区：龙桥工业园。旺旺集团新引进旺旺大礼包生产线投入生产，泰兴特纸、闽华电池、中挪化肥和中泉制釉完成技改。八马茶业连续两年上榜"中国品牌价值 500 强"。鑫兴亿鞋业、中泉制釉等第二梯队企业异军突起，实现较大幅度的增长与提升。安溪 2025 产业园规划面积 2655 亩，产业园重点发展高端装备制造、智能制造、智能硬件、新能源汽车配件、新材料等新兴产业，吸引了大成海尔、正丰数控二期、久一科技、欣力特自动化设备、尚

洪新材料、国泰达鸣精密加工、红品模型及海尔国际园等 8 个项目签约入驻，其中大成海尔、正丰数控租用厂房部分投产。中国国际信息技术福建产业园数据中心项目总投资 20 亿元，总建筑面积 6.7 万平方米，以国际最高等级 T4 标准进行设计、施工、运维，规划建设 2 万个标准机柜，可容纳 15 万台以上的服务器。一期现已竣工，投产 4600 个标准机柜。中国电信、中国移动、中国联通、广电等网络运营商均已接入数据中心，提供 1.4T 的骨干网络带宽资源。吉林动画学院、惠普聚贤携手打造华东南最大的 VR 创作基地，盘古数据中心、新华社数据加工中心已经投入运营。

基础设施建设 2017 年，安溪县龙门镇培文大桥开工建设，环城西路控规设计完成。新行政中心广场和南翼一小人行天桥等城市基础及配套项目建设完成，龙翔路（美卿过境段）开工，龙门中学运动场动工，南翼新城第一幼儿园、新龙门医院建成投入使用，建设中医馆。履行河长制，综合整治依仁溪，建设人工湖和滨水绿道。建设垃圾中转站，增加铺设污水管道 6 公里，

新建环城东路龙门段路灯工程，农村公路改造提升 15.38 公里。

【特色小镇建设】

2017 年，安溪县龙门镇编制旅游规划，实施"体育 +"行动计划，引进国家攀岩基地建设。南翼新城至安溪县城公交专线开通。招拍挂 176 亩商住地，厦门特房和联创等房企入驻。投入 200 多万元建设城市治安高清监控系统，实现全镇治安重点区域监控全覆盖。龙昇花园、龙腾花园、龙新花园等安置房项目完成扫尾工程，陆续交房。

【特色产业】

茭白产业 2017 年，安溪县龙门镇茭白种植户从业人员近 1 万人，种植面积 5000 亩，亩均收入 9000——13000 元，主要销往厦门、泉州市区等地。龙门镇茭白主要分布在桂林村（1500 亩）、桂瑶村（1500 亩）、龙美村（800 亩）、翠坑村（800 亩）、观山村（250 亩）溪内村（200 亩）。

林业 2017 年，安溪县龙门镇完成造林绿化 1763 亩，其中，乡村生态景观林 20 亩，中心城区环城一重山森林生态景观提升 140 亩，生物防火林带建设 100 亩，重点生态区位林分修复 800 亩，珍贵用材树种造林 225 亩，不炼山造林 165 亩，其他人工造林更新 313 亩；完成森林抚育 3280 亩，其中，中央财政森林抚育 1840 亩，生物防火林带抚育 234 亩，重点林分森林抚育 550 亩，一般森林抚育 656 亩；完成封山育林 3620 亩；开展森林病虫害综合防治 8000 亩，林分改造 7700 亩，清理松枯死木 1.1 万株。

【社会事业】

扶贫 2017 年，安溪县龙门镇镇机关 23 名科级领导及 45 名干部分别挂钩一户建档立卡贫困户；成立龙门镇扶贫开发协会，首期筹集资金 689 万元，结对帮扶蓝田进德村和

2017 年 10 月 26 日，龙门镇依仁溪建成人工湖和滨水绿道　　　　　　（安溪报社　供图）

白濑上格村。在贫困村打造集解决贫困户居住、就业、就学为一体的"幸福庭院"，一期工程 7 户 21 人已搬进幸福庭院。7 月 27 日，龙门镇扶贫开发协会成立认捐的扶贫资金 689 万元。自愿申请加入镇扶贫开发协会会员的机关企事业单位、其他社团组织代表以及热心人士共 67 人，其中党员 39 名。12 月 13 日，中共安溪县龙门镇扶贫开发协会支部委员会成立，同时成立龙门镇扶贫开发党员服务队。

教育卫生 龙门中学投入 123 万元建设 964 平方米 2 号教学楼投入使用；培文附小投入 180 万元新建一幢 1200 平方米教学综合楼投入使用。龙门中心学校投入 420 万元启动建设福观小学综合楼。

社会保障 2017 年继续全面扩大新型农村养老保险制度的覆盖面，参保率达 92.12%；失地农民社会保险制度有效执行，做到应保尽保；新型农村合作医疗和城镇医保工作进一步巩固，参合率超过 100%；对全镇原有 683 户低保户逐户实地调查核实，做好精准扶贫前期调查摸底工作。

环境整治 2017 年，安溪县龙门镇有效治理生猪养殖面源污染，健全环保网格化管理体系。进一步完善城乡生活垃圾集中收运工作，3 座垃圾中转站有序运转，垃圾收集处理实现全镇 31 个村庄全覆盖；重新整改组合市政环卫管理队伍，建立健全农村生活垃圾治理常态化机制，开展农村生活污水垃圾治理三年行动工作。

盘活土地资源 2017 年，开展 2611 亩农村土地整治工作；做好土地收储 100 多亩。规划建设安溪 2025 产业园，规划面积 2655 亩。

水利 2017 年，安溪县龙门镇修复湖山段被台风暴雨冲垮的 50 米防护堤，清淤龙门溪、科榜坑仔溪 3 公里河道。规划报批龙门溪安全生态水系建设项目。

·虎邱镇·

【概况】

2017 年，安溪县虎邱镇农林牧渔总产值 50466 万元，其中农业产值 46092 万元，林业产值 200 万元，牧业产值 3479 万元，渔业产值 118 万元，农林牧渔服务业产值 578 万元，茶叶产值 38355 万元；规模以上工业产值 235323 万元；500 万元以上非农户固定资产投资 90589 万元；限额以上社会消费品销售总额 44516 万元。

【项目建设】

重点项目 2017 年，安溪县虎邱镇实施县镇两级重点项目 24 个，7 个县级重点项目完成投资额 3.85 亿元，其中双格青洋风电场总投资 2.6 亿元，已并网发电；"飘香虎邱"特色小镇新建国家级农业综合开发虎邱片小流域治理环长潭公园的鹅卵石休闲步道、护岸景观带 3 公里，完成生态停车场、温控大棚、游乐设施等配套建设共投入 1220 万元；裕园七星茶庄园流转 300 亩茶园，完成园区规划设计、土地平整及主要干道部分景观建设，已投资 1330 万元；白石岩景区投资 2000 万元，完成主殿景区、小木屋、接待大楼主体建设；镇区生态水系治理提升工程投资 1200 万元，基本完成湖坵、湖东、湖西和竹园段的水系治理。

基础设施建设 2017 年，安溪县虎邱镇竹园、芳亭、石山等 10 个村通村公路列入县级乡村公路提级改造工程，总长 31.8 公里，投资 1500 万元；实施少卿、仙景、双格通村公路修缮加固工程；完成竹园小桥、双都水尾桥危桥改造，市场化运作全镇公路养护，整合一事一议等资金硬化各村级道路硬化 80 多公里。水利工程。完成竹园溪小流域综合治理项目建设，推进虎邱镇小农水项目、湖西小流域水土流失治理项目、罗岩溪小流域综合治理工程；成立应急抢险队，建设防汛物资库。

【特色产业】

茶产业 2017 年，安溪县虎邱镇立足"政府引导、市场主导、茶企茶农参与"，全方位推进茶叶生产。依托安溪茶校、铁观音大师工作室和举办茶王赛等载体，加强对茶园管理、制茶技术培训，倡导传统制茶技艺匠心回归。借助"首届铁观音大师赛"、茶王赛、海丝茶文化节、环泉州湾国际自行车赛等大型活动，加大高建发茶业、禅心缘茶业、裕园茶业、华虹茶业等重点茶企品牌宣传，依托天津市商业联合会，茶企和铁观音品牌进入天津全运会赛场，大大提升企业品牌形象。成立罗岩黄金桂茶业技术协会，举办"海丝茶 黄金桂"茶王赛品鉴会等海丝茶文化节活动。引导禅心缘茶叶与中科院合作建立茶园物联网环境监测平台，引导茶企依托高校科研力量提升市场竞争能力；引导佛手茶与天津市商业联合会合作，推动佛手茶进入天津市场。

休闲旅游产业 2017 年，安溪县虎邱镇围绕整个休闲旅游产业发展，从点到线提质扩容。与黎明大学校地共建，让专业团队为镇区规划、旅游线路打造、大金榜历史风貌区申报以及开展全县第一支草根导游队伍培训。与文旅合建旅游发展公司，引进专业人才队伍，策划旅游精品路线和活动，拓宽旅游市

2017年6月18日，虎邱镇洪恩岩景区一隅　　　　　（虎邱镇 供图）

场，举办"高山映像行为艺术"文化演出。洪恩岩景区游客服务中心建成并投入使用，骑虎岩景区新建仙公殿、休闲步道、木栈道等配套建设，白石岩休闲小木屋基本建成；华农生态新建接待中心1幢，完成溪涧木栈道、林间别墅等规划设计，格后山庄完成餐饮、游乐、住宿等相关配套并对外运营。

【社会事业】

扶贫　2017年，安溪县虎邱镇扶持127户贫困户发展养殖业，落实小额信贷80多户；实现就业帮扶112户；实施国定、省定贫困户58户195人易地搬迁工程；实施非义务教育阶段助学补助69人；组织7户贫困家庭到厦门就诊；成立虎邱扶贫协会，开展社会捐助帮扶，认捐634.88万元，发放帮扶资金14.6万元。

教育　2017年，安溪县虎邱镇金榜小学、双都小学新校舍投入使用，中心学校新教学主体封顶；安溪茶校茶文化旅游体验中心进一步完善配套建设，创办铁观音大师工作室、技术传习所、制茶体验中心；专项整治无证教育机构办学，对12家无证教育机构进行全面整顿；开

展校园安全风险防控和隐患排查治理，切实维护校园安全。

文化体育　2017年，安溪县虎邱镇开展闽南民俗、茶文化艺术等特色教育进课堂活动，举办虎邱镇镇歌征集，《飘香虎邱》获县推荐歌曲、《梦萦虎邱》入选优秀歌曲；举办"奔跑吧·姐妹"3·8主题活动；举办"我们的节日·重阳"主题活动。

卫生计生　2017年，安溪县虎邱镇投入150多万元完善卫生院基础设施和添置先进医疗设备；摄制关爱留守儿童公益广告《和你一样》获全国卫计广播第四届电影节电视类一等奖；微电影《宏志名扬》评为安溪卫计优秀作品。

社会保障　2017年，安溪县虎邱镇落实"安居工程"4户，发放低保户、五保户基本生活补助197.78万元。

平安建设　2017年，安溪县虎坵镇做好厦门金砖会晤、党的十九大以及泉州环湾自行车赛虎邱赛段安全保卫，设立社区禁毒矫正中心、开展吸贩毒品违法犯罪专项行动、跨省、跨市打击行动26场、破获贩毒案3起、抓获嫌疑人44人、网上逃犯11人、调解矛盾纠纷83起；

综治维稳和网格化服务管理水平位列全县前列。

生态环境　2017年，安溪县虎邱镇完成造林绿化1494亩，森林抚育860亩，封山育林面积4550亩。争取260万元用于蓝溪流域生态治理，投入320万元建设竹园、芳亭、美亭、湖西、福井等5个污水处理站，投入120万元建设林东村生活垃圾中转站。

·西坪镇·

【概况】

2017年，安溪县西坪镇农林牧渔总产值59877万元，其中农业产值53063万元，林业产值246万元，牧业产值4985万元，渔业产值69万元，农林牧渔服务业产值1514万元，茶叶产值46201万元；规模以上工业产值444682万元；500万元以上非农户固定资产投资48900万元；限额以上社会消费品销售总额78172万元。

【项目建设】

重点项目　2017年，青洋风电场总投资6亿元，设计安装风力发电机组31台，装机容量68.4兆瓦，已安装22台。同时配套建设一座110千伏升压站，安溪县西坪镇县级项目6个，总投资9.6亿元。其中，青洋风电场一期已投产见效；2017年完成发电量0.52亿度，实现营业收入3000多万元。西坪污水处理厂高效快速完成并投入运行。对原西坪中学旧址进行合理修缮，作为镇政府过渡办公用房，于6月完成整体搬迁。安五中学生宿舍楼竣工正式投入使用。西坪中心幼儿园和中心学校教师宿舍楼、王士让茶庄园、"海丝茶源—日寨月寨保护修缮工程"等

项目建设进展顺利。镇级项目 15 个，总投资 2.6 亿元，启动铁观音发源地（王说、魏说）景观提级改造工程，西坪卫生院修缮工程、安溪五中师生餐厅、综合楼开工建设。各村围绕"大小都是项目、村村都有项目"目标，生成涉及道路交通、教育卫生、用水饮水、公用配套等 40 多个项目。留山、西源、南岩、尧阳、龙地、内社等 7 个村新建村址办公场所，解决村级"无址议事"问题。

基础设施建设　2017 年，安溪县西坪镇西坪镇纳入农村公路改造提升工程有 17 个村 23 个项目，共计 54.7 公里，总投资约 1.1 亿元，已完成路面硬化 26.3 公里，完成路基工程 28.4 公里，里程数和工程进展均处于全县前列。

全面推行河长制，对流经镇区 2 公里的蓝溪河道进行全面清淤、清障。农村生活污水治理工作成效显著，西坪污水处理厂运行良好，铺设管道 2.6 公里，污水收集覆盖整个镇区，开工建设 7 个村级污水处理设施，完成 855 个三格化粪池建设。

【铁观音特色小镇建设】

2017 年，安溪县西坪镇紧扣"海丝茶源""留住乡愁"的发展理念，以南岩村为中心，以铁观音文化和古民居特色为主题，整合铁观音发源地、泰山楼、日寨、月寨、茶香人家及周边古民居等特色文化资源，修旧如旧，审点成线，建设兼具"寻根、探源、茶旅"以及闽南传统古村落的铁观音特色小镇，延伸茶产业链，注入文化、旅游因子，形成观光游赏、茶食品味、乡村休闲、茶俗体验等多层次的旅游产业体系。

茶业基础工作　2017 年，安溪县西坪镇开展取缔压茶机、禁用除草剂专项整治活动，形成做传统茶、做放心茶的共识；建立优异茶树种

2017 年 3 月 27 日，西坪镇日寨景色　　　　　　（林水源 摄）

质资源保护区 10 亩；建立红芯歪尾母本铁观音保护园和繁育基地 500 亩。推进八马茶业生态科技茶叶园、铁观音发源地庄园、松林头生态茶叶生产基地、德峰休闲茶庄园等重点项目建设，3 家"茶香人家"获旅游局首批认定，产业链不断延伸，形成"茶庄园＋茶香人家＋制茶体验＋魅力乡村"等茶庄园体验游模式。

茶产业发展　2017 年，安溪县西坪镇举办首届铁观音发源地十佳制茶能手暨安溪铁观音大师赛西坪镇选拔赛，弘扬"工匠"精神，倡导传统技艺；西坪铁观音制作技术研究会、西坪红芯铁观音提纯研究会分别举办春秋茶制作技艺交流赛；在茶禅寺举办两场高规格的茶事活动，其中"国家级非物质文化遗产乌龙茶铁观音制作技艺传承人魏月德大师作品品鉴会"上，1 两老铁拍出 7.1 万元，拍卖所得用在贫困茶农身上，助力西坪镇的精准扶贫事业。

【社会事业】

扶贫　2017 年，安溪县西坪镇争取产业项目、个人帮扶资金 200 多万元，造福工程专项资金近 470 多万元，完成 87 户 365 人造福工程搬迁任务，成立扶贫开发协会争取社会资金 500 多万元，帮扶 174 户 688

人实现脱贫。宝潭村建成 50 千瓦光伏发电，每年增加村财 7.2 万元；龙地、平原、珠洋合并在西坪中心学校教学楼顶建设光伏发电 200 千瓦，统一设计、施工、并网发电，每村每年村财增收 5 万元以上。成立西坪镇扶贫开发协会，整合更多社会力量参与扶贫，筹集社会各界资金 512 万元，并开展对贫困村、贫困户挂钩帮扶。

教育　2017 年，建设安溪五中实验综合楼和食堂，综合楼建筑面积 2000 平方米，食堂建筑面积 3700 平方米。综合楼主体建设已经展开，食堂建设项目已进入财审阶段。建设西坪中心幼儿园及中心学校教师宿舍楼，建筑面积 6300 平方米，已完成主体工程建设；投入 300 万元，实现"班班通"工程；安溪五中申办恢复中考考点获得批准。

【基层组织建设】

2017 年，安溪县西坪镇率先组建茶庄园党支部，德峰茶庄园党支部，8 名党员带动合作社社员 100 余户、辐射周边农户 5000 多户，组织开展"海峡两岸大学生文创"活动，组团前往石家庄、武夷山等地参展宣传铁观音文化；率先组建侨联台联联合党支部，建立"四必访、四协助"

制度，即侨亲回乡必访、生病住院必访、家庭纠纷必访、每逢佳节必访，协助宣传涉侨涉台法律法规、协助镇政府招商引资、协助宣传铁观音传统文化、协助筹集扶贫教育资金，获评"全省侨台系统先进单位"，工作经验写入福建省第八次台湾同胞代表大会报告。

【综合信息】

3月2日，西坪镇党委政府、共青团安溪县委员会、华电（安溪）新能源有限公司联合在西坪镇赤水村青洋风电场开展以"党团企连心　生态林共建"为主题的义务植树绿化活动。

4月28日，深圳市安溪商会一行人到西坪镇开展结对帮扶活动。仪式上，深圳市安溪商会向西坪镇35户贫困户代表发放慰问金，向西坪镇捐赠结对帮扶资金，西坪镇向深圳市安溪商会赠送锦旗。

4月29日，"茶源飘香·穿越茶山"2017年首届"西坪—铁观音发源地"十里茶山徒步穿越之旅暨英林—西坪共建帮扶系列活动启动仪式在西坪镇举行。活动由安溪县西坪镇党委、政府，晋江市英林镇党委、政府主办，晋江经济报社承办，晋江长跑协会协办。开幕式上同时举行英林扶持资金发放仪式、企业定制茶众筹启动仪式、英林中心小学——西坪中心学校结对共建授牌仪式，以及晋江亲子家庭茶树爱心众筹等。

6月27日，西藏自治区昌都市基层党建工作培训班到西坪镇开展党建工作交流研讨会，来自昌都市市县两级从事基层党建的党务工作者参加会议。

8月17日，西坪镇扶贫开发协会的成立，得到西坪社会各界和广大企业、各方贤达的积极响应，认捐的资金512.8万元。

10月25日，新奥集团董事局主席王玉锁一行到西坪镇考察旅游项目。

11月7日，国家级"非遗"安溪铁观音制作技艺魏月德首个传承人王有强出师仪式在西坪镇上演。出师仪式上，王有强按传统习俗、礼制完成拜师、出师环节，成为魏月德门下首位传承人。魏月德也依制为王有强颁发出师证书和牌匾，并传授王有强纯正铁观音茶苗两株、传统制茶工具一套。活动现场，还举行魏月德1997茶王20周年纪念茶现场开奖、魏月德茶书新作《铁观音的前世今生》赠书、签售活动等。

12月11日，西坪镇西源村新村部正式落成揭牌。西源村村委会大楼投资250万元，新落成的大楼占地面积420平方米，总建筑面积达1450平方米，设施齐全，配有会议室、党员活动室等。

·芦田镇·

【概况】

2017年，安溪县芦田镇农林牧渔总产值18679万元，其中农业产值16540万元，林业产值135万元，牧业产值1718万元，渔业产值59万元，农林牧渔服务业产值227万元，茶叶产值14918万元；规模以上工业产值15559万元；500万元以上非农户固定资产投资121844万元；限额以上社会消费品销售总额6081万元。

【项目建设】

基础设施建设　截至2017年，芦田至三洋公路改造提升工程已完成路基改造，路面工程已进场施工；晋江西溪芦田镇小兰溪支流小流域治理工程项目投资3200万元，可对接上级资金2500万元，已完成设计进入专家评审、立项和招投标程序；九龙江水土流失治理项目对接资金898万元；环境保护建设项目对接资金1582万元。投资85万元完成三洋村垃圾中转站及垃圾处理系统建设；投入资金70万元，加紧三洋、朝阳、石盘污水处理站建设；投入资金180万元，推进农村化厕改造，普及率达96%，带动全镇环境卫生和人居条件全面改善。

招商引资　2017年，安溪县芦田镇完成招商引资项目2个（福潭茶庄园、兴邦牧业），总投资1亿元。全年铺开项目19个，涉及水流域治理、公路提级改造、学校建设和美丽乡村建设等方面，总投资1.36亿元。完成危桥改造两座；投资4050万元，推进公路提提级改造21.2公里。

【特色产业】

2017年，安溪县芦田镇重视民生发展，引导群众通过各方渠道增加收入，提高生活水平。其中，红菇、炭菇和金线莲等野生珍菌收入250多万元，同比增长25%；竹笋、笋干增加收入70多万元，同比增长16.7%。

茶产业　2017年，安溪县芦田镇创办国家级现代茶庄园，推选两名茶农参加首届安溪铁观音大师赛，获得名匠和工匠的荣誉称号。组建成立安溪县（芦田茶场）老茶师专家服务团，创新农村实用人才培育平台，引导茶农"重摇青重发酵""四遍摇青"摇出"绿叶红镶边"，力促制茶工艺回归传统，挖掘传统技术优势。举办一系列党建茶事活动，通过邀请福建电视台、泉州电视台、人民网、新华网、中华网、网易新闻、凤凰网、《大公报》等境内外知名媒体多次集中采风，宣传报道，推广芦田原乡茶风味。发挥人才平台资源优势，大规模开展茶事活动和技术培训，"弘扬传统工艺·老茶师在行动""聚汇匠心·智助扶贫""记忆芦田"系列等8场茶事活动，通过以赛代训，赛训结合，不断提高茶农管茶制茶工艺水平。严格约束茶农依规用肥用药，全面禁用除草剂，对辖区内300多台压茶机实行电焊封存和废除功能。以芦田茶场为主园区，整合三和茶业、山国饮艺茶业、兴溪茶业资源，创办国家现代农业茶庄园。

生态茶园建设 2017年，安溪县芦田镇瞄准生态茶园管理和提高初制水平两大目标，改进发展模式，加强技术革新，严厉安全监管，持续推进退茶还林、梯壁留草、草本栽培等工作，确保芦田茶叶的生态、安全、优质。通过结合植树造林、绿色村镇建设、水土流失治理、小农水高效节能灌溉工程建设等，建设高标准生态茶园。推进种植规模化、品种优质化、销售公司化，大力发展农产品收储、深加工。引导农民因地制宜，发展现代市场农业，推进专业合作社和协会组织建设，完善"骨干企业专业合作社＋基地＋农户"的经营格局。通过改造低产低质老茶园，建设高标准生态茶园；实施茶园土壤改良工作，推进等多种措施，结合小农水项目，推进在示范片和各村实施茶园喷灌设施建设。当年，完成建设高标准生态茶园350亩；推广施用羊粪、猪粪等为主的农家肥，少施或不施用无机化肥，选用山草、稻草、地瓜藤等对茶树行间进行覆盖，开挖竹节沟、蓄水池，实施客土培园，完成"两留"（梯壁留草，茶树留高）茶园面积800多亩，完成茶园土壤改良650亩。完成植树造林773亩、森林抚育970亩、封山育林3505亩；全面实行封山育林，严厉打击乱砍盗伐，加大森林防火力度。

【社会事业】

扶贫 2017年，安溪县芦田镇有建档立卡贫困户99户369人，建档立卡贫困村3个，分别是石盘村、内地村、朝阳村。上年实现脱贫47户186人，朝阳村脱贫，实现脱贫全覆盖。截至2017年底，实现建档立卡贫困户99户369人全面脱贫，贫困村村财收入均超过10万元。筹集帮扶资金50多万元用于一对一帮助贫困户发展；筹集资金530万元用于贫困村基础设施建设；成立镇扶贫协会，筹集资金255万元开展驻村入户帮扶工作，镇村干部全部压到一线，因户施策，确定可行的方案，落实帮扶措施，定期跟踪问效，并适时召开现场会，现场解决实际问题。福岭村魏万茶叶烘焙、梅山岩合作社采取老党员带贫困户的模式、兴溪茶业企业捐赠帮扶贫困户等做法，在福建电视台的报道。同时，对5户因病致贫户实施医疗救助。

教育文化 2017年，安溪县芦田镇稳步推进"科教强镇"工作，把教育设施建设项目申报为县级重点项目，芦田镇中心小学综合教学楼完成封顶建设，安溪县第十七中学新宿舍楼主体工程正在建设。改善教学住宿条件，惠及学生665名。开展"尊师杯"篮球友谊赛和建设完成镇文化站，设立图书室、阅览室、活动室、多媒体放映室等功能区丰富广大群众文化娱乐生活。开展"关爱留守儿童"系列活动，关爱学生心声，帮助留守儿童在生活和学习中树立自信心，克服自卑心理。筹划打造芦田村茶寨诗廊，保护林鹤年故居群文化项目。

平安建设 2017年，安溪县芦田镇严厉打击电信诈骗犯罪，抓获涉嫌电信诈骗犯罪人员14名，抓获5名在逃嫌犯，推进网格化建设，安装视频监控屏幕墙，接入9个视频监控点，在建监控点5个，全镇10个村全部完成村级分级平台建设，落实安全生产"一岗双责"责任制，加大对安全生产、燃气安全、消防安全等方面的综合治理力度。开展道路交通安全综合整治，完成14.1公里芦田至红村群养农村公路安全生命防护工程。

生态保护 2017年，在芦田至三洋村公路提级改造过程中，结合配套种草的新举措，投入资金500万元，完成垃圾转运系统建设；建设村级污水处理站3个，阳光垃圾堆肥房3个，有效保护环境。投入资金100万元，完成拦水坝工程及圆潭尾流域综合治理一期工程。落实好河长制和山长制，实施流域治理工程6处，修复生态，保护水源。投资3500万元，建设晋江西溪芦田镇小兰溪支流小

2017年12月29日，芦田镇完成圆潭尾流域综合治理一期工程 （芦田镇 供图）

流域治理工程项目，可对接上级资金2500万元；争取九龙江水土流失治理项目资金898万元；争取环境保护建设项目资金1582万元；投资85万元，完成垃圾中转站系统建设；投资370万元，建设污水处理站以及推进农村化厕改造，带动全镇环境卫生和人居条件全面改善。

【国有安溪芦田茶场】

2017年，由芦田茶场为主体，联合山国饮艺、三和茶业申报创建国家现代农业（茶业）庄园，已通过国家旅游总局、农业部初审。在芦田国营老场址基础上，建设园内的建筑，保留闽南古厝的风格，老四合院，青砖石墙，瓦顶房等配套旅游设施。开工建设"一带一路茶产业融合发展暨三和茶叶直输欧盟万亩基地"项目，促进中欧农村产业融合发展。

·小资料·

国有安溪县芦田茶场是农垦系统国有茶场，土地面积1.55万亩，其中，茶园面积7000多亩，林地面积5000亩，下设5个管理区，32个分场，拥有年可加工500吨的茶叶精制厂，一座250千瓦的发电站，是一个从事安溪铁观音从种植，初制，加工，销售等的各项设施齐全

完整的国有企业，是安溪铁观音的重要生产基地；国家农业部、福建省无公害示范基地和福建省生态农业示范基地；是南亚热带作物现代农业示范基地；也是国家级优良茶叶品种"梅占"茶的发源地。

·龙涓乡·

【概况】

2017年，安溪县龙涓乡农林牧渔总产值66078万元，其中农业产值66076万元，林业产值534万元，牧业产值4962万元，渔业产值120万元，农林牧渔服务业产值385万元，茶叶产值50457万元；规模以上工业产值20315万元；500万元以上非农户固定资产投资12175万元；限额以上社会消费品销售总额20289万元。被福建省第一护林联防区委员会评为2017年度护林联防工作先进单位。

【项目建设】

重点项目　2017年，安溪县龙涓乡公路提级改造工程项目25个，总里程67公里，总投入资金约6000万元，8个项目已完成路基工程并通过验收，大部分项目均在开展路基

工程。投入720万，建设内灶村、宝都村、山后村、碧岭村、鹤林村5座污水处理站；投入330万元，完成1097户三格化粪池的新建（改造）任务。投入90万元，完成长新村和碧岭村的农村饮水安全工程。

新农村建设　2017年，安溪县龙涓乡制定龙涓乡总体规划方案，深入推进"美丽乡村"建设，发挥省宜居环境建设村宝都村、碧岭村和县"两村一带"美丽乡村山后村的示范带动作用，引领全乡新农村建设齐头并进。龙涓乡溪河道综合治理项目总投资2899.4万元，2017年完成河道清淤1公里，浆砌块石挡墙1100米。培福村美丽乡村建设项目总投资1000万元，完成公路硬化、村部建设、河堤修筑、边坡绿化等。

【特色产业】

2017年，安溪县龙涓乡巩固林、花、药、菌、果、畜禽养殖等特色农业多头并进的发展局面，持续支持钱塘、福昌村发展红糟、红酒、米粉、大饼等传统特色产业，持续支持培福、崎畲、山坛、西兴等特色农业基地壮大规模。2017年，福黎村、下洋村、鹤林村肉鸽养殖基地现代养殖成效初显，新民村发展150亩香芋种植基地，灶坪村200亩仙人草种植效益良好。

茶业　2017年，安溪县龙涓乡茶叶产值突破12亿元。2017年秋茶，茶叶产量与去年相比大致持平，中高档毛茶产量有所增加，且供不应求，低档毛茶产量略有下降，茶叶品质明显提高，价格比去年有较大增长。全面取缔压茶机、禁用除草剂，龙涓乡2259台压茶机全部实行电焊封存，并组建4支全面取缔压茶机攻坚行动队和专项行动队全天候巡查，确保辖区内无压制茶等劣质茶叶，引导茶农做传统茶、放心茶。

2017年，龙涓乡共举办30场茶

2017年12月22日，龙涓溪河道综合治理项目成效初显　　　（龙涓乡　供图）

叶、茶事培训活动，参训人数3045人次。选拔3名优秀制茶能手参加"安溪铁观音大师赛"，三人全部晋级决赛，其中，刘金龙、刘文品荣获"安溪铁观音名匠"称号。

2017年，安溪县龙涓乡累计投入150万元，建成生态茶园2000多亩，持续推进生态茶园建设。推广茶旅文化，举办海峡两岸乡村农创节、茶庄园旅游节等茶事活动，促进茶业与旅游融合发展。支持企业打造"庄园茶""定制茶""大师茶""出口茶"等好茶龙涓品牌。高鼎茶文化交流中心项目总投资1100万元，完成接待中心、多功能厅、书画创作室建设。支持、引导企业走出去，华祥苑成为2017金砖国家领导人厦门会晤高级赞助商，"庄园茶"被作为国宾茶礼赠俄罗斯总统普京。内灶茶叶专业合作社联合社成为全县首个自主出口茶叶的专业合作社，2017年累计出口茶叶4000多万元，创税200多万元。

【社会事业】

扶贫　2017年，安溪县龙涓乡尚未脱贫的143户400人贫困户、1个建档立卡贫困村全部实现脱贫；完成163户671人造福工程易地扶贫搬迁工作，全部建成竣工验收；龙涓乡扶贫开发协会筹资580万元用于扶贫专用基金，确保贫困户稳定脱贫。2017年，安溪县龙涓扶贫培训创业中心培训贫困户1572人次，与22户贫困户签订包销协议，2017年累计为贫困户增收10万元。举源茶叶专业合作社牵头，创新生态茶园管理模式，为贫困户茶农提供技术支持，实地教授指导更好整合茶园管理资源，让贫困茶农增收。

教育　2017年，安溪县龙涓乡实施"全面改薄"和中小学补短板工程，完成三乡小学、崇文小学运动场所改造；完成崇文中学学生宿舍膳厅、举溪中学学生宿舍楼、内灶小学教学楼、玳堤小学综合楼；加强半林小学、三乡小学、山坪小学等基层小学的校园基础设施；新建龙涓中心小学综合楼，已完成招投标。2017年龙涓乡中考再创佳绩，全乡583名考生，录取一级达标中学180人，一级达标中学录取率达到30.9%。

社会保障　2017年，安溪县龙涓乡建立、健全临时救助、大病救助、救急难等社会救助制度，继续实施低保户、残疾人及二女户安居工程和五保户修缮工程，发放农村低保金320万，城市低保金20万，农村特困供养金31万，孤儿补助金20万，完成25户的农户危房改造工程。

平安建设　2017年，安溪县龙涓乡抓获诈骗人员66人、贩毒人员9人。新增30个监控摄像头。扎实推进"平安建设"、网格化建设和标准地址二维码管理工作，健全治安防控体系。2017年龙涓乡获得全县B类乡镇电信诈骗专项行动第一名和B类乡镇禁毒专项行动第一名。

造林绿化　2017年，安溪县龙涓乡完成造林7357亩，其中400亩中心城区一重山森林景观提升重点项目（龙涓乡茶叶公园200亩和护国岩200亩），6个乡村生态景观林60亩，生物防火林带100亩，不炼山造林32亩和征占用林地异地恢复造林175亩，重点生态区位林分修复2532亩，珍贵树种造林900亩，其他造林3333亩。2017年配合林业公安查处林地案件4起，查处野外用火2起，查处盗、滥伐案件3起。

"河长制"落实　2017年，安溪县龙涓乡落实以乡长为河长，各相关村村主任为河段长的河长制，设河长制办公室，成立6人综合执法队，配备巡查车1辆，多次开展专项整治行动，取缔非法采砂点15处。对境内河流实施河道清淤、水质提升、小流域综合治理等一批环保工程。

加强环境卫生整治，建立健全环境卫生长效机制，环境卫生工作在市、县月评比中成绩优异。

【两岸乡村农创节】

2017年4月8—9日，由中共安溪县委组织部、安溪县农业与茶果局、共青团安溪县委员会、安溪县妇女联合会、安溪县旅游事业局、安溪县委台工办、安溪县个私经济党委、安溪县脱贫办、中共龙涓乡委员会、龙涓乡人民政府共同主办的"2017年海峡两岸乡村农创节"在龙涓乡内灶村水云坡隆重举行。诚邀两岸高校青年、厦门市海峡两岸文化交流协会书画家、龙涓部分小学幼儿园师生，参与现场设有两岸书画创作、农创合作签约、特色扶贫农产品展销示范、亲子彩绘等节目，进一步宣传、推介龙涓乡的乡村旅游资源，深化安台两地共创合作。

·尚卿乡·

【概况】

2017年，安溪县尚卿乡农林牧渔总产值17287万元，其中农业产值13541万元，林业产值114万元，牧业产值3459万元，渔业产值67万元，农林牧渔服务业产值107万元，茶叶产值9594万元；规模以上工业产值260562万元；500万元以上非农户固定资产投资52779万元；限额以上社会消费品销售总额32354万元。各类藤铁家居工艺企业978家，较大规模企业20家，各类加工点2000多个，从业人员上万人。尚卿乡共实施16个重点项目，完成年度投资1.96亿元，涉及园区建设、环境整治、道路交通、旅游提升、校舍改善、文化广场等领域，实现"村村有项目"。深入开展"大招商、招大商"活动，落实招商签约项目7个，处于谋划洽谈阶段3个，

2017年，尚卿乡获评"中国淘宝镇" （尚卿乡 供图）

总投资 5.65 亿元，涉及工艺品、旅游、供水、综合能源等行业。是年，尚卿乡获评"中国淘宝镇"。

【项目建设】

重点项目 2017年，安溪县尚卿乡镇区建设依托藤云小镇建设平台，投资21.657亿元，建设5个产业项目、5个文创项目、7个基础设施项目、4个旅游项目、2个民生项目，发扬传统产业优势，挖掘文化旅游潜力，推动藤铁家居工艺、电子商务与文化旅游深度融合，打造集创意、观光、体验、游乐等多功能于一体的特色小镇样板。

基础设施建设 以"藤云小镇"建设为核心，不断加强城镇规划建设，小镇面貌焕然一新；持续深化村企共建，黄岭村以"云上黄岭"获评国家级美丽乡村示范村，辐射带动翰卿、灶美、科名等村创建省市美丽乡村；全面落实河长制，加强生态环境保护，深入实施环境连片整治。推进11段38.05公里道路建设，中泉公路全线贯通，尤俊、灶坑、翰苑等公路提及改造全面完成，在全县"四好农村路"暨"农村公路改造提升工程"建设现场会上，尚卿受邀作典型发言。

新农村建设 2017年，安溪县尚卿乡利用黄岭村天蓝水清、茶绿盎然、花红争艳优势，立足"政府引领、村级主导、村企共建、全民参与"发展新格局，与誉丰国心茶叶有限公司探索实施"以企带村、村企共建"发展之路，盘活村集体和村民财产，共同开发建设融茶文化体验、健康养生及休闲度假为一体的茶文化主题休闲度假庄园，推进现代茶产业与生态旅游业紧密融合。同时，村企合力推进进村公路及角落公路建设，实施亮化绿化、饮水工程、村部建设及文化培育等提升工程，开展裸房装修、卫生整治、污水处理等整治行动，逐渐形成"村民增收、村貌整洁、村风文明、村企共赢"发展新风尚。推进"孔雀岭"森林氧吧、藤铁家居工艺户外展示园和"中国南长城"建设。9月5日，住房城乡建设部等部门联合发布《关于公布2017年改善农村人居环境示范村名单的通知》，尚卿乡尤俊黄岭村被评为国家级美丽乡村示范村。

【特色产业】

藤铁工艺产业 2017年，安溪县尚卿乡启动建设藤云文创园项目，全年投资3000万元，完成园区土地平整、工业路路基建设及部分路面硬化、桥梁建设，园区建成后，预计可入驻企业80多家，投产后可新增产值近8亿元，税收超3000万元。启动建设972源工坊，建设"藤云驿站创客空间"，邀请莱搭设计平台、厦门彩虹网进驻，帮助企业提升创新设计理念，被科技部评为第二批国家级星创天地。举办海峡两岸青年人才文创设计邀请赛，提升家居工艺业研发设计水平。

电子商务 2017年，安溪县尚卿乡注册电商协会集体商标，成立协会党委，下设11个党支部，依托"红色淘宝"市级党建品牌、全省首个大学生宣讲团，深入开展"三诺"活动。开展跨境电商调研、高层次培训、设计师对接服务、藤铁工艺技能大赛等系列活动，依托大师带徒、企业定制、联合培养等形式，加快培养实用工美、工匠及跨境电商人才。鼓励藤铁工艺企业携手电商企业或个体户抱团设立海外仓，开辟跨境电商新领地，增加外销市场占有量。建设藤云文创园、藤云驿站创客空间及972源工坊，优化电商经营环境。新增物流快递网点5家，全乡物流快递网点达23家，新增100立方以上大型物流车辆16辆，仅"双十一""双十二"总发货量达37000立方，货值超7000万元。灶美、翰卿等7个淘宝村被评为福建省农村电子商务示范村。

茶业 2017年，安溪县尚卿乡通过加强土地流转、开发乡村旅游项目等方式，带动一批村民通过开发农家乐、农产品私人订制、幸福花海等乡村旅游附加项目创新收入渠道，茶庄园基础设施建设日趋完善，庄园品牌特色逐步凸显，成为尚卿乡茶产业发展的最高业态和制高点。共取缔压茶机160台，查收压制茶600多斤，查处使用违禁农药6起。

旅游业 2017年，安溪县尚卿乡形成誉丰国心茶叶庄园—黄岭美丽乡村—灶美"淘宝村"—尚卿工艺城—格美茶花主题文化公园—绿色黄金茶叶庄园—尤俊国公山现代设施农业—尤俊农耕文化园的黄金旅游线路。围绕农耕文化、藤铁工艺、观光休闲等特色项目，发展乡村旅游，尤俊农耕文化园是福建省首家农耕文化园，尤俊国公山现代设施农业示范园是安溪县规模最大的现代农业示范园。7月，成功举办尚卿藤云小镇国公山农产品品鉴活动。与国心绿谷茶业有限公司实施村企共建，打造茶旅度假村，年游客接待量近18万人次。

现代设施农业 2017年，安溪县尚卿乡以获评省级农村产业融合发展试点示范乡镇为契机，成立尚卿乡农副产品协会，举办2017年尚卿乡扶贫推动产业发展暨国公山农产品展示品鉴季活动。国公山现代设施农业产业园质价齐升，年销售额超900万元。国心绿谷借助"互联网+"，打造"云端上的铁观音"和"看得见的健康"两大理念，被评为福建名牌产品，入选国家现代农业产业园创建名单，参加全国"双安双创"成果展。尚卿乡入选福建省农村产业融合发展试点示范乡（镇）创建名单。

【社会事业】

扶贫 2017年，安溪县尚卿乡47户建档立卡贫困户全部达到脱贫标准，全市脱贫攻坚现场推进会到尚卿参观，《福建日报》、福建电视台、《泉州晚报》等主流媒体专题报道尚卿的电商脱贫模式。

教育 2017年，安溪县尚卿乡投入1091万元，实施全面改薄工程5292平方米；规划建设中心幼儿园及体育广场，完成征地、选址、用地预审、立项及项目设计；对接安溪一中、城厢中学、八小、十二小"送教下乡""城乡共建"等活动。

文化卫生 2017年，安溪县尚卿乡获评市级宣传思想文化工作示范乡镇、泉州市2014-2016年度文明乡镇，灶美村、翰卿村被评为市级文明村。实施建设农民健身工程5个，村级文化广场3个，成功协办2017环泉州湾国际公路自行车赛，举办2017年尚卿"闽城杯"篮球联赛。实施医联体改革制度，推动尚卿卫生院与安溪中医院合作，提高医疗卫生服务水平。

平安建设 2017年，安溪县尚卿乡组建1个综合应急排（30人），并依据应急动员方案，重点抓好担负应急动员任务的应急排"人装"结合编组，新拨发2万多元专款，用于购置和完善抗洪抢险、森林防火、社会维稳、维修器具等专用装备。将青洋村专业素质高的退伍军人充实到联合防空分队（对空观察哨）中，组建一支联合防空分队。重点完成后福、灶坑、科洋等村民兵营规范化建设。挖掘民兵队伍中综合素质高、学习能力强的人才，组织创新创业培训，将他们作为电子商务人才工程及脱贫致富领军人等重点对象进行培养，增强民兵队伍的带头致富能力，充分发挥他们在各方建设和发展中的先锋模范作用。

【综合信息】

国公山葡萄获奖 2017年9月，在福安举行的福建省葡萄产销联盟成立暨品牌推介会上，举行全省首届葡萄优质果评比，来自尚卿乡国公山种植公司的巨峰葡萄获优质奖。

信思青年创新创业基地落户 2017年10月17日，泉州市侨界青年创新创业基地授牌仪式在尚卿乡国心绿谷举行。

县人大尚卿联络站揭牌 2017年10月19日，安溪县尚卿乡在侨联大厦三楼会议室成功举行安溪县人民代表大会代表尚卿联络站揭牌仪式。

侨委会换届 2017年12月4日，安溪县尚卿乡第四次归侨侨眷代表大会在尚卿乡三楼会议室召开。

中山现明代古墓志 2017年12月，因中泉公路（尚卿中山至蓬莱温泉路段）提级改造，尚卿乡中山村九福角落公路边一座墓园在原地往后迁移施工过程中，挖掘出两块方形的古墓志。墓志由红色瓷砖构成，上用小楷毛笔字书写着墓主黄碧峰及其孺人杨氏相关事迹。二十世纪六七十年代曾遭破坏，经墓主后裔精心整修，这两块墓志得以较完整地保存下来。整个墓圹重达七八吨，圹中存放着各种青花瓷器，样式众多，花纹清晰、醒目，图案精致美观。该墓志与族谱相得益彰，记载着墓主的生平事迹、家族发展等状况，具有一定的历史文化研究与考古价值。

7个村庄获评省农村电商示范村 2017年，省商务厅组织开展省级农村电子商务示范村评选工作，尚卿乡灶美村、翰卿村、新楼村、灶坑村、尤俊村、翰苑村、福林村等7个村被授予"省级农村电子商务示范村"称号。

·大坪乡·

【概况】

2017年，安溪县大坪乡农林牧渔总产值24699万元，其中农业产值21761万元，林业产值126万元，牧业产值2099万元，渔业产值42万元，农林牧渔服务业产值671万元，茶叶产值20475万元；规模以上工业产值192497万元；500万元以上非农户固定资产投资23081万元；限额以上社会消费品销售总额14210万元。

【项目建设】

重点项目 2017年，安溪县大坪乡列入县级重点建设项目1个。萍州敬老院及垃圾中转站项目总投资1200万元，至2017年底已完成投

2017年11月22日，大坪乡农村公路提级改造工程萍州至同安公路现场 （傅佳泽 摄）

资500万元，将于2018年初可完成萍州敬老院的主体建设；垃圾中转站主体建设完成，正进行设备采购，2018年上半年可投入使用。

基础设施建设 2017年，安溪县大坪乡投入5000多万元建设总里程35.026公里的农村公路提级改造项目，至2017年底，农村公路提级改造项目已完成路基26公里，路面施工有序推进。

镇区建设 2017年，安溪县大坪乡投入100多万元完成乡政府办公楼的修缮工程；投入30多万元推进乡文化广场周边的绿化亮化工程；投入254.8万元完善镇区污水和垃圾转运系统，其中：投入95万元新建一座日处理污水150吨的污水处理站、投入54.8万元新建改造农村三个化粪池274户、投入105万元新建一座垃圾中转站，实现镇区垃圾转运系统全覆盖。投入120万元对镇区河道进行综合整治；着手规划80亩大坪"鲤鱼"新村建设。

【特色产业】

茶业 2017年，安溪县大坪乡完成茶园土壤改良示范片400公顷、生态茶园示范片建设900公顷，退茶还耕还林107公顷。

蔬菜基地 2017年，安溪丰村蔬菜合作社构建省级一体化"物联网"平台，蔬菜生产全程自动化跟踪。新增高海拔无污染蔬菜基地292公顷，实施80公顷高标准农田建设。

旅游业 整合生态旅游景点，充分借助同安小坪森林公园旅和莲花军营七彩池景点等辐射带动和"厦门后花园"的区域优势，整合一个瀑布群、十里迎仙埔、百年上海古街、千年爱情古杉、亿年古松化石等旅游资源全力打造"从一到亿"的旅游线路。对迎仙埔周边进行综合开发整合、对千年爱情古杉进行加固以及周边硬化保护、对"小上海"古街进行修缮和完善旅游配套设施将各个旅游线路串点成线，打造生态小镇、文旅小镇。

【社会事业】

扶贫 2017年，安溪县大坪乡落实各项帮扶资金276.05万元。全乡90户320人贫困户和2个建档立卡贫困村均已实现脱贫；成立乡级扶贫开发协会，首期获捐286.2万元；持续深化与晋江市金井镇的"山海协作"进一步巩固和夯实扶贫成果。

文化 2017年，安溪县大坪乡成功举办第二届"大坪春晚"，4月14日成功举办"山歌邀请赛"，6月30日携手县妇联、卫计局、计生协会联合主办安溪县2017年"童心向党、梦想启航"幸福家庭音乐会，邀请县电视台制作大坪专题宣传片，组织创作乡歌《相褒大坪》，获县委宣传部"喜迎十九大 一乡镇一歌"优秀奖。另外，以"众创大坪"为依托，成功举办"小上海"古街复活节、"喊山祭"等系列活动。

社会保障 2017年，安溪县大坪乡投入2000多万元完成10件为民办实事项目。组织65周岁以上老人体检、健康管理活动3次，实现全乡五保户、低保户"应保尽保"。新农合参保率100%。完成二女户"安居工程"4户、二女户"幸福工程"2户、危房改造2户，新建低保户安居工程3户。

生态建设 2017年，安溪县大坪乡重点区位林分修复造林200公顷，采伐更新造林216公顷，征占用林地异地植被恢复造林45公顷，乡村生态景观林造林30公顷。开展"两违"综合治理专项行动，拆除"两违"面积3080平方米。修订并完善《大坪乡环境卫生奖惩办法》，继续施行"内评外包"工作机制，2017年环境卫生评比多次位列市、县前列。2017年，完成土地复垦68公顷，增减挂钩38.87公顷，通过县级初验。

平安建设 2017年，安溪县大坪乡完成对综治办的标准化建设，升华"平安大坪"创建活动。保持高压态势，加大电信诈骗及反盗窃打击力度，完成乡村网格化信息管理平台的建设并投入使用。2017年6月份被泉州市综治委授予"平安乡镇"荣誉称号；2017年在金砖国家领导人第九次会晤筹备和服务保障工作中表现优异，被县委、县政府表彰；2017年12月福建省农村信用社泉州办事处和安溪县农村信用社评为"农村金融信用乡"荣誉称号。

·白濑乡·

【概况】

2017年，安溪县白濑乡农林牧渔总产值9349万元，其中农业产值8386万元，林业产值48万元，牧业产值723万元，渔业产值39万元，农林牧渔服务业产值152万元，茶叶产值7298万元；规模以上工业产值12817万元；500万元以上非农户固定资产投资24415万元；限额以上社会消费品销售总额0万元。

【项目建设】

2017年，白濑乡共实施美丽乡村、乡村公路提级改造、精准扶贫、校安工程、水土保持等项目25个，总投资约9500万元，已完工项目14个，总共完成投资约8500万元；签订3个生态农业综合开发项目，投资总额1.7亿元。

【特色产业】

2017年，安溪县白濑乡在扶持以"森林生态"为品牌的茶叶专业合作社的同时，重点扶持发展壮大油茶、水果、蔬菜等农业特色产业规模，已有洋上贡油茶专业合作社、奇发果蔬专业合作社、利民绿竹笋专业合作社等合作社示范带领群众劳动致富。探索结合白濑水质、竹林优势发展竹鼠养殖、鱼类养殖等特色产业。全乡形成各具特色的"一村一品"产业。

【社会事业】

扶贫 2017年，安溪县白濑乡各级到位扶贫资金共计370.20万元，完成稳定脱贫77户275人，建档立卡贫困村寨坂村"摘帽"；完成2016年造福工程32户118人（建档立卡26户91人）、开工建设2017年造福工程25户95人（建档立卡6户15人），所有贫困对象投保医疗保险。

2017年8月11日，安溪县白濑乡成立扶贫开发协会，共筹集资金213.77万元，8月25日，白濑乡扶贫开发协会联合安溪县作家协会举办2017年金秋助学座谈会，向18名贫困学子发放助学金及书籍，共计1.8万元；是年底，白濑乡扶贫开发协会为每户贫困户提供500元慰问金，共3.85万元；发放龙门扶贫开发协会结对帮扶上格村资金30万元；发放危房改造（修缮加固）补助5000元，总计发放34.35万元。

文化教育 2017年，白濑中学考上一级达标中学8人，其中被安溪一中录取2人，铭选中学3人，安溪八中3人。12月成立白濑中学教育促进会，筹集资金6万元；进行学生宿舍栏杆改造、班级监控安装、办公室电器添置等。

生态保护 2017年，安溪县白濑乡累计投资650万元用于改善农村居住环境，实施亮化、绿化工程和裸房整治等宜居环境建设。新建改建169户农村三格化粪池，新建一座50吨生活污水处理站、一座垃圾转运站；加强规划控制，全年超额完成"两违"拆除任务和石结构房屋改造任务。完成人工造林更新、森林抚育、退茶还林、建设乡村生态风景林任务，超额完成封山育林任务。

社会保障 2017年，安溪县白濑乡纳入低保107户174人，月低保金共计62913元；特困供养11户11人，月特困供养金共计12739元；孤儿1人，月生活补助金712元；优抚定补27人，月生活补助金共计16140元。完成残疾人安居工程1户，低保户安居工程1户。新农合参合率100%。是年底，开展白濑乡敬老院安全生产检查，排查敬老院的安全隐患并整改到位。

计生 2017年，安溪县白濑乡出生188人，政策内171人，政策符合率90.96%，其中男孩99人、女孩89人，男女性别比1.11；优生检测完成62对，完成任务数的106.90%；"两非"案件完成1例。此外组织开展无偿献血、预防艾滋病、健康义诊、婚育新风进万家、健康惠老进社区、健康知识讲座、承办"我快乐 我成长"计生户青少年写作、朗读活动等活动，设立一个医养结合示范点和一个青少年健康教育基地，自主出品的计生微电影《爱的存钱罐》获得全国卫生计生广播电视类第四届电影节电影类三等奖。

2017年7月27日，白濑上格村村民在油茶园中劳作　　（安溪报社 供图）

·湖上乡·

【概况】

2017年，安溪县湖上乡农林牧渔总产值17056万元，其中农业产值12301万元，林业产值55万元，牧业产值3215万元，渔业产值36万元，农林牧渔服务业产值1448万元，茶叶产值9404万元；规模以上工业产值12917万元；500万元以上非农户固定资产投资24429万元；限额以上社会消费品销售总额20915万元。

【项目建设】

重点项目　2017年，安溪县湖上乡引进项目投资总额1.5亿元。瑞和园家庭农场完成场地用房与养殖池建设，完成多条通往农场道路的硬化，完成果蔬及800亩林木的种植。引进福建田浪山生态农业综合开发有限公司进行休闲农业建设，引进湖上茶叶深加工产等项目。

基础设施建设　2017年，安溪县湖上乡开展6个村共19.76公里的主要通村公路改造提升工程建设，总投资约4570万元，投入300多万元建设镇区市政道路。沙堤村、格头村村部建设完工并投入使用，完成长林村、上路村的村址修缮，飞亚村村部的建设工程按时序进度推进。累计投入近600万元完成飞新村的小流域综合治理。

新农村建设　2017年，安溪县湖上乡全面整治镇区的环境卫生，综合市场建设完成。投入300多万元建设镇区市政道路建设。完成植树造林和森林经营660亩，其中乡村生态景观林10亩，重点生态区位林分修复200亩，新造生物防火林带抚育75亩，重点林分森林抚育100亩，一般森林抚育135亩，封山育林140亩。黄武村投入近500万元建设省级美丽乡村，完成河道整治、污水处理设施和管网工程建设。湖上村投入400万元建设市级美丽乡村。盛富村投入300万元建设"少数民族特色村寨"，获评全国文明村。

【特色产业】

2017年，安溪县湖上乡举办铁观音春季初制技术大赛、秋季茶王赛、海峡两岸冬季茶园管理技术交流会等活动，加快茶业转型升级。

鼓励村民种植花生、大豆、玉米、中草药等经济作物。鼓励发挥横坪村食用菌种植基地建设的辐射示范作用，引导农户参与种植。种植金丝楠木等，发展林业经济。

【社会事业】

扶贫　2017年，安溪县湖上乡138户贫困户完成脱贫。4个建档立卡贫困村发展光伏产业，年增收5——6万元。"雨露计划"培训受益贫困人口65人，新增造福工程受益群众2户8人，残疾人助残项目受益贫困户7户，低保兜底53人。7月28日，正式成立安溪县湖上乡扶贫开发协会，募集资金307.6万，会员单位及个人54个。

教育科技　2017年，湖上中心小学积极创办免费制寄宿学校，吸收村级小学高年级学生到中心小学寄宿就读。1月1日，由李建民作词、王鼎南作曲的湖上中学校歌《湖上吾校》正式启用；2月21日，"泉州一中实践教学基地"在湖上中学共建揭牌仪式；4月29日，湖上教育发展促进会成立，筹集资金近150万元；5月31日，湖上乡第二届中小学校园文化艺术节文艺汇演暨颁奖仪式在乡影剧院举行；9月14日，湖上中学成功承办"泉州市第十个民族团结进步宣传月进学校"活动；11月28—29日，湖上乡第二届中小学生田径运动会暨首届趣味运动会在湖上中学举办。

卫生计生　2017年，安溪县湖上乡为辖区内98.3%以上的农民建立居民健康档案，共建立24119份健康档案；开展公众健康咨询活动100场，举办健康知识讲座132场，发放各类宣传品3500份；共完成6岁以下儿童体检4013人次，新生儿管理444人次，规范管理率89%；为适龄儿童累计接种5200针次，其中常规免疫接种率98%。11月，湖上卫生院综合楼正式投入使用，二期门诊楼完成招投标并开工建设。

社会保障　2017年，安溪县湖上乡提高城乡居民最低生活保障标准，每人每月五保户提至699元、孤儿提至600元、农村低保户提至420元、城乡居民基础养老金提至100元。实施60周岁以上城乡居民养老

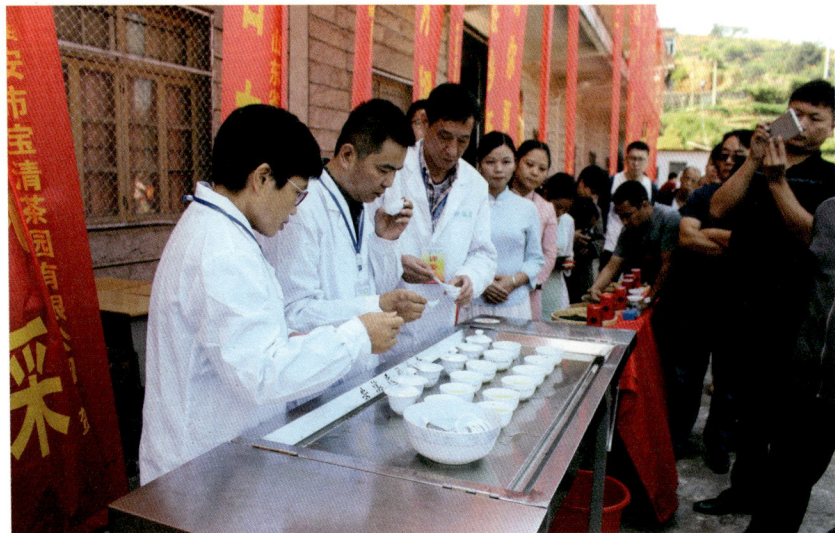

2017年10月23日，首届"茂发杯"安溪铁观音（清香型）茶王赛现场　　　（湖上乡　供图）

保险人员丧葬补助制度。实施住房困难户、五保修缮户、残疾人、计生"二女户"安居工程和造福工程危房改造。是年，湖上乡新农保参保率88.5%，新农合参保率100%。

【"茂发杯"茶王赛】

2017年10月23日，首届"茂发杯"安溪铁观音（清香型）茶王赛由湖上乡党委政府、安溪县农茶局、安溪县茶叶协会湖上分会主办，湖上乡茂发茶叶专业合作社承办。比赛面向全县24个乡镇的茶农（商、企），共设置金银铜与优质奖等四个奖项，分别给予30000元、10000元、5000元、2000元不等的奖金并颁发奖牌与证书。截至收样日期，共收到来自13个乡镇的182个茶样。2017年10月23日，在湖上沙堤村茂发茶叶合作社举行总决赛，湖上乡铁观音制作技术研究会会员夺魁。

· 剑斗镇 ·

【概况】

2017年，安溪县剑斗镇农林牧渔总产值30940万元，其中农业产值27320万元，林业产值202万元，牧业产值2547万元，渔业产值77万元，农林牧渔服务业产值795万元，茶叶产值23474万元；规模以上工业产值27735万元；500万元以上非农户固定资产投资27681万元；限额以上社会消费品销售总额7794万元。

【项目建设】

重点项目 2017年，安溪县剑斗镇白濑水利枢纽工程项目首期（莆永高速拆迁）共需安置209户951人，已办理交房手续100户142套，装修入住68户100套；完成泉州白濑水利枢纽工程等级公路县道340线剑斗段迁移复建工程及开工仪式征地90亩；完成白濑水利枢纽工程库

区实物调查、移民意愿入户访谈。

剑斗镇"福星花园"安置规划区项目位于福斗村后坡角落与月星村新林角落，占地约150亩，约可安置300户1200人。预计总投资7000万元。项目于2017年1月开工建设，截止是年底，投入资金300多万元，完成征地150亩，坟墓迁移53座，拆除房屋9座、临时搭盖2处及第一期、第二期土方平整。

基础设施建设 2017年，安溪县剑斗镇投入1070万元建设"由义旧街"改造暨福星花园异地搬迁安置区，投入1400多万元完成由义公路提级改造项目12.249公里，投入241万余元完成村级公益事业建设一事一议公路硬化5.5公里，建设村文化活动场所680平方米。省市县驻村任职蹲点干部共协助筹措帮扶资金892.5万，开展农民增收项目12个、村集体增收项目6个。投入教育建设资金65万余元，进行考取重点院校奖励、对优秀教师表彰与奖励和改善学生宿舍楼、学生食堂等项目。投入12万余元优化镇卫生院环境和办公基础设施。成立2个南音协会，完成双洋村村级活动场所建设、双洋村老人活动中心场所建设、红星村村级活动场所建设、前炉村多功

2017年10月1日，剑斗镇举行双洋村老人活动中心揭牌仪式 （吴隆裕 摄）

能体育文化休闲广场和综治宣传长廊建设、福斗村农村幸福院建设。

【特色产业】

茶业 2017年，安溪县剑斗镇共全面取缔压茶机1003台，100%完成取缔，查处违规使用除草剂案件9起，完成任务数的133.3%。全年共举办3场茶叶烘焙交流赛。举办首届安溪铁观音大师赛剑斗赛区选拔赛，推荐2名选手参加首届安溪铁观音大师赛，2名选手（王清海、王逢春）分获"安溪铁观音大师""安溪铁观音名匠"称号。狠抓茶叶质量安全，着力提高茶叶质量。充实茶叶卫生质量安全领导小组和剑斗镇农业综合执法队。

剑斗镇建有生态茶园6000亩，无公害茶叶基地5000亩，建设高标准示范茶园300亩，完成土壤改良600亩，完成茶山生态修复600亩，鼓励退茶还耕100亩，通道绿化7公里，森林覆盖率64.6%。剑斗镇充分发挥各村（场）的农民技术员的带头作用，将自己的茶园作为示范点，每村有10亩示范点，指导茶农做好茶园土壤改良工作，抓好生态茶园建设。

2017年，安溪县剑斗镇鼓励各村因地制宜种植淮山、油茶，突破"唯

农是茶"的单一结构问题，逐步形成"一镇多业"新格局。引导农民将土地承包经营权向合作社、家庭农场、专业大户流转，促进土地集约利用。镇汤内坂果蔬专业合作社，利用政府鼓励支持淮山发展的政策，通过租赁的流转方式，以每年120元/公顷的价格从农户手中流转茶园、水田连片种植淮山，将连片种植规模扩大到50多亩。将福斗村近千亩闲置土地打造成黑山羊养殖基地，养殖黑山羊100多头。通过成立油茶专业合作社、利用宜林荒山、荒地，引导农户在御屏村成片种植油茶200多亩。扩大后井村红心蜜柚园、潮碧村剑湖农场柑橘园、剑斗村樱桃园、前炉村淮山等特色农作物种植面积，培育圳下村彬彬农场、潮碧村蔬菜合作社等新型种植模式，积极引导合作社向观光旅游业发展。

【社会事业】

扶贫 2017年，安溪县剑斗镇实施"一户一策""一户一挂钩"，108户未脱贫的贫困户由县、镇两级干部挂钩帮扶，已脱贫的185户贫困户继续由村干部实施帮扶巩固；落实各级扶贫资金94.2万元；为贫困户购买大病医疗保险8.84万元，实现省、市、县、镇四级医疗保险全覆盖；完成造福工程易地搬迁32户117人，开展农村实用技能"雨露计划"培训240人次，组织40户贫困户申请小额信贷资金发展生产。协助省、市、县驻村任职蹲点干部筹措帮扶资金892.5万，开展农民增收项目12个、村集体增收项目6个。是年10月，剑斗镇纪委开展扶贫领域监督执纪"村村到、户户访"活动，对镇建档立卡贫困户295户逐一上门访问，共发现扶贫领域问题线索42条，清退或脱贫不再享受扶贫政策贫困户15户64人。

前炉村是剑斗镇的革命老区村，

2016年被确立为市级建档立卡贫困村。2017年12月，前炉村45户贫困户均顺利脱贫。前炉村投入175万元完成剑福公路前炉村段1公里的提级改造项目，投入211万元完成4.5公里角落路的拓宽硬化项目，投入100万元完成土坑公路工程，投入45万元完成多功能运动灯光场地建设项目，投入48万元建成55千瓦光伏发电项目并网发电，村集体收入增加7万元。添置一套5万元体育健身器材，建成价值50万元的多功能体育文化休闲广场及综治宣传长廊。

2017年8月，成立剑斗镇扶贫开发协会，各界捐赠资金共423.8万元。

社会保障 2017年，安溪县剑斗镇办理低保352户522人、五保18户18人、孤儿8户11人；帮助申请自然灾害补助19万元；办理残疾人生活补贴和护理补贴390人；助残工程补助5人共2.5万元；残疾人居家托养服务13人共2.6万元；办理开元寺精准助学29人10.35万元，扶残助学6人1.5万元；办理临时救助115人，医疗救助、慈善总会救助22人；是年新农保参保率93.06%；完成石结构改造7户，危房改造6户，"为民办实事"安居工程4户（其中，低保安居工程2户，残疾人安居工程2户）。

计生 2017年，安溪县剑斗镇共征收计生社会抚养费755万元。

生态保护 2017年，安溪县剑斗镇落实河长制，设立1名河长、16名村级河道专管员、1名河道警长；纠正16个、查处5起违法占用河道行为；上报关停小水电7家。完成退耕还林工程300亩、巩固退耕还林工程600亩和通道绿化7公里，镇域森林覆盖率64.6%。开展小流域水土流失综合治理和高速公路两侧茶山绿化700亩，改善全镇种植环境。新建2个污水处理设施，建设垃圾

池450多个；组建1支拥有122名保洁员的镇级清运队伍，聘请6名环境监察员；新建和改造三格化粪池589个。

平安建设 2017年，安溪县剑斗镇投入150多万元，接入视频监控38个，配备手机终端21部，流动宣传音箱16个，走访涉骗、有前科、在逃人员直系亲属1009人次，发放各类宣传材料1.3万多份。完成网格化管理录入本地流出人员信息16530人，重点人员信息录入5260人（其中高危人员1385人），配齐镇村两级网格管理员66名。抓获涉骗人员69人（其中逃犯12人），完成目标任务的500%，办理贩毒案件5起，抓获涉毒人员12人。组织开展法制知识宣教活动5场、社区矫正对象普法教育活动6场，受理各类纠纷51件；做好434名社区矫正、刑满释放人员的摸排走访工作和防范处理邪教工作。

·感德镇·

【概况】

2017年，安溪县感德镇农林牧渔总产值49821万元，其中农业产值44227万元，林业产值307万元，牧业产值5183万元，渔业产值47万元，农林牧渔服务业产值56万元，茶叶产值41192万元；规模以上工业产值55461万元；500万元以上非农户固定资产投资33073万元；限额以上社会消费品销售总额41470万元。

【项目建设】

重点项目 2017年，安溪县感德镇县级重点项目5个，累计投资10700万元，完成年度计划投资目标。其中感德茶叶商城项目，总投资7000万元，年度计划投资5000万元，已投资5000万元，完成外墙抹灰、贴马赛克，水电、消防等开始施工；

感德十一中学运动场及学生宿舍楼建设，总投资 2700 万元，年度计划投资 1700 万元，已投资 1700 万元，建筑面积 6700 平方米，宿舍楼、运动场已竣工；感德镇坡耕地（茶园）水土流失治理工程，总投资 2000 万元，年度计划投资 1000 万元，已投资 1000 万元，完成坡耕地治理 3500 亩，建设蓄水池 30 个；莆永高速公路感德段茶山生态修复工程项目，总投资 2500 万元，年度计划投资 1400 万元，完成投资 1400 万元，完成茶树留高完成 5000 亩，梯壁留草完成 10000 亩，茶园套种珍贵树种完成 1000 亩；感德小学建设项目，总投资 1600 万元，年度计划投资 1600 万元，完成投资 1600 万元，完成龙通小学主体建设封顶，福德小学教学楼竣工。

基础设施建设　完成生命防护工程 20 公里。大坂、槐东、华地、尾厝、岭西等 5 个村公路拓改提级 11.8 公里；建设石门村和炉地村村庄亮化工程；建设老年人活动中心文化广场、福德村址、槐扬村址等基础设施。

镇区建设　2017 年，安溪县感德镇聘请泉州市规划设计院的专家对镇区进行整体规划、设计，实施高速连接线美化工程，延伸茶文化走廊，绿化环镇路。

【茶业】

2017 年，安溪县感德镇出台《感德镇 2017 至 2020 年茶园生态修复与提升实施方案（试行）》《感德镇 2017 年赛茶山活动方案》。投入 400 多万元完成槐东坡耕地（茶园）水土流失治理，投入 300 多万元开展莆永高速公路感德段茶山生态修复，完成退茶还林 200 亩、梯壁留草近万亩、茶园套种珍贵树种完成 1000 亩。在全省率先出台《感德镇推行"山长制"新机制管理方案（试行）》，分山头由镇村干部担任山长，

2017 年 9 月 15 日，航拍感德镇生态茶园　　（感德镇 供图）

来构建责任明确、监管严格、修复保护有力、奖罚分明的茶山生态修复机制，强力推动生态修复，健全森林资源保护管理体制机制，该做法得到市政府、县委县政府主要领导和省市林业部门的肯定，并在全县推广。

倡导自然农法、匠心制茶；支持老固、怡芳等茶叶合作社实施休采、间伐、留高、留草等传统方式管理茶园 1300 亩，支持金海月合作社流转茶园 500 多亩，施用有机菌肥改造土壤达到有机茶标准等方式，实现茶草共生，为建设美丽的生态茶园总结示范，带动茶农效仿实施。全面禁止使用压茶机清查取缔压茶机 2144 台。成功举办 2017 年春季开茶节，春、秋季清香型铁观音茶王赛。

生育杯茶女子制茶大赛　2017 年 9 月 27 日，安溪县感德镇举办生育关怀·幸福家庭——安溪铁观音女子制茶大赛。评出一等奖 1 名，二等奖 2 名，三等奖 3 名。

秋季铁观音茶王赛　11 月 2 日，感德镇举办 2017 年秋季铁观音茶王赛，来自各村、各茶叶专业合作社选送的 320 多个茶样参加比拼。经过严格审评，决出金奖 1 名、银奖 2 名、铜奖 3 名、优秀奖若干名。最终，

石门村吴光研选送的茶样问鼎金奖茶王。

【社会事业】

扶贫　2017 年，安溪县感德镇贫困对象 32 户 117 人，年底实现全面脱贫；充分利用"党建+扶贫"理念，通过思想引导、知识培训、政策扶持，引导党员中的致富能手、制茶能手、电商高手，带动一大批贫困户通过学技艺，发展特色产业，帮助去年已脱贫的困难户打开致富门路。

教育　2017 年，安溪县感德镇投资 2500 多万元完成安十一中三安宿舍楼，福德小学、石门小学教学楼建设；完成霞中霞云小学教学楼、中心小学教师宿舍楼、中心幼儿园及第二幼儿园运动场修缮。加快龙通小学教学楼及岐阳小学、幼儿园操场建设，继续实施"寄午学生"午餐补助及改善工程。启动五甲小学扩建、槐扬小学综合楼建设前期等。

文化卫生　2017 年，安溪县感德镇参加无偿献血人数达 256 人。建设茶香人家、中草药大观园、保生大帝文化园、茶王公民俗文化园。以创建基层二级综合医院为目标，跟进协调感德镇卫生院综合大楼配套设施、中医馆、环境绿化建设。

生态建设 2017年，安溪县感德镇投入135万元调整增加村级工作经费，出台环境卫生管理员、保洁员管理办法，改进垃圾清理运转工作机制，将镇行政执法队成建制投入环境卫生巡查督查。投入100万建设第二垃圾压缩中转站。投入160万元建成4个污水处理站（石门、洋山、华地、福德）。

平安建设 2017年，安溪县感德镇制定下发《感德镇打击整治电信网络新型违法犯罪暨构建"诚信感德"工作方案》《感德镇打击治理电信网络新型违法犯罪暨创建诚信村工作奖惩暂行办法》等，发放《平安手册》8000余份。全年抓获电信诈骗人员68人（其中逃犯21人），逮捕或起诉47人。成立网格化服务管理指挥中心，实行综治网格化管理。部署开展"网格化"管理工作，镇村配备专职网格员23名，兼职网格员59名，网格化专网电脑25台，网格化VPN手机28部，22个村均接入网格化管理内网，定期对流出人员及在家重点管控对象进行走访跟踪，及时更新信息，防止脱管、漏管；结合"猎狐情报管控系统"平台，全面夯实电信诈骗高危人员基础管控，摸排底数，逐一建档。是年，

22个村居全部开展信息采集和录入工作，录入流出人口信息36751条，重点人员信息3826条，168名电信诈骗人员被抓，全部纳入网格化重点人员管控。

·长坑乡·

【概况】

2017年，安溪县长坑乡农林牧渔总产值54019万元，其中，农业产值44747万元，林业产值108万元，牧业产值5976万元，渔业产值83万元，农林牧渔服务业产值3106万元，茶叶产值36454万元；规模以上工业产值37711万元；500万元以上非农户固定资产投资46469万元；限额以上社会消费品销售总额66706万元。

【项目建设】

重点项目 2017年，安溪县长坑乡招引淮山产业园、一芽红茶叶基地、龙潭溪兰花基地、百丈际现代农业综合旅游等四个大项目落户，总投资额6.5亿元。全年实施县、乡重点项目40个，为民办实事项目17件，总投资达2亿多元，其中县级重点建设项目山格淮山产业园和高

仁生态休闲农场三期完成投资4300万元，2017年1–10月，全乡固定资产投资完成总额位居全县八大中心城镇第一名。

基础设施建设 2017年，安溪县长坑乡投资6800多万元，实施总里程和总投资均居全县前列的15个村50公里农村公路提级改造工程。投入150多万元，建设完成内半乡（玉湖）垃圾中转站，建设修缮垃圾围455个；投入200多万元，建成南斗、月眉、玉美、华美、山格五处污水处理设施。完成造林绿化1500亩，投入500多万元，修建生态堤岸和休闲漫道5.3公里。

【特色产业】

2017年，安溪县长坑乡淮山养生茶加工技术研究与推广获全县科技进步二等奖；全面取缔压茶机；成功举办首届安溪铁观音制茶大师赛长坑乡选拔赛，陈朝金荣获首届安溪铁观音制茶名匠称号。转型发展"旅游业、现代农业"两个新兴产业，出台政策鼓励发展乡村旅游，引导传统农业与旅游业有效融合，全力打造高仁休闲农场等一批乡村旅游示范点，不断扶持兰花种养、水果采摘、娃娃鱼养殖等特色产业发展壮大。

【社会事业】

扶贫 2017年，安溪县长坑乡筹集400万元成立扶贫开发协会。小西、三村两个贫困村共投入200多万元，分别建成光伏发电项目和大型户外广告牌扶贫项目，村集体收入均达10万元以上；15户贫困户均采取"一户一策"的办法帮助脱贫，至2017年底基本实现稳定脱贫。

教育文化 2017年，安溪县长坑乡投入1200万元，建成中心、珊屏、凤山、玉湖4座校安工程；全县首创评选乡级"名师·名班主任"14名，每人奖励1万元；举办崇德中学90周年校庆，筹集教育基金近1400万

2017年9月10日，长坑乡举行"名师·名班主任"颁奖仪式 　　　　　　　　（长坑乡 供图）

元，创全县校庆筹集资金之最；完成玉湖学校撤并及第三中心小学筹建。乡歌《难忘你长卿》获全县"一乡镇一歌"评选第九名的好成绩。西溪、下林两个村级文化广场建成并投入使用。

移风易俗　2017 年，安溪县长坑乡制定出台《关于在全乡深入开展移风易俗活动的通知》，积极倡导"婚事新办、丧事简办、佛生日不大操大办"新风尚，得到党员、群众和各姓氏宗亲会的积极响应，每年可节约各项费用一亿多元。总结提升管理制度化、流程标准化、服务便民化、监督常态化的提速增效新模式，"四化"经验做法被省机关效能建设工作简报刊登报道。

社会保障　2017 年，安溪县长坑乡新型农村合作医疗参合率 100%，新农保参保率 93%。全乡共有五保户 64 户、65 人，低保户 461 户、710 人，城市五保 6 户、6 人，孤儿 2 户、2 人，全年累计发放应急物资毛毯 135 条、棉被 50 件、军大衣 70 件，累计发放优抚救济款项 2401470 元，实施"造福工程"19 户。

【党建创新】

　　2017 年，安溪县长坑乡新建华美村、月眉村村址两座，实现 26 个村村村有址办公。建设以"廉政文化和诚信文化"为主题的崇德书院党员教育基地。创新党的十九大宣讲模式，成立全县首个乡镇老干部党员宣讲团，让老干部党员深入淮山园、茶园等田间地头为群众宣讲十九大精神，得到中新网、人民网等媒体报道。

【综合信息】

　　2017 年 9 月 12 日，安溪县人民代表大会代表长坑联络站举行揭牌仪式。

　　2017 年 12 月 11 日，安溪县淮山协会第二次会员代表大会在长坑乡山格淮山专业合作社召开，大会选举陈主义为安溪县淮山协会理事长，选举吴水彬、吴碧霞、颜新国为安溪县淮山协会副理事长，黄远婷为安溪县淮山协会秘书长。

　　2017 年 12 月 20 日，长坑乡召开第十二届人大二次会议。会议回顾总结长坑乡 2017 年经济社会发展所取得的成就，科学分析形势，展望发展前景，提出 2018 年政府的主要目标和任务，审议并通过长坑乡人大主席团、乡政府以及乡财经预算等工作报告。

2017 年 12 月 22 日，祥华乡珍山公路举行通车剪彩仪式　　（祥华乡 供图）

·祥华乡·

【概况】

　　2017 年，安溪县祥华乡农林牧渔总产值 43744 万元，其中农业产值 41795 万元，林业产值 338 万元，牧业产值 1408 万元，渔业产值 38 万元，农林牧渔服务业产值 165 万元，茶叶产值 36636 万元；规模以上工业产值 74017 万元；500 万元以上非农户固定资产投资 19029 万元；限额以上社会消费品销售总额 41333 万元。

【项目建设】

　　2017 年，安溪县祥华乡完成祥华卫生院门诊综合楼建设，增加床位 30 个；投入 669 万元，完成祥华至和春公路全程路基拓宽工程；将祥地至和春、祥华至祥地、祥华至珍山、新寨至旧寨、石狮至旧寨、石狮至美西、白玉至 S308 省道、白荇至 S308 省道、珍山至崎坑、白荇至白玉等 10 条农村公路纳入县级 700 公里农村公路提级改造项目。新建珍山村、祥华村等 2 个村级文化广场，完善美仑、白玉、新寨、后洋等的农民健身工程项目。

新农村建设　2017 年，安溪县祥华乡投入 360 万元，改造电网 15 公里；拆除"两违"面积 9740 平方米，完成任务数的 108.22%；福新村、小道村美丽乡村建设项目获得补助资金 270 万元，项目已完工。完成村级公益事业一事一议财政奖补项目 14 个，获得财政奖补 452 万元。

【特色产业】

产业结构调整　2017 年，安溪县祥华乡东坑、祥华等村新增种植山药面积约 300 亩；小道村投资 80 多万元，建设高山蔬菜基地 25 亩，年产值约 50 万元；扶持珍山村、郑坑村、白坂村养殖黑山羊、黄牛、蜜蜂等。

茶业　2017 年 12 月 26 日，安

溪县祥华乡与广东省普宁市里湖镇联合举办"海丝茶缘 品香寻韵"第二届铁观音茶文化节。完成2233台压茶机取缔工作。引进东坑生态休闲农业庄园项目，项目占地1000多亩，建设内容包括休闲小木屋度假区、曲水流茗茶文化区、自然农法制茶体验区、叠水荷塘景观区等，一期计划投资5000万元。

【社会事业】

扶贫 2017年，安溪县祥华乡落实易地搬迁44户218人（其中，国定1户5人、省定7户32人、一般户36户181人）。东坑村、福新村相继开工建设光伏发电，每年增收村财6万元和5万元。帮扶贫困户发展黑山羊、蜂蜜养殖、山药等产业。科级干部每人挂钩1个贫困村和2户贫困户；帮扶珍山、东坑、白板等村纳入省级重点帮扶旅游乡村；帮扶后洋、白玉等村纳入整村推进帮扶村；获得晋江安海镇50万元、尚卿乡扶贫开发协会100万元帮扶资金用于贫困户发展生产。2017年3月，率先与安溪县农民讲师团开展互动合作，共同开启"组团扶贫，抱团发展"活动，通过"农民讲师+乡镇行动"的形式，实现农民讲师、铁观音制茶工艺大师与3个重点贫

困村及50对贫困户签约挂钩帮扶。12月，在东坑村举行"组团扶贫·抱团发展"活动帮扶成果展示暨颁奖典礼，开展帮扶茶"斗茶赛"，评出获奖帮扶对子16户。

教育 2017年，安溪县祥华乡投入80万元修缮聪明学校、中心小学；投资900多万元新建中心学校宿舍楼、中心幼儿园教学楼、福新小学教学楼。

文化卫生 2017年，安溪县祥华乡创作《祥风时雨》入选全县"一乡镇一歌"五首推荐歌曲。开展乡村环卫一体化工作，完善工作制度，配齐村级保洁员80人，配备垃圾清运车10辆、垃圾桶1400个。

计生 2017年9月22日，安溪县祥华乡举行"关爱茶乡高龄育妇·实施全面两孩政策暨高龄育妇党员志愿者服务队启动仪式"。

社会保障 2017年，安溪县祥华乡造福工程危房改造5户，下拨补助款54万元以上；全乡享受最低生活保障人数579人，参保率皆达100%。

平安建设 2017年，安溪县祥华乡完善"天网工程"，继续推进网格化建设，在重要路段安装摄像头80多个，加强全乡治安监控能力，

健全社会治安防控体系；与各村签订责任书，将责任层层落实。开展拉网式全面排查活动，做到"乡不漏村、村不漏户、户不漏人、人不漏事"，全面摸排各类矛盾纠纷、信访隐患及重点人员。全年抓获诈骗嫌疑人54人、贩毒嫌疑人4人、吸毒人员7人等。

·蓝田乡·

【概况】

2017年，安溪县蓝田乡农林牧渔总产值30338万元，其中农业产值25880万元，林业产值187万元，牧业产值2543万元，渔业产值242万元，农林牧渔服务业产值1486万元，茶叶产值22106万元；规模以上工业产值22632万元；500万元以上非农户固定资产投资31762万元；限额以上社会消费品销售总额1406万元。

【项目建设】

2017年，安溪县蓝田乡实施农村公路提升改造工程41.6公里，硬化村角落公路11公里。实施镇区主干道及县道破损路面修复9330.8平方米。实施镇区至省道308线连接线路灯亮化及绿化工程。实施尚忠村至乌殊村、九礤村、蓝田茶场路灯亮化工程，实现全乡所有行政村（场）路灯全覆盖。整修招坑水圳2.5公里、后溪水圳7公里、华阳溪水圳1.14公里。建设进德村生态溪岸0.3公里，步行道1.2公里，并在沿途两侧种植名贵树木。

【社会事业】

扶贫 2017年，安溪县蓝田乡建档立卡贫困户249户828人全部实现脱贫，进德村、乌殊村2个建档立卡贫困村成功"摘帽"。实施国定造福工程11户36人，省定造

2017年12月15日，蓝田乡进德村生态溪岸步行道景观　　（吴尚 摄）

福工程 4 户 13 人，全部按时竣工。深化"百企联百村帮千户"活动和山海协作内容，落实帮扶资金 240 万元。结合贫困村地域特性、产业特征，因地制宜发展特色产业，乡财政拨出专项扶贫资金 35 万元，帮助乌土村、进德村、乌殊村实施光伏发电项目，每村每年村财可增收 6 万元以上。成立蓝田乡扶贫开发协会，整合更多社会力量参与扶贫，筹集社会各界资金 420 万元。抓好内春村集中安置区建设，做好地质灾害点、偏僻角落及其他受灾群众的搬迁工作，解决 60 户贫困家庭住房困难问题。落实"雨露计划"，实施就业培训和新型农民技术培训，组织培训贫困劳动力 51 人。进德村、乌殊村、乌土村抱团制定"智慧农村"发展规划，实施数字家庭示范村，培育农村电商，发展信息扶贫。

2017 年 8 月 17 日，蓝田乡成立扶贫开发协会，当天认捐金额 422.8388 万元。在成立仪式上，为部分认捐单位和个人颁授"扶贫济困 善行德广"荣誉牌匾和证书，并举行金秋助学仪式，为 12 名建档立卡贫困户的在校大学生或新录取的大学生每人资助 3000 元。

文化 2017 年，安溪县蓝田乡新建 1 个乡级文体广场及尚忠、乌殊 2 个村级文体广场。举办《美丽乡村·苍郁蓝田》写生作品展。组织《大美安溪》摄影家采风活动。组织创作乡歌《梦中的故乡》，获得"一乡镇一歌"评比优秀奖。对蓝田卫生院的食堂进行改造，乡、村两级医疗卫生基础设施和诊疗环境明显改善，落实全面两孩政策，征收社会抚养费 462 万元。完成金砖会晤、"十九大""环湾自行车赛"等大要事安保维稳任务。严格落实"党政同责、一岗双责、齐抓共管"的安全生产责任体系实现安全生产"零事故"。完善突发公共事

件应急处置机制，提高防灾减灾能力。积极践行社会主义核心价值观，吴益生、王秀美分别获得市、县道德模范称号，颜秀美家庭被评为首届安溪县文明家庭。深入开展市级文明乡镇创建活动，益岭、山内寨、乌殊、湖坂、黄柏、进德、蓝田、内春 8 个村创建县级文明村。圆满完成年度征兵工作任务。

教育 2017 年，安溪县蓝田乡召开全乡教育工作会，对 30 名优秀教师代表进行表彰。筹资 220 万建进德小学综合楼第三层，对蓝田中学教师宿舍、学生食堂、益岭小学一楼门窗、益岭小学和尚忠幼儿园的校舍房檐进行改造修缮。举办"学雷锋精神，做美德少年""诵经典诗文 庆快乐六一""青春领读 书香安溪"让诗歌滋养孩子心灵，举行"绿色环保，创意无限"手工作品制作比赛，持续举办乌土小学野百合冬、夏令营，与县商务局在乌土小学举办关爱山区儿童等一系列活动。举办第四届教育慈善传承晚会，募集教育基金 103.75 万元；举办"金秋助学"活动，乡财政拨出资金发放助学金 6.6 万元。建设门球场，推进老年教育事业发展。

生态建设 2017 年，安溪县蓝田乡全面推行河长制，对流经镇区的华章溪河道进行全面清淤、清障，确保河道畅通和防洪安全。加快推进"农村生活垃圾整治三年行动"，建设尚忠垃圾中转站，深化"村保洁、乡收集、集中处理"的垃圾处理模式，全面开展垃圾清理，落实完善巡查监督机制，实行常态化巡查工作。乌土、九磜 2 个省级"千村整治"村和湖坂市级"两村一带"村积极开展村庄环境综合整治，建设进德、九磜 2 个污水处理厂，完成 421 个三格化粪池建设任务。查处拆除"两违"10270 平方米；实施内春村 2017 年土地开发项目，新增耕地

60 亩；完成植树造林 630 亩，森林抚育 1822 亩，封山育林 1930 亩。

社会保障 2017 年，安溪县蓝田乡推进 12 件为民办实事项目。累计发放各种补助 119 万元，社会医疗救助 6.09 万元，养老医疗等社会保障参保率逐年提高。农村低保人员 326 人，农村新型养老保险参保率 92%，新农合参保率 99%。建成低保户安居工程 4 户，残疾人安居工程 1 户，二女户安居工程 2 户，石结构房屋改造 111 户，新建进德村、乌殊村农村幸福院 2 所，湖坂村居家养老服务中心 1 所。

【特色产业】

茶业 2017 年，安溪县蓝田乡实施土壤改良示范片 120 公顷，茶山修复面积 40 公顷，退茶还田面积 6.67 公顷。引导茶农回归传统制茶工艺，电焊封存压茶机 351 台，查获非法销售使用除草剂 4 起。实施 3 个现代茶业项目。举办冬季茶园管理培训班、新型职业农民学历教育培训班、农业实用技术培训班、泉州市农民讲师团巡回宣讲等培训，累计培训各类农业人员 1200 人次。

是年，蓝田乡建设连片成规模、高标准生态茶园 600 亩。通过土地流转形式，集中连片进行茶园改造，创建高标准生态茶园示范片。

2017 年 9 月 26 日，安溪县蓝田乡成立安溪县团餐行业协会蓝田分会，7 家蓝田乡贤创办的团餐企业被中国饭店协会评为"中国团餐百强企业"。蓝田团餐企业开启海外布局和返乡创业，创办茶学院、安溪一中学生营养主题餐厅。发展淮山产业，引导农民连片规模化种植，在进德村、黄柏村建设淮山园，新增淮山种植面积 200 亩。扶持特色养殖业发展。蓝田乡有全县最为连片的竹林 2 万多亩，是年，蓝田乡以安溪县富山阁竹业专业合作社为龙头，带领山内寨、乌土、湖坂、

益溪等竹林主产村的群众发展家具器皿、竹筷、竹筛等竹制品加工，以及建造竹屋、竹亭、竹别墅等各类竹建筑，有效增加竹农的收入。

【县人大代表蓝田联络站揭牌】

2017年9月20日，蓝田乡举行安溪县人民代表大会代表蓝田联络站揭牌仪式。

·桃舟乡·

【概况】

2017年，安溪县桃舟乡农林牧渔总产值17174万元，其中农业产值13979万元，林业产值666万元，牧业产值2458万元，渔业产值34万元，农林牧渔服务业产值37万元，茶叶产值11408万元；规模以上工业产值9713万元；500万元以上非农户固定资产投资8943万元；限额以上社会消费品销售总额2944万元。

【项目建设】

基础设施建设 2017年，安溪县桃舟乡新、续建重点项目12个，其中县级重点项目4个。完成添寿福地国家级文化创意产业园建设，完成南坑村至棠棣村5公里村道硬化、莲山村7.9公里道路提升路面硬化2.5公里、达新村8公里道路提升路基拓宽3公里。

镇区建设 2017年，安溪县桃舟乡完成镇区污水处理站配套管网修复，新建污水管网500米，修复生活垃圾处理设备1台；实施环境保护提升工程，完成镇区钢坝拦水闸1座，镇区步道、水体自净等提升项目建设，建设步行道700米。

新农村建设 2017年，安溪县桃舟乡聘请福州市规划设计研究院规划设计《安溪晋江源概念性总体规划暨重节点详细设计》；扶持培育吾培村传统旅游村落，并被列入省级第二批传统村落；桃舟村吾岩山风景区一期工程按时序推进，省级"美丽乡村"一般村莲山村、康随村整治工作取得明显效果。实施农村污水治理村庄3个，新建和改造三格化粪池185户；在2017年12个月县级"美丽乡村"环境卫生考评中，获得4次第一名、4次第二名。

【特色产业】

茶业 2017年，安溪县桃舟乡8个村7个村通过县级无压制茶村考评，共取缔压茶机260台，查获违法销售除草剂网点一个，违规使用除草剂4起，引导广大茶农回归传统制茶工艺，有力维护安溪铁观音品牌形象。9月22日，安溪铁观音有机茶深加工研究技术中心签约仪式暨茶叶深加工与多元化利用创新团队博士工作服务点授牌仪式在桃源有机茶庄园举行，中国农业科学院茶叶研究所茶叶深加工与多元化利用创新团队首席教授尹军峰、中共安溪县委常委、宣传部部长陈剑宾、县政府副县长肖印章等出席会议。10月12-13日，由中国气象局主办的"应对气候变化·记录中国"活动考察团走进安溪桃源有机茶场，走访桃源有机茶场相关人员，实地考察与科普宣传活动。

2017年，安溪县桃舟乡坚持以农为主，深入实施退茶还耕还蔬还林，退出低产低质低海拔茶园，引导群众因地制宜发展特色种养业。全乡有红米水稻20公顷、百香果13.3公顷、食用菌20公顷、淮山73.3公顷、生姜13.3公顷；种植中草药白芷13.3公顷、金银花4.67公顷、三叶青2公顷；养殖土鸡、山羊、蛋鸡，成功试养牛蛙、石蛙。

【社会事业】

扶贫 2017年，安溪县桃舟乡针对42户建档立卡贫困户中的计生独生子女户、贫困户，成立桃舟乡计生协会志愿者队伍；做好南坑村、莲山村与感德镇扶贫开发协会，吾培村与湖头镇扶贫开发协会对接帮扶，加大对口帮扶；泉秀街道商会帮扶建档贫困村南坑村11户建档贫困户各发放帮扶资金1100元；8月14日，召开扶贫开发协会第一次会员代表大会，表决通过《章程（草案）》《选举办法（草案）》，同时选举产生第一届理事会，表决通过聘请高级顾问和顾问，并筹集110多万元首批扶贫基金；充分发挥添寿福地、全香等非公企业作用，进行系统帮扶。

2017年10月13日，"应对气候变化·记录中国"活动考察团走进安溪桃源有机茶场实地考察 （林国峰 摄）

教育科技 2017年，安溪县桃舟乡投入500多万元，改善提升中小学的办学条件，桃舟中心小学三安综合教学楼9月如期投入使用，完成桃舟乡教育促进会筹备工作，首期筹集意向教育基金近300万元；5月12—14日，由福建农林大学主办、安溪茶学院承办的海峡两岸高校系主任"创新创业背景下教学改革与探索"研讨会在桃源有机茶场举行。海峡两岸多所高校院长、系主任参与此次会议。12月19—21日，桃舟中心学校《晋江源》和《保卫黄河》曲目获安溪县首届中小学师生合唱"铁观音山庄杯"北线赛区小学组第一名。制定《桃舟乡2017年全民科学素质工作计划》，利用农村文化技术学校、科普惠农服务站等科技教育阵地和农协协组织，有针对性地对农村党员基层干部、新生代农民和科技示范户、农民合作组织科技带头人以及农村各类实用人才开展科技培训工作，全年共举办3期，参加培训263人次。

文化卫生 2017年，安溪县桃舟乡认真抓好安溪医疗卫生机构综合改革试点工作，强化卫生服务和应急处置，开展免费为老人体检，随访高血压、糖尿病等特种病人公共卫生服务活动，卫生院业务收入125.3万元，比2016年增长228.3%；完成社会抚养费征收84.85万元。4月15日，安溪县首家青少年创作基地落户于添寿福地茶文化创意产业园，引来省、内外10位著名作家、书法家亲临现场参与授牌活动。5月15日，在"舟岛"休闲文化广场举行"泉州市美术家协会、泉州晚报社书画研究院、泉州市中小学美术教研"桃舟写生基地授牌仪式。10月11日，在添寿福地茶文化创意产业园举行添寿福地茶书院揭牌仪式等活动，福建省文联党组成员、书记处书记、副主席陈毅达，《青年文学》

杂志社社长李师东，安溪县人民政府县长刘林霜和中南海紫光阁画院老师裴英超共同为添寿福地茶书院揭牌。10月26日，由桃舟乡创作，安溪县卫计局选送的《门球老人》获2017年第三届中国（秀山）微电影"最佳美术奖"。同年11月1日获"美丽乡村"国际微电影艺术节(华东赛区）"十佳作品奖"。

社会保障 2017年，安溪县桃舟乡低保户数179户247人、五保户数13户13人、优抚55人；新农保群众参保率95.36%、新农合参与率达99.85%；完成安居工程、造福工程共21户，受益群众98人。

社会民生 2017年，安溪县桃舟乡重新翻建莲山村村部、建设南坑村幸福小院和康随村老年人活动中心等活动场所，基本解决村民有址议事；确定改造石结构房屋15座等为民兴办实事11件，并按时序完成年度目标任务。

【晋江源生态保护】

2017年，安溪县桃舟乡完成封山育林243.3公顷，植树造林20公顷，森林抚育108.67公顷，建设生态护坡700米。委托福建农林大学规划建设"晋江源"、桃源有机茶场2个省级森林公园。

【泉州市市长康涛到桃舟乡调研】

2017年18—19日，市长康涛率水利、农业等市直相关部门负责人等一行人来到晋江源头所在地——安溪桃舟乡达新村云中山梯仔岭东南坡谷，实地察看水源涵养林种植维护、源头环境保护和配套设施建设等工作。

【佛罗花（福建）综合农业科技有限公司茶叶深加工投资意向签约】

2017年6月21日，佛罗花（福建）综合农业科技有限公司茶叶深加工投资意向在桃舟乡政府四楼会议室签订，项目总投资10000万元，

生产基地规模3.33公顷，一期一阶段总投资为3600万元，一期二阶段总投资为2400万元，二期总投资为4000万元。项目完成后，一期达产年年产茶产品640吨，二期达产年年产茶类延伸品860吨，年总经营收入上亿元。

·福田乡·

【概况】

2017年，安溪县福田乡农林牧渔总产值6917万元，其中农业产值5473万元，林业产值197万元，牧业产值1068万元，渔业产值42万元，农林牧渔服务业产值137万元，茶叶产值4607万元；规模以上工业产值7240万元；500万元以上非农户固定资产投资47385万元；限额以上社会消费品销售总额700万元。

【项目建设】

2017年，安溪县福田乡新引进招商项目3个，投资总额10.71亿元。在全县三级干部会上，被县委、县政府授牌表彰为"2017年度项目攻坚暨招商工作先进单位"。其中，拟投资2100万元实施福田乡互联网+精准扶贫项目；拟投资5000万元的福果特色农业项目，已完成一期项目征地工作，正开展立项、报批和土地招拍挂等前期工作；成功引进拟投资10亿元的法国玛尚公司"七层共挤高阻隔薄膜"项目，已开工建设。至2017年底，年初确定的云中山旅游综合开发、乡村道路提级改造、危桥改造、丰都小学操场及围墙建设、水土流失治理、九龙江流域生态补偿福田溪镇区段、县道340线道路提级改造、农村公路安全生命防护工程和"一园三基地"等9个项目进展顺利。

基础设施 2017年，安溪县福田乡投入200万元完成丰都小学配套设施建设和丰田中学教学楼修缮。补齐医疗短板，针对当前的医疗卫生资源条件，从硬件和软件上进一步加大投入，鼓励开展各种力所能及的医疗服务，全乡公共医疗卫生服务质量显著提升。重视老年人体育事业，组织丰富多彩的群众文体活动，成立福田乡离退休老干部党支部和福前农场老年人协会，支持"福前缘"老人协会开展各项活动。

【特色产业】

2017年，安溪县福田乡全面取缔压制茶、禁用除草剂，倡导传统制茶，邀请国家级非物质文化遗产乌龙茶铁观音技艺代表性传承人魏月德，为广大茶农传授铁观音传统制作技艺，茶叶质价齐升，有多位茶农在各类茶王赛中获奖，其中尾洋村陈海林获2017年河南老铁茶王赛金奖；丰都村陈炳中在多次浓香型茶王赛中获奖。加强与中柑所合作，成功引进沃柑、茂谷柑等高端新品种。林下经济繁荣，金线莲、铁皮石斛、灵芝和红豆杉等名贵品种，成为福田富民的亮点。

【社会事业】

扶贫 2017年，安溪县福田乡在实现尾洋、双垵两个建档立卡贫困村摘帽以及贫困户脱贫的基础上成立全省首个乡镇级的扶贫开发协会，筹集资金272万元，资金到位率103.82%，成为县委、县政府推广的"福田样板"。成立扶贫开发协会党支部，汇聚众力推动扶贫开发。先后开展福田乡"2017年金秋助学助困""流动少年宫·关爱贫困儿童"和"贫困户帮扶慰问"等多场活动，累计发放扶贫、助学资金12万元。与茶多网、安溪茶学院三方共建，实施"互联网＋精准扶贫"。5月19日，市委常委、市纪委书记温惠榕带领泉州开发区领导及商会代表到福田乡开展精准帮扶，泉州开发区及商会向福田尾洋、双垵两村分别捐赠精准帮扶项目资金100万元、200万元。

社会保障 2017年，安溪县福田乡提升社会保障体系，新农合、新农保参保率分别为100%、95.6%，位居全县前列。

平安建设 2017年，安溪县福田乡深入开展打击整治电信诈骗活动，抓获电信诈骗犯罪分子13名，并在多次网格化管理考评中名列前茅。圆满完成"厦门金砖会晤""党的十九大""环泉州湾安溪段自行车赛"和"第十届世界安溪乡亲联谊会"等大事要事安保维稳任务；"平安福田"创建工作持续深入，安全生产三年行动深入开展，全乡无发生重大治安案件和安全责任事故。人大、政协联络处先后成立。

生态建设 2017年，安溪县福田乡实行环境卫生奖惩机制，尾洋村由市级扶贫村转化为美丽乡村，被列为省2017年度"千村整治、百村示范"村；双垵村被列为2017年度县级美丽乡村建设村；场前村于2017年申报创建省级旅游休闲特色村。投资500万元规划建设水流域综合治理项目，流域水环境保护成效明显；全面推行"河长制"，"河长制"工作水平一直处于全县前列。4月20日市、县"河长制"现场会在福田乡召开，福田"河长制"工作得到市、县领导的充分肯定。加快推进农村生活垃圾污水整治，治理经验在泉州市村镇建设管理干部培训会上做经验介绍。

2017年5月19日，市委常委、市纪委书记温惠榕到福田乡开展精准帮扶　　（福田乡供图）

·安溪铁观音大师简介·

【李金登】

李金登，男，1976年5月出生，安溪县虎邱镇人。高级评茶师。省级农民合作社示范社、省级"依法经营诚信服务"单位安溪县虎邱镇香都茶叶专业合作社理事长，正秋茶叶专业合作社技术总监，民间斗茶交流协会常务理事，雪香茶厂、华虹茶业、高建发庄园高级顾问。曾获得清香型安溪铁观音县级优秀奖，民间老铁茶王赛银奖，海丝之路茶王争霸赛清香型铜奖，县级审评、拼配大赛三等奖，安溪铁观音有机茶发展贡献奖。

【王清海】

王清海，男，1971年9月出生，安溪县剑斗镇人。安溪县第十、十一届政协委员，评茶师。青津茶业有限公司总经理，安溪县茶叶协会副会长，安溪剑斗茶叶协会会长，安溪县乌龙茶研究会首届副会长。曾获得"安溪县青年茶叶拼配能手""第二届中华茶产业国际合作高峰会铁观音优质奖""首届中国海峡两岸茶业博览会浓香型安溪铁观音银奖""第三届安溪国际茶业博览会茶王赛浓香型铁观音银奖"等多项荣誉。

·安溪县领导人名录·

2017年安溪县处级领导干部名录

姓名	单位及职务
高向荣	县委书记，泉州市委委员
刘林霜	县委副书记，县政府县长、党组书记
许锦青	县委常委、南翼新城管委会主任
林荣超	县委常委、统战部部长、县直属机关统战系统党委书记
史思泉	县委常委、组织部部长，县直机关党工委书记，县委党校校长、行政学校校长
陈剑宾	县委常委、宣传部部长、县直属机关宣传系统党委书记
叶文德	县委常委、政法委书记，县直属机关政法系统党委书记
林文超	县委常委、纪委书记、县监察委主任，泉州市纪委委员
邱忠民	县委常委、人武部部长
陈文杰	县委原常委、政法委原书记
廖皆明	县人大常委会主任、党组书记，县委委员
苏志雄	县人大常委会副主任、党组副书记、县总工会主席
黄明哲	县人大常委会副主任
叶海强	县人大常委会副主任、党组成员
林志煌	县人大常委会副主任、党组成员
卢宜牡	县人大常委会原副主任
林毅敏	县政府副县长、县残联主席
肖印章	县政府副县长、党组成员，县委委员

姓名	单位及职务
丁建铭	县政府副县长、党组成员，县委委员
王礼藕	县政府副县长、党组成员，县委委员
潘华培	县政府副县长、党组成员、兼任县委政法委副书记，县委委员
吴志朴	县政府副县长、党组成员，县委委员
洪 龙	县政府副县长（挂职：2017.04-2018.02）
叶松景	县政府副县长、党组成员（挂职：2017.10-2019.10）
郑清花	县政府原副县长
王金章	县政府原副县长
梁金良	县政协主席、党组书记，县委委员
陈春买	县政协副主席（正处级）、党组副书记
袁霖辉	县政协副主席、党组成员
许文凤	县政协副主席
王文礼	县政协副主席、县工商联（商会）主席
许良才	县人民法院院长、党组书记、审判员、审委会委员，兼任县委政法委副书记，县委委员
胡激洋	县人民检察院检察长、党组书记、检察员、检委会委员，兼任县委政法委副书记，县委委员
杜双路	县公安局局长(副处级)、党委书记，兼任县委政法委副书记，县委委员
汪礼才	凤城镇党委书记（副处级），县委委员
刘华东	凤城镇党委副书记、政府镇长（副处级）

注：以2017年12月31日在岗收录。

2017年安溪县县直机关正科级领导名录

单位	姓名	现单位及职务
县纪委、监察委、巡察办	谢祥明	县纪委副书记、县监察委副主任（2017年12月任现职，免监察局局长职务）
	刘金顺	县纪委副书记、县监察委副主任
	章添才	县委巡察办主任（2017年2月任现职，免县纪委常委职务）
	郑安民	县委巡察办正科级巡察专员，县纪委委员
	叶财生	2017年6月免县纪委副书记，监察局局长，县委委员职务
县委组织部（非公和社会组织工委）	陈友智	县委组织部副部长、部务会议成员，兼任县委非公企业和社会组织工委书记，县委委员
	郑紫文	县委组织部副部长、部务会议成员，县人大常委，县纪委委员
县委办（密码管理局）	黄汉阳	县委办主任、国家保密局局长、县直党群系统党委书记，县委委员
宣传部（乡讯社）	谢文哲	县委宣传部副部长、主任科员，县人大常委，安溪乡讯社社长
	王佳敏	县委宣传部副部长、主任科员（2017年7月任现职，免县教育局局长、党组书记，县直教育系统党委书记职务）
	李海水	县委宣传部部长、主任科员
	张开元	县委宣传部主任科员（2017年8月任现职，免县广播电影电视事业局局长、党组书记，县委宣传部副部长职务）
统战部	林鹏武	县委统战部副部长、主任科员，县人大常委
政法委（综治办、610办）	陈桂良	县委政法委副书记(正科级)，县委候补委员
	林志伟	县委政法委副书记（正科级）
	刘颜坤	县委政法委副书记（正科级）、县综治办主任
	李民毅	县直政法系统党委专职副书记、纪委书记，县委610办主任（正科级），县委政法委委员
台工办	张木旭	县委台工办主任、县外侨办主任、县政协常委
编委办（事业单位登记管理局）	叶敬国	县委编委办主任、县委组织部副部长
县直机关党工委	何超良	县直机关党工委常务副书记（正科级）
	陈晓阳	县直机关党工委副书记、主任科员
老干局（关工委办）	陈全守	县委老干部局局长、兼任县委离退休干部工委书记、县委组织部副部长、部务会议成员，县纪委委员
文明办	林爱华（★）	县委文明办主任、兼任县委宣传部副部长
信访局	张金波	县信访局局长，兼任县委办公室副主任

单位	姓名	现单位及职务
县总工会	王汉辉	县总工会常务副主席（正科长级）、党组书记，县委委员
团县委	蔡雅娟(女)	团县委书记（2017年3月任现职）
妇联	郑丽萍(女)	县妇联主席，县委候补委员
工商联（商会）	易进法	县工商联第一副主席、党组书记，县商会副会长，兼任县委统战部副部长，县政协常委
科协	孙黎昕(女)	县科协主席，县人大常委
侨联	李宏鸣	县侨联主席
文联	林小玲(女)	县文联主席,兼任县委宣传部副部长
	龚永利	县残联执行理事会理事长，县政协常委
计生协会	陈建强	县计生协会常务副会长
贸促会	林万法	县贸促会会长
党校	林清贵	县委党校常务副校长(正科级)、行政学校常务副校长，县委候补委员
党史室	吴艺彤	县委党史研究室主任
档案局	李革秋	县档案局局长
政府办（支前办）	白世杰	县政府党组成员，县政府办主任、党组书记，县直政府系统党委书记，县委委员
	林淑燕(女)	县支前办主任，兼任县政府办副主任
发展和改革局（物价局）	廖炳辉	县发展和改革局（物价局）局长、党组书记，县委委员
县经济和信息化局（市场服务中心）	谢文春	县经济和信息化局局长、党组书记、县直经贸系统党委书记，县委委员
县商务局（粮食局）	陈建明	县商务局（粮食局）局长、党组书记
	林茂申	县商务局（粮食局）副局长、党组成员、主任科员（负责粮食局工作）
	郑文捷	县商务局（粮食局）副局长、党组成员、主任科员
县教育局	高志强	县教育局局长、党组书记、县直教育系统党委书记，县委委员（2017年7月任现职，免城厢镇党委书记职务）
	李颖华(女)	县教育局副局长、党组成员、主任科员
县科技和知识产权局	高周过	县科技和知识产权局局长、党组书记
公安局	杜双路	县公安局局长（副处级）、党委书记，县委委员，县委政法委副书记
	陈清平	县公安局政委、党委副书记，县委政法委委员
	柯小林	县公安局副局长、党委委员、主任科员
	陈克强	县公安局副局长、党委委员、主任科员
	王慈泳	县公安局副局长、党委委员、主任科员
	李茂城	县公安局党委副书记、主任科员
	谢彤弧	县公安局党委委员、主任科员、县纪委驻县公安局纪检组组长
	林志欣	县公安局副局长、党委委员、主任科员
	陈木锋	县公安局党委委员、政工室主任、主任科员
	陈备芳	县公安局党委委员、党办主任、主任科员
	陈焕林	县公安局党委委员、刑事侦查大队大队长、主任科员
	黄志明	县公安局党委委员、法制大队大队长、主任科员
	张振良	县公安局党委委员、交通警察大队大队长、主任科员
	柯灿新	县公安局党委委员、凤城派出所所长（正科级）
	郑艺斌	县公安局指挥中心主任、主任科员
	林舟鹏	县公安局国内安全保卫大队大队长、主任科员
	许定凯	县公安局国内安全保卫大队政治教导员
	梁丽红(女)	县公安局刑事侦查大队政治教导员（正科级）
	陈志锋	县公安局交通警察大队政治教导员、主任科员
	陈福景	县公安局治安管理大队大队长、主任科员
	黄月娥(女)	县公安局出入境管理大队大队长、主任科员
	林松辉	县公安局禁毒大队大队长、主任科员
	白金城	县公安局警务保障室主任、主任科员
	柯水滨	县公安局纪检监察室主任、主任科员

单位	姓名	现单位及职务
公安局	陈培炎	县看守所所长、县公安局主任科员
	陈景锋	县公安局凤城派出所政治教导员（正科级）
	李东强	县公安局城厢派出所所长（正科级）
	刘基达	县公安局城厢派出所政治教导员（正科级）
	林志峰	县公安局金谷派出所所长（正科级）
	杨志毅	县公安局湖头派出所所长（正科级）
	高福清	县公安局湖头派出所政治教导员（正科级）
	叶建辉	县公安局感德派出所所长（正科级）
	陈亚胜	县公安局长坑派出所所长（正科级）
	吴江艺	县公安局官桥派出所所长（正科级）
	李荔城	县公安局官桥派出所政治教导员（正科级）
	詹清海	县公安局龙门派出所所长（正科级）
	许　军	县公安局龙涓派出所所长（正科级）
民宗局 （与统战部合署办公）	陈钦强	县民族与宗教事务局局长、兼任县委统战部副部长，县政协常委
民政局（老龄委办）	黄秀宗	县民政局局长、党组书记，县委政法委委员
	林艺娟（★）	县老龄委办公室主任，县民政局党组成员、主任科员
司法局	林伯辉	县司法局局长、党组书记，县委政法委委员
	翁财能	县司法局副局长、党组成员、主任科员
财政局 （会计核算中心）	李金树	县财政局局长、党组书记，县委委员
人力资源和社会保障局（县公务员局、退干办、人才和就业服务中心主任、机关社保中心）	林志平	县人力资源和社会保障局（县公务员局）局长、党组书记，兼任县委组织部副部长，县委委员
	凌文辉	县人力资源和社会保障局（县公务员局）党组副书记、主任科员
	白清顺	县人力资源和社会保障局（县公务员局）副局长、党组成员、主任科员
住房和城乡规划建设局 （人防办）	谢秦楚	县住房和城乡规划建设局局长、党组书记，县人防办主任，县直城乡建设系统党委书记
	陈毅龙	县住房和城乡规划建设局党组副书记、主任科员
	吴永忠	县住房和城乡规划建设局副局长、党组成员、主任科员
	白清泉	县住房和城乡规划建设局副局长、主任科员，县人防办副主任，县政协常委
交通运输局（交战办、运管所、交通执法队）	黄建锋	县交通运输局局长、党组书记，县直交通运输系统党委书记
	黄伟福	县交通运输局副局长、党组成员、主任科员
农业与茶果局（农办、区划办、农科所、农茶果渔执法队）	陈志明	县农业与茶果局局长、党组书记，县委农办主任，县委候补委员
	黄高升	县直农业系统党委书记，县农业与茶果局党组副书记、主任科员
	陈永春	县农业与茶果局副局长、党组成员、主任科员，县委农办副主任，脱贫办主任
水利局（水土办、村内水库管理处、防汛办）	蔡敬荣	县水利局局长、党组书记
	陈火照	县水利局副局长、党组成员、主任科员
文化体育新闻出版局 （文化市场综合执法队）	傅伟明	县文化体育新闻出版局局长、党组书记
卫生和计划生育局（卫生监督所、计生服务站）	魏中南	县卫生和计划生育局局长、党组书记，县直卫计系统党委书记，兼任县红十字会副会长
	林曲迎	县卫生和计划生育局副局长、党组成员、主任科员
审计局	李森有	县审计局局长、党组书记，县纪委委员
统计局	马向阳	县统计局局长、党组书记
环境保护局	刘升鹏	县环境保护局局长、党组书记
	林碧海	县环境保护局副局长、党组成员、主任科员
安全生产监督管理局	李木成	县安全生产监督管理局局长、党组书记，县安全生产管理委员会办公室主任
市场监督管理局	叶连芳	县市场监督管理局（县工商行政管理局、县质量技术监督局、县食品药品监督管理局）局长、党组书记、县食品安全委员会办公室主任、县直市场监管系统党委书记，县委委员
	许锦斌	县市场监督管理局（县工商行政管理局、县质量技术监督局、县食品药品监督管理局）副局长、党组副书记、主任科员，县食品安全委员会办公室副主任
	林友双	县市场监督管理局（县工商行政管理局、县质量技术监督局、县食品药品监督管理局）副局长、党组成员、主任科员，县食品安全委员会办公室副主任

单位	姓名	现单位及职务
行政执法局（与政府办合署办公）	王安东	县行政执法局局长
县行政服务中心	蔡财强	县行政服务中心管理委员会主任，兼任县政府办副主任
县城区开发区管委会	周毅林	县城区开发区管委会主任
福建泉州（湖头）光电产业园管委会	陈俊滨	福建泉州（湖头）光电产业园管委会主任
中国国际信息技术（福建）产业园管委会	陈清芳（女）	中国国际信息技术（福建）产业园管委会主任
县志委办	郭月欣（女）	县志委办主任
广播电影电视事业局（电视台）	郑植阳	县广播电影电视事业局局长、党组书记、县委宣传部副部长（正科级），县政协常委
旅游局	吴志生	县旅游事业局局长、县市场监督管理局主任科员（2017年8月任现职）
	陈育灿	县旅游事业局副局长、县林业局主任科员
市政公用事业管理局	刘艺锋	县市政公用事业管理局局长、党组书记，县住房和城乡规划建设局（县人防办）主任科员
	谢景清	县市政公用事业管理局副局长、党组成员、主任科员
农机站	林雨霖	县农机站站长、市场监督管理局主任科员
县人大办公室	王地养	县人大党组成员、办公室主任，县人大常委
教科文卫委	苏江中	县人大教科文卫委主任、县人大常委
	苏续丽	县人大教科文卫委副主任（正科级）、县人大常委
农村委	吴基能	县人大农村委主任、县人大常委
内务司法委	钟培成	县人大内务司法工作委主任、县人大常委
财经委	王建安	县人大财经委主任、县人大常委
人事代表委	黄国良	县人大人事代表工作委主任、县人大常委
环城委	吴艺华（女）	县人大环城委主任、县人大常委
县政协办公室	刘顺和	县政协党组成员、办公室主任、县政协常委
	李海燕	县政协常委（正科级）
台港澳侨联络办公室	李培植	县政协台港澳侨联络办公室主任、县政协常委
提案法制委	陈德诚	县政协提案法制委办主任、县政协常委
文史委办	上官方颖（女）	县政协文史委办主任、县政协常委
	陈小凤	县政协文史委办主任科员
县法院	李启概	县法院副院长、党组成员、审委会委员、正科级审判员
	陈炳泉	县法院副院长、党组成员、审委会委员、正科级审判员
	白崇斌	县法院副院长、党组成员、审委会委员、正科级审判员
	陈泽龙	县法院党组副书记、审委会委员、正科级审判员
	刘明坤	县法院党组成员、主任科员、县纪委驻县法院纪检组组长，县纪委委员
	刘孙明	县法院政治处主任、党组成员、正科级审判员
	郑淑珍（女）	县法院审委会专职委员、正科级审判员
	黄永福	县法院审委会专职委员、正科级审判员
	柯明溪	县法院审委会委员、正科级审判员、行装科科长
县检察院	王进华	县检察院副检察长、党组成员、检委会委员、正科级检察员，县纪委委员
	钟少华	县检察院副检察长（正科级）、党组成员、检委会委员
	谢明智	县检察院副检察长、党组成员、检委会委员、正科级检察员
	钟向荣	县检察院党组成员、检委会委员、正科级检察员、县纪委驻县检察院纪检组组长
	柯明波	县检察院党组副书记、检委会委员、正科级检察员
	裴定坚	县检察院政治处主任、党组成员、检委会委员、正科级检察员
	刘友谦	县检察院检委会专职委员、正科级检察员
	吴聚宾	县检察院检委会委员、正科级检察员、公诉科科长
	黄志波	县检察院检委会委员、正科级检察员、反渎职侵权局局长

注：以2017年12月31日在岗收录。

2017年安溪县乡镇领导班子名录

乡(镇)	姓名	单位及职务
凤城镇	汪礼才	凤城镇党委书记（副处级），县委委员
	刘华东	凤城镇党委副书记、政府镇长（副处级）
	陈其全	凤城镇人大主席
	刘发成	凤城镇党委副书记，县公安局副主任科员
城厢镇	陈生来	城厢镇党委副书记、政府镇长
	杨生财	城厢镇人大主席
参内乡	谢日钦	参内乡党委书记，县委候补委员
	黄文楷	参内乡党委副书记、政府乡长
	杨文武	参内乡人大主席
魁斗镇	戴庆加	魁斗镇党委书记
	谢建来	魁斗镇党委副书记、政府镇长
	陈青春	魁斗镇人大主席
蓬莱镇	王斯诚	蓬莱镇党委书记，在新疆挂职任昌吉市旅游局副局长（2017.02）
	林华霖	蓬莱镇党委副书记（2017.03起主持党委工作）、政府镇长
	陈培源	蓬莱镇人大主席
金谷镇	肖列水	金谷镇党委书记
	李文师	金谷镇党委副书记、政府镇长
	郑有文	金谷镇人大主席
湖头镇	黄永岗	湖头镇党委书记，县委委员
	李瑞谦	湖头镇党委副书记、政府镇长
	徐龙虾	湖头镇党委副书记、主任科员
湖上乡	易雷冰	湖上乡党委书记
	陈永忠	湖上乡党委副书记、政府乡长
	沈乌洋	湖上乡人大主席
剑斗镇	杨龙文	剑斗镇党委书记，县委候补委员
	林因藤	剑斗镇党委副书记、政府镇长
	郭芳华	剑斗镇人大主席
感德镇	赵崇宏	感德镇党委书记
	王焘宗	感德镇党委副书记、政府镇长
	易自立	感德镇人大主席
长坑乡	陈鲜明	长坑乡党委书记，县委委员
	王辉荣	长坑乡党委副书记、政府乡长
	张炳灿	长坑乡人大主席
蓝田乡	苏纪云	蓝田乡党委书记
	刘晓东	蓝田乡党委副书记、政府乡长
	林连根	蓝田乡人大主席

乡(镇)	姓名	单位及职务
祥华乡	李小强	祥华乡党委书记
	苏清江	祥华乡党委副书记、政府乡长
	王振建	祥华乡人大主席
官桥镇	吴振法	官桥镇党委书记，县委委员
	谢昆明	官桥镇党委副书记、政府镇长
	徐朝根	官桥镇人大主席
龙门镇	李树明	龙门镇党委书记，县委委员
	陈振仕	龙门镇党委副书记、政府镇长
	高显达	龙门镇人大主席
虎邱镇	张文深	虎邱镇党委书记，县委候补委员
	高刚福	虎邱镇党委副书记、政府镇长
	龚金山	虎邱镇人大主席
西坪镇	陈杉福	西坪镇党委书记
	龚福安	西坪镇党委副书记、政府镇长
	颜志强	西坪镇人大主席
尚卿乡	林格雷	尚卿乡党委书记
	陈伟尧	尚卿乡党委副书记、政府乡长
	白泽峰	尚卿乡人大主席
芦田镇	赵金忠	芦田镇党委书记
	张菊芳(★)	芦田镇党委副书记、政府镇长
	蔡财宝	芦田镇人大主席
大坪乡	龚全裕	大坪乡党委书记
	叶展峰	大坪乡党委副书记、政府乡长
	肖铭煌	大坪乡人大主席
龙涓乡	杨进宝	龙涓乡党委书记
	殷清发	龙涓乡党委副书记、政府乡长
	唐永财	龙涓乡人大主席
白濑乡	谢志锋	白濑乡党委书记
	蒋金促	白濑乡党委副书记、政府乡长
	王晓刚	白濑乡人大主席
桃舟乡	王小鹏	桃舟乡党委书记
	李首烜	桃舟乡党委副书记、政府乡长
	李凝苏	桃舟乡人大主席
福田乡	易辉泉	福田乡党委书记（2017.10起到省审计厅挂职任政法审计处处长助理）
	李钟凯	福田乡党委副书记、政府乡长
	陈赫森	福田乡人大主席

注：以 2017 年 12 月 31 日在岗收录。

·安溪县获专业技术职称名录·

正高级职称

【主任医师】

县医院：梁尚明

疾病预防控制中心：廖亚华

副高级职称

【副主任医师】

湖头医院：王永康、徐根明

龙门中心卫生院：蔡关生

尚卿卫生院：胡先文

县中医院：柯志凤

【中医副主任医师】

县中医院：唐辉龙、易毅雄

【副主任护师】

县妇幼保健院：林志萍

官桥医院：许彩英

县中医院：潘蓉蓉

【副主任技师】

县医院：王素文、白旭纯

【基层副主任医师】

蓬莱卫生院：李瑞明

县中医院：沈坤练

【基层中医副主任医师】

芦田卫生院：林新疆

蓬莱卫生院：林文礼

【基层中药副主任药师】

湖头医院：黄道德

【基层副主任技师】

县妇幼保健院：林国土

官桥医院：廖梓柱

【基层副主任护师】

虎邱卫生院：陈淑妍

【高级工程师】

县营林站：吴国阳

湖头林业站：陈克铭

县茶业管理委员会办公室：李晋瑜

【高级农艺师】

县种子管理站：李隆源

蓬莱镇农业服务中心：林文城

【高级畜牧师】

剑斗镇农业服务中心：吴文挺

【档案专业副研究馆员】

交通综合行政执法大队：陈素云

【高级讲师】

华侨职校：陈买爱、林东荣、王永生、林文飞、张堃鹇、廖婷莺、施锦云、许彦斐

安溪茶校：谢艺攀

陈利职校：黄聪敏

【高级教师】

霞春中学：许建飞

丰田中学：王贵芳

东溪中学：洪朝阳

培文中学：林志坚、苏才春

东方中学：李如榜

龙门中学：廖亚梅

安溪十二中：吴华山

举溪中学：王超群

安溪茶校（初中部）：高国强

蓝田中学：胡剑锋

安溪十九中：张文川

安溪五中：林建军

白濑中学：何德才

中级职称

【档案专业馆员】

县政协机关服务中心：曾彩真

县人大常委会机关服务中心：唐莉莉

县人才和就业服务中心：林仲城、林利苹

【一级教师】

铭选中学：王培恳、陈龙福、林志攀、温顺建

俊民中学：詹建伟

蓝溪中学：周海水、刘自强

安溪十一中：吴连续

龙门中学：施双凤、王梅治、殷应欣、林益彬

桃舟中学：吴跃军

官桥中学：白阿梅

安溪五中：邹雪英

县第十二小学：黄志英

县特教学校：罗丽卿、柯灿芸、郭金花、陈雪峰

参内中心学校：黄石华

蓬莱中心学校：李双单

湖头中心学校：李继民、何晓霖、许珍珍

剑斗中心小学：王敬华

感德中心学校：吴朝顺

祥华中心小学：温婉宁

县培文霭华实验幼儿园：李应琼

县第六幼儿园：黄育治

【工程师】

福建广电网络集团股份有限公司安溪分公司：李冰峰

福建三安钢铁有限公司：林欣鑫、苏荣文

安溪县环境卫生考评中心：郑振锋

安溪县环境监测站：吴秋木

城厢镇经济社会发展服务中心：刘颜平

湖头镇经济发展服务中心：王怀山

官桥镇农业服务中心：刘清育、詹勇鹏

城厢镇农业服务中心：陈福建

安溪县村镇建设管理站：许小东

福建省八方建筑工程有限公司：李晓彬、肖国柱、郑显群、张莹敏、黄毅鹏、高木发

【图书资料馆员】

县沼涛图书馆：傅育欣

陈利职业中专学校：张玉美

安溪六中：吴梅竹、林美满

蓝溪中学：李毅玲

城厢中学：胡秀华

【群众文化馆员】

县文化馆：韩云

福田乡文化体育服务中心：陈明山

桃舟乡文化体育服务中心：肖金星

西坪镇文化体育服务中心：郭燕鹏

金谷镇文化体育服务中心：易新丽

【讲师】

安溪华侨职业中专学校：胡洪吉、许科龙、钟志珍、廖志毅、薛梅英、林同聪、章英华

安溪陈利职业中专学校：何火存、叶美满、苏奉火、董志英、李恒兵、吴培凤、陈目、张小阳

安溪茶业职业技术学校：王金树、肖永建、陈玮玮、林清兰

县委党校：易晖凌、叶晓梅

【农艺师】

县农村环保能源站：陈兴顺

参内乡农业服务中心：郑明波

【非公有制建筑工程师】

福建省同美建设工程有限公司：温国源、施艳阳、陈志强、陈福泰

福建省中晟建设投资有限公司：王伟钦、罗少林、王建春、房小龙、钟一航、叶建波、叶灏源

福建省兴泰建筑工程有限公司：陈丽玲

【非公有制藤艺工艺美术师】

安溪县英发家具装饰有限公司：吴美珠

安溪新唐信家俱有限公司：唐灿博

福建安溪富华工艺品有限公司：叶文土

福建安溪集发工艺品有限公司：黄明德

福建安溪佳福工艺品有限公司：陈建文

福建安溪聚丰工艺品有限公司：廖振芳、张清碧

福建省安溪恒星家具有限公司：吴金中

福建省安溪宏源工艺有限公司：林木水

福建省安溪县尚卿华星工艺品有限公司：高建伟

福建省恒发家居饰品有限公司：黄文建、赖竹坚

泉州市斯博利家居股份有限公司：许静茹

2017年安溪县获省、部级及以上表彰的先进单位名表

获表彰单位	荣誉称号	授予机关	颁奖时间
安溪县供销合作社联合社	全省供销合作社综合改革试点工作先进单位	福建省供销合作社联合社	2017年2月
中国农业发展银行安溪县支行	业务经营十佳县级支行	中国农业发展银行福建省分行	2018年2月
安溪移动虎丘片区营销中心	卓越班组	中国移动福建分公司	2017年12月23日
安溪县经济和信息化局	福建省经信系统先进集体	福建省人力资源和社会保障厅 福建省经济和信息化委员会	2017年12月22日
福建省三净环保科技有限公司	绿色贡献奖	福建省保护母亲河行动领导小组	2017年10月25日
安溪县国家税务局	全国文明单位	中央文明委	2017年11月
安溪县国家税务局	2017年至2019年福建省税务系统法治基地	福建省人民政府法制办公室、福建省国家税务局、福建省地方税务局	2017年9月
安溪县国地税联合办税厅	福建省三八红旗集体	福建省妇女联合会	2017年2月
国富瑞（福建）信息技术产业园有限公司工程与资产运营部	"福建省工人先锋号"	福建省总工会	2017年12月21日
福建省安溪县地方税务局	税收科研二等奖	福建省地方税务局	2017年12月
安溪县公安局森林分局	集体三等功	福建省森林公安局	2017年5月25日
安溪县农行	第五届"全国文明单位"	中央精神文明建设指导委员会	2017年11月17日
安溪县农行	2016-2017年全国金融系统思想政治工作先进单位	中国金融思想政治工作研究会	2018年1月6日
安溪县农行	中国农业银行五一劳动奖状	中国农业银行股份有限公司	2018年4月
中国电信股份有限公司安溪分公司城厢分局工会小组	2016年中国电信集团工会模范职工小家	中国电信集团工会委员会	2017年8月1日
官桥供电所	国家电网公司先进班组	国家电网公司	2017年1月
城关供电所营业厅	福建省"巾帼文明岗"	福建省妇女联合会	2017年4月
金谷供电所QC小组	二O一七年福建省优秀（一等奖）质量管理小组	福建省质量管理协会 福建省总工会 福建省妇女联合会 福建省科学技术协会	2017年7月
安溪县益安电力工程有限公司	诚实守信示范单位	福建省诚信促进会第三届理事会	2017年4月
安溪县益安电力工程有限公司	福建省工程质量信得过单位（2017年-2018年）	福建省质量管理协会	2017年6月
安溪县芦田镇人民政府	第四届全国卫生计生系统优秀广播影视作品征集活动获得电影类一等奖	中国人口文化促进会	2017年8月30日
虎邱镇	福建省十佳旅游休闲镇	福建省旅游发展委员会	2017年2月
虎邱镇人民政府	第四届全国卫生计生系统优秀广播影视作品征集活动获得电视类一等奖	中国人口文化促进会	2017年8月30日
安溪县尚卿乡藤云驿站星创天地	第二批国家级星创天地	科技部	2017年11月24日
安溪县农村信用合作联社	福建农信2016年度"经营管理十强"	福建省农村信用社联合社	2017年2月

获表彰单位	荣誉称号	授予机关	颁奖时间
安溪县农村信用合作联社营业部	福建农信2016年度"五星"精品网点	福建省农村信用社联合社	2017年2月
安溪县农村信用合作联社湖头信用社	福建农信2016年度"五星"精品网点	福建省农村信用社联合社	2017年2月
安溪县农村信用合作联社长坑信用社	福建农信2016年度"五星"精品网点	福建省农村信用社联合社	2017年2月
安溪县农村信用合作联社城厢信用社	福建农信2016年度"四星"精品网点	福建省农村信用社联合社	2017年2月
安溪县农村信用合作联社后安分社	福建农信2016年度"四星"精品网点	福建省农村信用社联合社	2017年2月
安溪县农村信用合作联社尚卿信用社	福建农信2016年度"四星"精品网点	福建省农村信用社联合社	2017年2月
安溪县农村信用合作联社官桥信用社	福建农信2016年度"三星"精品网点	福建省农村信用社联合社	2017年2月
安溪县农村信用合作联社美法分社	福建农信2016年度"三星"精品网点	福建省农村信用社联合社	2017年2月
安溪县农村信用合作联社蓬莱信用社	福建农信2016年度"三星"精品网点	福建省农村信用社联合社	2017年2月
安溪县农村信用合作联社寮山分社	福建农信2016年度"三星"精品网点	福建省农村信用社联合社	2017年2月
安溪县农村信用合作联社龙凤信用社	福建农信2016年度"三星"精品网点	福建省农村信用社联合社	2017年2月
安溪县农村信用合作联社	福建省五一劳动奖状	省总工会	2017年5月
安溪县农村信用合作联社桃舟信用社	普惠金融固定观察点	福建省农村信用社联合社	2017年11月
安溪县农村信用合作联社	2017年度中国精准扶贫十佳县域银行	中国县域金融年会组委会、经济日报报业集团中国县域经济报社	2017年11月
湖上乡盛富畲族村	全国文明村镇	中央精神文明建设指导委员会	2017年11月
中国人寿保险股份有限公司安溪县支公司党支部	"党建创新先进基层党组织"	中共中国人寿保险股份有限公司委员会	2017年5月
中国人寿保险股份有限公司安溪县支公司党支部	"党建创新先进基层党组织"	中共中国人寿保险股份有限公司福建省分公司委员会	2017年6月
安溪县地震办	全省县级地震应急救援工作评比优秀奖	省地震局	2017年12月
安溪县老龄办	福建省2017年度"老龄工作系统先进集体"	福建省人力资源和社会保障厅福建省老龄工作委员会办公室	2017年5月
安溪县高甲戏剧团	福建省第八届百花文艺奖三等奖	中共福建省委、福建省人民政府	2017年9月
安溪县文化馆	福建省茶文化艺术创作调演活动"最佳表演奖"、"最佳人气奖"	福建省宣传部	2017年1月
安溪县茶文化艺术团	《秒哉铁观音》或"最具人气"节目	中共福建省委宣传部	2017年1月
安溪县实验小学	2015-2017年度省级"文明校园"候选单位	福建省人民政府	2017年12月
安溪县中小学生社会实践基地	优秀组织奖	全国青少年普法教育活动办公室	2017年8月6日
安溪县茶业职业技术学校	最具创新节目	福建省委宣传部	2017年1月
安溪县华侨职业中专学校	第十三届全国中等职业学校"文明风采"	全国中等职业学校"文明风采"竞赛组织委员会	2017年5月
安溪县华侨职业中专学校	第三批职业院校数字校园建设实验校	中央电化教育馆	2017年
安溪县华侨职业中专学校	竹藤编技艺传承（国家级第四批非物质文化遗产代表性项目）	国家教育部	2017年
中国银行安溪城厢支行	2017年度福建省分行"代理保险产品奖"	中国银行福建省分行	2018年2月
中国银行安溪城厢支行	2017年度福建省分行"中收贡献奖"	中国银行福建省分行	2018年2月
安溪县人大常委会办公室	"推进人大工作创新发展，为再上新台阶、建设新福建提供重要保障"课题研究三等奖	福建省人大常委会办公厅福建省人大常委会研究室	2017年8月
安溪县人大常委会办公室	2017年《人民政坛》征订工作先进单位	人民政坛杂志社	2017年9月
安溪县凤城镇城东社区团支部	2016年度"福建省五四红旗团支部"	团省委	2017年5月4日
安溪县第三实验小学雄鹰队	福建省优秀少先队集体	团省委	2017年9月14日
安溪县湖头中心（三安）小学五（5）有智中队	福建省优秀少先队集体	团省委	2017年9月14日
安溪县感德中心小学；六（4）中队	福建省优秀少先队集体	团省委	2017年9月14日
安溪第八小学五（4）中队	福建省优秀少先队集体	团省委	2017年9月14日
中共安溪县委组织部	《福建安溪李光地》获第十四届全省党员教育电视片观摩交流活动"文艺记录片"二等奖	中共福建省委组织部	2017年5月

获表彰单位	荣誉称号	授予机关	颁奖时间
中共安溪县委组织部	《非公党建"安溪模式"》获第十四届全省党员教育电视片观摩交流活动"党建工作纪实片"三等奖	中共福建省委组织部	2017年5月
中共安溪县委组织部	《安溪县党建引领农村电商发展的探索与思考》获2016年全省组织工作重点调研课题优秀成果二等奖	中共福建省委组织部	2017年5月
安溪县科学技术协会	2017年全国科普日活动优秀组织单位	中国科学技术协会办公厅	2017年12月13日
安溪县科学技术协会、感德铁观音制作技术研究会	2017年全国科普日优秀活动单位	中国科学技术协会办公厅	2017年12月13日
安溪县综治办	福建省社会治安综合管理先进集体	福建省人力资源和社会保障厅 福建省社会管理综合治理委员会办公室	2017年12月26日
湖上乡盛富畲族村	第五届全国文明村镇	中央文明委	2017年11月
安溪县国家税务局	第五届全国文明单位	中央文明委	2017年11月
中国农业银行安溪县支行	第五届全国文明单位	中央文明委	2017年11月
城厢镇经岭村	继续保留全国文明村镇荣誉称号	中央文明委	2017年11月
安溪县公安局	2017年度全省公安机关执法质量优秀单位	福建省公安厅	2017年03月09日
安溪县公安局交通警察大队	集体二等功	福建省公安厅	2017年10月17日
安溪县	双拥模范城（县）	中共福建省委、福建省人民政府、福建省军区	2017年7月30日
安溪县	第二批国家现代农业产业园	国家农业部、财政部	2017年9月22日
安溪县	2017年国家电子商务进农村综合示范县	国家财政部、商务部	2017年8月
安溪县	2017年度"国家级妇幼健康优质服务示范县"	国家卫计委	2018年1月15日
安溪县	全省第二季度"五个一批"新开工项目数第7名	福建省发改委	2017年7月20日
安溪县司法局	2017年度人民调解宣传工作先进集体	中华全国人民调解员协会	2017年11月
泉州瑞麦食品有限公司	福建省"安康杯"竞赛先进集体	福建省总工会、福建省安全生产监督管理局	2018年3月19日
中国邮政集团公司福建省安溪县分公司	福建省"安康杯"竞赛先进集体	福建省总工会、福建省安全生产监督管理局	2018年3月19日
中国移动通信集团福建有限公司安溪分公司	福建省"安康杯"竞赛先进集体	福建省总工会、福建省安全生产监督管理局	2018年3月19日
泉州市烟草公司安溪分公司	福建省"安康杯"竞赛先进集体	福建省总工会、福建省安全生产监督管理局	2018年3月19日
福建晶安光电有限公司长晶园平片衬底课	福建省"安康杯"竞赛先进班组	福建省总工会、福建省安全生产监督管理局	2018年3月19日
国网福建安溪县供电有限公司配电带电作业班	福建省"安康杯"竞赛先进班组	福建省总工会、福建省安全生产监督管理局	2018年3月19日
安溪县人民法院	全省优秀法院	福建省高级人民法院	2017年2月11日
安溪县人民法院	全省政法系统微视频大赛二等奖	福建省政法委	2017年5月17日
安溪县人民法院	全省法院第二十九届学术讨论会组织工作先进奖	福建省高级人民法院	2017年12月
安溪县公安局出入境管理大队	全国巾帼文明岗	全国妇联	2017年5月2日
安溪县人大常委会办公室	"推进人大工作创新发展，为再上新台阶、建设新福建提供重要保障"课题研究三等奖	福建省人大常委会办公厅、福建省人大常委会研究室	2017年8月
安溪县人大常委会办公室	2017年《人民政坛》征订工作先进单位	人民政坛杂志社	2017年9月
中共安溪县委安溪县人民政府信访局	2012-2015年度福建省信访信息系统先进集体	福建省人力资源保障厅福建省委省政府信访局	2017年2月
安溪县	福建省双拥模范县	福建省委、省政府、省军区	2017年7月30日
安溪县明爱福利养老院	福建省爱国拥军模范单位	福建省委、省政府、省军区	2017年7月30日
安溪县人民检察院	第三届"关爱明天、普法先行"优秀组织奖	中国关工委、司法部、中央综治委	2017年8月6日
安溪县人民检察院办公室	对全省信息有较大贡献的单位	福建省人民检察院	2017年1月25日

2017年安溪县获省、部级表彰的先进个人名表

姓名	性别	工作单位	职务	荣誉称号	授予机关	授予时间
胡云豹	男			2017年"最美资助人"荣誉称号	福建省教育厅、中共福建省委宣传部等18个单位	2018年1月
许亚芬	女	中国移动安溪分公司	客户经理	先进个人	中国移动福建有限公司	2017年12月17日
林波扬	男	工商银行安溪支行	个贷客户经理	先进工作者	工行福建分行	2017年4月
许燕滨	女	工商银行安溪支行	大堂经理	优质服务明星	工行福建分行	2017年1月
王长洪	男	安溪县市场监督管理局	非公党建办负责人	全国个私协会系统先进工作者	国家工商总局中国个体劳动者协会	2016年12月
余木水	男	安溪县林业局	局长	全省造林绿化工作先进个人	中共福建省委 福建省人民政府	2017年5月
吴宝发	男	泉州市烟草专卖局	龙涓所所长	省局2017年"中国梦劳动美"第三届烟草专卖管理岗位技能竞赛三等奖	福建省烟草专卖局	2017年11月
王鹏程	男	安溪县公安局森林分局	局长	个人二等功	国家林业局森林公安分局	2016年11月25日
汪财宝	男	中国电信股份有限公司安溪分公司	城厢分局长	2016年度全国支局长"最佳小CEO"	中国电信集团公司企业战略部（法律部）	2017年4月19日
汪财宝	男	中国电信股份有限公司安溪分公司	城厢分局长	2016中国电信集团工会优秀工会积极分子	中国电信集团工会委员会	2017年8月1日
刘海东	男	国网福建安溪县供电公司营销部	用电检查班班长	2017年金砖国家领导人厦门会晤电力保障先进个人	福建省政府	2017年9月
叶建强	男	安溪县农村信用合作联社西坪信用社	主任	2016年–2017年全省农信金融扶贫"先进个人"	福建省农村信用社联合社	2017年10月
林钰宁	女	北京联合会大学	学生	第九届全国残疾人艺术汇演器乐类一等奖	第九届全国残疾人艺术汇演组委会（中残联、教育部、民政部、文化部和国家新闻出版广电总局）	2017年8月
白杰琳	男	中国人民财产保险股份有限公司安溪支公司	见习营销客户经理	2017年"我心中的农险"全省农险业务技能暨演讲大赛专业笔试（承保）一等奖	中国人财产保险股份有限公司福建省分公司	2017年8月
陈玉琼	女	中国人民财产保险股份有限公司安溪支公司	其他	2017年全省系统公文信息常识岗位练兵竞赛一等奖	中国人财产保险股份有限公司福建省分公司	2017年9月
潘金鞭	男	中国人寿保险股份有限公司安溪县支公司	经理助理	2017年度中国人寿福建省分公司先进工作者	中国人寿福建省分公司	2018年2月
林满丽	女	中国人寿保险股份有限公司安溪县支公司	职员	2017年度全省综合柜员岗位技能赛二等奖	中国人寿福建省分公司	2017年8月
陈传昌	男	安溪县医院	党委书记	全国卫生计生系统先进工作者	人力资源和社会保障部 国家卫生和计划生育委员会 国家中医药管理局	2017年8月
宋军泉	男	安溪县高甲戏剧团	演员	厦门金砖会晤筹和服务保障工作先进个人	中共福建委、福建省人民政府	2017年9月
许秀嫌	女	安溪县魁斗中心学校	教师	福建省优秀教师	福建省人民政府	2017年9月
林天赐	男	安溪恒兴中学	教研室副主任	第二十八届中学"希望杯"全国数学邀请赛优秀教练员	"希望杯"全国数学邀请赛组委会	2017年6月
王金山	男	安溪县慈山农业学校	校长、书记	优秀辅导员	全国青少年普法教育活动办公室	2017年8月6日
何锦河	男	安溪县慈山农业学校	副校长	优秀辅导员	全国青少年普法教育活动办公室	2017年8月6日
苏海滨	男	安溪县慈山农业学校	办公室副主任、保卫处副主任	优秀辅导员	全国青少年普法教育活动办公室	2017年8月6日
陈加友	男	安溪县茶业职业技术学校	高级讲师	全国技术能手	中华人民共和国人力资源和社会保障部	2016年11月
陈加友	男	安溪县茶业职业技术学校	高级讲师	创业导师	中华人民共和国人力资源和社会保障部	2017年3月
易子明	男	安溪县华侨职业中专学校	信息办主任教师	第十三届全国中等职业学校"文明风采"竞赛活动获优秀指导教师奖	全国中等职业学校"文明风采"竞赛组织委员会	2017年5月

姓名	性别	工作单位	职务	荣誉称号	授予机关	授予时间
苏梅森	女	安溪县华侨职业中专学校	信息办主任教师	第十三届全国中等职业学校"文明风采"竞赛活动获优秀指导教师奖	全国中等职业学校"文明风采"竞赛组织委员会	2017年5月
林克龙	男	安溪县华侨职业中专学校	教师保卫处主任	第十三届全国中等职业学校"文明风采"竞赛活动获优秀指导教师奖	全国中等职业学校"文明风采"竞赛组织委员会	2017年5月
王大冶	男	安溪县华侨职业中专学校	教师保卫处主任	第十三届全国中等职业学校"文明风采"竞赛活动获优秀指导教师奖	全国中等职业学校"文明风采"竞赛组织委员会	2017年5月
易子明	男	安溪县华侨职业中专学校	信息办主任	第二十届全国青少年五好小公民"阳光校园 我们是好伙伴"主题教育活动获先进个人	教育部关心下一代工作委员会 教育部关工委全国青少年"五好小公民"主题教育活动组委会	2017年7月
王美芳	女	安溪县沼涛实验小学	教师	全国"双有"少年儿童主题教育活动先进个人奖	全国少年儿童"双有"主题教育活动组委会	2017年12月20日
许一绅	男	中国银行安溪支行营业部	柜员	2017年度"福建省金融优秀共青团员"	中国银行福建省分行团委	2018年5月
陈思达	男	团安溪县委	宣传部部长	2016年度"福建省优秀共青团干部"	团省委	2017年5月4日
胡巧娜	女	安溪县人民检察院未检科	科员	2016年度"福建省优秀共青团员"	团省委	2017年5月4日
庄炜强	男	国网福建安溪县供电有限公司运检部配电运维班	副班长	2016年度"福建省优秀共青团员"	团省委	2017年5月4日
李洋洋	女	安溪一中高三(15)班	学生	2016年度"福建省优秀共青团员"	团省委	2017年5月4日
林志强	男	福建省弘桥智谷信息科技股份有限公司	董事长	第十四届"福建青年五四奖章"个人	团省委	2017年5月4日
谢芮研	女	安溪县逸夫实验小学	学生	福建省优秀少先队员	团省委	2017年9月14日
潘芷芸	女	安溪县西坪镇留山小学	学生	福建省优秀少先队员	团省委	2017年9月14日
陈易谋	男	安溪县龙涓中心小学	学生	福建省优秀少先队员	团省委	2017年9月14日
许嘉琪	女	安溪县第十三小学	学生	福建省优秀少先队员	团省委	2017年9月14日
王美芳	女	安溪县沼涛实验小学	老师	福建省优秀少先队辅导员	团省委	2017年9月14日
高树毅	男	安溪县第六中学	团委书记	福建省优秀少先队志愿辅导员	团省委	2017年9月14日
谢福祥	男	安溪县第三实验小学	校长	福建少先队星星火炬奖章	团省委	2017年9月14日
洪炳文	男	泉州市凯鹰电源电器有限公司	董事长	在全省开展的"六号"评选活动中，荣获"党建之友好典型"称号	中共福建省委组织部	2017年11月
涂东风	男	安溪县科学技术协会	主任科员	全国科协系统 先进工作者	人力资源社会保障部 中国科协	2017年4月1日
黄月红	女	安溪县关工委	办公室副主任	第三届"关爱明天、普法先行"——青少年普法教育活动先进个人	中国关心下一代工作委员会 中华人民共和国司法部 中央社会治安综合治理委员会办公室	2017年8月6日
胡云豹	男	安溪县关工委	副秘书长	2017年度十佳阳光老人	市委宣传部、市民政局、市老龄办、市卫计委、团市委、市文联、泉州晚报社	2017年12月
薛世浩	男	安溪县关工委	常务副主任	最美老干部	市委老干部局、市人力资源和社会保障局	2017年3月7日
林剑东	男	原安溪县人民法院蓬莱法庭	庭长	中国好人	中央文明办	2017年1月
陈华强	男	安溪县看守所	科员	全省公安监管成绩突出个人	福建省公安厅	2017年12月
陈华强	男	安溪县看守所	科员	全省公安监管工作高级人才和青年人才库人员	福建省公安厅	2017年12月
苏金山	男	安溪交警大队综合中队	文职	福建省道路交通安全综合整治先进个人	福建省人民政府	2017年1月9日
李启概	男	安溪县人民法院	副院长	荣誉天平奖章	最高人民法院	2017年01月
周水金	男	安溪县人民法院	刑一庭庭长	荣誉天平奖章	最高人民法院	2017年01月
郑淑珍	女	安溪县人民法院	专职审委	荣誉天平奖章	最高人民法院	2017年01月
廖明超	男	安溪县人民法院	监察科科长	荣誉天平奖章	最高人民法院	2017年01月
林山鸿	男	安溪县人民法院	民二庭庭长	荣誉天平奖章	最高人民法院	2017年01月
李婉红	女	安溪县人民法院	党总支专职副书记	荣誉天平奖章	最高人民法院	2017年01月
许文红	女	安溪县人民法院	办公室主任	荣誉天平奖章	最高人民法院	2017年01月

姓名	性别	工作单位	职务	荣誉称号	授予机关	授予时间
陈志生	男	安溪县人民法院	行政庭庭长	荣誉天平奖章	最高人民法院	2017 年 01 月
谢美兰	女	安溪县人民法院	监察科审判员	荣誉天平奖章	最高人民法院	2017 年 01 月
周开元	男	安溪县人民法院	刑一庭副庭长	荣誉天平奖章	最高人民法院	2017 年 01 月
陈秀环	女	安溪县人民法院	立案庭法官助理	荣誉天平奖章	最高人民法院	2017 年 01 月
林建军	男	安溪县人民法院	民一庭副庭长	荣誉天平奖章	最高人民法院	2017 年 01 月
王铁军	男	安溪县人民法院	刑二庭副庭长	全省法院系统先进工作者	福建省高级人民法院	2017 年 02 月 11 日
林亚虹	女	安溪县人民法院	执行庭副庭长	全省法院系统先进工作者	福建省高级人民法院	2017 年 02 月 11 日
高清良	男	安溪县人民法院	行政庭副庭长	全省法院系统先进工作者	福建省高级人民法院	2017 年 02 月 11 日
黄田中	男	安溪县人民法院	蓬莱庭庭长	五好文明家庭	福建省高级人民法院	2017 年 2 月 27 日
郑淑珍	女	安溪县人民法院	专职审委	全国"两会"期间驻京接访工作先进个人	福建省高级人民法院	2017 年 7 月 5 日
陈伟南	男	安溪县人民法院	执行庭书记员	全省法院执行工作先进个人	福建省高级人民法院	2017 年 7 月 23 日
李福财	男	安溪县人民法院	法警队队长	全省法院涉诉信访安保维稳工作先进个人	福建省高级人民法院	2017 年 12 月 21 日
苏逸群	男	安溪县人民法院	湖头庭法官助理	全省法院第二十九届学术讨论会三等奖	福建省高级人民法院	2017 年 12 月
黄磊	男	安溪县人民法院	研究室主任	全省法院第二十九届学术讨论会优秀奖	福建省高级人民法院	2017 年 12 月
曾秋华	女	安溪县人民法院	民一庭书记员	全省法院第二十九届学术讨论会优秀奖	福建省高级人民法院	2017 年 12 月
高清良	男	安溪县人民法院	行政庭副庭长	全省法院第二十九届学术讨论会优秀奖	福建省高级人民法院	2017 年 12 月
周开元	男	安溪县人民法院	刑一庭副庭长	全省法院刑事审判工作先进个人	福建省高级人民法院	2017 年 12 月
王安东	男	县行政执法局	局长	"两违"综合治理专项行动表现突出个人	福建省"两违"综合治理专项行动领导小组	2017 年 1 月
钟少华	男	安溪县人民检察院	副检察长、党组成员	第三届"关爱明天、普法先行"先进个人	中国关工委、司法部、中央综治委	2017 年 8 月 6 日
郭艳娜	女	安溪县人民检察院	侦查监督科科长	第三届"关爱明天、普法先行"先进个人	中国关工委、司法部、中央综治委	2017 年 8 月 6 日
胡巧娜	女	安溪县人民检察院	公诉科副科长	第三届"关爱明天、普法先行"优秀辅导员	中国关工委、司法部、中央综治委	2017 年 8 月 6 日
林巧红	女	安溪县人民检察院	未成年人检察科干警	第三届"关爱明天、普法先行"优秀辅导员	中国关工委、司法部、中央综治委	2017 年 8 月 6 日
王福强	男	安溪县人民检察院	原未成年人检察科干警	第三届"关爱明天、普法先行"优秀辅导员	中国关工委、司法部、中央综治委	2017 年 8 月 6 日
陈文坚	男	安溪县人民检察院	未未成年人检察科干警	第三届"关爱明天、普法先行"优秀辅导员	中国关工委、司法部、中央综治委	2017 年 8 月 6 日
王栋翔	男	安溪县人民检察院	原反渎职侵权局局干警	全国检察机关优秀反贪、反渎预防局（处）长和"百千万侦查预防人才"	最高人民检察院	2017 年 8 月 1 日
王炳河	男	安溪县人民检察院	原反贪污贿赂局干警	全国检察机关优秀反贪、反渎预防局（处）长和"百千万侦查预防人才"	最高人民检察院	2017 年 8 月 1 日
苏振兴	男	安溪县人民检察院	原反贪污贿赂干警	全国检察机关优秀反贪、反渎预防局（处）长和"百千万侦查预防人才"	最高人民检察院	2017 年 8 月 1 日
于琰峻	男	安溪县人民检察院	民事行政检察科干警	全国检察机关公益诉讼试点工作个人嘉奖	最高人民检察院	2017 年 11 月 16 日
胡巧娜	女	安溪县人民检察院	公诉科副科长	全省法治宣讲团（第四名）	福建省人民检察院	2017 年 4 月 5 日
郭艳娜	女	安溪县人民检察院	侦查监督科科长	全省杰出检察官、个人二等功	福建省人民检察院	2017 年 7 月 11 日
郭艳娜	女	安溪县人民检察院	侦查监督科科长	全省检察机关先进个人	福建省人民检察院	2017 年 7 月 11 日
吴海燕	女	安溪县人民检察院	控告申诉科副科长	全省检察机关刑事申诉检察人才库人才	福建省人民检察院	2017 年 7 月 12 日
刘木钗	男	安溪县人民检察院	研究室副主任	福建省法学会刑法学研究会 2017 年会论文三等奖	福建省法学会刑法学研究会	2017 年 10 月
傅新艺	男	安溪县人民检察院	公诉科干警	福建省法学会刑法学研究会 2017 年会论文三等奖	福建省法学会刑法学研究会	2017 年 10 月

2017年安溪县获省、部级及以上表彰的先进单位名表

获表彰单位	荣誉称号	授予机关	颁奖时间
安溪县供销合作社联合社	全省供销合作社综合改革试点工作先进单位	福建省供销合作社联合社	2017年2月
中国农业发展银行安溪县支行	业务经营十佳县级支行	中国农业发展银行福建省分行	2018年2月
安溪移动虎丘片区营销中心	卓越班组	中国移动福建分公司	2017年12月23日
安溪县经济和信息化局	福建省经信系统先进集体	福建省人力资源和社会保障厅 福建省经济和信息化委员会	2017年12月22日
福建省三净环保科技有限公司	绿色贡献奖	福建省保护母亲河行动领导小组	2017年10月25日
安溪县国家税务局	全国文明单位	中央文明委	2017年11月
安溪县国家税务局	2017年至2019年福建省税务系统法治基地	福建省人民政府法制办公室、福建省国家税务局、福建省地方税务局	2017年9月
安溪县国地税联合办税厅	福建省三八红旗集体	福建省妇女联合会	2017年2月
国富瑞（福建）信息技术产业园有限公司工程与资产运营部	"福建省工人先锋号"	福建省总工会	2017年12月21日
福建省安溪县地方税务局	税收科研二等奖	福建省地方税务局	2017年12月
安溪县公安局森林分局	集体三等功	福建省森林公安局	2017年5月25日
安溪县农行	第五届"全国文明单位"	中央精神文明建设指导委员会	2017年11月17日
安溪县农行	2016-2017年全国金融系统思想政治工作先进单位	中国金融思想政治工作研究会	2018年1月6日
安溪县农行	中国农业银行五一劳动奖状	中国农业银行股份有限公司	2018年4月
中国电信股份有限公司安溪分公司城厢分局工会小组	2016年中国电信集团工会模范职工小家	中国电信集团工会委员会	2017年8月1日
官桥供电所	国家电网公司先进班组	国家电网公司	2017年1月
城关供电所营业厅	福建省"巾帼文明岗"	福建省妇女联合会	2017年4月
金谷供电所QC小组	二O一七年福建省优秀（一等奖）质量管理小组	福建省质量管理协会 福建省总工会 福建省妇女联合会 福建省科学技术协会	2017年7月
安溪县益安电力工程有限公司	诚实守信示范单位	福建省诚信促进会第三届理事会	2017年4月
安溪县益安电力工程有限公司	福建省工程质量信得过单位（2017年-2018年）	福建省质量管理协会	2017年6月
安溪县芦田镇人民政府	第四届全国卫生计生系统优秀广播影视作品征集活动获得电影类一等奖	中国人口文化促进会	2017年8月30日
虎邱镇	福建省十佳旅游休闲集镇	福建省旅游发展委员会	2017年2月
虎邱镇人民政府	第四届全国卫生计生系统优秀广播影视作品征集活动获得电视类一等奖	中国人口文化促进会	2017年8月30日
安溪县尚卿乡藤云驿站星创天地	第二批国家级星创天地	科技部	2017年11月24日
安溪县农村信用合作联社	福建农信2016年度"经营管理十强"	福建省农村信用社联合社	2017年2月
安溪县农村信用合作联社营业部	福建农信2016年度"五星"精品网点	福建省农村信用社联合社	2017年2月
安溪县农村信用合作联社湖头信用社	福建农信2016年度"五星"精品网点	福建省农村信用社联合社	2017年2月
安溪县农村信用合作联社长坑信用社	福建农信2016年度"五星"精品网点	福建省农村信用社联合社	2017年2月
安溪县农村信用合作联社城厢信用社	福建农信2016年度"四星"精品网点	福建省农村信用社联合社	2017年2月
安溪县农村信用合作联社后安分社	福建农信2016年度"四星"精品网点	福建省农村信用社联合社	2017年2月
安溪县农村信用合作联社尚卿信用社	福建农信2016年度"四星"精品网点	福建省农村信用社联合社	2017年2月
安溪县农村信用合作联社官桥信用社	福建农信2016年度"三星"精品网点	福建省农村信用社联合社	2017年2月
安溪县农村信用合作联社美法分社	福建农信2016年度"三星"精品网点	福建省农村信用社联合社	2017年2月
安溪县农村信用合作联社蓬莱信用社	福建农信2016年度"三星"精品网点	福建省农村信用社联合社	2017年2月
安溪县农村信用合作联社寮山分社	福建农信2016年度"三星"精品网点	福建省农村信用社联合社	2017年2月
安溪县农村信用合作联社龙凤信用社	福建农信2016年度"三星"精品网点	福建省农村信用社联合社	2017年2月
安溪县农村信用合作联社	福建省五一劳动奖状	省总工会	2017年5月
安溪县农村信用合作联社桃舟信用社	普惠金融固定观察点	福建省农村信用社联合社	2017年11月
安溪县农村信用合作联社	2017年度中国精准扶贫十佳县域银行	中国县域金融年会组委会、经济日报报业集团中国县域经济报社	2017年11月
湖上乡盛富畲族村	全国文明村镇	中央精神文明建设指导委员会	2017年11月
中国人寿保险股份有限公司安溪县支公司党支部	"党建创新先进基层党组织"	中共中国人寿保险股份有限公司委员会	2017年5月

获表彰单位	荣誉称号	授予机关	颁奖时间
中国人寿保险股份有限公司安溪县支公司党支部	"党建创新先进基层党组织"	中共中国人寿保险股份有限公司福建省分公司委员会	2017 年 6 月
安溪县地震办	全省县级地震应急救援工作评比优秀奖	省地震局	2017 年 12 月
安溪县老龄办	福建省 2017 年度"老龄工作系统先进集体"	福建省人力资源和社会保障厅 福建省老龄工作委员会办公室	2017 年 5 月
安溪县高甲戏剧团	福建省第八届百花文艺奖三等奖	中共福建省委、福建省人民政府	2017 年 9 月
安溪县文化馆	福建省茶文化艺术创作调演活动"最佳表演奖"、"最佳人气奖"	福建省宣传部	2017 年 1 月
安溪县茶文化艺术团	《秒哉铁观音》或"最具人气"节目	中共福建省委宣传部	2017 年 1 月
安溪县实验小学	2015-2017 年度省级"文明校园"候选单位	福建省人民政府	2017 年 12 月
安溪县中小学生社会实践基地	优秀组织奖	全国青少年普法教育活动办公室	2017 年 8 月 6 日
安溪县茶业职业技术学校	最具创新节目	福建省委宣传部	2017 年 1 月
安溪县华侨职业中专学校	第十三届全国中等职业学校"文明风采"	全国中等职业学校"文明风采"竞赛组织委员会	2017 年 5 月
安溪县华侨职业中专学校	第三批职业院校数字校园建设实验校	中央电化教育馆	2017 年
安溪县华侨职业中专学校	竹藤编技艺传承(国家级第四批非物质文化遗产代表性项目)	国家教育部	2017 年
中国银行安溪城厢支行	2017 年度福建省分行"代理保险产品奖"	中国银行福建省分行	2018 年 2 月
中国银行安溪城厢支行	2017 年度福建省分行"中收贡献奖"	中国银行福建省分行	2018 年 2 月
安溪县人大常委会办公室	"推进人大工作创新发展,为再上新台阶、建设新福建提供重要保障"课题研究三等奖	福建省人大常委会办公厅 福建省人大常委会研究室	2017 年 8 月
安溪县人大常委会办公室	2017 年《人民政坛》征订工作先进单位	人民政坛杂志社	2017 年 9 月
安溪县凤城镇城东社区团支部	2016 年度"福建省五四红旗团支部"	团省委	2017 年 5 月 4 日
安溪县第三实验小学雄鹰队	福建省优秀少先队集体	团省委	2017 年 9 月 14 日
安溪县湖头中心(三安)小学五(5)有智中队	福建省优秀少先队集体	团省委	2017 年 9 月 14 日
安溪县感德中心小学;六(4)中队	福建省优秀少先队集体	团省委	2017 年 9 月 14 日
安溪第八小学五(4)中队	福建省优秀少先队集体	团省委	2017 年 9 月 14 日
中共安溪县委组织部	《福建安溪李光地》获第十四届全省党员教育电视片观摩交流活动"文艺记录片"二等奖	中共福建省委组织部	2017 年 5 月
中共安溪县委组织部	《非公党建"安溪模式"》获第十四届全省党员教育电视片观摩交流活动"党建工作纪实片"三等奖	中共福建省委组织部	2017 年 5 月
中共安溪县委组织部	《安溪县党建引领农村电商发展的探索与思考》获 2016 年全省组织工作重点调研课题优秀成果二等奖	中共福建省委组织部	2017 年 5 月
安溪县科学技术协会	2017 年全国科普日活动优秀组织单位	中国科学技术协会办公厅	2017 年 12 月 13 日
安溪县科学技术协会、感德铁观音制作技术研究会	2017 年全国科普日优秀活动单位	中国科学技术协会办公厅	2017 年 12 月 13 日
安溪县综治办	福建省社会治安综合管理先进集体	福建省人力资源和社会保障厅 福建省社会管理综合治理委员会办公室	2017 年 12 月 26 日
湖上乡盛富畲族村	第五届全国文明村镇	中央文明委	2017 年 11 月
安溪县国家税务局	第五届全国文明单位	中央文明委	2017 年 11 月
中国农业银行安溪县支行	第五届全国文明单位	中央文明委	2017 年 11 月
城厢镇经岭村	继续保留全国文明村镇荣誉称号	中央文明委	2017 年 11 月
安溪县公安局	2017 年度全省公安机关执法质量优秀单位	福建省公安厅	2017 年 03 月 09 日
安溪县公安局交通警察大队	集体二等功	福建省公安厅	2017 年 10 月 17 日
安溪县	双拥模范城(县)	中共福建省委、福建省人民政府、福建省军区	2017 年 7 月 30 日
安溪县	第二批国家现代农业产业园	国家农业部、财政部	2017 年 9 月 22 日
安溪县	2017 年国家电子商务进农村综合示范县	国家财政部、商务部	2017 年 8 月
安溪县	2017 年度"国家级妇幼健康优质服务示范县"	国家卫计委	2018 年 1 月 15 日
安溪县	全省第二季度"五个一批"新开工项目数第 7 名	福建省发改委	2017 年 7 月 20 日
安溪县司法局	2017 年度人民调解宣传工作先进集体	中华全国人民调解员协会	2017 年 11 月
泉州瑞麦食品有限公司	福建省"安康杯"竞赛先进集体	福建省总工会、福建省安全生产监督管理局	2018 年 3 月 19 日

获表彰单位	荣誉称号	授予机关	颁奖时间
中国邮政集团公司福建省安溪县分公司	福建省"安康杯"竞赛先进集体	福建省总工会、福建省安全生产监督管理局	2018年3月19日
中国移动通信集团福建有限公司安溪分公司	福建省"安康杯"竞赛先进集体	福建省总工会、福建省安全生产监督管理局	2018年3月19日
泉州市烟草公司安溪分公司	福建省"安康杯"竞赛先进集体	福建省总工会、福建省安全生产监督管理局	2018年3月19日
福建晶安光电有限公司长晶圆平片衬底课	福建省"安康杯"竞赛先进班组	福建省总工会、福建省安全生产监督管理局	2018年3月19日
国网福建安溪县供电有限公司配电带电作业班	福建省"安康杯"竞赛先进班组	福建省总工会、福建省安全生产监督管理局	2018年3月19日
安溪县人民法院	全省优秀法院	福建省高级人民法院	2017年2月11日
安溪县人民法院	全省政法系统微视频大赛二等奖	福建省政法委	2017年5月17日
安溪县人民法院	全省法院第二十九届学术讨论会组织工作先进奖	福建省高级人民法院	2017年12月
安溪县公安局出入境管理大队	全国巾帼文明岗	全国妇联	2017年5月2日
安溪县人大常委会办公室	"推进人大工作创新发展，为再上新台阶、建设新福建提供重要保障"课题研究三等奖	福建省人大常委会办公厅、福建省人大常委会研究室	2017年8月
安溪县人大常委会办公室	2017年《人民政坛》征订工作先进单位	人民政坛杂志社	2017年9月
中共安溪县委安溪县人民政府信访局	2012-2015年度福建省信访信息系统先进集体	福建省人力资源保障厅福建省委省政府信访局	2017年2月
安溪县	福建省双拥模范县	福建省委、省政府、省军区	2017年7月30日
安溪县明爱福利养老院	福建省爱国拥军模范单位	福建省委、省政府、省军区	2017年7月30日
安溪县人民检察院	第三届"关爱明天、普法先行"优秀组织奖	中国关工委、司法部、中央综治委	2017年8月6日
安溪县人民检察院办公室	对全省信息有较大贡献的单位	福建省人民检察院	2017年1月25日

2017年安溪县获市、厅级表彰的先进个人名表

姓名	性别	工作单位	职务	荣誉称号	授予机关	授予时间
朱雅阳	女	中国移动安溪分公司	客户经理	青年岗位能手	泉州市总工会	2017年12月24日
谢建生	男	中国工商银行安溪支行	副行长	公司存款业务先进个人	中国工商银行泉州分行	2018年2月
徐伍泉	男	中国工商银行安溪支行	公司业务部主管	公司金融业务拓户能手	中国工商银行泉州分行	2018年2月
林波扬	男	中国工商银行安溪支行	个贷客户经理	个人贷款业务营销精英	中国工商银行泉州分行	2018年2月
陈雅燕	女	中国工商银行安溪支行	个贷客户经理	个人贷款业务营销精英	中国工商银行泉州分行	2018年2月
李鹏溱	男	中国工商银行安溪支行	理财经理	个人理财业务营销精英	中国工商银行泉州分行	2018年2月
苏冬梅	女	中国工商银行安溪支行	理财经理	个人理财业务营销精英	中国工商银行泉州分行	2018年2月
谢美玲	女	中国工商银行安溪支行	理财经理	个人理财业务营销精英	中国工商银行泉州分行	2018年2月
陈昭	女	中国工商银行安溪支行	柜员	十佳优秀综合柜员	中国工商银行泉州分行	2018年2月
马银燕	女	中国工商银行安溪支行	柜员	优秀柜员	中国工商银行泉州分行	2018年2月
林村玉	女	中国工商银行安溪支行	大堂值班经理	优秀大堂值班经理	中国工商银行泉州分行	2018年2月
苏冬梅	女	中国工商银行安溪支行	理财经理	优质服务明星	中国工商银行泉州分行	2018年2月
林均君	女	中国工商银行安溪支行	公司客户经理	十佳公司客户经理	中国工商银行泉州分行	2018年2月
黄万仕	男	安溪县经济和信息化局	科员	第三届海艺节筹办工作县域联动项目先进个人	中共泉州市委办公室泉州市人民政府办公室	2018年2月2日
林建忠	男	福建海佳彩亮光电科技有限公司	总经理	泉州市企业经营管理领军人才	中共泉州市委人才工作领导小组	2017年3月
林建忠	男	福建海佳彩亮光电科技有限公司	总经理	泉州市第五层次人才	中共泉州市委人才工作领导小组	2017年5月
高建峰	男	安溪县市场监督管理局	企业监督管理股负责人	全省岗位学雷锋标兵	中共福建省委宣传部	2017年4月
许祺丹	女	安溪县市场监督管理局	政策法规股负责人	2012-2015年度全省工商行政管理系统先进工作者	福建省工商行政管理局	2017年11月
沈国华	男	泉州市烟草公司安溪分公司	市场经理	泉州市"最美家庭"荣誉称号	泉州市妇女联合会、中共泉州市委文明办	2017年5月

姓名	性别	工作单位	职务	荣誉称号	授予机关	授予时间
吴锦芳	男	安溪县城镇集体工业联合社	副主任	第三届海艺节筹办工作先进个人	中共泉州市委办公室 泉州市人民政府办公室	2018年2月2日
唐耀萍	女	安溪县农行	柜员	福建省五一巾帼标兵	福建省总工会	2017年3月1日
许炜鑫	男	安溪县农行	柜员	福建省分行业务技术能手	福建省农行	2017年9月1日
白梓钢	男	安溪县农行	经理	优秀青年	福建省农行	2017年5月1日
李劲松	男	安溪县农行	内勤行长	2016年度先进个人	福建省农行	2017年2月15日
郑泽华	女	中国电信股份有限公司安溪分公司	办公室文秘	2016年信息工作良好个人	中国电信股份有限公司福建分公司	2017年1月26日
李小梅	女	福建省电信技术发展有限公司安溪分公司	城西分局长	2016年度分支局最佳小CEO	中国电信股份有限公司福建分公司	2017年3月15日
汪财宝	男	中国电信股份有限公司安溪分公司	城厢分局长	2016年度分支局最佳小CEO	中国电信股份有限公司福建分公司	2017年3月15日
谢嘉荣	男	福建省电信技术发展有限公司安溪分公司	设备维护中心无线维护组组长	2016年度后端最佳小CEO（无线划小）	中国电信股份有限公司福建分公司	2017年3月15日
李忠林	男	中国电信股份有限公司安溪分公司	网络部设备管理员	2016年度后端最佳小CEO（政企划小）	中国电信股份有限公司福建分公司	2017年3月15日
王联乐	男	中国电信股份有限公司安溪分公司	总经理	中国电信福建公司"劳动模范"	中国电信股份有限公司福建分公司、中国电信集团工会福建省委员会	2017年5月4日
谢启良	男	福建省邮电物业管理有限公司泉州分公司安溪管理处	物业管理处经理	《优化系统及业务流程，提升营业服务效率的八个建议》获得福建电信公司2017年服务转型创新谏言营业服务篇一等奖	中国电信股份有限公司福建分公司、中国电信集团工会福建省委员会	2017年12月12日
许金泳	男	中国电信股份有限公司安溪分公司	龙桥分局长	2017年度全省电信优秀工会积极分子	中国电信集团工会福建省委员会	2017年12月21日
汪财宝	男	中国电信股份有限公司安溪分公司	城厢分局长	福建公司第二届最美电信人提名奖	中国电信股份有限公司福建分公司	2017年12月26日
王一帆	女	福建省电信技术发展有限公司安溪分公司	政企部ICT拓展团队小CEO	2017年度福建省技术发展公司优秀员工	福建省电信技术发展有限公司、中国电信集团工会福建省电信技术发展有限公司委员会	2018年1月23日
易再章	男	福建省电信技术发展有限公司安溪分公司	总经理	2017年度福建省技术发展公司优秀员工	福建省电信技术发展有限公司、中国电信集团工会福建省电信技术发展有限公司委员会	2018年1月23日
李园园	女	中国电信股份有限公司安溪分公司	办公室文秘	2017年度信息工作良好个人	中国电信股份有限公司福建分公司	2018年2月13日
黄江华	男	中国电信股份有限公司安溪分公司	四级督导、办公室主任	2017年全省房产土地盘活管理先进个人三等奖	中国电信股份有限公司福建分公司	2018年2月13日
李文师	男	安溪县金谷镇人民政府	党委副书记、镇长	2016年度征兵工作先进个人	泉州市人民政府征兵办公室	2017年1月
胡志晖	男	中国建设银行股份有限安溪大同支行	副行长	2017年度省分行青年岗位能手	建设银行福建省分行	2017年12月27日
白进才	男	安溪县农村信用合作联社	理事长（2017年6月调任石狮农商行董事长）	2016年度泉州市"海纳百川"高端人才聚集计划高层次金融人才项目	中共泉州市委人才工作领导小组	2017年1月
谢雅茜	女	安溪县农村信用合作社营业部	副主任	2016年度泉州市金融优秀团干部	共青团泉州市金融工作委员会	2017年5月
林艺环	女	安溪县农村信用合作社办公室	主任	2016年度泉州市金融青年岗位能手	共青团泉州市金融工作委员会	2017年5月
林子玲	女	安溪县农村信用合作社办公室	办事员	2016年度泉州银行业协会信息工作优秀通讯联络员	泉州银行业协会	2017年10月
黄晓斌	男	中国人民财产保险股份有限公司安溪支公司	安溪理赔分中心经理	2017年度安心助力将二等奖	中国人保财险泉州市分公司	2018年2月
黄晓斌	男	中国人民财产保险股份有限公司安溪支公司	安溪理赔分中心经理	2017年度泉州市分公司理赔管理标兵	中国人保财险泉州市分公司	2018年2月
黄晓斌	男	中国人民财产保险股份有限公司安溪支公司	安溪理赔分中心经理	2017年度泉州市分公司优秀员工	中国人保财险泉州市分公司	2018年2月

姓名	性别	工作单位	职务	荣誉称号	授予机关	授予时间
林丹心	男	中国人民财产保险股份有限公司安溪支公司	销售团队经理	2017年度泉州市分公司优秀员工	中国人保财险泉州市分公司	2018年2月
林丹心	男	中国人民财产保险股份有限公司安溪支公司	销售团队经理	2017年度综合团队竞回精英奖三等奖	中国人保财险泉州市分公司	2018年2月
张文质	男	中国人民财产保险股份有限公司安溪支公司	销售团队经理	2017年度综合团队竞回精英奖二等奖	中国人保财险泉州市分公司	2018年2月
张文质	男	中国人民财产保险股份有限公司安溪支公司	销售团队经理	2017年度综合团队销售精英	中国人保财险泉州市分公司	2018年2月
陈玉琼	女	中国人民财产保险股份有限公司安溪支公司	其他	2017年度泉州市分公司优秀员工	中国人保财险泉州市分公司	2018年2月
林满丽	女	中国人寿保险股份有限公司安溪县支公司	职员	2017年度泉州分公司运营条线岗位技能竞赛三等奖	中国人寿泉州分公司	2017年8月
陈文才	男	安溪县生产力促进中心	工程师	2017年度泉州市科学技术奖二等奖	泉州市人民政府	2018年2月
张垂星	男	安溪蓝溪中学	西藏昌都市第三高级中学党总支副书记、副校长，蓝溪中学教务主任	2015-2017年度福建省优秀教师	福建省人力资源和社会保障厅、福建省教育厅	2017年8月
杨育明	男	安溪县庄山学校	校长、党支部书记	福建省先进德育工作者	福建省人社厅、福建省教育厅	2017年9月
陈娇燕	女	安溪铭选中学	教师	2017年度空军招收飞行学员工作先进个人	东部战区空军政治工作部	2017年9月
张辉煌	男	安溪县感德中心学校	校长	2015-2017年度福建省优秀教育工作者	福建省人社厅、福建省教育厅	2017年8月
朱贵良	男	安溪沼涛中学	教师	福建省优秀教师	福建省人力资源和社会保障厅、福建省教育厅	2017年8月31日
高树毅	男	安溪第六中学	教师	福建省优秀少先队志愿辅导员	福建省教育厅	2017年9月
林克龙	男	安溪县华侨职业中专学校	教师	第十三届全国中等职业学校"文明风采"省级复赛获优秀指导教师奖	福建省教育厅	2017年7月
施锦川	男	安溪县华侨职业中专学校	总务处主任	第十三届全国中等职业学校"文明风采"省级复赛获优秀指导教师奖	福建省教育厅	2017年7月
苏梅森	女	安溪县华侨职业中专学校	教师	第十三届全国中等职业学校"文明风采"省级复赛获优秀指导教师奖	福建省教育厅	2017年7月
王大治	男	安溪县华侨职业中专学校	保卫处主任	第十三届全国中等职业学校"文明风采"省级复赛获优秀指导教师奖	福建省教育厅	2017年7月
王晓鹏	男	安溪县华侨职业中专学校	政教处主任	第十三届全国中等职业学校"文明风采"省级复赛获优秀指导教师奖	福建省教育厅	2017年7月
吴志英	女	安溪县华侨职业中专学校	教师	第十三届全国中等职业学校"文明风采"省级复赛获优秀指导教师奖	福建省教育厅	2017年7月
许志勇	男	安溪县华侨职业中专学校	书记	第十三届全国中等职业学校"文明风采"省级复赛获优秀指导教师奖	福建省教育厅	2017年7月
易子明	男	安溪县华侨职业中专学校	信息办主任	第十三届全国中等职业学校"文明风采"省级复赛获优秀指导教师奖	福建省教育厅	2017年7月
陈文端	男	安溪县华侨职业中专学校	教师	福建省中小学"阳光校园 我们是好伙伴"朗诵总决赛指导教师奖	福建省教育系统关工委	2017年7月
陈文端	男	安溪县华侨职业中专学校	教师	2016年度奥鹏远程教育优秀个人	福建广播电视大学奥鹏远程教育管理中心	2017年7月
李文天	男	安溪县华侨职业中专学校	教师	"和职教杯"首届福建省黄炎培职业教育奖创新创业大赛指导教师奖	福建省中华职业教育社、福建省教育厅	2017年10月

姓名	性别	工作单位	职务	荣誉称号	授予机关	授予时间
王永生	男	安溪县华侨职业中专学校	教师	"和职教杯"首届福建省黄炎培职业教育奖创新创业大赛指导教师奖	福建省中华职业教育社、福建省教育厅	2017 年 10 月
王晓生	男	安溪县华侨职业中专学校	实训处主任教师	"和职教杯"首届福建省黄炎培职业教育奖创新创业大赛指导教师奖	福建省中华职业教育社、福建省教育厅	2017 年 10 月
吴信添	男	安溪县华侨职业中专学校	实训处主任教师	"和职教杯"首届福建省黄炎培职业教育奖创新创业大赛指导教师奖	福建省中华职业教育社、福建省教育厅	2017 年 10 月
王美芳	女	安溪县沼涛实验小学	教师	福建省优秀少先队辅导员	福建省教育厅	2017 年 9 月
王伯铭	男	安溪县实验小学	学生	福建省首届"最美学生"	福建省教育厅	2017 年 12 月
黄双珠	女	中国银行安溪支行营业部	柜员	2017 年度个金板块先进个人	中国银行泉州分行	2018 年 2 月
谢臻	女	中国银行安溪新安支行	柜员	2017 年度文明优质服务先进个人	中国银行泉州分行	2018 年 2 月
黄幼娇	女	中国银行安溪凤城支行	行长	2017 年度泉州分行"优秀共产党员"	中国银行泉州分行	2018 年 3 月
李民毅	男	安溪县委政法委	县委 610 办主任 县直政法系统党委专职副书记	泉州市六个"十佳"平安建设者	泉州市委政法委 泉州市综治办	2017 年 12 月
陈进宝	男	安溪县凤城镇	非公党委专职副书记	泉州市 2014—2016 年度精神文明建设先进工作者	中共泉州市委、泉州市人民政府	2017 年 5 月 23 日
吴清远	男	中共安溪县委宣传部	宣传系统党委副书记、纪委书记	泉州市 2014—2016 年度精神文明建设先进工作者	中共泉州市委、泉州市人民政府	2017 年 5 月 23 日
潘志明	男	中共安溪县委文明办	副主任	泉州市 2014—2016 年度精神文明建设先进工作者	中共泉州市委、泉州市人民政府	2017 年 5 月 23 日
陈志锋	男	安溪县公安局交通警察大队	教导员	泉州市 2014—2016 年度精神文明建设先进工作者	中共泉州市委、泉州市人民政府	2017 年 5 月 23 日
钟冬凤	女	安溪县信访局	专线办负责人	泉州市 2014—2016 年度精神文明建设先进工作者	中共泉州市委、泉州市人民政府	2017 年 5 月 23 日
黄世元	男	安溪县教育局	德育监察股负责人	泉州市 2014—2016 年度精神文明建设先进工作者	中共泉州市委、泉州市人民政府	2017 年 5 月 23 日
王祥端	男	安溪县环境卫生管理处	副主任	泉州市 2014—2016 年度精神文明建设先进工作者	中共泉州市委、泉州市人民政府	2017 年 5 月 23 日
何隆遐	男	安溪县人民武装部	政工科科长	泉州市 2014—2016 年度军民共建精神文明先进个人	中共泉州市委、泉州市人民政府	2017 年 5 月 23 日
刘贤军	男	泉州市消防安溪大队凤城中队	副中队长	泉州市 2014—2016 年度军民共建精神文明先进个人	中共泉州市委、泉州市人民政府	2017 年 5 月 23 日
林剑东	男	原安溪县人民法院蓬莱法庭	庭长	第五届泉州市道德模范	泉州市文明委	2017 年 1 月
黄培阳	男			五星级志愿者	福建省志愿者协会	2017 年 12 月 5 日
白少郎	男	安溪县公安局治安管理大队	副大队长	个人二等功	福建省公安厅	2017 年 10 月
白少郎	男	安溪县公安局治安管理大队	副大队长	全省卷烟打假打私和治理真烟非法流通工作成绩突出个人	福建省烟草专卖局 福建省公安厅	2017 年 4 月
李镇金	男	安溪县公安局治安管理大队	案件中队中队长	全省卷烟打假打私和治理真烟非法流通工作成绩突出个人	福建省烟草专卖局 福建省公安厅	2017 年 4 月
李志超	男	安溪县公安局治安管理大队	内保中队中队长	2017 年度全市公安警卫工作先进个人	泉州市公安局	2018 年 2 月
陈木锋	男	安溪县公安局	党委委员、政工室主任	个人二等功	福建省公安厅	2017 年 10 月
陈志锋	男	安溪交警大队	教导员	2014-2016 年度精神文明建设先进个人	泉州市委、市政府	2017 年 5 月（泉委[2017]39 号）
林德利	男	安溪交警大队城区中队	指导员	个人三等功	泉州市公安局	2017 年 8 月
曾国生	男	安溪交警大队事故中队	民警	个人三等功	泉州市公安局	2017 年 8 月
郑文艺	男	安溪交警大队	副大队长	个人三等功	泉州市公安局	2017 年 9 月
吴晓群	男	安溪交警大队城区中队	中队长	严重交通违法行为专项整治先进个人	泉州市公安局	2017 年 02 月
陈克振	男	安溪县委老干部局	退休干部	2017 年度全省老干部信息工作表现突出个人	福建省委老干部局	2018 年 1 月

姓名	性别	工作单位	职务	荣誉称号	授予机关	授予时间
陈克振	男	安溪县委老干部局	退休干部	2017年度全省老干部宣传工作表现突出个人	福建省委老干部局	2018年1月
胡晓萍	女	安溪县委老干部局	科员	2017年度全省老干部信息工作表现突出个人	福建省委老干部局	2018年1月
林传生	男	安溪县司法局	宣传股股长	全省司法行政系统先进工作者	福建省司法厅	2017年6月2日
林剑东	男	安溪县人民法院	原蓬莱庭庭长	第五届泉州市道德模范	泉州市精神文明建设指导委员会	2017年01月
黄磊	男	安溪县人民法院	研究室主任	个人三等功	泉州市中级人民法院	2017年2月8日
高清良	男	安溪县人民法院	行政庭副庭长	嘉奖	泉州市中级人民法院	2017年2月8日
王杰炳	男	安溪县人民法院	执行庭法官助理	嘉奖	泉州市中级人民法院	2017年2月8日
谢坤特	男	安溪县人民法院	湖头庭法官助理	嘉奖	泉州市中级人民法院	2017年2月8日
陈榕钜	男	安溪县人民法院	法警队副队长	嘉奖	泉州市中级人民法院	2017年2月8日
郑景候	男	安溪县人民法院	法警队法警	嘉奖	泉州市中级人民法院	2017年2月8日
郑景候	男	安溪县人民法院	法警队法警	全市法院司法警察南棍术集训训练标兵	泉州市中级人民法院	2017年5月8日
许毓铭	男	安溪县人民法院	湖头庭协警	全市法院司法警察南棍术集训训练标兵	泉州市中级人民法院	2017年5月8日
彭诗平	男	安溪县人民法院	执行庭法官助理	泉州法院系统第二十九届学术讨论会一等奖	泉州市中级人民法院	2017年7月18日
郑培春	女	安溪县人民法院		泉州法院系统第二十九届学术讨论会二等奖	泉州市中级人民法院	2017年7月18日
黄磊	男	安溪县人民法院		泉州法院系统第二十九届学术讨论会二等奖	泉州市中级人民法院	2017年7月18日
施路云	女	安溪县人民法院		泉州法院系统第二十九届学术讨论会二等奖	泉州市中级人民法院	2017年7月18日
苏逸群	男	安溪县人民法院		泉州法院系统第二十九届学术讨论会二等奖	泉州市中级人民法院	2017年7月18日
高清良	男	安溪县人民法院		泉州法院系统第二十九届学术讨论会二等奖	泉州市中级人民法院	2017年7月18日
曾秋华	女	安溪县人民法院		泉州法院系统第二十九届学术讨论会二等奖	泉州市中级人民法院	2017年7月18日
陈瑜芳	女	安溪县人民法院		泉州法院系统第二十九届学术讨论会三等奖	泉州市中级人民法院	2017年7月18日
苏清丽	女	安溪县人民法院		泉州法院系统第二十九届学术讨论会三等奖	泉州市中级人民法院	2017年7月18日
谢坤特	男	安溪县人民法院		泉州法院系统第二十九届学术讨论会三等奖	泉州市中级人民法院	2017年7月18日
李裕鹏	男	安溪县人民法院		泉州法院系统第二十九届学术讨论会三等奖	泉州市中级人民法院	2017年7月18日
魏薇	女	安溪县人民法院		泉州法院系统第二十九届学术讨论会三等奖	泉州市中级人民法院	2017年7月18日
苏亚东	男	安溪县人民法院		泉州法院系统第二十九届学术讨论会三等奖	泉州市中级人民法院	2017年7月18日
黄晓珍	女	安溪县人民法院		泉州法院系统第二十九届学术讨论会优秀奖	泉州市中级人民法院	2017年7月18日
苏明坡	男	安溪县人民法院		泉州法院系统第二十九届学术讨论会优秀奖	泉州市中级人民法院	2017年7月18日
谢坤特	男	安溪县人民法院		优秀青年大比拼活动三等奖	泉州市中级人民法院	2017年9月22日
徐志林	男	安溪县人民法院		泉州市11届宣传人大制度好新闻三等奖	泉州市人大常委会办公室	2017年07月
陈琳冰	女	安溪县人民法院		全市法院涉诉信访维稳工作个人三等功	泉州市中级人民法院	2017年11月
陈琳冰	女	安溪县人民法院		全市法院涉诉信访维稳工作先进个人	泉州市中级人民法院	2017年11月
陈琳冰	女	安溪县人民法院		2017年泉州市六个"十佳"平安建设者提名奖	市政法委、市综治办	2017年12月
周水金	男	安溪县人民法院		全市法院刑事审判工作先进个人	泉州市中级人民法院	2017年10月17日
吴佳霖	男	安溪县人民法院		全市法院刑事审判工作先进个人	泉州市中级人民法院	2017年10月17日

姓名	性别	工作单位	职务	荣誉称号	授予机关	授予时间
周水金	男	安溪县人民法院		全市法院刑事审判工作个人嘉奖	泉州市中级人民法院	2017年10月17日
吴佳霖	男	安溪县人民法院		全市法院刑事审判工作个人嘉奖	泉州市中级人民法院	2017年10月17日
黄连贵	女	安溪新唐信家俱有限公司	总经理	福建省三八红旗手	福建省妇联	2017年2月28日
陈曦	男	县行政执法局	副局长	市"两违"综合治理专项行动表现突出个人	泉州市"两违"综合治理专项行动领导小组	2017年2月
李利达	男	县行政执法局	办事员	市"两违"综合治理专项行动表现突出个人	泉州市"两违"综合治理专项行动领导小组	2017年2月
钟冬凤	女	安溪县信访局	专线办负责人	泉州市六个"十佳"平安建设者	中共泉州市委政法委泉州市综治办	2017年12月
钟冬凤	女	安溪县信访局	专线办负责人	泉州市2014-2016年度精神文明建设先进工作者	中共泉州市委泉州市人民政府	2017年5月
任俊娥	女	安溪县人民检察院	政治处副主任	2017年泉州市六个"十佳"平安建设者提名奖	泉州市政法委、综治办	2017年12月
郑建设	男	安溪县人民检察院	办公室主任	全市检察机关"先进个人"	泉州市人民检察院	2018年02月
王金仕	男	安溪县人民检察院	侦监科干警	全市检察机关"先进个人"	泉州市人民检察院	2018年02月
陈碧瑜	女	安溪县人民检察院	公诉科干警	全市检察机关"先进个人"	泉州市人民检察院	2018年02月
庄培灿	男	安溪县人民检察院	原政治处干警	泉州市检察机关2016年度先进个人	泉州市人民检察院	2017年02月
王栋翔	男	安溪县人民检察院	原反渎局干警	泉州市检察机关2016年度先进个人	泉州市人民检察院	2017年02月
吴超	男	安溪县人民检察院	控申科干警	泉州市检察机关2016年度先进个人	泉州市人民检察院	2017年02月
陈丽华	女	安溪县人民检察院	公诉科干警	泉州市检察机关2016年度先进个人	泉州市人民检察院	2017年02月
李清岛	男	安溪县人民检察院	监察科干警	泉州市检察机关2016年度先进个人	泉州市人民检察院	2017年02月
陈碧瑜	女	安溪县人民检察院	公诉科干警	全市刑事申诉业务标兵	泉州市人民检察院	2017年5月22日
王雅彬	女	安溪县人民检察院	生态资源检察科副科长	全市生态案件质量评查练赛优秀评查报告	泉州市人民检察院	2017年4月28日
涂兴炎	男	安溪县人民检察院	刑事执行检察局局长	第一届全省检察机关案件管理业务竞赛 嘉奖	泉州市人民检察院	2017年02月
刘木钗、王艺敏		安溪县人民检察院		泉州市检察机关第六届理论研讨会优秀论文三等奖	泉州市人民检察院	2017年11月8日
胡激洋刘友谦		安溪县人民检察院		泉州市检察机关第六届理论研讨会优秀论文三等奖	泉州市人民检察院	2017年11月8日
刘木钗陈碧瑜		安溪县人民检察院		泉州市检察机关第六届理论研讨会优秀论文三等奖	泉州市人民检察院	2017年11月8日
刘英红王金顺		安溪县人民检察院		泉州市检察机关第六届理论研讨会优秀论文优秀奖	泉州市人民检察院	2017年11月8日
吴聚宾陈碧瑜		安溪县人民检察院		泉州市检察机关第六届理论研讨会优秀论文优秀奖	泉州市人民检察院	2017年11月8日

2017年安溪县参加省级及以上竞赛获奖个人名表

姓名	性别	工作单位	职务	荣誉称号	授予机关	颁奖时间
林超群	男	中国电信股份有限公司安溪分公司	设备维护中心副主任	2017年福建电信公司网络转型创新劳动竞赛—移动网端到端业务感知提升专项竞赛天翼4G维护支撑优秀个人	中国电信股份有限公司福建分公司、中国电信集团工会福建省委员会	2017年12月8日
傅国盛	男	中国电信股份有限公司安溪分公司	网络部建设项目管理员	2017年度投资建设管理竞赛先进个人	中国电信股份有限公司福建分公司	2017年12月21日
林超群	男	中国电信股份有限公司安溪分公司	设备维护中心副主任	2017年度网络智能化重构（LTE800M建设）先进个人	中国电信股份有限公司福建分公司	2017年12月21日
王博聪	男	中国电信股份有限公司安溪分公司	销售服务部销售管控	2017年"智能光宽带营销竞赛"智能光宽发展先进个人	中国电信股份有限公司福建分公司	2018年2月28日
王一帆	女	福建省电信技术发展有限公司安溪分公司	政企部ICT拓展团队小CEO	2017年政企渠道"领航先锋"竞赛活动4+1+1销售能手	中国电信股份有限公司福建分公司、中国电信集团工会福建省委员会	2018年3月1日
肖智强	男	中国电信股份有限公司安溪分公司	政企部副主任	2017年政企渠道"领航先锋"竞赛活动校园统筹标兵	中国电信股份有限公司福建分公司、中国电信集团工会福建省委员会	2018年3月1日
冯鹏洲	男	安溪县农村信用合作联社魁斗信用社	综合柜员	福建省银行卡协会第四届征文比赛"优秀征文奖"	福建省银行卡协会	2017年12月
王明福	男	安溪县老龄办	办事员	全省专题政策调研成果二等奖	福建省老龄工作委员会办公室	2017年5月
张晓灿	男	安溪县高甲戏剧团	演员	第十三届福建省戏剧水仙花奖比赛专业组表演奖三等奖	福建省文学艺术界联合会、福建省文化厅、福建省戏剧家协会	2017年6月
宋军泉	男	安溪县高甲戏剧团	演员	福建省第九届青年演员比赛戏剧组铜奖	福建省文化厅	2017年12月
郭宗华	女	安溪县高甲戏剧团	演员	福建省第九届青年演员比赛戏剧组铜奖	福建省文化厅	2017年12月
林怀锋	男	安溪县高甲戏剧团	演员	福建省第九届青年演员比赛戏剧组铜奖	福建省文化厅	2017年12月
张艺辉	男	安溪县高甲戏剧团	演员	福建省第九届青年演员比赛戏剧组铜奖	福建省文化厅	2017年12月
王铭芬	女	安溪县文化馆	馆长	第二届"海峡杯"闽渝台少儿歌手赛优秀指导老师	福建省文化厅 福建省教育厅	2017年1月
王铭芬	女	安溪县文化馆	馆长	第八届"同一片蓝天"全国新春少儿电视晚会北京专场优秀指导老师奖	全国少儿电视晚会组委会	2017年1月
吕海燕	女	茶文化艺术团	主持人	福建省志愿者组二等奖	福建省文物局	2017年3月
朱贵良	男	安溪沼涛中学	教师	作品《紫甘蔗蕹》入选"第三届全国青年水彩画展"	中国美术家协会	2017年9月
陈加友	男	安溪县茶业职业技术学校	高级讲师	新型乌龙茶叶加工全自动生产线（三等奖）	福建省人民政府	2017年9月
张伟杰	男	安溪县华侨职业中专学校	教务处副主任	全国职业院校信息化教学大赛中职组信息化教学设计比赛中《军装风格女风衣领部设计》二等奖	全国职业院校信息化教学大赛组委会	2017年11月
张金玲	女	安溪县华侨职业中专学校	教师	全国职业院校信息化教学大赛中职组信息化教学设计比赛中《军装风格女风衣领部设计》二等奖	全国职业院校信息化教学大赛组委会	2017年11月
苏世海	男	安溪县华侨职业中专学校	副校长	全国职业院校信息化教学大赛中职组信息化教学设计比赛中《军装风格女风衣领部设计》二等奖	全国职业院校信息化教学大赛组委会	2017年11月
谢雨佳	男	安溪县华侨职业中专学校	办公室副主任	2017年全国中等职业学校德育课"创新杯"教师信息化教学说课大赛三等奖	中国职业技术教育学会	2017年12月
李文天	男	安溪县华侨职业中专学校	教师	《古韵升辉》第二届"匠心杯"中国（安溪）滕铁工艺现场创作大赛入围奖	中国工艺美术协会 福建省工艺美术协会 第二届中国（安溪）家居工艺文化博览会筹委会	2017年9月
胡巧娜	女	安溪县人民检察院	公诉科副科长	全省法治宣讲团（第四名）	福建省人民检察院	2017年4月5日
刘木钗	男	安溪县人民检察院	研究室副主任	福建省法学会刑法学研究会2017年会论文三等奖	福建省法学会刑法学研究会	2017年10月
傅新艺	男	安溪县人民检察院	公诉科干警	福建省法学会刑法学研究会2017年会论文三等奖	福建省法学会刑法学研究会	2017年10月

附 录

中共安溪县委
关于加快社会事业发展　补齐民生短板
确保如期全面建成小康社会的决定

（2017年8月29日中国共产党安溪县第十三届委员会第四次全体会议通过）

为深入贯彻习近平总书记系列重要讲话精神和治国理政新理念新思想新战略，全面落实中央关于保障和改善民生的重大决策部署以及省委十届三次全会、市委十二届四次全会精神，中共安溪县委十三届四次全体会议就加快我县社会事业发展，补齐民生短板，确保如期全面建成小康社会，进行了深入讨论，并作出如下决定。

一、加快社会事业发展补齐民生短板的重要意义和总体要求

1. 重要意义。全面小康，民生为大。党的十八大以来，以习近平同志为核心的党中央坚持以人民为中心的发展思想，坚持五大发展理念，对加快社会事业发展、保障和改善民生作出一系列顶层设计、制度安排和工作部署。省委、市委坚决贯彻中央重大决策，全面深化社会事业改革创新，省委十届三次全会、市委十二届四次全会相继作出加快社会事业发展补齐民生短板的决定，充分体现了全省、全市人民的共同期盼。县委坚决贯彻中央和省委、市委决策部署，坚持把新增财力的近80%用于保障和改善民生，有力推动社会事业发展，人民生活质量和水平不断提高。但与全面建成小康社会目标和人民群众过上更加美好生活期待相比，我县社会事业特别是教育、卫生与健康、养老和城乡民生基础设施等领域短板比较明显，主要体现在优质资源供给缺口较大、城乡区域发展不够均衡、财政投入结构不尽合理、体制机制不够顺畅、高层次人才仍较匮乏等问题，群众反映比较强烈。当前，全面建成小康社会进入决胜阶段，我县正从中等收入经济向高收入经济迈进，群众对过上更加美好生活的要求日益提高，必须把加快补齐社会事业短板摆到更加突出的位置，不断增进民生福祉，推动"四个安溪"建设取得更大成效。

2. 指导思想。全面贯彻党的十八大和十八届三中、四中、五中、六中全会精神，深入学习贯彻习近平总书记系列重要讲话精神和治国理政新理念新思想新战略以及对福建工作的重要指示，统筹推进"五位一体"总体布局，协调推进"四个全面"战略布局，增强"四个意识"，牢固树立和贯彻落实五大发展理念，坚持以人民为中心的发展思想，实施"教育惠民、健康利民、养老暖民、宜居便民"四大行动，紧盯薄弱，补齐短板，提升质量，力争更多社会事业走在全市全省前列，让人民群众有更多获得感，确保如期全面建成小康社会，以优异成绩迎接建党100周年。

3. 发展目标。到2020年，社会事业发展水平与经济发展水平基本相适应，公共服务体系更加完善，供给能力显著增强，"学有所教""病有所医""老有所养"和"宜居宜业"等基本公共服务保障能力和水平迈上新台阶。社会事业重点领域主要指标达到或高于全市平均

水平。

——**教育发展扩容提质**。各类教育资源总量扩充、质量跃升、城乡均衡，教育各项主要指标进入全市第一方阵，学前三年入园率超过98%，义务教育巩固率稳定在98%以上，高中阶段毛入学率超过97%，高等教育毛入学率达62%，跻身福建省教育强县，基本满足人民群众获得更好教育的愿望。

——**卫生健康便利安心**。医药卫生体制改革持续深化，覆盖城乡的基本医疗卫生制度基本建立，每千常住人口医疗机构床位5张、执业（助理）医师数2.0人、注册护士数2.1人，城乡居民国民体质达标率90%以上，人均期望寿命达到78.29岁。"健康安溪"建设取得阶段性成效，健康福祉更加公平惠及全民。

——**养老服务多元供给**。以居家为基础、社区为依托、机构为补充、医养融合发展的多层次养老服务体系全面建立。生活照料、医疗护理、精神慰藉、紧急救援等基本养老服务覆盖全体老年人，每千名老年人拥有养老床位数35张以上。

——**民生基建畅通优化**。城乡公共设施体系持续完善，堵、涝、污等得到有效治理，城市建成区平均路网密度8公里/平方公里，人均公园绿地面积达14.1平方米，城区生活污水处理率达到90%，生活垃圾无害化处理率达到99%，基本实现乡镇村庄生活污水垃圾处理全覆盖，建成便捷舒适的宜居宜业环境。

4.基本原则

——**坚持问题导向**。对标全面建成小康社会目标，以教育、卫生与健康、养老、城乡民生基础设施的短板为着力点，集中力量、精准施策，切实解决人民群众关心关注的难点热点问题，有效保障人民群众日益增长的多样化多层次多方面需求。

——**坚持改革创新**。正确处理政府作为与市场作用的关系，供给侧改革与需求侧管理的关系，不失时机地推进社会事业重点领域和关键环节改革，着力理念创新、工作创新、业态创新和体制机制创新，破除影响社会事业发展的各种障碍，不断增强社会事业发展的动力活力。

——**坚持统筹协调**。更加注重经济发展与民生改善的内在统一，城乡区域之间的一体推进，保障重点与兼顾全面的有机衔接，当前可承受与未来可持续的全盘筹划，分清轻重缓急，循序渐进，推动公共服务资源在空间分布、建设标准、管理水平上更加科学合理。

——**坚持共建共享**。切实把共建共享理念贯穿和体现到经济社会发展全过程、各领域、各环节，既要发挥政府的主导作用，强化社会管理和公共服务职能，健全保障机制，又要发挥人民群众主体作用，广泛汇聚民智，最大激发民力，形成"人人参与、人人尽力、人人享有"的良好局面。

二、实施教育惠民行动，办好人民满意教育

教育是立县之本、立业之基。要全面贯彻党的教育方针，高质量普及15年基本教育，完善现代职业教育体系，大力促进教育优质、均衡、特色发展，努力建设教育强县、人才强县。

5.加快学前教育普惠发展。实施幼儿园建设"工程包"，到2020年全县新（改）建17所公办幼儿园，新增学位9000个；按照"社会投资、政府扶持、依法监管"机制，吸引社会资本新（改）建一批普惠性幼儿园，确保普惠性幼儿园覆盖率达到85%。完善"以县为主"的学前教育管理体制，通过政府购买服务、补贴租金、培训教师等形式，加快普惠性民办幼儿园发展；推行学前教育生均拨款制度，确保至2020年学前教育年生均公用经费财政拨付标准不低于500元。坚持堵疏结合，对无证民办幼儿园实施分类指导、分类处理。建立教育与规划建设等部门会商机制，落实新建住宅小区规划配套建设幼儿园政策，完善配套幼儿园的移交、举办、回收等具体办法。鼓励各乡镇利用闲置资源改建普惠性幼儿园。探索建立以幼儿园和妇幼保健机构为依托，面向社区、指导家长的公益性婴幼儿早期教育服务模式。

6.推动义务教育优质均衡。坚持把中小学建设纳入城乡建设发展总体规划，优先保障建设用地，构建与常住人口规模相适应的义务教育学校布局。统筹推进县域内城乡义务教育一体化发展，持续加大对偏远山区和农村薄弱中小学倾斜支持力度，促进优质教育资源均衡配置。继续实施城镇中小学扩容工程和义务教育提升工程，基本消除义务教育大班额。深化义务教育城区"小片区"管理、农村薄弱校"委托管理"等改革，完善名校带弱校、老校扶新校等集团化办学模式。实施农村学校改薄工程，补足农村中小学办学条件缺口。探索提升初中教学质量有效途径，全县初中校实行划片联合捆绑管理与考核评价制度，做到资源共享、质量共评、奖惩共担。规范县外公民办学校向我县招生的行为，抑制优质生源外流。

7.做优做强高中教育。加快城区新建高中校建设，

增加城区高中学位；支持鼓励公民办高中晋级，力争到2020年新增省一级达标高中2所、二级达标高中1所，建成省级高中课改基地达到2所、示范性高中达到1所。规范高中校管理，个性化制定每所高中校质量目标，实行年度考核评价和奖惩激励制度，促进形成多校良性竞争、共同发展格局。统筹实施高中多样化特色发展计划，重点培育一批特色高中。建立基于教学成果的教研人员准入机制，提升新高考教研针对性、指导性和有效性。

8. 提升职业教育、高等教育服务转型升级能力。实施职业教育提升工程，大力推进中职学校专业群对接产业群，引导和支持企业与中职学校共建产权清晰的实训基地，到2020年，建成6~8个服务产业的省、市级特色专业群，建成3个市级示范性公共实训基地（其中1个达到省级标准）。到2020年，华侨职校完成国家中职改革发展示范校建设，建成省级示范性现代职校，陈利职校、安溪茶校建成市级特色（优质）职校。支持福建农林大学安溪茶学院开展"一个试验田，三个基地"建设，创新教学模式，打造成为国际茶产业高端人才摇篮。

9. 促进教育包容发展与机会公平。实施特殊教育提升计划，普及残疾儿童少年学前至高中阶段教育。落实义务教育划片就近入学政策，做好外来工随迁子女、农村留守儿童和残疾儿童入学组织工作，保障不同群体平等享有教育权利。做好军人子女教育优待、高层次人才子女教育服务工作。实施教育精准扶贫攻坚，关爱贫困家庭学生。建设全县中小学素质教育大数据，广泛采集分析中小学生兴趣特长，针对性开展培训、竞赛，让每个学生公平享受成长成材的机会。

三、实施健康利民行动，提升全民健康水平

没有全民健康，就没有全面小康。要坚持健康优先战略，以人民健康为中心，建设"健康安溪"，以基层为重点，改革创新为动力，预防为主，建立健全与常住人口规模相适应的医疗卫生服务体系和公共卫生服务体系，有效解决医疗卫生资源供需矛盾，努力全方位、全周期保障人民健康。

10. 扩充优质医疗资源。加强全县公立医疗卫生机构基础设施建设和医疗设备配置更新，加快县医院门诊医技大楼、县妇幼保健院迁址重建等重点项目建设，推进县中医院标准化建设。其中，县医院、县中医院、县妇幼保健院分别按三级甲等综合医院、三级中医院、三级妇幼保健院标准规划建设；乡镇卫生院按照分级诊疗和

区域联合体建设需要，进行科学分类，资源整合，满足发展需求。加强产科、儿科、精神卫生、传染病、中医、康复、老年等急需紧缺薄弱领域的医疗卫生资源建设。落实社会办医优惠力度，推动社会办医与公办医疗机构在医保政策上同等对待，支持社会资本举办非营利性医疗机构。

11. 建设高水平重点专科。突出以医疗核心能力建设为引领，全力支持安溪县医院、县中医院、县妇幼保健院、第三医院的医疗能力建设，打造医疗技术精湛、人才力量雄厚、管理科学高效的县域高水平医院。完善临床重点专科建设激励与评价机制，落实新一轮三年周期临床重点专科创建工作，设立重点专科专项资金，培育一批县级及以上重点专科，强化对县域医疗的辐射带动作用。依托卫生计生人才"千百十"培养方案，柔性引进高层次人才，与国内一流医疗机构、科研团队建立"双主任制"专科联盟、多学科协作关系。强化提升临床基础研究与创新能力，探索推动院士专家工作站、名医传承工作站（室）建设，支持县医院建设重症医学监护中心。

12. 夯实基层医疗卫生基础。进一步深化医药卫生体制改革，建立"基层首诊、双向转诊、急慢分治、上下联动"的分级诊疗体系，不断完善医联体组织管理模式、运行机制和激励机制，推动优质医疗资源向基层下沉，力争到2020年基层医疗卫生机构诊疗量占总数比例65%以上，县域内就诊率达90%以上，将家庭医生签约服务扩大到全人群，基本实现家庭医生签约服务制度的全覆盖。加强县级综合医院内科、外科、妇产科、儿科、急诊科五大核心学科和新生儿科、精神科、康复科、血液透析科、重症监护五大临床薄弱学科建设，构建县域医疗服务技术、协作、信息"三大平台"和县域消毒供应、心电诊断、临床检验、医学影像诊断、病理检验、远程会诊等"六大中心"，发挥县级医院的龙头作用，不断提升县域医疗服务辐射能力。实施基层中医药服务能力提升工程，力争办好县中医院。推行乡村卫生服务一体化管理。加强乡镇卫生院基本能力建设，合理设置公立村卫生所，实现全县医疗卫生机构基础设施、基本设备100%双达标。推进以病种收（付）费为主的医保复合付费方式改革，适当扩大重大疾病患者用药目录范围，加大对重大疾病患者及家庭的救助力度，增强基本医疗保障能力。

13. 加紧妇幼保健和精神卫生供给。加快县妇幼保健院迁址重建，促进妇幼保健机构公卫临床实质融合。推

行孕产妇、儿童全生命周期健康管理服务，落实出生缺陷三级预防措施，扩大妇女"两癌"检查项目覆盖范围。推进县级医院和乡镇卫生院产科、儿科建设，加强产科、儿科医务人员配置，开设病床的乡镇卫生院全部开设产科、儿科床位。完善精神卫生防治服务网络，力争精神卫生床位每万人口达5.6张，精神科执业（助理）医师每10万人达3.8名。

14. **完善疾病预防控制体系。** 开展重大疾病和突发急性传染病联防联控，提高对传染病、慢性病、地方病、职业病和出生缺陷的监测、预防和控制能力。支持县疾控中心省级实验室建设，提升检测能力。以预防为主，加强健康教育、治未病等前端服务，推动卫生工作由"以治病为中心"向"以健康为中心"转变。规范预防接种门诊建设，以乡镇为单位适龄儿童免疫规划疫苗接种率保持在95%以上。加强健康体检规范化管理，推动癌症、冠心病等慢性病的机会性筛查，逐步将符合条件的重大慢性病早诊早治适宜技术纳入诊疗常规。探索在社区、学校、公共场所设立"智慧健康小屋"，设置除颤仪等自救互救设施和急抢救药，解决好居民健康管理、突发应急"最后一公里"问题。

四、实施养老暖民行动，保障养老服务需求

养老服务体系建设滞后于人口老龄化，养老服务和产品供需结构性矛盾突出。要激发养老服务市场活力，建立多元主体共同应对人口老龄化体制机制，丰富养老产品，提升服务质量，更好地满足老年群体多层次、多样化的服务需求，确保"老有所养、老有所依、老有所乐、老有所安"。

15. **全面加强居家社区养老服务。** 结合城乡发展总体规划，统筹建设城乡养老服务设施，补足社区日间照料中心、城乡社区居家养老服务站等社区养老服务设施，到2020年新建农村幸福院158个（2018年53个、2019年53个、2020年52个），农村养老服务设施覆盖率达到60%以上，新建居家社区养老服务照料中心20个，居家社区基本养老服务覆盖全体老年人。城市社区每万人拥有养老服务设施达到500平方米以上，打造"15分钟社区养老圈"。巩固家庭养老基础地位，建立健全家庭照护支持体系，鼓励成年子女与老年父母共同生活，履行赡养义务和承担照料责任。发挥社区养老服务基石作用，创新居家社区养老服务模式，实施"互联网＋"养老工程，探索互助式养老等新模式，建好县养老服务公共

管理信息平台。采取政府补助、社会捐赠、老年人缴费等方法，保障养老服务设施可持续运营。全面启动养老机构、居家社区养老服务照料中心、农村幸福院的星级评定工作。加大对失独老年人的关爱帮扶，建立健全经济困难的高龄、失能老年人补贴制度，80周岁以上老年人居家社区养老基本服务纳入政府购买服务范围。大力发展老年教育、老年文化，加快老年体育健身设施建设。加强居住区无障碍改造，完善适老化配套设施。

16. **拓展机构养老服务。** 加强公办保障性养老机构建设，深化公办养老机构改革，实行老年人入住评估制度，优先保障特困供养人员集中供养需求和孤寡、失独、失能、高龄老年人的服务需求，切实发挥政府托底作用。鼓励支持民间资本和社会力量申办养老机构，完善和落实对民办养老机构的优惠政策，到2020年民营养老床位占比超过50％。鼓励通过公建民营、民办公助等方式举办养老机构，扩建安溪县明爱福利养老院11000㎡。鼓励整合改造企业厂房、商业设施、存量商品房等用于养老服务。盘活用好乡镇敬老院，鼓励有实力的企业或社会组织规模化承接、连锁化运营，着力提升敬老院床位使用率。加强异地养老机构互助合作，开展异地养老、"候鸟式"养老等服务。依法依规加强对从事养老服务的机构和社会组织的全过程监管，限时完成已建养老机构安全达标和设立许可，推行养老服务合同制度和机构责任保险，切实保护当事人的合法权益。

17. **推进医养融合发展。** 创新医疗卫生机构与养老机构合作机制，搭建双向转诊绿色通道，开展医养结合试点，到2020年护理型床位数占养老床位总数比例达30%以上。医疗卫生机构和医保部门要在养老机构开展医疗服务，创造条件将养老机构纳入基本医疗保险定点范围。拓展医疗机构为老服务功能，采用增设、转型、新建等方式，推动老年病医院、护理院、康复医院和综合医院老年病科建设。推进医疗卫生服务延伸至社区、家庭，支持社区医疗护理和养老服务机构整合资源。重视老年人心理健康、精神慰藉、临终关怀等安宁养护服务，营造舒心健康养老环境。

18. **培育特色健康养老产业。** 建立健康养老产业生态孵化器、加速器，引导养老与医疗、保险、教育、健康、旅游、文化等产业融合发展，建成中医养生、旅居养老等富有特色的产业基地。支持养老服务企业连锁化、规模化、专业化、品牌化经营，加强与港澳台地区、"一

带一路"沿线交流合作，培育一批龙头企业和养老服务品牌。实施智慧健康养老产业发展行动计划，培育新技术、新业态、新模式，提升健康养老服务水平。

五、实施宜居便民行动，打造优质舒适环境

传统基础设施向民生基础设施转型，是新型城镇化的内在要求。要坚持科学规划、城乡统筹、适度超前，加快交通出行、防洪排涝、地下综合管廊、生态环境、社会事业设施等薄弱环节建设，增强城乡综合承载能力，努力让全县人民享受好环境好生活。

19. **打造立体交通路网**。加快完善城市综合交通体系，做好铁路站点、高速公路等区域交通与城市交通有机衔接，完善中心城区主次干道路网，加快建设三安大桥、东西大道、兴泉铁路站点连接线等重要交通节点。持续推进交通治堵行动，打通"断头路、瓶颈路"，整治完善支路小巷，加快重要拥堵节点治理，优化交通组织管理，挖潜提高现有道路通行能力。完善公共自行车系统。改造提升自行车道、人行道和过街系统，加快推进绿道北线工程建设，构建完善的城市慢行系统。挖掘利用地上地下空间，加快建设公共停车设施和停车泊位智能诱导系统，有效缓解停车难和无序停放问题。继续推进农村公路改造提升、县乡道联网提级和旅游路、资源路、产业开发路建设，完成国省道新改建40公里以上、农村公路新改建700公里。提升常规公交服务能力，有序推进农村客运公交化改造。加快电动汽车推广和充电设施建设。完善城乡物流配送网络。加强水、气、电、通信等地下管线建设改造，推进地下综合管廊建设试点，减少城市"马路拉链"对道路畅通的影响。

20. **构筑防洪排涝体系**。积极推动海绵城市试点区建设，提高蓄水、滞水和渗水能力。推进城市内涝防治行动，统筹实施蓄排结合的雨洪防御措施。加快江河流域防洪治理，建设白濑水利枢纽工程，完善大型防洪排涝工程、调蓄设施。完成《安溪县城防洪排涝专项规划》《安溪县排水（雨水）防涝设施建设规划》等，强化城区内沟河、滞洪区、排水管渠系统定期清障清淤和整治，推进高风险内涝重灾区整治。加快城区水系联排联调系统建设，加强汛前汛期综合调度，配足应急抢险队伍及设施，科学排水防涝。城区应对暴雨灾害能力明显提高，实现中小雨不积水、大雨暴雨不发生严重内涝、特大暴雨城市运转基本正常。

21. **提升生态环境质量**。深化水、大气、土壤污染防治，加大小流域环境综合整治力度，健全"有专人负责、有监测设施、有考核办法、有长效机制"的治理模式，实现流域治理向纵深、源头、治本方向发展。大力推进"城市双修"试点建设，实施城市山体修复、黑臭水体综合治理、老城区空间整治和功能修补项目，加快老城区背街小巷破损修补，提升城市生态环境和空间品质。推进水环境综合治理，完善城市污水处理设施，补齐乡镇生活污水处理设施，加快老城区污水管网改造和新城区污水管网建设，实施源头雨污分流改造，强化违法排污执法，提升污水收集处理能力。实施城乡洁净行动，完善城乡生活垃圾无害化处理设施，推行生活垃圾强制分类，推进城乡公厕建设、改造和维护管理。加紧提高建筑垃圾消纳和危险废物处置能力。到2020年所有乡镇建成生活污水处理设施、垃圾转运系统并有效运行，所有行政村生活污水处理及生活垃圾收运处理全覆盖。加快应急备用水源建设，加快推进安溪县自来水厂三期工程建设，加快推进安溪县吾都水厂至中国茶都给水管道工程等新建供水管网建设，逐步推进老旧管网改造。坚持低维护、节约型园林绿化理念，建设园林城市、森林城市。

22. **完善公共服务设施**。加快推进凤山书院、龙门体育运动休闲小镇、体育田径场、全民健身活动中心、高甲戏剧场、博物馆、县综合档案馆、公共足球场等公共文化体育设施建设。改造提升一批公共文化服务设施，建好一批城镇"百姓书房"，鼓励引导社会资本参与建设。继续推进"文化体育惠民工程"建设，到2020年整合完成集宣传文化、党员教育、科学普及、普法教育、体育建设等功能于一体的基层综合性文化服务中心。公共图书馆、博物馆、文化馆和综合文化站全部免费开放，建立县图书馆、乡、村基层综合性文化服务中心图书室三级服务体系，实施数字图书馆、数字文化馆、数字博物馆、农村数字电影放映工程。推进中小型公共体育设施建设，广泛开展全民健身活动，到2020年全县人均体育场地面积达到2平方米。充分依托现有条件和政府综合服务场所，推动乡镇劳动就业和社会保障服务设施建设。探索建立优抚安置对象社会化服务平台，加大对残疾人以及因遭遇突发事件、意外伤害、重大疾病导致基本生活陷入困境的家庭和个人救助保障力度。加强城乡无障碍设施、信息无障碍建设。

六、切实强化各项保障措施

23. **压实责任**。各级各部门要把加快社会事业发展、

补齐民生短板摆上重要位置，加强研究部署，科学规划布局，细化落地措施，明确量化目标和时间表、路线图、责任人。教育、卫计、民政、市政公用事业、住建、交通、文体等职能部门要加强统筹协调，细化任务分工、实施步骤，各参与单位要各司其职、积极配合，坚持质量引领、标准为先，高标准严要求组织设计、施工、验收等各个环节，确保每个项目都经得起历史检验。要把补短板惠民生的实绩作为各级领导班子和领导干部绩效考评重要内容，加强督查考核，确保责任到位、工作到位、投入到位、见到实效，对组织领导不力、工作开展不到位的要严肃问责。要落实好市委激励干部提升干事创业精气神"八条措施"和我县一线立体考察干部办法，以"敢于担当、务实肯干、善作善成"的良好状态抓好补短板工作。要坚持规范运作，严肃查处各类违法违规案件，防止出现劳民伤财，避免出现贪污腐败和侵犯群众利益的不正之风，真正把实事办实、好事办好。

24. 加大投入。完善公共财政投入体制，优化财政支出结构，重点保障全县民生和各项社会事业支出。各级各相关部门要统筹、策划、生成一批针对性强、实效性高的项目工程包，积极争取上级的财政转移支付、资金支持。用好用足金融和税收政策，加强对社会事业发展的引导和扶持。积极盘活闲置资产资源，加强相关公共服务设施整合利用，防止一边加大投入、一边低效浪费。发挥行业协会作用，鼓励倡导社会各界、海内外乡亲捐赠助推社会事业发展。鼓励支持公共服务投资主体和投资模式多样化，大力引进社会资本，加快培育市场主体，推进政府购买服务，形成多方参与、多元供给格局，增强社会事业可持续发展能力。

25. 创新机制。深化"放管服"改革，进一步为人民群众和投资者打造一流的服务环境，更好地推动经济社会发展。加快事业单位分类改革，逐步将有条件的事业单位转制为企业或社会组织。鼓励探索社会事业项目建设、运营、管理新机制。加强社会事业发展规划与城乡规划、土地规划、人口规划等多规融合，推动社会事业与相关产业的合理布局、协调发展。完善支持社会事业发展的配套政策，优先保障公益事业用地、用林、污染物排放总量指标以及用水、用电、用气等指标需求。建立健全

基本公共服务标准体系，发展"互联网+"益民服务，深入推进教育"三通两平台"和医疗健康信息化工程包建设，提升基本公共服务信息化、智能化水平，促进优质资源互联互通、资源共享。

26. 建强队伍。加大社会事业专业人才培养培训力度，支持中等职业学校开设与社会事业相关的学科专业，扩大专业服务和管理人才的培养规模，加快培养急需紧缺人才。主动对接市人才"港湾计划"，优化高层次人才认定标准，积极引进学科领军人才和创新团队。加强和改进教师、医务人员编制管理，创新管控方式和用人制度，最大限度弥补编制缺口。完善师资补充机制，全面推进教师"县管校聘"改革，加大公办教师和编外合同教师招聘力度，实施乡村教师支持计划，培养一批名师、名校长、名班主任和优秀青年教师；加快推进公立医院编制和人事管理改革，实行差别化人才招聘和职称评聘办法，实施"名医带徒工程"，加强乡村医生队伍建设；加大养老服务专业培训力度，着力培育护理专业人员；实施退休返聘计划，缓解教育、医疗等社会事业领域专业技术人才缺口。根据优质资源扩大需求，适度提高中、高级职称岗位设置比例，完善和落实工资收入、职称评定、医疗保障、养老保障等激励政策，加大对山区具有高级职称的教师、医务人员等专业人才的奖励力度，提高基层一线人员待遇，鼓励和引导各类人才向基层流动。进一步加强师德师风、医德医风建设，打造人民满意的教师和医务人员队伍。

27. 聚集合力。加强民生政务公开，及时向社会公布社会事业补短板项目实施进度，创新群众参与的载体、渠道和方法。深化社会组织管理制度改革，探索政府购买服务和公益创投新模式，促进公益慈善类社会组织、志愿组织完善治理结构，参与社会救助和公益慈善事业。弘扬邻里互助互爱精神，大力培育社区社会组织，鼓励发展社区基金会、社会企业等支持型、战略型组织，统筹发挥社会力量协同作用。坚持正确舆论导向，合理引导社会预期，培育奋发进取、理性平和、开放包容、健康向上的社会心态。总结宣扬民生工作先进典型和经验，调动广大群众积极性、主动性和创造性。

2017年安溪县国民经济和社会发展主要指标表

项 目	单位	2016年	2017年	增长（%）
人口				
年末户籍人口	人	1200456	1214636	
其中：城镇人口	人	284832	288421	
年末常住人口	万人	101.2	101.9	
其中：城镇人口	万人	45.2	47.4	
城镇化水平	%	44.7	46.5	
出生率	‰	14.2	14.2	
死亡率	‰	6.2	5.3	
自然增长率	‰	8.0	8.9	
国民经济核算				
地区生产总值（GDP）	万元	4663736	5153295	8.9
第一产业	万元	416152	417515	4.3
第二产业	万元	2454000	2681977	7.9
工业	万元	2150935	2343522	8.5
建筑业	万元	303913	338863	3.6
第三产业	万元	1793584	2053803	11.4
交通运输、仓储和邮政业	万元	389978	430722	7.7
批发和零售业	万元	430553	430878	5.2
住宿和餐饮业	万元	45285	46632	5.0
金融业	万元	139673	202142	23.1
房地产业	万元	266815	296326	12.4
营利性服务业	万元	214276	287285	28.8
非营利性服务业	万元	295770	348440	5.2
人均地区生产总值	元/人	46244	50746	8.2
财政				
一般公共预算总收入	万元	372222	404898	8.8
其中：一般公共预算收入	万元	243143	265695	9.3
一般公共预算支出	万元	542152	630984	16.7
农业				
农林牧渔业总产值	万元	667077	657858	4.2
主要农产品产量				
粮食	吨	105246	103989	-1.2
蔬菜	吨	266566	260132	-2.4
茶叶	吨	59987	62082	3.5
水果	吨	29741	31465	5.8
肉、蛋、奶	吨	26541	26680	0.5
水产品	吨	1736	1743	0.4
工业				
工业总产值	万元	6800442		
其中：规模以上工业产值	万元	6304475	7353240	11.5
工业增加值	万元	2150935	2045076	9.1
规模以上工业经济效益综合指数	%	292.16	371.86	
进出口				
进出口商品总额（海关数）	亿元	31.15	33.78	8.4

项　目	单位	2016年	2017年	增长（％）
其中：出口总额	亿元	28.86	30.07	4.2
进口总额	亿元	2.29	3.71	62.0
实际利用外资（验资口径）	亿元	6.03	6.73	11.5
合同外资	万美元	20719	3517	−83.0
三资企业总产值	亿元	208.8	235.3	12.7
经济贸易				
社会消费品零售总额	万元	2322622	2624168	10.5
其中：限额以上	万元	807344	995043	18.2
限额以下	万元	1515278	1629125	6.3
投资				
固定资产投资	万元	3264060	3627634	11.1
其中：项目投资	万元	2581803	2675449	3.6
房地产开发投资	万元	682257	952185	39.6
工业投资	万元	885164	1027560	16.1
商品房销售面积	万平方米	1102946	1567109	42.1
商品房销售额	亿元	65.83	106.16	61.3
居民生活				
全体居民人均可支配收入	元	18745	20410	8.9
城镇居民人均可支配收入	元	27247	29767	9.2
农村居民人均可支配收入	元	14004	15145	8.1
城镇非私营单位在岗职工平均工资	元	58928	61161	5.3
城镇登记失业率	％	1.13	1.13	
价格指数				
居民消费价格总指（CPI）	％	101.1	101.1	
其中：服务项目价格指数	％	100.5	100.5	
消费品价格指数	％	101.4	100.6	
工业生产者出厂价格指数（PPI）	％	98.7	103.7	
供电				
全社会用电量	万千瓦时	346965	378789	9.2
其中：工业用电量	万千瓦时	240951	265480	10.2
金融				
金融机构本外币各项存款余额	万元	3539261	4077910	15.2
其中：人民币存款	万元	3518232	4055064	15.3
金融机构本外币各项贷款余额	万元	3109658	3633951	16.9
其中：人民币贷款	万元	3107170	3632026	16.9
交通运输、邮电				
公路通车里程	公里	4818.6	4937.67	
其中：高速公路	公里	102	132.56	
邮政业务收入	万元	5024	6426	27.9
电信业务收入	万元	21724	22795	4.9
旅游				
接待国内外旅客	万人次	556.6	681.83	22.5
旅游总收入	亿元	58.5	76.79	31.3
教育				
各类学校数	所	502	500	
其中：普通中学	所	51	50	
小学	所	222	222	

项　目	单位	2016年	2017年	增长（%）
各阶段在校学生数	人	210133	216519	
其中：幼儿园	人	49120	48906	
小学	人	108179	112287	
初中	人	31286	35008	
高中	人	14624	14297	
中专	人	6724	5845	
特殊教育学校	人	200	176	
科技				
年专利申请量	项	4784	2438	
年专利授权量	项	2479	1672	
文化				
博物馆	个	1	1	
文化馆	个	1	1	
公共图书馆	个	1	1	
公共图书馆藏书量	万册	17.45	17.63	
电影院	个	1	1	
电影院放映场数	场	157	170	
剧团数	个	1	1	
剧团演出场数	场	93	151	
有线电视用户	户	153319	154304	
广播综合人口覆盖率	%	93.1	93.2	
电视综合人口覆盖率	%	93.2	94.2	
体育				
体育场地数	个	288	297	
其中：标准化体育场地	个	10	12	
乡镇体育健身活动中心	个	30	45	
农民健身工程	个	552	602	
社会保障				
城镇居民最低生活保障	人	543	503	
农村居民最低生活保障	人	12875	11674	
卫生				
卫生机构数	个	37	37	
卫生机构床位数	张	3393	3629	
卫生机构技术人员数	人	2902	3043	
环境				
年平均气温	℃	21.5	21..9	
年平均相对湿度	%	81	77	
年日照时数	小时	1552.6	2014.5	
年平均风速	米/秒	2.2	2.2	
年降水量	毫米/年	2463.5	1229.7	
辖区土地面积	平方公里	3057.28	3057.28	
自然保护区面积	公顷	4095	4095	
森林面积	万亩	295.34	295.34	
森林覆盖率	%	65.77	65.77	
城镇垃圾无害化处理率	%	100	100	
发生各类事故数	起	81	149	

注：①产值绝对数为当年价格，增长速度按可比价格计算。
　　②从2014年起城镇（农村）居民人均可支配收入和支出采用新口径计算。

2017年中共安溪县委部分文件（通知）目录

时间		发文字号	文件名称
月	日		
1	4	安委〔2017〕1号	关于印发《安溪县贯彻落实〈国家生态文明试验区（福建）实施方案〉的意见》的通知
1	13	安委〔2017〕7号	关于调整部分县委领导工作分工的通知
2	4	安委〔2017〕9号	关于通报表扬2016年度全县经济社会工作中表现优异的单位和个人的决定
2	15	安委〔2017〕14号	关于印发进一步明确县城规划控制区内个人住房建设管理的实施意见
3	1	安委〔2017〕24号	关于表彰奖励李建平等同志见义勇为先进个人的决定
3	10	安委〔2017〕34号	关于印发《安溪县不胜任现职科级干部召回管理办法（试行）》的通知
3	23	安委〔2017〕37号	关于给予第四批省派安溪县驻村任职干部集体三等功及高绍满等五位同志记个人三等功的决定
3	28	安委〔2017〕42号	关于印发《安溪县农村集体资金资产资源管理责任追究办法（试行）》的通知
4	27	安委〔2017〕55号	关于印发《安溪县宗教工作联席会议制度实施方案》的通知
5	2	安委〔2017〕57号	关于2017年度全县计划生育工作的意见
5	2	安委〔2017〕58号	关于表彰2016年度全县绩效评估优秀单位、良好单位暨合格单位的决定
5	22	安委〔2017〕68号	关于印发《2017年安溪县乡镇党委政府脱贫攻坚工作目标责任》的通知
6	22	安委〔2017〕82号	关于印发《安溪县禁毒整治工作考核办法》的通知
8	6	安委〔2017〕98号	关于印发《安溪县落实泉州市人才"港湾计划"若干意见（试行）》的通知
8	6	安委〔2017〕99号	关于贯彻落实《中共福建省委、福建省人民政府关于实施全面两孩政策改革完善计划生育服务管理的意见》的实施意见
8	8	安委〔2017〕102号	中共安溪县委关于认真学习贯彻习近平总书记在省部级主要领导干部专题研讨班上重要讲话精神的通知
8	24	安委〔2017〕105号	关于对捐资支持乡镇扶贫开发协会的社会团体、组织、企业和个人进行通报表扬的通知
8	30	安委〔2017〕108号	关于在全面两孩政策环境下进一步加强计生协会工作的意见
8	30	安委〔2017〕109号	关于深入推进城市执法体制改革改进城市管理工作的实施方案
11	10	安委〔2017〕117号	关于表彰捐赠兴办公益事业作出重大贡献的海内外安溪乡亲的决定
11	27	安委〔2017〕124号	关于给予郑安民等31位同志记三等功的决定
2	28	安委发〔2017〕1号	关于加强和改进新形势下党校工作的实施意见
3	16	安委发〔2017〕1号	关于深入推进农业供给侧结构性改革加快培育农业农村发展新动能的实施意见
4	26	安委发〔2017〕2号	关于印发县委常委会2017年工作要点的通知
5	2	安委发〔2017〕3号	关于印发《中共安溪县委2017—2021年巡察工作规划》的通知
5	2	安委发〔2017〕4号	关于印发《中共安溪县委巡察工作实施办法（暂行）》的通知
6	26	安委发〔2017〕5号	关于印发《中国共产党安溪县委员会工作规则》的通知
8	29	安委发〔2017〕6号	关于加快社会事业发展补齐民生短板确保如期全面建成小康社会的决定
11	7	安委发〔2017〕7号	关于认真学习宣传贯彻党的十九大精神的通知
11	7	安委发〔2017〕8号	印发《关于加快医疗卫生事业发展的实施意见》的通知
11	21	安委发〔2017〕9号	关于加快教育事业发展的实施意见
11	27	安委发〔2017〕10号	印发《关于加快养老事业发展的实施意见》的通知
12	11	安委发〔2017〕11号	印发《关于完善产权保护制度依法保护产权的工作方案》的通知
12	27	安委发〔2017〕12号	关于贯彻落实《泉州市法治政府建设实施方案》实施意见的通知

2017年安溪县人民政府部分文件（通知）目录

时间 月	日	发文字号	文件名称
4	14	安政〔2017〕14号	关于兴泉铁路安全保护区划定的公告
5	26	安政〔2017〕21号	关于给予陈荣杰等三位同志记三等功奖励的决定
6	22	安政〔2017〕26号	关于给予陈伟城等二十三位同志记三等功奖励的决定
7	4	安政〔2017〕27号	关于加强解放路路段管理的通告
7	19	安政〔2017〕28号	安溪县人民政府关于发布森林防火禁火令的通告
1	22	安政综〔2017〕8号	关于贯彻落实计量发展规划（2013-2020）的实施意见
1	23	安政综〔2017〕9号	关于印发安溪县全民健身实施计划（2016-2020年）的通知
1	25	安政综〔2017〕11号	关于做好冬春季节火灾隐患排查整治工作的通知
2	23	安政综〔2017〕21号	关于印发《安溪县减轻企业负担促进工业经济增长十条措施》的通知
2	23	安政综〔2017〕23号	关于印发《安溪2025产业园优惠奖励暂行规定》的通知
3	3	安政综〔2017〕33号	关于安溪县2017年实行优抚对象抚恤补助标准自然增长机制的通知
3	3	安政综〔2017〕34号	关于印发安溪县加快残疾人小康进程，推进残疾人事业发展"十三五"规划纲要的通知
3	3	安政综〔2017〕40号	关于印发安溪县全面推行河长制实施方案的通知
3	28	安政综〔2017〕55号	关于印发《中国国际信息技术（福建）产业园优惠奖励暂行规定》的通知
3	28	安政综〔2017〕58号	关于公布第五批重新核准使用安溪铁观音地理标志证明商标准用企业名单的通知
4	1	安政综〔2017〕61号	关于印发全县地质灾害群测群防工作实施方案的通知
4	10	安政综〔2017〕65号	关于印发《安溪县化解房地产库存和推进房地产供给侧结构性改革实施意见》的通知
4	14	安政综〔2017〕67号	关于印发《安溪县兴泉铁路工程建设项目用地及房屋征收安置补偿工作实施方案》的通知
4	14	安政综〔2017〕68号	关于印发《安溪县街、路、巷标准名称（第四批）》的通知
4	15	安政综〔2017〕70号	关于印发安溪县"项目攻坚年"优化审批服务实施方案的通知
4	18	安政综〔2017〕74号	关于印发《安溪县扶持国家现代茶产业园建设的优惠措施》的通知
4	24	安政综〔2017〕76号	关于培育新型粮食市场主体促进粮食产业发展的实施意见
4	26	安政综〔2017〕79号	关于印发安溪县小流域及农村水环境整治计划（2016-2020年）的通知
4	7	安政综〔2017〕80号	关于印发晋江上游水资源保护补偿专项资金管理规定的通知
4	27	安政综〔2017〕82号	安溪县人民政府关于加快推进电子商务发展的若干意见
4	27	安政综〔2017〕83号	关于加快安溪县农村电子商务发展的实施意见（试行）
5	4	安政综〔2017〕87号	关于印发《安溪县城市供水应急预案》的通知
5	8	安政综〔2017〕92号	关于下达2017年安全生产目标责任的通知
5	26	安政综〔2017〕108号	关于印发《海西天然气管网德化支线安溪段项目用地及房屋征收安置补偿工作实施方案》的通知
5	27	安政综〔2017〕109号	关于印发推进"互联网+政务服务"实施方案的通知
5	12	安政综〔2017〕112号	关于安溪2025产业园农村土地整治项目有关问题的通知
6	9	安政综〔2017〕117号	关于印发安溪县土壤污染防治行动计划实施方案的通知
5	12	安政综〔2017〕121号	关于对安溪2025产业园农村土地整治项目有关事项的补充通知
7	14	安政综〔2017〕134号	关于表彰2016年度征兵工作先进单位和先进个人的通报
7	17	安政综〔2017〕137号	关于同意《安溪国家现代农业产业园发展规划（2012-2020）》的批复
7	19	安政综〔2017〕142号	关于印发《安溪县人民政府关于加快发展现代职业教育的实施意见》的通知
7	24	安政综〔2017〕145号	关于公布首届安溪县铁观音大师赛评选结果
7	27	安政综〔2017〕147号	关于《安溪县德苑片区控制性详细规划》的批复
7	28	安政综〔2017〕150号	关于土地违法案件查处没收地上建筑物处置管理的通知
8	1	安政综〔2017〕151号	关于印发安溪县科学技术奖励规定的通知
8	1	安政综〔2017〕152号	关于公布安溪县第一批历史建筑名单的通知
8	31	安政综〔2017〕167号	关于印发《安溪县人民政府关于鼓励各类企业（总部）入驻安溪县金融行政服务中心的优惠方案》的通知

时间		发文字号	文件名称
月	日		
9	20	安政综〔2017〕179号	关于印发《安溪县全面提升行政服务效能不断增强群众获得感实施方案》的通知
9	21	安政综〔2017〕181号	关于认真开展政府购买服务项目清理整改工作的通知
9	25	安政综〔2017〕183号	关于印发《安溪县安置房建设管理及加快推进公共租赁住房分配暂行规定》的通知
12	15	安政综〔2017〕212号	关于确认国公山生态农业园等4个休闲农业示范点的通知
12	21	安政综〔2017〕217号	关于公布第八批县级文物保护单位的通知
12	21	安政综〔2017〕218号	关于通报表扬获得2015-2016年度安溪县科学技术奖的单位和个人的决定
12	26	安政综〔2017〕222号	关于印发"十三五"安溪县老龄事业发展和养老体系建设规划的通知
12	29	安政综〔2017〕225号	关于进一步加强全县房地产市场调控的实施意见

2017年中共安溪县委办公室部分文件（通知）目录

时间		发文字号	文件名称
月	日		
1	3	安委办〔2017〕1号	关于对2016年综治（平安建设）、信访工作和集中打击整治电信诈骗犯罪"三年行动"工作情况进行考评的通知
1	4	安委办〔2017〕3号	关于2017年春节期间开展走访慰问部队、优抚对象、"五老"人员、残疾人、特困群众活动的通知
1	6	安委办〔2017〕6号	关于开展2016年茶业基础管理重点工作暨食品安全工作督查考评的通知
1	12	安委办〔2017〕8号	关于做好2017年全县无偿献血工作的通知
1	7	安委办〔2017〕9号	关于印发《安溪县行业协会商会与行政机关脱钩工作实施意见》的通知
1	6	安委办〔2017〕10号	关于下达2017年县重点建设项目年度投资计划的通知
1	16	安委办〔2017〕13号	印发《贯彻实施〈中共福建省委办公厅 福建省人民政府办公厅印发关于建立贫困退出机制的实施意见〉工作方案》的通知
1	20	安委办〔2017〕15号	关于安溪县2016年度美丽乡村示范创建考评的情况通报
1	23	安委办〔2017〕16号	关于2016年茶业基础管理重点工作完成情况的通报
2	4	安委办〔2017〕18号	印发《关于组织全县村主干参加基本养老保险的方案》的通知
2	6	安委办〔2017〕19号	安溪县2017年项目攻坚年活动方案
2	6	安委办〔2017〕20号	关于印发《安溪县2017年"大招商招大商"活动方案》的通知
2	10	安委办〔2017〕22号	关于完善防汛防台工作机制和加强防汛基础性工作的通知
2	15	安委办〔2017〕23号	关于贯彻落实创新驱动发展战略建设国家自主创新示范区的实施意见工作任务和具体指标分解通知
2	14	安委办〔2017〕24号	关于开展安委〔2016〕5号文件贯彻落实情况督查的通知
2	17	安委办〔2017〕25号	关于印发2017年度全县三级干部会暨"项目攻坚年"动员会重点工作责任分解的通知
2	24	安委办〔2017〕27号	关于继续做好挂钩帮扶工作的通知
2	22	安委办〔2017〕28号	关于印发修订的《安溪县集中打击整治电信诈骗犯罪"三年行动"工作考核办法》的通知
2	22	安委办〔2017〕29号	关于2016年各乡镇开展集中打击整治电信诈骗犯罪"三年行动"暨冲刺攻坚战工作情况通报
2	24	安委办〔2017〕30号	关于印发《2017安溪县落实党风廉政建设责任制任务分解方案》的通知
2	23	安委办〔2017〕31号	关于2016年食品安全工作督查情况的通报
2	28	安委办〔2017〕33号	转发《中共福建省保密委员会办公室 福建省国家保密局关于加强互联网政务邮箱安全保密管理的通知》的通知
3	3	安委办〔2017〕34号	关于认真做好2016年度全县党的领导干部述责述廉工作的通知
2	17	安委办〔2017〕36号	关于印发《安溪县重大项目建设指挥部管理工作机制》的通知
2	28	安委办〔2017〕37号	关于修订《安溪县建设美丽乡村环境卫生检查考评办法》的通知
3	3	安委办〔2017〕38号	印发《关于加大脱贫攻坚力度支持革命老区开发建设的实施意见》的通知
3	16	安委办〔2017〕39号	关于印发《安溪县2017年脱贫攻坚工作要点》的通知
3	17	安委办〔2017〕41号	关于调整中小型水库防汛抗旱责任人的通知
3	15	安委办〔2017〕42号	关于印发《安溪县党委（党组）意识形态工作责任制实施细则》的通知

附　录　　287

时间		发文字号	文件名称
月	日		
3	20	安委办〔2017〕43号	关于印发《首届安溪铁观音大师赛活动方案》的通知
3	27	安委办〔2017〕45号	关于印发《安溪县健全落实社会治安综合治理领导责任制实施细则》等三份文件的通知
4	1	安委办〔2017〕49号	关于印发《2017年金砖会晤安保维稳工作总体方案》的通知
3	28	安委办〔2017〕50号	关于转发《2017年全县统战工作要点》的通知
4	5	安委办〔2017〕52号	关于印发《2017年全县宣传思想文化工作要点》的通知
4	7	安委办〔2017〕54号	关于印发《政协安溪县委员会2017年协商工作计划》的通知
4	7	安委办〔2017〕55号	关于印发《安溪县政协委员联络处暂行规定》的通知
4	14	安委办〔2017〕56号	印发《关于加强社会组织党的建设工作的实施意见（试行）》的通知
4	13	安委办〔2017〕58号	关于做好《安溪年鉴》（2017卷）编纂工作的通知
4	14	安委办〔2017〕61号	关于印发《安溪县"无压制茶树"考核认定办法》的通知
4	26	安委办〔2017〕65号	关于设立安溪县河长制总督察的通知
4	26	安委办〔2017〕67号	印发县人口和计划生育领导小组〈关于2016年计生工作有关责任追究处理意见〉的通知
5	5	安委办〔2017〕70号	关于做好2017年防灾减灾日有关工作的通知
5	10	安委办〔2017〕75号	关于安溪县行政事业单位财务管理补充规定的通知
5	10	安委办〔2017〕76号	关于县领导挂钩服务重点企业工作的通知
5	12	安委办〔2017〕79号	关于立即开展安全生产重点领域专项整治工作的通知
5	15	安委办〔2017〕80号	关于做好全县企业存在安排隐患问题整改的通知
5	15	安委办〔2017〕81号	转发关于组织开展2017年度机关、单位保密自查自评工作和互联网门户网站保密检查的通知
5	25	安委办〔2017〕83号	关于加强县公务大楼群众上访事件中违法行为依法处置工作的通知
5	27	安委办〔2017〕84号	印发《关于推进"两学一做"学习教育常态化制度化的实施方案》的通知
6	6	安委办〔2017〕86号	关于印发《2017年度党建工作重点项目任务分解表》的通知
6	7	安委办〔2017〕87号	关于开展安委〔2016〕5文件贯彻落实情况督查活动具体安排的通知
6	9	安委办〔2017〕88号	关于印发《第九届海峡论坛·李光地文化节暨海峡两岸大学生文创峰会工作方案》的通知
6	7	安委办〔2017〕89号	关于印发《"匠造·出海"茶业宣传工作方案》的通知
6	7	安委办〔2017〕90号	关于调整部分县直单位科级领导干部挂钩帮扶贫困户工作的通知
6	21	安委办〔2017〕91号	关于开展落实2016年度党风廉政建设责任制情况检查"回头看"的通知
6	21	安委办〔2017〕92号	关于印发《2017年党内规范性文件制定计划》的通知
6	14	安委办〔2017〕94号	关于下达《安溪县主要环境问题责任分解表》的通知
6	26	安委办〔2017〕95号	关于开展安溪县第二届中小学名师评选工作的通知
6	26	安委办〔2017〕96号	关于进一步落实防范学生溺水相关工作的通知
6	29	安委办〔2017〕98号	关于落实创建省级文明县城突出问题整改工作的通知
7	7	安委办〔2017〕101号	关于做好"泉州通"客户端建设推广工作的通知
7	11	安委办〔2017〕102号	关于深入开展销售使用除草剂专项整治行动的通知
7	12	安委办〔2017〕103号	关于印发《安溪县2017年茶园生态建设与地力提升行动方案》的通知
7	13	安委办〔2017〕104号	关于开展2017年上半年集中打击整治电信诈骗犯罪"三年行动"、网格化管理和信访工作情况考评的通知
7	13	安委办〔2017〕105号	关于深入实施茶业庄园化战略的通知
7	17	安委办〔2017〕106号	关于组织开展全县2017年地质灾害防治专项督查的通知
7	20	安委办〔2017〕107号	关于印发《安溪县关于建立正向激励机制促进有效投资的十二条措施（试行）》的通知
7	26	安委办〔2017〕108号	关于印发《安溪县推进重点园区、企业"党建+人才"工作一体化实施方案》的通知
8	1	安委办〔2017〕110号	关于进一步加强全县机关单位及党员干部出租房屋登记备案工作的通知
8	3	安委办〔2017〕111号	关于2017年上半年各乡镇开展集中打击整治电信诈骗犯罪"三年行动"工作情况通报
7	27	安委办〔2017〕112号	关于印发2017年全县茶业工作会相关工作任务分解表的通知
8	16	安委办〔2017〕113号	关于印发《安溪县关于进一步推进全县学习廖俊波同志先进事迹的工作方案》的通知
8	18	安委办〔2017〕114号	印发《关于进一步加强和改进离退休干部工作的实施意见》的通知

时间		发文字号	文件名称
月	日		
8	15	安委办〔2017〕115号	关于印发《2017年度安溪县迎接泉州市党建工作绩效考评工作方案》的通知
8	23	安委办〔2017〕116号	关于印发《2017年度安溪县绩效评估工作方案》的通知
8	23	安委办〔2017〕117号	关于印发《安溪县贯彻落实省委高翔常委调研指示精神任务分解表》的通知
8	22	安委办〔2017〕118号	关于开展对村级脱贫工作全覆盖督查的通知
8	24	安委办〔2017〕119号	关于印发《关于组织乡镇扶贫开发协会及专业合作社结对帮扶活动实施方案》的通知
8	28	安委办〔2017〕122号	印发《关于加强县纪委派驻机构建设的意见》的通知
8	28	安委办〔2017〕123号	印发《关于全面落实县纪委向县一级党政机关派驻纪检机构的方案》的通知
8	30	安委办〔2017〕125号	关于印发《安溪铁观音大师、安溪铁观音制茶工艺大师、安溪铁观音名匠服务管理暂行规定》的通知
8	30	安委办〔2017〕127号	关于印发《2017年度安溪县直机关党群系列绩效评估工作实施方案》的通知
8	30	安委办〔2017〕128号	关于开展安溪"XIN"行动推动解决民生热点难点问题的通知
9	4	安委办〔2017〕130号	关于进一步提高政治警觉加强防范冒充国家机关工作人员招摇撞骗的通知
8	22	安委办〔2017〕131号	关于印发2017全县旅游工作相关工作任务分解表的通知
9	6	安委办〔2017〕133号	关于进一步做好取缔压茶机、禁用除草剂专项整治工作的通知
9	13	安委办〔2017〕135号	关于开展党委（党组）意识形态工作责任制专项督查的通知
9	15	安委办〔2017〕136号	关于县四套班子领导督促指导挂钩乡镇加速全面取缔压茶机整治的通知
9	25	安委办〔2017〕140号	关于印发《2017年度安溪县乡镇绩效评估工作方案》的通知
9	25	安委办〔2017〕141号	关于印发《安溪县2017年全面取缔压茶机工作督查考核奖励办法》的通知
9	27	安委办〔2017〕143号	关于建立安溪县空间规划试点工作联席会议制度的通知
10	10	安委办〔2017〕145号	关于成立县委巡察工作联络组的通知
10	11	安委办〔2017〕146号	关于印发《安溪县社会扶贫资金管理使用规定》的通知
11	14	安委办〔2017〕154号	印发《安溪县机关事业单位防治"吃空饷"问题长效机制建立情况专项督查工作方案》的通知
11	16	安委办〔2017〕156号	印发《安溪县学习宣传贯彻党的十九大精神宣讲工作方案》的通知
11	15	安委办〔2017〕158号	关于进一步加快我县城乡石结构房屋和农村危房改造的通知
11	28	安委办〔2017〕162号	关于印发《第二届中国（安溪）家居工艺文化博览会活动方案》的通知
12	4	安委办〔2017〕165号	关于印发《安溪县综治（平安建设）考评及奖惩办法》的通知
12	6	安委办〔2017〕167号	关于印发《安溪县2017年度落实全面从严治党主体责任检查考核评分细则》的通知
12	6	安委办〔2017〕168号	关于印发《开展安溪"XIN"行动 推动我县安置房登记发证工作实施方案》的通知
12	20	安委办〔2017〕171号	关于开展2017年度落实全面从严治党主体责任情况检查的通知
12	22	安委办〔2017〕172号	转发《县委宣传部、县委组织部关于认真组织学习<习近平谈治国理政>第二卷的通知》的通知
12	22	安委办〔2017〕173号	关于调整县领导挂钩乡镇的通知
12	27	安委办〔2017〕174号	关于落实2018年县委县政府为民办实事项目责任分工的通知
12	29	安委办〔2017〕177号	关于认真做好2018年元旦春节期间有关工作的通知
12	28	安委办〔2017〕178号	转发《县委宣传部关于学习贯彻党的十九大精神宣传方案》的通知
12	31	安委办〔2017〕179号	关于印发《安溪县加快项目建设"大于40天、比拼开门红"活动方案》的通知
12	27	安委办〔2017〕180号	关于进一步做好领导干部接待群众来访工作的通知
1	4	安委办发〔2017〕1号	关于进一步加强和改进新形势下全县档案工作的实施意见
3	10	安委办发〔2017〕2号	关于印发《安溪县委、县纪委落实党风廉政建设"两个责任"清单》的通知
5	16	安委办发〔2017〕3号	关于印发《安溪县2017年党建工作要点》的通知
5	23	安委办发〔2017〕4号	关于印发《安溪县脱贫攻坚工作问责办法（试行）》的通知
6	28	安委办发〔2017〕5号	关于印发《安溪县党内规范性文件备案实施办法》的通知
6	28	安委办发〔2017〕6号	关于做好党组（党委）规范性文件报送备案工作的通知
7	13	安委办发〔2017〕7号	关于印发《安溪县全面深化改革领导小组2017工作要点》《安溪县2017年全面深化改革重点项目表》的通知
7	17	安委办发〔2017〕8号	关于加快构建现代公共文化服务体系的实施意见
12	19	安委办发〔2017〕9号	关于印发《安溪县深化国家监察体制改革试点工作实施方案》的通知
12	21	安委办发〔2017〕10号	关于印发《安溪县优秀传统文化传承发展工程实施方案》的通知
12	30	安委办发〔2017〕11号	关于印发安溪县总工会、共青团安溪县委、安溪县妇联、安溪县科协等四个单位改革方案的通知

2017年安溪县人民政府办公室部分文件（通知）目录

时间		文号	文件名称
月	日		
1	6	安政办〔2017〕3号	关于印发安溪县2017年春运工作实施方案的通知
1	6	安政办〔2017〕4号	关于印发安溪县2017年春运工作应急预案的通知
1	6	安政办〔2017〕5号	关于印发《安溪县茶叶种植保险实施意见》的通知
1	13	安政办〔2017〕9号	关于印发《安溪县贯彻落实加强粮食流通行政执法管理实施方案》的通知
1	17	安政办〔2017〕12号	关于抓好2017年造林绿化工作的通知
1	21	安政办〔2017〕13号	关于印发安溪县2017年春节期间禁止在城区燃放烟花爆竹工作方案的通知
2	3	安政办〔2017〕14号	关于印发《安溪县2017年精准服务企业用工工作方案》的通知
2	7	安政办〔2017〕16号	关于开展2016年度消防工作考核的通知
2	9	安政办〔2017〕18号	关于组织开展汛前安全生产大检查复查工作的通知
2	15	安政办〔2017〕22号	关于印发安溪县清理规范工程建设领域保证金工作方案的通知
2	14	安政办〔2017〕23号	关于下达2017年松材线虫病防治任务的通知
2	16	安政办〔2017〕24号	关于做好全县实施第二期学前教育三年行动计划迎接市专项督导工作的通知
2	17	安政办〔2017〕25号	关于2016年度保护发展森林资源目标责任制考核情况的通报
2	20	安政办〔2017〕27号	关于印发安溪县2016年度土地矿产卫片执法监督检查工作方案的通知
2	27	安政办〔2017〕30号	关于印发《安溪县楼门标志清理整顿工作方案》的通知
2	21	安政办〔2017〕31号	关于加快推进生猪规模养殖场标准化改造工作的通知
2	27	安政办〔2017〕32号	关于印发《安溪县新农合全面启用"社保卡"工作方案》的通知
2	21	安政办〔2017〕33号	关于下达2017年造福工程集中安置区基础设施建设任务的通知
2	24	安政办〔2017〕34号	关于印发安溪县2017年登革热防控工作方案的通知
3	1	安政办〔2017〕35号	关于印发《安溪县防汛防台风应急预案》的通知
3	1	安政办〔2017〕37号	关于印发《安溪县"全民参保登记计划"工作方案》的通知
2	28	安政办〔2017〕38号	关于开展第八批县级文物保护单位申报评审工作的通知
3	1	安政办〔2017〕39号	关于印发安溪县2017年信贷风险防控化解实施方案的通知
3	8	安政办〔2017〕40号	关于抓紧做好2017年乡村生态景观林建设的通知
3	8	安政办〔2017〕41号	关于进一步规范和加强扶贫开发项目管理的通知
3	8	安政办〔2017〕42号	关于印发《安溪县食品安全工作评议考核规定》的通知
3	8	安政办〔2017〕43号	关于印发安溪县2017年"三合一"场所消防安全专项整治工作方案的通知
3	16	安政办〔2017〕45号	关于加强H7N9和重大动物疫病防控工作的通知
3	10	安政办〔2017〕46号	关于进一步明确造福工程有关规定的通知
3	17	安政办〔2017〕47号	关于办理2017年市县人大代表建议和政协提案的通知
3	21	安政办〔2017〕48号	关于开展非法集资风险隐患排查工作的通知
3	27	安政办〔2017〕50号	关于做好2017年住房困难户"安居工程"建设的通知
3	27	安政办〔2017〕52号	关于加强农村土地承包经营权确权登记颁证工作的通知
3	28	安政办〔2017〕53号	关于清理2016年度到期行政机关规范性文件的通知
3	7	安政办〔2017〕54号	关于印发蓝溪流域水环境专项整治提升行动方案的通知
3	29	安政办〔2017〕55号	关于印发《安溪县生猪养殖污染专项整治行动方案》的通知
3	30	安政办〔2017〕56号	关于加强和规范县区商品房预售管理的通知
3	30	安政办〔2017〕57号	关于下达2017年粮食生产指导性计划的工作的通知
3	30	安政办〔2017〕58号	关于印发2017年信贷风险防控化解工作考核方案的通知
3	31	安政办〔2017〕59号	关于印发《安溪县2017年度松材线虫病防控调整补充方案》的通知
4	6	安政办〔2017〕61号	关于切实加强全县行政机关涉诉工作的通知
4	6	安政办〔2017〕62号	关于下达2017年九龙江流域生态补偿项目资金计划的通知
4	6	安政办〔2017〕63号	关于下达2017年度主要商务经济指标任务的通知

时间		文号	文件名称
月	日		
3	27	安政办〔2017〕64号	关于印发安溪县2017年第三产业提升年活动实施方案的通知
4	10	安政办〔2017〕65号	关于做好县政府门户网站改版工作的通知
4	10	安政办〔2017〕66号	关于印发宜居环境建设专项资金管理暂行办法
4	13	安政办〔2017〕71号	关于印发2017年安溪县民营企业产业项目对接工作方案的通知
4	13	安政办〔2017〕72号	关于我县近期发生的两起影响较大的生产性企业火灾事故的通报
4	17	安政办〔2017〕75号	关于扩大住房公积金制度覆盖面的实施意见
4	17	安政办〔2017〕76号	关于印发安溪县农村生活垃圾治理三年行动方案的通知
4	18	安政办〔2017〕77号	关于全县2016年度消防工作考评情况的通报
4	19	安政办〔2017〕78号	关于印发安溪县房地产市场秩序整治方案的通知
4	21	安政办〔2017〕80号	关于对2016年全县农村贫困户危房改造和石结构房屋改造工作进度督查情况的通报
4	24	安政办〔2017〕81号	关于转发省法制办转发国务院法制办公室关于征地类行政复议案件证据提交形式要求的通知
4	27	安政办〔2017〕82号	关于印发安溪县全民科学素质行动计划纲要实施方案（2016—2020年）的通知
4	27	安政办〔2017〕83号	关于印发安溪县各类交易场所清理整顿"回头看"工作方案的通知
4	28	安政办〔2017〕89号	关于建立打击"地条钢"非法生产监督巡查工作机制的通知
4	28	安政办〔2017〕90号	关于印发安溪县危化品安全综合治理实施方案的通知
4	26	安政办〔2017〕93号	关于印发《安溪县教育系统优秀人才奖励暂行办法》的通知
5	2	安政办〔2017〕94号	关于开展松枯死木清理工作的通知
5	5	安政办〔2017〕95号	关于"两违"综合治理专项行动的实施意见
5	5	安政办〔2017〕97号	关于印发安溪2025产业发展基金实施方案（试行）的通知
5	3	安政办〔2017〕98号	关于印发《安溪县学校保安员工作考核及奖惩实施细则（试行）》的通知
5	8	安政办〔2017〕99号	关于印发2017年全县治理"餐桌污染"建设"食品放心工程"工作方案的通知
5	8	安政办〔2017〕100号	关于印发安溪县食品药品安全网格化监管试点工作实施方案的通知
5	8	安政办〔2017〕103号	关于印发安溪县矿山生态环境治理专项工作方案的通知
5	9	安政办〔2017〕104号	关于印发《安溪县农村生活污水治理三年行动方案》及《安溪县农村生活污水管理2017年工作方案》的通知
5	11	安政办〔2017〕108号	关于印发安溪县2017年春茶质量安全监管工作方案的通知
5	10	安政办〔2017〕112号	关于规范做好2017义务教育招生入学工作的通知
5	11	安政办〔2017〕113号	关于配套农村生活污水垃圾治理三年行动县级财政专项奖补资金的通知
5	11	安政办〔2017〕114号	关于印发安溪县"十三五"防震减灾规划的通知
5	11	安政办〔2017〕115号	关于规范行政审批中介组织管理的意见
6	9	安政办〔2017〕155号	关于印发安溪县土壤污染防治行动计划实施方案的通知
5	22	安政办〔2017〕170号	关于分解下达集中式饮用水源保护区环境隐患整改及任务的通知
5	22	安政办〔2017〕171号	关于印发2017年度重点流域水环境综合整治工作计划的通知
5	23	安政办〔2017〕178号	关于印发2017安溪县防范和处置非法集资宣传月活动方案的通知
5	24	安政办〔2017〕188号	关于印发2017年安溪县政务公开工作主要任务分解表的通知
5	25	安政办〔2017〕189号	关于下达2017年农业支持保护补贴资金及工作经费的通知
5	25	安政办〔2017〕190号	转发《泉州市人民政府办公室关于进一步健全特困人员救助供养制度的通知》的通知
6	30	安政办〔2017〕199号	关于将农村公路养护管理纳入村规民约通知
6	30	安政办〔2017〕200号	关于印发《安溪县农村公路路政管理县乡村三级联动机制实施方案》通知
5	19	安政办〔2017〕202号	关于印发2017年投资工程包实施方案的通知
6	6	安政办〔2017〕205号	关于印发2017年安溪县深化行政审批制度改革工作要点的通知
6	7	安政办〔2017〕206号	关于进一步完善集体林权制度的通知
6	7	安政办〔2017〕207号	关于贯彻落实2017年九龙江流域河长制工作现场会议精神的通知
6	14	安政办〔2017〕209号	关于贯彻落实《2017年福建省推进简政放权放管结合优化服务工作要点》的通知
6	17	安政办〔2017〕210号	关于进一步完善房地产市场监督管理工作的通知

时间		文号	文件名称
月	日		
6	17	安政办〔2017〕211号	关于印发《关于补办工业企业、私人自建房屋不动产权证的工作方案》的通知
6	19	安政办〔2017〕213号	关于评定"安溪县农民合作社示范社"和"安溪县家庭农场示范场"的通知
6	23	安政办〔2017〕214号	关于印发安溪县小城镇培育试点建设2017年工作方案的通知
6	27	安政办〔2017〕215号	关于开展全县地质灾害隐患再排查工作的通知
7	4	安政办〔2017〕217号	关于印发安溪县深化便民服务工作实施方案的通知
7	10	安政办〔2017〕219号	关于印发安溪县推进分级诊疗工作实施方案的通知
7	10	安政办〔2017〕220号	关于印发安溪县食品安全整治行动实施方案的通知
7	10	安政办〔2017〕221号	关于印发《安溪县2017-2020年度送枯死木清理及巡查监测项目实施方案》的通知
7	20	安政办〔2017〕223号	关于印发《安溪县推进医疗卫生与养老服务相结合实施方案》的通知
7	26	安政办〔2017〕224号	关于印发安溪县2017年度法治政府建设重点工作安排的通知
7	21	安政办〔2017〕225号	关于印发《中心城区集贸市场常态化管理暂行规定》的通知
7	26	安政办〔2017〕227号	关于印发《安溪县培育发展农村污水垃圾处理市场主体实施方案》的通知
7	26	安政办〔2017〕229号	关于做好"中国茶都·安溪·县政府门户网"运行保障工作的通知
7	31	安政办〔2017〕231号	关于创建安溪县2017年度休闲农业示范点确认工作的通知
7	28	安政办〔2017〕233号	关于印发安溪县推进基层综合性文化服务中心建设实施方案的通知
8	1	安政办〔2017〕234号	关于印发《安溪县贯彻落实<省国家生态文明试验区首批改革成果复制推广实施方案>的工作方案》的通知
8	8	安政办〔2017〕236号	关于建立国有企业违规经营投资责任追究制度意见的通知
8	8	安政办〔2017〕237号	关于印发安溪县"十三五"卫生计生事业发展规划的通知
8	10	安政办〔2017〕239号	关于印发安溪县小水电站转型升级实施方案的通知
8	7	安政办〔2017〕240号	关于印发《安溪县推进农业水价综合改革实施意见》的通知
8	7	安政办〔2017〕241号	关于建立县区新建商品住房预售案价格会商制度的通知
8	8	安政办〔2017〕242号	关于加快推进黄标车淘汰工作的通知
8	14	安政办〔2017〕245号	关于贯彻落实福建省人民政府关于发挥价格机制作用促进国家生态文明试验区建设的意见的通知
8	16	安政办〔2017〕246号	关于印发安溪县农垦国有土地使用权确权登记发证工作方案（试行）的通知
8	17	安政办〔2017〕247号	关于印发福建省食品安全社会共治示范县（安溪）创建工作考核评价细则任务分解表的通知
8	21	安政办〔2017〕248号	关于下达《安溪县环境质量主要问题责任分解表》和《安溪县中央环保督察反馈问题及当前问题存在主要问题责任分解表》的通知
8	14	安政办〔2017〕249号	关于转发《泉州市人民政府关于贯彻落实在市场体系建立公平竞争审查制度的通知》的通知
8	30	安政办〔2017〕250号	关于落实消防临时管控措施的通知
8	16	安政办〔2017〕252号	关于建立安溪县生态保护红线划定工作联席会议制度的通知
8	29	安政办〔2017〕253号	关于印发全县高层建筑消防安全综合治理工作方案的通知
9	2	安政办〔2017〕254号	关于投资项目推行并联审批服务的通知
8	31	安政办〔2017〕255号	关于进一步做好2017年规范性文件和管理制度清理工作的通知
9	2	安政办〔2017〕256号	关于开展非法采洗砂非法采矿专项打击活动的通知
9	1	安政办〔2017〕257号	关于印发2017年度安溪县政府工作部门绩效评估工作方案的通知
9	8	安政办〔2017〕261号	关于切实做好高致病性禽流感等重大动物疫病秋季免疫工作的通知
9	13	安政办〔2017〕262号	关于印发安溪县环境空气质量提升整改方案的通知
9	27	安政办〔2017〕265号	关于印发《安溪县新型职业农民培育认定管理和扶持规定（试行）》的通知
9	27	安政办〔2017〕266号	关于印发安溪县第二次全国污染源普查工作方案的通知
9	28	安政办〔2017〕267号	关于印发安溪县创建国家农产品质量安全县工作方案的通知
9	28	安政办〔2017〕268号	关于做好厦沙高速公路安溪路段交通安全管理工作的通知
9	27	安政办〔2017〕269号	关于印发国家农产品质量安全县创建工作考核评价细则任务清单的通知
10	11	安政办〔2017〕270号	关于印发全县集中开展易制爆危险化学品和寄递物流专项整治行动工作方案的通知
10	12	安政办〔2017〕271号	关于做好2018年度城乡居民基本医保基金征缴工作的通知

时间		文号	文件名称
月	日		
10	13	安政办〔2017〕272号	关于转发中国人民财产保险股份有限公司安溪支公司关于开展2018年度安溪县城乡居民基本医疗保险补充意外险的实施意见的通知
10	13	安政办〔2017〕273号	关于加强松脂采割管理保护松材资源的通知
10	11	安政办〔2017〕274号	关于开展重点领域火灾隐患集中排查整治行动的通知
10	25	安政办〔2017〕278号	关于印发安溪县2017年秋茶质量安全监管工作方案的通知
10	30	安政办〔2017〕279号	关于建立健全减权放权事项监管责任清单的通知
10	31	安政办〔2017〕280号	关于建立安溪县深化农垦改革发展联系协调会议制度的通知
11	3	安政办〔2017〕281号	关于公布安溪县第三批新型职业农民认定名单的通知
11	7	安政办〔2017〕282号	转发县检察院 县法制办关于建立行政检察监督与行政执法工作衔接配合机制意见的通知
11	7	安政办〔2017〕283号	关于进一步规范行政审批中介服务管理有关工作的通知
11	14	安政办〔2017〕284号	关于印发2017年度县政府办绩效评估工作方案的通知
11	15	安政办〔2017〕288号	关于做好2018年度城乡居民最低生活保障工作的通知
11	6	安政办〔2017〕289号	关于印发《安溪县农村公路养护管理办法》通知
11	8	安政办〔2017〕290号	关于印发《安溪县群养农村公路养护考评细则暂行》通知
11	10	安政办〔2017〕291号	关于开展农民工工资支付情况专项检查的通知
11	20	安政办〔2017〕292号	关于印发安溪县2018年度松材线虫病防控实施方案的通知
11	20	安政办〔2017〕293号	关于印发重点项目行政审批服务台账管理实施方案的通知
11	20	安政办〔2017〕294号	关于转发《泉州市人民政府办公室关于大力发展装配式建筑的实施意见》的通知
11	21	安政办〔2017〕295号	关于贯彻落实国有企业工作制改制工作实施方案的通知
11	23	安政办〔2017〕296号	关于印发安溪县自然灾害救助应急预案（修订）的通知
11	23	安政办〔2017〕297号	关于印发安溪县政府部门权责清单管理规定的通知
11	24	安政办〔2017〕298号	转发泉州市人民政府办公室关于建立新建城区和住宅区配建养老服务实施建设、移交与管理工作机制的通知
11	28	安政办〔2017〕299号	关于做好2017年城镇职工基本医疗保险工作的通知
12	11	安政办〔2017〕302号	关于做好2017年今冬明春消防安全工作的通知
12	11	安政办〔2017〕303号	关于印发《安溪县2018年城乡居民基本养老保险工作方案》的通知
12	11	安政办〔2017〕304号	关于印发安溪县基层医疗卫生机构工资总量核定办法和绩效分配指导意见的通知
12	11	安政办〔2017〕305号	印发关于改革公立医疗卫生机构财务监督管理工作的通知
12	18	安政办〔2017〕307号	关于安溪县家庭医生签约服务实施方案（试行）的通知
12	19	安政办〔2017〕308号	关于补充下达2017年安溪县重点流域水环境综合整治计划项目的通知
12	19	安政办〔2017〕309号	关于公布可核销地灾隐患点的通知
12	22	安政办〔2017〕310号	关于做好全县2018年地灾隐患点受威胁群众安全转移议案编制等有关工作的通知
12	26	安政办〔2017〕312号	关于转发福建省促进电子证照应用管理暂行办法的通知
8	22	安政办〔2017〕314号	关于印发安溪县2017年深化医疗卫生体制改革工作要点的通知
12	28	安政办〔2017〕315号	2018年县政府工作主要任务分解表
12	29	安政办〔2017〕316号	关于做好冬春茶园管理工作的通知
12	28	安政办〔2017〕320号	关于印发《安溪县非金融企业债券违约风险应急处理工作议案》的通知

索引

0-9

2017年县长重点办公会　055b

2017环泉州湾国际公路自行车赛安溪赛段　207b

2017年安溪县处级领导干部名录　253a

2017年安溪县国民经济和社会发展主要指标表　272a

2017年安溪县获地、厅级表彰的先进单位名表　262a

2017年安溪县获地、厅级表彰的先进个人名表　265a

2017年安溪县获省、部级及以上表彰的先进单位名表　262a

2017年安溪县获省、部级及以上表彰的先进个人名表　262a

2017年安溪县人民政府办公室部分文件（通知）目录　280a

2017年安溪县人民政府部分文件（通知）名录　276a

2017年安溪县县直机关正科级领导名录　254a

2017年安溪县乡镇领导班子名录　258a

2017年旅游行业安全生产管理员培训班　169a

2017年中共安溪县委办公室部分文件（通知）名录　277a

2017年中共安溪县委部分文件（通知）名录　275a

"5551"项目建设　194c

A

安溪文化产业新名片　012a

安港大学生茶文化交流　105b

安全生产　205b

安全生产宣传教育培训　147a

安溪茶艺亮相"澳门福建文化节"　196b

安溪城隍清溪显佑伯主赴新加坡韭菜芭　218c

安溪家风家训展厅　197c

安溪铁观音传统茶产销对接大会　127b

安溪铁观音打假维权行动　125a

安溪铁观音大师工作室揭牌　127b

安溪铁观音地理标志证明商标使用管理　124c

安溪铁观音女子排球队品茗联谊活动（郑州、成都、沈阳站）　129c

安溪卫校　205a

安溪县爱慧日间照料托养中心管理工作　101b

安溪县爱慧自闭症康复中心运营管理工作　101a

安溪县慈善总会理事会、监事会全体会议召开　214c

安溪县获专业技术职称名录　260a

安溪县久久爱公益促进会　190c

安溪县旅游事业局开展旅游安全主题入企宣讲暨工作交流会　169b

安溪县清水岩旅游纠纷人民调解委员会"揭牌成立　169b

安溪县医院　204c

安溪县与北部湾旅游股份有限公司签订战略合作框架协议　169a

安溪艺术学校　196b

安溪智慧旅游公共服务平台合作项目成功签约　169c

安置帮教　076c

案件处理　058a

B

帮扶到户　211c

包裹快递业务　165c

保险工作　187b

保障性安居工程　108b

便民服务　060b

殡葬工作　210a

不动产统一确权登记　150c

不良资产处置　183b

部门（专业）志编修　197c

C

财政收入　153a

财政支出　153a

"菜篮子"基地建设　170b

参加全国"双安双创"成果展　126b

参政议政　089c

残疾人扶贫与助学　100c

残疾人文体活动　101a

茶都茶多网　126a

茶都茶叶市场　125c

茶树优异种质资源保护与利用　125b

茶文化艺术　196a

茶业　245a

茶业万人培训　124b

茶业宣传　038c

茶业转型　054a

茶叶分会举办安溪铁观音茶事活动　128b

茶园土壤改良　125c

茶庄园文旅活动　169b

查办和预防职务犯罪　070a

产权产籍档案管理　108a

产业发展　053a

产业优势　004b

成立山东烟威分会　096c

城区规划　107a

城区污水处理　110c

城市景观　110a

城乡环境综合治理　057c

城乡建设　054b

出口质量安全示范区建设　146b

出入境管理　068b

储备粮采购与轮换　171b

畜禽疫病防治　115c

创"五好"工作　098c

创建文明学校　190b

创新发展　185a

创新金融服务实体经济发展模式　180b

创新业务增长点　184b

慈善公益活动　216a

慈善项目　215a

慈善资金管理　216a

存款业务　186a

D

打造出口示范企业　146c

代表工作　052a

档案管理利用　197b

档案监督指导　197a

党的建设　023b

党的组织建设　041c

党建创新　247a

党建项目化管理　041b

党外人士工作　039b

道路交通安全管理　068c

登记管理　209c

地理标志管理　142c

地理位置　001a

地情平台建设　197c

地形地貌　001a

地质灾害防治　150a

第二届理事会第三次会议　096c

第二届中法文化论坛　127b

第九次归侨侨眷代表大会　088c

第七届全国茶叶经济研讨会暨安溪铁观音高峰论坛　025b

第七期安溪铁观音大师沙龙　128a

第三次全国农业普查　151c

第十届世界安溪乡亲联谊大会　026a

第五届泉州市道德模范　048c

典型案例　073a

电力经营管理　132c

电网投资和改造　132c

电子商务发展　170c

动物卫生监督执法　115c

对台经贸　106a

对外文化交流　102a

F

发挥老干部作用　044c

发展电子商务　173a

法律服务　075c

反洗钱工作　181b

防汛抗旱　121c

房地产开发　108a

非公经济人士捐赠公益事业　039b

非公有制经济党建　036a

"非遗"保护　195c

丰富侨情资料　105a

风险防控　182b

风险管理　186b

佛罗花（福建）综合农业科技有限公司茶叶深加工投资意向签约　251b

扶贫小额信贷　211c

服务传统产业转型升级　191b

服务经济发展大局　087c

服务科技成果转化　191b

服务民生　187c

服务农村　200b

服务企业发展　141c

服务网络　166a

服务新兴产业发展　191b

福建安溪三项机制推动稳定脱贫　010a

妇幼保健　204b

赴港活动　105a

赴台参加交流活动　097a

赴台交流　105b

G

干部培训　045a

干部人事制度改革　031c

高等教育　189a

高甲戏剧团　196a

高速公路　163a

革命老根据地建设　210a

耕地保护　147c

工程建设　165a

工程质量安全监督管理　107c

工会组织建设　081a

工艺美术大师队伍　132b

工资待遇管理　059a
公共资源交易中心　139c
公路养护　164b
构建和谐平安校园　045b
鼓岭科学会议在安溪县召开　193a
关爱帮扶活动　099b
关心台胞、台属　106c
广播电台栏目拓展　198c
规范管理　060a
规范化建设　077b
规划布局　136a
规模以上工业　130a
国家茶叶检测重点实验室（福建）
147a
国土资源执法监察　148a
国有安溪芦田茶场　236a
国有建设用地使用权出让　148c
国有林场　120b
国有商业　170a
果业　114a

H

行政审批服务　150a
行政执法　181a
恒兴新车站正式启用　162c
弘桥智谷（泉州）电商产业基地
171a
红色苏区　004a
红十字会　101c
户政管理　068a
环境保护督察　111a
环境宣传教育　112b
环境执法　112b
环评审批　112a
环卫事务　110c
换届工作　092b
会计集中核算监督　154a
惠老工作　212c
活动阵地建设　044c
货币政策　180a
获评"泉州老字号"企业　170c

获评全国"五好"县级工商联
088b

J

坚定绿色发展　做好生态答卷——
中共安溪县委书记　高向荣　005a
基本公共卫生服务　202c
基层党建提升工程　072b
基层党组织建设　033c
基层妇联改革　085a
基层科普行动计划　096a
基层科协（学、研究）会　095b
基层老龄工作　212c
基层协会"四联创"活动　097b
基层政权和社区建设　211a
基础及附加值服务　187c
疾病预防与控制　203b
集体林权制度改革　120a
集邮与增值业务　165c
计生常规工作　205c
计生扶助　206a
计生流动人口管理　206a
纪律监察体制改革　029c
技术改造　131a
技术培训及农函大　096a
加大信贷资源投入　185b
加快产业转型　027a
加强管党治党　028a
加强信息公开宣传　069a
价格管理　140a
监督工作　051a
监督执纪　029b
监控管理　154a
监所管理　068b
简化通关模式　146a
建设宜居城乡　027a
健全纳税服务体系　157c
交流活动　105a
交通安全综合整治　162a
教育管理标准建设　189c
教育科研　190a

教育质量监管测　189c
教育重点项目建设　190a
节目获奖情况　199a
节日系列活动　086c
巾帼脱贫行动　086b
金融服务　180c
金融稳定　180c
晋江源生态保护　251b
经济发展　003b
经济责任审计　152b
经贸合作　104a
经营服务网点建设　172c
经营机制与管理　172a
精准帮扶模式成为全国典型　212a
就业和再就业　058b
捐资助学工程　099a
卷烟营销　174a

K

康复工作　100b
抗震救灾　217a
科技成果奖励　191c
科技馆　095b
科普宣传　094a
科学技术培训　115c
科学谋划思路　026c
客户基础量质提升　183b
客户营销　184a
客货运输　161b
控告申诉检察　070b
库区移民后期扶持　150a
矿藏　002a
矿业管理　150c

L

劳动保护　080b
劳动合同管理　058a
劳动就业工作　100c
劳动模范管理　081b
老干部服务管理　044a

老干部生活待遇　044a
老干部信息宣传工作　045a
老干部政治待遇　043a
老年大学　214a
老年教育　214a
老年人活动　214c
李光地文化节暨两岸文创高峰会　024c
李金登大师杯斗茶赛　127c
理论宣传　045b
理论学习　037c
理赔服务　187a
历史文化名镇建设　227c
立案信访　072b
利用外资　175a
联办精神类残疾人托养中心　101b
联系指导乡镇人大　052c
廉政建设　028c
粮食安全保障　183c
粮食保管与检验　171c
粮食作物　113b
两岸乡村农创节　237c
林业案件查处　121a
林业审核审批　119c
领导班子和干部队伍建设　030c
领导下访　043a
路政管理　165a
落实农机购置补贴　122c
旅游服务环境提升　168c
旅游公共服务配套　168b
旅游品牌推广　168b
旅游项目建设　168a
旅游资源整合　168a

M

马来西亚国际茶与咖啡博览会　126c
"茂发杯"茶王赛　243
民办教育　190a
民办医院　205b
民事行政检察　070a

民主监督　064a
"闽茶海丝行（西欧站）"活动　126a
明仁医院结缘中日友好医院　205c
募集善款　215a

N

纳税服务　154c
内部管理　184b
内部审计工作指导　152c
年鉴编纂　197c
农村公路　164a
农村生活污水处理"安溪模式"　112c
农村医疗　202c
农村沼气安全生产管理　117a
农机安全监理　122b
农机技术培训　122c
农机推广引进　122c
农机作业　122b
农民专业合作社贷款管理　187a
农业执法　113a

P

培育和践行社会主义核心价值观　045c
培育龙头企业　130c
"平安安溪"建设　065c
平价商店建设　140c
普法教育　074c
普惠金融服务　180b
普通公路　163b

Q

企事业单位审计　152c
企事业民主管理　080a
企业参展　132a
企业创新主体地位提升　191a

企业创新转型　130c
启动企村帮扶　212a
气候　001b
签订海峡两岸乌龙茶传统制作交流合作协议　127c
强化打击整治　066b
桥梁建设　164a
亲商惠企　054a
青年交流活动　083b
青年文明号创建　083a
青少年教育　082b
青少年科技活动　095a
青少年思想道德教育　098c
秋季安溪铁观音茶王赛　127c
全国青少年举重锦标赛　207c
全国中小学校责任督学挂牌督导创新县　190c
"全面改薄"建设项目　190a
全面推行河长制　121c
全民科学素质　095c
全球重要农业文化遗产　123b
全县中小学生田径运动会　206c
泉州市第十个民族团结进步宣传月进学校活动　218b
泉州市市长康涛到桃舟乡调研　251b
群众性精神文明创建活动　048b

R

人才队伍建设　32c
人才队伍　138c
人才管理　058c
人才市场　059b
人防队伍建设　078b
人防工程建设　078c
人防指挥通信建设　078b
人口　003b
人民币管理　181c
人民调解　075a
人民宣传教育　078a
人事任免　052a

人文荟萃　003b
入选百强县　151c
入选电商专业百强　190c
入选淘宝镇　221c
入园企业　134c
入驻项目　138b

S

森林病虫害防治　120a
森林防火　118a
森林公园建设　119c
森林资源管理　119a
商标管理　142c
上级领导检查安溪水土流失治理工作　123a
少数民族地区经济文化社会发展　218a
社会服务　200a
社会和谐发展　027c
社会民生　054c
社会宣传　199b
社会治安防控　067a
社区矫正　076a
深化精准扶贫　026c
审判　071b
生态环境　002a
生态农业建设　117a
生态文明建设　111b
生态资源检察　070b
生育关怀行动　097b
省级扶贫开发重点村　211b
省市县为民办实事项目　100a
十三届五次执委（扩大）会议　085a
石结构房屋改造　107b
实行"阳光招生"　189b
食品安全监督抽检　144c
食品药品安全监督　144a
市场经营管理　142a
市场主体管理　141a
市级扶贫开发重点村　211b

市容管理　057b
市政道路管理　109c
市政道路建设　108c
事业单位改革与登记管理　040b
收费管理　140c
首次公开竞聘乡镇卫生院院长　205
首届"浓韵汇"杯大学生茶叶拼配与烘焙技艺比赛　191a
首届安溪铁观音大师赛　126c
首届中国国际茶叶博览会　126c
树立文明新风　047c
水产养殖　116b
水利项目建设　121b
水流域巡查监管　057c
水土保持监管　122c
水土保持宣传　122c
水务　110b
水系　001b
水资源管理制度　121b
税收征管改革　155a
思想建设　040c
思想政治建设　077a
"四个安溪"建设宣传　039a

T

台港澳及海外统战　039b
特色小镇建设　230c
提升资金实力　185b
调研安溪铁观音市场　097a
调研考察　063a
铁观音特色小镇建设　233a
团建工作　083c
团县委第十五届五次全体（扩大）会议　082b
推动茶业二次腾飞　027a
推动出台残疾人事业发展"十三五"规划纲要　101a
推进非公有制经济发展　087b
推进全面深化改革　027b
推进涉茶项目实施　124c
推进政府购买残疾人服务　101b

拓展图书馆功能　196c

W

外汇管理　181c
外贸出口　175b
完善消费维权机制　145a
完善养老服务体系建设　212b
网络建设　167c
违纪查处　029a
维护林区和谐稳定　120b
维护社会稳定　065a
维护宗教领域和谐稳定　218c
卫生监督执法　203a
卫生项目建设　201b
未成年人思想道德建设　047a
未成年人刑事检察　070c
文博工作　195b
文化发展活力　036c
文化交流　195a
文化市场整治　195a
文史工作　064c
文艺采风　090b
文艺创作　195a
文艺活动　091b
文艺精品扶持及惠民工程　092a
文艺培训　092a
文艺赛事　091a
污染物减排　111c
物业管理　108b
物资经营管理　173b

X

厦门安溪商会成立善坛畲族分会　229c
厦门金砖峰会中的安溪元素　009a
溪河放流增殖　116c
县茶业信息发布中心揭牌　128a
县道教协会举办公益活动　218c
县第十七届人民代表大会第二次会议　049a

县妇幼保健院　205a
县级扶贫开发重点村　211b
县级重点项目建设情况　139b
县纪委十三届二次全会　028b
县农产品批发市场经营　170b
县人大常务委员会会议　049c
县人大代表蓝田联络站揭牌　250a
县少年业余体育学校　207a
县委第十三届第四次全体（扩大）
会议　025a
县委第十三届第五次全体（扩大）
会议　026a
县委工作会议　024b
县委中心组理论学习　023a
县文艺家协会工作亮点　092c
县新影剧院建成启用　200c
县政府与县总工会第十五次联席会
议　082a
县政协常务委员会议　061c
县中医院　204c
现代茶业生产发展建设项目　125b
香港国际茶展　127a
向上级台供稿　199a
项目建设持续发力　026c
消防　069a
小城镇建设投资　154b
新闻宣传　038b
信贷投放　182a
信贷业务　186a
信贷资产管理　185c
信访排查与督查　042c
信函广告、报刊业务　165c
信息化建设　166c
信用卡　186a
信用体系建设　145a
刑事检察　069b
休闲农业发展　123c
休闲农业示范点　123c
学前与初等教育　188c
学术研究　205b
学校德育　190c
巡察工作　024a

Y

压茶机专项整治　124b
野生动植物资源保护　120a
业务创新　186c
医疗卫生体制改革　201b
医药经营与管理　170a
医政管理　201c
依法治税　154c
异地商会　088a
引导"回归创业"　039b
隐患排查治理体系建设　147b
营造爱老助老社会氛围　212c
应急避难场所建设　216c
应急救援体系　217a
拥军优抚安置　209c
拥军优属　077c
优化生态环境　027b
渔政管理　116c
预算执行审计　152a
院士专家工作站　095c
运输管理　161b

Z

在2017年全县三级干部会议上的讲
话——安溪县人民政府县长　刘林霜
005a
造福工程易地扶贫搬迁　211c
招商引资　175a
招投标管理　107c
震灾预防　216b
征管改革　157a
征信管理　181b
政府建设　055b
政府投资审计　152b
政区划分　003a
政区沿革　002b
政协第十二届安溪县委员会第二次
会议　061a
政协提案　062a

支持经济发展　186c
支持经济社会发展　182c
支持农村基础建设　183c
支持小微企业发展　185b
知识产权　191c
执法规范化建设　070c
职工"建功活动"　079a
职工帮扶工程　080c
职工保险　058c
职工管理　058b
职工素质教育工程　079a
职业教育　190a
植树造林　117b
植物保护　114c
制定中小企业服务新模式　184c
财政改革　154a
质量监督　143b
智慧安溪系列工程　166a
智慧家庭　167b
中等教育　188a
中共安溪县委　关于加快社会事业发
展 补齐民生短板确保如期全面建成
小康社会的决定　266a
中国国际茶产业投资展览会　127a
中小企业服务　186a
中医药工作　202b
重大事项决定　051a
重要活动　090a
住房公积金贷款　186a
著名"三乡"　004b
抓实为民办实事项目　212b
专卖内部监管　173c
专线电话　043a
专项资金审计　152b
资料征集　198c
综合档案馆建设　197b
综合改革　172b
租赁承包经营企业　131a
最美家庭创建活动　085c
最美家庭品茗活动　126b
作风建设　042b
作品及获奖情况　195a
座谈会　091a